Schriften zum Recht der Digitalisierung

Herausgegeben von
Florian Möslein, Sebastian Omlor und Martin Will

19

Maximilian Ferling

Digitale Information als Kreditsicherheit

Unternehmensfinanzierung der Zukunft?

Mohr Siebeck

Maximilian Ferling, geboren 1993; Studium der Rechtswissenschaften in München und Aix-en-Provence; Wissenschaftlicher Mitarbeiter am Lehrstuhl für Bürgerliches Recht, Internationales Privatrecht und Rechtsvergleichung an der Ludwig-Maximilians-Universität München; seit 2021 Rechtsreferendar am Landgericht München I; 2022 Promotion.
orcid.org/0000-0002-6662-1673

Diss., Ludwig-Maximilians-Universität München, 2022

ISBN 978-3-16-162135-2 / eISBN 978-3-16-162387-5
DOI 10.1628/978-3-16-162387-5

ISSN 2700-1288 / eISSN 2700-1296 (Schriften zum Recht der Digitalisierung)

Die Deutsche Nationalbibliothek verzeichnet diese Publikation in der Deutschen Nationalbibliographie; detaillierte bibliographische Daten sind über *http://dnb.dnb.de* abrufbar.

© 2023 Mohr Siebeck Tübingen. www.mohrsiebeck.com

Das Werk einschließlich aller seiner Teile ist urheberrechtlich geschützt. Jede Verwertung außerhalb der engen Grenzen des Urheberrechtsgesetzes ist ohne Zustimmung des Verlags unzulässig und strafbar. Das gilt insbesondere für die Verbreitung, Vervielfältigung, Übersetzung und die Einspeicherung und Verarbeitung in elektronischen Systemen.

Das Buch wurde von Gulde Druck in Tübingen aus der Times gesetzt, auf alterungsbeständiges Werkdruckpapier gedruckt und gebunden.

Printed in Germany.

Meinen Urgroßeltern †

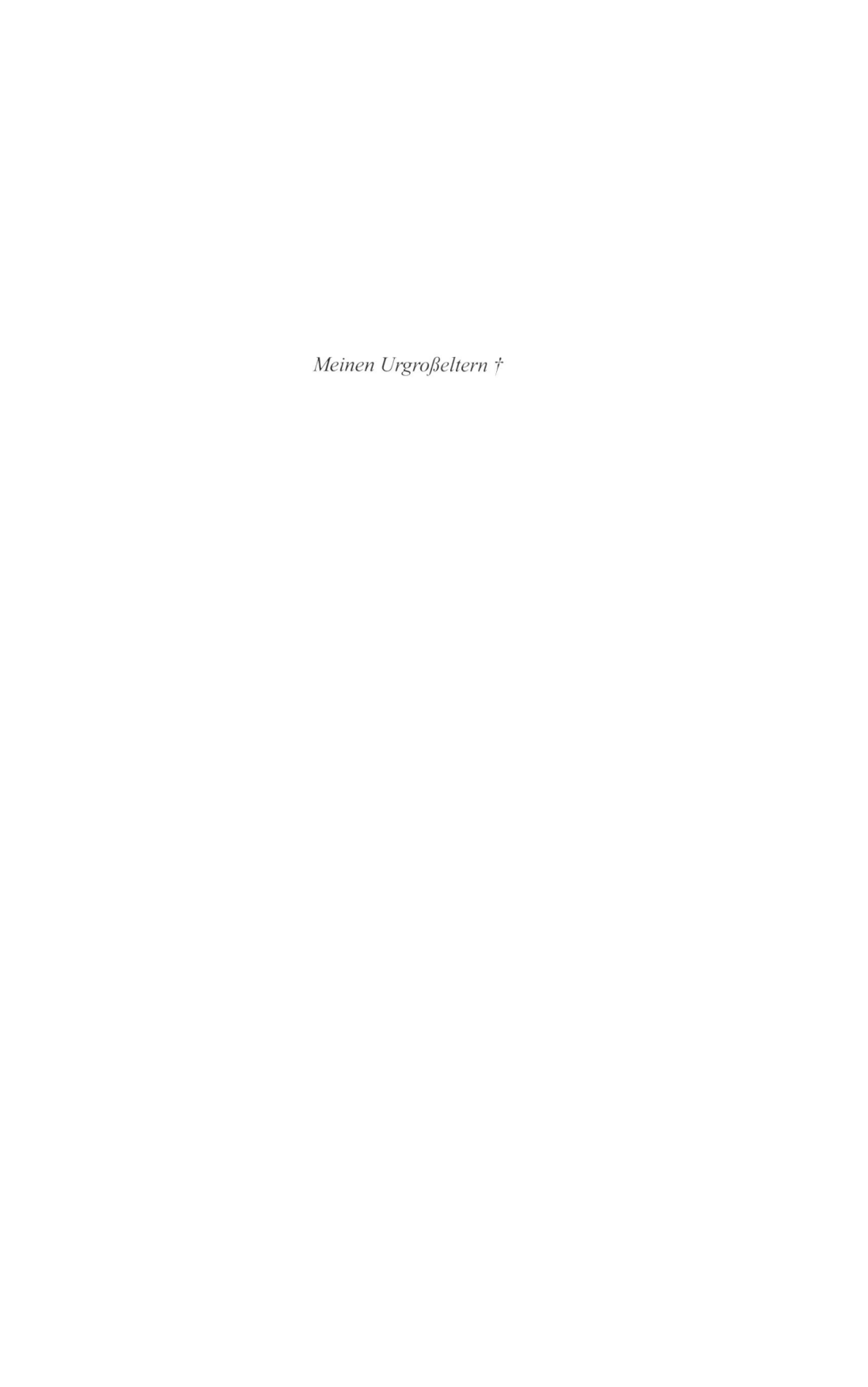

Vorwort

Die vorliegende Arbeit wurde im Sommersemester 2022 von der Juristischen Fakultät der Ludwig-Maximilians-Universität als Dissertation angenommen. Sie befindet sich im Wesentlichen auf dem Stand von Ende November 2022. Spätere Neuerscheinungen sind vereinzelt berücksichtigt.

Mein herzlicher Dank gilt meinem verehrten Doktorvater, Professor Dr. Stephan Lorenz, für die Betreuung der Arbeit und wissenschaftliche Förderung an seinem Lehrstuhl. Die dortige Mitarbeit habe ich als willkommene Abwechslung ebenso geschätzt wie die wissenschaftlichen Freiräume. Beides hat zur Entstehung der Arbeit wesentlich beigetragen. Professor Dr. Mathias Habersack danke ich für die äußerst zügige Erstellung des Zweitgutachtens.

Ich danke ferner den Herausgebern, Professor Dr. Florian Möslein, LL.M (London), Professor Dr. Sebastian Omlor, LL.M. (NYU), LL.M. Eur. und Professor Dr. Dr. Martin Will, M.A., LL.M (Cambridge), für die Aufnahme der Arbeit in ihre Schriftenreihe.

Zu großem Dank verpflichtet bin ich darüber hinaus der Johanna und Fritz Buch Gedächtnis-Stiftung und dem Oskar-Karl-Forster-Stipendium-Fonds, die die Drucklegung dieser Arbeit jeweils mit einem großzügigen Zuschuss gefördert haben.

Ganz besonders danken möchte ich schließlich Sabrina Behbehani für ihre unermüdliche und bedingungslose Unterstützung. Ohne sie wäre diese Arbeit nicht entstanden. Die wertvollen Hinweise und Anregungen sowie das mit viel Mühe verbundene Korrekturlesen verdienen an dieser Stelle eigenständige Erwähnung.

Ich widme diese Arbeit meinen Urgroßeltern. Sie waren von Kindesbeinen an stets an meiner Seite und haben mein Leben sehr bereichert. Leider konnten sie das Erscheinen dieses Buchs nicht mehr miterleben.

München, im Dezember 2022　　　　　　　　　　　　　　Maximilian Ferling

Inhaltsübersicht

Vorwort VII
Inhaltsverzeichnis XI
Abkürzungsverzeichnis XXV

Einleitung 1

Erster Teil: Grundlegung 7

§ 1 Begriffsbildung digitaler Information 9
§ 2 Digitale Information als immaterielles Wirtschaftsgut 49
§ 3 Nutzbarmachung digitaler Information als Kreditsicherheit 62

Zweiter Teil: Einsatz als Kreditsicherheit 71

§ 4 Zuweisung digitaler Information 73
§ 5 Grundlagen der Besicherung digitaler Information 116
§ 6 Beleihung der Datenträger 139
§ 7 Besicherung von Ausschließlichkeitsrechten an digitaler Information 146
§ 8 Alternative Sicherungsmöglichkeiten 158
§ 9 Besicherung nicht zugewiesener digitaler Information 170
§ 10 Zugriff auf die Datenverkörperungen 178
§ 11 Schranken der Besicherung digitaler Information 197

Dritter Teil: Sicherungsphase 229

§ 12 Integrität digitaler Information 231
§ 13 Digitale Information als Gegenstand der Zwangsvollstreckung . . . 271
§ 14 Digitale Information in der Insolvenz des Sicherungsgebers 297

Vierter Teil: Sicherung mit internationalem Bezug 317

§ 15 Kollisionsrecht 319
§ 16 Internationales Zwangsvollstreckungsrecht 354

Ergebnisse und Ausblick 359

Literaturverzeichnis 365
Sachregister 397

Inhaltsverzeichnis

Vorwort	VII
Inhaltsübersicht	IX
Abkürzungsverzeichnis	XXV

Einleitung	1
I. Eingrenzung des Themas	3
II. Stand der Forschung und Forschungsbedarf	4
III. Gang der Darstellung	4

Erster Teil: Grundlegung	7
§ 1 Begriffsbildung digitaler Information	9
I. Prolegomena zum Begriff der Information	10
1. Bedeutung von Information im Alltag	10
2. Der Informationsbegriff in der Wissenschaft	12
a) Das technische Begriffsverständnis von Information	13
aa) Information als Maß für die Beseitigung von Ungewissheit	14
(1) Die Empfängerperspektive – Information als Gegenstand eines Kommunikationsprozesses	15
(2) Der Informationsgehalt einer Nachricht	17
bb) Information als Ordnungsmaß eines Systems	19
cc) Der Informationsbegriff der Kybernetik	21
dd) Information als Komplexitätsmaß	22
ee) Quanteninformation	23
b) Das semiotische Begriffsverständnis von Information	25
aa) Syntaktische Information	25
bb) Semantische Information	26
cc) Pragmatische Information	26
dd) Daten, Information und Wissen	27
(1) Daten	27
(2) Wissen	28

            c) Umweltinformation   29
            d) Technische Informationsverarbeitung   29
        3. Der Informationsbegriff der Rechtswissenschaft   30
    II. Digitalisierung von Information   34
    III. Digitale Information als Rechtsobjekt   42
    IV. Definition digitaler Information   44
        1. Datenträger (körperliche Ebene)   45
        2. Daten (syntaktische Ebene)   46
        3. Information (semantische Ebene)   47
        4. Wirkung (pragmatische Ebene)   47
        5. Zusammenfassende Definition   47

§ 2 Digitale Information als immaterielles Wirtschaftsgut   49
    I. Charakteristika digitaler Information   49
        1. Immaterialität   49
        2. Invarianz   50
        3. Nicht-Rivalität und Nicht-Exklusivität   51
        4. (Nicht-)Ausschließbarkeit   51
    II. Digitale Information als Gut   52
        1. Güterbegriff   52
        2. Digitale Information als zentrales Gut digitaler Ökosysteme   53
        3. Beispiele digitaler Informationsgüter   54
            a) Digitale Nutzerinformation   54
            b) Digitale Sensorinformation   55
            c) Digitale Inhalte   56
            d) Fazit   57
    III. Wert digitaler Information   57
        1. Wert digitaler Information mit Personenbezug   58
        2. Wert digitaler Sensorinformation   60
        3. Wert digitaler Inhalte   60
        4. Zusammenfassung   61

§ 3 Nutzbarmachung digitaler Information als Kreditsicherheit   62
    I. Kredit als Quelle der Unternehmensfinanzierung   62
    II. Hürden beim Kreditzugang   63
        1. Bonität   64
        2. Kreditsicherheiten   64
        3. Einfluss der Coronapandemie und des Ukraine-Kriegs
           auf das Finanzierungsklima   65
        4. Fazit   66

III. Nutzen und Risiken des Einsatzes von digitaler Information als Kreditsicherheit	66
1. Nutzen	67
a) Kapitalbedürftige Unternehmen	67
b) Kreditinstitute/Kapitalgeber	68
c) Gesamtgesellschaftlicher Nutzen	68
2. Risiken	69

Zweiter Teil: Einsatz als Kreditsicherheit 71

§ 4 Zuweisung digitaler Information 73

I. Zuweisung des Datenträgers	73
II. Zuweisung der Daten	74
1. Zuweisung durch das Sacheigentum	74
a) Zuweisung durch das Sacheigentum am Datenträger?	74
b) Sacheigentum an den Daten selbst?	74
c) Zivilrechtliches Dateneigentum nach dem Vorbild des Sacheigentums?	76
2. Zuweisung durch Immaterialgüterrechte	77
a) Patentrechtlicher Schutz von Daten	77
aa) Schutz als Patent	78
bb) Schutz als unmittelbares Verfahrenserzeugnis	78
cc) Fazit	79
b) Urheberrechtlicher Schutz von Daten	80
3. Zuweisung durch Leistungsschutzrechte	81
a) Leistungsschutzrecht des Datenbankherstellers, §§ 87a ff. UrhG	81
b) Lauterkeitsrechtlicher Leistungsschutz von Daten	81
c) Fazit	82
4. Schutz durch Handlungsverbote	83
a) Deliktsschutz von Daten	83
aa) Deliktischer Schutz von Daten *de lege lata*	83
bb) Anerkennung eines Rechts am eigenen Datenbestand?	84
b) Besitzschutz von Daten	86
5. Schaffung ausschließlicher Rechtspositionen *de lege ferenda*?	86
6. Ergebnis	88
III. Zuweisung des Bedeutungsgehaltes	88
1. Keine Zuweisung durch Patentrecht	88
2. Zuweisung durch Urheberrecht	88
a) Werkcharakter semantischer Information, § 2 Abs. 2 UrhG	89

b) Reflexhafter Schutz semantischer Information als Teil eines Datenbankwerks, § 4 Abs. 2 S. 1 UrhG	90
3. Zuweisung durch Leistungsschutzrechte	91
a) Schutz des Datenbankherstellers, §§ 87a ff. UrhG	91
aa) Systematische oder methodische Anordnung	91
bb) Unabhängigkeit digitaler Information	93
cc) Wesentliche Investition	94
dd) Fazit	97
b) Lauterkeitsrechtlicher Leistungsschutz	97
aa) Digitale Information als Ware	97
bb) Wettbewerbliche Eigenart digitaler Information	98
cc) Unlautere Nachahmung	99
dd) Fazit	100
4. Zuweisung durch das GeschGehG	100
a) Dogmatische Verortung auf der „Stufenleiter der Güterzuordnung"	101
b) Geschäftsgeheimnis	103
aa) Information	104
bb) Geheimer Charakter der Information	104
cc) Wirtschaftlicher Wert	107
dd) Angemessene Geheimhaltungsmaßnahmen	107
ee) Berechtigtes Interesse	108
c) Inhaber des Geschäftsgeheimnisses	108
d) Fazit	109
5. Ergebnis	109
IV. Faktische Ausschließlichkeit digitaler Information	110
V. Verhältnis zum Datenschutzrecht	112
1. Zuweisung personenbezogener Information an den Betroffenen?	112
2. Begrenzung der Zuweisung an Dritte	113
VI. Ergebnisse der Zuweisung digitaler Information	114

§ 5 Grundlagen der Besicherung digitaler Information 116

I. Sicherungseignung digitaler Information	116
1. Dogmatische Ausgangslage	116
2. Immaterielle Güter im System der Kreditsicherheiten	117
3. Sicherungseignung rechtlich zugewiesener digitaler Information	118
a) Patentrecht	120
b) Urheberrecht und Schutzrecht des Datenbankherstellers	120
c) Geschäftsgeheimnisse	121
d) Lizenzen	122

	4. Sicherungseignung rechtlich nicht zugewiesener digitaler Information	125
	5. Fazit	125
II.	Rechtsgeschäfte beim Einsatz von digitaler Information als Kreditsicherheit	126
III.	Sicherungsformen digitaler Information	127
	1. Pfandrecht	127
	2. Sicherungstreuhand	127
	3. Sicherungslizenzierung	128
	4. Sicherungsnießbrauch	129
	5. Besicherung rechtlich nicht zugewiesener digitaler Information	129
	6. Fazit	130
IV.	Verkehrsschutz	130
V.	Sicherstellung des Zugriffs auf die digitale Information im Sicherungsfall	131
VI.	Sicherungswert digitaler Information	132
	1. Bewertung digitaler Information	132
	a) Unternehmensbilanz	133
	b) Betriebswirtschaftliche Bewertungsmethoden	136
	2. Wertstabilität digitaler Information	137

§ 6 Beleihung der Datenträger ... 139

I.	Dingliche Berechtigung an den Datenträgern	140
	1. Sicherungsübereignung	140
	2. Verpfändung	142
II.	Schuldrechtliche Berechtigung an den Datenträgern	143
III.	Erfassung digitaler Information?	143
IV.	Fazit und Bewertung	144

§ 7 Besicherung von Ausschließlichkeitsrechten an digitaler Information ... 146

I.	Syntaktische Ebene	146
	1. Sicherungstreuhand	146
	a) Sicherungsübertragung des Patents	146
	b) Sicherungsübertragung von Lizenzen	148
	c) Sicherungs(unter)lizenzierung	149
	d) Berücksichtigung des Übertragungszweckgedankens?	149
	2. Verpfändung	150
	a) Recht aus dem Patent	150
	b) Patentlizenz	150
	3. Fazit und Bewertung	151

II. Semantische Ebene 151
   1. Urheberrecht und Leistungsschutzrecht des Datenbankherstellers .. 152
      a) Sicherungstreuhand 152
         aa) Sicherungsübertragung 152
         bb) Sicherungslizenzierung 153
      b) Verpfändung 155
      c) Fazit und Bewertung 155
   2. Geschäftsgeheimnisse 156
      a) Sicherungstreuhand 156
         aa) Sicherungsübertragung 156
         bb) Sicherungslizenzierung 157
      b) Verpfändung 157
      c) Fazit und Bewertung 157

§ 8 Alternative Sicherungsmöglichkeiten 158
I. Besicherung von Ansprüchen gegen Cloud-Provider 158
   1. Vertragstypologische Einordnung von Cloud-Verträgen 158
   2. Zugangs- und Herausgabeansprüche 159
   3. Sicherungsmöglichkeiten 160
      a) Sicherungsabtretung 160
      b) Verpfändung 162
   4. Kollision mit Sicherungsrechten des Cloud-Providers? ... 163
   5. Fazit und Bewertung 163
II. Besicherung von Gesellschaftsanteilen 164
   1. Digitale Information im Personengesellschaftsvermögen 164
      a) Rechtsnatur und Sicherungseignung von
         Personengesellschaftsanteilen 164
      b) Sicherungsübertragung des Anteils 164
      c) Anteilsverpfändung 165
   2. Digitale Information im Gesellschaftsvermögen einer GmbH ... 166
      a) Sicherungsübertragung von GmbH-Geschäftsanteilen 166
      b) Verpfändung von GmbH-Geschäftsanteilen 166
      c) Schutz des guten Glaubens 167
   3. Berechtigung an der zum Gesellschaftsvermögen gehörenden
      digitalen Information? 167
   4. Fazit und Bewertung 168

§ 9 Besicherung nicht zugewiesener digitaler Information 170
I. Rückgriff auf die Figur der Treuhand 171
II. Sicherungsübertragung digitaler Information 173

    1. Grundlegendes zur Ausgestaltung der Treuhandabrede 174
    2. Rechtsstellung des Sicherungsnehmers während der Sicherungsphase 174
    3. Rechtsstellung des Sicherungsgebers während der Sicherungsphase 175
    4. Rechtsstellung des Sicherungsnehmers nach Eintritt
       des Sicherungsfalls 175
    5. Rechtsstellung des Sicherungsgebers bei Erledigung
       des Sicherungszwecks 176
III. Sicherungslizenzierung digitaler Information 176
IV. Fazit 176

§ 10 Zugriff auf die Datenverkörperungen 178

I. Zugriffsinteressen an den Datenverkörperungen 178
    1. Die Perspektive des Sicherungsnehmers: Zugriff auf
       die Datenverkörperungen als Druckmittel und im Sicherungsfall . . 178
    2. Die Perspektive des Sicherungsgebers: Zugriff auf
       die Datenverkörperungen als Voraussetzung für den Betrieb
       des digitalen Geschäftsmodells 179
    3. Fazit und weitere zugriffsbeeinflussende Faktoren 180
II. Bilaterale Gestaltungen zwischen Sicherungsgeber und
    Sicherungsnehmer 180
    1. Schnittstellenbasierter Zugriff auf die Datenverkörperungen 181
    2. Besicherung der Datenträger 181
       a) Sicherungsübereignung der Datenträger 182
       b) Verpfändung der Datenträger 183
       c) Fazit und Bewertung 183
    3. Hinterlegung einer Kopie der Datenverkörperungen
       beim Sicherungsnehmer 184
    4. Fazit und Bewertung 184
III. Hinterlegung der Datenverkörperungen bei einem neutralen Dritten
    (Escrow) 185
    1. Grundlegendes zu Escrow 186
    2. Arten von Escrow 187
       a) Data Escrow 188
       b) Key Escrow 190
    3. Fazit 191
IV. Exkurs: Anwendung der Blockchain-Technologie? 191
    1. Funktionsweise einer Blockchain 192
    2. Blockchainbasierte Publizität der Besicherung digitaler Information 193
    3. Dokumentation der Besicherung digitaler Information 195
    4. Fazit 196

§ 11 Schranken der Besicherung digitaler Information 197
I. Datenschutz als Grenze der Besicherung digitaler Information 197
   1. DS-GVO als primäre Rechtsquelle des Datenschutzes 198
   2. Eröffnung des sachlichen Anwendungsbereichs der DS-GVO
      im Rahmen der Besicherung digitaler Information 198
      a) Personenbezug eines Datums 199
      b) Verarbeitung personenbezogener Daten 202
   3. Verarbeitungsgrundsätze 204
      a) Rechtmäßigkeit der Verarbeitung 205
        aa) Vorliegen eines gesetzlichen Erlaubnistatbestands,
           Art. 6 Abs. 1 Uabs. 1 lit. b–f DS-GVO 205
        bb) Einwilligung des Betroffenen, Art. 6 Abs. 1 Uabs. 1 lit. a
           DS-GVO 208
           (1) Art. 7 Abs. 4 DS-GVO als Gradmesser für die Autonomie
               des Betroffenen: 1. Hindernis für den Einsatz
               als Kreditsicherheit? 209
           (2) Widerruflichkeit der Einwilligung gem. Art. 7 Abs. 3 S. 1
               DS-GVO: 2. Hindernis für den Einsatz
               als Kreditsicherheit? 217
      b) Zweckbindungsgrundsatz 221
      c) Fazit 223
   4. Nichtigkeit der zivilrechtlichen Rechtsgeschäfte gem. § 134 BGB
      i. V. m. Art. 5 Abs. 1 lit. a Var. 1, Art. 6 Abs. 1 Uabs. 1 DS-GVO
      als Folge fehlender Rechtmäßigkeit? 224
   5. Fazit 226
II. Regulatorische Grenzen 227

Dritter Teil: Sicherungsphase 229

§ 12 Integrität digitaler Information 231
I. Beschädigung oder Zerstörung digitaler Information 231
   1. Strafrechtlicher Schutz der Datenintegrität 231
   2. Deliktischer Schutz der Datenintegrität 233
      a) Vorsätzliche Schädigung 233
      b) Fahrlässige Schädigung 234
        aa) Haftung nach § 823 Abs. 1 BGB 234
        bb) Grenzen des deliktischen Schutzes 235
           (1) Problematische Sicherungskonstellationen 236
           (2) Vorauszession des künftigen Schadensersatzanspruchs
               durch den Berechtigten als Lösung des Problems? 236

	c) Einfluss des Sicherungscharakters auf die Schadensersatzberechtigung des Sicherungsnehmers	238
	3. Fazit	239
II.	Erlangung und Offenlegung digitaler Information	240
	1. Strafrechtlicher Schutz	240
	a) Die Straftatbestände der §§ 202a–202d StGB	240
	b) Nebenstrafrechtliche Straftatbestände	242
	aa) § 42 BDSG	242
	bb) §§ 106, 108 UrhG	243
	cc) § 23 GeschGehG	245
	c) Fazit	247
	2. Allgemeine zivilrechtliche Ansprüche	247
	a) Haftung aus Delikt	247
	aa) Verletzung eines Schutzgesetzes, § 823 Abs. 2 S. 1 BGB	247
	(1) §§ 202a–202d StGB als Schutzgesetze	248
	(2) § 42 BDSG als Schutzgesetz	248
	(3) §§ 106, 108 UrhG als Schutzgesetze	249
	(4) § 23 GeschGehG als Schutzgesetz	249
	(5) Fazit	249
	bb) Vorsätzliche sittenwidrige Schädigung, § 826 BGB	250
	cc) Verletzung eines absolut geschützten Rechts, § 823 Abs. 1 BGB	250
	dd) Fazit	251
	b) Quasi-negatorischer Beseitigungs- bzw. Unterlassungsanspruch, § 1004 Abs. 1 BGB analog	251
	c) Allgemeine Eingriffskondiktion, § 812 Abs. 1 S. 1 Alt. 2 BGB	252
	aa) Rechtspositionen mit Zuweisungsgehalt am Datenträger	253
	bb) Zugewiesene Rechtspositionen an Daten	253
	(1) Datenverkörperungen	253
	(2) Syntaktische Information	254
	cc) Zugewiesene Rechtspositionen an semantischer Information	255
	dd) Einfluss der Übertragung bzw. Belastung der Rechtsposition zu Sicherungszwecken	256
	d) Angemaßte Eigengeschäftsführung, § 687 Abs. 2 S. 1 BGB	257
	e) Fazit	259
	3. Immaterialgüterrechtliche Ansprüche	259
	a) Aktivlegitimation des Sicherungsnehmers	259
	b) Ansprüche auf Beseitigung und Unterlassung	261
	aa) Grundlagen des negatorischen Rechtsschutzes	261
	bb) Beseitigung rechtsverletzender Datenverkörperungen	261

(1) Patentrecht	262
(2) Urheberrecht und Leistungsschutzrecht des Datenbankherstellers	263
(3) Schutz als Geschäftsgeheimnis	264
cc) Haftung von Intermediären bei Offenlegung im Internet	265
dd) Anspruch auf Unterlassung	267
c) Ansprüche auf Schadensersatz	267
4. Fazit	268
III. Verkehrs- und Verfügungsschutz des Sicherungsnehmers	268
1. Sondergesetzlich zugewiesene digitale Information	268
2. Sondergesetzlich nicht zugewiesene digitale Information	270

§ 13 Digitale Information als Gegenstand der Zwangsvollstreckung . . . 271

I. Zwangsweise Herausgabe digitaler Information im Sicherungsfall	271
1. Herausgabevollstreckung von Datenträgern, § 883 Abs. 1 ZPO	272
2. Herausgabe digitaler Information als unvertretbare Handlung, § 888 Abs. 1 S. 1 ZPO	274
3. Fazit	275
II. Abwehr des Vollstreckungszugriffs auf die digitale Information durch andere Gläubiger	275
1. Digitale Information als Gegenstand der Verstrickung	276
a) Pfändung von Datenträgern	276
b) Pfändung digitaler Information	279
aa) Pfändbare Vermögensrechte i. S. v. § 857 Abs. 1 ZPO	279
(1) Recht aus dem Patent	280
(2) Urheberrecht und Leistungsschutzrecht des Datenbankherstellers	280
(3) Geschäftsgeheimnisse	280
(4) Lizenzen	281
(5) Pfändung sondergesetzlich nicht geschützter digitaler Information?	281
bb) Voraussetzungen und Rechtsfolgen der Pfändung	283
(1) Allgemeines	283
(2) Unwirksamkeit der Pfändung bei treuhänderischer Übertragung des Vermögensrechts	283
(3) Verhältnis zu Vertragspfandrechten und Fortbestand von Sicherungslizenzen	284
2. Vollstreckungshindernisse	286

3. Negatorischer Rechtsschutz bei Eingriffen in die Rechtsposition des Sicherungsnehmers ... 287
   a) Pfändung der Datenträger ... 287
      aa) Widerspruchsrecht gem. § 771 Abs. 1 ZPO aufgrund eines die Veräußerung hindernden Rechts an den Datenträgern ... 287
      bb) Widerspruchsrecht gem. § 771 Abs. 1 ZPO analog aufgrund eines die Veräußerung hindernden Rechts an der auf den Datenträgern gespeicherten digitalen Information? ... 288
         (1) Dingliche Sicherungsrechte an digitaler Information ... 289
         (2) Obligatorische Sicherungsrechte an digitaler Information ... 291
   b) Pfändung digitaler Information ... 295
4. Fazit ... 296

§ 14 Digitale Information in der Insolvenz des Sicherungsgebers ... 297

I. Digitale Information als Gegenstand des Insolvenzbeschlags ... 297
   1. Allgemeines zur Massezugehörigkeit eines Gegenstands ... 297
   2. Massezugehörigkeit von Datenträgern ... 298
   3. Massezugehörigkeit sondergesetzlich geschützter digitaler Information ... 298
   4. Massezugehörigkeit sondergesetzlich nicht geschützter digitaler Information ... 300
   5. Ausnahme von der Massezugehörigkeit aufgrund Personenbezugs? ... 301
II. Absonderungsberechtigung an digitaler Information ... 302
   1. Absonderungsberechtigung an den Datenträgern ... 302
   2. Absonderungsberechtigung an sondergesetzlich geschützter digitaler Information ... 303
      a) Sicherungsübertragung ... 303
      b) Verpfändung ... 303
      c) Sicherungslizenzierung ... 303
         aa) Kein Wahlrecht des Insolvenzverwalters, § 103 InsO ... 304
         bb) Absonderungskraft der Sicherungslizenz, §§ 51 Nr. 1 Alt. 2, 50 InsO ... 305
         cc) Fazit ... 306
      d) Zusammenfassung ... 307
   3. Absonderungsberechtigung an sondergesetzlich nicht geschützter digitaler Information ... 307
      a) Insolvenzfestigkeit der Treuhandabrede ... 308
      b) Konsequenzen für die Absonderungsberechtigung an der digitalen Information ... 309
III. Verwertung digitaler Information ... 312

    1. Verwertung der Datenträger 312
    2. Verwertung sondergesetzlich geschützter digitaler Information . . 313
    3. Verwertung sondergesetzlich nicht geschützter digitaler Information 314
IV. Ergebnis 315
V. Erledigung des Sicherungszwecks 315

Vierter Teil: Sicherung mit internationalem Bezug 317

§ 15 Kollisionsrecht 319
I. Die Bestellung der Sicherheit 319
    1. Bestand, Inhaberschaft und Umfang ausschließlicher Rechte an
       digitaler Information 319
       a) Sachenrechtliche Ebene 320
       b) Immaterialgüterrechtliche Ebene 323
           aa) Territorialität *versus* Universalität von
               Ausschließlichkeitsrechten an immateriellen Gütern 323
           bb) Schutzlandprinzip *versus* Ursprungslandprinzip 325
           cc) Folgerungen für die Beleihung digitaler Information im
               internationalen Kontext 326
    2. Neubewertung der Sicherungseignung digitaler Information 330
    3. Das Sicherungsvertragsstatut 331
    4. Das auf die Bestellung der Sicherheit anwendbare Recht 332
       a) Verfügungen über das Urheberrecht 332
       b) Verfügungen über gewerbliche Schutzrechte 333
       c) Fazit und Folgerung für die Besicherung digitaler Information . 334
       d) Einheitliche Anknüpfung an das Personalstatut
          des Sicherungsgebers? 334
II. Das Sicherungsgut in der Sicherungsphase 335
    1. Unerlaubte Handlungen 335
       a) Begriff der unerlaubten Handlung 335
       b) Allgemeine Kollisionsnorm, Art. 4 Rom II-VO 336
       c) Verletzung von Rechten des geistigen Eigentums,
          Art. 8 Abs. 1 Rom II-VO 338
       d) Exkurs: Internationales Strafrecht 341
           aa) Besonderheiten bei der Verletzung von Geschäfts-
               geheimnissen im Ausland, § 23 Abs. 7 S. 1 GeschGehG
               i. V m. § 5 Nr. 7 StGB 341
           bb) Geltung für Auslandstaten in anderen Fällen, § 7 StGB . . . 342
           cc) Geltung für Inlandstaten: Erfolgsort bei Internetdelikten . . 342
               (1) Inländischer Erfolgsort bei §§ 202a–202d, 303a StGB . . 343

(2) Inländischer Erfolgsort bei § 23 GeschGehG, §§ 106, 108 UrhG, § 42 BDSG	343
2. Das Insolvenzstatut	344
a) EuInsVO	344
aa) Anwendungsbereich	344
bb) Internationale Zuständigkeit	346
cc) Kollisionsrecht	346
b) Autonomes deutsches internationales Insolvenzrecht	351
§ 16 Internationales Zwangsvollstreckungsrecht	354
Ergebnisse und Ausblick	359
Literaturverzeichnis	365
Sachregister	397

Abkürzungsverzeichnis

Das folgende Verzeichnis umfasst nur ungebräuchliche Abkürzungen. Hinsichtlich der übrigen Abkürzungen wird verwiesen auf *Kirchner*, Abkürzungsverzeichnis der Rechtssprache, 10. Aufl., Berlin/Boston 2021 sowie auf die im Onlinewörterbuch des *Duden* (https://www.duden.de/woerterbuch) enthaltenen Abkürzungen.

APuZ	Aus Politik und Zeitgeschichte
Brüssel Ia-VO	VO (EU) 1215/2012 über die gerichtliche Zuständigkeit und die Anerkennung und Vollstreckung von Entscheidungen in Zivil- und Handelssachen vom 12.12.2012, ABl. L 351, 1
CLIP Principles	Principles on Conflict of Laws in Intellectual Property
COMI	Centre of main interests
CRR	Capital Requirements Regulation (VO [EU] 575/2013 über Aufsichtsanforderungen an Kreditinstitute und Wertpapierfirmen vom 26.06.2013, ABl. L 176, 1)
Datenbank-RL	Datenbank-Richtlinie (RL [EG] 96/6 über den rechtlichen Schutz von Datenbanken vom 11.03.1996, ABl. L 77, 20)
DGRI	Deutsche Gesellschaft für Recht und Informatik
DI-RL	Digitale-Inhalte-Richtlinie (RL [EU] 2019/770 über bestimmte vertragsrechtliche Aspekte der Bereitstellung digitaler Inhalte und digitaler Dienstleistungen vom 20.05.2019, ABl. L 136, 1)
DSRITB	Deutsche Stiftung für Recht und Informatik Tagungsband
Duke L.J.	Duke Law Journal
EPatVO	Einheitspatent-Verordnung (VO [EU] 1257/2012 über die Umsetzung der Verstärkten Zusammenarbeit im Bereich der Schaffung eines einheitlichen Patentschutzes vom 17.12.2012, ABl. L 307, 83)
EPGÜ	Übereinkommen über ein Einheitliches Patentgericht vom 20.06.2013, ABl. C 175, 1
ErwG	Erwägungsgrund
EU-GRCh	Charta der Grundrechte der Europäischen Union vom 12.12.2007, ABl. C 303, 1
EuInsVO	Europäische Insolvenzverordnung (VO [EU] 2015/848 über Insolvenzverfahren vom 20.05.2015, ABl. L 141, 19)
GeschGeh-RL	Geschäftsgeheimnis-Richtlinie (RL [EU] 2016/943 über den Schutz vertraulichen Know-hows und vertraulicher Geschäftsinformationen [Geschäftsgeheimnisse] vor rechtswidrigem Erwerb sowie rechtswidriger Nutzung und Offenlegung vom 08.06.2016, ABl. L 157, 1)
IAS	International Accounting Standard

InfoSoc-RL	RL (EG) 2001/29 zur Harmonisierung bestimmter Aspekte des Urheberrechts und der verwandten Schutzrechte in der Informationsgesellschaft vom 22.05.2001, ABl. L 167, 10
JIPITEC	Journal of Intellectual Property, Information Technology and Electronic Commerce Law
LugÜ	Lugano-Übereinkommen (Übereinkommen über die gerichtliche Zuständigkeit und die Anerkennung und Vollstreckung von Entscheidungen in Zivil- und Handelssachen vom 30.10.2007, ABl. 2009 L 147, 5).
Nachr. f. Dokum.	Nachrichten für Dokumentation
OdW	Ordnung der Wissenschaft
ProdHaft-RL	Produkthaftungs-Richtlinie (RL 85/374/EWG des Rates vom 25.07.1985 zur Angleichung der Rechts- und Verwaltungsvorschriften der Mitgliedstaaten über die Haftung für fehlerhafte Produkte
PU	Philosophische Untersuchungen
RDi	Recht Digital
RDIPP	Rivista di diritto internazionale privato e processuale
Rom I-VO	VO (EG) 593/2008 über das auf vertragliche Schuldverhältnisse anzuwendende Recht („Rom I") vom 17.06.2008, ABl. L 177, 6
Rom II-VO	VO (EG) 864/2007 über das auf außervertragliche Schuldverhältnisse anzuwendende Recht („Rom II") vom 11.07.2007, ABl. L 199, 40
RuZ	Recht und Zugang
UCC	Uniform Commercial Code (Vereinigte Staaten)
U. Pa. L. Rev.	University of Pennsylvania Law Review
WCT	WIPO Copyright Treaty (WIPO-Urheberrechtsvertrag) vom 20.12.1996, BGBl. 2003 II S. 755
ZWeR	Zeitschrift für Wettbewerbsrecht

Einleitung

Es ist inzwischen eine Binsenweisheit, dass Daten von unschätzbarem Wert sind.[1] Dies unterstreicht ein Blick auf das Ranking der wertvollsten Unternehmen der Welt. Dieses wird seit geraumer Zeit von Tech-Giganten dominiert, deren Wertschöpfung zu einem Großteil auf der Verarbeitung riesiger Datenmengen beruht. Aber sind es wirklich Gebilde aus Nullen und Einsen, die diesen Unternehmen eine schier übermächtige Dominanz verleihen? Die Antwort hierauf lautet: Nein. Denn den eigentlichen Wert verkörpern nicht die Daten selbst, sondern die sich dahinter verbergende *Information*.[2] Sie liefert nützliche Erkenntnisse etwa über das Konsumverhalten einer Person, den Verschleißzustand einer Maschine, die aktuelle Verkehrslage etc. Folglich ist sie die Grundlage für die zielgruppenspezifische Bewerbung eines Produkts, die vorausschauende Wartung einer Maschine und die Anzeige der schnellsten Route. Neu an dieser Entwicklung ist indes nicht die Information als solche – sie existiert seit Langem. Erst der technische Fortschritt gestattete es allerdings, in großem Umfang Nutzen aus ihr zu ziehen. Anders als früher ist es mithilfe informationsverarbeitender Systeme nunmehr möglich, große Mengen an Information zu erheben, zu verarbeiten und zu speichern.[3] Die dafür verantwortliche Digitaltechnik durchdringt seither unaufhaltsam sämtliche Lebens- und Wirtschaftsbereiche und hat das Erscheinungsbild der Information innerhalb kürzester Zeit revolutioniert: Sie begegnet uns immer öfter digital in Form von Daten.[4] Dieser Paradigmenwechsel ist Ausdruck eines schon länger anhaltenden Entmaterialisierungstrends[5], der

---

[1] Die vorliegende Arbeit verzichtet nur aus Gründen der besseren Lesbarkeit auf eine geschlechtsneutrale Sprache. Sämtliche Formulierungen beziehen sich gleichermaßen auf alle Geschlechter.

[2] Vgl. nur *Steinrötter*, in: Specht-Riemenschneider, Digitaler Neustart, S. 17 (24–26); ferner *Hoppen*, CR 2015, 802 (804).

[3] Instruktiv dazu ist etwa das mit „Datafizierung" betitelte Kapitel von *Mayer-Schönberger/Cukier*, Big Data, S. 95–124.

[4] *Zech*, Information als Schutzgegenstand, S. 167–174, bezeichnet diese Entwicklung als *Abstraktion* von Information.

[5] BeckOGK BGB/*Lieder*, Stand: 01.09.2022, § 398 BGB Rn. 14.

es mit sich bringt, dass materielle Wirtschaftsgüter zunehmend an Bedeutung verlieren.[6]

In Anbetracht dessen überrascht, dass immaterielle Vermögenswerte als Kreditsicherheit nach wie vor fast überhaupt keine Rolle spielen.[7] Häufig haben Unternehmen aber schon jetzt Probleme, dem potenziellen Kapitalgeber ausreichende Sicherheiten zur Verfügung zu stellen.[8] Dies führt notgedrungen zum Scheitern der Kreditverhandlungen. Die Lage wird sich angesichts der Diskrepanz zwischen dem schwindenden Einfluss materieller Güter auf der einen und ihrer anhaltend großen Bedeutung als Kreditsicherheit auf der anderen Seite in Zukunft weiter zuspitzen. Es steht damit zu erwarten, dass der Finanzierungsbedarf von Unternehmen immer öfter ungedeckt bleiben wird. Die Coronapandemie brachte unerwartet Dynamik in das Geschehen. Sie hat nicht nur die ohnehin angespannte Liquiditätsausstattung vieler Unternehmen verschärft, was die Kreditnachfrage spürbar ansteigen ließ.[9] Obendrein dürfte sie wohl auch verantwortlich dafür gewesen sein, dass Kreditsicherheiten zusätzlich an Bedeutung gewonnen haben.[10] Neben diesen ephemeren Effekten hatte die Coronapandemie aber vor allem nachhaltigen Einfluss auf den beschriebenen Entmaterialisierungsprozess, indem sie die bisherige Entwicklung weiter beflügelt hat.

Diese knappe Tour d'Horizon demonstriert die Notwendigkeit, alternative Sicherungsinstrumente in Betracht zu ziehen. Angesichts ihres enormen Vermögenswerts stellt sich unweigerlich die Frage, ob digitale Information als Kreditsicherheit nutzbar gemacht werden kann.[11] Von ihrem Einsatz als Kreditsicherheit würden nicht nur kapitalbedürftige Unternehmen profitieren. Umgekehrt

---

[6] So schon *Hoeren*, NJW 1998, 2849.

[7] *Bittelmeyer/Ehrhart/Mark u. a.*, in: Keuper/Vocelka/Häfner, Die moderne Finanzfunktion, S. 250 (264).

[8] Vgl. zu diesem Befund *Zimmermann*, KfW Unternehmensbefragung 2016, S. 10.

[9] *Gerstenberger*, KfW Unternehmensbefragung 2021, S. 7–9. Die Kreditnachfrage ging zwischenzeitlich zurück, stieg zuletzt aber wieder leicht an, vgl. *Schoenwald*, KfW-ifo-Kredithürde: Oktober 2022, S. 1.

[10] Dies legen empirische Befunde aus den USA nahe. Dort war der besicherte Anteil an Kreditforderungen in rezessiven Wirtschaftsphasen höher, *Rajan/Winton*, The Journal of Finance 50 (1995), 1113 (1135); zum Ganzen s. ferner *Bigus/Langer/Schiereck*, ZBB 2004, 465 (470). Eine Entspannung ist nicht in Sicht. Im Gegenteil dürften die negativen wirtschaftlichen Folgen des Ukraine-Kriegs den Status quo weiter zementieren. Damit korrespondiert das Ergebnis einer Befragung, wonach für den Mittelstand die Hürde, einen Kredit zu bekommen, Ende 2022 ein Rekordhoch erreicht hat, vgl. dazu *Schoenwald*, KfW-ifo-Kredithürde: Oktober 2022, S. 1.

[11] Pauschal negierend hingegen *Obermüller*, Insolvenzrecht in der Bankpraxis, Rn. 6.408, der digitale Information als Kreditsicherungsmittel von vorneherein nicht in Betracht zieht, weil „Daten […] nur in ungewöhnlichen Ausnahmefällen einen Wert für einen Kreditgeber darstellen."

gewänne die Kreditfinanzierung auch für die kapitalgebenden Banken an Attraktivität und würde zugleich langfristig ihre Wettbewerbsfähigkeit gegenüber konkurrierenden Finanzierungsinstrumenten sichern. Nicht zuletzt wäre der Einsatz von digitaler Information als Kreditsicherheit – etwa weil dadurch Innovationen ermöglicht würden – auch im gesamtgesellschaftlichen Interesse.

I. Eingrenzung des Themas

Die vorliegende Untersuchung geht der Frage nach, ob digitale Information als Kreditsicherheit herangezogen werden kann. Da digitale Information mit einem für die Kreditsicherung relevanten Vermögenswert nicht in der Hand von Einzelpersonen denkbar ist, konzentriert sich die Arbeit auf die Kreditfinanzierung von Unternehmen. Die Nutzbarmachung des Vermögenswerts digitaler Information im Rahmen der Kreditsicherung ist darüber hinaus nur von Interesse, soweit sie das kreditbegehrende Unternehmen zum Gegenstand einer Realsicherheit machen kann. Keine Berücksichtigung finden folglich sämtliche Formen der Interzession.[12] Ausgeblendet bleiben ferner Fragestellungen, die die Digitalisierung der Kreditfinanzierung im Allgemeinen[13] betreffen und die sich unter dem Schlagwort FinTech[14] zusammenfassen lassen. Gewiss ist digitale Information auch für dieses Themenfeld von enormer Bedeutung, etwa im Zusammenhang mit der algorithmenbasierten Entscheidung über die Kreditvergabe.[15] Wiederum geht es allerdings nicht unmittelbar um ihren Einsatz als Kreditsicherheit. Die vorliegende Arbeit orientiert sich daher am tradierten Leitbild der Kreditsicherung, wonach der Kapitalgeber (regelmäßig ein Kreditinstitut) zur Absicherung des Kreditrisikos Sicherheiten verlangt. Dies impliziert schließlich, dass sich die Untersuchung auf rechtsgeschäftlich bestellte Kreditsicherheiten beschränkt. Keine Berücksichtigung findet folglich die – gleichwohl nicht minder interessante – Frage, inwieweit digitale Information Gegenstand von kraft Gesetzes entstehenden Sicherheiten, etwa dem Werkunternehmerpfandrecht, sein kann.[16]

---

[12] Das beträfe etwa den Fall, dass ein Unternehmen, das einen wertvollen Bestand an digitaler Information zu seinem Vermögen zählt, sich für einen Kreditschuldner verbürgt.

[13] Zum Einfluss des Internet of Things und der Industrie 4.0 auf Kreditfinanzierungen *Hüther/Danzmann*, BB 2017, 834 ff. sowie *dies.*, BB 2017, 2693 ff.

[14] Die damit zusammenhängenden Rechtsfragen behandelt etwa *Spindler*, in: Faust/Schäfer, Zivilrechtliche und rechtsökonomische Probleme des Internet und der künstlichen Intelligenz, S. 163 ff. S. ferner das von *Möslein/Omlor* herausgegebene FinTech-Handbuch.

[15] S. dazu beispielsweise *Škorjanc*, in: Taeger, DSRITB 2019, S. 47 ff.

[16] Angesichts des eingangs beschriebenen Entmaterialisierungstrends gewinnt diese Frage in Zukunft gleichermaßen an Bedeutung. Dies verdeutlicht ein Fall, den der Court of Appeal (England und Wales) zu entscheiden hatte (*Your Response Ltd v Datateam Business Media Ltd*

II. Stand der Forschung und Forschungsbedarf

Umfassend dem Phänomen *Information* hat sich in jüngerer Vergangenheit *Zech*[17] gewidmet. Sein Interesse galt vor allem der Zuweisung durch Ausschließlichkeitsrechte. Den Einsatz von Immaterialgüterrechten als Kreditsicherungsmittel hat zuletzt *Picht*[18] umfassend untersucht. Hieran wird im Rahmen der vorliegenden Untersuchung anzuknüpfen sein. Während *Zech* den gesamten Facettenreichtum von Information beleuchtete, verengte *Wagner* bereits einige Zeit zuvor seinen Blick auf binäre Information und untersuchte dabei – soweit ersichtlich erstmals, allerdings auch nur am Rande – ihre Eignung als Kreditsicherheit.[19] In jüngerer Zeit haben mehrere Autoren den Einsatz von Daten als Kreditsicherheit ins Spiel gebracht.[20] Was bislang fehlt, ist eine Untersuchung, die sich dem Einsatz von digitaler Information als Kreditsicherheit umfassend widmet. Auch die Arbeit *Schulzes*[21] vermag an diesem Status quo nichts zu ändern, da der Betrachtung ein ausschließliches Recht an Daten zugrunde gelegt wird, das es – wie noch zu zeigen sein wird – in dieser Form nicht gibt.

III. Gang der Darstellung

Die Untersuchung beginnt mit der Begriffsbildung digitaler Information. Zu diesem Zweck wird zunächst ein Überblick über das Phänomen *Information* sowie dem Einfluss der Digitaltechnik gegeben. Anschließend wird gezeigt, dass digitale Information ein wertvolles Gut ist, das insbesondere in der heutigen Internetökonomie unverzichtbar ist. Der erste Teil liefert abschließend Gründe dafür, den Vermögenswert digitaler Information zur Kreditsicherung heranzuziehen. Der

---

[2014] EWCA Civ 281). Dabei ging es um die Frage, ob dem mit der Pflege einer Datenbank beauftragten Werkunternehmer ein Pfandrecht an der Datenbank zusteht. Anders als noch der High Court verneinte dies der Court of Appeal und begründete seine Entscheidung damit, dass ein gesetzliches Pfandrecht ausschließlich an beweglichen Sachen (*tangible property*) entstehen könne.

[17] *Zech*, Information als Schutzgegenstand.
[18] *Picht*, Vom materiellen Wert des Immateriellen.
[19] *Wagner*, Binäre Information, S. 312–314.
[20] *Beurskens*, in: Domej/Dörr/Hoffmann-Nowotny u.a., Einheit des Privatrechts, S. 443 (469): „,Sicherungsübereignung' an Daten"; *Klammer*, Dateneigentum, S. 243–261; *Riehm*, in: Hornung, Rechtsfragen der Industrie 4.0, S. 73 (92); *Steinrötter*, MMR 2017, 731 (736); eingehender dagegen schon *Westermann*, WM 2018, 1205 ff.; vgl. ferner *Schäfer*, in: Faust/Schäfer, Zivilrechtliche und rechtsökonomische Probleme des Internet und der künstlichen Intelligenz, S. 79.
[21] *S. Schulze*, Daten als Kreditsicherungsmittel mit Bestand in der Insolvenz.

zweite Teil beleuchtet den Einsatz digitaler Information als Kreditsicherheit. Dazu wird zunächst untersucht, inwieweit digitale Information Gegenstand ausschließlicher Rechte ist. In einem weiteren Schritt wird der Grundstein für die Besicherung digitaler Information gelegt, wobei allen voran ihre Sicherungstauglichkeit eine Rolle spielen wird. Anschließend werden schwerpunktmäßig verschiedene Möglichkeiten untersucht, wie sich digitale Information als Kreditsicherheit einsetzen lässt. Der dritte Teil betrachtet anschließend die Sicherungsphase. Dabei ist aufgrund der Fragilität digitaler Information nicht nur von großem Interesse, inwieweit der Sicherungsnehmer vor ihrem Verlust bzw. ihrer Offenlegung geschützt ist. Fraglich ist insbesondere, ob sich die als Sicherheit eingesetzte digitale Information auch gegen Zwangsvollstreckungsmaßnahmen anderer Gläubiger und in der Insolvenz des Sicherungsgebers behaupten kann. Der vierte Teil dehnt schließlich den Blick auf die Besicherung im internationalen Kontext aus, bevor die Untersuchung am Ende die wesentlichen Ergebnisse zusammenfasst und einen Ausblick wagt.

Erster Teil

Grundlegung

Die Komplexität digitaler Information macht zunächst eine begriffliche Klärung erforderlich (§ 1). Anschließend werden ihre charakteristischen Eigenschaften näher beleuchtet und gezeigt, dass digitale Information ein wertvolles Gut ist (§ 2). Im letzten Abschnitt werden Gründe angeführt, warum es opportun ist, digitale Information als Kreditsicherungsmittel nutzbar zu machen (§ 3).

§ 1 Begriffsbildung digitaler Information

Jede Untersuchung muss ihren Betrachtungsgegenstand definieren. Das ist allerdings kein leichtes Unterfangen, weil (nicht nur) die Rechtswissenschaft bislang keine klare Vorstellung davon hat, was eigentlich unter dem Begriff *Information* zu verstehen ist. Völlig zu Recht wird beklagt, es werde „viel zu undifferenziert von ‚Informationen' gesprochen"[1]. Paradigmatisch für diesen Befund ist, dass die Begriffe Informationen und Daten von einigen Autoren synonym verwendet werden,[2] während andere die Sinnverwandtschaft in Abrede stellen.[3] Wieder andere Autoren[4] verzichten deshalb ganz bewusst auf eine Definition des Informationsbegriffs. Die wenigen Ausnahmen[5] verfestigen den Eindruck, dass die Rechtswissenschaft dem Phänomen Information bislang viel zu wenig Aufmerksamkeit geschenkt hat.[6] Die nachfolgende Begriffsbildung von digitaler Information soll daher zugleich einen Beitrag zur Vereinheitlichung des Begriffsverständnisses von Information insgesamt leisten und so den zukünftigen Diskurs erleichtern. Die Einlösung dieses Anspruchs erfordert zunächst eine Auseinandersetzung mit dem Informationsbegriff selbst. Damit ist zugleich der Grundstein gelegt, um im Anschluss ausgehend von der technischen Entwicklung die Definition digitaler Information vornehmen zu können.

---

[1] Fromm/Nordemann/*Czychowski*, Vor §§ 87a–e UrhG Rn. 37.
[2] Zuletzt etwa *Leistner/Antoine/Sagstetter*, Big Data, S. 14 Fn. 33 sowie *Spiecker gen. Döhmann*, FS Taeger, S. 473 (474) Fn. 3. Auch der Gesetzgeber verwendet die Begriffe an vielen Stellen synonym, so etwa in § 2 Abs. 3 UIG und § 2 Abs. 1 S. 1 VIG. Das prominenteste Beispiel ist aber wohl das Datenschutzrecht, vgl. nur Art. 4 Nr. 1 DS-GVO und § 46 Nr. 1 BDSG. Teilweise wird Information auch mit Nachricht gleichgesetzt, vgl. *Beater*, UFITA 2005, 339 ff. mit Verweis auf RGZ 128, 330 – *Rundfunknachricht*.
[3] Zuletzt etwa *Steinrötter*, FS Taeger, S. 491 (492). Grundlegend *Zech*, Information als Schutzgegenstand, S. 35–45.
[4] So etwa *Fiedler*, JuS 1970, 603 (604); ausdrücklich *Steinmüller*, DVR 1972, 113 (117): „Information bleibe ein undefinierter Grundbegriff."
[5] Hervorzuheben sind insbesondere: *Druey*, Information, *Godt*, Eigentum an Information (allerdings mit starkem patentrechtlichen Einschlag), *Mayer-Schönberger*, Information und Recht sowie zuletzt *Zech*, Information als Schutzgegenstand.
[6] *Kilian*, CR 2017, 202 (210).

I. Prolegomena zum Begriff der Information

> „What is Information? Although the question may appear rhetorical, there is a sense in which the answer is that nobody really knows."[7]

Wittgenstein hat mit seinen Sprachspielen darauf aufmerksam gemacht, dass allein die Verwendung eines gemeinsamen Begriffs nicht bedeutet, dass den Designaten etwas gemeinsam sein muss.[8] Wie sich noch zeigen wird, ist der Informationsbegriff geradezu paradigmatisch dafür. Um seinen verschiedenen Bedeutungen auf die Spur zu kommen, werden nachfolgend keine Sprachspiele gespielt. Dennoch greift die Untersuchung einzelne Bedeutungszusammenhänge des Informationsbegriffs heraus, die Grundlage für die spätere Begriffsdefinition sein werden.

1. Bedeutung von Information im Alltag

Wir leben im Informationszeitalter.[9] Wie allgegenwärtig Information ist, lässt ein Blick auf die nachstehend wiedergegebene Wortverlaufskurve[10] erahnen, die einen Anhaltspunkt für die Verwendungshäufigkeit des Begriffs in den letzten 150 Jahren liefert:

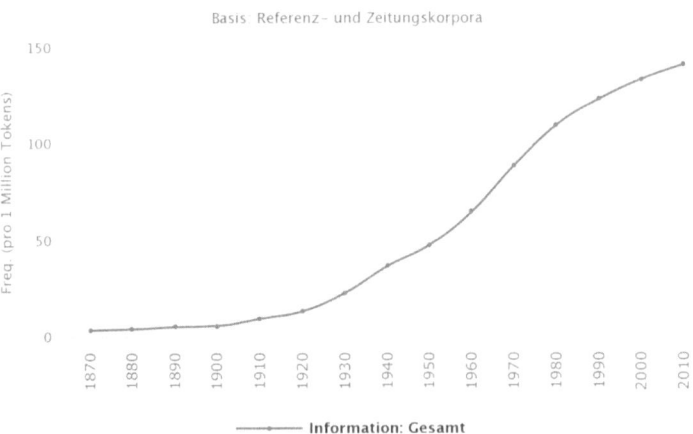

Abb. 1: Wortverlaufskurve (geglättete Ansicht) für „Information" im Zeitraum von 1870 bis einschließlich 2018.

---

[7] *Martin*, The Global Information Society, S. 17.
[8] *Wittgenstein*, PU 7, 66.
[9] Vgl. nur *Boyle*, 47 Duke L.J. 87 (1997).
[10] DWDS-Wortverlaufskurve für „Information", erstellt durch das Digitale Wörterbuch der

Obwohl die Blütezeit des Informationsbegriffs – wie die Abbildung eindrucksvoll nahelegt – eng mit der Entstehung der Informationsgesellschaft[11] verzahnt ist, wurzelt er im klassischen Latein.[12] Das Verb *informare*, auf das er zurückgeht, bedeutet wörtlich *in eine Form bringen*.[13] Ins Deutsche übernommen wurde lediglich die übertragene Bedeutung im Kontext der Wissensvermittlung. Informieren bedeutete ursprünglich die Unterrichtung durch einen Lehrer.[14] Im Laufe der Zeit ging das pädagogische Element verloren und das Begriffsverständnis von Information verengte sich auf die heute bekannten Bedeutungen:[15]

1) das Informieren; Unterrichtung über eine bestimmte Sache
2a) [auf Anfrage erteilte] über alles Wissenswerte in Kenntnis setzende, offizielle, detaillierte Mitteilung über jemanden, etwas
2b) Äußerung oder Hinweis, mit dem jemand von einer [wichtigen, politischen] Sache in Kenntnis gesetzt wird
3) Auskunft

Die Popularität des Informationsbegriffs ist nicht zuletzt bedingt durch den wissenschaftlichen Diskurs.[16] Er ist Gegenstand des nachfolgenden Abschnitts.

---

deutschen Sprache, abrufbar unter: https://www.dwds.de/r/plot/?view=1&corpus=public&norm=date%2Bclass&smooth=spline&genres=0&grand=1&slice=10&prune=0&window=3&wbase=0&logavg=0&logscale=0&xrange=1870%3A2018&q1=Information (zuletzt abgerufen: 30.11.2022). Eine vergleichbare Verlaufskurve lässt sich mit dem Google Books Ngram Viewer (https://books.google.com/ngrams) erzielen. Für eine Gegenüberstellung mit anderen Sprachen s. die Verlaufskurve bei *Völz*, Grundlagen und Inhalte der vier Varianten von Information, S. 2.

[11] Der Begriff wird meist *Bell*, The Coming of Post-Industrial Society, New York 1973, attribuiert, s. *Dreier*, FS Ullrich, S. 35 (36). Näher zu den Charakteristika der Informationsgesellschaft *Brockhaus Enzyklopädie Online*, Lemma: Informationsgesellschaft, abrufbar unter: https://brockhaus.de/ecs/enzy/article/informationsgesellschaft (zuletzt abgerufen: 30.11.2022); Dürig/Herzog/Scholz/*Grabenwarter*, Art. 5 Abs. 1, Abs. 2 GG Rn. 998 m.w.N.; Kloepfer/*Neun*, Informationsrecht, § 1 Rn. 1–3; *Mayer-Schönberger*, Information und Recht, S. 4–7; *Tinnefeld*, FS Fiedler, S. 67 (68 f.). Seltener und teilweise andere Akzente setzend ist der Begriff Wissensgesellschaft, dazu *Lederer*, Open Data, S. 157–159.

[12] Die etymologischen und ideengeschichtlichen Spuren des Informationsbegriffs lassen sich sogar bis Platon und Aristoteles zurückverfolgen. Eingehend zur Begriffsgeschichte *Capurro*, Information, S. 16–139.

[13] *Kluge*, Etymologisches Wörterbuch der deutschen Sprache, Lemma: informieren.

[14] Noch bis ins 19. Jahrhundert wurde der Hauslehrer als Informator bezeichnet, *Seiffert*, Information, S. 28.

[15] *Seiffert*, Information, S. 28 f. Die nachfolgenden Bedeutungen sind entnommen von *Duden online*, Lemma: Information, abrufbar unter: https://www.duden.de/rechtschreibung/Information (zuletzt abgerufen: 30.11.2022).

[16] *Rechenberg*, Informatik Spektrum 2003, 317 (317 f.); *Ropohl*, EuS 2001, 3 (6).

2. Der Informationsbegriff in der Wissenschaft

Der gesamte Facettenreichtum des Informationsbegriffs offenbart sich, wenn man das vertraute Terrain der Alltagssprache verlässt und einen Blick auf die Bedeutung in der Wissenschaft wirft. Mit einiger Ernüchterung wird man rasch feststellen, dass es einen einheitlichen Informationsbegriff nicht gibt.[17] Vielmehr hat sich in nahezu jeder denkbaren Wissenschaftsdisziplin inzwischen ein eigenes Verständnis von Information entwickelt.[18] Freilich hat es nicht an Versuchen gefehlt, das Begriffsverständnis zu vereinheitlichen.[19] Indes werden auch zukünftige Bestrebungen daran scheitern, dass sich die unterschiedlichen Informationsbegriffe auf zwei oppositäre Grundkonzeptionen[20] zurückführen lassen, die einander unvereinbar gegenüberstehen. Die Dichotomie nahm ihren Ursprung auf dem Gebiet der Nachrichtentechnik, die – einem Optimierungsbedürfnis folgend – erstmals eine statistische Definition von Information hervorbrachte.[21] Da sich der Bedeutungsgehalt einer Nachricht allerdings nicht quantifizieren lässt, erzwang sie die Außerachtlassung aller semantischen Aspekte und setzte sich

---

[17] *Zech*, Information als Schutzgegenstand, S. 13. Treffend *Wersig*, Information, S. 28: „Informationsbegriffe gibt es nahezu so viele, wie es Autoren gibt, die darüber schreiben." Aus neuerer Zeit etwa *Burgin*, Theory of Information, S. 52 und *Johannsen*, Information, S. 9. *Ott*, Information, S. 333–339 listet 80 verschiedene Informationsbegriffe; *Mackeprang*, Informationsbegriff, S. 2, 88 zählt gar 121 verschiedene Informationsbegriffe.

[18] Dies prophezeite bereits *Shannon*, Transactions of the IRE Professional Group on Information Theory 1 (1953), 105: „It is hardly to be expected that a single concept of information would satisfactorily account for the numerous possible applications of this general field." Exemplarisch tragen die Informationswissenschaft, die Informationstheorie und die Informatik die Information sogar in ihrem Namen. Dennoch versteht jede Disziplin etwas anderes unter dem Begriff.

[19] Aus den Anfängen s. etwa die Interdisciplinary Messages in *Machlup/Mansfield*, The Study of Information; aus neuerer Zeit s. die Beiträge in *Kornwachs/Jacoby*, Information und in *Hofkirchner*, The Quest for a Unified Theory of Information; vgl. ferner die Hauptartikel von *Janich*, EuS 1998, 169 ff. und *Ropohl*, EuS 2001, 3 ff. sowie die jeweiligen Kritiken; zuletzt s. *Burgin*, Theory of Information, die Beiträge in *Burgin/Hofkirchner*, Information Studies and the Quest for Transdisciplinarity und in *Fritz/Schaback*, Die Natur der Information. Alle Versuche, einen einheitlichen Informationsbegriff zu etablieren, sind gescheitert. Statt aller *Brödner*, FS Fuchs-Kittowski II, S. 297 (301).

[20] Diese Sichtweise teilt im Wesentlichen auch das juristische Schrifttum, s. *Beyer*, FS 25 Jahre BPatG, S. 189 (194), der zwischen einem quantitativen, mengenmäßigen und einem qualitativen, nach Sinn und Bedeutung fragenden Aspekt differenziert; vgl. ferner *Dreier*, FS Ullrich, S. 35 (40 f.); *Mayer-Schönberger*, Information und Recht, S. 10–19; *Wagner*, Binäre Information, S. 122–125; wohl auch *Wiebe*, in: Fiedler/Ullrich, Information als Wirtschaftsgut, S. 93 (100 f.); stärker differenzierend *Druey*, Information, S. 3–26 sowie *Zech*, Information als Schutzgegenstand, S. 13–34.

[21] Grundlegend *Shannon*, The Bell System Technical Journal 27 (1948), 379 ff. und ders., The Bell System Technical Journal 27 (1948), 623 ff.

damit deutlich in Widerspruch zum Alltagsverständnis von Information.[22] Jenseits der statistischen Zwänge in den Natur- und Technikwissenschaften hat sich demgegenüber – im Einklang mit dem Begriffsverständnis im Alltag – ein semiotisches Verständnis etabliert, in welchem der Bedeutungsaspekt von Information im Vordergrund steht. Aufgrund des der Darstellungsform geschuldeten Technikbezugs von digitaler Information wird im Folgenden neben dem semiotischen Verständnis auch das technische Begriffsverständnis von Information dargestellt.

a) Das technische Begriffsverständnis von Information

Elementar für das technisch geprägte Begriffsverständnis ist, dass Information als statistische Größe fungiert und damit unweigerlich durch Wahrscheinlichkeiten bestimmt wird. Während Wahrscheinlichkeiten die Ungewissheit über den Eintritt eines Ereignisses zum Ausdruck bringen, gibt die Information umgekehrt an, wie viel Unsicherheit beseitigt wird. Vereinfacht gesprochen ist Information damit ein Maß für die Beseitigung von Ungewissheit.[23]

---

[22] Dies trägt bis heute zu großer Verwirrung bei, s. nur *Machlup*, in: Machlup/Mansfield, The Study of Information, S. 641 (661): „The use of the word information in this sense has led to unending confusion […].``; *Weaver* spricht anschaulich von einer „semantischen Falle" [semantic trap], s. *Shannon/Weaver*, The Mathematical Theory of Communication, S. 19 [Übersetzung durch Verfasser]. Davon zu unterscheiden ist die Verwirrung, die durch eine (falsche) Information hervorgerufen wird. Sie wird als Desinformation bezeichnet, vgl. *Steinbuch*, GRUR 1987, 579 (581). Aus zivilrechtlicher Perspektive spielt insbesondere die Haftungsfrage eine Rolle, dazu *Sieber*, NJW 1989, 2569 (2576 f.), *ders.*, Jura 1993, 561 (569) sowie eingehend *Günther*, Produkthaftung für Informationsgüter. Interessant in diesem Zusammenhang ist das Urteil des EuGH in der Rs. C-65/20 – *VI/Krone*. Dabei ging es um eine falsche Gesundheitsinformation in einer Zeitung. Der EuGH qualifizierte diese als Dienstleistung und erteilte der verschuldensunabhängigen Haftung nach der ProdHaft-RL – trotz der Verkörperung in einem Druckwerk – eine Absage. Desinformation ist in den letzten Jahren zu einer ernsthaften Bedrohung demokratischer Werte geworden. Um dieser Entwicklung entgegenzuwirken, hat die Europäische Union vor Kurzem einen Aktionsplan gegen Desinformation vorgestellt (JOIN[2018] 36 final). Zur Frage, ob es sich bei Desinformation überhaupt um Information handelt *Dretske*, Knowledge and the Flow of Information, S. 45: „[…] *false* information and *mis*-information are not kinds of information – any more than decoy ducks and rubber ducks are kinds of ducks."; dagegen *Kuhlen*, in: Kuhlen/Semar/Strauch, Information und Dokumentation, S. 1 (2): „Auch eine Lüge kann eine Information sein."

[23] Obwohl dies dem Alltagsverständnis verblüffend nahekommt – auch eine Auskunft reduziert Ungewissheit – spielt die Bedeutung an dieser Stelle keine Rolle. *Zech*, Information als Schutzgegenstand, S. 14, definiert Information als Gegenteil von Unbestimmtheit.

aa) Information als Maß für die Beseitigung von Ungewissheit

Ungewissheit erfordert die Existenz von mindestens zwei Alternativen.[24] In ihrer elementarsten Form ist Information folglich die Entscheidung zwischen zwei gleich wahrscheinlichen Alternativen.[25] Dies lässt sich am einmaligen Wurf einer fairen Münze demonstrieren. Die Wahrscheinlichkeit, Kopf bzw. Zahl zu erhalten, beträgt aus Symmetriegründen jeweils genau $\frac{1}{2}$. Die Information des Ereignisses wird als Logarithmus ausgedrückt.[26] Bei nur zwei möglichen Alternativen – wie im Binärsystem – ergibt sich als logarithmische Basis die Zahl zwei. In diesem Fall erhält man die Information in bit.[27] Es gilt

$$I(E) = -\log_2 p(E),$$

d. h. die Information eines Ereignisses ist definiert als negativer Logarithmus zur Basis zwei der Wahrscheinlichkeit dieses Ereignisses.[28] Der Münzwurf liefert demnach genau 1 bit an Information.[29] Allgemein gilt, dass je unwahrscheinlicher ein Ereignis ist, umso mehr Information liefert es.[30] Ist der Eintritt eines Ereignisses bekannt, beträgt die Information null, da keine Unsicherheit beseitigt wird. Erweitert man die Ergebnismenge, führt dies zu einem Zuwachs an Information. Jede Verdopplung lässt die Informationsmenge um jeweils 1 bit ansteigen. Bei vier möglichen Ergebnissen liefert der Eintritt eines Ereignisses somit schon 2 bit, bei acht 3 bit usw. Vereinfacht ausgedrückt entspricht die Informationsmenge (d. h. die Anzahl an bits) damit genau der Anzahl möglicher Alternativen bzw. binärer Ja/Nein-Entscheidungen.[31]

---

[24] *Cherry*, Kommunikationsforschung, S. 217.

[25] *v. Weizsäcker*, Aufbau der Physik, S. 391 f.; *Wiener*, Cybernetics, S. 75.

[26] Grundlegend *Hartley*, The Bell System Technical Journal 7 (1928), 535 (538–542); *Shannon*, The Bell System Technical Journal 27 (1948), 379 (379 f.). Dies hat allein „rechenpraktische Vorzüge", *Lyre*, FS Mainzer, S. 477 (483).

[27] Bit ist eine Kontamination aus den Wörtern binary und digit und geht zurück auf *Tukey*, *Shannon*, The Bell System Technical Journal 27 (1948), 379 (380). Näher zur Geschichte des Worts *Tropp*, Annals of the History of Computing 6 (1984), 152 ff.

[28] *Schaback*, in: Fritz/Schaback, Die Natur der Information, S. 11 (12); *Zech*, Information als Schutzgegenstand, S. 19.

[29] *Johannsen*, Information, S. 28 f.; *v. Weizsäcker*, Aufbau der Physik, S. 391 f.

[30] *Zech*, Information als Schutzgegenstand, S. 19 (in Bezug auf die möglichen Zustände eines Systems).

[31] *Zech*, Information als Schutzgegenstand, S. 19. Plastisch *v. Weizsäcker*, Die Einheit der Natur, S. 46: „‚Bit' soll eine Abkürzung für ‚binary digit' sein. Aber das Wort für ‚Bissen' hat man gern für diese Abkürzung gewählt. Man kann die Menge von Information messen, wenn man weiß, wie viele einzelne Bissen man wenigstens schlucken muss, wenn man sie sich einverleiben will."

(1) Die Empfängerperspektive – Information als Gegenstand eines Kommunikationsprozesses

Dass Information Ungewissheit beseitigt, trifft auch zu, wenn man die Perspektive des Empfängers einer Nachricht im Rahmen eines Kommunikationsprozesses einnimmt. Kommunikation hat als wesentliches Element sozialer Interaktion den Austausch von Information zum Gegenstand und erfordert im einfachsten Fall einen Sender und einen Empfänger.[32] Grundlage jedes Kommunikationsprozesses ist ein gemeinsamer Vorrat an Zeichen[33], die bildhaft als „Stellvertreter der Dinge"[34] fungieren.[35] Das Gelingen der Kommunikation setzt voraus, dass zwischen Sender und Empfänger Einigkeit über die jeweilige Bedeutung des verwendeten Zeichens besteht. Ein Zeichen vermittelt daher Informationen über das Bezeichnete.[36] So kommunizieren beispielsweise Marken als Warenzeichen[37] den Abnehmern – neben der betrieblichen Herkunft – eine Vielzahl weiterer Informationen über das Produkt.[38] Damit Information vom Sender zum Empfänger gelangen kann, bedarf sie eines physikalischen Trägers. Diese Träger

---

[32] *Bentele/Bystřina*, Semiotik, S. 122–127; *Burgin*, Theory of Information, S. 256 f.; *Cherry*, Kommunikationsforschung, S. 21–29; *Druey*, in: Weber/Nagenborg/Spinner, Wissensarten, Wissensordnungen, Wissensregime, S. 71 (73) spricht von „Informationsvorgängen"; *Kloepfer/Neun*, Informationsrecht, § 1 Rn. 50; *Steinmüller*, in: ders., Informationsrecht und Informationspolitik, S. 1 (2) Fn. 1 bezeichnet Kommunikation als „zwischenmenschliche Information"; ähnlich *Zech*, Information als Schutzgegenstand, S. 30. Zu den unterschiedlichen Definitionsansätzen von Kommunikation *Wersig*, Information, S. 75–77.

[33] Zeichen sind von Anzeichen zu unterscheiden. Letztere sind Begleiterscheinungen, z.B. Rauch als Anzeichen für Feuer oder erhöhte Körpertemperatur als Anzeichen für Fieber, *Bentele/Bystřina*, Semiotik, S. 107–110. Zeichen sollten zudem von Symbolen unterschieden werden, *Cherry*, Kommunikationsforschung, S. 19.

[34] Vgl. *Locke*, Versuch über den menschlichen Verstand, S. 349 f.

[35] Zur Bedeutung von Zeichen für die Übertragung von Information *Zech*, Information als Schutzgegenstand, S. 24 f.

[36] *Bentele/Bystřina*, Semiotik, S. 96.

[37] Vor Inkrafttreten des MarkenG wurden Marken als Warenzeichen bezeichnet, vgl. § 1 Abs. 1 WZG a. F.

[38] Der EuGH hat in der Rs. C-487/07 – *L'Oréal/Bellure* ausdrücklich eine Kommunikationsfunktion der Marke anerkannt. Nach den Schlussanträgen des Generalanwalts *Mengozzi* (Rn. 54) „[…] scheint es zweifelsfrei, dass die Marke den Verbrauchern Informationen unterschiedlicher Art über die mit ihr gekennzeichneten Waren übermitteln kann. Es kann sich um Informationen handeln, die unmittelbar durch das Zeichen vermittelt werden, das die Marke bildet (z.B. Informationen über materielle Eigenschaften der Ware, die durch beschreibende Elemente vermittelt werden, die gegebenenfalls in einer komplexen Marke enthalten sind), oder häufiger um ‚gespeicherte' Informationen über die Marke infolge der Verkaufsförderung oder Werbung des Markeninhabers – z.B. Botschaften über immaterielle Eigenschaften, die das Image des Produkts oder des Unternehmens allgemein (etwa bezüglich Qualität, Verlässlichkeit, Seriosität usw.) oder speziell (z.B. bezüglich eines gewissen Stils, Luxus, Kraft) formen."

nennt man Signale.³⁹ Sie können in einem Medium gespeichert sein (etwa als Text in einem Buch, Lied auf einer Schallplatte etc.) oder sich zeitabhängig in einem Kommunikationskanal ausbreiten (etwa als Schallwellen in der Luft, elektromagnetische Wellen in einem Feld, elektrische Signale in einem Draht etc.).⁴⁰ Nahezu die gesamte Kommunikation von Information erfolgt inzwischen digital⁴¹ mithilfe informationstechnischer Systeme. Zu diesem Zweck muss sie zunächst in Binärsignale⁴² „übersetzt" werden.⁴³ Hierfür hat sich der Rückgriff auf das duale Zahlensystem bewährt, da sich die Binärziffern 0 und 1 jeweils genau einem der beiden Spannungszustände eines technischen Systems zuordnen lassen.⁴⁴ Diesen Vorgang, bei dem jedem Zeichen eine feste Kombination aus Binärziffern zugewiesen wird, bezeichnet man als Codierung.⁴⁵ Bereits mit fünf Binärziffern lassen sich alle Buchstaben des deutschen Alphabets abbilden, da

---

³⁹ Eingehend *Cherry*, Kommunikationsforschung, S. 170–215; *Garstka*, in: Steinmüller, ADV und Recht, S. 9 (14). *Steinbuch*, Maßlos informiert, S. 52, weist vor diesem Hintergrund darauf hin, dass „[g]enau genommen […] *nicht* Information übertragen, verarbeitet oder gespeichert [wird], sondern Signale […]." Falsch sei die Vorstellung, „eine Substanz ‚Information' würde vom Sender zum Empfänger expediert." Dass Information kein Gegenstand ist, der übertragen wird, entspricht vor allem der philosophischen und soziologischen Sichtweise. Danach sei „Information […] nur, was verstanden wird", *v. Weizsäcker*, Die Einheit der Natur, S. 351. Nach *Luhmann*, Soziale Systeme, S. 193 sei die Übertragungsmetapher unbrauchbar, da sie suggeriere, dass der Absender etwas übergebe, was der Empfänger erhalte. Das träfe schon deshalb nicht zu, weil der Absender nichts weggebe in dem Sinne, dass er es selbst verlöre; s. ferner *Kay*, Das Buch des Lebens, S. 42: „[…] Information [ist] keine Entität. Nachrichtenleitungen übertragen nicht Information, so wie Güterzüge Kohle transportieren."
⁴⁰ *Bentele/Bystřina*, Semiotik, S. 100.
⁴¹ Von lateinisch *digitus* = Finger. Gemeint war ursprünglich die ziffernmäßige Angabe von Zahlen im Dezimalsystem, *Seiffert*, Information, S. 46. Im Gegensatz zu analogen Signalen, die einen kontinuierlichen Verlauf haben, können digitale Signale nur diskrete Werte annehmen, *Lochmann*, Vom Wesen der Information, S. 65.
⁴² Von lateinisch *bini* = je zwei, *Seiffert*, Information, S. 46. Bei einem Binärsignal beträgt sowohl die Anzahl der physikalischen Zustände als auch die Zahlenbasis zwei, *Völz*, Grundlagen der Information, S. 18.
⁴³ Vgl. *Mainzer*, Information, S. 18. Im Prozessor eines Computers werden die alternativen Zustände mit zwei Impulsen mit jeweils unterschiedlicher Spannung realisiert.
⁴⁴ Die Idee des Rechnens im dualen Zahlensystem ist keine Erfindung des Computerzeitalters, sondern geht zurück auf *Leibniz*, der erstmals eine im dualen Zahlensystem arbeitende Rechenmaschine beschrieb, *Bauer/Goos*, Informatik 2, S. 293 f. Das hierzu verfasste Manuskript v. 15. März 1679 „De Progressione Dyadica" ist wiedergegeben bei *Greve*, in: Siemens AG, Herrn von Leibniz' Rechnung mit Null und Eins, S. 21. Für *Kilian*, CR 2017, 202 (203) ist *Leibniz* gar „Urvater der Rechtsinformatik".
⁴⁵ Eingehend *Flechtner*, Grundbegriffe der Kybernetik, S. 77–98. Den umgekehrten Prozess bezeichnet man als Decodierung, *Bauer/Goos*, Informatik 1, S. 32 f. Als weltweit bekanntester Code dürfte der Morse-Code gelten, näher dazu *v. Baeyer*, Das informative Universum, S. 133–144. Da sich Sprachen über lange Zeitspannen organisch entwickelt haben, sind sie keine Codes, da Letztere künstlich für spezielle Zwecke erfunden wurden, näher *Cherry*, Kom-

hiermit $2^5 = 32$ Zeichen codiert werden können.[46] Ein heute noch gebräuchlicher und weltweit einheitlicher, insbesondere für die Nachrichtenübertragung und Textverarbeitung wichtiger Code, ist der *American Standard Code for Information Interchange* (kurz: ASCII).[47] Da Kommunikation nur eine gemeinsame Sprache voraussetzt, müssen bei einem Informationsaustausch nicht zwangsläufig Menschen involviert sein. Auch technische Systeme können miteinander kommunizieren und Information austauschen.[48] Sie sind durch ihre Programmierung gemeinsamen Regeln unterworfen und verständigen sich metaphorisch ausgedrückt in Maschinensprache.[49]

(2) Der Informationsgehalt einer Nachricht

Da jeder Informationsaustausch im Rahmen eines digitalen Kommunikationsprozesses mit einem Übertragungsaufwand verbunden ist, besteht – aus einem ökonomischen Blickwinkel heraus betrachtet – ein großes Interesse, diesen möglichst gering zu halten.[50] Daraus folgt unmittelbar das Bedürfnis, die mithilfe einer Nachricht übermittelte Information quantitativ zu bestimmen. Dies gelang erstmals *Shannon*, der mit seinen Arbeiten[51] den Grundstein für die Informationstheorie[52] legte.[53] Soll eine Nachricht mithilfe eines Vorrats an n Zeichen übertragen wer-

---

munikationsforschung, S. 19 f., 130 sowie *Flechtner*, Grundbegriffe der Kybernetik, S. 56. Anders *Zech*, Information als Schutzgegenstand, S. 24.

[46] *Lochmann*, Vom Wesen der Information, S. 72. Streng genommen würden sogar vier Ziffern ausreichen, wenn nicht jeder Buchstabe dieselbe Anzahl an Ziffern hätte, *Seiffert*, Information, S. 38 f.

[47] *Schwarz/Kruspig*, Computerimplementierte Erfindungen, Rn. 1020; s. auch *Mainzer*, Information, S. 9.

[48] Vgl. *Burgin*, Theory of Information, S. 256–268; *Cherry*, Kommunikationsforschung, S. 52, 77–90, 260.

[49] Vgl. *Mainzer*, Information, S. 10.

[50] Das bringt *Wiener*, Cybernetics, S. 18, auf den Punkt: „If only one contingency is to be transmitted, then it may be sent most efficiently […] by sending no message at all."

[51] S. dazu bereits oben Fn. 21.

[52] Die Informationstheorie interessiert sich ausschließlich für den technischen Aspekt der Nachrichtenübertragung in einem Kommunikationskanal, statt aller *Lyre*, Informationstheorie, S. 12–34. Sie beansprucht infolgedessen gerade nicht, „sich spezifisch dem Phänomen der Information zu widmen", so aber *Druey*, Information, S. 5. Dazu stellt *Zemanek*, FS Ganzhorn, S. 17 (21) fest: „Die Informationstheorie ist nicht die Theorie der Information, und gerade Fachleute angrenzender Gebiete sind scharenweise von dem unpassenden Namen getäuscht worden." Wie die Titel der Originalarbeiten belegen, handelt es sich eigentlich um eine Kommunikationstheorie, die in der Folgezeit fälschlicherweise als Informationstheorie bezeichnet wurde, *Wersig*, Information, S. 26. Nach *Weizenbaum*, FS Fuchs-Kittowski I, S. 233 (237) soll *Shannon* sogar selbst bedauert haben, „dass das Wort Information in die Informationstheorie hineingekrochen ist." *Garstka*, in: Steinmüller, ADV und Recht, S. 9 (15) befürwortet deshalb eine Umbenennung.

[53] *Kornwachs/Jacoby*, in: dies., Information, S. 1 bezeichnen die Arbeit *Shannons* als Geburtsstunde der Informationstheorie; *Zech*, Information als Schutzgegenstand, S. 26.

den, sind hierfür $\log_2 n$ Binärziffern erforderlich.[54] Ist die Wahrscheinlichkeit, dass ein bestimmtes Zeichen aus dem gemeinsamen Zeichenvorrat ausgewählt wird, für jedes Zeichen gleich (also $\frac{1}{n}$), ergibt sich unter Zugrundelegung des oben Gesagten unwillkürlich, dass die mit der Nachricht übertragene Informationsmenge gleich der Anzahl an übertragenen 0/1-Entscheidungen ist.[55] In diesem Fall entspricht der durchschnittliche Informationsgehalt eines übertragenen Zeichens – auch Entropie[56] der Nachrichtenquelle genannt – genau der für seine Übertragung notwendigen Anzahl an Binärziffern.[57] Von Bedeutung ist der Informationsgehalt einer Nachricht vor allem dann, wenn manche Zeichen häufiger vorkommen als andere, wie dies etwa bei Buchstaben in einem Alphabet der Fall ist.[58] Der Informationsgehalt I eines Zeichens folgt wiederum aus dem negativen Zweierlogarithmus der relativen Häufigkeit des Zeichens. Es gilt:[59]

$$I = \log_2 \left(\frac{1}{p_i}\right) = -\log_2(p_i).$$

Der Informationsgehalt eines Zeichens lässt sich damit als Maß für die bei seinem Empfänger beseitigte Ungewissheit interpretieren.[60] Hat das verwendete Zeichen eine hohe Auftrittswahrscheinlichkeit, ist sein Informationsgehalt gering. Umgekehrt ist ein Zeichen umso informativer, je seltener es ist. Die Entropie ist wichtig für die Optimierung des Übertragungsaufwands. Mit ihrer Hilfe lässt sich die Redundanz einer Nachrichtenquelle reduzieren, indem man jedem Zeichen unter Berücksichtigung seiner relativen Häufigkeit eine entsprechend kürzere bzw. längere Bitsequenz zuordnet.[61]

---

[54] *Schönhammer*, in: Fritz/Schaback, Die Natur der Information, S. 27 (30).

[55] Man braucht folglich nur die einzelnen „Bits" abzuzählen, vgl. *ders.*, in: Fritz/Schaback, Die Natur der Information, S. 27 (30).

[56] Den Begriff Entropie wählte *Shannon* auf Anraten v. *Neumanns* wegen der Ähnlichkeiten zur thermodynamischen Entropie, *Tribus/McIrvine*, Scientific American 225 (1971), 179 (180).

[57] *Bauer/Goos*, Informatik 1, S. 332.

[58] So tritt der am häufigsten vorkommende Buchstabe e in deutschsprachigen Texten mit einer relativen Häufigkeit von 17,48 % auf, der seltenste Buchstabe q dagegen nur mit einer relativen Häufigkeit von 0,02 %, *Bauer*, Entzifferte Geheimnisse, S. 304.

[59] *Schönhammer*, in: Fritz/Schaback, Die Natur der Information, S. 27 (31). Für die Buchstaben e und q ergibt sich daraus ein Informationsgehalt von rund 2,52 bzw. 5,64 bit. Der mittlere Informationsgehalt eines Buchstabens der deutschen Sprache beträgt rund 4,1 bit.

[60] Für den Informationsgehalt einer Nachricht ist ihre Bedeutung völlig belanglos, s. *Shannon/Weaver*, The Mathematical Theory of Communication, S. 8: „In fact, two messages, one of which is heavily loaded with meaning and the other of which is pure nonsense, can be exactly equivalent [...] as regards information."

[61] Dies erkannte auch *Morse*, indem er den häufigsten Buchstaben die kürzesten Zeichen zuordnete, *Seiffert*, Information, S. 39–41.

bb) Information als Ordnungsmaß eines Systems

Die Entropie *Shannons* wird häufig mit der thermodynamischen Entropie in Verbindung gebracht.[62] Grundlegend hierfür ist, dass geschlossene Systeme[63] fortwährend einen Gleichgewichtszustand anstreben.[64] Dies lässt sich anhand einer vergessenen Tasse Kaffee illustrieren: Nach einer gewissen Zeit hat sich der Inhalt der Tasse auf die ihn umgebende Zimmertemperatur abgekühlt, die sich ihrerseits aufgrund der Flüssigkeitswärme minimal erhöht hat.[65] Eine äquivalente Beschreibung dieses Vorgangs ist, dass die Entropie in einem geschlossenen System stetig zunimmt.[66] Entropie lässt sich rudimentär mit Unordnung gleichsetzen, da die Ordnung eines Systems mit zunehmender Gleichverteilung abnimmt.[67] Die Entropie eines Systems spiegelt folglich die Menge an über das System zur Verfügung stehender Information wider.[68] Je näher ein System dem thermodynamischen Gleichgewicht ist, desto weniger aktuelle Information liegt über seine konkrete Zusammensetzung vor.[69] Entropie lässt sich daher auch als Zustand fehlender Information begreifen.[70] Der gegenteilige Zustand, der als Negentropie (also als negative Entropie) bezeichnet wird, lässt sich umgekehrt mit Information gleichsetzen.[71] Die thermodynamische Entropie und die Informationsentropie sind mithin zwei Seiten derselben Medaille: Während die thermodynamische Entropie gegenwärtige Unkenntnis quantifiziert, gibt die Informationsentropie an, wie viel Unkenntnis zukünftig beseitigt wird.[72] Ausgehend davon wurde

---

[62] *Johannsen*, Information, S. 31; *Lyre*, FS Mainzer, S. 477 (478 f.); *MacKay*, in: Machlup/Mansfield, The Study of Information, S. 485 (488 f.); *Mainzer*, Information, S. 55; *Schönhammer*, in: Fritz/Schaback, Die Natur der Information, S. 45 (46); *Wiener*, Cybernetics, S. 18. Kritisch dagegen *Lochmann*, Information, S. 94–96; *Völz*, Grundlagen und Inhalte der vier Varianten von Information, S. 167.

[63] Im Gegensatz zu offenen stehen geschlossene Systeme in keiner Austauschbeziehung mit ihrer Umwelt. Grundlegend zum Systembegriff *v. Bertalanffy*, Biologia Generalis 1949, 114 ff. Die Arbeiten *v. Bertalanffys* sind Ursprung der heutigen Systemtheorie, *Ropohl*, Allgemeine Systemtheorie, S. 35 f. Zur Anwendung des Systemdenkens im Recht eingehend *Canaris*, Systemdenken und Systembegriff in der Jurisprudenz.

[64] *Schönhammer*, in: Fritz/Schaback, Die Natur der Information, S. 45 (47).

[65] Vgl. *Mainzer*, Information, S. 53.

[66] Das ist der zweite Hauptsatz der Thermodynamik, *ders.*, Information, S. 53.

[67] Dies lässt sich an einem unaufgeräumten Zimmer verdeutlichen: Sind sämtliche Gegenstände über das gesamte Zimmer verteilt, würde man es als unordentlich empfinden, vgl. *Johannsen*, Information, S. 265.

[68] *Ders.*, Information, S. 139.

[69] *v. Weizsäcker*, Aufbau der Physik, S. 171.

[70] *Zech*, Information als Schutzgegenstand, S. 20.

[71] *Brillouin*, Science and Information Theory, S. 152–161; *Zech*, Information als Schutzgegenstand, S. 20 f.

[72] *v. Weizsäcker*, Aufbau der Physik, S. 171.

mehrfach der Versuch unternommen, die gesamte physikalisch beschreibbare Wirklichkeit auf Information zu reduzieren.[73] Diese Vision geht zurück auf *v. Weizsäcker*, demzufolge sich die gesamte Materie auf Ja/Nein-Entscheidungen zurückführen lässt, an deren Ende sich jeweils ein Ur(-objekt) befindet.[74] Aktuelle räumliche Gestalt sei das Resultat vieler zugleich entschiedener Uralternativen, sodass die in einem Gegenstand enthaltene Information ein Maß für die Menge an Form sei.[75] Auch nach *Wheeler* beziehe jedes Teilchen des Universums seine Existenz aus Ja/Nein-Entscheidungen („it from bit").[76] Dem Computerpionier *Zuse* zufolge sei das ganze Universum ein „rechnender Raum" und damit letzten Endes ein gigantischer Computer.[77] Nach der überwiegenden Gegenmeinung gebe es Information nicht seit Anbeginn der Zeit. Information sei das Ergebnis von Selbstorganisation offener Systeme.[78] Anders als geschlossene Systeme, die aufgrund des Strebens in den thermodynamischen Gleichgewichtszustand beständig an Information einbüßen würden,[79] seien offene Systeme in der Lage, neue Ordnungsstrukturen auszubilden.[80] Der Gewinn an Information erfordere einen Entropieexport, der das System vor dem Verfall in den Gleichgewichtszustand bewahre.[81] Inwieweit die Emergenz neuer Ordnungsstrukturen Information hervorbringt, ist umstritten. Während Information nach einer Auffassung eine emergente Eigenschaft dynamischer Systeme sei und damit etwa

---

[73] S. etwa *Chaitin*, The Unknowable, S. 106: „The conventional view is that matter is primary, and that information, if it exists, emerges from the matter. But what if information is primary, and matter is the secondary phenomenon!"

[74] *v. Weizsäcker*, Zeit und Wissen, S. 306–310; *ders.*, Aufbau der Physik, S. 390–392; *ders.*, Die Einheit der Natur, S. 269: „Alle Objekte bestehen aus letzten Objekten mit n = 2. Ich nenne diese letzten Objekte Urobjekte und ihre Alternativen Uralternativen." Die Anzahl an Uren beziffert *v. Weizsäcker* mit 10^{120} Uren. Vgl. ferner *Zech*, Information als Schutzgegenstand, S. 19.

[75] *v. Weizsäcker*, Die Einheit der Natur, S. 342–366; *ders.*, Aufbau der Physik, S. 167; *ders.*, Zeit und Wissen, S. 342–345. Von einem erkenntnistheoretischen Standpunkt aus betrachtet ist die Struktur eines Gegenstands lediglich potenzielle Information. Sie wandelt sich erst in aktuelle Information, wenn sie von einem Beobachter aufgenommen wird, *Oeser*, FS Ganzhorn, S. 231 (234). Vgl. ferner *Zech*, Information als Schutzgegenstand, S. 17 f.

[76] *Wheeler*, in: Zurek, Complexity, Entropy and the Physics of Information, S. 3 (5).

[77] *Zuse*, Rechnender Raum, S. 53 f. spricht vom „Kosmos als zellulare[m] Automaten". S. ferner die Buchbeschreibung von *Dorsch*, abrufbar unter: http://www.horst-zuse.homepage.t-online.de/rechnender-raum.html (zuletzt abgerufen: 30.11.2022).

[78] *Ebeling*, FS Fuchs-Kittowski II, S. 63 (63 f.). Zur Entstehung von Information vgl. ferner *Zech*, Information als Schutzgegenstand, S. 31–33.

[79] *Oeser*, FS Ganzhorn, S. 231 (236) spricht anschaulich vom „Zerfließen" der Information.

[80] *Johannsen*, Information, S. 236 f. Instruktiv *Schrödinger*, Was ist Leben?, S. 123: „Die lebende Materie entzieht sich dem Abfall in den Gleichgewichtszustand."

[81] *Mainzer*, Information, S. 56 f. Nach *Schrödinger*, Was ist Leben?, S. 126 ernähren sich lebende Organismen von negativer Entropie.

auch Wolken oder Galaxien Informationssysteme seien,[82] erfordere Information nach anderer Auffassung wenigstens ein System, das Information verarbeiten und verstehen könne.[83] Nach einer weiteren Auffassung sei die Gewinnung, Speicherung und Verarbeitung von Information allein eine Eigenschaft lebender Systeme,[84] während Information nach einer letzten Meinung eine Strukturveränderung des menschlichen Bewusstseins voraussetze.[85]

cc) Der Informationsbegriff der Kybernetik

Etwa zeitgleich zur Informationstheorie hat *Wiener* die Kybernetik[86] begründet, die sich der „Regelung und Nachrichtenübertragung im Lebewesen und in der Maschine"[87] verschrieben hat. Als „übergreifende Idee"[88] ist die Kybernetik darauf bedacht, Zusammenhänge zwischen den „informationellen Strukturen"[89] technischer und lebender Systeme[90] herzustellen. Wie *Shannon* formulierte auch *Wiener* ein statistisches Maß für den Informationsgehalt. Da Wiener die Informationsmenge eines Systems allerdings als Maß für dessen Ordnung begriff, definierte er die Information im Gegensatz zu Shannon als Negentropie.[91] Die Kybernetik hatte, wohl auch wegen ihres integrativen Forschungsansatzes, den mit Abstand größten Einfluss auf die Rechtswissenschaft und war Wegbereiter für die Entwicklung der Rechtsinformatik und des heutigen Informationsrechts.[92]

---

[82] *Mainzer*, Information, S. 61, 111.

[83] Das können Lebewesen, Organe oder auch technische Apparate sein, *Beyer*, FS 25 Jahre BPatG, S. 189 (195).

[84] *Fuchs-Kittowski*, in: Hofkirchner, The Quest for a Unified Theory of Information, S. 331 (336).

[85] *Luhmann*, Die Gesellschaft der Gesellschaft, S. 190: „Information ist eine Differenz, die den Zustand eines Systems ändert […]."; s. ferner *ders.*, Soziale Systeme, S. 112; *Machlup*, in: Machlup/Mansfield, The Study of Information, S. 641 (660): „Information is adressed to human minds and is received by human minds […]."

[86] Der Begriff ist eine von *Wiener* selbst gewählte Bezeichnung, die von griechisch κυβερνήτης = Steuermann abgeleitet ist, *Wiener*, Cybernetics, S. 19.

[87] Deutsche Übersetzung des englischen Untertitels „Control and Communication in the Animal and the Machine".

[88] *Bauer/Goos*, Informatik 1, S. 25.

[89] *Steinbuch*, Maßlos informiert, S. 39. *Garstka/Steinmüller*, in: Steinmüller, ADV und Recht, S. 1 (2) sprechen von „Strukturen von Informationsprozessen".

[90] Die Kybernetik weist eine unverkennbare Nähe zur Systemtheorie (s. dazu bereits oben Fn. 63) auf, *Ropohl*, Allgemeine Systemtheorie, S. 30, 32.

[91] *Wiener*, Cybernetics, S. 18, 76, 78.

[92] Das zeigt sich schon daran, dass der Begriff „Rechtskybernetik" eine terminologische Alternative für die Bezeichnung „Rechtsinformatik" gewesen wäre, *Fiedler*, DSWR 1974, 116; s. ferner *Garstka/Steinmüller*, in: Steinmüller, ADV und Recht, S. 1 (2).

Das juristische Schrifttum[93] beruft sich zudem nicht selten auf ein Zitat *Wieners*, das weit über die Grenzen der Kybernetik hinaus auf große Resonanz stieß:

„Information is information, not matter or energy."[94]

Diese „‚mystische' Umschreibung der Information"[95] war Anlass einer lebhaften Kontroverse über den ontologischen Status von Information.[96] Für die Begriffsklärung ist sie allerdings unergiebig.[97]

dd) Information als Komplexitätsmaß

Wie die statistische, hat auch die algorithmische Informationstheorie ein Optimierungsproblem vor Augen.[98] Ihr Ziel ist die möglichst effiziente Darstellung einer gegebenen Bitfolge.[99] Der algorithmische Informationsgehalt gibt Aufschluss über die Komplexität einer Binärfolge.[100] Lässt sich eine Bitsequenz

---

[93] So etwa *Beyer*, FS 25 Jahre BPatG, S. 189 (193); *ders.*, GRUR 1990, 399 (401); *Dreier*, FS Büllesbach, S. 65 (68); *ders.*, FS Ullrich, S. 35 (37); *Mayer-Schönberger*, Information und Recht, S. 10; *Sieber*, NJW 1989, 2569 (2573); *ders.*, Jura 1993, 561 (570); *Wiebe*, GRUR 1994, 233 (234); aus neuerer Zeit etwa *Jülicher*, Medizininformationsrecht, S. 26.

[94] *Wiener*, Cybernetics, S. 155.

[95] *Steinmüller*, Nachr. f. Dokum. 1981, 69 (73).

[96] Zum Teil wurde gefolgert, dass Information einer „höheren formalen Abstraktionsstufe" angehöre und folglich „als eine dritte, von Materie und Bewusstsein verschiedene Sache aufgefasst werden" müsse, *v. Weizsäcker*, Die Einheit der Natur, S. 51 f.; ebenso *Fuchs-Kittowski*, in: Hofkirchner, The Quest for a Unified Theory of Information, S. 331 (344): „Information is neither matter nor mind […]." Demgegenüber stieß die von *Wiener* postulierte Inhomogenität von Materie und Information vor allem bei Autoren sozialistischer Staaten auf Ablehnung, da sie sich nicht mit der vorherrschenden philosophischen Weltanschauung in Einklang bringen ließ. Für *Ursul*, Information, S. 7 dient „[a]ls Leitprinzip […] die von der materialistischen Lösung der Grundfrage der Philosophie ausgehende These, dass die Information eine Eigenschaft der Materie ist."

[97] Ebenso *Zech*, Information als Schutzgegenstand, S. 18. Tatsächlich intendierte *Wiener* wohl weniger eine Definition von Information, sondern eher eine bewusste Provokation des dialektischen Materialismus, dem er bekanntermaßen ablehnend gegenüberstand, vgl. *Lochmann*, Information, S. 16. Darauf lässt auch der Gesamtkontext schließen, in den die Aussage eingebunden ist (*Wiener*, a. a. O.): „The mechanical brain does not secrete thought ‚as the liver does bile', as the earlier materialists claimed, nor does it put it out in the form of energy, as the muscle puts out its activity. Information is information, not matter or energy. No materialism which does not admit this can survive the present day." Damit scheint er Bezug zu nehmen auf *Vogt*, Physiologische Briefe für Gebildete aller Stände, S. 206, demzufolge „[…] die Gedanken in demselben Verhältnis etwa zu dem Gehirne stehen, wie die Galle zu der Leber […]."

[98] Im Rahmen der algorithmischen Informationstheorie spielen Wahrscheinlichkeiten jedoch keine Rolle, *Schaback*, in: Fritz/Schaback, Die Natur der Information, S. 11 (16 f.).

[99] Beispielsweise lässt sich die Bitfolge 0101010101 auch als fünf Mal 01 beschreiben, vgl. *Mainzer*, Information, S. 28.

[100] *Lyre*, FS Mainzer, S. 477 (484).

nicht weiter verkürzen, ist ihre algorithmische Komplexität maximal, d. h. sie entspricht der Länge der Bitsequenz.[101] Solche Binärfolgen nennt man auch algorithmisch zufällig.[102] Eine Bitsequenz enthält daher umso mehr algorithmische Information, je zufälliger sie ist.[103] Der entscheidende Nachteil ist allerdings, dass es kein allgemeines Verfahren gibt, mit der sich die algorithmische Information einer Bitsequenz berechnen lässt.[104] Dennoch kommt der Komplexität von Bitsequenzen gerade im Zeitalter rasant steigender Datenmengen (Big Data) und deren zunehmende Verlagerung in die Cloud enorme Bedeutung zu, da sich mithilfe einer kürzeren Darstellung sowohl Zeit bei der Übertragung als auch Speicherplatz einsparen lässt.[105]

ee) Quanteninformation

Ein vergleichsweise neues und noch wenig beachtetes Phänomen, das in Zukunft weiter an Bedeutung gewinnen wird, ist die Quanteninformation. Wie der Name bereits impliziert, gelten für sie nicht mehr die Gesetze der klassischen Physik, sondern die Besonderheiten der Quantenmechanik. Die kleinste Informationseinheit eines quantenmechanischen Systems wird als Qubit bezeichnet.[106] Im Gegensatz zu einem herkömmlichen Bit, dem eindeutig einer von zwei möglichen Zuständen zugeordnet werden kann (entweder 0 oder 1), können die Zustände eines Qubits lediglich als Wahrscheinlichkeiten angegeben werden.[107] Vereinfacht ausgedrückt befindet sich ein Qubit in einem Überlagerungszustand aus sowohl 0 als auch 1.[108] Aufgrund der unbegrenzten Kombinationsmöglichkeiten beider Zustände können Qubits prinzipiell Träger einer unendlichen Menge klassischer Information sein.[109] Es ist allerdings unmöglich, die in einem quantenmechanischen System enthaltene Information zu extrahieren. Die hierfür

---

[101] *Mainzer*, Information, S. 29.

[102] *Ders.*, Information, S. 30.

[103] Das hat zur Folge, dass „[…] the works of Shakespeare have a lower AIC [algorithmic information content] than random gibberish of the same length that would typically be typed by the proverbial roomful of monkeys", *Gell-Mann*, Complexity 1 (1995), 16 (16 f.) [Klammerzusatz durch Verfasser].

[104] *Mainzer*, Information, S. 30.

[105] *Zech*, Information als Schutzgegenstand, S. 21, sieht die praktische Anwendung ebenfalls bei der Komprimierung von Daten.

[106] *Schönhammer*, in: Fritz/Schaback, Die Natur der Information, S. 73 (79).

[107] *Johannsen*, Information, S. 213.

[108] *v. Baeyer*, Das informative Universum, S. 210; vgl. auch *Martini*, Blackbox Algorithmus, S. 18 Fn. 81.

[109] *v. Baeyer*, Das informative Universum, S. 218. Die zur Beschreibung quantenmechanischer Systeme dienende Wellenfunktion ist daher ein „catalog of information", *Kofler/Zeilinger*, European Review 18 (2010), 469 (470).

notwendige Beobachtung führt stets zum Verlust der quantenmechanischen Eigenschaften.[110] Auch mithilfe eines Qubits erhält man letzten Endes immer nur ein Bit klassischer Information, weil genau einer der beiden Zustände beobachtet wird.[111] Der Vorteil eines Qubits wird erst im Verbund mit anderen Qubits sichtbar: Während bisherige Computer Probleme nur seriell bewältigen können, erlauben quantenmechanische Architekturen die parallele Ausführung von Rechenoperationen.[112] Dennoch lässt sich die Quantentechnologie bislang bei einer Vielzahl von Rechenoperationen (noch) nicht sinnvoll anwenden.[113] Lediglich für eine Handvoll spezieller Probleme[114] konnte bislang gezeigt werden, dass sie sich mit Quantencomputern erstmals bzw. ungemein schneller durchführen lassen.[115] Das betrifft auch die Sicherheit gegenwärtiger Verschlüsselungstechnologien. Sie beruht maßgeblich auf der praktischen Undurchführbarkeit entsprechender Entschlüsselungsversuche, die mithilfe von Quantencomputern nun erstmals berechenbar sind.[116] Neben dem Quantencomputing dürfte in Zukunft auch die Quantenkryptografie Bedeutung erlangen. Eine wesentliche Eigenschaft quantenmechanischer Systeme ist ihre *absolute* Zufälligkeit.[117] Im Gegensatz dazu sind zufällig generierte Sequenzen heutiger Verschlüsselungstechnologien in Wahrheit nur pseudozufällig. Sie beruhen auf einem Algorithmus, der im

---

[110] Dieses Phänomen wird als Dekohärenz bezeichnet, eingehend *Zeh*, in: Joos/Zeh/Kiefer u. a., Decoherence and the Appearance of a Classical World in Quantum Theory, S. 7 ff.

[111] *Johannsen*, Information, S. 213. An dieser Stelle wird eine Parallele zum Münzwurf (oben S. 14) erkennbar: Vor einer Messung lassen sich lediglich Wahrscheinlichkeitsaussagen treffen. Erst die Messung führt zu einem eindeutigen Ergebnis. Die Messung entzieht dem System folglich einen Teil seiner Information.

[112] *v. Baeyer*, Das informative Universum, S. 221; *Mainzer*, Information, S. 85–87. Der Quantenparallelismus führt zu einem exponentiellen Anstieg der Rechenleistung. Für eine Rechenoperation, die n Qubits in einem Schritt durchführen können, bräuchte ein herkömmlicher Computer 2^n Schritte.

[113] *v. Baeyer*, Das informative Universum, S. 222 f. Insbesondere bei alltäglichen Rechenoperationen bieten Quantencomputer keinen Geschwindigkeitsvorteil, vgl. *Völz*, Grundlagen und Inhalte der vier Varianten von Information, S. 149.

[114] Das betrifft etwa die Faktorisierung großer Zahlen und die Suche in großen Datenbanken. Dazu *Brands*, Quanteninformatik, S. 279–301 und *Johannsen*, Information, S. 215.

[115] Google gelang es vor Kurzem, einen (Quanten-)Prozessor zu entwickeln, der eine Rechenoperation, für die ein herkömmlicher Computer etwa 10.000 Jahre bräuchte, in nur 200 Sekunden ausführt, s. *Arute/Arya/Babbush u. a.*, Nature 574 (2019), 505 ff. Die behauptete Quantenüberlegenheit hat Konkurrent IBM kurz darauf dementiert. Demnach hätte die Rechenoperation von einem herkömmlichen Computer auch in 2,5 Tagen geschafft werden können und wäre noch dazu genauer gewesen, s. IBM Research Blog: On „Quantum Supremacy", abrufbar unter: https://www.ibm.com/blogs/research/2019/10/on-quantum-supremacy/ (zuletzt abgerufen: 30.11.2022).

[116] *Mainzer*, Information, S. 102–104.

[117] *v. Baeyer*, Das informative Universum, S. 229.

Prinzip von jedem leistungsfähigeren Computer entschlüsselt werden könnte.[118] Quantenmechanische Systeme ermöglichen zudem einen (nahezu) absolut sicheren Informationsaustausch.[119] Klassisch übertragene Information kann ohne Wissen der Beteiligten ausgelesen und vervielfältigt werden. Demgegenüber kommt jeder Versuch, quantenmechanisch übertragene Information abzufangen oder zu kopieren, einer Messung gleich, die die Information unweigerlich verändert.[120] Aus diesem Grund ist der Informationsaustausch zwar nicht abhörsicher. Allerdings hinterlässt jeder Lauschangriff seine Spuren, die sogar Rückschlüsse darüber zulassen, welche Information der Lauscher erlangt haben könnte.[121]

b) Das semiotische Begriffsverständnis von Information

Die soeben erläuterten Informationsbegriffe sind zwar auf technisch-naturwissenschaftlichem Gebiet unverzichtbar. Darüber hinaus sind sie allerdings nicht geeignet, eine vollständige Beschreibung der Information zu liefern. Hierfür spielt neben der Wirkung, die sie bei einem Empfänger erzeugt, insbesondere ihre Bedeutung eine Rolle. In Anlehnung an die von *Morris* entwickelten semiotischen Zeichendimensionen[122] unterscheidet man heute üblicherweise zwischen syntaktischer, semantischer und pragmatischer Information.[123] Sie stehen in einem Stufenverhältnis zueinander, wobei die Syntaktik von der Semantik umfasst wird, die ihrerseits von der Pragmatik eingeschlossen wird.[124]

aa) Syntaktische Information

Die syntaktische Ebene der Information bezieht sich auf die Repräsentation durch Zeichen.[125] Sie entspringen einem vordefinierten Zeichenvorrat und sind nach gewissen syntaktischen Regeln angeordnet. Da jedem Zeichen eine Wahrscheinlichkeit zugeordnet werden kann, ist syntaktische Information quantitativ bestimmbar.[126] Überall dort, wo Information quantitativ angegeben wird, ist

---

[118] *Ders.*, Das informative Universum, S. 229.
[119] *Mainzer*, Information, S. 104.
[120] *Ders.*, Information, S. 106.
[121] *Brands*, Quanteninformatik, S. 127.
[122] Dazu *Bentele/Bystřina*, Semiotik, S. 38–49.
[123] S. nur *Burgin*, Theory of Information, S. 303; *Kuhlen*, in: Kuhlen/Semar/Strauch, Information und Dokumentation, S. 1 (3); *Seiffert*, Information, S. 79–95; *Zech*, Information als Schutzgegenstand, S. 25 f.
[124] *Ott*, Information, S. 31; *Völz*, Information II, S. 221.
[125] *Burgin*, Theory of Information, S. 307; *Zech*, Information als Schutzgegenstand, S. 25 f.
[126] *Rechenberg*, Informatik Spektrum 2003, 317 (321). Auf syntaktischer Ebene erlangt mithin insbesondere die statistische Informationstheorie Bedeutung.

folglich die syntaktische Ebene der Information gemeint.[127] Die sich aus der Anordnung der Zeichen ergebenden Strukturen bezeichnet man im Allgemeinen als Daten.[128]

bb) Semantische Information

Die semantische Ebene der Information nimmt Bezug auf die Bedeutung, die eine syntaktische Anordnung von Zeichen enthält.[129] Semantische Information entsteht infolge einer interpretatorischen Leistung des Empfängers.[130] Voraussetzung hierfür ist, dass der Interpret die Zeichen sowie die ihrer Anordnung zugrunde liegenden Regeln kennt. Beispielsweise können wir mithilfe unserer Sinnesorgane sprachliche Laute und Schriftzeichen einer fremden Sprache ohne Weiteres akustisch bzw. visuell wahrnehmen. Was die Zeichen und Laute bedeuten, verstehen wir allerdings nur, wenn wir die Sprache zuvor erlernt haben.[131] Im Gegensatz zu syntaktischer Information ist der Bedeutungsgehalt von Information quantitativ nicht bestimmbar.[132]

cc) Pragmatische Information

Die pragmatische Dimension von Information meint schließlich die Wirkung, die die Information bei ihrem Empfänger erzeugt.[133] Sie umfasst insbesondere das durch die Information ausgelöste – und möglicherweise vom Sender intendierte[134] – Verhalten des Empfängers.[135] Eng verknüpft hiermit ist der Nutzen,

---

[127] Vgl. *Cherry*, Kommunikationsforschung, S. 268 f.
[128] S. dazu sogleich unter dd). Dabei muss es sich nicht zwingend um *elektronische* Daten handeln.
[129] *Burgin*, Theory of Information, S. 302; *Zech*, Information als Schutzgegenstand, S. 27.
[130] *Weizenbaum*, FS Fuchs-Kittowski I, S. 233 (235). Aus dem juristischen Schrifttum etwa Dürig/Herzog/Scholz/*Grabenwarter*, Art. 5 Abs. 1, Abs. 2 GG Rn. 1001; Martini/Kolain/Neumann u.a., MMR-Beil. 2021/6, 3 (4); *Schoch*, § 2 IFG Rn. 20; *Specht*, CR 2016, 288 (290); *Steinmüller*, Informationstechnologie und Gesellschaft, S. 354. Vgl. ferner die Gesetzesbegründung zum EGovG: „Erst indem […] ‚Daten' […] in einem konkreten Bedeutungskontext interpretiert werden, werden aus ihnen ‚Informationen'", BT-Drs. 17/11473, S. 43.
[131] Ein instruktives Beispiel hierfür ist die Entschlüsselung ägyptischer Hieroglyphen mithilfe des *Steins von Rosette*. Auf ihm war derselbe Text (semantische Information) u.a. noch in griechischer Schrift (syntaktische Information) in Stein gemeißelt, dazu *Deussen*, in: Weber/Nagenborg/Spinner, Wissensarten, Wissensordnungen, Wissensregime, S. 65 (67).
[132] Dennoch hatten *Bar-Hillel/Carnap*, in: Jackson, Communication Theory, S. 503 ff. versucht, die Informationstheorie auf die Semantik auszudehnen. Hiervon haben sie sich später distanziert, s. *Zemanek*, FS Ganzhorn, S. 17 (23).
[133] *Lyre*, FS Mainzer, S. 477 (489).
[134] Das ist etwa wesentlich bei Verkehrsschildern.
[135] *Ropohl*, Allgemeine Systemtheorie, S. 212.

den die Information für einen Empfänger hat.[136] Die Pragmatik wird dadurch zum Anknüpfungspunkt für ökonomische Aspekte, da sich der Information ein Wert zuordnen lässt und sie infolgedessen zu einem Wirtschaftsgut wird.[137] Im Gegensatz zu semantischer Information hängt pragmatische Information nicht nur vom situativen Kontext, sondern auch vom Vorwissen des Empfängers ab.[138] Wie semantische Information ist auch pragmatische Information quantitativ nicht erfassbar.[139]

dd) Daten, Information und Wissen

Aufgrund der semiotischen Ebenen ist Information eng mit Daten und Wissen verknüpft.[140] Die Begriffe werden üblicherweise hierarchisch in einer Wissenspyramide geordnet:[141] Auf der untersten Ebene befinden sich die Daten, die Voraussetzung für das Entstehen von Information sind. Information ihrerseits ist Grundlage für die Entstehung von Wissen. Die Begriffe gilt es im Folgenden voneinander abzugrenzen.

(1) Daten

Die Begriffe Daten[142] und Informationen werden häufig unterschiedslos gebraucht, wobei in der Regel Daten gemeint sind.[143] Daten sind ganz allgemein gesprochen Strukturen, die häufig auf einem physikalischen Trägermedium fixiert sind.[144] Sie sind zumeist in Form von Zeichen anzutreffen, die nach gewis-

---

[136] *Lochmann*, Vom Wesen der Information, S. 32.
[137] *Kloepfer/Neun*, Informationsrecht, § 1 Rn. 55; *Burgin*, Theory of Information, S. 412.
[138] Die bei einem Empfänger ausgelöste Strukturveränderung hängt damit stark von der bisher vorhandenen Struktur ab, *Kornwachs*, in: Kornwachs/Jacoby, Information, S. 163 (165). Beispielsweise beinhaltet die Temperaturvorhersage 15 Grad Celsius für alle Menschen zwar dieselbe semantische Information. In der Arktis würde sie allerdings eine ganz andere Reaktion hervorrufen als in Zentralafrika. Beispiel nach *Deussen*, in: Weber/Nagenborg/Spinner, Wissensarten, Wissensordnungen, Wissensregime, S. 65 (67).
[139] *Lochmann*, Vom Wesen der Information, S. 148; s. aber *v. Weizsäcker/v. Weizsäcker*, in: Scharf, Informatik, S. 535 (543–551), die pragmatische Information mithilfe der beiden Größen Erstmaligkeit und Bestätigung bestimmen wollen.
[140] S. nur *Burgin*, Theory of Knowledge, S. 721: „intrinsically related"; aus dem rechtswissenschaftlichen Schrifttum s. etwa *Dreier*, FS Büllesbach, S. 65 (68); *Druey*, Information, S. 22 f.; *Kilian*, CR 2017, 202 (210); *Wiebe*, FS Fiedler, S. 78 (81); vgl. ferner *Schoch*, § 2 IFG Rn. 17; *Spiecker gen. Döhmann*, RW 2010, 247 (250–254).
[141] *Burgin*, Theory of Knowledge, S. 728; *Pombriant*, CRi 2013, 97.
[142] Grammatikalisch betrachtet handelt es sich um ein Pluraletantum.
[143] *Klemm*, Informatik-Spektrum 2003, 267 (271); *Pombriant*, CRi 2013, 97; *Urgessa*, JIPITEC 2016, 96 (97).
[144] Vgl. *Schaback*, in: Fritz/Schaback, Die Natur der Information, S. 183.

sen syntaktischen Regeln angeordnet sind.[145] Daten sind deshalb gleichbedeutend mit syntaktischer Information.[146] Im digitalen Umfeld schlüpfen Daten in ein elektronisches Gewand, da ihre Übertragung, Verarbeitung und Speicherung die vorherige Übersetzung in einen der beiden Spannungszustände des technischen Systems erfordert. Syntaktisch werden elektronische Daten als Binärcode dargestellt. Elektronische Daten, wie sie von Computern täglich unzählige Male verarbeitet werden, sind demzufolge Strukturen, die aus Strings aufeinanderfolgender Nullen und Einsen bestehen. Damit aus Daten Informationen werden, müssen die Daten interpretiert werden. Dies setzt voraus, dass die zugehörigen Syntaxregeln bekannt sind. Das gilt insbesondere für binär codierte Information, da der Bedeutungsgehalt andernfalls im Verborgenen bleibt. Zentrales Charakteristikum von Daten ist, dass sie quantitativ bestimmbar sind, wobei die Menge elektronischer Daten in bit angegeben wird.[147]

(2) Wissen

Auch der Begriff Wissen wird häufig synonym zum Informationsbegriff gebraucht.[148] Während Information durch Interpretation von Daten entsteht, setzt Wissen die Einbindung von Information in kognitive Strukturen voraus.[149] Dadurch kann Information auch in Zukunft verfügbar gemacht und durch vielfältige Verknüpfungen ein semantischer Mehrwert generiert werden.[150] Neues Wissen entsteht entweder durch interne Reorganisation vorhandener oder Ausbildung neuer Strukturen, wobei neue Information zu bestehenden Wissensstrukturen hinzugefügt wird.[151] Dass Wissen auf höchster Stufe der Wissenspyramide steht, indiziert einerseits den im Vergleich zu Daten und Information gestiegenen Grad an Komplexität. Daneben folgt daraus, dass die Menge an Wissen deutlich geringer ist.[152] Dementsprechend wächst zwar die weltweite Datenmenge rasant (Big

---

[145] *Steinmüller*, Informationstechnologie und Gesellschaft, S. 350; *Zorn*, FS Fuchs-Kittowski II, S. 39 (41).
[146] *Specht*, CR 2016, 288 (290 f.); *Steinmüller*, Nachr. f. Dokum. 1981, 69 (74 f.); *ders.*, Informationstechnologie und Gesellschaft, S. 211, 350–356; *Wiebe*, in: Fiedler/Ullrich, Information als Wirtschaftsgut, S. 93 (101).
[147] *Burgin*, Theory of Knowledge, S. 735.
[148] *Dreier*, FS Ullrich, S. 35 (40); *Machlup*, in: Machlup/Mansfield, The Study of Information, S. 641 (642).
[149] Vgl. *Zech*, Information als Schutzgegenstand, S. 28 f.
[150] *Kuhlen*, in: Kuhlen/Seeger/Strauch, Information und Dokumentation, S. 3 (13).
[151] *Aamodt/Nygård*, Data & Knowledge Engineering 16 (1995), 191 (200).
[152] *Burgin*, Theory of Knowledge, S. 729; *Stonier*, Information und die innere Struktur des Universums, S. 11.

Data), der damit verbundene Informationsgewinn und erst recht die Generierung neuen Wissens sind im Vergleich hierzu allerdings marginal.[153]

c) Umweltinformation

Die semiotischen Dimensionen des Informationsbegriffs bedürfen einer geringfügigen Anpassung, soweit Information nicht Gegenstand eines intentionalen Zeichenprozesses ist. Dies ist der Fall, wenn Information autonom aus der Umwelt aufgenommen wird, ohne dass sie zuvor von einem Sender bewusst kommuniziert wurde.[154] Auch Umweltinformation ist an ein Signal gebunden. Sie entbehrt allerdings eines Zeichens, da solche nur bei der Kommunikation intentionaler Information übermittelt werden.[155] In Ermangelung einer Syntax ist die Bezeichnung als syntaktische Information unpassend.[156] Weil die Informationsquelle aber dennoch eine bestimmte Struktur aufweist, lässt sich die syntaktische durch eine strukturelle Ebene ersetzen. Deshalb kann von struktureller Information gesprochen werden.[157] Mit Blick auf die semantische und pragmatische Dimension ist kein Anpassungsbedarf erkennbar. Der Empfänger kann der Umweltinformation durch eine interpretatorische Leistung eine Bedeutung beimessen, die ihn anschließend zu einem bestimmten Verhalten veranlasst.[158]

d) Technische Informationsverarbeitung

Die Untersuchung beschränkt sich auf Information, die digital in Form von (elektronischen) Daten vorliegt. Daher ist abschließend der Blick dafür zu schärfen, inwieweit im Zusammenhang mit technischen Systemen von der Übertragung, Verarbeitung und Speicherung von Information gesprochen werden kann. Da Information einen Interpretationsprozess voraussetzt, übertragen, verarbeiten und speichern technische Systeme genau genommen nur die ihr zugrunde liegen-

---

[153] Vgl. *Deussen*, in: Weber/Nagenborg/Spinner, Wissensarten, Wissensordnungen, Wissensregime, S. 65 (69).
[154] Vgl. *Floridi*, in: ders., The Blackwell Guide to the Philosophy of Computing and Information, S. 40 (45); vgl. auch Dürig/Herzog/Scholz/*Grabenwarter*, Art. 5 Abs. 1, Abs. 2 GG Rn. 1004: „Informationsquelle ist die Umwelt an sich."
[155] *Bentele/Bystřina*, Semiotik, S. 110; *Cherry*, Kommunikationsforschung, S. 91: Die Natur als Informationsquelle sei nicht-kooperativ.
[156] *Lochmann*, Information, S. 20.
[157] *Zech*, Information als Schutzgegenstand, S. 16. Als strukturelle Information wird diejenige Information bezeichnet, die mit einer vorliegenden Struktur zu einer bestimmten Zeit an einem bestimmten Ort gegeben ist, z.B. geologisches Gestein, *Schweitzer*, in: Krapp/Wägenbaur, Komplexität und Selbstorganisation, S. 99 (103).
[158] Dies lässt sich anhand von Rauch illustrieren: Er signalisiert einem Beobachter, dass es brennt und wird diesen daher zur Flucht veranlassen. S. auch bereits oben Fn. 33.

den Daten.[159] Technische Systeme sind mit anderen Worten „semantisch blind"[160]. Zu Information werden die Daten erst, wenn sie durch einen Menschen interpretiert werden.[161] Dessen ungeachtet ist die in den Daten enthaltene Semantik einer *Objektivierung* zugänglich, da das Interpretationsergebnis aufgrund der Interpretationsregel vorbestimmt ist und sie deshalb unabhängig von einem erkennenden Subjekt gedacht werden kann.[162]

3. Der Informationsbegriff der Rechtswissenschaft

Die bisherige Untersuchung hat eine breite Begriffsvielfalt von Information offenbart. Diese Feststellung lässt sich in abgeschwächter Form auf den rechtswissenschaftlichen Informationsbegriff projizieren. Dort ist Information allen voran Gegenstand der Rechtsinformatik[163] und des Informationsrechts[164].[165] Während sich die Rechtsinformatik stärker den Fragen der automatisierten Datenverarbeitung zuwendet, legt das Informationsrecht als Querschnittsmaterie den Fokus auf die Information als solche und untersucht etwa das Bestehen von Verfügungs- und Zugangsrechten, den Schutz geheimer bzw. privater Information sowie die Haftung für Information.[166] Bisher ist es allerdings weder gelungen, das Verhältnis beider Rechtsgebiete zueinander, noch den jeweiligen Gegenstandsbereich

---

[159] *Martini/Kolain/Neumann u.a.*, MMR-Beil. 2021/6, 3 (4).

[160] *Deussen*, in: Weber/Nagenborg/Spinner, Wissensarten, Wissensordnungen, Wissensregime, S. 65 (68).

[161] *Steinmüller*, Informationstechnologie und Gesellschaft, S. 354. Neben der für uns Menschen interpretierbaren Semantik verfügen elektronische Daten gleichwohl über eine zusätzliche Form von Semantik, die ausschließlich technischer Natur ist. Sie richtet sich an das die Daten verarbeitende System und ist auf die Ausführung von Befehlen beschränkt, vgl. *Zemanek*, FS Ganzhorn, S. 17 (40).

[162] „Die Chips im Computer […] enthalten ihre Information objektiv, einerlei, was ein Mensch gerade davon weiß", *v. Weizsäcker*, Aufbau der Physik, S. 166 f. *Zech*, Information als Schutzgegenstand, S. 15 f., differenziert zwischen potenzieller und faktischer Information. S. ferner unten S. 42 f.

[163] Der Begriff geht zurück auf *Steinmüller*, *Fiedler*, JuS 1970, 432 (433) Fn. 9 m.w.N.

[164] Der Begriff wird erstmals erwähnt von *ders.*, JuS 1970, 603 (607).

[165] Beide Rechtsgebiete entwickelten sich in etwa zeitgleich als Folge der zunehmenden Automatisierung der Datenverarbeitung. Näher *Knackstedt/Eggert/Gräwe u.a.*, MMR 2010, 528 (528 f.).

[166] Zur Rechtsinformatik eingehend *Fiedler*, JuS 1970, 432 ff.; *ders.*, JuS 1970, 552 ff.; *ders.*, JuS 1970, 603 ff.; *ders.*, JuS 1971, 67 ff.; *ders.*, JuS 1971, 228 ff.; *ders.*, FS Kilian, S. 71 ff.; *Geiger*, FS Schneider I, S. 23 ff.; *Hoeren/Bohne*, FS Fiedler, S. 23 ff.; *Kilian*, CR 2017, 202 ff.; *Steinmüller*, DVR 1972, 113 ff.; s. ferner die Beiträge in *Steinmüller*, ADV und Recht. Zum Informationsrecht *Egloff/Werckmeister*, in: Steinmüller, Informationsrecht und Informationspolitik, S. 280 ff.; *Hoeren*, MMR-Beil. 1998/9, 6 ff.; *ders.*, NJW 1998, 2849 ff.; *ders.*, JuS 2002, 947 ff.; *ders.*, „Das Pferd frisst keinen Gurkensalat!"; *Kirchner*, FS Kilian, S. 103 ff.

exakt zu konturieren.[167] Vor allem der Zentralbegriff Information ist nach wie vor ungeklärt.[168] Indes herrscht – jedenfalls im Grundsatz – Einigkeit bei der Übernahme der semiotischen Ebenen, wobei das jeweilige Augenmerk unterschiedlich ausfällt.[169] Die immaterialgüterrechtlich geprägte Literatur unterscheidet für ihre Zwecke in erster Linie zwischen syntaktischer und semantischer Information.[170] Demgegenüber legt etwa das öffentlich-rechtliche Schrifttum den Fokus auf die pragmatische Dimension der Information.[171] Dies rührt daher, dass Information jeweils aus einem anderen Blickwinkel betrachtet wird. Im Zivilrecht fungiert Information vor allem als Wirtschaftsgut.[172] Im Vordergrund stehen folglich proprietäre Rechte an Information. Umgekehrt rückt die technische Ausschließbarkeit Dritter zunehmend Zugangsrechte in den Fokus. Allgemein steht zu erwarten, dass (digitale) Information aufgrund der unaufhaltsam voranschreitenden Digitalisierung weite Bereiche des Zivilrechts vor Herausforderungen stellen wird. Schon jetzt sind die Auswirkungen etwa im Schuldrecht[173] oder

---

[167] Vgl. *Dreier*, FS Büllesbach, S. 65 (66–68).

[168] *Dreier*, in: Dreier/Fischer/van Raay u. a., Informationen der öffentlichen Hand – Zugang und Nutzung, S. 13 (14); *Hilgendorf*, in: Taeger/Vassilaki, Rechtsinformatik und Informationsrecht im Spannungsfeld von Recht, Informatik und Ökonomie, S. 1 (3).

[169] *Dreier*, FS Büllesbach, S. 65 (68 f.); *Druey*, Information, S. 6–10; *Garstka*, in: Steinmüller, ADV und Recht, S. 9 (13–15); *Hoeren*, JuS 2002, 947 (948); *Kilian*, CR 2017, 202 (210–212); *Kloepfer/Neun*, Informationsrecht, § 1 Rn. 53; *Podlech*, in: Steinmüller, Informationsrecht und Informationspolitik, S. 21 (22); *Riehm*, VersR 2019, 714 (715); *Schoch*, § 2 IFG Rn. 19; *Sieber*, NJW 1989, 2569 (2572 f.); *Steinmüller*, DVR 1972, 113 (117–120); *Wiebe*, in: Fiedler/Ullrich, Information als Wirtschaftsgut, S. 93 (100 f.); *ders.*, FS Fiedler, S. 78 (80 f.); *ders.*, GRUR Int. 2016, 877 (881 f.); *ders.*, ZGE/IPJ 9 (2017), 394 (396); *ders.*, in: Hornung, Rechtsfragen der Industrie 4.0, S. 97 (98).

[170] *Dreier*, FS Ullrich, S. 35 (41): „However, it does not seem advisable to include the pragmatic charakter into the definition."; *Drexl*, JIPITEC 2017, 257 (263). Der immaterialgüterrechtliche Informationsbegriff wurde maßgeblich geprägt durch *Zech*, Information als Schutzgegenstand, S. 35–59, der neben der syntaktischen und semantischen auch noch eine strukturelle Ebene von Information unterscheidet; *ders.*, JIPITEC 2015, 192 (194); *ders.*, in: De Franceschi, European Contract Law and the Digital Single Market, S. 51 (53 f.); *ders.*, ZGE/IPJ 9 (2017), 317 (322); kritisch zu struktureller Information *Haberstumpf*, NJOZ 2015, 793 (799). Vielfach wird allerdings nur zwischen Daten und Informationen unterschieden, s. etwa *Specht*, Konsequenzen der Ökonomisierung informationeller Selbstbestimmung: Die zivilrechtliche Erfassung des Datenhandels, S. 17–25; *dies.*, CR 2016, 288 (290 f.); *Wiebe*, in: Hornung, Rechtsfragen der Industrie 4.0, S. 97 (98); *Wiebe/Schur*, ZUM 2017, 461 (469 f.); *dies.*, GRUR Int. 2019, 746 (747).

[171] *Druey*, Information, S. 9; *Hoeren*, FS Kilian, S. 91 (93); *Jülicher*, Medizininformationsrecht, S. 27; *Kloepfer/Neun*, Informationsrecht, § 1 Rn. 55; *Schoch*, § 2 IFG Rn. 19: „Für die Rechtswissenschaft (und die Rechtsordnung) ist die pragmatische Ebene entscheidend."; vgl. auch *Garstka*, DVBl 1998, 981 Fn. 1.

[172] S. dazu sogleich § 2.

[173] S. dazu die am 01.01.2022 in Kraft getretenen Gesetze zur Regelung des Verkaufs von

auch im Deliktsrecht[174] spürbar. Praktische Relevanz dürften in Zukunft auch das Insolvenz- und Zwangsvollstreckungsrecht erlangen. Aufgrund der Ubiquität von Information werden ferner internationale Bezüge in zunehmendem Maße bedeutsam, sodass zukünftig auch dem internationalen Informationsprivatrecht eine wichtige Rolle zukommen dürfte.

Aus öffentlich-rechtlicher Perspektive dient Information in erster Linie dem öffentlichen Meinungsbildungsprozess sowie der Persönlichkeitsentfaltung des Einzelnen.[175] Der freie Zugang zu Information wird grundgesetzlich durch die in Art. 5 Abs. 1 S. 1 GG enthaltene Informationsfreiheit verbürgt und ist für eine freiheitlich demokratische Grundordnung „schlechthin konstituierend"[176]. Darüber hinaus hat der Gesetzgeber inzwischen eine Vielzahl einfachgesetzlicher Zugangsansprüche zu Information geschaffen, die sich in der Verfügungsgewalt des Staats befindet.[177] Eng damit verwandt ist die Bereitstellung von Datensätzen durch die öffentliche Hand (Open Government Data).[178] Sie ist Teil der übergeordneten Leitidee Open Data, die in den vergangenen zwei Jahrzehnten einen weitreichenden Politik- und Kulturwandel erlebt hat.[179] Damit werden Datenbestände bezeichnet, die der Allgemeinheit uneingeschränkt zur freien Nutzung und Weiterverwendung öffentlich zur Verfügung gestellt werden.[180] Immer lauter wird auch der Ruf nach dem freien Zugang zu wissenschaftlicher Information

---

Sachen mit digitalen Elementen und anderer Aspekte des Kaufvertrags (BGBl. I S. 2133) sowie zur Umsetzung der Richtlinie über bestimmte vertragsrechtliche Aspekte der Bereitstellung digitaler Inhalte und digitaler Dienstleistungen (BGBl. I S. 2123).

[174] Dort wird seit einiger Zeit ein *Recht am eigenen Datenbestand* diskutiert. Bedeutung erlangt in jüngerer Zeit zunehmend die Haftung für künstliche Intelligenz bzw. autonome Systeme.

[175] Näher Sachs/*Bethge*, Art. 5 GG Rn. 51–64a; Dürig/Herzog/Scholz/*Grabenwarter*, Art. 5 Abs. 1, Abs. 2 GG Rn. 996–1013; *Schmitt Glaeser*, in: Isensee/Kirchhof, HStR III, § 38 Rn. 13 ff.

[176] Vgl. BVerfGE 7, 198 (208); s. ferner BVerfGE 103, 44 (59 f.) sowie EGMR, EuGRZ 1979, 386 ff.

[177] § 1 Abs. 1 S. 1 IFG normiert einen voraussetzungslosen Anspruch auf Zugang zu amtlicher Information. Näher *Schoch*, Einl. IFG Rn. 1–87. Vergleichbare Informationszugangsansprüche enthalten das UIG und VIG. Näher zum Ganzen s. die Beiträge in *Dreier/Fischer/van Raay u.a.*, Informationen der öffentlichen Hand – Zugang und Nutzung.

[178] § 12a Abs. 1 S. 1 EGovG sieht eine Pflicht zur Bereitstellung von unbearbeiteten maschinenlesbaren Daten der Bundesbehörden vor. S. ferner das jüngst durch das Gesetz zur Änderung des E-Government-Gesetzes und zur Einführung des Gesetzes für die Nutzung von Daten des öffentlichen Sektors v. 16.07.2021, BGBl. I S. 2941, neu eingeführte Datennutzungsgesetz (DNG), das in seinem § 1 nunmehr den Grundsatz offener Daten postuliert.

[179] *Lederer*, Open Data, S. 38 f.; *Richter*, NVwZ 2017, 1408. Open Data selbst ist wiederum Teil der Open-Bewegung, zu der etwa Open Access, Open Source, Open Education usw. zählen.

[180] Näher *Dreier*, in: Dreier/Fischer/van Raay u.a., Informationen der öffentlichen Hand –

(Open Access), die mit öffentlichen Mitteln finanziert wurde. Ziel ist es, wissenschaftliche Forschungsergebnisse möglichst breit nutzbar zu machen, indem sie in Repositorien hinterlegt und mit Open Content-Lizenzen versehen werden.[181] Vergleichsweise wenig Aufmerksamkeit wird den sich dahinter verbergenden Forschungsdaten geschenkt. Sie werden nur selten publiziert, sind aber eine sehr wertvolle Ressource, etwa für das datenhungrige Training künstlicher Intelligenz.[182] Neben dem Informationszugang spielt aus verfassungsrechtlicher Sicht das Selbstbestimmungsrecht über die eigene, den Einzelnen betreffende Information eine bedeutende Rolle. Das informationelle Selbstbestimmungsrecht ist seit Langem als besondere Ausprägung des in Art. 2 Abs. 1 i.V.m. Art. 1 Abs. 1 GG verankerten allgemeinen Persönlichkeitsrechts anerkannt.[183] Mit Einführung der DS-GVO hat der Schutz informationeller Selbstbestimmung nunmehr eine europäische Dimension erreicht. Die DS-GVO hat das Datenschutzrecht nicht nur im rechtswissenschaftlichen Schrifttum zu einem allgegenwärtigen Thema gemacht, sondern ein Echo erzeugt, das weit über den juristischen Diskurs hinausgeht. Eine weitere verfassungsrechtliche Garantie betrifft schließlich die vertrauliche Übertragung von Information, die durch das Grundrecht auf Gewährleistung der Vertraulichkeit und Integrität informationstechnischer Systeme geschützt wird.[184]

Aus strafrechtlicher Sicht ist anzumerken, dass die Information als solche kein Schutzgut des Kernstrafrechts ist. Geschützt wird lediglich die Vertraulichkeit und Integrität der zugrunde liegenden Datenverkörperungen (vgl. §§ 202a ff., 303a StGB). Allerdings existieren im Nebenstrafrecht zahlreiche Vorschriften, die die Information als solche schützen.[185]

Zugang und Nutzung, S. 563 ff. Zum Ganzen eingehend *Lederer*, Open Data und *Richter*, Information als Infrastruktur.

[181] Näher zum Ganzen *Egloff*, GS Steinmüller, S. 349 ff.; *Euler*, RuZ 2020, 56 ff.; *Lutz*, Zugang zu wissenschaftlichen Informationen in der digitalen Welt; s. ferner die Beiträge von *Hofmann* und *Pflüger* in: Dreier/Fischer/van Raay u.a., Informationen der öffentlichen Hand – Zugang und Nutzung. Zum Open Access im juristischen Publikationswesen *Wildgans*, ZUM 2019, 21 ff.

[182] Aus diesem Grund wird die Einführung einer Data Sharing-Pflicht gefordert. Insbesondere bei medizinischen Forschungsdaten wäre eine solche Pflicht von großem Nutzen.

[183] Grundlegend BVerfGE 65, 1. *Kilian*, FS Taeger, S. 219, weist darauf hin, dass das Konzept der „informationellen Selbstbestimmung" bereits über ein Jahrzehnt vor dem Volkszählungsurteil von *Steinmüller* und *Podlech* entwickelt worden war.

[184] Grundlegend BVerfGE 120, 274. Dies wird auch als „Computer-Grundrecht", vgl. Sachs/*Murswiek*/*Rixen*, Art. 2 GG Rn. 73d bzw. als „IT-Grundrecht" bezeichnet, vgl. Hoeren/Sieber/Holznagel MultimediaR-HdB/*Albrecht*, Teil 28 Rn. 43.

[185] S. dazu näher unten S. 242 ff.

II. Digitalisierung von Information

Bereits in der Einleitung wurde deutlich, dass der tiefgreifende Wandel von der industriell- und dienstleistungsgeprägten Gesellschaft des 19. und 20. Jahrhunderts hin zur heutigen Informations- bzw. Wissensgesellschaft nicht durch das Aufkommen von Information als solcher geprägt war. Ihr kam schon in der modernen Industriegesellschaft eine herausragende Stellung nicht nur für den Einzelnen zu,[186] sondern besaß auch für Unternehmen große Bedeutung.[187] Wohingegen Information vormals lediglich Voraussetzung für die Produktion von Gütern und die Funktionsfähigkeit des Markts war, bringt es das Wesen der Informationsgesellschaft mit sich, dass mithilfe von Information erstmals bestehende Information verarbeitet und neue Information geschaffen wird.[188] Information ist damit nicht länger bloße Begleiterscheinung, sondern wird selbst zu einem wesentlichen Inputfaktor. Aus diesem Grund wird sie seit geraumer Zeit vielfach einem Rohstoff gleichgestellt und plakativ als „Öl des 21. Jahrhunderts" bezeichnet.[189] Obwohl der Vergleich aus vielerlei Gründen unpassend ist,[190] hat er dennoch seine Berechtigung, wenn man einen Blick auf die zehn wertvollsten Unternehmen der vergangenen 15 Jahre wirft.[191] Waren es ehemals Mineralöl-

---

[186] S. nur BVerfGE 27, 71 (81), wonach „in der modernen Industriegesellschaft der Besitz von Informationen von wesentlicher Bedeutung für die soziale Stellung des Einzelnen" sei.

[187] „It is not a new phenomenon that businesses rely on data. Even back in the ‚old economy' customer data were an essential source of information for any undertaking, e.g. in order to deliver advertising to possible customers, predict their shopping preferences or spending capacity and analyze their employees' performance", *Autorité de la Concurrence/BKartA*, Competition Law and Data, S. 8 f.; *Weber*, ZWeR 2014, 169 (169–174).

[188] Dürig/Herzog/Scholz/*Grabenwarter*, Art. 5 Abs. 1, Abs. 2 GG Rn. 998 m.w.N.; *Mayer-Schönberger*, Information und Recht, S. 5; *Peukert*, FS Schricker II, S. 149 (149–151); s. ferner *Dreier*, in: Dreier/Fischer/van Raay u.a., Informationen der öffentlichen Hand – Zugang und Nutzung, S. 13 (13 f.); *Hoeren*, GRUR 1997, 866 ff.; *ders.*, MMR 2000, 3; *Steinbuch*, GRUR 1987, 579 ff.

[189] So z.B. *Albrecht*, ZD 2013, 49; Dürig/Herzog/Scholz/*Grabenwarter*, Art. 5 Abs. 1, Abs. 2 GG Rn. 998; *Grützmacher*, CR 2016, 485; *Kaben*, in: Körber/Immenga, Daten und Wettbewerb in der digitalen Ökonomie, S. 123 (124); *Nemethova/Peters*, in: Taeger, DSRITB 2018, S. 193; *Riehm*, VersR 2019, 714 (714 f.); *Rossi*, NVwZ 2013, 1263 (1265 f.); *Schefzig*, K&R Beihefter 3/2015 zu Heft 9, 3; *Schoch*, Einl. IFG Rn. 4; *Spiecker gen. Döhmann*, RW 2010, 247 (257); *Zech*, CR 2015, 137 (139).

[190] Insbesondere ist Information im Gegensatz zu Rohstoffen prinzipiell unendlich verfügbar, in ihrem Konsum nicht rival und nutzt sich dadurch weder ab noch wird sie verbraucht, *Dewenter/Lüth*, in: Körber/Immenga, Daten und Wettbewerb in der digitalen Ökonomie, S. 9 (11–14); *Hoffmann-Riem*, in: ders., Big Data – Regulative Herausforderungen, S. 11 (17 f.); *Hürlimann/Zech*, sui generis 2016, 89 (90); *Kaben*, in: Körber/Immenga, Daten und Wettbewerb in der digitalen Ökonomie, S. 123 (124–129); *Podszun/Kersting*, NJOZ 2019, 321.

[191] Vgl. *Schneider*, in: Körber/Kühling, Regulierung – Wettbewerb – Innovation, S. 113.

konzerne, dominieren das Ranking heute Digitalkonzerne.[192] Allerdings unterlag nicht nur die Art und Weise, wie Information das Wirtschaftsleben beeinflusst, einem grundlegenden Wandel. Auch die Trägermedien der Information haben sich substanziell verändert. Lange Zeit war Information ausschließlich an das menschliche Gedächtnis gebunden.[193] Erst mit Erfindung der Schrift gelang es, Information auch auf anderen Trägermedien zu speichern.[194] Die Nutzbarmachung der Trägerinvarianz von Information war ein bedeutender Schritt in der menschlichen Entwicklungsgeschichte. Allerdings war Information nach wie vor an wenige Verkörperungsstücke gebunden.[195] Dies änderte sich grundlegend mit Erfindung des Buchdrucks, der durch die Vervielfältigungsmöglichkeit die Verbreitung von Information revolutionierte.[196] Er brachte eine weitere Eigenschaft von Information zum Vorschein, die Nicht-Rivalität.[197] Etwa 200 Jahre später legte dann *Leibniz* mit dem Dualsystem den Grundstein für die heutige Digitaltechnik und damit letztlich für die Informationsgesellschaft selbst.[198] Es dauerte noch einmal knapp 100 Jahre, bis Information zum ersten Mal *digital* übertragen

---

[192] *Bauer*, WRP 2020, 171; *Crémer/de Montjoye/Schweitzer*, Competition Policy for the Digital Era, S. 13; *Schneider*, in: Körber/Kühling, Regulierung – Wettbewerb – Innovation, S. 113 (113 f.); *Seiberth/Gründinger*, Data-Driven Business Models in Connected Cars, Mobility Services and Beyond, S. 10; Vgl. zum Ganzen ferner Statista Infografik: Tech-Konzerne brechen Vorherrschaft der Ölgiganten, abrufbar unter: https://de.statista.com/infografik/3250/marktkapitalisierung-der-drei-wertvollsten-unternehmen/ (zuletzt abgerufen: 30.11.2022); Statista Infografik: Öl? Internet!, abrufbar unter: https://de.statista.com/infografik/5449/die-wertvollsten-unternehmen-der-welt-2006-und-2016/ (zuletzt abgerufen: 30.11.2022); Statista Infografik: Tech-Konzerne dominieren die Börsen, abrufbar unter: https://de.statista.com/infografik/2976/die-wertvollsten-unternehmen-der-welt/ (zuletzt abgerufen: 30.11.2022). Für diese Unternehmen hat sich das Akronym GAFA (Google, Apple, Facebook, Amazon) eingebürgert. Statt aller *Paal/Hennemann*, NJW 2017, 1697 (1698) Fn. 19. Neuerdings ist auch von GAFAM (mit Microsoft) und BAT (für die chinesischen Tech-Konzerne Baidu, Alibaba und Tencent) die Rede, s. *Sattler*, in: Lohsse/Schulze/Staudenmayer, Data as Counter-Performance – Contract Law 2.0?, S. 225 (227). Auch am Jahresende 2022 stand mit Apple wieder ein Tech-Konzern an der Spitze des Rankings der teuersten Unternehmen der Welt. Gleichwohl haben insbesondere Tech-Konzerne im Vergleich zum Vorjahr erheblich an Wert verloren, vgl. *EY*, Pressemitteilung v. 29.12.2022, abrufbar unter: https://www.ey.com/de_at/news/2022/12/ey-analyse-marktkapitalisierung-2022-top-100 (zuletzt abgerufen: 30.12.2022).
[193] *Steinmüller*, in: ders., Informationsrecht und Informationspolitik, S. 1 (3); *Zech*, Information als Schutzgegenstand, S. 169.
[194] Etwa auf Tontäfelchen oder Schriftrollen. *Ebeling*, FS Fuchs-Kittowski II, S. 63 (70), bezeichnet das als „extrasomatische" Speicherung von Information. Einen geschichtlichen Überblick gibt *Völz*, Grundlagen der Information, S. 579–581.
[195] *Zech*, Information als Schutzgegenstand, S. 169.
[196] *Zech*, Information als Schutzgegenstand, S. 170.
[197] Dadurch entstand erstmals das Bedürfnis nach urheberrechtlichem Schutz, näher *A. Nordemann*, in: Loewenheim, Handbuch des Urheberrechts, § 9 Rn. 1 f.
[198] S. dazu bereits oben Fn. 44.

wurde. Möglich wurde das mit der optischen Telegrafie, die die Übermittlungszeit einer Nachricht extrem verkürzte.[199] Aus heutiger Sicht erschöpft sich ihre Bedeutung im Wesentlichen darin, Wegbereiterin für eine noch viel bahnbrechendere Erfindung gewesen zu sein: die elektrische Telegrafie. Sie stellte Mitte des 19. Jahrhunderts alle bis dahin bekannten Formen der Informationsübertragung in den Schatten. Mit ihr konnte Information zum ersten Mal mithilfe von – inzwischen omnipräsenten – Binärsignalen übertragen werden.[200] Durch die rasche Verbreitung von Telegrafenkabeln war Information von nun an ubiquitär.[201] Als Vorläufer der modernen Informations- und Kommunikationstechnologie war die elektrische Telegrafie der erste Meilenstein auf dem Weg zur Digitalisierung der Information.

Gegen Ende des 19. Jahrhunderts konnte Information nicht nur binär übertragen, sondern mithilfe der von *Hollerith* erfundenen Lochkarten erstmals auch in binärer Form gespeichert und verarbeitet werden.[202] Die automatisierte Auswertung von Lochkarten mittels Tabelliermaschinen beschränkte sich zunächst auf bloßes Zählen und Addieren. Schon bald brachte das Verlangen nach gesteigerten Rechenfähigkeiten immer leistungsfähigere Lochkartenmaschinen hervor und mündete schließlich in die Entwicklung elektronischer Rechenautomaten.[203] 1941 gelang es schließlich *Zuse*, eine auf elektromechanischen Schaltelementen (Relais) basierende Rechenmaschine fertigzustellen, die ausschließlich im dualen Zahlensystem rechnete.[204] Die Pionierleistung *Zuses* bestand darin, dass er sie nicht zur Lösung einer konkreten Aufgabe entworfen hatte, sondern die Maschine prinzipiell die Fähigkeit besaß, beliebige Probleme zu berechnen.[205] Den Schritt zu einer vollkommen universellen Rechenmaschine vollzog kurze Zeit später *v. Neumann* mit seiner Idee der speicherprogrammierbaren Steuerung.[206] Damit war die Genealogie des Computers abgeschlossen – bis heute folgt der

---

[199] Die Idee war allerdings nicht gänzlich neu, da bereits im Altertum Information mithilfe von Feuer- und Rauchsignalen übertragen wurde, näher *Lochmann*, Vom Wesen der Information, S. 233–242.

[200] Eingehend zum Ganzen *v. Baeyer*, Das informative Universum, S. 133–151.

[201] Die *New-York Daily Tribune* sprach in ihrer Ausgabe v. 27. Mai 1844 treffend vom „miracle of the annihilation of space", abrufbar unter: https://chroniclingamerica.loc.gov/lccn/sn83030213/1844-05-27/ed-1/seq-1/ (zuletzt abgerufen: 30.11.2022).

[202] Lochkarten wurden erstmals in der Textiltechnik zur Steuerung von Webstühlen eingesetzt, *Bauer/Goos*, Informatik 2, S. 301 f.; *Ropohl*, Allgemeine Technologie, S. 67 f.

[203] *de Beauclair*, Rechnen mit Maschinen, S. 39 f.; *Mayer-Schönberger/Ramge*, Das Digital, S. 110; s. auch den geschichtlichen Überblick bei *Völz*, Grundlagen der Information, S. 581–585.

[204] *Schwarz/Kruspig*, Computerimplementierte Erfindungen, Rn. 971.

[205] *de Beauclair*, Rechnen mit Maschinen, S. 76.

[206] *Bauer/Goos*, Informatik 2, S. 305. Der Vorteil einer speicherprogrammierbaren Steuerung ist, dass sie die Programmierung von der Hardware unabhängig werden lässt. Zur Lösung

Grundaufbau der meisten Computer der Von-Neumann-Architektur.[207] Die Unterschiede zu heutigen Computern beruhen im Wesentlichen auf der unentwegten Miniaturisierung der einzelnen Bauteile. Hervorzuheben ist, dass sich die Rechenleistung und die Speicherkapazität seither etwa alle 18–24 Monate verdoppelt haben.[208] Umgekehrt sind die Kosten signifikant gesunken.[209] Diese Entwicklung ist ein wesentlicher Stützpfeiler digitaler Information, da sie die Verarbeitung der ihr zugrunde liegenden Datenmengen nicht nur überhaupt erst möglich macht, sondern zugleich wirtschaftlich attraktiv werden lässt.

Das Aufkommen des Internets markiert schließlich den letzten Baustein in der Erfolgsgeschichte digitaler Information. Während Webinhalte anfangs in erster Linie passiv konsumiert wurden (Web 1.0), begannen die Nutzer um die Jahrtausendwende erstmals selbst Inhalte zur Verfügung zu stellen (Web 2.0).[210] Dieser *user-generated content* ist mittlerweile das bestimmende Element sozialer Medien, die es wie kaum ein anderes Medium geschafft haben, sämtliche Lebensbereiche zu durchdringen.[211] Dennoch sind soziale Medien nur ein kleiner Ausschnitt aus einer florierenden Plattformökonomie, die mit ihrem Innovationspotenzial zur treibenden Kraft des digitalen Binnenmarkts geworden ist.[212] Sie speist sich – wie alle digitalen Geschäftsmodelle – aus digitaler Information.[213] Von herausragender Bedeutung ist dabei insbesondere die personenbezogene In-

---

eines neuen Problems muss also nicht erst eine neue Maschine gebaut werden. Es genügt vielmehr, die Programmierung anzupassen.

[207] *Schwarz/Kruspig*, Computerimplementierte Erfindungen, Rn. 971.

[208] Dies wird als „Moore'sches Gesetz" bezeichnet, s. *Brynjolfsson/McAfee*, The Second Machine Age, S. 53–72; *Fink*, ZGE/IPJ 9 (2017), 288 (289); *Stevens/Bossauer*, ZGE/IPJ 9 (2017), 266. Dass die Leistungssteigerung (insbesondere der Mikroprozessoren) aufgrund des Erreichens physikalischer Untergrenzen bald ein Ende haben wird, ist absehbar. Offen ist, ob dies durch andere Technologien wie etwa der Quantentechnologie kompensiert werden kann, *Hagen*, in: Görresgesellschaft/Verlag Herder, Staatslexikon, Lemma: Digitale Revolution (unter I. 4).

[209] So haben sich die Kosten für dieselbe Rechenkapazität im selben Zeitraum halbiert. Die Kosten für 1 GB Speicherplatz sind von 1.000.000 $ im Jahr 1980 auf 0,10 $ im Jahr 2009 gesunken, *Stevens/Bossauer*, ZGE/IPJ 9 (2017), 266 (266–268).

[210] Näher Harte/Henning/*Frank*, 4. Aufl. 2016, Einl. H. Rn. 52–57; Auer-Reinsdorff/Conrad/*M. Schmidt/Pruß*, § 3 Rn. 121–128.

[211] S. dazu Auer-Reinsdorff/Conrad/*M. Schmidt/Pruß*, § 3 Rn. 252–264.

[212] S. dazu die Mitteilung der Kommission über Online-Plattformen im digitalen Binnenmarkt, COM(2016) 288 final. Beispiele solcher Plattformen sind etwa die Marktplätze eBay und Amazon, Datingportale und -apps, Essenslieferdienste etc. Plattformen sind an sich kein digitales Phänomen, sondern kommen auch „offline" zahlreich vor (z.B. Flohmärkte, Messen, Diskotheken, Kreditkarten etc.). Gleichwohl neigen insbesondere digitale Plattformmärkte zu einer Anbieterkonzentration, die ein Umkippen (*tipping*) des gesamten Markts zur Folge haben kann. Eingehend *Engert*, AcP 218 (2018), 304 (305 f.).

[213] Kaum ein modernes Geschäftsmodell kommt ohne die Erhebung und Auswertung gro-

formation der Nutzer.[214] Digitale Information ist allerdings nicht nur für die Internetökonomie zu einer zentralen Ressource geworden, sondern hat längst auch traditionelle Industriezweige und sogar die Landwirtschaft erfasst.[215] Die flächendeckende Vernetzung von Maschinen und Produktionsabläufen im Idealbild der intelligenten Fabrik (*Smart Factory*) ist nach der Mechanisierung, Arbeitsteilung und Automatisierung die vierte industrielle Revolution und wird folglich als *Industrie 4.0* bezeichnet.[216] Ebenso werden immer mehr Konsumgüter mit Informations- und Kommunikationstechnik ausgestattet und damit Teil des *Internet of Things*.[217] Industrie 4.0 und Internet of Things schaffen neue Perspektiven für digitale Geschäftsmodelle und werden in Zukunft ganze Wertschöpfungsnetzwerke neu entstehen lassen.[218] Obwohl die Entwicklung gerade erst am Anfang steht, hat die zunehmend automatisierte Erzeugung von Daten[219] schon jetzt dazu geführt, dass die weltweite Datenmenge regelrecht explodiert

---

ßer Datenmengen aus, *König*, in: Hennemann/Sattler, Immaterialgüter und Digitalisierung, S. 89.

[214] Das Informationsbedürfnis z. B. über das Konsumverhalten der Kunden existiert nicht erst seit dem Digitalzeitalter. Schon seit jeher haben Unternehmen mit diesem Wissen ihr Angebot optimiert. Im stationären Bereich geschieht dies etwa mittels Kundenkarten. Ein neues Phänomen ist hingegen die Monetarisierung der Nutzerinformation zum Zwecke zielgruppenorientierter Werbung (*targeted advertising*), *Weber*, ZWeR 2014, 169 (171); s. zum Ganzen ferner *Geradin/Kuschewsky*, Competition Law and Personal Data, S. 2; *Shelanski*, 161 U. Pa. L. Rev. 1663 (1678–1682) (2013).

[215] Dort spielt die von Sensoren erfasste Information eine wesentliche Rolle, vgl. *Ensthaler*, NJW 2016, 3473; *Grützmacher*, CR 2016, 485; *Zech*, in: Körber/Immenga, Daten und Wettbewerb in der digitalen Ökonomie, S. 31 (34).

[216] Näher *Bräutigam/Klindt*, NJW 2015, 1137; *Hornung/Hofmann*, in: Hornung, Rechtsfragen der Industrie 4.0, S. 9 (9–11); *Thalhofer*, GRUR-Prax 2017, 225; *Zech*, GRUR 2015, 1151 (1151 f.); *ders.*, in: Körber/Immenga, Daten und Wettbewerb in der digitalen Ökonomie, S. 31 (34).

[217] Durch die Vernetzung mit dem Internet werden die Gegenstände „smart", z. B. Smartphone, Smartwatch, Smart-TV etc. Näher zum Ganzen s. *Ciani*, in: Bakhoum/Conde Gallego/Mackenrodt u. a., Personal Data in Competition, Consumer Protection and Intellectual Property Law, S. 215 (215–219); *Storr/Storr*, in: Corrales/Fenwick/Forgó, New Technology, Big Data and the Law, S. 65 (67–72); *Venzke-Caprarese*, in: Taeger, DSRITB 2015, S. 377 (377–383); *Wendehorst*, in: Micklitz/Reisch/Joost u. a., Verbraucherrecht 2.0 – Verbraucher in der digitalen Welt, S. 367 (367–370).

[218] Musterbeispiel ist etwa die mit dem Verkauf eines Produkts zusätzlich angebotene vorausschauende Wartung (*predictive maintenance*). Näher *Henseler-Unger*, in: Sassenberg/Faber, RechtsHdB Industrie 4.0 und Internet of Things, § 1 Rn. 26–28 (mit weiteren Anwendungsbeispielen); s. ferner *Drexl*, in: Lohsse/Schulze/Staudenmayer, Trading Data in the Digital Economy: Legal Concepts and Tools, S. 223; *Peschel/Rockstroh*, MMR 2014, 571.

[219] Etwa durch Protokolle von Telekommunikationsverbindungen, Webzugriffen (Logdateien) und die automatische Erfassung von RFID-Lesern, Kameras, Mikrofonen und sonstigen Sensoren, *Küchler*, in: Bräutigam, IT-Outsourcing und Cloud-Computing, Teil 1 Rn. 30b.

ist.[220] Es überrascht daher nicht, dass sich zur Bezeichnung dieser gewaltigen Datenmenge inzwischen das Buzzword *Big Data* eingebürgert hat.[221] Sie ist im Wesentlichen durch die drei Merkmale volume[222], variety[223] und velocity[224] geprägt.[225] Immer häufiger wird ein weiteres Charakteristikum hervorgehoben, das für das spätere Analyseergebnis von entscheidender Bedeutung ist: veracity.[226] Ein letztes Merkmal nimmt schließlich Bezug auf den durch die Verarbeitung und Verknüpfung erzielten informatorischen Mehrwert: value.[227] Bei der Analyse der Daten, wobei man in Anlehnung an die Rohstoff-Metapher auch von *Data Mining*[228] spricht, kommen immer feinere Algorithmen zum Einsatz.[229] Sie sind auf das Erkennen von Mustern, Strukturen und Korrelationen spezialisiert und machen die immense Datenflut überhaupt beherrschbar. Da die Datenintensität

---

[220] Zukünftig wird gar ein exponentielles Wachstum erwartet. Betrug die weltweite Datenmenge 2018 noch 33 Zettabyte (ein Zettabyte entspricht einer Milliarde Terrabyte), wird für das Jahr 2035 eine Datenmenge von knapp 2150 Zettabyte prognostiziert, *Buss/Becker/Daniels u. a.*, Statista Digital Economy Compass 2019, S. 4. Zum Vergleich: 2006 betrug die weltweite Datenmenge gerade einmal 0,25 Zettabyte, *Schefzig*, in: Taeger, DSRITB 2015, S. 551. Vgl. auch *Forgó/Hänold/Schütze*, in: Corrales/Fenwick/Forgó, New Technology, Big Data and the Law, S. 17 (18) und *Ensthaler*, NJW 2016, 3473.
[221] S. nur *Schütze/Hänold/Forgó*, in: Kolany-Raiser/Heil/Orwat u. a., Big Data und Gesellschaft, S. 233 (234).
[222] Dieses Kriterium unterscheidet Big Data von anderen Datensets, sog. *Small Data*.
[223] Bezeichnet die unterschiedlichen Datenquellen und -arten, die eine Datenvielfalt zur Folge haben.
[224] Meint die Geschwindigkeit, mit der Daten gesammelt, verarbeitet und ausgewertet werden.
[225] *Aplin*, in: Lohsse/Schulze/Staudenmayer, Trading Data in the Digital Economy: Legal Concepts and Tools, S. 59 (67); *BKartA*, Big Data und Wettbewerb, S. 3; *Drexl*, JIPITEC 2017, 257 (264 f.); *Forgó/Hänold/Schütze*, in: Corrales/Fenwick/Forgó, New Technology, Big Data and the Law, S. 17 (20–22); *Hoffmann-Riem*, in: ders., Big Data – Regulative Herausforderungen, S. 11 (19 f.); *Martini*, in: Hill/Martini/Wagner, Die digitale Lebenswelt gestalten, S. 97 (101–106); *Monopolkommission*, Wettbewerbspolitik: Herausforderung digitale Märkte, S. 48; *Paal/Hennemann*, Big Data as an Asset, S. 15; *Schweitzer/Peitz*, Datenmärkte, S. 13.
[226] Damit ist die Richtigkeit bzw. Zuverlässigkeit der Daten gemeint. Ausschlaggebend ist mithin nicht allein die Quantität, sondern auch die Qualität der Daten, *Fink*, ZGE/IPJ 9 (2017), 288 (295). Wie wichtig zuverlässige Datensets sind, verdeutlichte 2013 der Dienst „Google Flu Trends", der das Ausmaß der jährlichen Grippewelle bei Weitem überschätzte, näher *Butler*, Nature 494 (2013), 155 ff.
[227] Dazu *Custers/Uršič*, International Data Privacy Law 2016, 4 (7): „The value of big data is not in the mere data collection but in the insights deduced from it."
[228] Vgl. dazu § 44b Abs. 1 UrhG, der eine (auf urheberrechtliche Werke beschränkte) Legaldefinition des Text und Data Mining enthält.
[229] *Hacker*, in: Bakhoum/Conde Gallego/Mackenrodt u. a., Personal Data in Competition, Consumer Protection and Intellectual Property Law, S. 85 (88). Algorithmen rufen zunehmend datenschutz- und wettbewerbsrechtliche Bedenken hervor. Kritisch dazu *Noto La Diega*, JIPITEC 2018, 3 ff.

eine Vielzahl an Ressourcen wie etwa Rechenleistung und Speicherkapazität bindet, greift die Digitalwirtschaft inzwischen verstärkt auf Cloud[230]-Infrastrukturen zurück. Prognosen zufolge werden inzwischen erstmals mehr Daten in der Cloud als auf lokalen Speichermedien gespeichert.[231] Zunehmend Bedeutung erlangt ferner die dezentrale Speicherung von Daten mithilfe der *Distributed Ledger Technology*.[232] Als Konsequenz sich beschleunigender Innovationszyklen steht der nächste Paradigmenwechsel unmittelbar bevor. Künstliche Intelligenz[233], die als schwache[234] künstliche Intelligenz bereits in vielfältiger Weise zum Einsatz kommt, wird die technische Entwicklung in absehbarer Zeit auf ein ungekanntes Level heben.[235] Der entscheidende Unterschied zur Automation besteht darin, dass intelligente Systeme lernfähig und somit in der Lage sind, ihr Verhalten in Zukunft anzupassen.[236] Der derzeit vielversprechendste Ansatz ist das maschinelle Lernen.[237] Dabei wird zumeist auf künstliche neuronale Netze

---

[230] Näher zur Herkunft des Begriffs *Corrales/Fenwick/Forgó*, in: dies., New Technology, Big Data and the Law, S. 1 (2). Näher zum Cloud-Computing *Bräutigam/Thalhofer*, in: Bräutigam, IT-Outsourcing und Cloud-Computing, Teil 14 Rn. 1–19; eingehend *Hennrich*, Cloud Computing, S. 42–83. Vgl. ferner schon die Beiträge von *Fickert*, *Karger/Sarre* und *Schulz*, in: Taeger/Wiebe, DSRITB 2009.

[231] *Buss/Becker/Daniels u. a.*, Statista Digital Economy Compass 2019, S. 9.

[232] Näher zur Funktionsweise der Technologie *Kaulartz*, CR 2016, 474 (474–477); *ders.*, in: Briner/Funk, DGRI Jahrbuch 2017, S. 179 (179–186); *Schrey/Thalhofer*, NJW 2017, 1431 (1431 f.).

[233] Die Idee künstlicher Intelligenz ist nicht neu, sondern reicht zurück bis in die Mitte des vergangenen Jahrhunderts. Sie stammt von *Turing*, der eine Maschine intelligent nannte, wenn ein Beobachter nicht mehr zwischen einem Menschen und einem Computer differenzieren kann („Turing-Test"), *Mainzer*, Künstliche Intelligenz, S. 10. Durchbrüche bei der KI-Forschung konnten allerdings erst durch die erwähnten Fortschritte bei der Rechenleistung erzielt werden, *Fink*, ZGE/IPJ 9 (2017), 288 (288–290). Einen bahnbrechenden Erfolg konnte kürzlich das Computerprogramm „AlphaGo" verbuchen, das nicht nur den weltbesten Go-Spieler bezwang, sondern auch im Computerspiel „Starcraft 2" als Sieger hervorging, *Hauck/Cevc*, ZGE/IPJ 11 (2019), 135 (140 f.) Fn. 22.

[234] Näher *Riehm/Meier*, in: Fischer/Hoppen/Wimmers, DGRI Jahrbuch 2018, S. 1 (2 f.).

[235] Eine anerkannte KI-Definition fehlt bislang, *AG Digitaler Neustart*, Bericht v. 15. April 2019, S. 169. Zu unterschiedlichen Definitionsansätzen s. *Gomille*, JZ 2019, 969 (969 f.); *Hauck/Cevc*, ZGE/IPJ 11 (2019), 135 (138); *Küchler*, in: Bräutigam, IT-Outsourcing und Cloud-Computing, Teil 1 Rn. 30a; *v. Ungern-Sternberg*, in: Unger/v. Ungern-Sternberg, Demokratie und künstliche Intelligenz, S. 3 (5–7); *Zech*, ZfPW 2019, 198 (199).

[236] *Kirn/Müller-Hengstenberg*, MMR 2014, 225 (226); *dies.*, Rechtliche Risiken autonomer und vernetzter Systeme, S. 106 f.; *Spindler*, CR 2015, 766. Zum Ganzen ferner *Martini*, Blackbox Algorithmus, S. 19–25.

[237] Ein hoffnungsvoller Einsatzbereich ist die bildgebende Diagnostik in der Medizin. Der Konzern Alibaba etwa entwickelte einen Algorithmus, der bereits zu Beginn der Coronapandemie in 96 % der Fälle erkennen konnte, ob eine Covid-19-Erkrankung vorliegt, *Specht-Riemenschneider/Blankertz*, Wie die Datentreuhand gelingen kann, FAZ Einspruch v. 12.04.2021, ab-

zurückgegriffen, die der Funktionsweise des menschlichen Gehirns nachempfunden sind.[238] Zu Lernzwecken muss das System mit einer großen Zahl an Datensätzen trainiert werden.[239] Ein wichtiger Erfolgsfaktor ist somit insbesondere der Zugang zu einem qualitativ hochwertigen Datenbestand.[240]

Die soeben schemenhaft umrissenen Disruptionen[241] sind Teil eines Prozesses, der als Digitalisierung,[242] digitaler Wandel,[243] digitale Transformation[244] bzw. Revolution[245] bezeichnet wird und inzwischen sämtliche Lebens- und Wirtschaftsbereiche erfasst hat.[246] Ein Ende der Entwicklung ist nicht in Sicht, sodass mit einer fortlaufenden Durchdringung und Entgrenzung zu rechnen ist. Schon jetzt ist absehbar, dass die Coronapandemie den Digitalisierungsprozess weiter beschleunigt hat. Quelle dieser disruptiven Veränderungen ist die Informations- und Kommunikationstechnologie.[247] Ihre Allgegenwart hat dazu geführt, dass Information fast nur noch digital, also in Form von Daten vorliegt. Man kann sie als digitale Information bezeichnen. Digitale Information erhält man, wenn bereits auf einem anderen Trägermedium vorhandene Information digitalisiert, also in ein digitales Format überführt wird.[248] Der größere Anteil an digitaler Information dürfte allerdings bereits digital erzeugt werden. Wie die vorangegangenen Ausführungen erahnen lassen, ist digitale Information zu einem wichtigen

---

rufbar unter: https://www.faz.net/einspruch/wie-die-datentreuhand-gelingen-kann-17263960.html (zuletzt abgerufen: 30.11.2022).

[238] Neuronale Netze bestehen aus mindestens drei Ebenen (*layer*). Bei einer Vielzahl von Schichten spricht man von *Deep Learning* (DL). Eingehend zum Ganzen *Mainzer*, Künstliche Intelligenz, S. 99–138.

[239] *Ehinger/Stiemerling*, CR 2018, 761 (762).

[240] *Dies.*, CR 2018, 761 (764). Der Zugang zu Daten wird deshalb in Zukunft ein zentrales Thema sein. Näher zum Ganzen *König*, in: Hennemann/Sattler, Immaterialgüter und Digitalisierung, S. 89 ff.; *Schweitzer*, GRUR 2019, 569 ff.; *Wiebe*, CR 2017, 87 ff.

[241] Häufig ist auch von disruptiven Innovationen die Rede, s. etwa *Hoffmann-Riem*, in: ders., Big Data – Regulative Herausforderungen, S. 11 (13). Sie sind Ausdruck des Schumpeter'schen Prozesses „schöpferischer Zerstörung", vgl. *Specht/Kerber*, Datenrechte, S. 118.

[242] Statt vieler *Spindler*, DB 2018, 41.

[243] Statt vieler *Druschel/Oehmichen*, CR 2015, 173.

[244] Statt vieler *Hoffmann-Riem*, in: ders., Big Data – Regulative Herausforderungen, S. 11 (12).

[245] Statt vieler *Börding/Jülicher/Röttgen u. a.*, CR 2017, 134.

[246] Die Begriffe sind gegeneinander austauschbar und meinen im Wesentlichen dasselbe. Eine anerkannte Begriffsdefinition gibt es gleichwohl für keinen der Begriffe.

[247] S. nur *Schweitzer*, in: Körber/Kühling, Regulierung – Wettbewerb – Innovation, S. 269, die von der „Verzahnung nahezu aller Gegenstände und Lebensbereiche moderner Informations- und Kommunikationstechnik" spricht. Vgl. ferner COM(2015) 192 final, S. 3.

[248] Als wohl bekanntestes Digitalisierungsvorhaben dürfte „Google Books" gelten. Nach 15 Jahren Laufzeit waren über 40 Millionen Bücher in über 400 Sprachen digitalisiert, s. https://www.blog.google/products/search/15-years-google-books/ (zuletzt abgerufen: 30.11.2022).

Baustein wirtschaftlicher Wertschöpfung geworden. Allen voran für die Digitalwirtschaft stellt digitale Information eine kostbare Ressource dar, deren Bedeutung in Zukunft angesichts des Entmaterialisierungstrends kontinuierlich zunehmen wird.

III. Digitale Information als Rechtsobjekt

Bislang konnte gezeigt werden, dass Information infolge der technischen Entwicklung zunehmend digital in Form von Daten vorliegt. Bevor nachfolgend eine Definition gegeben werden kann, ist in einem Zwischenschritt darzulegen, wie sich digitale Information als Rechtsobjekt auffassen lässt. Dieses Bedürfnis folgt unmittelbar aus dem Thema der Untersuchung. Präzise formuliert geht es dabei um die Frage, ob digitale Information als „passiver Teil" zum „Bezugselement"[249] eines Kreditsicherungsverhältnisses gemacht werden kann. Dies ist nur denkbar, wenn digitale Information als ein vom menschlichen Bewusstsein zu trennender Gegenstand begriffen werden kann. Nach wie vor tut sich die Rechtswissenschaft schwer, immaterielle Phänomene, die vom Gesetzgeber bisher nicht *expressis verbis* in den Status eines Rechtsobjekts erhoben wurden, dogmatisch konsistent zu fassen.[250] Ohne auf den Begriff des Rechtsobjekts[251] näher eingehen zu müssen, genügt vorliegend die Feststellung, dass Rechtsobjekt in negativer Hinsicht alles ist, was nicht bereits Rechtssubjekt ist.[252] In Bezug auf die syntaktische Dimension digitaler Information ergeben sich dabei keine Schwierigkeiten, sodass die zugrunde liegenden Daten als Rechtsobjekt aufgefasst werden können.[253] Probleme bereiten allerdings die semantische und pragmatische Dimension digitaler Information. Verortet man Bedeutung ausschließlich im menschlichen Bewusstsein, wäre semantische Information untrennbar an eine natürliche Person gebunden.[254] Als Teil eines Rechtssubjekts könnte sie demnach nicht Gegenstand der Kreditsicherung sein. Allerdings ist die Semantik

---

[249] Die Formulierung ist *Kreutz*, Das Objekt und seine Zuordnung, S. 50, entnommen.

[250] Vgl. *ders.*, Das Objekt und seine Zuordnung, S. 55 f. Hervorgehoben sei, dass andere unkörperliche Güter als diejenigen, die durch Immaterialgüterrechte geschützt sind, zumeist gar keine Erwähnung finden, s. statt vieler die Darstellung bei *Neuner*, BGB AT, § 24 Rn. 1 ff.

[251] Ausführlich zum Begriff *Wendehorst*, in: Alexy, Juristische Grundlagenforschung, S. 71 ff.

[252] *v. Bar*, Gemeineuropäisches Sachenrecht, § 2 Rn. 85; *Kreutz*, Das Objekt und seine Zuordnung, S. 50. Vgl. auch § 285 ABGB.

[253] *Zech*, Information als Schutzgegenstand, S. 178, 325.

[254] So etwa *Specht*, CR 2016, 288 (290). Ihr zufolge sei (semantische) Information keine objektiv-existierende, sondern eine spezifisch menschliche Größe, die erst im Gehirn des Menschen entstehe.

einer Objektivierung zugänglich.²⁵⁵ Auch wenn ein konkreter Rezipient die Bedeutung der digitalen Information erst infolge eines Interpretationsprozesses versteht, so besitzt sie diese Bedeutung dennoch objektiv. Aufgrund der gemeinsamen Interpretationsregel ist das Interpretationsergebnis nämlich vorgezeichnet, d. h. jeder Rezipient wird, sofern er die Interpretationsregel kennt, der digitalen Information dieselbe (vorbestimmte) Bedeutung beimessen. Unter dieser Prämisse kann auch semantische Information als Rechtsobjekt aufgefasst werden. Deutlich komplexer ist hingegen die Beurteilung der pragmatischen Dimension digitaler Information. Sie ist grundsätzlich keiner Objektivierung zugänglich, da die hervorgerufenen Wirkungen vom jeweiligen Rezipienten abhängen und damit grundsätzlich individuell sind. Möglich erscheint allerdings, gewisse Wirkungen durch Zugrundelegung objektiver Maßstäbe von einem konkreten Subjekt zu abstrahieren. Ein Beispiel hierfür ist etwa die ab Überschreiten einer bestimmten Menge an digitaler Information bewirkte Intermediationsmacht eines Anbieters in einem Plattformmarkt.²⁵⁶ Ebenso ist denkbar, dass digitale Information ab Überschreiten einer gewissen Schwelle zur Übersicherung des Sicherungsnehmers führt. Gleichwohl kann die pragmatische Ebene digitaler Information nicht gegenständlich begriffen werden. Sie spielt nur insoweit eine Rolle, als die Rechtsordnung an den Eintritt bestimmter Wirkungen Rechtsfolgen knüpft. Rechtsobjekte sind daher nur die Datenstrukturen sowie der in ihnen enthaltene Bedeutungsgehalt.²⁵⁷

---

²⁵⁵ *Zech*, Information als Schutzgegenstand, S. 36, 178. S. ferner bereits oben S. 30.

²⁵⁶ Eingehend zur Intermediationsmacht *Schweitzer/Haucap/Kerber u. a.*, Modernisierung der Missbrauchsaufsicht für marktmächtige Unternehmen, S. 57, 85–100. S. dazu nunmehr den durch die 10. GWB-Novelle neu eingefügten § 19a GWB.

²⁵⁷ Vgl. Jauernig/*Mansel*, Vor § 90 BGB Rn. 1; Soergel/*Marly*, Vor § 90 BGB Rn. 2. Das Ergebnis wird gestützt durch die Vorschrift des § 453 Abs. 1 S. 1 BGB. Sie erlaubt es, jedes erdenkliche immaterielle Gut als sonstigen Gegenstand zum „passiven Element" eines Kaufvertrags zu machen. Eingehend *Peukert*, in: Leible/Lehmann/Zech, Unkörperliche Güter im Zivilrecht, S. 95 ff. Selbst ohne ausdrückliche Regelung (insofern hat § 453 Abs. 1 S. 1 BGB lediglich klarstellende Wirkung, weil schon vor der Schuldrechtsmodernisierung anerkannt war, dass nicht nur Sachen Gegenstand eines Kaufvertrags sein können, dazu *Stieper*, FS Köhler, S. 729 [737]) können solche Güter letztlich zum Gegenstand auch jedes anderen Schuldverhältnisses gemacht werden, *Peukert*, Güterzuordnung als Rechtsprinzip, S. 878 Fn. 117. § 453 Abs. 1 S. 1 BGB wird teilweise als Einfallstor für ein „Datenschuldrecht" gesehen. Daran ist problematisch, dass die Erfüllung der aus dem Kaufvertrag resultierenden Übereignungsverpflichtung in Ermangelung eines dinglichen Rechts vielfach anfänglich objektiv unmöglich sein dürfte. Aus diesem Grund ist es besser, die Nähe zum Pachtvertrag zu suchen, der in § 581 BGB ebenfalls den Begriff *Gegenstand* kennt. Näher *Sattler*, in: Schmidt-Kessel/Grimm, Telematiktarife & Co. – Versichertendaten als Prämienersatz, S. 1 (11 f.) (allerdings nur in Bezug auf personenbezogene Information).

IV. Definition digitaler Information

Der für die Untersuchung gewählte Begriff digitale Information wird seit geraumer Zeit gelegentlich im juristischen Schrifttum verwendet.[258] Eine Definition fehlt bislang allerdings. Dabei ist gleich zu Beginn darauf hinzuweisen, dass der von *Wagner*[259] gewählte Begriff der binären Information zur Bezeichnung von in Form von Daten vorliegender Information eigentlich der exaktere ist. In technischer Hinsicht handelt es sich, wenn – wie hier – sowohl die Anzahl der physikalischen Zustände als auch die Zahlenbasis zwei beträgt, um binäre Signale.[260] Der Begriff digital ist demgegenüber allgemeiner.[261] Gleichwohl wird an der Bezeichnung als digitaler Information festgehalten, da sich der Begriff digital im Zusammenhang mit dem Vorhandensein von Daten sowohl im allgemeinen als auch im juristischen Sprachgebrauch durchgesetzt hat.[262] Die mit der Bezeichnung verbundene Unschärfe ist daher zugunsten einer größeren Begriffsklarheit hinzunehmen. Wenn im Folgenden digitale Information definiert wird, ist ferner darauf hinzuweisen, dass jede Begriffsdefinition sinnvollerweise nur unter Berücksichtigung der aufgeworfenen Fragestellung erfolgen kann.[263] Das birgt nicht nur die Gefahr, in einen hermeneutischen Zirkel zu geraten.[264] Auch liegt der Einwand nahe, die Begriffsdefinition werde dergestalt mit Inhalt gefüllt, dass sich im Anschluss die erwünschten Ergebnisse erzielen lassen.[265] Aus diesen Gründen hat sich die Untersuchung zu Beginn die Mühe gemacht, das Phänomen digitale Information umfassend darzustellen. Hieran wird im Folgenden angeknüpft. Dabei zeigt sich, dass die technischen Informationsbegriffe nicht geeignet sind, digitale Information im Recht adäquat zu erfassen. Dies ist der Tatsache geschuldet, dass sie den Begriff Information jeweils in einem ganz speziellen Sinne gebrauchen. In (ferner) Zukunft allenfalls einmal Relevanz für juristische Sachverhalte könnte die Quantentechnologie haben. Vorstellbar ist dies bei-

---

[258] So etwa von *Wagner*, Binäre Information, S. 2; *Zech*, Information als Schutzgegenstand, S. 345, 421, 437, 439 f.; in neuerer Zeit *Amend-Traut/Hergenröder*, ZEV 2019, 113 (115); *Guski*, ZWeR 2019, 272 (282–285).
[259] *Wagner*, Binäre Information.
[260] S. dazu bereits oben Fn. 42.
[261] Vgl. *Völz*, Grundlagen der Information, S. 18.
[262] Häufig ist von „digitalen Daten" bzw. „digital data" die Rede, s. etwa *Chrobak*, in: Bakhoum/Conde Gallego/Mackenrodt u.a., Personal Data in Competition, Consumer Protection and Intellectual Property Law, S. 253 (255).
[263] Insofern geht es im Folgenden nicht darum, eine allgemeingültige Definition zu liefern. Vgl. *Druey*, Information, S. 3.
[264] *Dreier*, FS Ullrich, S. 35 (37 f.); *Mayer-Schönberger*, Information und Recht, S. 12.
[265] Vgl. *Kudlich*, in: Taeger/Vassilaki, Rechtsinformatik und Informationsrecht im Spannungsfeld von Recht, Informatik und Ökonomie, S. 13.

spielsweise dann, wenn die Einhaltung eines bestimmten Sorgfaltsmaßstabs – etwa im Hinblick auf besonders sensible digitale Information – den Einsatz quantenkryptographischer Verfahren erforderlich macht. Die Außerachtlassung der technischen Informationsbegriffe bedeutet freilich nicht, dass der technische Aspekt digitaler Information – also die Verkörperung durch Daten – bei der Definition unberücksichtigt bleibt. Gerade die maschinenlesbare Verkörperungsform unterscheidet digitale Information wesentlich von analog verkörperter Information, wie z. B. ein Text in einem Buch. Bereits in der Einleitung wurde gezeigt, dass für den besonderen wirtschaftlichen Wert digitaler Information nicht die Daten, sondern der in ihnen enthaltene Bedeutungsgehalt ausschlaggebend ist.[266] Daneben können für das Recht bisweilen auch die durch die digitale Information hervorgerufenen, anhand objektiver Maßstäbe bestimmbaren Wirkungen eine Rolle spielen. Somit wird deutlich, dass das semiotische Informationsmodell für die Definition digitaler Information eine fruchtbare Grundlage zu bieten scheint. Analysiert man das Wesen digitaler Information im Detail, zeigt sich, dass digitale Information trotz ihres immateriellen Charakters stets einen körperlichen (Daten-)Träger benötigt.[267] Auf ihm befinden sich die jeweiligen Datenverkörperungen. In syntaktischer Hinsicht handelt es sich dabei um binäre Zeichengebilde, die eine bestimmte Bedeutung tragen. Eine gewisse Menge digitaler Information kann schließlich Wirkungen erzeugen, an die die Rechtsordnung bestimmte Rechtsfolgen knüpft. Folglich können grundsätzlich vier Ebenen[268] voneinander unterschieden werden:
– Eine körperliche Ebene
– Eine syntaktische Ebene
– Eine semantische Ebene
– Eine pragmatische Ebene

1. Datenträger (körperliche Ebene)

Auch wenn digitale Information – wie noch zu zeigen sein wird – im Wesentlichen ein immaterielles Phänomen ist, so setzt ihre Existenz dennoch ein physika-

---

[266] S. nur *Schefzig*, K&R Beihefter 3/2015 zu Heft 9, 3: „Der besondere Wert von Daten ergibt sich dabei regelmäßig nicht aus den Daten als solchen, sondern aus ihren Inhalten, also dem sinnlich wahrnehmbaren Ergebnis […]."

[267] Dabei wird für die Zwecke der vorliegenden Untersuchung davon ausgegangen, dass die digitale Information dauerhaft auf einem Datenträger fixiert ist. Außer Betracht bleibt digitale Information, die Gegenstand eines Verarbeitungs- oder Übertragungsvorgangs ist.

[268] *Zech*, Information als Schutzgegenstand, S. 35–45, unterscheidet zwischen einer strukturellen, syntaktischen und semantischen Ebene von Information. S. ferner *Beurskens*, in: Domej/Dörr/Hoffmann-Nowotny u. a., Einheit des Privatrechts, S. 443 (454).

lisches Trägermedium (Datenträger) voraus.[269] Datenträger sind körperlicher Natur und damit Sachen i. S. v. § 90 BGB.[270] Sie unterstehen folglich den Regeln des Sachenrechts (§§ 854 ff. BGB). Auf ihnen sind – wie der Name impliziert – die der Information zugrunde liegenden Daten verkörpert.

2. Daten (syntaktische Ebene)

Daten sind syntaktisch betrachtet eine Abfolge aus den Binärziffern 0 und 1. Die Darstellung als Binärcode ist erforderlich, weil digitale Systeme nur zwei alternative Zustände kennen. Jedem dieser Zustände ist eine Ziffer aus dem Binärsystem zugeordnet. Da digitale Systeme mithin nur die binäre Zahlendarstellung „verstehen", muss Information zunächst in das Binärsystem „übersetzt" werden.[271] Diesen Vorgang nennt man Codierung.[272] Dementsprechend lassen sich Daten als maschinenlesbar codierte Information definieren.[273] Die syntaktische Zeichenstruktur lässt sich als syntaktische Information bezeichnen.[274] Wichtig ist, dass die Bedeutung der Daten auf syntaktischer Ebene keine Rolle spielt.[275] Ebenso wenig spielt eine Rolle, auf welche Weise die Daten generiert wurden. Es macht demzufolge keinen Unterschied, ob die Daten automatisiert (z. B. durch Sensoren) oder durch einen Menschen erhoben wurden. Ferner ist beispielsweise nicht von Belang, um welche Arten von Daten es sich handelt (z. B. Rohdaten) oder wie aktuell diese sind.[276]

---

[269] Daran ändert es nichts, wenn die digitale Information in der Cloud gespeichert ist. Auch in diesem Fall ist die digitale Information (irgendwo) auf einem Datenträger verkörpert, s. nur *Sattler*, CR 2020, 145 (148). Als Speichermedien kommen beispielsweise in Betracht: USB-Sticks, SD-Karten, CDs, DVDs oder ein anderes, zur Speicherung von Daten geeignetes Medium. Aufgrund der vielfach höheren Speicherkapazität weitaus größere Bedeutung haben Festplatten und (Cloud-)Server, vgl. BeckOGK BGB/*Mössner*, Stand: 01.03.2021, § 90 BGB Rn. 84.

[270] *Beurskens*, in: Domej/Dörr/Hoffmann-Nowotny u. a., Einheit des Privatrechts, S. 443 (449 f.); Soergel/*Marly*, § 90 BGB Rn. 3; *Peukert*, FS Schricker II, S. 149 (152).

[271] S. dazu bereits oben Fn. 43.

[272] S. dazu bereits oben Fn. 45.

[273] Grundlegend *Zech*, Information als Schutzgegenstand, S. 32. Die Definition hat sich im zivilrechtlichen Schrifttum inzwischen allgemein durchgesetzt, s. etwa Taeger/Pohle/*Czychowski/Siesmayer*, ComputerR-HdB Kap. 20.5 Rn. 9; *Riehm*, VersR 2019, 714 (715); *Sattler*, CR 2020, 145 (148); *Schweitzer*, GRUR 2019, 569 (571).

[274] *Zech*, Information als Schutzgegenstand, S. 38–40.

[275] Diese Trennung lässt sich nicht immer stringent durchhalten, da der Aussagegehalt durchaus auch für die syntaktische Ebene Relevanz hat, etwa wenn die digitale Information einen Personenbezug aufweist. Da die semantische Ebene die syntaktische miteinschließt, dürfen die Daten nur verarbeitet werden, wenn ein Erlaubnistatbestand eingreift.

[276] Eine Kategorisierung von Daten findet sich etwa bei *Chirita*, in: Bakhoum/Conde Gallego/Mackenrodt u. a., Personal Data in Competition, Consumer Protection and Intellectual

3. Information (semantische Ebene)

Daten besitzen auf semantischer Ebene einen Bedeutungsgehalt. Dieser lässt sich auch als semantische Information bezeichnen.[277] Obwohl Bedeutung einen Interpretationsprozess voraussetzt, ist sie dennoch einer Objektivierung zugänglich.[278] Während semantische Information mit einer gegebenen Bedeutung nur einmal existiert, ist die Anzahl der ihr zugrunde liegenden digitalen Verkörperungen unbegrenzt.[279] Demnach kann dieselbe Information in beliebig vielen Datenstrukturen enthalten sein. Identische Datenstrukturen müssen aber nicht zwangsläufig dieselbe Information aufweisen. Wurden unterschiedliche Codes verwendet, trägt derselbe Binärcode unterschiedliche semantische Information.[280]

4. Wirkung (pragmatische Ebene)

Digitale Information kann schließlich auf pragmatischer Ebene eine bestimmte Wirkung hervorrufen.[281] Voraussetzung dafür, dass das Recht an eine Wirkung eine bestimmte Rechtsfolge knüpft, ist aber, dass sie anhand objektiver Maßstäbe bestimmbar ist. Dies ist etwa denkbar bei den bereits o. g. Fällen, dass digitale Information ab Überschreiten einer gewissen Schwelle zu einer wettbewerblichen Machtlage oder zur Übersicherung des Sicherungsnehmers führt. Denkbar ist auch, dass digitale Information eine Irreführung von Verbrauchern hervorruft oder bewusst als Täuschungsmittel eingesetzt wird. Derartige Sachverhalte werden bereits heute durch das UWG und die Arglistanfechtung adressiert. Für die vorliegende Untersuchung spielt die pragmatische Dimension digitaler Information lediglich eine untergeordnete Rolle, sodass sie im weiteren Verlauf allenfalls am Rande Berücksichtigung finden wird.

5. Zusammenfassende Definition

Digitale Information lässt sich abschließend definieren als in Form von Daten vorliegende Information, die auf einem konkreten Datenträger verkörpert ist. Die

---

Property Law, S. 153 (175–180); *Schweitzer*, GRUR 2019, 569 (571); *Thouvenin/Weber/Früh*, in: Dehmer/Emmert-Streib, Frontiers in Data Science, S. 111 (122).

[277] *Zech*, Information als Schutzgegenstand, S. 37 f.
[278] S. dazu bereits oben S. 42 f.
[279] Jede weitere digitale Verkörperung von Information führt demgemäß nicht zu neuer Information, sondern nur zu neuen Daten, *Riehm*, in: Hornung, Rechtsfragen der Industrie 4.0, S. 73 (74).
[280] *Zech*, Information als Schutzgegenstand, S. 38.
[281] Für eine Berücksichtigung der Pragmatik auch *Wiebe*, wiedergegeben bei *Biller-Bomhardt/F. Schulze*, VersR 2019, 737.

Datenverkörperungen weisen in syntaktischer Hinsicht eine bestimmte Datenstruktur auf und transportieren auf semantischer Ebene einen objektiv bestimmbaren Bedeutungsgehalt. Eine bestimmte Menge an digitaler Information kann in pragmatischer Hinsicht Wirkungen hervorrufen, an die das Recht unter bestimmten Voraussetzungen Rechtsfolgen knüpft.

§ 2 Digitale Information als immaterielles Wirtschaftsgut

Nachdem nun eine Definition digitaler Information vorliegt, ist im folgenden Abschnitt ihre Stellung als Wirtschaftsgut hervorzuheben. Dies ist Voraussetzung für den praktischen Einsatz als Kreditsicherheit, da die Hingabe einer wertlosen Datenfolge zur Absicherung des Kreditrisikos ungeeignet ist.

I. Charakteristika digitaler Information

Dazu ist zunächst die Erörterung der Charakteristika digitaler Information vonnöten. Sie sind nicht nur aus einem ökonomischen Blickwinkel wesentlich, sondern nehmen auch bei der Frage der Güterzuordnung eine herausragende Stellung ein.

1. Immaterialität

Ein wesentliches Charakteristikum digitaler Information ist ihre immaterielle Natur.[1] Dies gilt uneingeschränkt für den semantischen Bedeutungsgehalt. Mit Blick auf die zugrunde liegenden Daten ist dagegen zu differenzieren. Die als strukturelle Abfolge von Binärziffern vorliegende syntaktische Information ist ebenfalls immaterieller Natur. Damit syntaktische Information nicht verlorengeht, muss sie in geeigneter Weise auf einem Trägermedium fixiert werden.[2] Dies gelingt, indem die jeweiligen Werte 0 bzw. 1 technisch (z. B. magnetisch, optisch, elektronisch) auf einem Datenträger verkörpert werden. Die jeweiligen Datenverkörperungen sind nicht immateriell, sondern besitzen eine in der physikalischen Wirklichkeit reale Existenz.[3] Demzufolge ist zwischen den Daten als solchen und ihrer Verkör-

---

[1] Statt aller *Wiebe*, in: Fiedler/Ullrich, Information als Wirtschaftsgut, S. 93 (101).
[2] Die leidvolle Erfahrung der Flüchtigkeit von Daten macht man häufig nach einem Computerabsturz. Wurden die Daten vorher nicht gespeichert, sind sie unwiederbringlich verloren.
[3] Andernfalls wäre es nicht möglich, dass die Kapazität eines Datenträgers ab einer gewissen Menge an Daten erschöpft ist. *Marly*, BB 1991, 432 (433) weist insofern zutreffend darauf hin, dass etwas, das nicht in irgendeiner nichtmateriellen Form vorliegt, auch keinen Computer steuern könne. Man kann sich Daten daher in etwa wie Buchstaben in einem Buch vorstellen. Auch sie werden mithilfe der Druckerschwärze auf dem Trägermedium fixiert. Aus der Verkör-

perung auf einem Datenträger zu trennen. Der immaterielle Charakter macht digitale Information zu einem ubiquitären Gut.[4] Durch die grenzenlose Vervielfältigbarkeit der zugrunde liegenden Daten kann digitale Information potenziell unendlich oft verfügbar gemacht werden. Die Tatsache, dass die Grenzkosten für jede Vervielfältigung vernachlässigbar sind, macht digitale Information aus ökonomischer Sicht attraktiv.[5] Die Vervielfältigung lässt die ursprüngliche Datenstruktur unberührt, sie nutzt sich dadurch nicht ab. Jede Vervielfältigung digitaler Information führt zu einer weiteren Datenverkörperung. In der Folge wächst allerdings nur die Anzahl der Datenverkörperungen – die Informationsmenge vermehrt sich dadurch nicht. Dieselbe Information kann folglich in beliebig vielen Datensätzen verkörpert sein. Die Daten müssen dabei nicht zwangsläufig aus einer Vervielfältigung herrühren. Dies ist etwa der Fall, wenn digitale Information bei derselben Quelle unabhängig voneinander erhoben wird.[6]

2. Invarianz

Ein weiteres Charakteristikum ist die Trägerinvarianz digitaler Information.[7] Das betrifft sowohl das Übertragungsmedium (Lichtwellen, elektromagnetische Wellen, Ströme etc.) als auch das Speichermedium (Magnetband, CD/DVD, Halbleiter etc.). Die Variabilität des Trägers ist zusammen mit der einfachen Vervielfältigungsmöglichkeit dafür verantwortlich, dass die Bindung an einen bestimmten Träger aufgelöst wird.[8] Während etwa der gedruckte Text in einem Buch so lange daran gebunden ist, bis die Buchstaben verblassen, kann digitale Information in Sekundenschnelle ihren Träger wechseln. Die voranschreitende technische Entwicklung führt zudem zu einer immer stärkeren Entgrenzung digitaler Information. Während digitale Information früher vor allem lokal gespeichert wurde, spielt der konkrete Speicherort eine zunehmend geringere Rolle.[9] Paradigmatisch für diesen Prozess ist das Cloud-Computing. Zwar ist die digitale Information nach wie vor auf einem Datenträger verkörpert. Vielfach ist nicht nur der genaue Speicherort nicht mehr lokalisierbar, sondern ist selbst der konkrete Datenträger aufgrund des Einsatzes von Virtualisierungssoftware nicht mehr identifizierbar.[10]

---

perung der Daten zieht das rechtswissenschaftliche Schrifttum seit jeher unterschiedliche Schlüsse, näher MüKoBGB/*Stresemann*, § 90 BGB Rn. 25 sowie eingehend unten S. 74 ff.
  [4] *Wiebe*, in: Fiedler/Ullrich, Information als Wirtschaftsgut, S. 93 (101).
  [5] *Brynjolfsson/McAfee*, The Second Machine Age, S. 78; *Sieber*, NJW 1989, 2569 (2577).
  [6] S. dazu unten Fn. 16.
  [7] Vgl. *Spiecker gen. Döhmann*, RW 2010, 247 (259–261).
  [8] *Fitzner*, Von Digital-Rights-Management zu Content Identification, S. 62.
  [9] *Zech*, CR 2015, 137 (138) Fn. 9, bezeichnet diesen Prozess der Entmaterialisierung als *Abstraktion*.
  [10] Auer-Reinsdorff/Conrad/*Strittmatter*, § 22 Rn. 5.

3. Nicht-Rivalität und Nicht-Exklusivität

Eine weitere Eigenschaft digitaler Information ist, dass keine Rivalität im Konsum besteht.[11] Digitale Information kann demnach prinzipiell von einer unendlichen Zahl an Verwendern simultan genutzt werden. Die Zahl der Nutzer wird jedoch durch die Anzahl der vorhandenen Verkörperungen limitiert. Infolgedessen sind die für den Konsum der digitalen Information notwendigen Datenverkörperungen sehr wohl rival.[12] Ferner wird digitale Information durch eine Nutzung weder verbraucht noch abgenutzt.[13] Sie kann daher beliebig oft genutzt werden, ohne dass damit Qualitätseinbußen einhergehen würden.[14] Da die Grenzkosten jeder weiteren Nutzung infolgedessen gleich null sind, ist die Nicht-Abnutzbarkeit ein weiterer Grund für die wirtschaftliche Attraktivität digitaler Information.[15] Digitale Information ist darüber hinaus nicht exklusiv, sodass dieselbe digitale Information durch unterschiedliche Verwender bei einer bestimmten Informationsquelle mehrmals erhoben werden kann.[16]

4. (Nicht-)Ausschließbarkeit

Ein letztes wesentliches Charakteristikum ist die Nicht-Ausschließbarkeit digitaler Information.[17] Da ihre Nutzung nicht rival ist und digitale Information bisher weder auf syntaktischer noch auf semantischer Ebene umfassend durch Ausschließlichkeitsrechte zugewiesen ist, können Dritte von ihrem Konsum grundsätzlich nicht ausgeschlossen werden.[18] Ökonomisch betrachtet wäre digitale

---

[11] *Schepp/Wambach*, Journal of European Competition Law & Practice 2016, 120 (121).

[12] Auf die auf einem konkreten Datenträger verkörperte digitale Information kann folglich immer nur von einem Nutzer gleichzeitig zugegriffen werden. Sollen weitere Nutzungsmöglichkeiten geschaffen werden, muss die digitale Information zunächst vervielfältigt werden. Vgl. *Riehm*, VersR 2019, 714 (721).

[13] *Zech*, CR 2015, 137 (139).

[14] *Dewenter/Lüth*, in: Körber/Immenga, Daten und Wettbewerb in der digitalen Ökonomie, S. 9 (12).

[15] Aus ökonomischer Sicht ist es daher wohlfahrtsmaximierend, wenn digitale Information von jedem genutzt werden kann, der eine positive Zahlungsbereitschaft für sie hat. Näher *Dewenter/Lüth*, in: Körber/Immenga, Daten und Wettbewerb in der digitalen Ökonomie, S. 9 (13); *Kerber*, GRUR Int. 2016, 989 (992 f.); *ders.*, in: Lohsse/Schulze/Staudenmayer, Trading Data in the Digital Economy: Legal Concepts and Tools, S. 109 (115 f.); *Kim*, GRUR Int. 2017, 697 (705) m.w.N.; *Zimmer*, in: Lohsse/Schulze/Staudenmayer, Trading Data in the Digital Economy: Legal Concepts and Tools, S. 101 (105).

[16] Ein Beispiel hierfür ist das sog. *Multihoming*. Dabei nehmen Nutzer parallel mehrere Dienste verschiedener Anbieter in Anspruch, die jeweils dieselbe personenbezogene Information erheben, *Kaben*, in: Körber/Immenga, Daten und Wettbewerb in der digitalen Ökonomie, S. 123 (125).

[17] *Wiebe*, in: Fiedler/Ullrich, Information als Wirtschaftsgut, S. 93 (102).

[18] Vgl. *Spiecker gen. Döhmann*, RW 2010, 247 (258).

Information demzufolge ein öffentliches Gut. Als öffentlich werden solche Güter bezeichnet, die nicht rival im Konsum sind und von deren Konsum Dritte nicht oder nur schwer ausgeschlossen werden können.[19] Allerdings kann der Inhaber die Nutzung digitaler Information durch Unbefugte verhindern, indem er sie etwa durch vertragliche Gestaltungen oder mithilfe technischer Schutzmaßnahmen (z. B. durch Verschlüsselung) geheim hält.[20] Auf diese Weise lässt sich eine *de facto*-Exklusivität erzielen, die digitale Information nicht *per se* zu einem öffentlichen Gut macht.[21] Besteht die Möglichkeit, Dritte von der Nutzung eines nicht-rivalen Guts auszuschließen, spricht man von einem Clubgut.[22] Ob digitale Information ein Club- oder ein öffentliches Gut ist, hängt folglich davon ab, ob Dritte von ihrer Nutzung noch wirksam ausgeschlossen werden können oder sie bereits öffentlich zugänglich ist. In letzterem Fall kann die Nutzung aufgrund der bestehenden Vervielfältigungsmöglichkeiten nicht mehr unterbunden werden.[23]

II. Digitale Information als Gut

Nachdem im vorherigen Abschnitt die Charakteristika digitaler Information dargestellt wurden, ist nun zu zeigen, dass digitale Information zu einem bedeutenden Gut digitaler Ökosysteme geworden ist. Hierfür bedarf in einem ersten Schritt der Klärung, was unter einem Gut verstanden wird.

1. Güterbegriff

Unter einem Gut wird ganz allgemein ein materielles oder immaterielles Mittel zur Bedürfnisbefriedigung verstanden.[24] Den Grad der Bedürfnisbefriedigung

---

[19] *Bechtold*, GRUR Int. 2008, 484 (485); *Dusollier*, in: Howe/Griffiths, Concepts of Property in Intellectual Property Law, S. 258; *Leistner*, ZGE/IPJ 1 (2009), 403 (406); *Thouvenin/Weber/Früh*, in: Dehmer/Emmert-Streib, Frontiers in Data Science, S. 111 (122); *Wiebe*, in: Fiedler/Ullrich, Information als Wirtschaftsgut, S. 93 (103).

[20] *Kerber*, GRUR Int. 2016, 989 (993); *ders.*, in: Lohsse/Schulze/Staudenmayer, Trading Data in the Digital Economy: Legal Concepts and Tools, S. 109 (118).

[21] *Schepp/Wambach*, Journal of European Competition Law & Practice 2016, 120 (121).

[22] *Dewenter/Lüth*, in: Körber/Immenga, Daten und Wettbewerb in der digitalen Ökonomie, S. 9 (12). Vgl. auch *Schweitzer/Peitz*, NJW 2018, 275 (278) Fn. 39; *Thouvenin/Weber/Früh*, in: Dehmer/Emmert-Streib, Frontiers in Data Science, S. 111 (122). Zu den unterschiedlichen Arten von Gütern s. ferner die tabellarische Übersicht bei *Hess/Ostrom*, Law and Contemporary Problems 66 (2003), 111 (120).

[23] *Dewenter/Lüth*, in: Körber/Immenga, Daten und Wettbewerb in der digitalen Ökonomie, S. 9 (12); *Spiecker gen. Döhmann*, RW 2010, 247 (258); *Zech*, CR 2015, 137 (139).

[24] Vgl. *Peukert*, Güterzuordnung als Rechtsprinzip, S. 38; Staudinger/*Stieper*, Vor §§ 90–103 BGB Rn. 5.

bezeichnet man in der Volkswirtschaftslehre als Nutzen.[25] Ein Gut ist damit verkürzt gesprochen alles, was Nutzen stiften kann.[26] Keine Voraussetzung für das Vorliegen eines Guts ist ein wirtschaftlicher Wert.[27] Ist eine Person allerdings bereit, für einen Gegenstand einen Preis zu bezahlen, steht dessen Nützlichkeit fest.[28] Ein positiver Preis ist zudem ein Zeichen für die Knappheit eines Guts, da niemand bereit ist, für ein im Überfluss vorhandenes Gut zu bezahlen.[29] Wendet man die Kriterien des Güterbegriffs auf digitale Information an, lässt sich digitale Information als Gut auffassen.[30] Im Allgemeinen ist digitale Information daher ein Mittel, das zur Befriedigung eines Informationsbedürfnisses eingesetzt werden kann. Nutzen stiftende digitale Information kann man als digitales Informationsgut[31] bezeichnen. Dass digitale Information bereits in großem Umfang Nutzen stiftet, belegt die Existenz digitaler Informationsmärkte.[32]

2. Digitale Information als zentrales Gut digitaler Ökosysteme

Obwohl digitale Information ein breit gefächertes Spektrum von Informationsbedürfnissen befriedigen kann, ist sie allen voran ein zentrales Gut digitaler Ökosysteme. Der technologische Wandel hat neue, digitale Geschäftsmodelle entstehen lassen, die sich inzwischen zu weit verzweigten digitalen Ökosystemen entwickelt haben.[33] Grundlage hierfür ist digitale Information – entweder alleine oder im Zusammenhang mit einem physischen Produkt (Internet of Things).[34] Prognosen zufolge sollen weltweit bereits 50 Milliarden Geräte mit dem Internet verbunden sein.[35] Für das Jahr 2025 wird erwartet, dass die europäische Datenwirtschaft auf etwa 550 Milliarden EUR anwächst – das entspricht etwa 4 % des EU-Bruttoinlandprodukts.[36] Digitale Ökosysteme etablieren sich

---

[25] Eingehend aus volkswirtschaftlicher Sicht *Varian*, Grundzüge der Mikroökonomik, S. 57–77. Da die Bedürfnisse der einzelnen Wirtschaftssubjekte verschieden sind, ist der Nutzen eines Guts individuell.
[26] *Schäfer/Ott*, Lehrbuch der ökonomischen Analyse des Zivilrechts, S. 76.
[27] *Zech*, Information als Schutzgegenstand, S. 49.
[28] *Ders.*, Information als Schutzgegenstand, S. 49.
[29] Die allermeisten Güter haben einen Preis. Freie Güter sind höchst selten (z. B. Sauerstoff in der Atmosphäre).
[30] Vgl. zu digitalen Informationsgütern auch *Clement/Schreiber/Bossauer u. a.*, Internet-Ökonomie, S. 37–41.
[31] Zum Begriff des Informationsguts *Zech*, Information als Schutzgegenstand, S. 49–51.
[32] Siehe z. B. *Schweitzer/Peitz*, Datenmärkte, S. 18–25.
[33] Vgl. nur *Mundt*, ZVertriebsR 2021, 69 ff. S. zum Ganzen ferner die Mitteilung der Kommission zu einer europäischen Datenstrategie, COM(2020) 66 final.
[34] Leupold/Wiebe/Glossner/*Koehler*, IT-Recht, Teil 6.1 Rn. 21.
[35] Leupold/Wiebe/Glossner/*ders.*, IT-Recht, Teil 6.1 Rn. 5.
[36] *Cattaneo/Micheletti/Glennon u. a.*, The European Data Market Monitoring Tool, S. 9.

häufig im Umfeld der Plattformökonomie. Dort kann digitale Information als wettbewerbsrelevanter Machtfaktor sogar Wettbewerbsverzerrungen nach sich ziehen.[37] Trotz dieser beeindruckenden Entwicklung steht die Digitalwirtschaft gerade erst am Beginn ihrer Blüte. Das volle Potenzial wird sich in den kommenden Jahrzehnten erst noch entfalten. Nachfolgend werden Beispiele für digitale Informationsgüter gegeben.

3. Beispiele digitaler Informationsgüter

a) Digitale Nutzerinformation

Digitale Nutzerinformation ist innerhalb der Internetökonomie vor allem für solche Unternehmen zu einem zentralen Gut geworden, die auf zwei- oder mehrseitigen Märkten agieren. Dabei wird einer Marktseite (den Nutzern) der auf der digitalen Plattform angebotene Dienst (scheinbar) unentgeltlich zur Verfügung gestellt.[38] In Wahrheit ist die Inanspruchnahme des Diensts nicht kostenlos, da die Nutzer im Gegenzug dem umfangreichen Erheben, Auswerten und Speichern ihrer personenbezogenen Information zustimmen.[39] Den positiven Nutzen aus der personenbezogenen Nutzerinformation zieht der Plattformbetreiber, indem er der Marktgegenseite (in der Regel Werbetreibende) gegen Entgelt Werbeplatz zur Verfügung stellt.[40] Umfangreiche Tracking-Technologien[41] versetzen die Unternehmen dabei in die Lage, ihre Werbung zielgruppenspezifisch an den individuellen Nutzerpräferenzen auszurichten (*targeted adverstising*).[42] Der Nutzen

---

[37] Dies belegen die zahlreichen Missbrauchsverfahren der Kartellbehörden, vgl. Hoeren/Sieber/Holznagel MultimediaR-HdB/*Beckmann/Müller*, Teil 10 Rn. 182.

[38] Zu den bekanntesten Diensten zählen die Suchmaschine von Google und das soziale Netzwerk Facebook.

[39] Plakativ könnte man von „Dienst gegen Daten" sprechen, s. *Metzger*, AcP 216 (2016), 817 (818); *ders.*, in: Dutta/Heinze, „Mehr Freiheit wagen", S. 131 (138). Die sorglose Hingabe personenbezogener Information ist Gegenstand des sog. *Privacy Paradox*. Grundsätzlich legt der Einzelne zwar abstrakt betrachtet großen Wert auf den Schutz seiner personenbezogenen Information. Wenn es allerdings um die Erlangung von Vorteilen geht, ist er dennoch bereit, diese unbekümmert preiszugeben, obwohl die erlangten Vorteile im Verhältnis relativ gering sind, vgl. *ders.*, GRUR 2019, 129.

[40] Näher zum Geschäftsmodell *Schweitzer*, in: Körber/Kühling, Regulierung – Wettbewerb – Innovation, S. 269 (272–275); vgl. auch *Dewenter/Lüth*, in: Körber/Immenga, Daten und Wettbewerb in der digitalen Ökonomie, S. 9 (10 f.).

[41] Eingehend zu den technischen Grundlagen *Wenhold*, Nutzerprofilbildung durch Webtracking, S. 48–75; s. ferner *Röttgen*, in: Hoeren/Kolany-Raiser, Big Data zwischen Kausalität und Korrelation, S. 84 ff.; *Steinhoff*, in: Taeger, DSRITB 2013, S. 143 ff.

[42] Eingehend zu targeted advertising *Noto La Diega*, in: Bakhoum/Conde Gallego/Mackenrodt u.a., Personal Data in Competition, Consumer Protection and Intellectual Property Law, S. 445 ff.; zur Bedeutung von Online-Werbung insgesamt *BKartA*, Online-Werbung.

und dementsprechend auch die Zahlungsbereitschaft der werbenden Unternehmen liegt in der Aufmerksamkeit der Nutzer für die platzierte Werbung.[43] Je präziser die gesammelte und ausgewertete digitale Information Rückschlüsse auf die Präferenzen der Nutzer zulässt, desto größer ist der Nutzen für das werbende Unternehmen und durch dessen erhöhte Zahlungsbereitschaft auch für den Plattformbetreiber.[44] Der Nutzen digitaler personenbezogener Information ist allerdings keineswegs auf die Plattformökonomie beschränkt. Neben weiteren Möglichkeiten der Kommerzialisierung personenbezogener Information – beispielsweise durch den Handel auf Sekundärmärkten – können Unternehmen die erhobene Nutzerinformation auch für eigene Zwecke verwenden. Durch die Analyse von Kundenpräferenzen können Unternehmen Bedarfe erkennen und ihre Produkte entweder daran anpassen oder neue entwickeln.[45] Ab einer gewissen Menge kann digitale Nutzerinformation schließlich einen Wettbewerbsvorteil gegenüber konkurrierenden Anbietern bedeuten, der allein aus dem Größenunterschied des zugrunde liegenden Datenbestands folgt. Die Analyse der digitalen Information liefert möglicherweise Erkenntnisse, die dem Wettbewerber aufgrund des geringeren Volumens der ihm zugänglichen Nutzerinformation verborgen bleiben.[46] Es wird deutlich, dass digitale Nutzerinformation enormen Nutzen stiften kann und daher ein wichtiges digitales Informationsgut (nicht nur) für die Internetökonomie ist.

b) Digitale Sensorinformation

Digitale Sensorinformation entsteht zumeist im Umfeld der Industrie 4.0 und weist typischerweise keinen Personenbezug auf.[47] Sie wird von sog. Cyber-Physischen Systemen erzeugt. Dabei handelt es sich um mit Sensoren ausgestattete (körperliche) Gegenstände (z.B. Produktionsmaschinen, Roboter, Förder- und Lagersysteme, Betriebsmittel, Werkstücke etc.), die über eine Kommunikationsschnittstelle mit einem Netzwerk verbunden sind. Dadurch verfügen sie über die

---

[43] *Schweitzer*, in: Körber/Kühling, Regulierung – Wettbewerb – Innovation, S. 269 (273).

[44] Eine relevante Werbeanzeige erhöht die Wahrscheinlichkeit, dass der Nutzer die Werbung anklickt und dadurch auf die Seite des Werbetreibenden weitergeleitet wird, vgl. *Kaben*, in: Körber/Immenga, Daten und Wettbewerb in der digitalen Ökonomie, S. 123 (141); *Weber*, ZWeR 2014, 169 (171).

[45] *Autorité de la Concurrence/BKartA*, Competition Law and Data, S. 8–11; *Weber*, ZWeR 2014, 169 (171).

[46] *Shelanski*, 161 U. Pa. L. Rev. 1663 (1680 f.) (2013).

[47] *Nitsche*, in: Taeger, DSRITB 2017, S. 703 (705); *Riehm*, in: Hornung, Rechtsfragen der Industrie 4.0, S. 73; *Sattler*, in: Sassenberg/Faber, RechtsHdB Industrie 4.0 und Internet of Things, § 2 Rn. 6–10. Durch Verknüpfung etwa mit Dienstplänen kann allerdings auch Sensorinformation einen Personenbezug erlangen, *Seifert*, in: Hornung, Rechtsfragen der Industrie 4.0, S. 175 (179).

Fähigkeit, sowohl untereinander[48] als auch mit Planungs- und Steuerungssystemen und dem Menschen zu interagieren.[49] Die in Cyber-Physischen Systemen enthaltenen Sensoren zeichnen unentwegt Information sowohl über den Gegenstand selbst als auch über die ihn umgebende Umwelt auf. Aufgrund der integrierten Recheneinheit liegt die Information digital in Form von Daten vor.[50] Die Einbindung intelligenter Systeme in den Produktionsablauf erlaubt es Unternehmen Entwicklungszeiten zu verkürzen, Produkte einfacher auf individuelle Kundenwünsche zuzuschneiden, Produktionsabläufe flexibler zu organisieren, Ressourcen effizienter zu nutzen etc.[51] Digitale Sensorinformation lässt darüber hinaus neue Wertschöpfungsnetzwerke entstehen. So kann beispielsweise der Hersteller einer Industrieanlage laufend deren Funktionstüchtigkeit überwachen und durch eine vorausschauende Wartung Produktionsausfälle verhindern.[52] Darüber hinaus kann digitale Sensorinformation auch auf Datenmärkten gehandelt werden. Damit wird Drittanbietern die Möglichkeit gegeben, zusätzliche Services anzubieten.[53] Der Nutzen digitaler Sensorinformation ist offensichtlich: Als wesentlicher Produktionsfaktor des Industriestandorts Deutschland ist sie Grundlage zukünftiger Wertschöpfung und damit kostbares Gut der Industrie 4.0.[54]

c) Digitale Inhalte

Ein letztes und wichtiges digitales Informationsgut sind digitale Inhalte.[55] Dabei handelt es sich gem. § 327 Abs. 2 S. 1 BGB[56] um Daten, die in digitaler Form erstellt und bereitgestellt werden. Nach der Gesetzesbegründung soll es, „anders als der Begriff ‚Inhalte' vermuten lässt, [...] allein auf das Vorhandensein von

---

[48] Man spricht von M2M(Machine-to-Machine)-Kommunikation.
[49] *Henseler-Unger*, in: Sassenberg/Faber, RechtsHdB Industrie 4.0 und Internet of Things, § 1 Rn. 11 f.; *Hornung/Hofmann*, in: Hornung, Rechtsfragen der Industrie 4.0, S. 9 (10 f.).
[50] Nach wie vor gilt der von *Kelvin* schon im Zuge der ersten industriellen Revolution aufgestellte Grundsatz: „to measure is to know", s. *Lauten*, ZGE/IPJ 9 (2017), 279 (282).
[51] *Becker*, FS Fezer, S. 815 (817); *Segger-Piening*, in: Beyer/Erler/Hartmann u.a., Privatrecht 2050 – Blick in die digitale Zukunft, S. 87 (89 f.).
[52] *Henseler-Unger*, in: Sassenberg/Faber, RechtsHdB Industrie 4.0 und Internet of Things, § 1 Rn. 26 f.; *Becker*, FS Fezer, S. 815 (817 f.).
[53] Dazu *Fries/Scheufen*, MMR 2019, 721 (722).
[54] So auch *Ensthaler*, NJW 2016, 3473.
[55] Ihre Fähigkeit, Nutzen zu stiften, legt bereits die synonyme Bezeichnung als „digitale Güter" nahe, s. etwa *Grünberger*, AcP 218 (2018), 213 (216); *Wendland*, ZVglRWiss 118 (2019), 191.
[56] Die Vorschrift wurde eingeführt durch das Gesetz zur Umsetzung der Richtlinie über bestimmte vertragsrechtliche Aspekte der Bereitstellung digitaler Inhalte und digitaler Dienstleistungen v. 25.06.2021, BGBl. I S. 2123, und ist gem. Art. 5 des Gesetzes am 01.01.2022 in Kraft getreten.

Daten in digitaler Form ankommen."⁵⁷ Ob die Daten eine Bedeutung haben, wäre mithin ohne Belang. Demzufolge wären auch völlig unstrukturierte, einer Interpretation unzugängliche Daten erfasst. Dass hierfür nicht das Vertragsrecht angepasst werden muss, liegt auf der Hand. Somit darf stark bezweifelt werden, dass auf jeglichen semantischen Gehalt der Daten verzichtet werden soll. Dafür sprechen neben der Bezeichnung als digitaler *Inhalt* auch die in der zugrunde liegenden DI-RL angeführten Beispiele. ErwG 19 S. 2 DI-RL nennt exemplarisch Computerprogramme, Anwendungen, Video-, Audio- sowie Musikdateien, digitale Spiele, elektronische Bücher und andere elektronische Publikationen – sie alle haben einen semantischen Bedeutungsgehalt. Der in den genannten Beispielen andeutungsweise zum Ausdruck kommende Schöpferbezug scheint am besten zur Charakterisierung digitaler Inhalte geeignet: Man kann sie als „technische Artefakte"⁵⁸ begreifen. Sie befriedigen maßgeblich die Informationsbedürfnisse der Informationsgesellschaft und sind daher ein zentrales digitales Informationsgut.

d) Fazit

Digitale Nutzer- und Sensorinformation bilden zusammen mit digitalen Inhalten die drei wesentlichen Informationsgüter der Internetökonomie, Industrie 4.0 und der Informationsgesellschaft insgesamt.

III. Wert digitaler Information

Obwohl ein monetärer Wert weder Voraussetzung für die Eigenschaft als Gut noch für den Einsatz als Kreditsicherheit ist – das Recht hindert die Parteien nicht daran, wertlose Güter als Kreditsicherheit zu bestellen –, würde kein vernünftiger Kreditgeber ein wertloses Gut als „Sicherheit" akzeptieren. Voraussetzung für den Einsatz als Kreditsicherheit ist demnach, dass digitale Information einen wirtschaftlichen Wert aufweist, der im Sicherungsfall realisiert werden kann. Dass digitale Information einen enormen wirtschaftlichen Wert hat, gehört dabei längst zum Allgemeinplatz.⁵⁹ Konkrete Wertangaben sucht man hingegen vergebens. Dies ist vor dem Hintergrund zu erklären, dass die Bestimmung des

---

⁵⁷ BT-Drs. 19/27653 S. 38.
⁵⁸ *Grünberger*, AcP 218 (2018), 213 (226).
⁵⁹ S. nur *Heckmann*, APuZ 24–26/2019, 22 (24): „Dass Daten, vor allem im digitalen Raum, einen ökonomischen Wert haben, ist unbestritten."; *Heckmann/Specht*, Daten als Wirtschaftsgut, S. 27; ebenso *Jöns*, Daten als Handelsware, S. 18, demzufolge der wirtschaftliche Wert „unbestreitbar" sei; s. ferner *Bisges*, MMR 2017, 301 (301 f.) und *Wandtke*, MMR 2017, 6 (8) (jeweils nur in Bezug auf personenbezogene digitale Information).

wirtschaftlichen Werts von einer Vielzahl von Faktoren abhängt und deshalb eine große Herausforderung darstellt.[60] Bemüht man einmal mehr die Rohstoff-Metapher, existiert im Gegensatz zu Öl gerade kein Index, an dem sich ein tagesaktueller „Datenpreis" ablesen ließe. Anders als Öl ist digitale Information ein heterogenes und qualitativ höchst volatiles Gut, das in seiner Rohform wertlos ist.[61] Ihren Wert erhält sie in aller Regel erst durch Veredelung, wobei eine Vielzahl verschiedener Informationspunkte aus unterschiedlichen Datensätzen miteinander aggregiert werden.[62] Die Bezifferung des Werts wird ferner dadurch erschwert, dass der Gesamtwert eines Datensatzes nicht allein aus dem Primärnutzen folgt, sondern sich infolge der Weiternutzung in anderen Zusammenhängen erst aus der mehrfachen Verwendung ergibt.[63] Anders als Öl kann digitale Information zudem sehr schnell veralten. Je nach Aktualitätsbedürfnis des Verwendungszwecks kann dies den völligen Wertverlust digitaler Information bedeuten.[64] Trotz der soeben beschriebenen Unwägbarkeiten soll nachfolgend ein Überblick über die Wertverhältnisse digitaler Information gegeben werden. Gleichwohl kann diesen Wertangaben allenfalls indizielle Bedeutung zukommen.

1. Wert digitaler Information mit Personenbezug

Um personenbezogener digitaler Information einen monetären Wert zuzuordnen, kommen verschiedene Ansätze in Betracht.[65] Keiner dieser Ansätze ist allerdings methodisch belastbar, sodass die sich daraus ergebenden Wertangaben – wie bereits erwähnt – lediglich als Anhaltspunkt dienen können.[66] Ein erster Ansatz ist die Bemessung anhand des Marktpreises, zu dem ein Datensatz personenbezogener Information von Datenbrokern gehandelt wird. Der Wert für den Datensatz einer einzelnen Person ist dabei ernüchternd: Er beträgt zumeist nicht einmal

---

[60] *Clement/Schreiber/Bossauer u. a.*, Internet-Ökonomie, S. 347; *Heckmann/Specht*, Daten als Wirtschaftsgut, S. 27–31; *Lim/Kim/Kim u. a.*, International Journal of Information Management 39 (2018), 121 ff.

[61] *Kaben*, in: Körber/Immenga, Daten und Wettbewerb in der digitalen Ökonomie, S. 123 (127 f.); weitere Einflussfaktoren nennen *Heckmann/Specht*, Daten als Wirtschaftsgut, S. 29–31.

[62] *Clement/Schreiber/Bossauer u. a.*, Internet-Ökonomie, S. 347.

[63] Eingehend zum Ganzen *Mayer-Schönberger/Cukier*, Big Data, S. 125–154.

[64] Beispielsweise ist die Anzeige der schnellsten Route nur dann sinnvoll möglich, wenn die Information über die Position der Fahrzeuge in Echtzeit vorliegt, *Kaben*, in: Körber/Immenga, Daten und Wettbewerb in der digitalen Ökonomie, S. 123 (127).

[65] Dazu *OECD*, Exploring the Economics of Personal Data, S. 20; *van Lieshout*, in: Camenisch/Fischer-Hübner/Hansen, Privacy and Identity Management for the Future Internet in the Age of Globalisation, S. 26 ff.; *Strittmatter/Treiterer/Harnos*, CR 2019, 789 (792 f.) schlagen eine Mischkalulation vor.

[66] Vgl. *K. v. Lewinski*, in: Stiftung Datenschutz, Dateneigentum und Datenhandel, S. 209 (211).

einen US $. [67] Sensible Information, wie etwa der Gesundheitszustand einer Person, erzielt mit Abstand den höchsten Wert (0,26 US $). Demgegenüber ist die Information über Alter, Geschlecht und Bildungsgrad einer Person mit 0,01 US $ lediglich einen Bruchteil davon wert.[68] Wendepunkte im Leben einer Person (Verlobung, Heirat, Geburt eines Kindes, Hauskauf etc.) sind wertsteigernde Faktoren, da sie Rückschlüsse auf gewisse Kaufabsichten zulassen.[69] Wertvoller sind auch Profildaten, die ein umfassenderes Bild über eine Person liefern.[70] Ein weiterer Ansatz, den Wert personenbezogener Information zu beziffern, ist die Ermittlung des auf die Nutzer entfallenden Anteils am Gesamtumsatz eines Unternehmens. Dies erscheint vor allem sachgerecht bei Unternehmen, deren Umsatz maßgeblich auf der Verarbeitung personenbezogener Information beruht. Beispielsweise belief sich der Umsatz Googles zwischen 2010 und 2015 auf 38–45 US $ pro aktivem Nutzer.[71] Bei Meta waren es im ersten Quartal 2016 zwischen drei und 13 US $.[72] In eine ähnliche Richtung tendiert der Ansatz, bei Übernahmen datenreicher Unternehmen den Verkaufserlös auf den jeweiligen Nutzerstamm zu projizieren. Auf diese Weise gelangt man etwa bei der Übernahme von WhatsApp und LinkedIn zu Größenordnungen von rund 50 € pro Nutzer.[73] Ein letzter Ansatz ist schließlich der Vergleich der Vergütungsmodelle eines Produkts, wenn dieses sowohl gegen einen monetären Preis als auch gegen die zumindest teilweise Einwilligung in die Verarbeitung personenbezogener Information angeboten wird. Beispielsweise konnten Versicherte einer englischen Versicherungsgesellschaft eine Apple Watch für nur 69 £ (statt des regulären Verkaufspreises von 369 £) erwerben, wenn sie im Gegenzug in die Übermittlung personenbezogener Information an die Versicherung einwilligten.[74]

---

[67] S. dazu die Angaben der Financial Times, die ein Tool bereitgestellt hat, mit dem man den Wert seiner personenbezogenen Information berechnen kann, abrufbar unter https://ig.ft.com/how-much-is-your-personal-data-worth/ (zuletzt abgerufen: 30.11.2022). Die OECD schätzt den Wert eines allumfassenden Datensatzes einer Person hingegen auf bis zu 55 US $, s. *OECD*, Exploring the Economics of Personal Data, S. 25.
[68] *Buss/Becker/Daniels u.a.*, Statista Digital Economy Compass 2019, S. 30.
[69] *Dies.*, Statista Digital Economy Compass 2019, S. 29.
[70] *K. v. Lewinski*, in: Stiftung Datenschutz, Dateneigentum und Datenhandel, S. 209 (210).
[71] *Palmetshofer/Semsrott/Alberts*, Der Wert persönlicher Daten, S. 17. Die Aussagekraft lässt sich erhöhen, wenn man die Umsätze mit denjenigen datenschutzfreundlicher Wettbewerber vergleicht, vgl. *K. v. Lewinski*, in: Stiftung Datenschutz, Dateneigentum und Datenhandel, S. 209 (210).
[72] *Palmetshofer/Semsrott/Alberts*, Der Wert persönlicher Daten, S. 17.
[73] *K. v. Lewinski*, in: Stiftung Datenschutz, Dateneigentum und Datenhandel, S. 209 (210).
[74] *Lloyd*, CRi 2016, 189 (190). Ein in Deutschland bekanntes und vergleichbares Beispiel sind die immer beliebter werdenden Telematik-Tarife der Kfz-Versicherer. *Riehm*, FS Taeger, S. 55 (58) weist allerdings darauf hin, dass die personenbezogene Information in diesen Fällen nicht als Gegenleistung fungiert, sondern der Tarif deshalb günstiger angeboten werden kann,

Zusammenfassend dürfte der Wert eines einzelnen Datensatzes personenbezogener Information realistischerweise im Cent-Bereich anzusiedeln sein.[75] Dabei müssen allerdings zwei Punkte berücksichtigt werden: Erstens kann der Wert personenbezogener digitaler Information aufgrund des nicht-rivalen Charakters prinzipiell mehrfach realisiert werden, weil die marginalen Kosten ihrer Vervielfältigung vernachlässigbar sind. Zweitens darf der geringe Wert eines einzelnen Datensatzes nicht den Blick dafür verstellen, dass die Datensätze – angesichts einer großen Anzahl an Nutzern – *insgesamt* sehr wertvoll sein können. Dies unterstreicht ein beispielhafter Blick auf den Umsatz, den Google im Jahr 2021 allein durch Werbung erzielt hat: knapp 210 Milliarden US $.[76] Letzten Endes steht damit außer Frage, dass digitale personenbezogene Information in der Internetökonomie einen enormen wirtschaftlichen Wert hat.

2. Wert digitaler Sensorinformation

Auch mit Blick auf digitale Information, die von Sensoren erzeugt wurde, besteht Übereinstimmung, dass ihr ein erheblicher Wert zukommen kann.[77] Bei der Angabe eines konkreten Werts stellen sich letztlich aber dieselben Probleme wie bei personenbezogener Information. Auch hier gilt, dass ein einzelner Datensatz für sich genommen wertlos ist. Vielmehr wird ein informatorischer Mehrwert erst geschaffen, indem die von den Sensoren erzeugten Datensätze strukturiert und analysiert werden.[78] Bislang wurde – soweit ersichtlich – der Wert von digitaler Sensorinformation noch nicht beziffert.

3. Wert digitaler Inhalte

Schließlich haben auch digitale Inhalte einen monetären Wert. Dieser lässt sich immer dann vergleichsweise einfach bestimmen, wenn der digitale Inhalt einen festen Tauschwert hat.[79] Der einfachste Fall ist die endgültige Zurverfügungstel-

---

weil die Versicherer anhand der Daten über die Fahrweise das Risiko zutreffender ermitteln können.

[75] Vgl. *Goldhammer/Wiegand*, Ökonomischer Wert von Verbraucherdaten für Adress- und Datenhändler, S. 83; *K. v. Lewinski*, in: Stiftung Datenschutz, Dateneigentum und Datenhandel, S. 209 (210).

[76] Werbeumsätze von Google in den Jahren 2001 bis 2021, abrufbar unter: https://de.statista.com/statistik/daten/studie/75188/umfrage/werbeumsatz-von-google-seit-2001/ (zuletzt abgerufen: 30.11.2022).

[77] *Heckmann*, APuZ 24–26/2019, 22 (24); *Heckmann/Specht*, Daten als Wirtschaftsgut, S. 27.

[78] Näher *Sagstetter*, in: Husemann/Korves/Rosenkranz u. a., Strukturwandel und Privatrecht, S. 249 (256–258).

[79] Dieser kann, muss aber nicht die Form eines monetären Preises annehmen. Besteht die

lung des digitalen Inhalts im Rahmen eines einmaligen Austauschverhältnisses. Dies dürfte im Rahmen heutiger Vergütungsmodelle für digitale Inhalte gleichwohl eher die Ausnahme darstellen. Häufig wird der digitale Inhalt dem Nutzer nicht mehr endgültig überlassen, sondern nur für die Dauer eines vertraglich vorgesehenen Zeitraums zur Verfügung gestellt. Der Nutzer verpflichtet sich im Gegenzug zur Zahlung in vorher festgelegten Zeitabständen.[80] Verbreitet sind auch Vergütungsmodelle, bei denen der Nutzer für ein wiederkehrendes Entgelt Zugriff auf eine Vielzahl verschiedener digitaler Inhalte erhält.[81] Vielfach ist die Angabe eines konkreten Werts allerdings nicht möglich. Insbesondere bei digitalen Inhalten ist sorgfältig zwischen dem zugrunde liegenden Datensatz und dem darin verkörperten semantischen Inhalt zu differenzieren.[82] Der Gesamtwert des digitalen Inhalts ergibt sich erst aus der Summe der jeweiligen Datensätze.

4. Zusammenfassung

Digitale Information kann einen enormen wirtschaftlichen Wert aufweisen. Eine konkrete Wertangabe fällt jedoch oftmals schwer, was zum Teil auch auf das Fehlen belastbarer Bewertungsmethoden zurückzuführen ist. Im Mittelpunkt des Interesses sollte daher zukünftig die Entwicklung verlässlicher Bewertungsverfahren stehen, die nicht nur im Bereich der Kreditsicherung, sondern auch im Steuer- und Bilanzrecht Bedeutung erlangen dürften.

Gegenleistung in der Zurverfügungstellung personenbezogener Information, droht die Wertbestimmung allerdings zirkulär zu werden.

[80] Kann der digitale Inhalt auch endgültig erworben werden, kann auf diesen Preis zurückgegriffen werden. Ist das nicht der Fall, könnte man erwägen, die regelmäßig geschuldete Gegenleistung auf die Nutzungsdauer hochzurechnen.

[81] Dies ist insbesondere bei Streamingdiensten wie Netflix und Spotify der Fall.

[82] Vgl. nur *Auer*, ZfPW 2019, 130 (137).

§ 3 Nutzbarmachung digitaler Information als Kreditsicherheit

Das erste Kapitel war dem Phänomen digitaler Information gewidmet. Im zweiten Kapitel konnte gezeigt werden, dass digitale Information ein Wirtschaftsgut ist, das einen bedeutenden wirtschaftlichen Wert aufweisen kann. Angesichts dieses Werts liegt es nahe, digitale Information als Kreditsicherungsmittel einzusetzen. Ausgehend von der Bedeutung des Kredits für die Unternehmensfinanzierung werden anschließend die bestehenden Hürden beim Kreditzugang dargelegt. Schließlich wird gezeigt, welchen Nutzen die Heranziehung digitaler Information als Kreditsicherheit hätte.

I. Kredit als Quelle der Unternehmensfinanzierung

Hat ein Unternehmen Kapitalbedarf, ist der klassische Bankkredit nur eine von mehreren potenziellen Finanzierungsquellen, auf die das Unternehmen zur Deckung des Kapitalbedarfs zurückgreifen kann. Im Rahmen der Unternehmensfinanzierung unterscheidet man daher zunächst grundlegend nach dem Ursprung des Kapitals.[1] Vielfach sind Unternehmen in der Lage, den Kapitalbedarf aus eigener Kraft zu decken. Da die Mittel in diesem Fall aus dem Unternehmen selbst stammen, nennt man diese Finanzierungsform Innenfinanzierung.[2] Mit ihrer Hilfe decken Unternehmen den größten Teil ihres Finanzierungsbedarfs.[3] Sie ist nach wie vor die mit großem Abstand wichtigste Finanzierungsquelle eines Unternehmens.[4] Wird das Kapital demgegenüber von außen zugeführt, spricht man von Außenfinanzierung.[5] In diesem Fall lässt sich weiter nach der Rechts-

---

[1] *Brinkmann*, Kreditsicherheiten an beweglichen Sachen und Forderungen, S. 27.
[2] *Baums*, Recht der Unternehmensfinanzierung, S. 105.
[3] *Brinkmann*, Kreditsicherheiten an beweglichen Sachen und Forderungen, S. 27.
[4] Die Innenfinanzierung dürfte infolge der Coronakrise weiter an Bedeutung gewinnen. Die Attraktivität der Innenfinanzierung erklärt sich vor dem Hintergrund, dass sie in der Regel die günstigste Finanzierungsform ist, *Gerstenberger*, KfW Unternehmensbefragung 2021, S. 19.
[5] *Baums*, Recht der Unternehmensfinanzierung, S. 6.

stellung des Kapitalgebers differenzieren.[6] Sofern er sich mit dem Kapital am Unternehmen beteiligt, stellt er diesem Eigenkapital zur Verfügung. Aus diesem Grund wird diese Form der Unternehmensfinanzierung als Eigenfinanzierung bezeichnet.[7] Beteiligt sich der Kapitalgeber dagegen nicht am Unternehmen, stellt er Fremdkapital bereit, weshalb man von Fremdfinanzierung spricht.[8] Innerhalb der Fremdfinanzierung nahm der Bankkredit traditionell eine zentrale Rolle ein.[9] Allerdings hat er in den letzten Jahren spürbar an Bedeutung eingebüßt.[10] Infolge der Coronakrise hat die Kreditfinanzierung sogar nochmals an Stellenwert verloren.[11] Der Einsatz von digitaler Information als Kreditsicherheit könnte dazu beitragen, dem zunehmenden Bedeutungsverlust der Kreditfinanzierung entgegenzusteuern und das Kreditgeschäft mit frischem Wind neu zu beleben.

II. Hürden beim Kreditzugang

Entscheidet sich das finanzierungsbedürftige Unternehmen zur Deckung seines Kapitalbedarfs für eine Kreditfinanzierung, wird es früher oder später Kreditverhandlungen mit einem Kreditgeber aufnehmen müssen. Die Finanzierungskultur ist in Deutschland traditionell durch das sog. Hausbankprinzip geprägt.[12] Erster Ansprechpartner für einen Kredit sind – trotz erkennbarer Digitalisierungstendenzen durch FinTechs – nach wie vor Kreditinstitute, zu denen die Unternehmen eine langjährige und vertrauensvolle Geschäftsbeziehung unterhalten.[13] Nichtsdestoweniger ist jede Kreditvergabe an gewisse Vorgaben geknüpft, mit denen die Unternehmen im Laufe der Kreditverhandlungen konfrontiert werden. Vor allem zwei Faktoren nehmen eine herausragende Stellung bei der Bewilligung eines Kredits ein.

---

[6] *Brinkmann*, Kreditsicherheiten an beweglichen Sachen und Forderungen, S. 27.
[7] Eingehend zur Eigenkapitalfinanzierung *Baums*, Recht der Unternehmensfinanzierung, S. 9 ff.
[8] Eingehend zur Fremdkapitalfinanzierung *ders.*, Recht der Unternehmensfinanzierung, S. 197 ff.
[9] Vgl. *Brinkmann*, Kreditsicherheiten an beweglichen Sachen und Forderungen, S. 30.
[10] *Gerstenberger*, KfW Unternehmensbefragung 2020, S. 18 f.
[11] *Dies.*, KfW Unternehmensbefragung 2021, S. 19 f.
[12] *Schwartz/Gerstenberger*, KfW Research Nr. 243/2019, S. 1.
[13] Bei der Kommunikation mit Kreditinstituten gewinnen inzwischen – bedingt durch die Coronapandemie – digitale Kanäle immer stärker an Bedeutung, *Abel-Koch*, KfW Unternehmensbefragung 2022, S. 13.

1. Bonität

Ein bedeutender Faktor bei der Kreditvergabe ist die Bonität (Kreditwürdigkeit). Sie ist Ausdruck der wirtschaftlichen Fähigkeit des Unternehmens, seinen Zahlungsverpflichtungen vollständig und rechtzeitig nachzukommen.[14] Die Beurteilung der Kreditwürdigkeit (auch Rating genannt) dient einerseits dem Abbau von Informationsasymmetrien, indem sie dem Kreditgeber hilft, das aus der Kreditvergabe resultierende Kreditrisiko besser einzuschätzen.[15] Die Bonitätseinstufung erfolgt jedoch nicht allein im Eigeninteresse des Kreditinstituts.[16] Sie dient andererseits der Erfüllung aufsichtsrechtlicher Vorgaben, da die Kreditinstitute bestimmten Anforderungen an die Eigenkapitalunterlegung genügen müssen.[17] Diese Anforderungen wurden als Reaktion auf die Banken- und Finanzkrise weiter verschärft, was zu einer merkbaren Zurückhaltung bei der Kreditvergabe geführt hat.[18] Diese Entwicklung könnte (mit-)ursächlich dafür sein, dass die Eigenkapitalquote der Unternehmen in den vergangenen zwei Jahrzehnten deutlich gestiegen ist.[19] Die Eigenkapitalausstattung eines Unternehmens ist – neben der Rendite – ein wichtiges Indiz bei der Beurteilung der Kreditwürdigkeit. Trotz der insgesamt positiven Entwicklung der Eigenkapitalausstattung gehört eine zu geringe Eigenkapitalquote nach wie vor zu den am häufigsten anzutreffenden Gründen für das Scheitern der Kreditverhandlungen.[20]

2. Kreditsicherheiten

Obwohl dem Kredit das Vertrauen des Kreditgebers auf dessen Rückzahlung immanent ist,[21] kann es die Kreditvergabe allein nicht rechtfertigen.[22] Die Erfahrung lehrt, dass das in den Kreditnehmer gesetzte Vertrauen zuweilen enttäuscht wird.[23] Zur Absenkung des Kreditrisikos lässt sich der Kreditgeber deshalb Sicherheiten gewähren. Kreditsicherheiten sind neben der Bonität des Unternehmens ein weiterer wesentlicher Faktor bei der Entscheidung über die Kreditvergabe. Unzureichende Sicherheiten sind seit Langem der mit Abstand häufigste

---

[14] *Fey*, in: Beck'sches Steuer- und Bilanzrechtslexikon, Lemma: Rating, Rn. 3.
[15] *Pape*, Grundlagen der Finanzierung und Investition, S. 149 f.
[16] *Ders.*, Grundlagen der Finanzierung und Investition, S. 150.
[17] Zu den regulatorischen Vorgaben näher unten S. 227 f.
[18] Vgl. *Fey*, in: Beck'sches Steuer- und Bilanzrechtslexikon, Lemma: Rating, Rn. 9 f.
[19] *Schwartz*, KfW Mittelstandspanel 2017, S. 18 f.
[20] *Zimmermann*, KfW Unternehmensbefragung 2014, S. 34.
[21] Der Begriff Kredit stammt von lateinisch *credere* und bedeutet so viel wie glauben, vertrauen, *Weber*, Kreditsicherungsrecht, S. 1.
[22] Lwowski/Fischer/Gehrlein/*Lwowski*, § 1 Rn. 2.
[23] Vgl. *Weber*, Kreditsicherungsrecht, S. 2.

Grund für das Scheitern von Kreditverhandlungen.[24] Bereits in der Einleitung[25] wurde darauf hingewiesen, dass der weit überwiegende Anteil an Kreditsicherheiten bislang durch Sachwerte gebildet wird. Immaterielle Vermögenswerte spielen für die Kreditfinanzierung dagegen kaum eine Rolle. Dies steht in gewissem Widerspruch zu einem seit Längerem auszumachenden Entmaterialisierungstrend, der dazu führt, dass materielle Vermögenswerte an Bedeutung verlieren und umgekehrt immaterielle Vermögenswerte an Bedeutung gewinnen.[26] Dieser – sich unaufhaltsam fortsetzende – Trend wird dazu führen, dass kreditbegehrenden Unternehmen in Zukunft immer weniger materielle Sicherheiten zur Verfügung stehen werden. Damit ist zu erwarten, dass es zukünftig häufiger zu Kreditablehnungen aufgrund unzureichender Sicherheiten kommen dürfte. Dies hat zwar in erster Linie negative Auswirkungen auf die betroffenen Unternehmen selbst. Wenn es die Unternehmen jedoch nicht schaffen, die Kapitallücke auf anderem Wege zu decken, werden die Auswirkungen – etwa aufgrund fehlender Investitionen – ab einer gewissen Schwelle auch gesamtwirtschaftlich zu spüren sein. Zudem könnten getrübte Kreditaussichten kapitalbedürftige Unternehmen möglicherweise dazu veranlassen, auf alternative Finanzierungsformen oder Kapitalgeber (z.B. FinTechs) auszuweichen. Dadurch könnte das Kreditgeschäft der Banken letzten Endes sogar selbst in Bedrängnis geraten, indem es zunehmendem Wettbewerbsdruck durch konkurrierende Finanzierungsmodelle ausgesetzt wird. Dies zeigt, dass die Heranziehung digitaler Information als immaterieller Vermögenswert zur Kreditsicherung im Interesse aller an der Kreditfinanzierung beteiligten Akteure ist. Es ist folglich an der Zeit, dass digitaler Information auch im Bereich der Kreditsicherung die Bedeutung beigemessen wird, die ihr inzwischen in sämtlichen Wirtschaftsbereichen zuteilwird.

3. Einfluss der Coronapandemie und des Ukraine-Kriegs auf das Finanzierungsklima

Mit dem Ausbruch der Coronapandemie hat sich das bis dahin anhaltend gute Finanzierungsklima gewandelt.[27] Zwar ließ sich bei der Kreditvergabepolitik der Banken zwischenzeitlich eine geringfügige Entspannung beobachten.[28] Der Ukraine-Krieg hat samt den mit ihm verbundenen negativen wirtschaftlichen

---

[24] *Zimmermann*, KfW Unternehmensbefragung 2016, S. 10; *ders.*, KfW Unternehmensbefragung 2014, S. 34.
[25] S. oben S. 2.
[26] S. oben S. 1 f. sowie S. 34 ff.
[27] Dazu näher *Gerstenberger*, KfW Unternehmensbefragung 2021, S. 3–5.
[28] Vgl. *Abel-Koch*, KfW Unternehmensbefragung 2022, S. 3 f.

Folgen indessen abermals die Finanzierungsaussichten eingetrübt.[29] Für Unternehmen ist es infolgedessen schwieriger geworden, einen Kredit zu bekommen. Darüber hinaus haben die mit der Coronapandemie einhergehenden Umsatzausfälle die mühsam aufgebauten Eigenkapitalpolster vieler Unternehmen dahinschmelzen lassen, was das Rating negativ beeinflusst.[30] Schließlich ist bis zu einer Phase anhaltender konjunktureller Erholung – die aufgrund des Ukraine-Kriegs vorerst in weite Ferne gerückt sein dürfte – mit einer gestiegenen Bedeutung von Kreditsicherheiten zu rechnen.[31]

4. Fazit

Es hat sich gezeigt, dass der Bankkredit in den vergangenen Jahren als Finanzierungsinstrument allgemein an Bedeutung verloren hat. Aufgrund des Entmaterialisierungstrends dürfte das Klima bei der Kreditfinanzierung zunehmend rauer werden, da als Kreditsicherheiten bislang fast ausschließlich materielle Vermögenswerte zum Einsatz kommen. Dies hat nicht nur Folgen für die betroffenen Unternehmen selbst, sondern dürfte sich ab einem gewissen Grad auch negativ auf das Kreditgeschäft der Banken auswirken. Fehlende Investitionen könnten sich zudem auch gesamtwirtschaftlich bemerkbar machen. All diese Punkte unterstreichen die Notwendigkeit, neben materiellen in Zukunft auch immaterielle Vermögenswerte wie digitale Information als Kreditsicherungsmittel einzusetzen. Kurzfristig könnte ein erleichterter Kreditzugang nicht zuletzt dabei helfen, die Folgen gegenwärtiger Krisen schneller zu bewältigen.

III. Nutzen und Risiken des Einsatzes von digitaler Information als Kreditsicherheit

Die soeben dargestellten Gründe streiten allesamt für den Einsatz von digitaler Information als Kreditsicherheit. In einer zukunftsorientierten Kreditsicherungspraxis ist es an der Zeit, das Wirtschaftsgut digitale Information als Kreditsiche-

---

[29] Während die Kredithürde für den Mittelstand Ende 2022 ein Rekordhoch erreicht hat, spürten große Unternehmen die Folgen bis dato weniger stark. Gleichwohl war die Kreditvergabe auch bei diesen nach wie vor restriktiver als vor Beginn der Krise, vgl. *Schoenwald*, KfW-ifo-Kredithürde: Oktober 2022, S. 1.

[30] Zwar konnten sich die Eigenkapitalquoten wieder etwas erholen. Sie liegen allerdings nach wie vor unter dem Vorkrisenniveau, vgl. *Abel-Koch*, KfW Unternehmensbefragung 2022, S. 9 f.

[31] Zur Bedeutung von Kreditsicherheiten in rezessiven Wirtschaftsphasen s. bereits oben Einleitung Fn. 10.

rungsmittel zu akzeptieren. Wie im Folgenden gezeigt wird, wäre dies mit einem erheblichen Nutzen verbunden. Gleichwohl darf dies nicht den Blick dafür verstellen, dass der Einsatz von digitaler Information als Kreditsicherheit auch Risiken birgt.

1. Nutzen

a) Kapitalbedürftige Unternehmen

Für kapitalbedürftige Unternehmen würde der Rückgriff auf ein zusätzliches Kreditsicherungsmittel den mit Abstand größten Nutzen bedeuten. Mehr als die Hälfte aller negativen Entscheidungen über die Vergabe eines Kredits sind auf unzureichende Sicherheiten zurückzuführen.[32] Die Heranziehung eines zusätzlichen Vermögenswerts könnte den betroffenen Unternehmen dabei helfen, in den Genuss des dringend benötigten Kredits zu kommen, der ihnen ansonsten verwehrt geblieben wäre. Aber auch wenn ein Unternehmen grundsätzlich über ausreichende Sicherheiten verfügen würde, könnte das Kreditrisiko durch ein zusätzliches Sicherungsmittel weiter minimiert werden. Das gesunkene Kreditrisiko würde sich in der Folge positiv auf die Zinskonditionen auswirken, sodass das Unternehmen günstiger an den Kredit kommt. Das dadurch eingesparte Kapital könnte dann an anderer Stelle verwendet werden. Allerdings darf der Nutzen nicht überschätzt werden. Der Einsatz von digitaler Information als Kreditsicherungsmittel setzt nämlich voraus, dass die betreffenden Unternehmen überhaupt über einen wertvollen Bestand an digitaler Information verfügen. Trotz der Akzeptanz als Kreditsicherheit bliebe vielen Unternehmen der Zugang zu einem Kredit nach wie vor verwehrt, da sie keinen wertvollen Bestand an digitaler Information vorweisen können. Aufgrund des aufgezeigten Entmaterialisierungstrends – insbesondere durch die steigende Bedeutung digitaler Geschäftsmodelle – dürfte sich der Anteil dieser Unternehmen in Zukunft gleichwohl kontinuierlich verringern.

Von dem Einsatz von digitaler Information als Kreditsicherheit könnte womöglich auch die Finanzierung digitaler Innovationen profitieren. Für Start-ups kommt eine Bankenfinanzierung bislang regelmäßig nicht in Betracht, weil die Finanzierung risikoreich ist und sie zumeist nicht über die geforderten (materiellen) Sicherheiten verfügen. In der Tat können solche Unternehmen zwar kaum Sachwerte vorweisen, die für einen Einsatz als Kreditsicherheit infrage kommen. Möglicherweise verfügen sie aufgrund ihres digitalen Geschäftsmodells allerdings bereits über einen wertvollen Bestand an digitaler Information. Könnte

---

[32] *Zimmermann*, KfW Unternehmensbefragung 2014, S. 34.

dieser als Kreditsicherheit eingesetzt werden, würde damit auch die Kreditfinanzierung junger und innovativer Unternehmen erstmals in greifbare Nähe rücken.

b) Kreditinstitute/Kapitalgeber

Der Nutzen für die Kapitalgeber ist in gewisser Weise spiegelbildlich zu dem Nutzen, den der Einsatz von digitaler Information als Kreditsicherungsmittel für die kapitalbedürftigen Unternehmen hat. Durch den Einsatz von digitaler Information als Kreditsicherheit würden die Kapitalgeber einen zusätzlichen Vermögenswert erhalten, auf den sie in der Krise des Kreditnehmers zurückgreifen könnten. Durch die Akzeptanz von immateriellen Vermögenswerten wie digitaler Information könnten die Banken zudem langfristig ihre Wettbewerbsfähigkeit im Kreditgeschäft sichern. Die zunehmend restriktivere Kreditvergabe dürfte FinTechs (z. B. in Form des Crowdlendings) und alternativen Finanzierungsmodellen in Zukunft weiter Auftrieb verschaffen. Die Anerkennung digitaler Information als Kreditsicherungsmittel könnte die Banken, die ohnehin von einem schwindenden Einfluss bedroht sind,[33] somit davor bewahren, auch im Kreditgeschäft ins Hintertreffen zu geraten.

c) Gesamtgesellschaftlicher Nutzen

Der Einsatz von digitaler Information als Kreditsicherheit lässt allerdings nicht nur einen Nutzen für die an der Kreditsicherung beteiligten Akteure erwarten, sondern würde ferner einen gesamtgesellschaftlichen Nutzen stiften. Indem mehr Unternehmen Zugang zu Krediten erhalten, könnten mehr Investitionen getätigt und dadurch auch mehr Innovationen hervorgebracht werden. Dies würde der Gesellschaft als Ganzes zugutekommen, die anschließend von diesen Innovationen profitieren könnte. Mit der Anerkennung digitaler Information als Kreditsicherungsmittel könnte nicht zuletzt auch ein Beitrag zur Sicherung der Zukunftsfähigkeit des Wirtschaftsstandorts Deutschland im Bereich der Informationstechnologie geleistet werden. Insbesondere eine erleichterte Kreditfinanzierung junger Unternehmen mit innovativen digitalen Geschäftsmodellen könnte positive Anreize für die Gründerszene setzen und die Internetökonomie beflügeln.

---

[33] Dieser Prozess wird als Disintermediation bezeichnet. Insbesondere die Blockchain-Technologie ist darauf ausgelegt, mithilfe einer dezentralen Datenbankstruktur Intermediäre wie Banken überflüssig zu machen. Näher zum Ganzen *Linardatos*, DB 2018, 2033 ff.

2. Risiken

Obwohl der Einsatz von digitaler Information als Kreditsicherheit großen Nutzen stiften kann, ist er auch mit gewissen Risiken verbunden. Von ihnen sind insbesondere die Kapitalgeber betroffen. Anlass zur Zurückhaltung dürfte vor allem die mangelnde Greifbarkeit digitaler Information geben. Immaterielle Vermögenswerte sind in vielerlei Hinsicht risikobehafteter als materielle Sicherheiten, was unter anderem eine Erhöhung der Transaktionskosten zur Folge haben dürfte. Ein weiterer Unsicherheitsfaktor ist der infolge der leichten Vervielfältigbarkeit digitaler Information drohende Wertverlust. Die Verwertung der als Sicherheit eingesetzten digitalen Information lässt nur dann einen Erlös erwarten, wenn sie der potenzielle Käufer nicht auch kostenlos im Internet erlangen kann. Ferner befindet sich die rechtswissenschaftliche Forschung hinsichtlich des Phänomens digitaler Information weiter im Fluss – viele Rechtsfragen sind noch nicht abschließend geklärt. Die daraus resultierende Rechtsunsicherheit dürfte ebenfalls abschreckend auf Kapitalgeber wirken.

Zweiter Teil

Einsatz als Kreditsicherheit

Im ersten Teil wurde das Phänomen digitale Information erläutert und gezeigt, dass es sich um ein wertvolles Immaterialgut handelt. Es wurden Gründe genannt, weshalb der in der digitalen Information steckende Vermögenswert zur Absicherung des Kreditrisikos nutzbar gemacht werden sollte. Im zweiten Teil wird nun untersucht, wie digitale Information als Kreditsicherheit herangezogen werden kann. Hierfür ist zunächst zu untersuchen, inwieweit digitale Information einer Person zugewiesen ist.

§ 4 Zuweisung digitaler Information

Digitale Information wurde definiert als in Form von Daten vorliegende Information, die auf einem konkreten Datenträger verkörpert ist. Die Datenverkörperungen weisen in syntaktischer Hinsicht eine bestimmte Datenstruktur auf und transportieren auf semantischer Ebene einen objektiv bestimmbaren Bedeutungsgehalt. Als Objekte der Zuweisung kommen sonach in Betracht der Datenträger, die Daten sowie der in ihnen enthaltene Bedeutungsgehalt.

I. Zuweisung des Datenträgers

Es wurde gezeigt, dass digitale Information zwingend auf einem Datenträger verkörpert sein muss. Als Sachen i. S. v. § 90 BGB sind Datenträger einer Person – lässt man die grundsätzliche Möglichkeit ihrer Herrenlosigkeit außen vor – durch das Eigentum als das umfassendste Herrschaftsrecht zugewiesen (vgl. § 903 BGB). Aufgrund der mit dem Internet verbundenen Entgrenzung ist zu berücksichtigen, dass sich der Datenträger unter Umständen an einem räumlich sehr weit entfernten Ort und damit außerhalb des Geltungsbereichs des BGB befinden kann. In Bezug auf die an dem Datenträger bestehenden Rechte knüpft das deutsche internationale Privatrecht in Art. 43 Abs. 1 EGBGB an die *lex rei sitae*, d. h. an das Recht am Belegenheitsort des Datenträgers an.[1] Darüber hinaus ist darauf hinzuweisen, dass der Eigentümer des Datenträgers nicht mit der Person des Datenspeichernden übereinstimmen muss. Beides lässt sich am Cloud-Computing verdeutlichen: Hierbei stellt ein Cloud-Provider Dritten entgeltlich Speicherplatz zur Verfügung. Die Datenträger, auf denen die digitale Information gespeichert wird, können sich prinzipiell an jedem Ort der Erde befinden – sie müssen nur mit dem Internet verbunden sein.

---

[1] *Riehm*, VersR 2019, 714 (717). Zu den kollisionsrechtlichen Fragestellungen eingehend noch unten § 15.

II. Zuweisung der Daten

Ob Daten in ähnlich umfassender Weise zugewiesen sind wie die jeweiligen Datenträger, bedarf einer tiefgründigeren Betrachtung.

1. Zuweisung durch das Sacheigentum

a) Zuweisung durch das Sacheigentum am Datenträger?

In Betracht kommt zunächst, dass das Eigentum am Datenträger die darauf gespeicherten Daten umfasst. Demnach wären neben dem Datenträger selbst auch die darauf gespeicherten Daten dem Eigentümer des Datenträgers zugewiesen. Das Sacheigentum am Datenträger erstreckt sich allerdings nur auf die körperliche Struktur des Datenträgers. Es trifft gerade keine Aussage darüber, wem die darauf gespeicherten Daten zugewiesen sind.[2] Dies mag auf den ersten Blick überraschen, würde man doch gemeinhin vermuten, dass die auf „meinem" Computer befindlichen Daten ebenfalls „mir gehören". Dass an diesem Ergebnis aber letztlich kein Zweifel bestehen kann, wird deutlich, wenn man sich einmal mehr das Cloud-Computing vor Augen führt. Würde das Eigentum am Datenträger auch eine Zuordnung der darauf befindlichen Daten bewirken, könnte der Cloud-Provider ausweislich des Wortlauts des § 903 S. 1 BGB mit den Daten der Cloud-Nutzer nach Belieben verfahren und sie von jeder Einwirkung ausschließen.

b) Sacheigentum an den Daten selbst?

In Betracht kommt ferner, dass die auf einem Datenträger gespeicherten Daten selbst eigentumsfähig sind. Dies würde gem. § 903 S. 1 BGB ihre Sachqualität voraussetzen. Da sich der Gesetzgeber für den engen Sachbegriff entschieden hat, bestimmt § 90 BGB seit jeher, dass Sachen nur *körperliche* Gegenstände sind.[3] Die Körperlichkeit von Daten wird überwiegend ohne nähere Begründung in Abrede gestellt.[4] In Anbetracht ihrer Verkörperung auf einem Datenträger ist

---

[2] *Roßnagel*, NJW 2017, 10 (11); *Specht*, CR 2016, 288 (292); *Zech*, Information als Schutzgegenstand, S. 400. Erst recht sind Daten keine i.S.v. § 93 BGB wesentlichen Bestandteile des Datenträgers, da ihre Löschung keinerlei Einfluss auf die Substanz des Datenträgers hat, *Arkenau/Wübbelmann*, in: Taeger, DSRITB 2015, S. 95 (98).

[3] Dies ist keineswegs zwingend. So kennt etwa das österreichische Recht neben körperlichen auch unkörperliche Sachen (vgl. § 285 ABGB). Näher *Rüfner*, in: Leible/Lehmann/Zech, Unkörperliche Güter im Zivilrecht, S. 33 ff.

[4] *Amstutz*, AcP 218 (2018), 438 (472); *Berberich/Golla*, PinG 2016, 165 (170); *Dorner*, CR 2014, 617 (618); *Grüneberg/Ellenberger*, § 90 BGB Rn. 2; *Faust*, Gutachten, S. A. 72; BeckOK BGB/*Fritzsche*, § 90 BGB Rn. 30; *Heymann*, CR 2016, 650; *Hieke*, InTeR 2017, 10 (11);

die mangelnde Sachqualität von Daten jedoch keineswegs so offensichtlich, dass ihre Verneinung ohne jeglichen Begründungsaufwand möglich wäre. Im Gegensatz zu anderen, typisch immateriellen Erscheinungen (Rechte, Erfindungen, Geisteswerke etc.) sind Daten angesichts der Verkörperung auf einem Datenträger Teil der physikalischen Wirklichkeit.[5] Allein die physisch-reale Existenz eines Gegenstands bedeutet aber nicht automatisch dessen Sachqualität, wie das Beispiel elektrische Energie verdeutlicht.[6] Für die Sachqualität eines Gegenstands ist einerseits erforderlich, dass dieser im Raum abgrenzbar ist.[7] Hieran soll es Daten einer Auffassung zufolge fehlen, da sie aufgrund ihrer Unabhängigkeit vom Speichermedium und der unbegrenzten Vervielfältigungsmöglichkeiten keine „physikalische Einmaligkeit"[8] besäßen.[9] Daten seien flüchtig und infolgedessen nicht hinreichend verfestigt, um als körperlich i. S. v. § 90 BGB zu gelten.[10] Ubiquitär ist allerdings nur die syntaktische Information – die konkreten Datenverkörperungen sind demgegenüber rival.[11] Keine Voraussetzung für die Abgrenzbarkeit eines Gegenstands ist, dass er eine eigenständige körperliche Begrenzung aufweist. Es genügt stattdessen, wenn die Abgrenzbarkeit des Gegenstands durch die Fassung in einem Behältnis hergestellt wird.[12] Infolge ihrer Verkörperung auf einem Datenträger sind Daten räumlich abgrenzbar.[13] Für die Sachqualität ist darüber hinaus die sinnliche Wahrnehmbarkeit des Gegenstands erforderlich.[14] Dies sei einer Ansicht nach bei Daten der Fall, da sie sich durch technische Hilfsmittel wahrnehmbar machen ließen.[15] Dem ist allerdings entgegenzuhalten, dass allein der in den Daten enthaltene semantische Informationsgehalt wahrnehmbar gemacht wird. Die Daten selbst bleiben den menschlichen

---

Hoeren/Sieber/Holznagel MultimediaR-HdB/*Kolany-Raiser*, Teil 15.1 Rn. 5; *Markendorf*, ZD 2018, 409 (410); *Peschel/Rockstroh*, MMR 2014, 571 (572); *Roßnagel*, NJW 2017, 10 (11); *Riehm*, VersR 2019, 714 (717); *Schulz*, PinG 2018, 72 (74); Erman/*J. Schmidt*, § 90 BGB Rn. 3; *Specht/Kerber*, Datenrechte, S. 9; *Stender-Vorwachs/Steege*, NJOZ 2018, 1361 (1362).

[5] Vgl. BeckOGK BGB/*Mössner*, Stand: 01.03.2021, § 90 BGB Rn. 90. Andernfalls würde auch die Strafvorschrift des § 303a Abs. 1 StGB keinen Sinn ergeben. Gelöscht, unterdrückt, unbrauchbar gemacht oder verändert werden kann nur, was tatsächlich existiert.

[6] Statt aller MüKoBGB/*Stresemann*, § 90 BGB Rn. 24.

[7] Grüneberg/*Ellenberger*, § 90 BGB Rn. 1.

[8] *Redeker*, CR 2011, 634 (638).

[9] *Arkenau/Wübbelmann*, in: Taeger, DSRITB 2015, S. 95 (97); Taeger/Pohle/*Czychowski/Siesmayer*, ComputerR-HdB Kap. 20.5 Rn. 19; *Hieke*, InTeR 2017, 10 (11); MüKoBGB/*Stresemann*, § 90 BGB Rn. 25.

[10] *AG Digitaler Neustart*, Bericht v. 15. Mai 2017, S. 33.

[11] Eingehend zu den Charakteristika digitaler Information s. bereits oben S. 49 ff.

[12] Grüneberg/*Ellenberger*, § 90 BGB Rn. 1.

[13] Im Ergebnis auch *Bucher*, Sachqualität und Veräußerung von Dateien, S. 80 f.

[14] BeckOK BGB/*Fritzsche*, § 90 BGB Rn. 6.

[15] So etwa *Bucher*, Sachqualität und Veräußerung von Dateien, S. 81–83.

Sinnen verborgen. Im Ergebnis scheitert die Körperlichkeit von Daten daher an der mangelnden sinnlichen Wahrnehmbarkeit.[16]

Nach einer Mindermeinung weisen Daten demgegenüber Sachqualität auf.[17] Dies wird mit einer Parallele zu auf einem Datenträger verkörperter Software begründet, die von der Rechtsprechung und einem Teil der Literatur seit Langem als Sache qualifiziert wird.[18] Da für Software die gleichen Überlegungen gelten wie für Daten – insoweit ist dieser Auffassung zuzustimmen – wird die Sachqualität von Software von der überwiegenden Meinung im Schrifttum zu Recht abgelehnt.[19] Ebenso wie Software sind auch Daten keine Sachen i. S. v. § 90 BGB und werden demzufolge durch das Sacheigentum nicht ausschließlich zugewiesen.[20]

c) Zivilrechtliches Dateneigentum nach dem Vorbild des Sacheigentums?

Aufgrund ihrer mangelnden eigentumsrechtlichen Zuweisung wurde von einzelnen Stimmen die Konstruktion eines Dateneigentums nach dem Vorbild des Sacheigentums erwogen. Namentlich *Hoeren* hat vorgeschlagen, die zu § 303a Abs. 1 StGB entwickelten Zuordnungskriterien auch im Zivilrecht fruchtbar zu machen.[21] *Amstutz* befürwortet demgegenüber eine Teilanalogie zu § 90 BGB mit der Überlegung, dass Daten zwar keine körperliche Existenz hätten aber den-

---

[16] So auch *Börding/Jülicher/Röttgen u. a.*, CR 2017, 134. Dieses Ergebnis unterstreicht nicht zuletzt die Legaldefinition des § 202a Abs. 2 StGB.

[17] *Bucher*, Sachqualität und Veräußerung von Dateien, S. 84; *Härting*, CR 2016, 646 (647); *Koch*, NJW 2004, 801 (802); BeckOGK BGB/*Mössner*, Stand: 01.03.2021, § 90 BGB Rn. 90.

[18] Grundlegend BGHZ 102, 135 (144); BGHZ 109, 97 (100); aus neuerer Zeit etwa BGH, NJW 2007, 2394; *Bydlinski*, AcP 198 (1998), 287 (305–321); *König*, NJW 1993, 3121 ff.; *Marly*, BB 1991, 432 ff.; Soergel/*ders.*, § 90 BGB Rn. 3; *ders.*, Praxishandbuch Softwarerecht, Rn. 310–330. Zum Ganzen zuletzt *Borges*, FS Martinek, S. 45 ff. Die Einordnung von Software als Sache erfolgte wohl hauptsächlich ergebnisorientiert mit dem Ziel, den Anwendungsbereich der §§ 434 ff. BGB zu eröffnen (dazu *Redeker*, IT-Recht, Rn. 279). Es bleibt daher mit Spannung abzuwarten, ob sich an dieser Rechtsprechung durch die Einführung der (allerdings nur im B2C-Verhältnis geltenden) §§ 327 Abs. 5, 475a Abs. 1 S. 1, 2 BGB etwas ändern wird.

[19] *Bartsch*, in: Leible/Lehmann/Zech, Unkörperliche Güter im Zivilrecht, S. 247 (258–260); BeckOK BGB/*Fritzsche*, § 90 BGB Rn. 28; *Redeker*, NJOZ 2008, 2917 ff.; *ders.*, IT-Recht, Rn. 216; Erman/*J. Schmidt*, § 90 BGB Rn. 3; Staudinger/*Stieper*, § 90 BGB Rn. 12; *Zech*, Information als Schutzgegenstand, S. 334 f.

[20] Eine eigentumsrechtliche Zuweisung von durch Sensoren erzeugten Daten lässt sich im Übrigen auch nicht dadurch erreichen, dass man sie als (mittelbare) Sachfrüchte (§ 99 BGB) oder als Nutzungen (§ 100 BGB) der sie erzeugenden physischen Sache ansieht, *Zech*, CR 2015, 137 (142).

[21] Grundlegend *Hoeren*, MMR 2013, 486 ff.; *ders.*, FS Schneider II, S. 303 ff.; ihm folgend *S. Schulze*, Daten als Kreditsicherungsmittel mit Bestand in der Insolvenz, S. 54–76; vgl. nunmehr aber *Hoeren*, MMR 2019, 5 ff.

noch eine gewisse Präsenz aufweisen würden, da ihre Generierung und Verarbeitung anhand von log files festgestellt werden könne.[22] Obschon die normative Anknüpfung am Sacheigentum umstritten ist und die Zuweisung einzelner Befugnisse nach dem Vorbild der Immaterialgüterrechte möglicherweise geeigneter wäre,[23] ist zur Schaffung neuer Ausschließlichkeitsrechte jedenfalls nicht der Gesetzesanwender berufen. Ob diese Kompetenz ausschließlich beim demokratisch legitimierten Gesetzgeber liegt,[24] oder derartige Rechtspositionen auch im Wege richterlicher Rechtsfortbildung verliehen werden können,[25] sei hier dahingestellt. Weder hat der Gesetzgeber bislang ein Ausschließlichkeitsrecht normiert[26] noch wurden durch die Rechtsprechung ausschließliche Rechtspositionen an Daten anerkannt. Demzufolge ist festzuhalten, dass es *de lege lata* weder ein Dateneigentum noch sonstige, eigens für Daten geschaffene Rechtspositionen gibt.

2. Zuweisung durch Immaterialgüterrechte

Da das Eigentum keine Zuweisung von Daten bewirkt, bleibt zu prüfen, ob eine Zuweisung von Befugnissen durch Immaterialgüterrechte stattfindet.

a) Patentrechtlicher Schutz von Daten

Ob Daten in den Genuss patentrechtlichen Schutzes kommen können, wurde bislang selten beleuchtet.[27] Eine mögliche Erklärung könnte sein, dass für eine Reihe patentrechtlicher Tatbestandsmerkmale lange Zeit angenommen wurde, dass sie nur auf körperliche Gegenstände anwendbar seien. Allerdings hat der BGH

---

[22] *Amstutz*, AcP 218 (2018), 438 ff.

[23] *AG Digitaler Neustart*, Bericht v. 15. Mai 2017, S. 36–41; dagegen *Amstutz*, AcP 218 (2018), 438 (526–529).

[24] So etwa *Fritzsche*, FS Harte-Bavendamm, S. 33 (38); *Peukert*, Güterzuordnung als Rechtsprinzip, S. 889 f.

[25] So etwa *Ohly*, FS Schricker II, S. 105 (121); *Zech*, Information als Schutzgegenstand, S. 158–163. In dem Streit spiegelt sich letztlich die Frage wider, ob es einen *numerus clausus* der Immaterialgüterrechte gibt. Eingehend *Schroeder*, in: Specht/Lauber-Rönsberg/Becker, Medienrecht im Medienumbruch, S. 9 ff.

[26] Die EU-Kommission hatte in ihrer Mitteilung zum Aufbau einer europäischen Datenwirtschaft (COM[2017] 9 final, S. 14) noch die Einführung eines „Rechts des Datenerzeugers" erwogen. Der anschließende Widerstand aus Wirtschaft und Wissenschaft war allerdings so groß, dass die EU-Kommission von ihrem Vorhaben inzwischen Abstand genommen hat. In ihrer Mitteilung zu einer europäischen Datenstrategie (COM[2020] 66 final) fanden Rechte an Daten bereits keine Erwähnung mehr.

[27] Zu diesem Befund *Nemethova/Peters*, in: Taeger, DSRITB 2018, S. 193.

mit zwei Entscheidungen kürzlich eine Dematerialisierung[28] des Patentrechts eingeleitet und es infolgedessen auch für die Zuweisung von Daten grundsätzlich in Stellung gebracht.

aa) Schutz als Patent

Feststeht, dass Daten als solche dem Patentschutz nicht zugänglich sind, da sie keine „Lehre zum planmäßigen Handeln unter Einsatz beherrschbarer Naturkräfte zur unmittelbaren Erreichung eines kausal übersehbaren Erfolgs"[29] enthalten.[30] Daten sind lediglich ein Bitstream, die zum Zwecke ihrer Verarbeitung die alternativen Zustände eines technischen Systems repräsentieren. Sie enthalten daher keine außerhalb ihrer selbst liegende Anweisung zur Lösung eines technischen Problems und erfüllen aus diesem Grund nicht die Patentierungsvoraussetzungen des § 1 Abs. 1 PatG.[31]

bb) Schutz als unmittelbares Verfahrenserzeugnis

Daten können jedoch als unmittelbares Erzeugnis eines patentierten Verfahrens gem. § 9 S. 2 Nr. 3 PatG geschützt sein. Bislang war umstritten, ob Erzeugnisse i. S. d. Vorschrift unkörperlicher Natur sein können.[32] Der BGH hat vor Kurzem entschieden, dass auch eine verfahrensgemäß gewonnene Datenfolge Verfahrenserzeugnis i. S. v. § 9 S. 2 Nr. 3 PatG sein kann.[33] Dies begründet der BGH damit, dass auf einem Datenträger gespeicherte Daten „mittels der dafür vorgesehenen Geräte und unter Einsatz entsprechender Decodierungsvorrichtungen und -verfahren […] ausgelesen und wahrnehmbar gemacht und auf diese Weise wie körperliche Gegenstände beliebig oft bestimmungsgemäß genutzt werden können."[34] In einer weiteren Entscheidung hat der BGH den Kreis der potenziell in den Genuss des derivativen Patentschutzes kommenden Daten erheblich enger gezogen. Neben der sachähnlichen Nutzbarkeit der Daten sei weiter Voraussetzung, dass sie „ihrer Art nach als tauglicher Gegenstand eines Sachpatents in

---

[28] *Zech*, GRUR 2017, 475.
[29] Grundlegend BGHZ 52, 74 (79) – *Rote Taube*.
[30] Ob das auch auf das die Datenverarbeitungsanlage steuernde Programm zutrifft, ist seit langer Zeit höchst umstritten. Näher *Mes*, § 1 PatG Rn. 120 ff.
[31] *Hofmann*, in: Pertot, Rechte an Daten, S. 9 (22); *Sattler*, in: Sassenberg/Faber, Rechts-HdB Industrie 4.0 und Internet of Things, § 2 Rn. 16.
[32] Dazu *Mes*, § 9 PatG Rn. 69; Benkard/*Scharen*, § 9 PatG Rn. 53 jeweils m. w. N. Für eine Gleichstellung körperlicher und unkörperlicher Erzeugnisse *Nemethova/Peters*, in: Taeger, DSRITB 2018, S. 193 (194 f.). *Prado Ojea*, GRUR 2018, 1096 (1100–1102), fordert sogar eine Erstreckung auf semantische Information.
[33] BGHZ 194, 272 – *MPEG-2-Videosignalcodierung*.
[34] BGHZ 194, 272 (281) – *MPEG-2-Videosignalcodierung*.

Betracht kommen."³⁵ Dies sei, so der BGH, nur dann der Fall, wenn die Datenfolge „sachlich-technische Eigenschaften aufweist, die ihr durch das Verfahren aufgeprägt worden sind."³⁶ Mit dieser Einschränkung stellt der BGH sicher, dass nicht alle Daten, die das Ergebnis eines patentierten Verfahrens sind, automatisch als Verfahrenserzeugnis gem. § 9 S. 2 Nr. 3 PatG geschützt werden. Die für das Patentrecht charakteristische Technizität wird also nicht bereits durch das Wesen von Daten als technisch realisierte Abfolge von Nullen und Einsen erfüllt. Stattdessen muss sich in der Datenfolge gerade die Technizität des patentierten Verfahrens selbst widerspiegeln. Mit der Entscheidung versucht der BGH, die seinerzeit vom Reichsgericht entwickelten Maßstäbe auf das Digitalzeitalter zu übertragen. Bereits das RG hatte entschieden, dass ein Erzeugnisschutz nur in Betracht komme, wenn das Erzeugnis nicht außerhalb des Gegenstands der Erfindung liegt, sondern gerade den das Verfahren patentrechtlich charakterisierenden Abschluss bildet.³⁷ Die für den Schutz als Verfahrenserzeugnis erforderliche Technizität der Daten steht in engem Zusammenhang mit dem in § 1 Abs. 3 Nr. 4 PatG enthaltenen Patentierungsausschluss. Die bloße Wiedergabe von Informationen ist demnach nicht schutzfähig. Mit Blick auf den Erzeugnisschutz für Daten ist diese Formulierung insofern etwas unglücklich, weil Daten in aller Regel keinen Selbstzweck erfüllen, sondern einen Bedeutungsgehalt (semantische Information) tragen.³⁸ Der Ausschlusstatbestand ist folglich so zu interpretieren, dass sich der Erzeugnisschutz nur auf die syntaktische Datenfolge, nicht aber auch auf den semantischen Bedeutungsgehalt erstreckt.³⁹

cc) Fazit

Daten können grundsätzlich als unmittelbares Verfahrenserzeugnis gem. § 9 S. 2 Nr. 3 PatG patentrechtlich geschützt sein. Dafür genügt es allerdings nicht, dass die infrage kommende Datenfolge das Ergebnis eines patentierten Verfahrens ist. Vielmehr muss in der betreffenden Datenstruktur gerade die Technizität des patentierten Verfahrens zum Ausdruck kommen. Für den Erzeugnisschutz einer Datenfolge ist also letztlich die Art und Weise der „Verpackung"⁴⁰ des Informationsgehalts entscheidend. Patentschutz genießt stets nur die syntaktische Datenfolge, nicht dagegen der semantische Bedeutungsgehalt. Demzufolge bliebe es einem Dritten unbenommen, die semantische Information anders zu „ver-

---

³⁵ BGHZ 212, 115 (123) – *Rezeptortyrosinkinase II*.
³⁶ BGHZ 212, 115 (123) – *Rezeptortyrosinkinase II*.
³⁷ Vgl. RGZ 22, 8 (17) – *Methylenblau*.
³⁸ So etwa auch in der Entscheidung BGHZ 194, 272 – *MPEG-2-Videosignalcodierung*. Dort enthielten die Daten Videobilder.
³⁹ BGHZ 212, 115 (125) – *Rezeptortyrosinkinase II*.
⁴⁰ *Arnold*, FS 80 Jahre Patentgerichtsbarkeit in Düsseldorf, S. 15 (20).

packen", vorausgesetzt, sie genießt nicht ihrerseits Schutz. Aufgrund der hohen Hürden, die für einen Patentschutz von Daten erforderlich sind, dürften Daten vergleichsweise selten von dem in § 9 S. 2 Nr. 3 PatG normierten Verbietungsrecht des Patentinhabers erfasst sein.

b) Urheberrechtlicher Schutz von Daten

Neben dem Patentrecht kommt eine ausschließliche Zuweisung von Daten durch das Urheberrecht in Betracht.[41] Damit ein Gut in den Genuss urheberrechtlichen Schutzes kommt, muss es sich gem. § 2 Abs. 2 UrhG um eine persönliche geistige Schöpfung handeln. Trotz einer weltweit erkennbaren Tendenz zur Absenkung der Schutzvoraussetzungen[42] ist stets ein Minimum an geistigem Gehalt erforderlich. Infolgedessen wird nicht jedes Ergebnis menschlicher Tätigkeit geschützt. Ein Werk i. S. d. Vorschrift liegt erst vor, wenn darin der menschliche Geist zum Ausdruck kommt.[43] Das kann auf datenverarbeitende oder -erzeugende Computerprogramme (vgl. § 69a Abs. 3 S. 1 UrhG) oder Datenbanken, in denen Daten in schöpferischer Weise angeordnet sind (vgl. § 4 Abs. 1 UrhG), zutreffen, nicht jedoch auf die Daten selbst. Sie gibt es vereinfacht gesprochen nur, weil digitale Systeme allein die Zustände 0 und 1 kennen. Daten folgen demnach allein technischen Zwängen. In ihnen kann somit kein geistiger Gehalt zum Ausdruck kommen. Allenfalls können sie einen geistigen Gehalt transportieren – dies betrifft allerdings die semantische Bedeutungsebene. Die urheberrechtliche Schutzfähigkeit von Daten scheitert ferner daran, dass das Werk eine Ausdrucksform annehmen muss, in der es von den menschlichen Sinnen wahrgenommen werden kann.[44] Hierfür genügt zwar, dass das Werk den menschlichen Sinnen erst durch den Einsatz technischer Mittel zugänglich gemacht wird. Einmal mehr betrifft dies aber den in den Daten verkörperten semantischen Gehalt. Die Daten beinhalten infolgedessen nur das mithilfe technischer Mittel wahrnehmbar gemachte Werk. Sie selbst sind kein Werk und bleiben den menschlichen Sinnen verborgen. Aus alledem folgt, dass urheberrechtlicher Schutz auf semantischer Ebene ansetzt. Die zugrunde liegende syntaktische Datenfolge ist dem Urheberrechtsschutz unzugänglich.

---

[41] Zur Bedeutung des Urheberrechts für die Informationsgesellschaft bereits *Hoeren*, GRUR 1997, 866 ff.
[42] *Rehbinder/Peukert*, Urheberrecht, Rn. 201.
[43] Schricker/Loewenheim/*Loewenheim/Leistner*, § 2 UrhG Rn. 45.
[44] Wandtke/Bullinger/*Bullinger*, § 2 UrhG Rn. 19.

3. Zuweisung durch Leistungsschutzrechte

a) Leistungsschutzrecht des Datenbankherstellers, §§ 87a ff. UrhG

Denkbar ist, dass eine Zuweisung von Daten durch das in den §§ 87a ff. UrhG normierte Leistungsschutzrecht des Datenbankherstellers bewirkt wird. Eine erste Einschränkung folgt jedoch bereits daraus, dass Schutzgegenstand des in § 87b Abs. 1 UrhG enthaltenen Ausschließlichkeitsrechts die Datenbank in ihrer Gesamtheit ist, nicht dagegen ihre einzelnen Elemente.[45] Infolgedessen wären die jeweiligen Daten allenfalls reflexartig geschützt. Trotz der Bezeichnung als Schutzrecht des *Daten*bankherstellers ist nicht Voraussetzung, dass die Datenbank in Form elektronischer Daten vorliegt. Der Schutz als Datenbank ist mithin trägerneutral. Dies zeigt, dass es nicht um den Schutz von Investitionen in die Aggregation syntaktischer Datenfolgen geht, sondern von semantischer Information.[46] Ebenso wie das Urheberrecht setzt auch der *sui generis*-Schutz des Datenbankherstellers auf semantischer Ebene an.

b) Lauterkeitsrechtlicher Leistungsschutz von Daten

Becker hat einen lauterkeitsrechtlichen Leistungsschutz von Daten ins Spiel gebracht.[47] Dabei ist zwischen dem in § 4 Nr. 3 lit. a–c UWG normierten mittelbaren Leistungsschutz (UWG-Nachahmungsschutz) und dem unmittelbaren Leistungsschutz zu differenzieren, der dogmatisch in § 3 Abs. 1 UWG verankert wird. Für den UWG-Nachahmungsschutz lässt sich ein ähnlicher Befund feststellen, wie er lange Zeit auch für den Erzeugnisschutz im Patentrecht beobachtet werden konnte: Er ist vor allem auf körperliche Erzeugnisse zugeschnitten. Die die Unlauterkeit der Leistungsübernahme begründenden Kriterien orientieren sich in erster Linie an optischen Merkmalen.[48] Ein Abstellen auf optische Merkmale scheidet bei Daten von vorneherein aus. Daher ist mehr als fraglich, wie Daten die für § 4 Nr. 3 lit. a, b UWG erforderliche Eignung aufweisen sollen, die

---

[45] *Kirsten J. Schmidt/Zech*, CR 2017, 417 (423 f.); Schricker/Loewenheim/*Vogel*, Vor §§ 87a ff. UrhG Rn. 37. S. auch ErwG 45 f. Datenbank-RL.
[46] *Wiebe*, GRUR 2017, 338 (339); *ders.*, in: Hornung, Rechtsfragen der Industrie 4.0, S. 97 (101).
[47] *Becker*, GRUR 2017, 346 ff.; Gloy/Loschelder/Danckwerts/*ders.*, UWG-HdB § 64 Rn. 1 ff.; s. auch bereits *Wiebe*, in: Fiedler/Ullrich, Information als Wirtschaftsgut, S. 93 (124–127). Zu berücksichtigen ist, dass der UWG-Leistungsschutz im Gegensatz zum Leistungsschutzrecht des Datenbankherstellers (das eine ausschließliche Zuweisung von Handlungsbefugnissen an den Datenbankhersteller besorgt, vgl. § 87b Abs. 1 S. 1 UrhG) eine lediglich abgeschwächte Form der Güterzuweisung bewirkt, die strukturell den deliktischen Wirkungen eines Immaterialgüterrechts entspricht. Dazu Gloy/Loschelder/Danckwerts/*Becker*, UWG-HdB § 64 Rn. 114 f.
[48] Gloy/Loschelder/Danckwerts/*Becker*, UWG-HdB § 64 Rn. 2.

interessierten Verkehrskreise auf ihre betriebliche Herkunft oder ihre Besonderheiten hinzuweisen.[49] Ein mittelbarer Leistungsschutz ist jedoch auf Grundlage von § 4 Nr. 3 lit. c UWG denkbar. In Betracht kommt beispielsweise, dass ein Mitbewerber produktionsrelevante Daten unlauter erlangt hat und mit ihrer Hilfe ein physisches Erzeugnis des Konkurrenten nachahmt. Allerdings wären die der Herstellung des Erzeugnisses zugrunde liegenden Daten in diesem Fall nur mittelbar geschützt, weil sich der Nachahmungsschutz auf das nachgeahmte Erzeugnis erstreckt.[50] Ein direkter Schutz von Daten wäre nur mithilfe des unmittelbaren Leistungsschutzes möglich.[51] Die Vervielfältigung eines Datensatzes könnte dann als unmittelbare Leistungsübernahme lauterkeitsrechtliche Folgeansprüche auslösen. Allerdings steht ein solches Leistungsschutzrecht an Daten unter dem Vorbehalt der Anerkennung durch die Rechtsprechung. Dies ist bislang nicht geschehen und es dürfte wohl auch in Zukunft nicht damit zu rechnen sein. Ferner ist zu bedenken, dass der lauterkeitsrechtliche Schutz von Daten nur vor der Übernahme der syntaktischen Datenstruktur schützen würde. Die Verwertung der darin verkörperten semantischen Information könnte – sofern sie nicht ihrerseits dem Nachgeahmten zugewiesen ist – nicht verhindert werden. Jedoch sind keine Fälle denkbar, in denen es dem Nachahmer nicht in erster Linie auf den in den Daten verkörperten Informationsgehalt ankommt.[52] Ein wirksamer lauterkeitsrechtlicher Leistungsschutz von digitaler Information müsste demzufolge konsequent auf semantischer Ebene ansetzen.[53]

c) Fazit

Einen Leistungsschutz für syntaktische Information gibt es *de lege lata* nicht. Das *sui generis*-Schutzrecht des Datenbankherstellers gewährt einen Investitionsschutz für die Aggregation semantischer Information. Der UWG-Nachahmungsschutz schützt Daten allenfalls mittelbar. Ein unmittelbarer Leistungsschutz für Daten müsste richterrechtlich erst noch geschaffen werden. Ein solcher wäre aber weitgehend wirkungslos, da es dem Nachahmer stets auf den in den Daten enthaltenen Bedeutungsgehalt ankommt. Letztlich geht es damit auch im Rahmen des lauterkeitsrechtlichen Leistungsschutzes um den Schutz der semantischen Ebene.[54]

---

[49] Dieses als wettbewerbliche Eigenart bezeichnete Erfordernis ist ungeschriebenes Tatbestandsmerkmal beider Vorschriften und ständige Rechtsprechung, zuletzt BGH, GRUR 2016, 730 (733) – *Herrnhuter Stern*.
[50] Gloy/Loschelder/Danckwerts/*Becker*, UWG-HdB § 64 Rn. 90.
[51] Dazu Gloy/Loschelder/Danckwerts/*ders.*, UWG-HdB § 64 Rn. 108 ff.
[52] Gloy/Loschelder/Danckwerts/*ders.*, UWG-HdB § 64 Rn. 7.
[53] S. dazu unten S. 97 ff.
[54] So auch Gloy/Loschelder/Danckwerts/*Becker*, UWG-HdB § 64 Rn. 87.

4. Schutz durch Handlungsverbote

Daten können ferner durch Handlungsverbote geschützt sein. Handlungsverbote bewirken allerdings keine güterrechtliche Zuweisung an den Betroffenen, sondern gewähren lediglich Abwehrbefugnisse.[55] Sie beziehen sich stets auf die auf einem Datenträger konkret vorhandene Datenverkörperung.

a) Deliktsschutz von Daten

aa) Deliktischer Schutz von Daten de lege lata

Inwieweit Daten im Einzelnen deliktisch geschützt sind, wird ausführlich im Zusammenhang mit dem Integritätsschutz der als Sicherheit eingesetzten digitalen Information dargestellt.[56] An dieser Stelle ist daher lediglich auf die groben Züge des Deliktsschutzes einzugehen. Mangels eigentumsrechtlicher Zuweisung von Daten scheidet in der Folge auch die Geltendmachung der damit verbundenen Rechtsdurchsetzungsrechte[57] aus. Einen über § 823 Abs. 1 BGB vermittelten Deliktsschutz für Daten gibt es *de lege lata* folglich nicht. Die Rechtsordnung hat sich bislang damit beholfen, dass die Zerstörung oder Veränderung von Daten aufgrund ihrer Verkörperung auf einem Datenträger zugleich zu einer Substanzverletzung bzw. Beeinträchtigung des bestimmungsgemäßen Gebrauchs des Datenträgers führt.[58] Dies löst Schadensersatzansprüche wegen der Verletzung des Eigentums bzw. berechtigten Besitzes am Datenträger aus. Sind der Berechtigte am Datenträger und derjenige an den Daten personenidentisch, ergeben sich daraus für den deliktischen Schutz von Daten keinerlei Einbußen. Durch die zunehmende Virtualisierung in der Cloud fallen der Berechtigte an den Daten und derjenige am Datenträger allerdings immer öfter auseinander.[59] In diesem Fall stehen dem Speichernden bei einer nur fahrlässigen Beschädigung oder Zerstörung der Daten mangels Berechtigung am Datenträger keinerlei Schadensersatzansprüche zu. Dass die Gefahr eines Datenverlusts in der Cloud nicht rein hypothetischer Natur ist, zeigt der Brand bei einem der größten Cloud-Dienstleister Eu-

---

[55] *Zech*, in: Leible/Lehmann/Zech, Unkörperliche Güter im Zivilrecht, S. 1 (2 f.); *ders.*, Information als Schutzgegenstand, S. 89; *ders.*, CR 2015, 137 (140); s. ferner *Hofmann*, in: Pertot, Rechte an Daten, S. 9 (15–18).

[56] S. dazu unten § 12.

[57] *Hofmann*, in: Pertot, Rechte an Daten, S. 9 (12).

[58] Allg.M., *Faust*, Gutachten, S. A 72; *Faustmann*, VuR 2006, 260 f.; *Meier/Wehlau*, NJW 1998, 1585 (1588); *Riehm*, VersR 2019, 714 (717); *Spickhoff*, in: Leible/Lehmann/Zech, Unkörperliche Güter im Zivilrecht, S. 233 (236); BeckOGK BGB/*Spindler*, Stand: 01.11.2022, § 823 BGB Rn. 137; MüKoBGB/*Wagner*, § 823 BGB Rn. 246.

[59] Beim Cloud-Computing erhält der Nutzer – anders als beim herkömmlichen IT-Outsourcing – gerade keine Berechtigung an einem konkreten physischen Trägermedium.

ropas, wobei eine Vielzahl von Daten unwiderruflich verlorengegangen sein könnte.[60] Zu einem Anspruch könnte man dem Geschädigten allenfalls durch die Anwendung der Drittschadensliquidation verhelfen.[61] Um das Dogma vom Gläubigerinteresse allerdings nicht auszuhöhlen, ist die Drittschadensliquidation auf anerkannte Fallgruppen beschränkt.[62] Erst die weitere Diskussion wird zeigen, ob sich die fahrlässige Beschädigung bzw. Zerstörung von auf fremden Datenträgern gespeicherten Daten als neue Fallgruppe herausbilden wird oder unter eine bereits bestehende – etwa diejenige der Treuhandverhältnisse – gefasst werden kann. Möglich ist aber auch, dass für die Heranziehung der Drittschadensliquidation in Zukunft gar kein Bedürfnis mehr besteht, sollte die deliktische Schutzlücke etwa durch Anerkennung eines Rechts am eigenen Datenbestand geschlossen werden.

bb) Anerkennung eines Rechts am eigenen Datenbestand?

In Reaktion auf den defizitären Schutz bei der Datenspeicherung auf fremden Datenträgern befürwortet die inzwischen wohl überwiegende Meinung im Schrifttum die Anerkennung eines Rechts am eigenen Datenbestand als sonstiges Recht i. S. v. § 823 Abs. 1 Var. 6 BGB.[63] Zwar hatte sich der historische Gesetzgeber bewusst gegen eine große deliktische Generalklausel – wie sie etwa im

---

[60] FAZ.net v. 11.03.2021, abrufbar unter: https://www.faz.net/aktuell/wirtschaft/digitec/brand-bei-cloud-betreiber-millionen-von-webseiten-betroffen-17238989.html (zuletzt abgerufen: 30.11.2022).

[61] Befürwortend *Fritzsche*, FS Harte-Bavendamm, S. 33 (35); offen für eine Anwendung *AG Digitaler Neustart*, Bericht v. 15. Mai 2017, S. 46 und wohl auch *Specht*, CR 2016, 288 (296) Fn. 107; ablehnend *Bartsch*, FS Schneider II, S. 297 (299); *Faust*, Gutachten, S. A 73.

[62] Statt aller *Medicus/Lorenz*, SchuldR I, § 52 Rn. 37.

[63] *Bartsch*, FS Schneider II, S. 297 ff. (allerdings mit Einschränkungen); *Beurskens*, in: Domej/Dörr/Hoffmann-Nowotny u. a., Einheit des Privatrechts, S. 443 (470–472); *Grützmacher*, CR 2016, 485 (489); für eine Gleichstellung mit § 823 Abs. 1 Var. 1 BGB Schuster/Grützmacher/*Heydn*, IT-Recht § 823 BGB Rn. 37; *Medicus/Lorenz*, SchuldR II, § 77 Rn. 2; *Meier/Wehlau*, NJW 1998, 1585 (1588 f.); *Riehm*, VersR 2019, 714 (720–724); Prütting/Wegen/Weinreich/*Schaub*, § 823 BGB Rn. 77; *Spindler*, in: Leible/Lehmann/Zech, Unkörperliche Güter im Zivilrecht, S. 261 (277 f.); *ders.*, FS Canaris II, S. 709 (729); BeckOGK BGB/*ders.*, Stand: 01.11.2022, § 823 BGB Rn. 185–189; MüKoBGB/*Wagner*, § 823 BGB Rn. 338; *Zech*, Information als Schutzgegenstand, S. 386 f.; ablehnend *AG Digitaler Neustart*, Bericht v. 15. Mai 2017, S. 48–52; *Faust*, Gutachten, S. A 78–85; Staudinger/*Hager*, § 823 BGB Rn. B 192; *Spickhoff*, in: Leible/Lehmann/Zech, Unkörperliche Güter im Zivilrecht, S. 233 (243–245); kritisch mit Blick auf die aufgeworfenen Folgefragen *Heinze*, FS Taeger, S. 663 (664) Fn. 8; unklar *Arkenau/Wübbelmann*, in: Taeger, DSRITB 2015, S. 95 (99 f.); *Berberich/Golla*, PinG 2016, 165 (172–174); *Dorner*, CR 2014, 617 (619); BeckOK BGB/*Förster*, § 823 BGB Rn. 141; *Härting*, CR 2016, 646 (649); *Heymann*, CR 2016, 650 (651 f.); Grüneberg/*Sprau*, § 823 BGB Rn. 19; *Steinrötter*, MMR 2017, 731 (733 f.).

französischen Code Civil zu finden ist – entschieden. Gleichwohl hat der Gesetzgeber mit der Variante des sonstigen Rechts eine Hintertür geschaffen, durch die mit der Anerkennung weiterer schützenswerter Rechtspositionen zukünftigen Entwicklungen Rechnung getragen werden kann. Um die grundsätzliche Wertentscheidung des Gesetzgebers nicht zu unterlaufen, muss sich die anzuerkennende Rechtsposition in die Systematik des deliktischen Güterschutzes einfügen lassen. Maßgebliche Referenzgröße, die der historische Gesetzgeber für die sonstigen Rechte vor Augen hatte, war das Eigentum.[64] Dieses ist bekanntlich – wie § 903 S. 1 BGB deutlich macht – durch eine Zuweisungs- und eine Ausschlussfunktion gekennzeichnet. Die Anerkennung eines Rechts am eigenen Datenbestand als sonstiges Recht erfordert demnach, dass die Daten einerseits einer Person positiv zugewiesen sind und diese Person andererseits negativ andere von ihrer Nutzung ausschließen kann.[65] Die bisherige Untersuchung hat allerdings gezeigt, dass Daten bislang weder einer Person rechtlich umfassend zugewiesen sind noch Dritte rechtlich von ihrer Nutzung ausgeschlossen werden können. Für die Anerkennung eines Rechts am eigenen Datenbestand wird deshalb entscheidend sein, inwieweit man die *faktische* Möglichkeit zum Ausschluss Dritter genügen lässt und ob man darin zugleich eine Zuweisung der Daten erblicken kann.[66] Dies kann im Rahmen der vorliegenden Untersuchung dahinstehen, da die Anerkennung eines Rechts am eigenen Datenbestand – wenn überhaupt – nur durch die Rechtsprechung erfolgen kann. Dies ist bislang nicht geschehen. Unabhängig davon ist zu bedenken, dass der Schutz durch das Recht am eigenen Datenbestand begrenzt wäre. Die Daten wären nur vor Veränderung oder Löschung i. S. e. schreibenden Zugriffs, nicht aber vor Vervielfältigung oder Nutzung i. S. e. lesenden Zugriffs geschützt.[67] Die mit einem Datenverlust einhergehenden Schäden lassen sich zudem durch Sicherungskopien minimieren.[68] Aufgrund der leichten Vervielfältigungsmöglichkeiten und der stetig sinkenden Speicherkosten dürfte der dafür erforderliche finanzielle Aufwand als vertretbar angesehen werden können. Ohnehin ist damit zu rechnen, dass der weitaus empfindlichere Schaden nicht durch den Verlust der Daten, sondern durch ihren Abfluss an Dritte entsteht. Gerade dagegen wäre dem Dateninhaber auch mit einem Recht am eigenen Datenbestand nicht geholfen.

---

[64] MüKoBGB/*Wagner*, § 823 BGB Rn. 301.
[65] *Faust*, Gutachten, S.A. 79; *Riehm*, VersR 2019, 714 (720).
[66] Bejahend *Riehm*, VersR 2019, 714 (720 f.), der bereits aus der faktischen Zugriffsmöglichkeit die Zuweisung der Daten ableitet, weil dadurch die Möglichkeit geschaffen werde, mit ihnen nach Belieben zu verfahren.
[67] *Grützmacher*, CR 2016, 485 (489); *Zech*, GRUR 2015, 1151 (1158).
[68] Darauf weist *Spickhoff*, in: Leible/Lehmann/Zech, Unkörperliche Güter im Zivilrecht, S. 233 (244 f.) zutreffend hin; s. aber *Faust*, Gutachten, S. A 70.

b) Besitzschutz von Daten

Eine noch recht junge Strömung in der Literatur plädiert dafür, die Vorschriften über den Sachbesitz (§§ 854 ff. BGB) für den „Besitz" von Daten fruchtbar zu machen („Datenbesitz").[69] Dadurch würde der Diskussion um die Anerkennung eines Rechts am eigenen Datenbestand ein Stück weit der Boden entzogen, weil auch der berechtigte Besitz nach allgemeiner Meinung ein sonstiges Recht i. S. d. § 823 Abs. 1 Var. 6 BGB ist. Da § 90 BGB auch für die §§ 854 ff. BGB gilt, kommt wegen der mangelnden Körperlichkeit von Daten allenfalls eine analoge Anwendung in Betracht.[70] Die analoge Heranziehung der sachenrechtlichen Besitzvorschriften begegnet allerdings gewichtigen Bedenken. Die für den Besitz charakteristische Sachherrschaft beruht maßgeblich auf der Rivalität bei der Nutzung des Gegenstands.[71] So gehen etwa die possessorischen Besitzschutzvorschriften davon aus, dass der Entzug der Sache nur unter Ausschluss des bisherigen Besitzers möglich ist. Da sich Daten allerdings schnell und einfach vervielfältigen lassen, führt die Nutzung durch einen Dritten nicht zwangsläufig zum Ausschluss des bisherigen Dateninhabers. Das Kopieren eines Datensatzes stellt gerade eine nicht-rivale Nutzung dar.[72] Aufgrund der mangelnden Vergleichbarkeit ist die Anwendung des Besitzbegriffs auf Daten abzulehnen.[73] Auch das OLG Brandenburg hat kürzlich die Anwendung der Besitzschutzvorschriften auf Daten verneint.[74]

5. Schaffung ausschließlicher Rechtspositionen de lege ferenda?

Die Untersuchung hat ergeben, dass digitale Information auf syntaktischer Ebene nur in den seltensten Fällen ausschließlich zugewiesen und auch ein Schutz durch Abwehrbefugnisse nicht lückenlos gewährleistet ist. Dies war Anlass einer – in ihren einzelnen Facetten kaum noch zu überblickenden[75] – Debatte über die Schaffung ausschließlicher Rechte an Daten.[76] Das Thema „Rechte an Daten"

---

[69] Grundlegend *Hoeren*, MMR 2019, 5 ff.; *ders.*, in: Pertot, Rechte an Daten, S. 37 ff.; ebenso *Adam*, NJW 2020, 2063 (2066–2068); offen für eine (analoge) Anwendung der besitzrechtlichen Vorschriften auch BeckOK BGB/*Fritzsche*, § 854 BGB Rn. 6; *ders.*, FS Harte-Bavendamm, S. 33 (39); ferner *Poletti*, in: Pertot, Rechte an Daten, S. 127 ff.; aus verfassungsrechtlicher Sicht *Michl*, NJW 2019, 2729 ff.

[70] Vgl. *Sattler*, in: Sassenberg/Faber, RechtsHdB Industrie 4.0 und Internet of Things, § 2 Rn. 88.

[71] *Zech*, in: Pertot, Rechte an Daten, S. 91 (96–98).

[72] *Ders.*, AcP 219 (2019), 488 (585).

[73] *Zech*, in: Pertot, Rechte an Daten, S. 91 (99); s. auch *Denga*, NJW 2018, 1371 (1372).

[74] OLG Brandenburg, ZD 2020, 157 ff. mit zust. Anm. *Weiß*.

[75] Vgl. dazu *Riehm*, VersR 2019, 714 (716).

[76] Zum Ganzen s. etwa *Amstutz*, AcP 218 (2018), 438 ff.; *Arkenau/Wübbelmann*, in: Taeger,

dürfte dabei das mit Abstand meist diskutierte der jüngeren Vergangenheit gewesen sein. Es hatte bald eine gesellschaftspolitische Dimension erreicht und wurde auch in anderen europäischen Ländern[77] und auf Unionsebene[78] diskutiert. Insbesondere die Möglichkeit, Dritte von der Nutzung der Daten faktisch ausschließen zu können, sowie die Tatsache, dass (nach wie vor) keine Anzeichen eines Marktversagens vorliegen, bewog die inzwischen einhellige Meinung zu der Überzeugung, dass für die Schaffung ausschließlicher Rechte an Daten kein Bedürfnis bestehe.[79] Die *de facto*-Exklusivität von Daten führt vielmehr dazu, dass – obwohl die mehrfache Nutzung von Daten aus ökonomischer Sicht wünschenswert ist – Daten aufgrund fehlender Anreize[80] nur spärlich geteilt werden.[81] Aus diesem Grund hat sich der Fokus mittlerweile auf die Regulierung des Zugangs zu Daten verlagert.[82] Kreditsicherungsrechtliche Aspekte haben bei al-

---

DSRITB 2015, S. 95 ff.; *Becker*, FS Fezer, S. 815 ff.; *ders.*, JZ 2017, 936 ff.; *ders.*, ZGE/IPJ 9 (2017), 253 ff.; *Berberich/Golla*, PinG 2016, 165 ff.; *Berger*, ZGE/IPJ 9 (2017), 340 ff.; *Börding/Jülicher/Röttgen u. a.*, CR 2017, 134 ff.; *Buchner*, ZGE/IPJ 9 (2017), 416 ff.; *Denga*, NJW 2018, 1371 ff.; *Dorner*, CR 2014, 617 ff.; *Drexl/Hilty/Desaunettes u. a.*, GRUR Int. 2016, 914 ff.; *Fezer*, MMR 2017, 3 ff.; *ders.*, ZGE/IPJ 9 (2017), 356 ff.; *Grützmacher*, CR 2016, 485 ff.; *Heymann*, CR 2016, 650 ff.; *Hoeren*, MMR 2013, 486 ff.; *ders.*, in: Hoffmann-Riem, Big Data – Regulative Herausforderungen, S. 187 ff.; *ders.*, MMR 2019, 5 ff.; *ders.*, in: Pertot, Rechte an Daten, S. 37 ff.; *Hofmann*, in: Pertot, Rechte an Daten, S. 9 ff.; *Hornung/Hofmann*, in: Hornung, Rechtsfragen der Industrie 4.0, S. 9 ff.; aus ökonomischer Perspektive *Kerber*, GRUR Int. 2016, 989 ff.; *ders.*, in: Lohsse/Schulze/Staudenmayer, Trading Data in the Digital Economy: Legal Concepts and Tools, S. 109 ff.; *Leyens*, in: Faust/Schäfer, Zivilrechtliche und rechtsökonomische Probleme des Internet und der künstlichen Intelligenz, S. 47 ff.; *Markendorf*, ZD 2018, 409 ff.; *Peschel/Rockstroh*, MMR 2014, 571 ff.; *Riehm*, in: Hornung, Rechtsfragen der Industrie 4.0, S. 73 ff.; *Schefzig*, K&R Beihefter 3/2015 zu Heft 9, 3 ff.; *Schulz*, PinG 2018, 72 ff.; *Specht*, CR 2016, 288 ff.; *dies.*, ZGE/IPJ 9 (2017), 411 ff.; *Spindler*, ZGE/IPJ 9 (2017), 399 ff.; *Steinrötter*, MMR 2017, 731 ff.; *ders.*, in: Specht-Riemenschneider, Digitaler Neustart, S. 17 ff.; *Stender-Vorwachs/Steege*, NJOZ 2018, 1361 ff.; *Wiebe*, GRUR Int. 2016, 877 ff.; *ders.*, ZGE/IPJ 9 (2017), 394 ff.; *ders.*, GRUR 2017, 338 ff.; *ders.*, in: Hornung, Rechtsfragen der Industrie 4.0, S. 97 ff.; *Wiebe/Schur*, ZUM 2017, 461 ff.; *Zech*, CR 2015, 137 ff.; *ders.*, in: Körber/Immenga, Daten und Wettbewerb in der digitalen Ökonomie, S. 31 ff. Eine Bestandsaufnahme vornehmend *Behling*, ZGE/IPJ 13 (2021), 3 ff.

[77] Aus österreichischer Sicht umfassend *Klammer*, Dateneigentum; aus der Sicht des schweizerischen Rechts etwa *Eckert*, SJZ 2016, 245 ff.; *ders.*, SJZ 2016, 265 ff.; *Hürlimann/Zech*, sui generis 2016, 89 ff. Vgl. im Übrigen die im Auftrag der EU-Kommission durchgeführte Studie von *Osborne Clarke LLP*, Legal Study on Ownership and Access to Data.

[78] Näher *Strowel*, FS Poullet, S. 251 ff.

[79] Eingehend zum Ganzen *Leistner/Antoine/Sagstetter*, Big Data, S. 22–25.

[80] *Hofmann*, in: Pertot, Rechte an Daten, S. 9 (20).

[81] Näher *König*, in: Hennemann/Sattler, Immaterialgüter und Digitalisierung, S. 89 (90).

[82] *Kornmeier/Baranowski*, BB 2019, 1219 (1224 f.); *Kühling/Sackmann*, ZD 2020, 24 (26); BeckOGK BGB/*Specht-Riemenschneider*, Stand: 01.11.2022, § 823 BGB Rn. 1377; *Steinrötter*, FS Taeger, S. 491 (506–509). Eingehend zu diesem Thema vgl. die Beiträge in *German*

ledem keine Rolle gespielt. Daher wird im Rahmen der weiteren Untersuchung kritisch zu würdigen sein, ob die gegen die Einführung von Ausschließlichkeitsrechten sprechende *de facto*-Ausschließlichkeit auch für die Besicherung digitaler Information eine ausreichende Grundlage bietet.

6. Ergebnis

Eine Güterzuweisung digitaler Information findet auf syntaktischer Ebene *de lege lata* nur punktuell durch das Patentrecht statt. Im Gegensatz zu ihrem körperlichen Träger sind Daten daher gerade nicht umfassend zugewiesen. Auch der Schutz durch Handlungsverbote ist lückenhaft. Für die Einführung ausschließlicher Rechte besteht dennoch kein Bedürfnis, weil der Inhaber Dritte von der Nutzung der Daten wirksam ausschließen kann. Inwieweit das auch auf den Einsatz als Kreditsicherheit zutrifft, wird sich im Laufe der Untersuchung zeigen.

III. Zuweisung des Bedeutungsgehaltes

Eine Zuweisung digitaler Information kommt ferner auf semantischer Ebene in Betracht. Da die semantische Ebene die syntaktische miteinschließt, hat eine Zuweisung auf semantischer Ebene den Vorzug, dass sich die zugewiesenen Befugnisse auf alle syntaktischen Datenfolgen, die den geschützten Bedeutungsgehalt verkörpern, erstrecken.

1. Keine Zuweisung durch Patentrecht

Wie gezeigt, findet eine Zuweisung semantischer Information mit Rücksicht auf die gesetzgeberische Entscheidung in § 1 Abs. 3 Nr. 4 PatG nicht statt.[83] Schutzgegenstand des derivativen Patentschutzes i.S.d. § 9 S. 2 Nr. 3 PatG kann nur eine syntaktische Datenfolge sein.

2. Zuweisung durch Urheberrecht

Semantische Information kann allerdings durch das Urheberrecht zugewiesen sein. Eine Zuweisung ist auf zwei Wegen denkbar: Semantische Information kann als Gegenstand einer persönlichen geistigen Schöpfung (§ 2 Abs. 2 UrhG)

Federal Ministry of Justice and Consumer Protection/Max Planck Institute for Innovation and Competition, Data Access, Consumer Interests and Public Welfare.

[83] S. oben S. 77 ff. Für eine Erstreckung des derivativen Patentschutzes auf semantische Information *Prado Ojea*, GRUR 2018, 1096 (1100–1102).

einerseits selbst in den Genuss urheberrechtlichen Schutzes kommen. Andererseits kann sie als Teil eines Datenbankwerks (§ 4 Abs. 2 S. 1 UrhG) mittelbar geschützt sein.

a) Werkcharakter semantischer Information, § 2 Abs. 2 UrhG

Der urheberrechtliche Schutz digitaler Information knüpft an der semantischen Ebene an.[84] Schutzgegenstand ist demzufolge der semantische Inhalt einer Datenfolge. Voraussetzung für den Werkschutz ist, dass der semantische Bedeutungsgehalt Ausfluss einer persönlichen geistigen Schöpfung ist. Eine persönliche Schöpfung liegt vor, wenn das Werk auf einer menschlich-gestalterischen Tätigkeit des Urhebers beruht.[85] Aufgrund der anthropozentrischen Ausrichtung des Urheberrechts kommt ein Großteil digitaler Information schon von vorneherein nicht als Objekt urheberrechtlichen Schutzes in Betracht. Da es werkschaffende Maschinen *per definitionem* nicht geben kann,[86] ist maschinengenerierte digitale Information vom Urheberrechtsschutz ausgeschlossen. Das gilt selbst dann, wenn die Erzeugung der digitalen Information nicht automatisiert von Sensoren, sondern durch einen Menschen vorgenommen worden wäre. Die bloße Aufzeichnung von Vorgängen in der Wirklichkeit oder Messung von Zuständen bietet keinen Raum für eigene kreative Entscheidungen, sodass es an der erforderlichen Gestaltungshöhe fehlt. Urheberrechtlichem Schutz ebenfalls nicht zugänglich ist digitale Information, die auf semantischer Ebene einen Personenbezug aufweist.[87] Sie wird nicht geschöpft, sondern gibt lediglich Aussagen über eine natürliche Person wieder. Digitale Informationsgüter, die demgegenüber grundsätzlich in den Genuss urheberrechtlichen Schutzes kommen können, sind digitale Inhalte.[88] Dabei kann es sich etwa um in Datenform verkörperte Filme, Musik, Spiele, Texte etc. handeln. Da das Urheberrecht die semantische Ebene schützt, ist die konkrete Verkörperungsform für den Schutz zweitrangig. Geschöpfte Information ist damit unabhängig davon geschützt, ob sie analog in einem Buch oder digital in einem E-Book verkörpert ist. Die jeweilige Verkörperungsform hat aber am urheberrechtlichen Schutz teil, da die syntaktische Ebene von der semantischen eingeschlossen wird. Liegt geschöpfte Information in digi-

---

[84] *Riehm*, VersR 2019, 714 (718).

[85] *Lauber-Rönsberg*, GRUR 2019, 244 (245); *Legner*, ZUM 2019, 807 (808). Auch Art. 2 S. 1 InfoSoc-RL, der dem EuGH als Grundlage für die Schaffung des europäischen Werkbegriffs diente, erfordert als Schöpfer eine Person, *Ory/Sorge*, NJW 2019, 710 (711).

[86] *Dornis*, GRUR 2019, 1252 (1254).

[87] Sie ist durch das informationelle Selbstbestimmungsrecht des Betroffenen geschützt. Zur Frage, inwieweit dadurch eine Zuweisung an den Betroffen bewirkt wird, s. näher unten S. 112 f.

[88] *Riehm*, VersR 2019, 714 (718); *Wiebe*, in: Hornung, Rechtsfragen der Industrie 4.0, S. 97.

taler Form vor, erfasst die urheberrechtliche Zuweisung mithin auch jede syntaktische Datenfolge, die den semantischen Bedeutungsgehalt enthält.

b) Reflexhafter Schutz semantischer Information als Teil eines Datenbankwerks, § 4 Abs. 2 S. 1 UrhG

Ferner kommt ein reflexhafter Schutz digitaler Information über das Urheberrecht an einem Datenbankwerk in Betracht (§ 4 Abs. 2 S. 1 UrhG). Da nur die konkrete Struktur, nicht aber die einzelnen Teile der Datenbank geschützt werden,[89] wird digitale Information nicht als solche, sondern lediglich die Art und Weise ihrer Anordnung geschützt. Eine Urheberrechtsverletzung liegt unter anderem vor, wenn die Struktur der Datenbank vervielfältigt wird.[90] Die in einer Datenbank angeordnete digitale Information wird infolgedessen mittelbar geschützt, weil zwar nicht die Nutzung an sich, aber die Übernahme ihrer konkreten Anordnung verhindert werden kann.[91] Da für den Schutz als Datenbankwerk nur die Struktur, nicht jedoch die Elemente selbst entscheidend sind, kommt als Inhalt der Datenbank jede Art von digitaler Information infrage, insbesondere auch maschinengenerierte und solche mit Personenbezug. Voraussetzung für den urheberrechtlichen Schutz einer Datenbank ist, dass die Auswahl bzw. Anordnung der Elemente auf einer persönlichen geistigen Schöpfung beruht (§ 4 Abs. 2 S. 1 i.V.m. Abs. 1 UrhG). Wiederum scheiden solche Datenbanken aus dem Schutzbereich aus, deren Auswahl- und Anordnungsleistung durch eine Maschine, ein Programm oder (ggf. selbstlernende) Algorithmen autonom vollbracht wurde.[92] Aufgrund der rasant gestiegenen Datenmengen erscheint es zunehmend unwahrscheinlich, dass die Auswahl und Anordnung digitaler Information von einem Menschen vorgenommen werden. Dem Datenbankurheberrecht dürfte damit insbesondere im Zusammenhang mit der Internetökonomie eine eher geringe praktische Relevanz beschieden sein. Darüber hinaus darf vor allem im Zusammenhang mit Big Data-Sachverhalten bezweifelt werden, dass die Struktur einer Datenbank das Ergebnis einer kreativen Entscheidung ist und eine persönliche Note aufweist.[93] Dass die genannten Voraussetzungen im Einzelfall vorliegen, ist jedoch keineswegs von vornherein ausgeschlossen. Somit ist durchaus denkbar,

---

[89] Schricker/Loewenheim/*Leistner*, § 4 UrhG Rn. 59.
[90] Weil nur die Struktur einer Datenbank geschützt wird, ist im Übrigen unerheblich, woher die digitale Information stammt. Eine Urheberrechtsverletzung läge mithin auch vor, wenn die digitale Information aus allgemein zugänglichen Quellen herrührt. Vgl. BGHZ 172, 268 (276) – *Gedichttitelliste I.*
[91] Vgl. *Schefzig*, K&R Beihefter 3/2015 zu Heft 9, 3 (5).
[92] Schutzfähig ist in diesem Fall aber möglicherweise das Computerprogramm, zum Ganzen Schricker/Loewenheim/*Loewenheim/Leistner*, § 2 UrhG Rn. 41.
[93] *Götz*, ZD 2014, 563 (564).

dass digitale Information als Teil einer Datenbank mittelbar in den Genuss urheberrechtlichen Schutzes gem. § 4 Abs. 2 S. 1 UrhG kommt. Die dem Urheber vorbehaltenen Befugnisse an der Datenbank erstrecken sich in diesem Fall mittelbar auch auf die in ihr enthaltene digitale Information.

3. Zuweisung durch Leistungsschutzrechte

a) Schutz des Datenbankherstellers, §§ 87a ff. UrhG

Das *sui generis*-Schutzrecht des Datenbankherstellers nach den §§ 87a ff. UrhG unterscheidet sich vom Urheberrecht an einem Datenbankwerk vor allem darin, dass der rechtliche Schutz nicht an eine schöpferische, sondern an eine wirtschaftliche Leistung anknüpft.[94] Erforderlich ist ausweislich des Gesetzeswortlauts des § 87a Abs. 1 S. 1 UrhG eine nach Art oder Umfang wesentliche Investition in die Beschaffung, Überprüfung oder Darstellung vorhandener Datenbankelemente. Aufgrund des fehlenden Schöpferbezugs können Datenbankhersteller i.S.d. § 87a Abs. 2 UrhG auch juristische Personen sein.[95] Dadurch wird das Datenbankherstellerrecht insbesondere für Unternehmen interessant, da sie das Recht – anders als das Datenbankurheberrecht – zu dessen wirtschaftlicher Verwertung (oder zum Zwecke des Einsatzes als Kreditsicherheit) nicht erst vom Schöpfer[96] lizenzieren müssen. Ein weiterer Vorteil des Datenbankherstellerrechts gegenüber dem Datenbankurheberrecht ist dessen uneingeschränkte Verkehrsfähigkeit. Während Letzteres aufgrund der Vorschrift des § 29 Abs. 1 UrhG unter Lebenden nicht übertragbar ist, unterliegt Ersteres wegen des fehlenden Schöpferbezugs keiner solchen Einschränkung. Obwohl der Umfang der zugewiesenen Nutzungen gegenüber dem Datenbankurheberrecht geringer ist, dürfte das Datenbankherstellerrecht aus den genannten Gründen das wirtschaftlich attraktivere Schutzrecht sein. Damit eine Datenbank in den Genuss des durch §§ 87a ff. UrhG verliehenen Leistungsschutzes kommt, müssen die nachfolgenden Kriterien erfüllt sein.

aa) Systematische oder methodische Anordnung

Erforderlich ist zunächst, dass die Elemente systematisch oder methodisch angeordnet und einzeln mithilfe elektronischer Mittel oder auf andere Weise zugänglich sind. Bei digitaler Information kommen von vorneherein nur elektronische

---

[94] *Auer-Reinsdorff*, FS Schneider II, S. 205 (212); Schricker/Loewenheim/*Vogel*, Vor §§ 87a ff. UrhG Rn. 7.
[95] *Schefzig*, K&R Beihefter 3/2015 zu Heft 9, 3 (5); Schricker/Loewenheim/*Vogel*, Vor §§ 87a ff. UrhG Rn. 42.
[96] In Betracht kommen in erster Linie die jeweiligen Angestellten des Unternehmens.

Mittel für die Abrufbarkeit in Betracht, sodass es sich stets um eine elektronische Datenbank handelt. Die einzelne Zugänglichkeit der Datensätze ist gewährleistet, wenn sie isoliert abgerufen werden können.[97] Mit dem Kriterium der einzelnen Zugänglichkeit soll sichergestellt werden, dass eine als strukturierte Datenfolge vorliegende (audiovisuelle, kinematografische, literarische, musikalische etc.) Schöpfung, die als solche bereits Urheberrechtsschutz genießt, nicht noch zusätzlich aufgrund der immanenten Anordnung als Bitfolge als Datenbank geschützt wird.[98] Einzelne digitale Inhalte sind, soweit es sich um ein einheitliches Werk handelt, aus diesem Grund vom Schutz als Datenbank ausgenommen.[99] Daneben ist weiter Voraussetzung, dass die Elemente nach systematischen oder methodischen Ordnungskriterien angeordnet sind. Eine Systematik liegt vor, wenn die Anordnung logischen oder sachlichen Zusammenhängen folgt.[100] Eine Methode ist gegeben, wenn eine planmäßige Strukturierung zur Verwirklichung eines bestimmten Zwecks erkennbar ist.[101] An beiden Kriterien soll es nach wohl herrschender Meinung bei einer bloßen Anhäufung von Rohdaten fehlen.[102] Hieran sind allerdings strenge Anforderungen zu stellen. An jeglicher Systematik oder Methodik fehlt es nur, wenn es sich um eine willkürliche und unstrukturierte Datenhäufung handelt, deren Anordnung allein auf Zufälligkeit beruht.[103] Sofern die einzelnen Datensätze wieder aufgefunden werden können und so abgespeichert sind, dass ihr semantischer Gehalt nicht verloren geht, ist dem Erfordernis der systematischen oder methodischen Anordnung bereits Rechnung getragen.[104] Folglich ist selbst die ungeordnete Ablage auf einem Trägermedium unschädlich, sofern die Daten mit einem Abfragesystem verknüpft sind, das das zielgerichtete Recherchieren nach Einzelelementen ermöglicht.[105] Insbesondere im Umfeld der Internetökonomie darf mehr als bezweifelt werden, dass digitale Information derart unsystematisch abgespeichert wird, dass sie nur durch Zufall

---

[97] Wandtke/Bullinger/*Hermes*, § 87a UrhG Rn. 14; *Wiebe*, FS 50 Jahre UrhG, S. 183 (190). Der Zugang wird in aller Regel mithilfe einer Software bewerkstelligt.

[98] Dreier/Schulze/*Dreier*, § 4 UrhG Rn. 18; Dreier/Schulze/*ders.*, § 87a UrhG Rn. 6; *Wiebe*, in: Hornung, Rechtsfragen der Industrie 4.0, S. 97 (102).

[99] Die Anordnung mehrerer, selbstständig geschützter digitaler Inhalte wäre dem Schutz als Datenbank demgegenüber grundsätzlich zugänglich.

[100] Wandtke/Bullinger/*Hermes*, § 87a UrhG Rn. 25.

[101] Wandtke/Bullinger/*ders.*, § 87a UrhG Rn. 26.

[102] Fromm/Nordemann/*Czychowski*, § 4 UrhG Rn. 35; Dreier/Schulze/*Dreier*, § 4 UrhG Rn. 17; Wandtke/Bullinger/*Hermes*, § 87a UrhG Rn. 24; Schricker/Loewenheim/*Leistner*, § 4 UrhG Rn. 53; *Witte*, FS Schneider II, S. 229 (233).

[103] *Kirsten J. Schmidt/Zech*, CR 2017, 417 (420); vgl. auch *Grützmacher*, CR 2016, 485 (487f.).

[104] *Kirsten J. Schmidt/Zech*, CR 2017, 417 (419).

[105] *Götz*, ZD 2014, 563 (565); Schricker/Loewenheim/*Leistner*, § 4 UrhG Rn. 53.

wieder aufgefunden werden kann. Wie bereits mehrfach gezeigt, ist digitale Information ein wesentlicher Inputfaktor der Digitalwirtschaft. Könnte der in den Daten enthaltene semantische Informationsgehalt nur durch Zufall wiederentdeckt werden, wäre das umfangreiche Erheben und Auswerten digitaler Information zwecklos. Daher darf davon ausgegangen werden, dass ein Bestand an digitaler Information, der einem Unternehmen als Grundlage für ein digitales Geschäftsmodell dient, das Erfordernis der systematischen oder methodischen Anordnung erfüllt.

bb) Unabhängigkeit digitaler Information

Das Schutzrecht des Datenbankherstellers erfordert gem. § 87a Abs. 1 S. 1 UrhG darüber hinaus, dass die in der Datenbank enthaltenen Elemente voneinander unabhängig sind. Die Unabhängigkeit der Elemente weist eine große Ähnlichkeit mit der einzelnen Zugänglichkeit auf und dient ebenfalls zur Abgrenzung einer Sammlung von einem Werk.[106] Die Elemente sind unabhängig, wenn sie einen selbstständigen Informationswert aufweisen, der sich durch eine Trennung weder verringert noch durch eine Verbindung mit anderen Elementen potenziert.[107] Wiederum wird die Unabhängigkeit der Elemente von einer im Schrifttum vertretenen Auffassung für Rohdaten in Abrede gestellt. Sie sei lediglich dann gegeben, wenn es sich um sinnvoll strukturierte Informationseinheiten handelt.[108] Richtigerweise kann die Unabhängigkeit der Daten jedoch nicht davon abhängen, ob sie zuvor analysiert wurden, mithin ob es sich um Rohdaten oder veredelte Daten handelt. Da es lediglich auf einen eigenständigen Informationswert ankommt, ist die Unabhängigkeit eines Elements immer dann gegeben, wenn es einen semantischen Gehalt aufweist.[109] Folglich kann selbst ein für sich genommen unbedeutendes Einzeldatum unabhängiges Element einer elektronischen Datenbank sein, vorausgesetzt, es verfügt über einen eigenständigen semantischen Informationswert. Dass dies auch bei Rohdaten der Fall ist – auch wenn der Informationswert im Einzelnen nicht sehr hoch sein mag – bestätigt die mannigfache Durchführung von Big Data-Analysen. Letztere bezwecken die Zusammenführung der in den Rohdaten enthaltenen Informationsfragmente, um daraus einen informatorischen Mehrwert zu generieren. Würden Rohdaten keinen eigenständigen Bedeutungsgehalt enthalten, wäre ihre Analyse überflüssig.

---

[106] Schricker/Loewenheim/*Vogel*, § 87a UrhG Rn. 8.
[107] *Auer-Reinsdorff*, FS Schneider II, S. 205 (213); Dreier/Schulze/*Dreier*, § 87a UrhG Rn. 6; *Wiebe*, CR 2014, 1 (2); *ders.*, FS 50 Jahre UrhG, S. 183 (189 f.); *ders.*, GRUR 2017, 338 (339); *ders.*, in: Hornung, Rechtsfragen der Industrie 4.0, S. 97 (101).
[108] Wandtke/Bullinger/*Hermes*, § 87a UrhG Rn. 13.
[109] *Kirsten J. Schmidt/Zech*, CR 2017, 417 (419).

cc) Wesentliche Investition

Das zentrale Kriterium und zugleich Rechtfertigung für die Gewährung des Leistungsschutzes ist, dass der Datenbankhersteller eine nach Art oder Umfang wesentliche Investition in die Beschaffung, Überprüfung oder Darstellung des Datenbankinhalts erbracht hat. Eine nennenswerte Begrenzung des sachlichen Schutzbereichs rührt daher, dass die Erzeugung digitaler Information keine Beschaffung im obigen Sinne darstellt und die dafür aufgewendeten Investitionen insoweit nicht berücksichtigungsfähig sind.[110] Es ist somit streng zwischen Investitionen in die digitale Informationserzeugung und solchen in die Sammlung digitaler Information zu trennen.[111] Schutzbegründend sind nur Investitionen, die in die Beschaffung, Überprüfung oder Darstellung bereits vorhandener digitaler Information geflossen sind. Dies steht im Einklang mit der gesetzgeberischen Intention, die Entstehung und Pflege von Informationssystemen zu fördern. Ein Investitionsanreiz zur Erzeugung der zugrunde liegenden Daten war demgegenüber nicht beabsichtigt.[112] Aufgrund dieses eng abgesteckten Schutzbereichs scheint das Schutzrecht des Datenbankherstellers gerade für die Digitalwirtschaft wenig hilfreich. Kennzeichnend für digitale Information ist nämlich, dass allenfalls[113] ihre Erzeugung mit hohem finanziellem Aufwand verbunden ist.[114] Wurde die digitale Information erst einmal erzeugt, tendieren die Grenzkosten aufgrund der leichten Vervielfältigbarkeit und der geringen Speicherkosten gegen null. Auch die Kosten für ihre Überführung in eine Datenbank sind zumeist vernachlässigbar. Aus diesem Grund entstehen Datenbanken im Umfeld der Datenökonomie in vielen Fällen nur als Nebenprodukt einer primär datenerzeugenden Tätigkeit eines Unternehmens.[115] Dies ist regelmäßig bei Big Data-Analysen

---

[110] *Becker*, FS Fezer, S. 815 (819); Fromm/Nordemann/*Czychowski*, § 87a UrhG Rn. 19–22; Dreier/Schulze/*Dreier*, § 87a UrhG Rn. 13; *Metzger*, in: Dutta/Heinze, „Mehr Freiheit wagen", S. 131 (141); *Peschel/Rockstroh*, MMR 2014, 571 (573); *Specht*, CR 2016, 288 (293); *Schefzig*, K&R Beihefter 3/2015 zu Heft 9, 3 (6); *Kirsten J. Schmidt/Zech*, CR 2017, 417 (421); Schricker/Loewenheim/*Vogel*, § 87a UrhG Rn. 49.

[111] *Wiebe*, CR 2005, 169 (170–172); *ders.*, CR 2014, 1 (4 f.); *ders.*, FS 50 Jahre UrhG, S. 183 (191); *ders.*, in: Hornung, Rechtsfragen der Industrie 4.0, S. 97 (104–106); *ders.*, GRUR 2017, 338 (340–342).

[112] Schricker/Loewenheim/*Vogel*, § 87a UrhG Rn. 49.

[113] Keine nennenswerten Kosten verursacht die Erzeugung digitaler Information etwa dann, wenn sie ein bloßes Nebenprodukt darstellt.

[114] Die Kosten für die Produktion digitaler Information können sehr unterschiedlich sein, näher *Kerber*, in: Lohsse/Schulze/Staudenmayer, Trading Data in the Digital Economy: Legal Concepts and Tools, S. 109 (117 f.).

[115] Man bezeichnet solche Datenbanken auch als Spin-off-Datenbanken, *Grützmacher*, CR 2016, 485 (488); Wandtke/Bullinger/*Hermes*, § 87a UrhG Rn. 41; *Wiebe*, in: Hornung, Rechtsfragen der Industrie 4.0, S. 97 (104).

der Fall, da die Analyseergebnisse das eigentliche Produkt sind und die Erstellung der Datenbank nur nebenbei erfolgt.[116] Lag der wirtschaftliche Schwerpunkt in erster Linie auf der Erzeugung der digitalen Information, erfüllt die Datenbank als Spin-Off die Schutzvoraussetzungen nicht.[117]

Die auf den ersten Blick leicht vorzunehmende Abgrenzung zwischen der Beschaffung bereits vorhandener digitaler Information und ihrer Erzeugung stößt bei näherer Betrachtung auf erhebliche Schwierigkeiten. Vor allem im Hinblick auf die auf einer Messung beruhende digitale Sensorinformation ist umstritten, ob sie der Erzeugung oder Beschaffung zuzurechnen ist.[118] Zur Unterscheidung ist es hilfreich, zwischen der syntaktischen und der semantischen Ebene digitaler Information zu differenzieren.[119] Die von den Sensoren in der Natur aufgezeichneten Zustände sind als Umweltinformation der Semantik zuzuordnen, da sie einen bestimmten Aussagegehalt aufweisen (z. B. Temperatur an einem bestimmten Ort zu einem bestimmten Zeitpunkt). Wird diese Information nunmehr von einem Sensor festgehalten und durch die integrierte Recheneinheit als Datenfolge abgebildet, wird dadurch auf syntaktischer Ebene (ggf. erstmalig) ein neuer Datensatz erzeugt. Auf semantischer Ebene wird hingegen lediglich eine in der Umwelt bereits existierende Information beschafft. Die Beobachtung bzw. Messung durch Sensoren hat in diesem Fall zur Folge, dass eine bereits vorhandene Information lediglich in digitaler Form abgebildet wird. Folglich ist die Digitalisierung von bereits vorhandener Information nicht der Erhebung, sondern der Beschaffung digitaler Information zuzurechnen.[120] Dahinter steckt die Überle-

---

[116] Wandtke/Bullinger/*Hermes*, § 87a UrhG Rn. 41.

[117] Noch nicht abschließend geklärt ist, inwieweit der Erwerb des Schutzrechts in diesen Fällen überhaupt noch möglich ist. Der EuGH hat insoweit klargestellt, dass der Erwerb nicht schon deshalb ausgeschlossen ist, weil der Datenbankhersteller die digitale Information zuvor selbst erzeugt hat. Allerdings sei eine für die Beschaffung, Überprüfung oder Darstellung wesentliche Investition erforderlich, die gegenüber der Investition in die Erzeugung einen selbstständigen Charakter aufweise, näher Wandtke/Bullinger/*ders.*, § 87a UrhG Rn. 42. Als Kompromiss ist eine *pro rata*-Betrachtung vorgeschlagen worden. Dabei werden Investitionen, die sowohl der Erzeugung als auch der Beschaffung dienen, aufgeteilt und anteilig der rechtlich relevanten Investition in die Datenbank zugerechnet, Schricker/Loewenheim/*Vogel*, § 87a UrhG Rn. 56. Ein solches Vorgehen dürfte allerdings mit der Rechtsprechung des EuGH unvereinbar sein, *Wiebe*, in: Hornung, Rechtsfragen der Industrie 4.0, S. 97 (105).

[118] Fromm/Nordemann/*Czychowski*, § 87a UrhG Rn. 21; Wandtke/Bullinger/*Hermes*, § 87a UrhG Rn. 49–51.

[119] *Kirsten J. Schmidt/Zech*, CR 2017, 417 (422).

[120] Wohl h. M., s. etwa Wandtke/Bullinger/*Hermes*, § 87a UrhG Rn. 49; Schricker/Loewenheim/*Vogel*, § 87a UrhG Rn. 55; *Wiebe*, GRUR 2017, 338 (341); *ders.*, in: Hornung, Rechtsfragen der Industrie 4.0, S. 97 (105); differenzierend *Kirsten J. Schmidt/Zech*, CR 2017, 417 (422), denen zufolge semantische Information von einem Menschen bewusst wahrgenommen worden sein muss, um vorhanden zu sein.

gung, dass Umweltinformation potenziell von jedermann beschafft (digitalisiert) werden kann und ihre Aggregierung in einer Datenbank dementsprechend nicht zu einer Monopolisierung von Information führt. Anders ist dies, wenn nur der Datenbankhersteller selbst die Möglichkeit hat, die digitale (Sensor-)Information zu erzeugen. Nicht in den Schutzbereich des Datenbankherstellerrechts sollen sog. Sole Source-Datenbanken fallen.[121] Die Abgrenzung zwischen der Erzeugung digitaler Information und ihrer Beschaffung sollte aus teleologischen Gründen daher danach vorgenommen werden, ob Dritte die digitale Information genauso erheben könnten.[122] Konkret bedeutet das, dass ein semantischer Aussagegehalt, der potenziell von jedermann hätte digitalisiert werden können, der Beschaffung digitaler Information zuzurechnen ist. Investitionen, die in die Beschaffung solcher Information fließen (z. B. Erwerb von Sensoren), sind berücksichtigungsfähig. Demgegenüber ist digitale Information, deren semantischer Aussagegehalt von dem Datenbankhersteller erstmalig erzeugt worden ist (etwa durch eine Verknüpfung mehrerer Einzelinformationen mittels Big Data-Analyse), der Erzeugung digitaler Information zuzurechnen. Investitionen hierin (z. B. Entwicklung von Analysesoftware) sind nicht berücksichtigungsfähig. Letztlich geht es bei der Abgrenzung zwischen der Erzeugung und Beschaffung von digitaler Information also nicht darum, ob auf syntaktischer Ebene eine neue Datenfolge erzeugt wird, sondern ob auf semantischer Ebene ein bislang noch nicht vorhandener Aussagegehalt geschaffen wird.[123] Diese Vorgehensweise lässt sich auch bei digitaler Information mit Personenbezug fruchtbar machen. Demnach wäre die Erhebung personenbezogener Information der Beschaffung zuzurechnen, weil ein bereits vorhandener Aussagegehalt über eine bestimmte Person lediglich als Datenfolge abgebildet wird. Das daraus gewonnene Persönlichkeitsprofil dieser Person wäre demgegenüber der Erzeugung digitaler Information zuzurechnen, weil dieser Aussagegehalt erst durch eine Analyse neu geschaffen worden ist. Als Ergebnis kann festgehalten werden, dass wesentliche Investitionen in digitale Sensorinformation sowie in digitale Information mit Personenbezug grundsätzlich schutzfähig sein können. Ihre Aggregation in einer Datenbank würde – soweit die übrigen Voraussetzungen vorliegen – dazu führen, dass der Datenbankinhaber in den Genuss des in den §§ 87a ff. UrhG normierten Leistungsschutzrechts des Datenbankherstellers kommt. Gleichwohl dürfte das Datenbankherstellerrecht vor allem in der Internetökonomie einen begrenzten Nutzen haben. Umfangreiche Big Data-Analysen zielen gerade darauf ab, bislang

---

[121] *Kirsten J. Schmidt/Zech*, CR 2017, 417 (421).
[122] *Grützmacher*, CR 2016, 485 (488).
[123] Allerdings ließe sich auch hiergegen einwenden, dass Ziel einer solchen Analyse das Auffinden bereits vorhandener Muster ist und es sich aus diesem Grund auch nur um eine Beschaffung (objektiv) schon vorhandener Information handelt.

noch unentdeckte semantische Zusammenhänge aufzuspüren. Da hierdurch digitale Information neu geschaffen wird, sind die dafür aufgewendeten Investitionen nicht schutzfähig.

dd) Fazit

Datenbanken, die digitale Information enthalten, können grundsätzlich dem Leistungsschutzrecht des Datenbankherstellers nach den §§ 87a ff. UrhG unterfallen. Zu berücksichtigen ist allerdings, dass – wie schon beim Datenbankurheberrecht – die digitale Information nur reflexhaft geschützt ist, weil Schutzgegenstand die Datenbank, nicht aber die darin enthaltene digitale Information ist.[124] Eine nennenswerte Einengung des Schutzbereichs folgt daraus, dass lediglich Investitionen in die Beschaffung digitaler Information schützenswert sind. Investitionen in die Erzeugung digitaler Information sind dagegen nicht berücksichtigungsfähig.

b) Lauterkeitsrechtlicher Leistungsschutz

Denkbar ist, dass digitale Information schließlich in den Genuss lauterkeitsrechtlichen Leistungsschutzes kommt. Da ein unmittelbarer Leistungsschutz digitaler Information auf Grundlage von § 3 Abs. 1 UWG mangels Anerkennung durch die Rechtsprechung[125] bislang nicht in Betracht kommt, kann sich der Schutz allein aus dem Tatbestand des § 4 Nr. 3 UWG (ergänzender wettbewerblicher Leistungsschutz) ergeben. Wie bereits gezeigt, geht es im Rahmen des lauterkeitsrechtlichen Leistungsschutzes vor allem um den Schutz der semantischen Ebene.[126]

aa) Digitale Information als Ware

Der Tatbestand des § 4 Nr. 3 UWG erfordert zunächst eine Ware oder Dienstleistung. Dabei sollte zwischen drei Fallgestaltungen differenziert werden: Digitale Information kann einerseits Teil einer Ware (z. B. eines smarten Produkts) oder einer Dienstleistung sein (z. B. Ergebnisse einer Internet-Suchmaschine). In Betracht kommt jedoch auch, dass digitale Information selbst Ware ist. Waren i. d. S. sind alle Güter, die Gegenstände des geschäftlichen Verkehrs sein können.[127] Auch unkörperliche Gegenstände können als Waren anzusehen sein.[128] Da digi-

---

[124] *Krüger/Wiencke/Koch*, GRUR 2020, 578 (579).
[125] Vgl. dazu BGH, GRUR 2016, 725 (728) – *Pippi-Langstrumpf-Kostüm II*.
[126] S. dazu oben S. 82.
[127] Ohly/Sosnitza/*Ohly*, § 4 UWG Rn. 3/27.
[128] Ohly/Sosnitza/*ders.*, § 4 UWG Rn. 3/27.

tale Information bereits vielfach Gegenstand geschäftlicher Austauschbeziehungen ist, ist sie insoweit auch Ware i. S. v. § 4 Nr. 3 UWG.[129] Die Eigenschaft als Ware setzt im Übrigen nicht voraus, dass die digitale Information selbst am Markt gegen Entgelt angeboten wird.[130] Es genügt vielmehr, dass sie einen Absatzbezug aufweist und zumindest der Vorstufe eines Marktangebots zuzuordnen ist.[131] Ist die digitale Information nicht selbst das fertige Endprodukt, kommt dem Marktbezug entscheidende Bedeutung zu.[132] Je weiter der Nutzen digitaler Information dem fertigen Endprodukt bzw. der angebotenen Dienstleistung vorgelagert ist, desto geringer ist der Marktbezug und desto unwahrscheinlicher dürfte auch der Schutz vor einer Leistungsübernahme werden.

bb) Wettbewerbliche Eigenart digitaler Information

Darüber hinaus müsste die digitale Information wettbewerbliche Eigenart aufweisen.[133] Dieses Kriterium wurde vor allem im Zusammenhang mit der Nachahmung körperlicher Waren entwickelt und ist dementsprechend stark an optischen Merkmalen ausgerichtet.[134] Das Festhalten an optischen Merkmalen ist auch im Zusammenhang mit digitaler Information in zwei Fällen weiterhin möglich: Ist die digitale Information nur Teil eines physischen Produkts, kann weiterhin auf die optischen Merkmale des Produkts abgestellt werden. Dasselbe gilt im Fall der Nachahmung eines physischen Produkts, der die Verwendung digitaler Information lediglich vorgelagert ist. Wird die digitale Information hingegen selbst nachgeahmt, ist der Weg über optische Merkmale versperrt. Dies ist wiederum in zwei Spielarten denkbar: Die digitale Information ist Teil eines physischen Produkts, wobei nur die digitale Information nachgeahmt, für die Ware hingegen eine andere optische Gestaltung gewählt wird. Im zweiten Fall ist die digitale Information selbst die Ware und wird von einem Mitbewerber nachgeahmt. Als Alternative zu optischen Merkmalen hat *Becker* vorgeschlagen, für das Vorhandensein wettbewerblicher Eigenart eine gewisse inhaltliche Qualität der digitalen Information zu fordern.[135] Dies erscheint als gangbarer Weg, da die mit einem Produkt verbundenen Qualitäts- und Gütevorstellungen geeignet sind, die

---

[129] MüKoUWG/*Wiebe*, § 4 Nr. 3 Rn. 52.
[130] Vgl. MüKoUWG/*ders.*, § 4 Nr. 3 Rn. 50.
[131] Vgl. MüKoUWG/*ders.*, § 4 Nr. 3 Rn. 50.
[132] Vgl. Gloy/Loschelder/Danckwerts/*Becker*, UWG-HdB § 64 Rn. 42–46.
[133] Zu diesem ungeschriebenen Tatbestandsmerkmal s. bereits oben Fn. 49.
[134] Gloy/Loschelder/Danckwerts/*Becker*, UWG-HdB § 64 Rn. 47–49. Selbst bei (an sich unkörperlichen) Dienstleistungen muss meist auf äußere Merkmale zurückgegriffen werden, MüKoUWG/*Wiebe*, § 4 Nr. 3 Rn. 95.
[135] Gloy/Loschelder/Danckwerts/*Becker*, UWG-HdB § 64 Rn. 52.

interessierten Verkehrskreise auf dessen Besonderheiten hinzuweisen.[136] Damit sich die digitale Information von Allerweltserzeugnissen abhebt, darf für ihre Herkunft zudem nur ein kleiner Kreis potenzieller Informationsquellen in Betracht kommen.[137] Beide Erfordernisse werden – wenn überhaupt – vermutlich nur bei *veredelter* digitaler Information anzutreffen sein.[138] Die zugrunde liegenden Informationsfragmente (Rohdaten) sind demgegenüber Sinnbild von Allerweltsware und nicht als Herkunftshinweis geeignet. Es zeigt sich, dass es jedenfalls in der Theorie nicht ausgeschlossen ist, dass digitale Information die erforderliche wettbewerbliche Eigenart aufweist. Aus praktischer Sicht dürfte digitale Information wohl nur in seltenen Ausnahmefällen wirklich geeignet sein, als Herkunftshinweis zu dienen. In Anbetracht der Tatsache, dass die rechtswissenschaftliche Forschung noch ganz am Anfang steht, dürfte in naher Zukunft nicht damit zu rechnen sein, dass die Gerichte den Schritt wagen, eine wettbewerbliche Eigenart digitaler Information zu bejahen.

cc) Unlautere Nachahmung

Da Nachahmungen durch Mitbewerber grundsätzlich hinzunehmen sind, müssen zusätzliche, unlauterkeitsbegründende Umstände hinzukommen. Bei der Nachahmung digitaler Information ergibt sich dabei die Besonderheit, dass stets eine unmittelbare Leistungsübernahme vorliegt. Dies ist dem Umstand geschuldet, dass bei einer Vervielfältigung digitaler Information die zugrunde liegende Bitfolge 1:1 auf einem anderen Datenträger reproduziert wird. Eine lediglich annäherungsweise Vervielfältigung i. S. e. bloß nachschaffenden Leistungsübernahme würde dagegen den semantischen Informationsgehalt verfälschen und hätte keinerlei Informationswert mehr. Die Unlauterkeit einer Nachahmung kann sich einmal daraus ergeben, dass eine vermeidbare Täuschung der Abnehmer über die betriebliche Herkunft (§ 4 Nr. 3 lit. a UWG) herbeigeführt oder die Wertschätzung unangemessen ausgenutzt bzw. beeinträchtigt wird (§ 4 Nr. 3 lit. b UWG). An dieser Stelle wird deutlich, dass die Tatbestandsmerkmale auf körperliche Güter zugeschnitten sind.[139] Dementsprechend ist nur schwer vorstellbar, wie die Übernahme eines bestimmten semantischen Aussagegehalts eine Herkunftstäuschung herbeiführen oder den Ruf der kopierten Information unlauter ausbeuten bzw. beeinträchtigen können soll. *Becker* weist außerdem darauf hin, dass es den Nachahmern in Informationsmärkten regelmäßig nicht darum geht, sich an das

---

[136] MüKoUWG/*Wiebe*, § 4 Nr. 3 Rn. 87.
[137] Gloy/Loschelder/Danckwerts/*Becker*, UWG-HdB § 64 Rn. 51.
[138] Gloy/Loschelder/Danckwerts/*ders.*, UWG-HdB § 64 Rn. 51 f.
[139] *Ders.*, GRUR 2017, 346 (350).

Original anzulehnen, sondern mehr, die vervielfältigte digitale Information als Eigenleistung auszugeben.[140]

Gut vorstellbar ist demgegenüber, dass ein Mitbewerber die für die Nachahmung eines physischen Erzeugnisses erforderliche digitale Information unredlich erlangt hat (§ 4 Nr. 3 lit. c UWG). Im Unterschied zu den beiden vorgenannten Fallgruppen ist die digitale Information (also die in Form elektronischer Daten vorliegenden Kenntnisse oder Unterlagen) in diesem Fall jedoch nicht selbst Gegenstand des lauterkeitsrechtlichen Nachahmungsschutzes. Sie wird lediglich reflexhaft geschützt, da Schutzgegenstand allein das physische Erzeugnis ist. Mit Inkrafttreten des GeschGehG hat der Unlauterkeitstatbestand des § 4 Nr. 3 lit. c UWG allerdings jede praktische Bedeutung eingebüßt, da die dort geregelten Folgeansprüche über die des UWG hinausgehen.[141]

dd) Fazit

Als Ergebnis kann festgehalten werden, dass es im Grundsatz nicht ausgeschlossen scheint, dass digitale Information in den Genuss des UWG-Nachahmungsschutzes kommt. Gleichwohl ist die Anwendung der für den Schutz erforderlichen Kriterien aufgrund des immateriellen Charakters digitaler Information mehr als zweifelhaft. Eine Zuweisung lauterkeitsrechtlicher Abwehrbefugnisse dürfte daher regelmäßig nicht in Betracht kommen und bleibt im Rahmen der weiteren Untersuchung außer Betracht.

4. *Zuweisung durch das GeschGehG*

Für die Zuweisung digitaler Information die mit Abstand größte Relevanz weist der durch das GeschGehG neu geregelte Schutz von Geschäftsgeheimnissen auf. Bis zum Inkrafttreten des GeschGehG war der Geheimnisschutz hauptsächlich in den nebenstrafrechtlichen Straftatbeständen der §§ 17–19 UWG a.F. verankert.[142] Zivilrechtliche Abwehransprüche ergaben sich lediglich akzessorisch aus § 3a UWG, § 823 Abs. 1, 2, § 826 sowie § 1004 analog BGB.[143] Diese Rechtslage hat sich grundlegend gewandelt. Das GeschGehG, das die unionsrechtlichen Vorgaben der GeschGeh-RL umsetzt, stellt den Schutz von Geschäftsgeheimnis-

---

[140] Gloy/Loschelder/Danckwerts/*ders.*, UWG-HdB § 64 Rn. 73.
[141] Köhler/Bornkamm/Feddersen/*Köhler*, § 4 UWG Rn. 3.63 f.
[142] Der Geheimnisschutz führte lange Zeit ein Schattendasein, *Ann*, GRUR 2007, 39 ff.; zur alten Rechtslage etwa *Ohly*, GRUR 2014, 1 ff.; grundlegend zu Geschäftsgeheimnissen *Dorner*, Know-how-Schutz im Umbruch und *Kalbfus*, Know-how-Schutz. Im Rahmen der Datenökonomie dürfte der Schutz von Unternehmensgeheimnissen in Zukunft an Bedeutung gewinnen.
[143] Dazu *Gennen*, FS Schneider II, S. 155 (165 f.); *Hohendorf*, in: Hennemann/Sattler, Immaterialgüter und Digitalisierung, S. 105 (107); Ohly/Sosnitza/*Ohly*, § 17 UWG Rn. 48 f.

sen auf ein zivilrechtliches Fundament.[144] Dabei wurde bereits unter Geltung der alten Rechtslage die Frage aufgeworfen, ob digitale Information als Geschäftsgeheimnis geschützt sein kann.[145] Ihre Beantwortung hat nunmehr unter den veränderten Vorzeichen des GeschGehG zu erfolgen.

a) Dogmatische Verortung auf der „Stufenleiter der Güterzuordnung"[146]

Hierfür ist zunächst eine Klärung der seit jeher umstrittenen Rechtsnatur von Geschäftsgeheimnissen erforderlich. Dabei fällt auf, dass das GeschGehG in stärkerem Maße als bisher „Wesenszüge des geistigen Eigentums"[147] aufweist. Dies lässt die dogmatische Einordnung von Geschäftsgeheimnissen in neuem Licht erscheinen. Festzuhalten ist, dass Know-how[148] – dessen Schutz wegen der prinzipiell unbegrenzten Dauer gegenüber den klassischen Immaterialgüterrechten oftmals sogar begehrenswerter erscheint[149] – als Gegenstand vertraglicher Abreden im Rechtsverkehr zirkuliert.[150] Dieser Befund lässt die dogmatische Einordnung allerdings keineswegs überflüssig werden.[151] Sie entscheidet vielmehr darüber, ob im Rahmen solcher Austauschbeziehungen Wissen nur faktisch weitergegeben oder eine Änderung der rechtlichen Zuordnung bewirkt wird.[152] Ob durch das GeschGehG eine Zuweisung des Geschäftsgeheimnisses an den Inhaber stattfindet, ist deshalb insbesondere für den Einsatz von digitaler Information als Kreditsicherheit von großer Relevanz. Nach bislang herrschender Meinung im Schrifttum sicherte der Schutz als Geschäftsgeheimnis eine bloß faktische Position rechtlich ab. Dementsprechend konnte der Geheimnisinhaber Rechtsverletzungen durch Dritte zwar abwehren, eine rechtliche Zuweisung des Geschäftsgeheimnisses sollte damit allerdings nicht verbunden sein. Geschäftsgeheimnisse waren aufgrund ihrer wirtschaftlichen Bedeutung damit zwar Im-

---

[144] *Alexander*, WRP 2019, 673 ff.; BeckOK GeschGehG/*Hiéramente*, § 4 GeschGehG Rn. 1 f.; *Kalbfus*, WRP 2019, 692 ff.; *Ohly*, GRUR 2019, 441 ff.

[145] S. etwa *Dorner*, CR 2014, 617 (622 f.).

[146] *Zech*, Information als Schutzgegenstand, S. 85.

[147] *Ohly*, GRUR 2019, 441 (450).

[148] Der Begriff wird hier synonym zum Begriff Geschäftsgeheimnis verwendet. Zu anderen Begriffsverständnissen *Reinfeld*, GeschGehG, § 1 Rn. 40 f.

[149] *McGuire*, GRUR 2016, 1000; *Sattler*, in: Sassenberg/Faber, RechtsHdB Industrie 4.0 und Internet of Things, § 2 Rn. 48. Paradebeispiel ist das seit Langem gut gehütete Coca-Cola-Rezept.

[150] Neben einer endgültigen Überlassung in Form eines Kaufvertrags (vgl. § 453 Abs. 1 S. 1 BGB) kommt eine Nutzungsüberlassung durch Lizenzierung in Betracht, Köhler/Bornkamm/Feddersen/*Alexander*, Vorbem. zum GeschGehG Rn. 42; Ohly/Sosnitza/*Ohly*, Vor §§ 17–19 UWG Rn. 5.

[151] *Kiefer*, WRP 2018, 910 (914); *Ohly*, GRUR 2014, 1 (3).

[152] Vgl. *McGuire/Joachim/Künzel u. a.*, GRUR Int. 2010, 829 (835 f.).

materialgut, wurden aber nicht durch ein entsprechendes Immaterialgüterrecht flankiert.[153] Auch der BGH sah lediglich eine enge Verwandtschaft zwischen dem Geheimnisschutz und dem Immaterialgüterrecht.[154] Diese Linie schienen sowohl der europäische Richtlinien- als auch der deutsche Gesetzgeber fortführen zu wollen. So betont ErwG 16 der GeschGeh-RL, dass keine „Exklusivrechte an [...] Informationen" begründet werden sollen. Auch der Gesetzentwurf[155] zum GeschGehG hebt hervor, dass der „Schutz von Geschäftsgeheimnissen [...] weder den Marktverhaltensregeln des UWG noch den vollständigen Immaterialgüterrechten wie zum Beispiel dem Patent- und Markenrecht zugeordnet werden" kann. Umso mehr überrascht, dass die nunmehr Gesetz gewordenen Formulierungen des GeschGehG „ausgesprochen immaterialgüterrechtlich"[156] angehaucht sind. Auch ist die Regelungssystematik des GeschGehG sehr stark an den immaterialgüterrechtlichen Sonderschutzgesetzen orientiert.[157] Dies lässt vermuten, dass der Schutz von Geschäftsgeheimnissen weiter in Richtung eines Ausschließlichkeitsrechts gerückt ist. Tatsächlich kann sowohl der Richtlinie als auch dem GeschGehG nicht nur eine negative Ausschlussfunktion, sondern darüber hinaus auch ein positiver Zuweisungsgehalt entnommen werden.[158] In der Konsequenz handelt es sich bei Geschäftsgeheimnissen daher um subjektive Rechte, die ihrem Inhaber mit Wirkung gegenüber jedermann zugewiesen sind.[159] Geschäftsgeheimnisse fungieren nach hier vertretener Auffassung als Immaterialgüterrechte, die als Gegenstand von Verfügungen rechtsgeschäftlich übertragen und belastet werden können.[160] Daran ändert nichts, dass der Schutz von Ge-

---

[153] Zur h. M. etwa *Ann*, GRUR-Prax 2016, 465 (466); *Drexl*, FS Loewenheim, S. 437 (448 f.); Harte/Henning/*Harte-Bavendamm*, 4. Aufl. 2016, Vor §§ 17–19 UWG Rn. 2a; *Hauck*, NJW 2016, 2218 (2221); Köhler/Bornkamm/Feddersen/*Köhler*, 37. Aufl. 2019, Vor §§ 17–19 UWG Rn. 2; *Kalbfus*, FS Harte-Bavendamm, S. 341 (341 f.); *Schilling*, FS Büscher, S. 383 (383 f.); a.A. *Ohly*, GRUR 2014, 1 (4); Ohly/Sosnitza/*ders.*, Vor §§ 17–19 UWG Rn. 4, der die Position des Geheimnisinhabers als „unvollkommenes Immaterialgüterrecht" begreift; für eine Ausgestaltung des Geheimnisschutzes als sonstige Schutzposition *McGuire*, GRUR 2016, 1000 ff.; eingehend zum Ganzen zuletzt *Rody*, Begriff und Rechtsnatur von Geschäfts- und Betriebsgeheimnissen, S. 171–260.
[154] BGHZ 16, 172 (175–177) – *Dücko*; BGH, GRUR 1977, 539 (542) – *Prozessrechner*.
[155] BT-Drs. 19/4724 S. 20.
[156] *Ohly*, GRUR 2019, 441 (445).
[157] Köhler/Bornkamm/Feddersen/*Alexander*, Vorbem. zum GeschGehG Rn. 73.
[158] Köhler/Bornkamm/Feddersen/*Alexander*, § 1 GeschGehG Rn. 13; *Kiefer*, WRP 2018, 910 (911 f.); offen auch *Kalbfus*, FS Harte-Bavendamm, S. 341 (351–353).
[159] *Kiefer*, WRP 2018, 910 (911 f.); ebenso *McGuire*, WRP 2019, 679 (681); noch deutlicher jetzt *dies.*, FS Harte-Bavendamm, S. 367 (374–377); in der Tendenz wohl auch *Hoeren/Münker*, WRP 2018, 150 (152); nach wie vor abl. hingegen *Fritzsche*, FS Harte-Bavendamm, S. 33 (37); *Sattler*, in: Sassenberg/Faber, RechtsHdB Industrie 4.0 und Internet of Things, § 2 Rn. 74.
[160] *Kiefer*, WRP 2018, 910 (914–916); von einer „Art absolutem Recht" sprechen *Baranow-*

schäftsgeheimnissen in erster Linie an faktischen Gegebenheiten anknüpft und mit der Geheimhaltung der Information steht und fällt.[161] Die Zuweisung des Geschäftsgeheimnisses steht damit nur unter der auflösenden Bedingung seiner Offenbarung.[162] Auch der nur eingeschränkte Schutz vor bestimmten Verhaltensweisen spricht nicht gegen die Einordnung als Immaterialgüterrecht.[163] Selbst die klassischen Immaterialgüterrechte weisen ihrem Inhaber nicht alle erdenklichen Nutzungen zu und sogar das Eigentum als das umfassendste Herrschaftsrecht ist – wovon etwa § 904 BGB zeugt – nicht einschränkungslos gewährleistet.[164] Immaterialgüterrechte sind folglich nichts anderes als mal mehr, mal weniger dicke Rechtebündel in der Hand einer Person.[165] Gegen die rechtliche Zuweisung von Geschäftsgeheimnissen spricht schließlich auch nicht, dass die Position des Geheimnisinhabers keine ausnahmslose Rechtsexklusivität vermittelt.[166] Das geschützte Geschäftsgeheimnis kann von Dritten auf unterschiedliche Weise rechtmäßig erlangt werden, z.B. durch eine eigenständige Entdeckung oder Schöpfung (§ 3 Abs. 1 Nr. 1 GeschGehG).[167] Dass die Ausschlusswirkung nicht gegenüber jedermann gegeben sein muss, ist aus immaterialgüterrechtlicher Sicht allerdings nichts Neues, denn auch das Urheberrecht anerkennt die Möglichkeit einer unabhängigen Doppelschöpfung.[168] Zusammenfassend sprechen die besseren Gründe dafür, dass das durch das GeschGehG reformierte Geheimnisschutzrecht eine Zuweisung von Geschäftsgeheimnissen an ihren Inhaber bewirkt.

b) Geschäftsgeheimnis

Damit digitale Information als Geschäftsgeheimnis geschützt ist, müssen die in § 2 Nr. 1 GeschGehG genannten Voraussetzungen erfüllt sein.

---

ski/Glaßl, BB 2016, 2563 (2564); *Hoeren/Münker*, WRP 2018, 150 (152) bezeichnen Geschäftsgeheimnisse als „kleines Immaterialgüterrecht"; ähnlich *Laoutoumai/Baumfalk*, WRP 2018, 1300: „eine Art neues Immaterialgüterrecht".

[161] Nach der Gegenansicht beruhe die Exklusivität des Geheimnisinhabers dagegen allein auf der faktischen Geheimhaltung der Information, *Hauck*, NJW 2016, 2218 (2221). Die Geheimnisqualität könne zudem schnell verlorengehen, *Ann*, GRUR-Prax 2016, 465 (466).
[162] *Ohly*, GRUR 2014, 1 (4).
[163] Anders die Gegenansicht, statt aller *Drexl*, FS Loewenheim, S. 437 (449).
[164] *Kalbfus*, FS Harte-Bavendamm, S. 341 (351).
[165] Vgl. *Goldhammer*, Geistiges Eigentum und Eigentumstheorie, S. 421.
[166] *Kiefer*, WRP 2018, 910 (912).
[167] Das zeigt, dass Schutzgegenstand letztlich nicht die Information selbst, sondern das Geheimnis an dieser Information ist, *McGuire*, FS Harte-Bavendamm, S. 367 (376).
[168] *Kalbfus*, FS Harte-Bavendamm, S. 341 (351 f.).

aa) Information

Gem. § 2 Nr. 1 GeschGehG muss zunächst eine Information vorliegen. Mit Information i. d. S. ist semantische Information gemeint.[169] Der Schutz als Geschäftsgeheimnis schützt folglich den semantischen Bedeutungsgehalt digitaler Information, nicht hingegen die ihr zugrunde liegende syntaktische Datenfolge.[170] Besondere qualitative oder quantitative Anforderungen an die Semantik stellt das Gesetz nicht.[171] Demzufolge können im Grunde genommen auch die in Rohdaten enthaltenen, kleinsten Informationsfragmente vom Schutz als Geschäftsgeheimnis erfasst sein. Als erforderliches Abgrenzungskriterium könnte man – ebenso wie beim Schutzrecht des Datenbankherstellers nach den §§ 87a ff. UrhG[172] – auf einen eigenständigen Informationswert abstellen. Demnach wäre auch ein für sich genommen unbedeutendes Einzeldatum eine Information i. S. v. § 2 Nr. 1 GeschGehG, vorausgesetzt, es verfügt über einen selbstständigen Informationswert. Für eine solch extensive Auslegung spricht nicht zuletzt, dass der Schutz als Geschäftsgeheimnis nicht die Information, sondern nur das Geheimnis an ihr schützt.[173]

bb) Geheimer Charakter der Information

Nach § 2 Nr. 1 lit. a GeschGehG ist weiter Voraussetzung, dass die (digitale) Information weder insgesamt noch in der genauen Anordnung und Zusammensetzung ihrer Bestandteile den Personen in den Kreisen, die üblicherweise mit dieser Art von Informationen umgehen, allgemein bekannt oder ohne Weiteres zugänglich ist. Mit dieser etwas umständlichen Formulierung soll zum Ausdruck gebracht werden, dass die Information geheim sein muss.[174] Nicht erforderlich ist, dass die Information *absolut* geheim ist.[175] Unschädlich für den Schutz ist es also, wenn die Information einem ausgewählten Personenkreis offengelegt wird, da die Mitglieder dieses Personenkreises regelmäßig zur Geheimhaltung verpflichtet sind.[176] Dies ist für den Einsatz als Kreditsicherheit von großer Bedeu-

---

[169] *Zech*, Information als Schutzgegenstand, S. 231; zweifelnd *Hauck*, NJW 2016, 2218 (2221).

[170] *Drexl*, Data Access and Control in the Era of Connected Devices, S. 92; Leupold/Wiebe/Glossner/*Schur*, IT-Recht Teil 6.8 Rn. 11.

[171] Vgl. Köhler/Bornkamm/Feddersen/*Alexander*, § 2 GeschGehG Rn. 27; *Krüger/Wiencke/Koch*, GRUR 2020, 578 (580).

[172] S. dazu oben S. 93.

[173] S. oben Fn. 167.

[174] Köhler/Bornkamm/Feddersen/*Alexander*, § 2 GeschGehG Rn. 31.

[175] *Sagstetter*, in: Maute/Mackenrodt, Recht als Infrastruktur für Innovation, S. 285 (293); *ders.*, in: Husemann/Korves/Rosenkranz u. a., Strukturwandel und Privatrecht, S. 249 (262).

[176] BeckOK GeschGehG/*Hiéramente*, § 2 GeschGehG Rn. 10.

tung, da die damit verbundene Offenlegung der digitalen Information gegenüber dem Sicherungsnehmer somit nicht dazu führt, dass der geheime Charakter und damit ihr Schutz als Geschäftsgeheimnis verloren geht. Für die weitere Beurteilung der Geheimnisqualität von Information bietet sich eine Differenzierung an. Bei personenbezogener Information ist die Beurteilung der Geheimnisqualität der jeweiligen Einzelinformation (Name, E-Mail-Adresse, Alter, Geschlecht, Wohnort etc.) nur im Einzelfall möglich. Der geheime Charakter personenbezogener Information dürfte jedenfalls dann mit Sicherheit zu verneinen sein, wenn die Einzelinformation frei im Internet (z. B. auf einer Internetseite) verfügbar ist. In diesem Fall ist sie ohne Weiteres zugänglich i. S. v. § 2 Nr. 1 lit. a GeschGehG. Sofern die betreffende Information im Internet nicht frei zugänglich ist, bedeutet das im Umkehrschluss jedoch nicht automatisch, dass sie geheim ist. Wie auch der französische Richtlinienwortlaut (aisément accessibles) nahelegt, dürfte das Merkmal ohne Weiteres zugänglich mehr i. S. e. leichten Zugänglichkeit zu verstehen sein.[177] Von einer solchen leichten Zugänglichkeit dürfte auch auszugehen sein, wenn die personenbezogene Einzelinformation zwar nicht frei im Internet verfügbar, aber beispielsweise leicht über Datenbroker bezogen werden kann.[178] Insofern wird zu beobachten sein müssen, inwieweit sich Datenmärkte, auf denen personenbezogene Information gehandelt wird, in Zukunft etablieren werden (können). Ferner – und das dürfte bereits gegenwärtig von Relevanz sein – mangelt es einer Information auch dann an einem geheimen Charakter, wenn sie allgemein bekannt ist. Von einer allgemeinen Bekanntheit der Information ist auszugehen, wenn sie dem gängigen Kenntnis- und Wissensstand der breiten Öffentlichkeit oder eines Fachkreises angehört.[179] Wendet man diese Umschreibung auf die Internetökonomie an, so könnten als Fachkreise etwa (konkurrierende) Diensteanbieter in Betracht kommen, die personenbezogene Information ihrer Nutzer erheben. Da Letztere für gewöhnlich mehrere Dienste parallel in Anspruch nehmen (Multihoming), ist jeder Diensteanbieter in der Lage, mehr oder weniger dieselbe personenbezogene Information der jeweiligen Nutzer zu erheben. In diesem Fall ließe sich durchaus davon sprechen, dass die jeweiligen Einzelinformationen der Nutzer – bezogen auf Diensteanbieter – allgemein bekannt sind. Verallgemeinert man die vorstehenden Erwägungen, ist gut vorstellbar, dass personenbezogene Einzelinformationen gerade mit Blick auf die Internetökonomie in vielen Fällen nicht geheim sind. Zu berücksichtigen ist al-

---

[177] Köhler/Bornkamm/Feddersen/*Alexander*, § 2 GeschGehG Rn. 36.
[178] Angesichts des geringen wirtschaftlichen Werts solcher Einzelinformationen (s. dazu oben S. 58 ff.) dürfte wohl auch nicht von einem größeren Kostenaufwand bei der Beschaffung der Information auszugehen sein. Vgl. zu diesem Erfordernis BeckOK GeschGehG/*Hiéramente*, § 2 GeschGehG Rn. 9.
[179] Köhler/Bornkamm/Feddersen/*Alexander*, § 2 GeschGehG Rn. 35.

lerdings, dass diese Wertung nur für die jeweilige Einzelinformation gilt. Unternehmen verfügen jedoch in der Regel über einen sehr großen Bestand an digitaler Information, der sich aus unzähligen Einzelinformationen zusammensetzt. Auch wenn die Einzelinformationen allgemein bekannt sein mögen, ist jedenfalls der Bestand an digitaler Information als Ganzes mit den darin enthaltenen Einzelinformationen weder allgemein bekannt noch ohne Weiteres zugänglich.[180] Dies gilt erst recht, wenn aus der Analyse der jeweiligen Einzelinformationen neue Erkenntnisse gewonnen werden, wie z. B. das Konsumverhalten einer Person.[181]

Eine etwas andere Beurteilung der Geheimnisqualität dürfte bei digitaler Sensorinformation angezeigt sein. Dort werden regelmäßig schon die jeweiligen Einzelinformationen geheim sein. Da die Sensoren zumeist an physischen Gegenständen angebracht sind, die sich im Herrschaftsbereich des Geheimnisinhabers befinden, ist die von den Sensoren aufgezeichnete Information nicht allgemein zugänglich. So dürfte etwa die im Inneren einer intelligenten Fabrik erhobene Information, beispielsweise über die aktuelle Auslastung der Produktion oder den jeweiligen Verschleißzustand der Fertigungsmaschinen, als geheim einzustufen sein.[182] Schwieriger zu beurteilen sind hingegen Sachverhalte, bei denen es grundsätzlich jedermann möglich ist, die betreffende Information durch Sensoren digital aufzuzeichnen, z. B. das Verkehrsaufkommen oder die aktuellen Wetterverhältnisse. In diesem Fall dürfte die Geheimnisqualität der aufgezeichneten Information aufgrund der leichten Zugänglichkeit wohl eher zu verneinen sein. Diese Einschätzung kann sich nach einer gewissen Zeit allerdings umkehren. Sofern die Verhältnisse Änderungen unterworfen sind, ist die Information nur für einen konkreten Zeitraum allgemein zugänglich. Nach diesem Zeitraum ist die aufgezeichnete Information dagegen als geheim einzustufen, weil sie dann gerade nicht mehr allgemein zugänglich ist. Unabhängig von der Geheimnisqualität der zugrunde liegenden Einzelinformationen gilt jedoch auch hier, dass jedenfalls der sie umfassende Bestand an digitaler Information als Ganzes geheim ist. Gleiches trifft auf die aus den jeweiligen Einzelinformationen gewonnenen Erkenntnisse zu.[183] Im Ergebnis kann festgehalten werden, dass die digita-

---

[180] *Sagstetter*, in: Maute/Mackenrodt, Recht als Infrastruktur für Innovation, S. 285 (294); Leupold/Wiebe/Glossner/*Schur*, IT-Recht Teil 6.8 Rn. 14.

[181] *Sagstetter*, in: Maute/Mackenrodt, Recht als Infrastruktur für Innovation, S. 285 (294).

[182] Leupold/Wiebe/Glossner/*Schur*, IT-Recht Teil 6.8 Rn. 14.

[183] Dass ein Dritter möglicherweise dieselben Erkenntnisse erlangt, ist für den Schutz als Geschäftsgeheimnis – wie gesehen – ohne Belang, da keine absolute Rechtsexklusivität erforderlich ist. Insofern können Dritte dieselbe Information erlangen, solange sie dadurch nicht den Geheimbereich des ursprünglichen Geheimnisinhabers verletzen. Geschützt ist nur das Geheimnis an der Information und nicht die Information selbst.

le Information eines Unternehmens regelmäßig geheim ist, da sie weder in ihrer Gesamtheit noch in der genauen Anordnung und Zusammensetzung ihrer Bestandteile allgemein bekannt oder ohne Weiteres zugänglich ist. Eigenständige Geheimnisqualität weisen darüber hinaus die Analyseergebnisse sowie in bestimmten Fällen auch die ihnen zugrunde liegenden Einzelinformationen auf.

cc) Wirtschaftlicher Wert

§ 2 Nr. 1 lit. a GeschGehG verlangt für den Schutz als Geschäftsgeheimnis außerdem, dass die Information aufgrund ihrer Nicht-Offenkundigkeit einen wirtschaftlichen Wert hat.[184] Die Untergrenze bilden belanglose Informationen, die nach ErwG 14 GeschGeh-RL nicht mehr dem Schutz als Geschäftsgeheimnis unterfallen sollen. Projiziert man diese Voraussetzungen auf die Gegebenheiten der Internetökonomie, so dürften die in Rohdaten enthaltenen Einzelinformationen für sich genommen jeweils als belanglos zu qualifizieren sein. Sie sind bei isolierter Betrachtung wertlos und damit als solche nicht als Geschäftsgeheimnisse geschützt.[185] Die jeweiligen Informationsfragmente sind allerdings nur einzeln betrachtet belanglos. In der Summe sind sie hingegen belangvoll, da aus ihnen neue Erkenntnisse geschöpft werden können. Da ein potenzieller Wert genügt,[186] ist mithin der gesamte Bestand an digitaler Information – als Summe der jeweiligen Einzelinformationen – als Geschäftsgeheimnis geschützt.[187] Erst recht wirtschaftlich wertvoll und damit selbstständig dem Geheimnisschutz zugänglich sind die aus den jeweiligen Einzelinformationen gewonnenen Analyseergebnisse.

dd) Angemessene Geheimhaltungsmaßnahmen

Gemäß § 2 Nr. 1 lit. b GeschGehG ist weiter Voraussetzung, dass die Information Gegenstand von den Umständen nach angemessener Geheimhaltungsmaßnahmen ist. Eine verbindliche Konkretisierung dieses unbestimmten Rechtsbegriffs wird erst der EuGH herbeiführen können, wenn er im Rahmen eines Vorabentscheidungsverfahrens die Gelegenheit dazu erhält. Der Begriff angemessen deutet jedoch darauf hin, dass die Geheimhaltungsmaßnahmen nicht absolut wirk-

---

[184] Dieses Kriterium wird weit verstanden. Ein aktueller Marktwert ist insoweit nicht erforderlich. Es genügt, dass die Information einen Wissensvorsprung liefert, für den ein Wettbewerber Investitionen tätigen müsste, *Krüger/Wiencke/Koch*, GRUR 2020, 578 (581).
[185] So auch *Sagstetter*, in: Husemann/Korves/Rosenkranz u. a., Strukturwandel und Privatrecht, S. 249 (260); *ders.*, in: Maute/Mackenrodt, Recht als Infrastruktur für Innovation, S. 285 (291).
[186] *Ohly*, GRUR 2019, 441 (443).
[187] *Alexander*, WRP 2017, 1034 (1038); *Ohly*, GRUR 2019, 441 (443).

sam oder unüberwindbar sein müssen.[188] Darüber hinaus ist die Angemessenheit der Geheimhaltungsmaßnahmen stets unter Zugrundelegung des jeweiligen situativen Kontexts zu beurteilen.[189] Dabei können verschiedene Gesichtspunkte eine Rolle spielen, etwa welche Bedeutung das Geheimnis insgesamt und für das Unternehmen hat, wie groß das Unternehmen ist etc.[190] Denkbar ist, dass sich (große) Unternehmen zur Wahrung der Angemessenheit der Geheimhaltungsmaßnahmen in Zukunft der Quantentechnologie bedienen müssen. Dies ist etwa vorstellbar bei besonders sensiblen Geschäftsgeheimnissen, die für das Unternehmen von existenzieller Bedeutung sind.

ee) Berechtigtes Interesse

Nach § 2 Nr. 1 lit. c GeschGehG ist schließlich erforderlich, dass ein berechtigtes Interesse an der Geheimhaltung besteht. Da sich dieses Erfordernis nicht direkt im Richtlinienwortlaut wiederfindet, wird dessen Richtlinienkonformität vielfach in Zweifel gezogen.[191] Sofern man davon ausgeht, dass das Erfordernis mit europarechtlichen Vorgaben in Einklang zu bringen ist,[192] dürfte es der gesetzgeberischen Intention wohl am ehesten gerecht werden, wenn man das Erfordernis als Willkürkontrolle begreift.[193] Ein berechtigtes Geheimhaltungsinteresse dürfte daher nur in absoluten Ausnahmefällen fehlen. Da digitale Information – vor allem innerhalb der Datenwirtschaft – vielfach Grundlage von Geschäftsmodellen ist oder jedenfalls eng damit zusammenhängt, dürfte ein legitimes Interesse an der Geheimhaltung der digitalen Information in diesen Fällen immer vorliegen.

c) Inhaber des Geschäftsgeheimnisses

Neben dem Bestand des Schutzes ist für den Einsatz als Kreditsicherheit weiter von zentraler Bedeutung, wem das Geschäftsgeheimnis zugewiesen ist und wer somit als Berechtigter darüber verfügen kann. Inhaber des Geschäftsgeheimnisses ist gem. § 2 Nr. 2 GeschGehG jede natürliche oder juristische Person, die die rechtmäßige Kontrolle über das Geschäftsgeheimnis hat. Die Kontrolle über die als Geschäftsgeheimnis geschützte digitale Information hat diejenige Person, die berechtigterweise auf die zugrunde liegenden Daten zugreifen, d.h. sie öffnen, bearbeiten, löschen etc. kann. Aufgrund der Ubiquität digitaler Information setzt

---

[188] *Maaßen*, GRUR 2019, 352 (354).
[189] *Ohly*, GRUR 2019, 441 (444).
[190] Zu weiteren möglichen Kriterien s. BT-Drs. 19/4724, S. 24 f.
[191] Köhler/Bornkamm/Feddersen/*Alexander*, § 2 GeschGehG Rn. 74; *Ohly*, GRUR 2019, 441 (444).
[192] BeckOK GeschGehG/*Hiéramente*, § 2 GeschGehG Rn. 70 m.w.N.
[193] Dazu *Harte-Bavendamm*, FS Büscher, S. 311 (316).

ihre Kontrolle nicht voraus, dass sie sich im räumlichen Einfluss- oder Herrschaftsbereich des Zugriffsberechtigten befinden muss.[194] Eine Kontrolle ist daher auch dann noch gegeben, wenn die digitale Information physisch an einem weit entfernten Speicherort abgelegt ist, den der Zugangsberechtigte möglicherweise noch nicht einmal kennt. Da unter Umständen eine Vielzahl an Personen berechtigterweise Zugriff auf die digitale Information hat, ist letztlich entscheidend, in wessen Interesse der Zugriff erfolgt. Entsteht die digitale Information originär in der Sphäre eines Unternehmens, steht das Geschäftsgeheimnis dem Unternehmensinhaber zu.[195] Entsteht sie dagegen außerhalb (z. B. weil die digitale Information von einem Auftragsverarbeiter analysiert wird) gilt in der Regel dasselbe, weil die Geheimnisinhaberschaft in diesen Fällen auf vertraglichen Abreden beruht.[196]

d) Fazit

Die vorstehenden Ausführungen belegen, dass dem Schutz als Geschäftsgeheimnis in der Internetökonomie eine herausragende Stellung zukommt. Die digitale Information eines dort agierenden Unternehmens ist regelmäßig als Geschäftsgeheimnis geschützt.[197] Nach hier vertretener Auffassung gewährt der Schutz als Geschäftsgeheimnis dabei nicht nur Abwehrbefugnisse gegenüber geheimnisverletzenden Dritten. Vielmehr wird durch den Schutz als Geschäftsgeheimnis auch eine Zuweisung an den Inhaber des Geschäftsgeheimnisses bewirkt, die Gegenstand rechtsgeschäftlicher Verfügungen sein kann. Dies macht den Geschäftsgeheimnisschutz auch in einem kreditsicherungsrechtlichen Rahmen interessant.

5. Ergebnis

Eine Zuweisung digitaler Information auf semantischer Ebene findet vor allem durch den mit Einführung des GeschGehG neu konzipierten Schutz von Geschäftsgeheimnissen statt. Eine Zuweisung digitaler Information kommt ferner durch das Leistungsschutzrecht des Datenbankherstellers gem. §§ 87a ff. UrhG in Betracht. Im Gegensatz zum Geheimnisschutz hat der Datenbankschutz allerdings zwei wesentliche Nachteile. Erstens schützt das Datenbankherstellerrecht nur die Struktur der Datenbank und nicht die in ihr enthaltenen Elemente. Die in

---

[194] Vgl. BeckOK GeschGehG/*Hiéramente*, § 2 GeschGehG Rn. 80.
[195] Köhler/Bornkamm/Feddersen/*Alexander*, § 2 GeschGehG Rn. 100.
[196] Vgl. Köhler/Bornkamm/Feddersen/*ders.*, § 2 GeschGehG Rn. 101.
[197] *Sagstetter*, in: Husemann/Korves/Rosenkranz u. a., Strukturwandel und Privatrecht, S. 249 (267 f.).

einer Datenbank aggregierte digitale Information wird dementsprechend nur reflexhaft geschützt. Zweitens sind nur solche Investitionen schutzfähig, die in die Beschaffung digitaler Information geflossen sind. Gerade in der Internetökonomie wird digitale Information jedoch vielfach neu erzeugt. Als Konsequenz ist ein Großteil digitaler Information – anders als beim Schutz als Geschäftsgeheimnis – nicht vom Schutzbereich des Datenbankherstellers umfasst. Das mit Abstand dichteste Bündel an Befugnissen schnürt das Urheberrecht. Obwohl an die Schöpfungshöhe keine allzu hohen Anforderungen gestellt werden, sind die Schutzvoraussetzungen gegenüber dem Geheimnis- und Datenbankschutz dennoch um ein Vielfaches höher. In den Genuss urheberrechtlichen Schutzes kommen insbesondere alle Arten digitaler Inhalte (Filmwerke, Musikwerke, Sprachwerke etc.). Verglichen mit der riesigen Menge an digitaler Information dürfte der urheberrechtlich geschützte Anteil gleichwohl gering ausfallen.

IV. Faktische Ausschließlichkeit digitaler Information

Unabhängig von einer im Einzelfall gegebenen Zuweisung durch Ausschließlichkeitsrechte verfügen die Inhaber digitaler Information in aller Regel über eine faktische Ausschließlichkeit[198].[199] Das bedeutet, dass sie zwar nicht kraft eines rechtlichen Monopols, jedoch auf Grundlage faktischer Gegebenheiten in der Lage sind, Dritte von der Nutzung ihrer digitalen Information auszuschließen.[200] Dies gelingt, indem die digitale Information – regelmäßig flankiert von technischen Schutzmaßnahmen[201] bzw. Geheimhaltungsvereinbarungen – entweder vollständig geheim gehalten oder jedenfalls nur einem berechtigten Personenkreis zugänglich gemacht wird. Unberechtigte Dritte haben infolgedessen keine Möglichkeit – außer unter Überwindung der Zugangssicherung[202] – sich Zugang zu der digitalen Information zu verschaffen. Dies führt zu einer faktischen Exklusivitätsstellung zugunsten der jeweiligen Inhaber, die in gewisser

---

[198] Näher zum Begriff der faktischen Ausschließlichkeit *Schur*, Die Lizenzierung von Daten, S. 157.

[199] Vgl. nur *Drexl*, NZKart 2017, 339 (341); *Hofmann*, in: Pertot, Rechte an Daten, S. 9 (19 f.).

[200] Digitale Information ist deshalb aus ökonomischer Sicht ein Clubgut, s. dazu bereits oben S. 52.

[201] Vgl. dazu *Hoppen*, CR 2015, 802 ff.

[202] Ein Problem, mit dem sich Unternehmen zunehmend konfrontiert sehen, sind Cyberangriffe. Laut einer Umfrage des Branchenverbands Bitkom gaben drei Viertel der befragten Unternehmen im Jahr 2019 an, in den letzten beiden Jahren Opfer von Datendiebstahl, Industriespionage bzw. Sabotage geworden zu sein. Die Statistik ist abrufbar unter: https://de.statista.com/statistik/daten/studie/150885/umfrage/anteil-der-unternehmen-die-opfer-von-digitalen-angriffen-wurden/ (zuletzt abgerufen: 30.11.2022).

Weise mit derjenigen vergleichbar ist, die von Ausschließlichkeitsrechten erzeugt wird. Freilich bewirkt die auf faktischen Gegebenheiten beruhende Ausschließlichkeit – im Gegensatz zu einem rechtlichen Monopol – keine Zuweisung an ihren Inhaber. Daraus folgt, dass ein Dritter, der die digitale Information ohne Verstoß gegen den Zugangs- und Integritätsschutz erlangt, diese – vorausgesetzt, sie unterliegt keinem rechtlichen Monopol – ohne Weiteres nutzen darf.[203]

Nichtsdestoweniger bietet die faktische Ausschließlichkeit die Grundlage dafür, digitale Information zum Gegenstand vertraglicher Austauschbeziehungen zu machen.[204] Weil dem Inhaber der digitalen Information von der Rechtsordnung keine Befugnisse zugewiesen wurden, können kraft Rechtsgeschäfts folglich auch keine Rechtspositionen an ihr übertragen werden. Eine Übertragung ist vielmehr nur auf faktischem Wege möglich. Im Zuge dessen haben die Parteien jedoch auf schuldrechtlicher Ebene die Möglichkeit, Nutzungsbefugnisse zuzuweisen. Der zugrunde liegende Austauschvertrag ist insoweit Mittel der Zuordnung von Rechtspositionen.[205] Die Vertragsparteien schaffen dadurch eine Sonderrechtsordnung, eine *lex contractus*, die die Rechtsordnung ergänzt.[206] Dem Vertragsrecht kommt diesbezüglich eine Art Lückenfüllerfunktion zu, weil es gestattet, Güter, die nicht bereits (umfassend) von der Rechtsordnung zugewiesen sind, vertraglich zuzuweisen. Den Akteuren der Datenökonomie steht es folglich – im Rahmen der von der Rechtsordnung gezogenen Grenzen – frei, die Zuordnung digitaler Information auf schuldrechtlicher Ebene zu regeln. Das denkbare Spektrum an Befugnissen ist vielfältig und reicht von einfachen Zugangsrechten über Bearbeitungsrechte bis hin zu exklusiven Verwertungsrechten unter Ausschluss des ursprünglichen Inhabers.[207]

Die vertragliche Zuweisung von Befugnissen hat aber einen Makel: Aufgrund ihrer nur relativen Wirkung binden schuldrechtliche Abreden allein die daran Beteiligten. Dritten gegenüber entfalten sie hingegen keinerlei Bindungswirkung. Der Inhaber hat mithin keine Möglichkeit, Dritte von der Nutzung der digitalen Information auszuschließen, wenn sie diese von einem der Vertragspartner erhalten oder sich unter Überwindung technischer Schutzmaßnahmen selbst Zugang zu ihr verschafft haben.[208] Gleichwohl ist die vertragliche Regelung von

---

[203] *Schur*, GRUR 2020, 1142 (1144).
[204] *Ders.*, GRUR 2020, 1142 (1143). Dies kann etwa durch Lizenzierung geschehen. Dazu *Hennemann*, RDi 2021, 61 ff.
[205] *Picker*, AcP 183 (1983), 369 (399).
[206] *Ders.*, AcP 183 (1983), 369 (399).
[207] *Riehm*, VersR 2019, 714 (716); *Specht*, CR 2016, 288 (295 f.); *Stender-Vorwachs/Steege*, NJOZ 2018, 1361 (1363 f.).
[208] Taeger/Pohle/*Czychowski/Siesmayer*, ComputerR-HdB Kap. 20.5 Rn. 66; *Riehm*, VersR 2019, 714 (716 f.); *Specht*, CR 2016, 288 (295).

Befugnissen an digitaler Information inzwischen ein alltägliches Phänomen der Datenökonomie.[209]

Zusammenfassend ist festzuhalten, dass das Vertragsrecht ein Mittel ist, Nutzungsbefugnisse an digitaler Information zuzuweisen. In der Ausgestaltung der Nutzungsbefugnisse sind die Parteien im Rahmen der Vertragsfreiheit und innerhalb der Grenzen der Rechtsordnung grundsätzlich frei. Der Nachteil vertraglicher Vereinbarungen ist ihre relative Wirkung. Anders als Ausschließlichkeitsrechte verleihen schuldrechtliche Regelungen dem Berechtigten keine Rechtsmacht gegenüber Dritten. Letzten Endes ist der Unterschied zwischen der Güterzuweisung durch Ausschließlichkeitsrechte und derjenigen durch obligatorische Rechte damit quantitativer und nicht qualitativer Natur:[210] Die Rechtsposition des Gläubigers unterscheidet sich nicht in Bezug auf den Umfang des Schutzes, sondern nur im Hinblick auf den Kreis der Personen, denen gegenüber die Position geschützt ist.[211]

V. Verhältnis zum Datenschutzrecht

Wie die bisherige Untersuchung gezeigt hat, kann digitale Information auf unterschiedliche Weise einer Person zugewiesen sein. Deshalb bedarf es abschließend noch der Klärung, wie sich eine derartige Zuweisung zum Datenschutzrecht verhält, soweit die digitale Information auf semantischer Ebene einen Personenbezug aufweist. Dies ist insbesondere im Rahmen des Einsatzes von digitaler Information als Kreditsicherheit von Interesse, da dies eine Zuweisung von Verwertungsbefugnissen an den Sicherungsnehmer erfordert. Dabei sind im Grunde nur zwei Konstellationen denkbar:[212] Entweder das Datenschutzrecht besorgt selbst eine Zuweisung der digitalen personenbezogenen Information an die betroffene Person. Oder ihm kommt nur eine Begrenzungsfunktion zu.

1. Zuweisung personenbezogener Information an den Betroffenen?

Wiese das informationelle Selbstbestimmungsrecht, dessen Schutz das Datenschutzrecht nach herrschendem Verständnis bezweckt,[213] dem Einzelnen die ihn

---

[209] Vgl. im Einzelnen *Czychowski*, in: Redeker, Handbuch der IT-Verträge, Teil 3.10 Rn. 13–106 (mit kommentiertem Vertragsmuster); Hoeren/Sieber/Holznagel MultimediaR-HdB/*Hackenberg*, Teil 15.2 Rn. 39 f.
[210] *Hofmann*, Der Unterlassungsanspruch als Rechtsbehelf, S. 391.
[211] *Gebauer*, Jura 1998, 128 (130).
[212] *Specht*, GRUR Int. 2017, 1040 ff.; *Specht/Rohmer*, PinG 2016, 127 ff.
[213] *Metzger*, in: Dutta/Heinze, „Mehr Freiheit wagen", S. 131 (143); *Sattler*, JZ 2017, 1036 (1037) Fn. 18.

betreffende personenbezogene Information zu, entstünde dadurch ein Spannungsverhältnis zu anderen an der digitalen Information bestehenden Rechtspositionen – etwa dem Schutz als Geschäftsgeheimnis –, dessen Auflösung schwierige Folgefragen mit sich brächte. Nicht erst seit dem Aufkommen der Datenökonomie finden sich Stimmen, die dem Einzelnen ein ausschließliches Recht an „seiner" personenbezogenen Information zugestehen wollen.[214] Dahinter steht vor allem der Gedanke, dem Betroffenen die Kommerzialisierung seiner personenbezogenen Information zu ermöglichen. Diese Ansicht hat, wohl auch angesichts der Gewinne, die in der Internetökonomie mithilfe personenbezogener Information erzielt werden, zunehmend Befürworter gefunden.[215] Ähnlich wie im Urheberrecht soll der Betroffene Nutzungsrechte bzw. datenschutzrechtliche Lizenzen einräumen können, um auf diese Weise an der kommerziellen Verwertung seiner personenbezogenen Information teilhaben zu können. *De lege lata* findet eine Zuweisung personenbezogener Information an den Einzelnen jedoch nicht statt.[216] Denn „der Einzelne [hat] keine absolute, uneingeschränkte Herrschaft über ‚seine' Daten; [...] Information, auch soweit sie personenbezogen ist, [stellt] einen Teil der sozialen Realität dar, der nicht ausschließlich dem Betroffenen allein zugeordnet werden kann."[217]

2. Begrenzung der Zuweisung an Dritte

Da das Datenschutzrecht folglich keine Zuweisung „seiner" personenbezogenen Information an den Betroffenen besorgt, steht umgekehrt fest, dass das Datenschutzrecht lediglich eine Begrenzungsfunktion ausübt.[218] Dabei spielt es keine Rolle, ob an der digitalen Information eine rechtliche oder bloß faktische Exklusivität besteht. In jeder Hinsicht ist die Ausübung der daraus resultierenden Befugnisse durch die Vorgaben des Datenschutzes begrenzt. Inwieweit das Datenschutzrecht die Besicherung digitaler personenbezogener Information und die nötigenfalls erforderlich werdende Verwertung durch den Sicherungsnehmer beschränkt, wird weiter unten eingehend untersucht.[219]

---

[214] Eingehend *Buchner*, Informationelle Selbstbestimmung im Privatrecht, S. 202–230; *ders.*, ZGE/IPJ 9 (2017), 416 ff.; *Kilian*, CR 2002, 921 (925–928).

[215] *Fezer*, MMR 2017, 3 ff.; *ders.*, ZGE/IPJ 9 (2017), 356 ff.; *Schwartmann/Hentsch*, RDV 2015, 221 ff.; *dies.*, PinG 2016, 117 ff.; *Wandtke*, MMR 2017, 6 ff. Eingehend zum Thema *Sattler*, in: Bakhoum/Conde Gallego/Mackenrodt u.a., Personal Data in Competition, Consumer Protection and Intellectual Property Law, S. 27 ff.

[216] *Specht/Rohmer*, PinG 2016, 127 (128); *Zech*, in: De Franceschi, European Contract Law and the Digital Single Market, S. 51 (67).

[217] BGHZ 181, 328 (338) – *spickmich.de*.

[218] Vgl. *Specht*, GRUR Int. 2017, 1040 (1042).

[219] S. 197 ff.

VI. Ergebnisse der Zuweisung digitaler Information

Die Untersuchung hat ergeben, dass digitale Information bisher nicht umfassend zugewiesen ist. Anders als die Datenträger sind die Daten selbst nicht durch das Eigentum zugeordnet. Auch ein Dateneigentum gibt es gegenwärtig nicht. Eine Zuweisung der syntaktischen Datenfolge kommt bislang nur durch das Patentrecht in Betracht, wenn die Daten unmittelbares Erzeugnis eines patentierten Verfahrens i. S. v. § 9 S. 1 Nr. 3 PatG sind und sachlich-technische Eigenschaften aufweisen, die ihnen durch das Verfahren aufgeprägt worden sind. Die praktische Bedeutung des Patentschutzes ist daher gering, da die Daten nur in den seltensten Fällen die erforderliche Technizität aufweisen werden. Das Eigentum bzw. der berechtigte Besitz am Datenträger vermitteln einen gewissen Integritätsschutz der darauf gespeicherten Daten. Dieser versagt allerdings, wenn die Daten auf fremden Datenträgern gespeichert werden. Die entstehende Schutzlücke konnte bislang nicht durch die Anerkennung eines – von immer mehr Stimmen geforderten – Rechts am eigenen Datenbestand geschlossen werden. Auch die Anwendung besitzschutzrechtlicher Vorschriften ist wegen der fehlenden Sachqualität von Daten zu verneinen. Trotz allem besteht nach einhelliger Meinung kein Bedürfnis für die Schaffung ausschließlicher Rechte an Daten, weil die vielfach gegebene faktische Ausschließlichkeit die mangelnde rechtliche Monopolstellung in weiten Teilen kompensiert und bislang kein Marktversagen erkennbar ist. Auf semantischer Ebene kommt eine Zuweisung digitaler Information durch das Urheberrecht in Betracht. Während digitale Inhalte in der Regel urheberrechtlich geschützt sind, gilt für alle anderen Formen digitaler Information Gegenteiliges, da sie zumeist nicht die erforderliche Schöpfungshöhe aufweisen und automatisiert erzeugt werden. Aus denselben Gründen scheidet – sofern die digitale Information in einer Datenbank aggregiert wurde – auch das Entstehen eines Datenbankurheberrechts regelmäßig aus. Weitaus größere Bedeutung für den Schutz von Datenbanken hat hingegen das Leistungsschutzrecht des Datenbankherstellers nach den §§ 87a ff. UrhG. Allerdings sind nur solche Investitionen schutzwürdig, die in die Beschaffung digitaler Information geflossen sind. Da – insbesondere im Umfeld der Datenökonomie – digitale Information vielfach erst neu erzeugt wird, dürfte ein Großteil digitaler Information nicht geschützt sein. Darüber hinaus ist der Schutz lediglich reflexhaft, weil das Datenbankherstellerrecht nur die Struktur der Datenbank, nicht jedoch ihren Inhalt schützt. Die größte Bedeutung für die Zuweisung des semantischen Bedeutungsgehalts digitaler Information hat der durch das GeschGehG reformierte Schutz von Geschäftsgeheimnissen. Dabei hat sich gezeigt, dass regelmäßig die gesamte digitale Information eines Unternehmens dem Schutz als Geschäftsgeheimnis unterfällt. Nach hier vertretener Auffassung verleiht der Schutz als Geschäftsgeheimnis nicht nur Abwehrbefugnisse, sondern bewirkt darüber hinaus auch eine Zuweisung an den Geheimnisinhaber. Unabhängig von einer Zuweisung durch Ausschließlichkeitsrechte verfügen die Inhaber digitaler Information daneben zumeist über eine faktische Ausschließlichkeit, weil sie den Kreis der Nutzer, die Zugang zu der digitalen Information haben, insbesondere durch technische Schutzmaßnahmen steuern können. Die faktische Exklusivitätsstellung bildet die Grundlage, die digitale Information zum Gegenstand vertraglicher Austauschbeziehungen zu machen, im Rahmen derer – in den durch die Rechtsordnung gezogenen Grenzen – Nutzungsbefugnisse auf vertraglicher Basis zugewiesen werden können. Schließlich wurde gezeigt, dass das Datenschutzrecht dem Einzelnen „seine" personenbezogene Information nicht zuweist, sondern ihre Verarbeitung lediglich beschränkt.

§ 5 Grundlagen der Besicherung digitaler Information

Bevor in den folgenden Abschnitten detailliert auf die jeweiligen Möglichkeiten zur Heranziehung digitaler Information als Kreditsicherheit eingegangen wird, sind zunächst die Grundlagen einer Besicherung darzustellen.

I. Sicherungseignung digitaler Information

In § 3 wurde gezeigt, dass vielfältige Gründe dafür sprechen, den Vermögenswert digitaler Information als Kreditsicherheit einzusetzen. Das wirft zunächst die Frage nach der Sicherungseignung digitaler Information auf. Daher wird in einem ersten Schritt zu untersuchen sein, welche Voraussetzungen vorliegen müssen, damit ein Gut als Kreditsicherheit eingesetzt werden kann.

1. Dogmatische Ausgangslage

Was eine (Kredit-)Sicherheit ist, definiert das Gesetz nicht. Einen möglichen Anhaltspunkt bieten lediglich die in den §§ 232 ff. BGB enthaltenen Vorschriften über die Sicherheitsleistung. § 232 Abs. 1 BGB enthält dabei eine Aufzählung verschiedener Arten der Sicherheitsleistung. In aller Regel folgt die Pflicht bzw. das Recht zur Sicherheitsleistung zwar aus dem materiellen Recht.[1] Allerdings kann sie sich auch aus einer Parteivereinbarung ergeben.[2] Voraussetzung für die Anwendbarkeit von § 232 BGB in diesem Fall ist, dass die Parteien abstrakt die Leistung einer Sicherheit vereinbart haben.[3] Die Vorschrift gilt daher nur für den (seltenen) Fall, dass die Parteien zwar die Leistung einer Sicherheit vorgesehen, jedoch offen gelassen haben, welche Art von Sicherheit zu leisten ist. Im Rahmen dessen sind – weil die Vorschrift des § 232 BGB dispositiv ist – die Parteien in der Vereinbarung von Sicherheitsleistungen allerdings frei, d.h. sie können den gesetzlich vorgesehenen Katalog nicht nur erweitern oder verklei-

---

[1] BeckOGK BGB/*Bach*, Stand: 01.08.2022, § 232 BGB Rn. 6.
[2] BeckOGK BGB/*ders.*, Stand: 01.08.2022, § 232 BGB Rn. 6.
[3] BeckOGK BGB/*ders.*, Stand: 01.08.2022, § 232 BGB Rn. 6.

nern, sondern auch gänzlich andere Sicherheitsleistungen vorsehen.[4] In aller Regel legen die Parteien allerdings sehr genau fest, in welcher Form Sicherheit zu leisten ist, sodass die Beschränkung des § 232 BGB von vornherein keine Anwendung findet.[5] Auch ist die in den §§ 232 ff. BGB geregelte Sicherheitsleistung nur eines von mehreren rechtlich vorgesehenen Sicherungsmitteln.[6] Für die Sicherungseignung digitaler Information ist damit nichts gewonnen. Weder lässt sich daraus auf ihre positive Eignung noch auf ihre negative Eignung als Kreditsicherheit schließen.

Nach der historischen Konzeption des Gesetzgebers sind es vor allem die Pfandrechte, die das gesetzliche Leitbild zur Sicherung des Gläubigers darstellen.[7] Bekanntlich konnten nicht alle Pfandrechte die ihnen zugedachte Funktion als Kreditsicherheit erfüllen. An ihre Stelle sind inzwischen andere Sicherungsinstrumente getreten, die den Bedürfnissen der Praxis besser gerecht werden. Bei den Mobiliarsicherheiten hat die Sicherungsübereignung (§§ 929 ff. BGB) das Pfandrecht an Sachen fast gänzlich in den Hintergrund gedrängt.[8] Auch das Pfandrecht an Forderungen wurde vom gleichen Schicksal ereilt und nahezu vollständig von der Sicherungsabtretung (§ 398 S. 1 BGB) verdrängt.[9] Diese Beispiele zeugen davon, dass sich die gegenwärtige Rechtswirklichkeit in bestimmten Belangen weit von der ursprünglichen Konzeption des Gesetzgebers entfernt hat. Sie belegen zugleich, dass das System der Kreditsicherheiten kein in sich geschlossenes ist, sondern neuen Entwicklungen grundsätzlich offen gegenübersteht.[10] Für die Sicherungseignung digitaler Information ist das ein positives Signal. An sie war bei Entstehung des BGB noch nicht zu denken. Das wirft die Frage auf, inwieweit immaterielle Güter im Kreditsicherungsrecht überhaupt Berücksichtigung gefunden haben.

2. Immaterielle Güter im System der Kreditsicherheiten

Obwohl dem Gesetzgeber des BGB bekannt gewesen sein musste, dass es neben körperlichen auch immaterielle Wirtschaftsgüter gibt – die Pariser Verbandsübereinkunft zum Schutz des gewerblichen Eigentums (PVÜ) und die Revidierte Berner Übereinkunft zum Schutz von Werken der Literatur und Kunst (RBÜ)

---

[4] BeckOGK BGB/*ders.*, Stand: 01.08.2022, § 232 BGB Rn. 4.
[5] BeckOGK BGB/*ders.*, Stand: 01.08.2022, § 232 BGB Rn. 6.
[6] Staudinger/*Repgen*, Vor §§ 232 ff. BGB Rn. 1.
[7] *Baur/Stürner*, Sachenrecht, § 56 Rn. 1; Staudinger/*W. Wiegand*, Vor §§ 1204 ff. BGB Rn. 1.
[8] Statt aller BeckOGK BGB/*Förster*, Stand: 01.10.2022, § 1204 BGB Rn. 45; näher zur historischen Entwicklung MüKoBGB/*Oechsler*, Anh. §§ 929–936 BGB Rn. 3.
[9] Statt aller Staudinger/*D. Wiegand*, Vor §§ 1273 ff. BGB Rn. 1.
[10] Ähnlich Staudinger/*W. Wiegand*, Vor §§ 1204 ff. BGB Rn. 1.

datieren immerhin aus den achtziger Jahren des 19. Jahrhunderts – sind die Regelungen des BGB allen voran auf körperliche Gegenstände zugeschnitten.[11] Derselbe Befund gilt folglich auch für den Kreis der in Betracht kommenden Sicherungsmittel. Auch dort hatte der historische Gesetzgeber in erster Linie Sachen vor Augen.[12] Gleichwohl regeln die §§ 1068 ff., §§ 1273 ff. BGB, was mit Blick auf die im Vorfeld außerordentlich heftig geführte Debatte keine Selbstverständlichkeit ist,[13] dass Gegenstand des Nießbrauchs bzw. Pfandrechts auch ein Recht sein kann. Damit anerkennt das BGB implizit die grundsätzliche Sicherungstauglichkeit immaterieller Güter. Denn diese vom Gesetz nicht näher bezeichneten Rechte können nur immaterielle Güter zum Gegenstand haben. Körperliche Güter sind bereits abschließend durch das Eigentum erfasst. Zwar ist auch das Eigentum ein Recht, seine Übertragung und Belastung folgt allerdings bekanntlich anderen Vorschriften.

Das soeben Gesagte lässt den Schluss zu, dass digitale Information jedenfalls dann als Sicherungsmittel in Betracht zu kommen scheint, wenn sie Gegenstand eines (subjektiven) Rechts ist. Als Kreditsicherheit fungiert in diesem Fall genau genommen das jeweilige, an der digitalen Information bestehende Immaterialgüterrecht und nicht die digitale Information als Immaterialgut selbst.[14] Ist die digitale Information demgegenüber nicht durch ein Immaterialgüterrecht zugewiesen, sondern verfügt ihr Inhaber stattdessen nur über eine faktische Ausschließlichkeit, ist die Übertragung bzw. Belastung eines subjektiven Rechts naturgemäß nicht möglich. In diesem Fall fungiert die digitale Information selbst als (faktischer) Sicherungsgegenstand. Die Zuweisung von Befugnissen an den Sicherungsnehmer kann dann ausschließlich auf schuldrechtlicher Ebene erfolgen. Es kristallisiert sich somit heraus, dass bezüglich der weiteren Überprüfung der Sicherungseignung im Folgenden zwischen rechtlich zugewiesener und rechtlich nicht zugewiesener digitaler Information differenziert werden muss.

3. Sicherungseignung rechtlich zugewiesener digitaler Information

Wie gezeigt, liegt die Sicherungseignung digitaler Information nahe, wenn sie durch eines der in § 4 näher dargelegten Immaterialgüterrechte zugewiesen ist. Allein vom Vorliegen eines solchen Rechts kann aber nicht zugleich auf dessen

---

[11] Vgl. *Hoeren*, GRUR 1997, 866 (867).
[12] Dies ist genau genommen nicht ganz richtig. In Wahrheit ist auch bei Sachen ein unkörperliches Recht – das Eigentum an der Sache – Gegenstand der Verfügung, nicht hingegen die Sache selbst. Vgl. *Wilhelm*, Sachenrecht, Rn. 2.
[13] Dazu Staudinger/*D. Wiegand*, Vor §§ 1273 ff. BGB Rn. 4 f.
[14] Vgl. *Jänich*, Geistiges Eigentum, S. 335.

Eignung als Kreditsicherheit geschlossen werden.[15] Nur vereinzelt hat der Gesetzgeber die Sicherungstauglichkeit von Immaterialgüterrechten ausdrücklich anerkannt, so z. B. in § 29 Abs. 1 Nr. 1 MarkenG, § 30 Abs. 1 Nr. 1 DesignG. Für die hier interessierenden Immaterialgüterrechte fehlt eine solche Klarstellung allerdings. Freilich kann daraus nicht der Schluss gezogen werden, dass sich diese Rechte nicht als Kreditsicherheit eignen würden. Daher bleibt nur die Formulierung abstrakter Voraussetzungen, anhand derer die Sicherungstauglichkeit eines Rechts überprüft werden kann. Maßstab hierfür können nur die bürgerlich-rechtlichen Vorschriften des BGB sein.[16] Denn die immaterialgüterrechtlichen Sondergesetze definieren zwar insbesondere Voraussetzungen und Grenzen der jeweiligen Schutzrechte. Spezielle Vorschriften bezüglich ihrer Übertragung oder Belastung sucht man hingegen vergebens. Richtet man den Blick auf die unterschiedlichen, für die Kreditsicherung einschlägigen Normen des allgemeinen Zivilrechts, so zeigt sich, dass ihnen stets die Verfügung über ein Recht immanent ist. So führt etwa die Bestellung eines Grundpfandrechts (§§ 1113 ff., §§ 1191 ff. BGB) oder eines Pfandrechts an einer beweglichen Sache (§§ 1204 ff. BGB) dazu, dass das Eigentum an der Sache mit einem dinglichen Verwertungsrecht belastet wird.[17] Bei der Sicherungsübereignung (§§ 929 ff. BGB) sowie der Sicherungsübertragung (§ 398 S. 1 ggf. i. V. m. § 413 BGB) findet sogar eine vollständige Übertragung des jeweiligen Rechts statt.[18] Einzige Bedingung für die Sicherungseignung eines subjektiven Rechts ist folglich die Möglichkeit darüber verfügen zu können. *Picht* bezeichnet diese Eigenschaft treffend als Transaktionseignung.[19] Die Sicherungseignung eines Rechts erfordert dabei nicht zwangsläufig dessen uneingeschränkte Verkehrsfähigkeit. Dies macht das Urheberrecht deutlich: Nach § 29 Abs. 1 UrhG ist es unter Lebenden unübertragbar. Daher kann es weder nach den §§ 398 S. 1, 413 BGB zur Sicherheit übertragen noch wegen § 1274 Abs. 2 BGB zum Gegenstand eines Rechtspfands gemacht werden. Gleichwohl anerkennt § 31 UrhG die Möglichkeit einer konstitutiven Rechtsübertragung durch Einräumung von Nutzungsrechten. Dabei handelt es sich um eine Verfügung über das Urheberrecht, die auch zu Sicherungszwecken erfolgen kann. Letzten Endes genügt für die Sicherungseignung eines Rechts daher die Möglichkeit, kraft Rechtsgeschäft Nutzungsbefugnisse übertragen zu

---

[15] Eingehend zur positivrechtlichen Eignung von Immaterialgüterrechten als Kreditsicherheit *Picht*, Vom materiellen Wert des Immateriellen, S. 91–108.

[16] *Ders.*, Vom materiellen Wert des Immateriellen, S. 92–94.

[17] Dogmatisch gesehen ist die Belastung mit einem beschränkten dinglichen Recht eine Aufspaltung von Befugnissen. Statt aller *Wilhelm*, Sachenrecht, Rn. 2.

[18] Aufgrund des Sicherungszwecks ist diese Übertragung nur transitorischer Natur. Daher besteht stets das Bedürfnis nach einer treuhänderischen Bindung im Innenverhältnis.

[19] *Picht*, Vom materiellen Wert des Immateriellen, S. 106–108.

können. Die Kreditbesicherung subjektiver Rechte lässt sich daher als (teilweisen) Wechsel rechtlicher Zuordnung begreifen. Das Recht als Ganzes oder einzelne Nutzungsbefugnisse werden kraft rechtsgeschäftlicher Verfügung von einem Rechtssubjekt auf ein anderes übertragen. Dass ein Wechsel rechtlicher Zuordnung nicht mit einer gewissen Endgültigkeit vorgenommen werden muss, sondern auch nur vorübergehend – eben zum Zwecke der Sicherung des Gläubigers – erfolgen kann, ist heute allgemein anerkannt.[20] Nachfolgend wird die Sicherungstauglichkeit für alle an digitaler Information in Betracht kommenden Immaterialgüterrechte einzeln untersucht.

a) Patentrecht

Das Recht aus dem Patent kann gem. § 15 Abs. 1 S. 2 i. V. m. S. 1 Var. 3 PatG beschränkt oder unbeschränkt übertragen werden. Das Gesetz ermöglicht damit ausdrücklich sowohl die Bestellung eines Pfandrechts gem. §§ 1273 ff. BGB (als Fall der beschränkten Übertragung, § 15 Abs. 1 S. 2 Alt. 1 PatG) als auch die Übertragung des Vollrechts gem. §§ 398 S. 1, 413 BGB (als Fall der unbeschränkten Rechtsübertragung, § 15 Abs. 1 S. 2 Alt. 2 PatG). Ferner sieht § 15 Abs. 2 S. 1 PatG die Möglichkeit vor, ausschließliche und nicht ausschließliche Lizenzen zu erteilen. Das Recht aus dem Patent eignet sich damit vollumfänglich zum Einsatz als Kreditsicherheit. Dasselbe gilt, wenn der Patentschutz durch ein europäisches Patent i. S. d. Art. 2 EPÜ oder im Wege einer internationalen Anmeldung i. S. d. Art. 3 PCT erworben wurde. Sie führen nicht zur Erteilung eines eigenständigen Schutzrechts,[21] sondern gewähren lediglich verfahrensrechtliche Vorzüge.[22]

b) Urheberrecht und Schutzrecht des Datenbankherstellers

Für die Eignung als Kreditsicherheit hat die monistische Natur des Urheberrechts richtungsweisende Bedeutung. Ihr zufolge sind die persönlichkeits- und vermögensrechtlichen Interessen des Urhebers untrennbar miteinander verbunden.[23] Aufgrund dieser rechtlichen Einheit ist es nur konsequent, wenn das UrhG in

---

[20] Vgl. *ders.*, Vom materiellen Wert des Immateriellen, S. 94.

[21] Dies ändert sich mit dem europäischen Einheitspatent grundlegend. Über elf Jahre nach Inkrafttreten der entsprechenden Verordnungen soll das einheitliche Patentsystem nunmehr voraussichtlich am 01.06.2023 starten, s. https://www.epo.org/applying/european/unitary/unitary-patent/start_de.html (zuletzt abgerufen: 30.12.2022).

[22] Das europäische Bündelpatent wird für alle benannten Vertragsstaaten einheitlich erteilt (Art. 97 EPÜ). Eine internationale Anmeldung mündet dagegen nur in ein einheitliches Anmeldeverfahren (Art. 11 Abs. 3 und 4 PCT).

[23] Statt aller Schricker/Loewenheim/*Loewenheim/Pfeifer*, § 11 UrhG Rn. 3.

§ 29 Abs. 1 S. 1 das Urheberrecht als unübertragbar ausgestaltet. Sowohl die Bestellung eines Pfandrechts (vgl. § 1274 Abs. 2 BGB) als auch die Sicherungsübertragung des Vollrechts sind daher nicht möglich. Um dem Urheber aber dennoch die wirtschaftliche Verwertung seines Werks zu ermöglichen, gestattet das UrhG in § 31 Abs. 1 S. 1 die Einräumung von Nutzungsrechten.[24] Damit erweist sich das Urheberrecht als teilweise sicherungstauglich, weil es zwar nicht als solches, jedoch die daran erteilten Nutzungsrechte als Sicherungsmittel fungieren können.[25]

Im Gegensatz zum Urheberrecht weist das Leistungsschutzrecht des Datenbankherstellers gem. §§ 87a ff. UrhG keinen persönlichkeitsrechtlichen Bezug auf. Es kann daher sowohl zum Gegenstand eines Pfandrechts gemacht als auch vollständig übertragen werden.[26] Ferner kann der Datenbankhersteller wie ein Urheber (sicherungshalber) Nutzungsrechte an den ihm zugewiesenen Befugnissen einräumen.[27] Das Schutzrecht des Datenbankherstellers ist folglich uneingeschränkt sicherungstauglich.

c) Geschäftsgeheimnisse

Bereits vor Inkrafttreten des GeschGehG war die im Wirtschaftsverkehr übliche Übertragung und Lizenzierung von Geschäftsgeheimnissen allgemein anerkannt.[28] Trotz des fehlenden Zuweisungsgehalts lag folglich die für den Einsatz als Kreditsicherheit erforderliche Transaktionseignung vor.[29] An der Sicherungseignung hat sich durch Inkrafttreten des GeschGehG nichts geändert. Im Gegenteil: Die mit der Neuregelung des Geschäftsgeheimnisschutzes geschaffene Zuweisung an den Geheimnisinhaber ist mit einer erheblichen Besserstellung des Sicherungsnehmers verbunden. Geschäftsgeheimnisse sind damit nicht länger Gegenstand einer rein faktischen Übertragung. Stattdessen kann dem Sicherungsnehmer nunmehr eine über das relative Verhältnis der Sicherungsparteien hinausgehende Rechtsposition zugewiesen werden, die es ihm erlaubt, selbst gegen potenzielle Rechtsverletzer vorzugehen.[30] Aber selbst wenn man im neuen

---

[24] Die Nutzungsrechte werden vielfach auch als Lizenzen bezeichnet. Näher zum Sprachgebrauch Schricker/Loewenheim/*Ohly*, § 29 UrhG Rn. 20.

[25] Eingehend zum Urheberrecht als Kreditsicherheit *Freyer*, Urheberrechte als Kreditsicherheit.

[26] Schricker/Loewenheim/*Vogel*, Vor §§ 87a ff. UrhG Rn. 32.

[27] Schricker/Loewenheim/*Ohly*, § 29 UrhG Rn. 45.

[28] Statt aller *McGuire*, GRUR 2016, 1000 (1007).

[29] *Picht*, Vom materiellen Wert des Immateriellen, S. 157, der allerdings darauf hinweist, dass Know-how aufgrund der fehlenden rechtlichen Zuweisung ein nicht ganz „unprekäres" Sicherungsmittel sei.

[30] Vgl. *McGuire/Joachim/Künzel u. a.*, GRUR Int. 2010, 829 (836).

Geschäftsgeheimnisschutz keine Zuordnung an den Geheimnisinhaber erblickt, dürfte die neue Rechtslage positiven Einfluss auf die Besicherung von Geschäftsgeheimnissen haben.[31] Im Ergebnis können Geschäftsgeheimnisse zur Sicherheit vollständig übertragen und mit einem Pfandrecht belastet werden.[32] Ferner kann der Geheimnisinhaber das Geschäftsgeheimnis zu Sicherungszwecken lizenzieren. Geschäftsgeheimnisse sind aus diesem Grund uneingeschränkt sicherungstauglich.

d) Lizenzen

Die bisherigen Ausführungen waren auf die Sicherungstauglichkeit des Stammrechts beschränkt. Daran erteilte Lizenzen kommen allerdings ihrerseits als Sicherungsmittel in Betracht. Unter einer Lizenz wird im Allgemeinen die Einräumung von Nutzungsbefugnissen an einem Immaterialgüterrecht verstanden.[33] Bedeutsam ist die Unterscheidung zwischen ausschließlichen und einfachen Lizenzen. Die ausschließliche Lizenz verleiht dem Lizenzinhaber eine exklusive Rechtsstellung, die nicht nur zum Ausschluss jedes Dritten, sondern auch des Schutzrechtsinhabers selbst führt.[34] Die einfache Lizenz gewährt hingegen eine nicht-ausschließliche Nutzungsbefugnis ohne Anspruch auf Exklusivität.[35] Trotz intensiver Bemühungen[36] fehlt bislang eine einheitliche dogmatische Grundkonzeption der Lizenz.[37] Vor diesem Hintergrund überrascht es nicht, dass die rechtlichen Wirkungen der Lizenz und ihre Rechtsnatur in Bezug auf die verschiedenen Immaterialgüterrechte mitunter gegensätzlich beurteilt werden.[38] Die Sicherungstauglichkeit der Lizenz kann daher nicht abstrakt, sondern nur konkret mit Blick auf das ihrer Erteilung zugrunde liegende Stammrecht beurteilt werden.

---

[31] *Picht*, Vom materiellen Wert des Immateriellen, S. 156.
[32] *Kiefer*, WRP 2018, 910 (915); a.A. *Keller*, ZIP 2020, 1052 (1054).
[33] Vgl. nur BeckOGK BGB/*Pahlow*, Stand: 01.09.2022, § 581 BGB Rn. 229. Von der Lizenzierung von Immaterialgüterrechten zu unterscheiden ist die Lizenzierung von Immaterialgütern, die rechtlich nicht (umfassend) zugewiesen sind. Ein Beispiel hierfür ist die Lizenzierung digitaler Information, soweit sie nicht durch ein Immaterialgüterrecht zugewiesen ist.
[34] *McGuire*, Die Lizenz, S. 100.
[35] *Dies.*, Die Lizenz, S. 101.
[36] *McGuire*, Die Lizenz; *Pahlow*, Lizenz und Lizenzvertrag im Recht des geistigen Eigentums.
[37] Das ist vor allem der fehlenden gesetzlichen Regelung geschuldet. Die immaterialgüterrechtlichen Sondergesetze setzen die Lizenz voraus und erkennen ihr in einzelnen Rechtsbeziehungen dingliche Wirkung zu. Zur grundsätzlichen Rechtsnatur schweigen sie aber ebenso wie zur Behandlung in den übrigen, nicht geregelten Rechtsbereichen (z.B. Insolvenz).
[38] Eingehend *McGuire*, Die Lizenz, S. 136–265.

§ 5 Grundlagen der Besicherung digitaler Information   123

Der Inhaber einer ausschließlichen Patentlizenz ist – sofern eine ggf. durch Auslegung zu ermittelnde[39] vertragliche Regelung nicht entgegensteht – zur Vergabe von Unterlizenzen berechtigt.[40] Die ausschließliche Patentlizenz ist ferner frei übertragbar, soweit der Patentinhaber die Veräußerung vertraglich nicht untersagt hat.[41] Demgegenüber soll der einfache Lizenznehmer – außer die entsprechende Befugnis wurde ihm ausdrücklich zuerkannt – nach tradierter Auffassung weder zur Erteilung von Unterlizenzen noch zur Übertragung der Lizenz berechtigt sein.[42] Allerdings beinhaltet auch die einfache Patentlizenz eine echte Vermögenszuweisung und besitzt daher dinglichen Charakter.[43] Im Interesse der Verkehrsfähigkeit von Lizenzen sprechen die besseren Gründe dafür, dass auch der einfache Lizenznehmer befugt ist, Unterlizenzen zu vergeben und seine Lizenz zu übertragen.[44] Die Befugnis steht allerdings unter dem Vorbehalt, dass sie vertraglich nicht abbedungen wurde. Im Ergebnis sind ausschließliche und einfache Patentlizenzen in dem Umfang sicherungstauglich, wie die Befugnis zur Übertragung und Unterlizenzierung vertraglich nicht ausgeschlossen wurde. Möglich ist neben der Übertragung und Belastung mit einem Pfandrecht auch die Sicherungsunterlizenzierung.

Anders als im Patentrecht ist die Verkehrsfähigkeit urheberrechtlicher Nutzungsbefugnisse klar geregelt. Sowohl ausschließliche als auch einfache urheberrechtliche Lizenzen sind gem. § 34 Abs. 1 S. 1 UrhG übertragbar. Dementsprechend können urheberrechtliche Lizenzen zu Sicherungszwecken übertragen und mit einem dinglichen Recht belastet werden.[45] Die Befugnis zur Unterlizenzierung steht demgegenüber gem. § 35 Abs. 1 S. 1 UrhG nur dem ausschließlichen Lizenznehmer zu. Wegen des persönlichkeitsrechtlichen Einschlags steht die Verkehrsfähigkeit von am Urheberrecht erteilten Nutzungsbefugnissen allerdings unter dem Zustimmungsvorbehalt des Urhebers.[46] Zwar ist das Zustimmungserfordernis – wie die §§ 34 Abs. 1 S. 2, 35 Abs. 2 UrhG zeigen – in beiden Fällen nicht ausnahmslos dem Willen des Urhebers unterworfen. Allerdings dürfte eine treuwidrige Verweigerung der Zustimmung im kreditsicherungs-

---

[39] OLG Karlsruhe, BeckRS 2016, 21121 Rn. 67.
[40] BeckOK PatR/*Loth/Hauck*, § 15 PatG Rn. 45.
[41] Haedicke/Timmann/*Haedicke*, PatR-HdB § 11 Rn. 93.
[42] Statt aller *Ann*, Patentrecht, § 40 Rn. 39 f.
[43] Haedicke/Timmann/*Haedicke*, PatR-HdB § 11 Rn. 94–96; in diese Richtung wohl auch BeckOGK BGB/*Pahlow*, Stand: 01.09.2022, § 581 BGB Rn. 252–257; *ders.*, WM 2016, 1717 (1718).
[44] Haedicke/Timmann/*Haedicke*, PatR-HdB § 11 Rn. 108, 114.
[45] Dreier/Schulze/*Schulze*, § 34 UrhG Rn. 7.
[46] Das Zustimmungserfordernis steht gem. § 34 Abs. 5 S. 2 UrhG in vollem Umfang zur Disposition der Parteien.

rechtlichen Kontext nicht in Betracht kommen.[47] Für die am Leistungsschutzrecht des Datenbankherstellers erteilten Nutzungsbefugnisse gilt – weil sie ebenfalls weitgehend den §§ 31 ff. UrhG unterfallen – das soeben Ausgeführte. Da das Datenbankherstellerrecht allerdings keine urheberpersönlichkeitsrechtlichen Züge aufweist, ist die Übertragung und Unterlizenzierung des Nutzungsrechts zustimmungsfrei.[48] Während die Besicherbarkeit urheberrechtlicher Lizenzen von der Zustimmung des Urhebers abhängt, sind die am Leistungsschutzrecht des Datenbankherstellers eingeräumten Nutzungsrechte weitestgehend sicherungstauglich.

Trotz der allgemein üblichen Bezeichnung als Know-how-Lizenz unterschied sie sich von den vorgenannten Nutzungsrechten bislang vor allem dadurch, dass nicht die Lizenzierung eines Immaterialgüterrechts, sondern die eines Immaterialguts vorlag. In Ermangelung eines Zuweisungsgehalts erhielt der Lizenznehmer stets eine nur relativ, d. h. zwischen ihm und dem Geheimnisinhaber wirkende Rechtsposition.[49] Anders als bisher weist das neugefasste Geheimnisschutzrecht Geschäftsgeheimnisse ihrem jeweiligen Inhaber zu. Unter dieser Prämisse wird man den an einem Geschäftsgeheimnis erteilten Lizenzen nunmehr dingliche Wirkung beizumessen haben.[50] Die Sicherungstauglichkeit der Geschäftsgeheimnislizenz hängt in der Folge davon ab, inwieweit das eingeräumte Nutzungsrecht seinerseits verkehrsfähig ist. Mangels spezieller gesetzlicher Regelungen liegt es nahe, sich bei der Beurteilung an den übrigen Immaterialgüterrechtslizenzen zu orientieren. Anders als bei den klassischen Immaterialgüterrechten, deren Schutz weitgehend frei von äußeren Einflüssen ist,[51] steht und fällt der Schutz des Geheimnisinhabers mit der Geheimhaltung des Geschäftsgeheimnisses. Demzufolge ist eine Schutzbedürftigkeit des Geheimnisinhabers erkennbar, die gegen eine unbeschränkte Verkehrsfähigkeit der an dem Geheimnis erteilten Nutzungsrechte spricht. Vor diesem Hintergrund erscheint eine analoge Anwendung des aus dem Urheberrecht bekannten Zustimmungserfordernisses (§ 34 Abs. 1 S. 2 UrhG) sinnvoll. Lizenzen an Geschäftsgeheimnissen sind demzufolge grundsätzlich übertragbar. Auch ist der ausschließliche Lizenzinhaber grundsätzlich dazu befugt, Unterlizenzen zu erteilen. Diese Be-

---

[47] *Freyer*, Urheberrechte als Kreditsicherheit, S. 96, 111; *Picht*, Vom materiellen Wert des Immateriellen, S. 163.
[48] Dreier/Schulze/*Schulze*, § 34 UrhG Rn. 13.
[49] *Picht*, Vom materiellen Wert des Immateriellen, S. 155.
[50] *Kiefer*, WRP 2018, 910 (915); vgl. auch Ohly/Sosnitza/*Ohly*, Vor §§ 17–19 UWG Rn. 5, der bereits unter Geltung der alten Rechtslage von einer dinglichen Wirkung ausging.
[51] Bei den Registerrechten wie dem Patentrecht ist die Schutzrechtsverlängerung gleichwohl an die Begleichung einer Gebühr gekoppelt. Ferner besteht beispielsweise die Gefahr einer Nichtigerklärung (§§ 81 ff. PatG).

fugnisse stehen allerdings unter dem Vorbehalt der Zustimmung durch den Geheimnisinhaber. Ebenso wie urheberrechtliche Nutzungsbefugnisse sind Geschäftsgeheimnislizenzen demnach nur eingeschränkt sicherungstauglich.

4. Sicherungseignung rechtlich nicht zugewiesener digitaler Information

Wie die bisherige Untersuchung gezeigt hat, ist digitale Information bislang nicht umfassend zugewiesen. In Ermangelung eines ausschließlichen Rechts können in diesem Fall zu Sicherungszwecken auch keine (kraft Gesetzes zugewiesenen) Befugnisse auf den Sicherungsnehmer übertragen werden. Verfügt der Sicherungsgeber jedoch über eine faktische Exklusivitätsstellung, können die Parteien auf dieser Grundlage die für die Sicherung des Gläubigers erforderlichen Befugnisse auf vertraglicher Ebene zuweisen. Auch bei nicht durch Ausschließlichkeitsrechte geschützten Gütern ist für die Sicherungstauglichkeit somit allein die (faktische) Transaktionseignung entscheidend. Anders als bei der Übertragung und Belastung ausschließlicher Rechtspositionen erwirbt der Sicherungsnehmer im Rahmen einer privatautonomen Zuweisung von Befugnissen allerdings eine nur gegenüber dem Sicherungsgeber wirkende Rechtsposition. Der Erwerb einer solchen, lediglich relativ wirkenden Rechtsposition spricht nicht gegen die grundsätzliche Sicherungstauglichkeit digitaler Information. Insoweit ist die Situation vergleichbar mit der Besicherung schuldrechtlicher Ansprüche. Auch dort erlangt der Gläubiger nur eine relativ wirkende Rechtsposition in Bezug auf den Gegenstand der Forderung. Damit steht fest, dass auch nicht zugewiesene digitale Information zum Gegenstand einer Kreditsicherung gemacht werden kann. Wie der Einsatz als Sicherungsmittel konstruktiv umgesetzt werden kann und inwieweit der Sicherungsnehmer in diesem Fall gegen die Zahlungsunfähigkeit des Kreditnehmers abgesichert ist, bedarf noch eingehender Untersuchung.

5. Fazit

Digitale Information kann auf zwei Wegen zum Gegenstand einer Kreditsicherung gemacht werden, die sich grundlegend voneinander unterscheiden. Ist sie einer Person ausschließlich zugewiesen, können die jeweiligen Befugnisse – soweit die Verkehrsfähigkeit des Rechts reicht – ganz oder teilweise zu Sicherungszwecken auf den Sicherungsnehmer übertragen werden. Andernfalls kommt – sofern der Sicherungsgeber über eine faktische Ausschließlichkeit verfügt – eine Zuweisung von Befugnissen auf vertraglicher Grundlage in Betracht. Weil digitale Information auch ohne kraft Gesetzes bestehender Zuweisung Gegenstand vertraglicher Austauschverhältnisse sein kann, ist die in diesem Rahmen erfolgende privatautonome Zuweisung von Befugnissen aufgrund der verfassungsrechtlich garantierten Vertragsfreiheit auch zu Sicherungszwecken möglich.

II. Rechtsgeschäfte beim Einsatz von digitaler Information als Kreditsicherheit

Ob digitale Information rechtlich zugewiesen ist, zwingt nicht nur zu einer Differenzierung bei der Sicherungstauglichkeit, sondern hat auch Bedeutung für die zu ihrer Besicherung erforderlich werdenden Rechtsgeschäfte. Das Rechtsgeschäft, durch das die Sicherheit unmittelbar entsteht, wird in der Kreditsicherungspraxis als Sicherstellungsvertrag bezeichnet.[52] Ist die digitale Information rechtlich nicht zugewiesen, ist der Sicherstellungsvertrag zwangsläufig schuldrechtlicher Natur. Da eine Übertragung oder Belastung zugewiesener Befugnisse auf dinglicher Ebene in diesem Fall nicht möglich ist, können die zur Sicherung des Gläubigers erforderlichen Befugnisse nur auf vertraglicher Basis zugewiesen werden. Ist die digitale Information demgegenüber mit ausschließlicher Wirkung einer Person zugewiesen, ist der Sicherstellungsvertrag dinglicher Natur. In diesem Fall handelt es sich um das Verfügungsgeschäft, kraft dessen das Sicherungsrecht auf den Sicherungsnehmer übertragen wird. Aufgrund seiner abstrakten Rechtsnatur bedarf es für seine Kondiktionsfestigkeit bekanntlich eines rechtlichen Grunds.[53] Das zugehörige kausale Verpflichtungsgeschäft wird als Sicherungsvertrag bzw. Sicherungsabrede bezeichnet.[54] Aufgabe des Sicherungsvertrags ist einerseits die Begründung der schuldrechtlichen Verpflichtung des Sicherungsgebers zur Bestellung und Belassung der Sicherheit. Andererseits enthält er die Zweckvereinbarung, die die gesicherte Forderung und das Sicherungsmittel bestimmt.[55] Als gesetzlich nicht typisierter Vertrag findet die Sicherungsabrede ihre Grundlage in § 311 Abs. 1 BGB.[56] Da die schuldvertragliche Zuweisung von Befugnissen keinen verfügenden Charakter hat, muss sie nicht zwingend von der ihr zugrunde liegenden Verpflichtung getrennt werden. Im Fall nicht zugewiesener digitaler Information können die zur Sicherung des Gläubigers erforderlichen Regelungen folglich bereits in den Sicherungsvertrag mit aufgenommen werden.

---

[52] Lwowski/Fischer/Gehrlein/*Brünink*, § 3 Rn. 3; Ellenberger/Bunte BankR-HdB/*Ganter*, § 69 Rn. 241.
[53] S. nur *S. Lorenz*, JuS 2009, 489 (490).
[54] Ellenberger/Bunte BankR-HdB/*Ganter*, § 69 Rn. 224.
[55] Ellenberger/Bunte BankR-HdB/*ders.*, § 69 Rn. 212, 214.
[56] Vgl. *Bülow*, Recht der Kreditsicherheiten, Rn. 63.

III. Sicherungsformen digitaler Information

Zu Beginn des Kapitels wurde die Sicherungstauglichkeit digitaler Information untersucht. Aufgabe des folgenden Abschnitts ist nun, die in Betracht kommenden Sicherungsformen genauer in den Blick zu nehmen.

1. Pfandrecht

Wie schon erwähnt ist das gesetzliche Leitbild der Sicherung des Gläubigers das Pfandrecht. Es hat die Wirkung, dass der verpfändete Gegenstand mit einem dinglichen Verwertungsrecht belastet wird, das es dem Pfandgläubiger ermöglicht, durch Verwertung des Gegenstands Befriedigung zu erlangen.[57] Bei der vorliegenden Betrachtung außen vor bleiben die Grundpfandrechte, da sie für die Besicherung digitaler Information von vornherein keine Rolle spielen können.[58] Obwohl wegen der großen Bedeutung der Immaterialgüterrechte das Pfandrecht an Rechten (§§ 1273 ff. BGB) weitaus größere Relevanz hat, darf das Pfandrecht an beweglichen Sachen (§§ 1204 ff. BGB) nicht vorschnell beiseitegeschoben werden. Wie die Untersuchung gezeigt hat, ist digitale Information stets auf einem Datenträger verkörpert. Auch die Datenträger müssen als Pfandgegenstand daher grundsätzlich in Betracht gezogen werden. Dabei fällt auf, dass der Hauptgrund, weshalb sich das Pfandrecht an Sachen in der Kreditsicherungspraxis nicht durchsetzen konnte,[59] bei der Verpfändung von Datenträgern grundsätzlich keine Rolle spielen dürfte. Anders als bei herkömmlichen Betriebsmitteln ist es für die Nutzbarkeit durch den Sicherungsgeber ohne Belang, an welchem Ort sich die Datenträger physisch befinden. Durch die Verbindung mit dem Internet lassen sich die Datenträger in derselben Weise nutzen, gleich ob sie beim Pfandgläubiger verwahrt werden oder sich in der Herrschaftssphäre des Sicherungsgebers befinden. Daher sind in die weitere Untersuchung sowohl das Pfandrecht an beweglichen Sachen als auch das Pfandrecht an Rechten mit einzubeziehen.

2. Sicherungstreuhand

Obwohl das Pfandrecht eigentlich das gesetzliche Leitbild der Sicherung des Gläubigers ist, spielt es in der Kreditsicherungspraxis nur selten eine Rolle.[60] Die

---

[57] Ganz h. M., statt aller Staudinger/*W. Wiegand*, Vor §§ 1204 ff. BGB Rn. 18.
[58] Grundsätzlich denkbar ist allerdings, dass Datenträger (beispielsweise bei großen Serverfarmen) gem. § 97 Abs. 1 S. 1 BGB als Grundstückszubehör anzusehen sind und damit in den grundpfandrechtlichen Haftungsverband (§ 1120 BGB) fallen.
[59] Dazu näher *Bülow*, Recht der Kreditsicherheiten, Rn. 1184.
[60] Dieser Befund gilt allerdings nicht für die Hypothek und die Grundschuld. Sie haben sich in der Praxis bewährt, Staudinger/*D. Wiegand*, Vor §§ 1273 ff. BGB Rn. 1.

wohl mit Abstand größte strukturelle Schwäche des Pfandrechts ist die erzwungene Publizität. Sie ist einer der Gründe dafür, weshalb sich in der Praxis eine diskretere Form der Kreditsicherung herausgebildet hat: die Sicherungstreuhand.[61] Sie zeichnet sich dadurch aus, dass der Sicherungsnehmer nicht lediglich eine Verwertungsbefugnis erhält, sondern der Sicherungsgeber (als Treugeber) dem Sicherungsnehmer (als eigennützigem Treuhänder) fiduziarisch das Vollrecht überträgt. Freilich ist damit keine endgültige Güterzuweisung beabsichtigt. Die Übertragung der Rechtsposition ist vielmehr nur transitorischer Natur, da sie ausschließlich die Sicherung des Gläubigers bezweckt. Mit der Übertragung des Vollrechts erhält der Gläubiger jedoch mehr, als es der Sicherungszweck eigentlich erfordern würde. Deshalb wird eine treuhänderische Bindung des Sicherungsnehmers im Innenverhältnis erforderlich. Sie soll ihn dazu anhalten, von der ihm im Außenverhältnis zustehenden Rechtsmacht nur mit Rücksicht auf den Sicherungszweck Gebrauch zu machen.[62] Die beiden wichtigsten Ausformungen der Sicherungstreuhand in der Praxis sind die Sicherungsübereignung (§§ 929 ff. BGB) als „besitzloses Pfandrecht" und die Sicherungsabtretung (§ 398 S. 1 BGB). Für die Besicherung digitaler Information wird allerdings im Besonderen die durch § 398 S. 1 i.V.m. § 413 BGB eingeräumte Möglichkeit, auch andere Rechte übertragen und dadurch zum Gegenstand einer Sicherungsübertragung[63] machen zu können, eine Rolle spielen. Aus empirischer Sicht ist dabei zu konstatieren, dass die Sicherungstreuhand das Pfandrecht im Bereich der Immaterialgüterrechte weniger stark zurückgedrängt hat als das bei Mobilien und Forderungen der Fall ist.[64] Die Verpfändung von Immaterialgüterrechten ist durchaus nicht unüblich, weil die Rechtsstellung als Pfandgläubiger weniger Haftungsrisiken birgt als die eines Treuhänders.[65]

3. Sicherungslizenzierung

Strukturell mit der Sicherungstreuhand verwandt ist die Sicherungslizenzierung.[66] Sie kommt nur bei Immaterialgüterrechten in Betracht. Dabei wird – ohne das Schutzrecht vollständig zu übertragen – dem Sicherungsnehmer zu Sicherungszwecken eine Lizenz eingeräumt. Sicherungslizenzgeber kann neben dem Inhaber des Schutzrechts selbst auch dessen Lizenznehmer sein. In letzterem Fall spricht man – weil eine bereits bestehende Lizenz zu Sicherungszwecken unter-

---

[61] Eingehend zur Sicherungstreuhand *Bülow*, Recht der Kreditsicherheiten, Rn. 1183 ff.
[62] Statt aller BeckOGK BGB/*Lieder*, Stand: 01.09.2022, § 398 BGB Rn. 204–207.
[63] Näher zur Terminologie *Picht*, Vom materiellen Wert des Immateriellen, S. 84.
[64] *Ders.*, Vom materiellen Wert des Immateriellen, S. 7.
[65] *Ders.*, Vom materiellen Wert des Immateriellen, S. 7.
[66] Dazu *ders.*, Vom materiellen Wert des Immateriellen, S. 90 f.

lizenziert wird – von einer Sicherungsunterlizenzierung.[67] In beiden Fällen erhält der Sicherungsnehmer das Recht, im Sicherungsfall lizenzartigen Gebrauch von dem Schutzrecht machen zu dürfen.[68]

4. Sicherungsnießbrauch

Als letzte Sicherungsform kommt schließlich die Bestellung eines Rechtsnießbrauchs (§§ 1068 ff. BGB) in Betracht.[69] Da der Erwerber nach dem gesetzlichen Leitbild ein Nutzungsrecht erhält, müsste der Nießbrauch für die Zwecke der Kreditsicherung grundlegend modifiziert werden. Denn der für die Tilgung des Darlehens zwingend erforderlichen Möglichkeit, Einnahmen zu erzielen, liefe es diametral zuwider, wenn die Berechtigung zur Nutzung des Guts statt dem Sicherungsgeber dem *Sicherungsnehmer* zustünde. Aber auch aus anderen Gründen ist der Sicherungsnießbrauch als Sicherungsform insgesamt zu schwerfällig.[70] Er bleibt daher im weiteren Verlauf der Untersuchung unberücksichtigt.

5. Besicherung rechtlich nicht zugewiesener digitaler Information

Die vorgenannten Sicherungsformen eignen sich – mit Ausnahme des Nießbrauchs – uneingeschränkt für die Besicherung digitaler Information, die durch Ausschließlichkeitsrechte zugewiesen ist. Ist sie demgegenüber rechtlich nicht zugewiesen, scheidet in jedem Fall die Bestellung eines Pfandrechts aus. Der Belastung mit einem dinglichen Verwertungsrecht ist die Existenz eines subjektiven Rechts immanent. Da die Sicherungstreuhand und auch die Sicherungslizenzierung als kautelarische Sicherungsinstrumente nicht in derselben Weise vorgezeichnet sind wie das Pfandrecht, kommt ihre Heranziehung auch bei rechtlich nicht zugewiesener digitaler Information in Betracht. Freilich wäre die Rechtsposition des Sicherungsgebers in diesem Fall – im Gegensatz zur Vollrechtstreuhand – lediglich eine obligatorische. Inwieweit sich die Figur der Treuhand auch für die Besicherung rechtlich nicht zugewiesener digitaler Information fruchtbar machen lässt, wird noch näher darzustellen sein.[71]

---

[67] Vgl. *Freyer*, Urheberrechte als Kreditsicherheit, S. 44.
[68] *Picht*, Vom materiellen Wert des Immateriellen, S. 89.
[69] Dazu *ders.*, Vom materiellen Wert des Immateriellen, S. 87–89. Von der hier beschriebenen Konstellation zu trennen ist der von *Berger*, GRUR 2004, 20 ff., vorgeschlagene Lizenzsicherungsnießbrauch, womit die Absicherung des Lizenznehmers in der Insolvenz des Lizenzgebers gemeint ist.
[70] *Decker*, Geistiges Eigentum als Kreditsicherheit, S. 47 f.; *Picht*, Vom materiellen Wert des Immateriellen, S. 89.
[71] S. dazu unten § 9.

6. Fazit

Der Überblick über die für die Besicherung digitaler Information infrage kommenden Sicherungsformen hat ergeben, dass sich mit dem Pfandrecht und der Sicherungstreuhand zwei Hauptformen der Sicherung gegenüberstehen. Eine besondere Ausprägung der Sicherungstreuhand im Rahmen der Besicherung von Immaterialgüterrechten bildet die Sicherungslizenzierung. Nicht durch Ausschließlichkeitsrechte zugewiesene digitale Information kann demgegenüber nicht verpfändet werden. Ob sie dennoch zum Gegenstand einer Sicherungstreuhand gemacht werden kann, wird sich im Laufe der weiteren Untersuchung zeigen.

IV. Verkehrsschutz

Im Rahmen grundlegender Bemerkungen zur Besicherung digitaler Information dürfen Ausführungen zum Verkehrsschutz nicht fehlen. Dabei geht es zunächst um die Frage, inwieweit der Sicherungsnehmer gutgläubig ein Recht an der digitalen Information erwerben kann, das entweder nicht dem Sicherungsgeber zusteht oder mit dem Recht eines Dritten belastet ist. Ein gutgläubiger Erwerb scheidet von vorneherein aus, wenn die digitale Information nicht Gegenstand eines Ausschließlichkeitsrechts ist. In diesem Fall ist die digitale Information niemandem zugewiesen, sodass jeder, der auf sie zugreifen kann, sie auch nutzen darf. Dementsprechend besteht für einen gutgläubigen Erwerb kein Bedarf. Für die Sicherung des Gläubigers ist in diesem Fall nicht die rechtliche, sondern die faktische Exklusivitätsstellung des Sicherungsgebers ausschlaggebend. Einen Wert für den Sicherungsnehmer hat die digitale Information nur, wenn sie nicht von jedermann frei genutzt werden kann. Erst dann verspricht ihre Verwertung einen Erlös, weil niemand für die digitale Information einen Preis bezahlen würde, wenn er sie auch kostenlos haben könnte. Darüber hinaus muss sichergestellt sein, dass der Sicherungsgeber die digitale Information nicht noch weiteren Kapitalgebern als Sicherheit zur Verfügung gestellt hat. Um diese Gefahr für die Kapitalgeber abzumildern, könnte man über die Einführung eines Sicherheitenregisters nachdenken.[72]

Die grundsätzliche Möglichkeit eines redlichen Erwerbs besteht allenfalls bei rechtlich zugewiesener Information. Auch dort scheidet ein gutgläubiger Erwerb des Sicherungsrechts allerdings aus, da es im Bereich der Immaterialgüterrechte an einem Vertrauenstatbestand fehlt. Da die zugewiesenen Güter allesamt imma-

---

[72] S. dazu unten S. 193 ff.

terieller Natur sind, kommen sie nicht als Anknüpfung für berechtigtes Vertrauen in Betracht. Ebenso scheiden bei den Registerrechten die jeweiligen Register als Vertrauenstatbestand aus, da sie – anders als etwa das Grundbuch (§ 891 BGB) – keine positive Publizität genießen.[73] Daraus folgt, dass der Sicherungsnehmer vor der Besicherung von Immaterialgüterrechten genau prüfen muss, ob das behauptete Recht besteht und ob es mit Rechten Dritter belastet ist. Der fehlende Verkehrsschutz zahlt sich allerdings während der Sicherungsphase für den Sicherungsnehmer aus, weil er seinerseits nicht befürchten muss, dass ein Dritter das ihm übertragene Sicherungsrecht gutgläubig wegerwirbt. Soweit im Rahmen der Kreditsicherung auch die Datenträger, auf denen die digitale Information gespeichert ist, als Kreditsicherheit herangezogen werden, ist ein gutgläubiger Erwerb innerhalb des von den §§ 932 ff., §§ 1207 f. BGB abgesteckten Rahmens selbstverständlich möglich. Freilich erstreckt sich der gutgläubige Erwerb des Rechts nur auf das, was auch Gegenstand der rechtlichen Zuweisung ist: Die Sachsubstanz des Datenträgers, nicht dagegen die darauf befindliche digitale Information.

V. Sicherstellung des Zugriffs auf die digitale Information im Sicherungsfall

Bei der Besicherung digitaler Information ist schließlich zu bedenken, dass dem Sicherungsnehmer mit der Befugnis, sie im Sicherungsfall verwerten zu dürfen, allein noch nicht geholfen ist. Vielmehr muss der Sicherungsnehmer im Rahmen einer Verwertung der digitalen Information in der Lage sein, dem Erwerber die zugrunde liegenden Datenverkörperungen zu verschaffen. Daher ist sicherzustellen, dass der Sicherungsnehmer spätestens im Sicherungsfall Zugriff auf die digitale Information erhält. Aufgrund der leichten Vervielfältigungsmöglichkeiten sollte der Zugriff bestenfalls unter Ausschluss des Sicherungsgebers erfolgen können. Zu beachten ist allerdings, dass dies – jedenfalls soweit es um die Besicherung rechtlich zugewiesener Information geht – kein zwingendes Erfordernis ist. Anders als die Verfügung über das Eigentum erfordert die Verfügung über Immaterialgüterrechte gerade keine Publizität. Wie der Zugriff auf die digitale Information interessengerecht ausgestaltet werden kann, wird noch näher darzustellen sein.[74]

---

[73] *H. Schmidt*, WM 2012, 721 (723).
[74] S. dazu eingehend § 10.

VI. Sicherungswert digitaler Information

Abschließend ist noch ein Blick auf den Sicherungswert digitaler Information zu werfen.[75] Als Sicherheit wird sie ein potenzieller Kapitalgeber nur dann akzeptieren, wenn ihre Verwertung im Sicherungsfall einen ausreichenden Erlös erwarten lässt. Von Belang ist neben der wirksamen Bestellung mithin auch der Sicherungswert einer Sicherheit.[76] Seine Ermittlung lässt eine Bewertung des Sicherungsguts erforderlich werden. Die Bewertung erfolgt dabei nicht nur im Eigeninteresse des Sicherungsnehmers, sondern ist auch aus aufsichtsrechtlichen Gründen geboten.[77] Durch eine Bewertung der Sicherheit wird ferner ersichtlich, ob eine Übersicherung des Sicherungsnehmers vorliegt.[78] Je länger die Laufzeit des Kredits ist, desto weniger scheint zudem sicher, dass der einmal ermittelte Wert des Sicherungsguts im Zeitpunkt des Sicherungsfalls noch vorhanden ist. Damit ist die Wertbeständigkeit des Sicherungsguts angesprochen. Sowohl die Bewertung als auch die Wertbeständigkeit sind im Fall digitaler Information höchst problematisch.

Wie die bisherige Untersuchung ergeben hat, ist bei der Besicherung digitaler Information zwischen zwei Konstellationen zu differenzieren: Ist die digitale Information immaterialgüterrechtlich zugewiesen, erhält der Sicherungsnehmer eine gegenüber jedermann wirkende Rechtsposition an der digitalen Information. Andernfalls erhält er zwar nur eine obligatorisch wirkende Rechtsstellung. Sie wird allerdings von einer faktischen Ausschließlichkeit flankiert. In beiden Fällen orientiert sich der Sicherungswert im Ausgangspunkt am Wert der digitalen Information selbst. Dennoch dürfte ein Kapitalgeber die durch ein Monopolrecht verliehene Exklusivität im Ergebnis um ein Vielfaches höher bewerten als die auf faktischen Gegebenheiten beruhende.

1. Bewertung digitaler Information

Da die vorliegende Untersuchung thematisch auf die Kreditfinanzierung von Unternehmen beschränkt ist, werden im Folgenden ausschließlich Möglichkeiten zur Ermittlung des Sicherungswerts digitaler Information betrachtet, die sich in der Hand eines Unternehmens befindet.

---

[75] Vgl. in diesem Zusammenhang bereits die obigen Ausführungen zum Wert digitaler Information, S. 57 ff.

[76] Lwowski/Fischer/Gehrlein/*Lwowski*, § 2 Rn. 20.

[77] So müssen die Kreditinstitute nach Art. 92 CRR gewissen Eigenmittelanforderungen genügen, die sich anhand des von ihnen übernommenen Gesamtrisikobetrags bemessen. Dazu näher unten S. 227 f.

[78] *H. Schmidt*, WM 2012, 721 (725).

a) Unternehmensbilanz

Als Ansatzpunkt für den Sicherungswert digitaler Information könnte sich die Bilanz eines Unternehmens erweisen. Sie hat nach dem in § 246 Abs. 1 S. 1 HGB normierten Vollständigkeitsgebot grundsätzlich sämtliche, d.h. materielle und immaterielle Vermögensgegenstände auszuweisen.[79] Die abstrakte Aktivierungsfähigkeit digitaler Information erfordert, dass es sich um einen Vermögensgegenstand (im handelsbilanziellen Sinne) handelt. Obwohl dem Begriff im HGB eine zentrale Rolle zukommt, fehlt eine gesetzliche Definition.[80] Nach der wohl überwiegenden Ansicht in der Literatur setzt die Ansatzfähigkeit eines immateriellen Guts voraus, dass es selbstständig bewert- und verwertbar ist.[81] Zwar kann das Vorliegen beider Kriterien nur mit Blick auf den konkreten Einzelfall abschließend beurteilt werden. Legt man allerdings die Ergebnisse der bisherigen Untersuchung zugrunde, dürfte die abstrakte Aktivierungsfähigkeit digitaler Information – insbesondere im Umfeld der Digitalwirtschaft – regelmäßig zu bejahen sein. An der Verwertbarkeit digitaler Information besteht kein Zweifel, soweit eine Zuweisung durch Ausschließlichkeitsrechte erfolgt. Die Verwertbarkeit ist in diesem Fall durch die Möglichkeit gegeben, das Schutzrecht zu übertragen oder zu lizenzieren.[82] Aber auch wenn die digitale Information sondergesetzlich nicht exklusiv zugewiesen ist, kann das in ihr steckende wirtschaftliche Potenzial realisiert werden, indem sie auf faktischer Grundlage zum Gegenstand vertraglicher Austauschbeziehungen gemacht wird. Liegt die eigenständige Verwertbarkeit vor, wird zumeist auch die selbstständige Bewertbarkeit gegeben sein. Dabei handelt es sich um ein Objektivierungskriterium, das sicherstellen soll, dass nur hinreichend individualisierbare Werte bilanzierungsfähig sind.[83] Sofern die abstrakte Aktivierungsfähigkeit digitaler Information zu bejahen ist, ist sie von dem

---

[79] Gerade immaterielle Vermögensgegenstände bereiten im Bilanzrecht allerdings größere Schwierigkeiten, BeckOGK HGB/*Hennrichs*, Stand: 01.10.2020, § 246 HGB Rn. 51. Die Probleme im Umgang mit immateriellen Wirtschaftsgütern verdeutlicht etwa die Bilanz Metas (vormals Facebook) aus dem Jahr 2018, in der immaterielle Vermögenswerte gerade einmal etwas mehr als ein Prozent ausmachten, vgl. *Loitz*, DB 2020/9, M4 f. Aufgrund des bereits mehrfach angesprochenen Entmaterialisierungstrends dürfte die Bilanzierung immaterieller Wirtschaftsgüter und insbesondere die von digitaler Information in Zukunft an Bedeutung gewinnen.

[80] Es handelt sich um einen unbestimmten Rechtsbegriff. Eingehend zum Ganzen Beck HdR/*Radde/Hanke*, B 211 Rn. 1–15.

[81] EBJS/*Böcking/Gros/Wirth*, § 246 HGB Rn. 3; BeckOGK HGB/*Hennrichs*, Stand: 01.10. 2020, § 246 HGB Rn. 29; Hopt/*Merkt*, § 246 HGB Rn. 4 f.

[82] Eine konkrete Einzelveräußerbarkeit ist nicht erforderlich. Insofern steht beispielsweise § 29 Abs. 1 UrhG einer Aktivierung nicht entgegen. Näher BeckOGK HGB/*Hennrichs*, Stand: 01.10.2020, § 246 HGB Rn. 22.

[83] Beck HdR/*Radde/Hanke*, B 211 Rn. 10.

betreffenden Unternehmen aufgrund des bereits genannten Vollständigkeitsgebots grundsätzlich zu bilanzieren. Eine Ausnahme von diesem Grundsatz regelt § 248 Abs. 2 HGB. Gem. § 248 Abs. 2 S. 1 HGB hat das bilanzierende Unternehmen bei selbst geschaffenen immateriellen Vermögensgegenständen die Wahl, ob es sie ansetzt oder nicht.[84] Daraus ergibt sich im Umkehrschluss, dass entgeltlich erworbene immaterielle Vermögensgegenstände einer Aktivierungspflicht unterliegen.[85] Digitale Information ist folglich immer dann zu bilanzieren, wenn sie von dem Unternehmen im Austausch gegen ein monetäres Entgelt bezogen wurde, z. B. auf Datenmärkten. Dies dürfte gegenwärtig eher die Ausnahme sein, könnte in Zukunft jedoch mehr und mehr zur Regel werden. Interessant ist in diesem Zusammenhang die Frage, wie das digitale Geschäftsmodell „Dienst gegen Daten"[86] zu beurteilen ist. Dabei stellen die Nutzer einem Unternehmen ihre personenbezogene Information als Gegenleistung für die Inanspruchnahme eines von diesem angebotenen Diensts zur Verfügung. Zwar bezahlt das Unternehmen dem Nutzer keinen monetären Preis für die digitale Information. Allerdings erhält es sie nur, weil es im Gegenzug eine Leistung erbringt, die der Nutzer nur durch die Einwilligung in die Verarbeitung seiner personenbezogenen Information in Anspruch nehmen kann. Vor diesem Hintergrund fällt es schwer, die auf diese Weise erlangte digitale Nutzerinformation als selbst geschaffen zu qualifizieren. Gleichwohl dürfte diese Bewertung nur auf die jeweils zur Verfügung gestellten Einzelinformationen zutreffen. Die daraus gewonnenen Erkenntnisse – z. B. das auf Basis der Einzelinformationen erstellte Persönlichkeitsprofil eines Nutzers – wird man dagegen als selbst geschaffen ansehen müssen. Auch digitale Sensorinformation dürfte in aller Regel selbst geschaffen sein, weil sie stets innerhalb des jeweiligen Unternehmens anfällt. In Bezug auf digitale Inhalte ist wegen des zumeist vorliegenden urheberrechtlichen Schutzes anzunehmen, dass sie das bilanzierende Unternehmen lizenziert hat. Die erworbenen Nutzungsrechte wären in diesem Fall grundsätzlich in der Bilanz auszuweisen.[87] Von

---

[84] Das Aktivierungswahlrecht fand erst mit dem BilMoG 2009 Eingang in das Gesetz. Bis dahin galt aus Vorsichts- und Objektivierungsgründen ein Ansatzverbot für nicht entgeltlich erworbene immaterielle Vermögensgegenstände, näher BeckOGK HGB/*Dicken*, Stand: 01.08.2022, § 248 HGB Rn. 5. Ausweislich der Gesetzesbegründung (BT-Drs. 19/10067, S. 49) sollte mit der Einführung des Aktivierungswahlrechts der wachsenden Bedeutung immaterieller Vermögensgegenstände in einer wissensbasierten Gesellschaft Rechnung getragen sowie innovativen mittelständischen Unternehmen und Start-ups die Möglichkeit gegeben werden, durch die Aufnahme in die Bilanz ihre Außendarstellung zu verbessern.

[85] EBJS/*Böcking/Gros*, § 248 HGB Rn. 20; BeckOGK HGB/*Dicken*, Stand: 01.08.2022, § 248 HGB Rn. 68 f.

[86] *Metzger*, AcP 216 (2016), 817 ff. S. dazu auch bereits oben § 2 Fn. 39.

[87] Vgl. in diesem Zusammenhang BeckOGK HGB/*Dicken*, Stand: 01.08.2022, § 248 HGB Rn. 148.1.

dem Ansatzwahlrecht macht § 248 Abs. 2 S. 2 HGB allerdings eine Rückausnahme, indem bestimmte immaterielle Vermögensgegenstände mit einem Aktivierungsverbot belegt werden. Demnach dürfen selbst geschaffene Marken, Drucktitel, Verlagsrechte, Kundenlisten oder vergleichbare immaterielle Vermögensgegenstände nicht bilanziert werden.[88] Da die Vorschrift *expressis verbis* nur Marken dem Ansatzverbot unterwirft, lässt sich unter Heranziehung des in § 266 Abs. 2 HGB enthaltenen Bilanzierungsgliederungsschemas (unter A. I. 1.) umgekehrt schlussfolgern, dass alle anderen selbst geschaffenen Immaterialgüterrechte dem Aktivierungswahlrecht unterfallen.[89] Nicht überzeugend ist es vor diesem Hintergrund deshalb, diese Immaterialgüterrechte als vergleichbare immaterielle Gegenstände i. S. d. § 248 Abs. 2 S. 2 Var. 5 HGB aufzufassen.[90] Im Hinblick auf die konkrete Aktivierungsfähigkeit selbst geschaffener digitaler Information folgt daraus, dass sie, soweit sie dem bilanzierenden Unternehmen durch eines der in § 4 der Untersuchung erörterten Immaterialgüterrechte zugewiesen ist, in die Unternehmensbilanz aufgenommen werden kann. Dasselbe dürfte auch zu gelten haben, wenn das bilanzierende Unternehmen zwar über kein rechtliches Monopol, wohl aber über eine faktische Exklusivität hinsichtlich der selbst geschaffenen digitalen Information verfügt. Abgesehen von der Tatsache, dass in diesem Fall die digitale Information selbst und nicht ein daran bestehendes Immaterialgüterrecht zu bilanzieren ist, unterscheidet sich diese Situation nicht wesentlich von der Zuweisung durch Immaterialgüterrechte. Sofern die erforderliche Abgrenzbarkeit vom Geschäfts- oder Firmenwert vorliegt, wird man dem Unternehmen somit auch in Bezug auf rechtlich nicht zugewiesene digitale Information ein Aktivierungswahlrecht attestieren müssen. Nicht überzeugend ist schließlich die Auffassung, dass Datenbestände, die personenbezogene Information beinhalten, unter die dem Ansatzverbot des § 248 Abs. 2 S. 2 Var. 4 HGB unterfallenden Kundenlisten zu fassen seien.[91] Zwar kann es für das Ansatzverbot keine Rolle spielen, ob die Kundenliste digital oder auf Papier geführt wird. Wenn also etwa ein Einzelkaufmann die personenbezogene Information seiner Kunden digital erfasst und abspeichert, ist der darin steckende Vermögenswert genauso wenig bilanzierungsfähig, wie wenn er sie in einem Adressbuch festgehalten hätte. Die im Rahmen der vorliegenden Untersuchung interessierenden

---

[88] Der Grund für das Aktivierungsverbot ist, dass die Ausgaben für die Schaffung derartiger immaterieller Vermögensgegenstände nicht immer zweifelsfrei von denjenigen unterschieden werden können, die für die Entwicklung des Unternehmens als Ganzes anfallen, s. zur Begründung BT-Drs. 16/10067, S. 50. Vgl. ferner IAS 38.63/64.
[89] MüKoHGB/*Ballwieser*, § 248 HGB Rn. 20 ff.; BeckOGK HGB/*Dicken*, Stand: 01.08.2022, § 248 HGB Rn. 146.
[90] So aber z. B. Beck Bil-Komm./*S. Schmidt/Usinger*, § 248 HGB Rn. 24.
[91] So aber BeckOGK HGB/*Dicken*, Stand: 01.08.2022, § 248 HGB Rn. 147.

Datenbestände gehen allerdings sowohl in quantitativer als auch in qualitativer Hinsicht weit über bloße Kundenlisten hinaus. Die Subsumtion derartiger Datenbestände unter den Tatbestand des § 248 Abs. 2 S. 2 Var. 4 HGB begegnet deshalb schon hinsichtlich des Wortlauts großen Bedenken. Darüber hinaus ist auch aus teleologischen Gesichtspunkten ein Ansatzverbot nicht geboten. Im Gegensatz zu der von einem Einzelkaufmann geführten Kundenliste stellen Datenbestände, die einen für die Kreditsicherung relevanten Umfang erlangt haben, vom Geschäfts- oder Firmenwert unabhängige Assets dar.

Liegen die Voraussetzungen des Aktivierungswahlrechts vor, kann das bilanzierende Unternehmen gem. § 255 Abs. 2a HGB die für die Herstellung der digitalen Information erforderlichen Kosten in Ansatz bringen. Da digitale Information an sich allerdings keiner Entwicklung bedarf, wird abzuwarten sein, inwieweit die mit ihrer Erhebung, Analyse und Speicherung zusammenhängenden Kosten in Ansatz gebracht werden können. Im Ergebnis zeigt sich, dass die Bilanz eines Unternehmens durchaus das Potenzial hat, möglichen Kapitalgebern einen Anhaltspunkt bezüglich des Sicherungswerts der digitalen Information des Unternehmens zu liefern. Daher sollten Unternehmen, die eine Kreditbesicherung ihrer digitalen Information anstreben, nach Möglichkeit von ihrem Aktivierungswahlrecht Gebrauch machen.

b) Betriebswirtschaftliche Bewertungsmethoden

Zur Ermittlung des Sicherungswerts digitaler Information ist ferner ein Rückgriff auf die in der Betriebswirtschaftslehre anerkannten Methoden zur Bewertung immaterieller Vermögensgegenstände denkbar. Regelmäßig werden drei Bewertungsmethoden unterschieden:[92]

– Kostenorientierter Ansatz (Cost Approach)
– Kapitalwertorientierter Ansatz (Income Approach)
– Marktorientierter Ansatz (Market Approach)

Beim kostenorientierten Ansatz werden die Anschaffungs- bzw. Herstellungskosten berücksichtigt.[93] Die Bewertung kann einerseits danach erfolgen, welche Kosten für die Herstellung eines exakten Duplikats des Vermögenswerts entstehen würden.[94] Andererseits können die Kosten herangezogen werden, die für die Herstellung oder Beschaffung eines Vermögenswerts mit äquivalentem Nutzen

---

[92] *Natusch*, FB 2009, 438 (441–443); *Nestler*, in: Fischer/Hoppen/Wimmers, DGRI Jahrbuch 2018, S. 37 (42).

[93] *Nestler*, in: Fischer/Hoppen/Wimmers, DGRI Jahrbuch 2018, S. 37 (42). Die Anschaffungs- und Herstellungskosten sind auch für die Bilanz von Bedeutung, vgl. § 253 Abs. 1 S. 1 HGB.

[94] *Natusch*, FB 2009, 438 (442).

anfallen würden.⁹⁵ Demgegenüber stellt der kapitalwertorientierte Ansatz auf die zu erwartende Ertragskraft des Bewertungsobjekts ab, d. h. auf die Möglichkeit, zukünftig Einzahlungsüberschüsse zu generieren.⁹⁶ Beim marktorientierten Ansatz schließlich ist zentraler Bewertungsparameter der auf einem Markt erzielte Preis.⁹⁷ Der für die Kreditbesicherung digitaler Information vielversprechendste Bewertungsansatz dürfte der marktorientierte Ansatz sein. Da die Befriedigung des Gläubigers stets durch die Veräußerung der digitalen Information erzielt wird, sollte dieser Ansatz dem zu erwartenden Erlös am nächsten kommen. Die Kehrseite dieses Ansatzes ist allerdings, dass die für die Preisbildung digitaler Information erforderlichen Informationsmärkte bislang nur schwach ausgeprägt sind. Gleichwohl ist mit voranschreitender Digitalisierung in Zukunft damit zu rechnen, dass stetig neue Handelsplätze entstehen werden. Bis sich verlässliche Marktpreise für die unterschiedlichen Arten digitaler Information herausgebildet haben, bleibt nur der Rückgriff auf die beiden übrigen Ansätze. Hierbei dürfte dem kostenbasierten Ansatz der Vorzug zu geben sein. Dabei ist zu beachten, dass digitale Information (im Rohzustand) oftmals nur nebenbei und ohne besonderen Aufwand generiert wird. Kosten fallen in der Regel erst für die Analyse und Veredelung an. Erst hierdurch wird ein informatorischer Mehrwert geschaffen.

2. Wertstabilität digitaler Information

Je länger die Laufzeit des Kreditvertrags bemessen ist, desto stärker rückt ferner die Wertbeständigkeit digitaler Information in den Fokus. Während immaterielle Vermögenswerte im Gegensatz zu Sachwerten tendenziell zu einer größeren Volatilität neigen, kommt im Rahmen der Wertbeständigkeit digitaler Information noch ein weiteres Problem hinzu. Je nachdem um welche Art von digitaler Information es sich handelt, kann sie, in Abhängigkeit des jeweiligen Verwendungszusammenhangs, sehr schnell veralten. Das kann im Einzelfall einen vollständigen Wertverlust zur Folge haben.⁹⁸ Daher muss vor einer Kreditbesicherung genau geprüft werden, ob und ggf. inwieweit die als Sicherheit dienende digitale Information von einem Wertverlust bedroht ist. Da anzunehmen ist, dass ein bedeutender Teil digitaler Information einem Alterungsprozess unterliegt, wird man zum Schutz des Sicherungsgebers in diesen Fällen nicht umhinkommen, im Sicherungsvertrag eine Update-Verpflichtung⁹⁹ vorzusehen. Das bedeutet, dass

---

⁹⁵ *Ders.*, FB 2009, 438 (442).
⁹⁶ *Nestler*, in: Fischer/Hoppen/Wimmers, DGRI Jahrbuch 2018, S. 37 (43).
⁹⁷ *Dies.*, in: Fischer/Hoppen/Wimmers, DGRI Jahrbuch 2018, S. 37 (43).
⁹⁸ S. dazu bereits oben S. 58.
⁹⁹ Vgl. in diesem Zusammenhang § 327f BGB, der eine Pflicht zur Aktualisierung digitaler Produkte vorsieht.

der Sicherungsgeber dazu verpflichtet wird, die als Kreditsicherheit hinterlegte digitale Information in regelmäßigen Abständen oder sogar in Echtzeit zu aktualisieren, um den Sicherungswert der digitalen Information auf einem konstanten Level zu halten. Nur so ist sichergestellt, dass die digitale Information auch im Sicherungsfall noch einen Erlös verspricht.

§ 6 Beleihung der Datenträger

Nachdem in den vorangegangenen beiden Abschnitten die Zuweisung digitaler Information sowie die Grundlagen ihrer Besicherung dargestellt wurden, sollen in den nachfolgenden Abschnitten verschiedene Möglichkeiten untersucht werden, wie der Vermögenswert digitaler Information als Kreditsicherheit eingesetzt werden kann. Dabei erscheint es im ersten Zugang naheliegend, die für ihre Verkörperung notwendigen Datenträger als Sicherungsmittel heranzuziehen.[1] Inwieweit die Datenträger, auf denen die digitale Information des Unternehmens gespeichert ist, als Kreditsicherheit herangezogen werden können, hängt maßgeblich vom Umfang der Berechtigung, die das beleihende Unternehmen an den Datenträgern hat, ab. Keine Bedenken gegen die Beleihung der Datenträger ergeben sich, wenn sie entweder im Eigentum des kreditbegehrenden Unternehmens stehen oder es jedenfalls über ein Anwartschaftsrecht verfügt. In diesem Fall scheint neben einer Sicherungsübertragung auch eine Verpfändung der Datenträger denkbar (s. dazu sogleich unter I.). Hat das Unternehmen dagegen keine dingliche Berechtigung an den Datenträgern, kommen für den Einsatz als Kreditsicherheit allenfalls schuldrechtliche Ansprüche in Betracht. Hierbei ist zwischen zwei verschiedenen Konstellationen zu differenzieren: Beschafft das Unternehmen die Datenträger selbst, geschieht dies meist in Form eines Hardware-Leasings, seltener dagegen als Hardware-Miete.[2] Verzichtet das Unternehmen dagegen auf eine eigenständige Beschaffung von Datenträgern, muss es zur Verarbeitung und Speicherung seiner digitalen Information auf externe Hardware-Ressourcen zurückgreifen. Zu diesem Zweck werden dem outsourcenden Unternehmen herkömmlicherweise in einem Rechenzentrum eigene Server bereitgestellt.[3] Gemeinsamkeit beider Konstellationen ist, dass das Unternehmen jeweils einen Gebrauchsüberlassungsanspruch an den Datenträgern erwirbt. Das klassische IT-Outsourcing rückt in der eben beschriebenen Form jedoch zusehends in den Hintergrund.[4] Stattdessen gewinnt das Cloud-Computing immer mehr an Bedeutung. Charakteristisch für das Cloud-Computing ist, dass vorhan-

---

[1] Vgl. *Westermann*, WM 2018, 1205 (1207 f.).
[2] Vgl. dazu Auer-Reinsdorff/Conrad/*Stadler*, § 15 Rn. 61–110.
[3] Leupold/Glossner/*Stögmüller*, MAH IT-Recht, 3. Aufl. 2013, Teil 4 Rn. 6.
[4] *Redeker*, IT-Recht, Rn. 841.

dene Hardware-Ressourcen mithilfe einer Virtualisierungssoftware so gebündelt werden, dass die Verteilung des Cloud-Diensts auf mehrere Server nach außen hin nicht mehr erkennbar ist.[5] Daraus folgt zum einen, dass in der Cloud gespeicherte digitale Information keiner konkreten Hardwareeinheit mehr zugeordnet werden kann. Zum anderen folgt daraus, dass das Unternehmen – im Gegensatz zum herkömmlichen IT-Outsourcing – keinen eigenen Server mehr zur Verfügung gestellt bekommt, sondern es sich einen physischen Server mit anderen Nutzern teilt.[6] Für die vorliegende Untersuchung bedeutet das im Ergebnis, dass für den Fall, dass das Unternehmen seine digitale Information in der Cloud gespeichert hat, die Beleihung subjektiver Rechte an den Datenträgern von vorneherein ausscheidet, weil das Unternehmen im Rahmen der Vertragsbeziehung mit dem Cloud-Anbieter keine Berechtigung an den jeweiligen Datenträgern erhält.[7] Soweit das Unternehmen dagegen (noch) über schuldrechtliche Ansprüche an den Datenträgern verfügt, bedarf nachfolgend der Überprüfung, inwieweit diese als Kreditsicherungsmittel geeignet sind (unter II.).

I. Dingliche Berechtigung an den Datenträgern

1. Sicherungsübereignung

Stehen die Datenträger, auf denen die digitale Information gespeichert ist, im Eigentum des kreditbegehrenden Unternehmens, kommt zum einen in Betracht, sie an den Sicherungsnehmer zur Sicherheit zu übereignen. Dabei bietet es sich – wie üblich – auch in diesem Fall an, die zur Übertragung des Eigentums an sich erforderliche Übergabe der Datenträger gem. §§ 929 S. 1, 930 BGB durch die Vereinbarung eines Besitzkonstituts zu ersetzen, damit die Datenträger in der Herrschaftssphäre des sicherungsgebenden Unternehmens verbleiben können. Das erscheint – im Gegensatz zum klassischen Fall eines Betriebsmittelkredits – zwar nicht zwingend geboten, da der Sicherungsgeber zur Erzielung der für die Rückzahlung des Darlehens erforderlichen Umsätze lediglich Zugriff auf die auf den Datenträgern gespeicherte digitale Information benötigt. An welchem Ort die Datenträger physisch belegen sind, ist, unter der Voraussetzung, dass der Zugriff auf die digitale Information gewährleistet ist, zweitrangig. Allerdings

---

[5] Auer-Reinsdorff/Conrad/*Strittmatter*, § 22 Rn. 5.
[6] Dies wird auch als Multi-Tenant-Architektur bezeichnet, Leupold/Wiebe/Glossner/*James*, IT-Recht, Teil 11.2 Rn. 4.
[7] In Betracht kommt in diesem Fall, die schuldrechtlichen Ansprüche in Bezug auf die gespeicherte digitale Information zum Gegenstand der Kreditsicherung zu machen, s. dazu unten S. 158 ff.

verursacht die Übergabe der Datenträger (je nach Anzahl unter Umständen sehr hohe) Transaktionskosten, die sich durch die Vereinbarung eines Besitzkonstituts vermeiden lassen. Da sich Datenträger im Übrigen nicht wesentlich von anderen körperlichen Wirtschaftsgütern unterscheiden, kann an dieser Stelle vollumfänglich auf die zur Sicherungsübereignung entwickelten Grundsätze verwiesen werden. Allerdings sollten die Parteien, sofern die digitale Information auf einer Vielzahl von Servern gespeichert ist – was insbesondere bei Unternehmen mit größeren Datenbeständen der Fall sein wird –, verstärkt auf die Einhaltung der sachenrechtlichen Grundsätze der Spezialität sowie der Bestimmtheit achten. Demzufolge muss jeder Datenträger einzeln zur Sicherheit übereignet werden, wobei es möglich ist, sie zusammenzufassen. Soll die gesamte digitale Information eines Unternehmens zur Sicherheit übereignet werden, kann dies unter Wahrung obiger Grundsätze etwa dadurch geschehen, dass „alle Server des Unternehmens" sicherungsübereignet werden.[8] Probleme können allenfalls dann auftreten, wenn nur ein Teil der Server sicherungsübereignet werden soll. In diesem Fall gilt, dass das Sicherungsgut so genau bezeichnet werden muss, dass jeder, der den Inhalt des Vertrags kennt, es von allen anderen gleichartigen Sachen des Sicherungsgebers oder eines Dritten deutlich unterscheiden kann.[9]

Wie bereits angesprochen ist die Belassung der Datenträger im unmittelbaren Besitz des sicherungsgebenden Unternehmens nicht in derselben Weise zwingend wie bei anderen Wirtschaftsgütern. Für die Nutzbarkeit der Datenträger spielt es aufgrund der mit dem Internet geschaffenen Ubiquität keine Rolle, an welchem Ort sie sich physisch befinden. Aus diesem Grund erscheint im Rahmen der Sicherungsübereignung – neben der Vereinbarung eines Besitzkonstituts – auch die körperliche Übergabe der Datenträger an den Sicherungsnehmer als grundsätzlich denkbarer Weg. Dies hätte für den Sicherungsnehmer den Vorteil, dass sich in diesem Fall nicht nur die Datenträger, sondern auch die darauf gespeicherte digitale Information – als eigentliches Sicherungsgut – in seinem unmittelbaren „Besitz" befänden. Gleichwohl wird die Übergabe der Datenträger in der Regel mit einem erheblichen logistischen Aufwand verbunden sein. Darüber hinaus ist zu bedenken, dass der Sicherungsnehmer über eine zum Betrieb der

---

[8] Vgl. zum Ganzen Ellenberger/Bunte BankR-HdB/*Ganter*, § 74 Rn. 40.
[9] Ständige Rechtsprechung, zuletzt BGH, NJW 2008, 3142 (3144). Dies ist auch im Interesse des Sicherungsnehmers. Mag es bei 100 Mastferkeln im Ergebnis aufgrund der vergleichbaren Wertverhältnisse keine Rolle spielen, welche Mastferkel im Einzelnen Gegenstand der Sicherungsübereignung sind, ist das bei Datenträgern gerade nicht der Fall. Dort kommt der Individualisierbarkeit des jeweiligen Datenträgers eine bedeutende Rolle zu. Zwar sind Datenträger unter Zugrundelegung ihrer physikalischen Struktur grundsätzlich ein homogenes Gut. Allerdings erfolgt die Sicherungsübereignung gerade wegen der auf ihnen gespeicherten digitalen Information, die mit Blick auf die Wertverhältnisse von Datenträger zu Datenträger höchst unterschiedlich sein kann.

Datenträger geeignete Infrastruktur verfügen müsste, da andernfalls ein Zugriff auf die Datenträger und die darauf gespeicherte digitale Information durch den Sicherungsgeber nicht möglich ist. Das schließt nicht nur eine regelmäßige Wartung, sondern auch die Vorhaltung eines Supports ein, falls es beim Betrieb der Datenträger zu Problemen kommen sollte. Aus diesen Gründen ist in aller Regel nicht anzunehmen, dass sich die Parteien im Rahmen der Sicherungsübereignung für die Übergabe der Datenträger entscheiden werden. Ausgeschlossen erscheint dies gleichwohl nicht. Vorstellbar ist das etwa bei einem sehr kleinen, aber dennoch sehr wertvollen Datenbestand. In diesem Fall treten die Transaktionskosten in den Hintergrund. Die soeben genannten Grundsätze gelten analog, wenn das sicherungsgebende Unternehmen zwar noch nicht das Volleigentum, jedoch ein Anwartschaftsrecht an den Datenträgern erworben hat.[10]

2. *Verpfändung*

Neben der Sicherungsübereignung kommt ferner die Bestellung eines Pfandrechts an den Datenträgern in Betracht. Bekanntlich setzt die Verpfändung einer Sache gem. § 1205 Abs. 1 S. 1 BGB zwingend ihre Übergabe voraus. Anders als bei den §§ 929 ff. BGB kann sie nicht durch die Vereinbarung eines Besitzkonstituts ersetzt werden.[11] Wie im Rahmen der Sicherungsübereignung gezeigt wurde, ist eine Übergabe von Datenträgern grundsätzlich denkbar. Insbesondere wären sie unter den dort genannten Voraussetzungen – im Gegensatz zu anderen Wirtschaftsgütern – weiterhin wirtschaftlich nutzbar. Zwar ist der Pfandgläubiger gem. § 1215 BGB von Gesetzes wegen nur zur (passiven) Verwahrung der Datenträger verpflichtet. Allerdings können die Parteien besondere Abmachungen treffen.[12] Daher erscheint es grundsätzlich möglich, eine Pflicht zum Betrieb der verwahrten Datenträger durch den Pfandgläubiger vorzusehen. Nichtsdestoweniger dürften die mit der Übergabe der Datenträger verbundenen Transaktionskosten – wie bei der Sicherungsübereignung nach § 929 S. 1 BGB – den vertretbaren Rahmen regelmäßig sprengen. Eine Verpfändung von Datenträgern dürfte aus diesem Grund kaum jemals in Betracht kommen.

---

[10] Gegenstand der Sicherungsübereignung ist in diesem Fall das Anwartschaftsrecht an den Datenträgern.

[11] Wie schon verschiedentlich hervorgehoben, ist die praktische Bedeutung des Sachpfandrechts aus diesem Grund äußerst gering. Pfandrechte an Sachen entstehen heute in erster Linie kraft Gesetzes oder durch AGB. Gleichwohl darf das gewerbliche Pfandleihgeschäft nicht unterschätzt werden, näher zum Ganzen BeckOGK BGB/*Förster*, Stand: 01.10.2022, § 1204 BGB Rn. 34–36.

[12] Vgl. BeckOGK BGB/*ders.*, Stand: 01.10.2022, § 1215 BGB Rn. 6.

II. Schuldrechtliche Berechtigung an den Datenträgern

Sofern der Kreditschuldner lediglich über eine schuldrechtliche Berechtigung an den Datenträgern verfügt, stellt sich die Frage, ob auch diese als Sicherungsmittel herangezogen werden kann. Wie die Möglichkeiten der Sicherungsabtretung gem. § 398 S. 1 BGB und der Forderungsverpfändung (vgl. § 1279 S. 1 BGB) zeigen, können auch schuldrechtliche Ansprüche als Sicherheit dienen. Unabdingbare Voraussetzung hierfür ist allerdings, dass der Anspruch übertragbar ist (vgl. § 399 Alt. 1 sowie § 1274 Abs. 2 BGB). Dies ist bei den eingangs genannten Gebrauchsüberlassungsansprüchen indes nicht der Fall, da ihre Abtretung stets mit einer Inhaltsänderung des Anspruchs verbunden wäre. Eine solche liegt vor, wenn die geschuldete Leistung eine unvertretbare Handlung ist, die an einen anderen Gläubiger nicht in gleicher Weise bewirkt werden könnte.[13] So verhält es sich bei der Gebrauchsüberlassung von Datenträgern, da die Art und Weise ihrer Benutzung stets von der Person des Nutzungsberechtigten abhängt.[14] Ferner spielt der konkret zur Nutzung Berechtigte auch für den vertrauensvollen Umgang mit den Datenträgern eine Rolle.[15] Im Ergebnis sind daher sowohl die aus einer Hardware-Miete als auch die aus einem Hardware-Leasing resultierenden Gebrauchsrechte nicht abtretbar.[16] Aus diesem Grund scheidet sowohl die Sicherungsabtretung als auch die Verpfändung der an den Datenträgern bestehenden Gebrauchsüberlassungsansprüche aus.

III. Erfassung digitaler Information?

Die bisherige Untersuchung hat ergeben, dass neben der Sicherungsübereignung auch die Verpfändung der Datenträger grundsätzlich in Betracht kommt. Da das eigentliche Ziel allerdings die Beleihung der auf den Datenträgern gespeicherten digitalen Information ist, stellt sich nun konsequent die Frage, ob diesem Ziel durch die Sicherungsübereignung bzw. Verpfändung der Datenträger einen Schritt nähergekommen wird. Oder präziser formuliert: Erfasst das Sicherungseigentum bzw. das Pfandrecht am Datenträger auch die darauf gespeicherte digitale Information? Mit Rücksicht auf die in § 4 gefundenen Ergebnisse muss diese Frage mit Nein beantwortet werden. Das Eigentum am Datenträger erstreckt sich

---

[13] Staudinger/*Busche*, § 399 BGB Rn. 5 f.
[14] Vgl. Staudinger/*ders.*, § 399 BGB Rn. 8.
[15] Vgl. Staudinger/*ders.*, § 399 BGB Rn. 8.
[16] Vgl. BeckOGK BGB/*Lieder*, Stand: 01.09.2022, § 399 BGB Rn 32.2. Dasselbe gilt im Fall des klassischen Outsourcings, da auch dort die Überlassung der Hardware als Miete anzusehen ist, vgl. *Redeker*, IT-Recht, Rn. 843.

lediglich auf die körperliche Struktur des Datenträgers. Eine rechtliche Zuweisung der darauf befindlichen Datenverkörperungen findet durch das Sacheigentum gerade nicht statt.[17] Folglich kann auch die Sicherungsübereignung bzw. Verpfändung des Datenträgers keinen Einfluss auf die auf dem Datenträger gespeicherte digitale Information haben. Weder das Sicherungseigentum noch das Pfandrecht am Datenträger verleihen demnach eine dingliche Verwertungsbefugnis der darauf gespeicherten digitalen Information. Für die vorliegende Untersuchung folgt daraus im Ergebnis, dass die Beleihung der auf einem Datenträger gespeicherten digitalen Information nicht durch die Sicherungsübereignung bzw. Verpfändung des Datenträgers erreicht werden kann. Sollen die Datenträger dennoch zur Sicherheit übereignet oder verpfändet werden – wofür es gute Gründe geben kann (s. dazu sogleich) – ist mithin sicherzustellen, dass der Sicherungsnehmer zusätzlich eine Berechtigung an der darauf gespeicherten digitalen Information erhält. Andernfalls könnte der Sicherungsnehmer im Sicherungsfall allenfalls die Datenträger verwerten, die verglichen mit der auf ihnen gespeicherten digitalen Information lediglich einen Bruchteil wert sind.[18] Welche Möglichkeiten für die Beleihung der digitalen Information in Betracht kommen, ist Gegenstand der nachfolgenden Abschnitte.

IV. Fazit und Bewertung

Die Beleihung der Datenträger kann außer durch eine Sicherungsübereignung grundsätzlich auch durch die Bestellung eines Pfandrechts bewirkt werden. Gleichwohl dürften die Transaktionskosten für eine körperliche Übergabe der Datenträger regelmäßig so hoch sein, dass der unmittelbare Besitz beim sicherungsgebenden Unternehmen verbleiben soll. In den allermeisten Fällen werden sich die Parteien daher für eine Sicherungsübereignung mittels Besitzkonstituts nach §§ 929 S. 1, 930 BGB entscheiden. Weder die Sicherungsübereignung noch die Verpfändung der Datenträger führt allerdings zu dem eigentlich erwünschten Ergebnis, dass der Sicherungsnehmer ein (dingliches) Verwertungsrecht an der auf den Datenträgern gespeicherten digitalen Information erhält. Die Besicherung der Datenträger hat infolgedessen keine Auswirkungen auf die darauf be-

---

[17] Erst recht können die Datenverkörperungen mangels Körperlichkeit selbst nicht zum Gegenstand einer Sicherungsübereignung oder eines Pfandrechts gemacht werden.

[18] Das gilt uneingeschränkt unter der Prämisse, dass die digitale Information – was den Regelfall darstellt – sondergesetzlich geschützt ist (jedenfalls als Geschäftsgeheimnis). Aber selbst wenn die auf den Datenträgern befindliche digitale Information nicht zugewiesen sein sollte, würde ihre Verwertung – weil anzunehmen ist, dass sie gegen den unbefugten Zugriff besonders gesichert ist – gegen § 202a Abs. 1 StGB verstoßen.

findliche digitale Information. Soll sie ebenfalls für die Forderung des Sicherungsnehmers haften, ist sicherzustellen, dass ihm zusätzlich eine Verwertungsbefugnis an der digitalen Information eingeräumt wird. Die Besicherung der Datenträger kann allerdings eine flankierende Maßnahme zur Beleihung der digitalen Information sein. Da die als Sicherheit fungierende digitale Information nur durch die Verkörperung auf einem Datenträger „greifbar" ist, kann es durchaus Sinn ergeben, dass sich der Sicherungsnehmer zusätzlich die Datenträger zur Sicherheit übereignen (bzw. verpfänden) lässt. Der primäre Zweck der Beleihung der Datenträger ist dann freilich nicht – jedenfalls nicht in erster Linie – die Gewinnung eines zusätzlichen Vermögenswerts, sondern vielmehr der durch den dinglichen Herausgabeanspruch des § 985 BGB (im Übrigen durch den unmittelbaren Besitz) abgesicherte, unmittelbare Zugriff auf die Datenträger im Sicherungsfall – und damit zugleich auf die auf ihnen gespeicherte digitale Information. Damit ließe sich die Gefahr reduzieren, dass die digitale Information im Sicherungsfall in die Hände unberechtigter Dritter fällt – was angesichts ihrer leichten Vervielfältigbarkeit kein unwahrscheinliches Szenario darstellt. Zusammenfassend lässt sich festhalten, dass die Beleihung der Datenträger zwar zu keinem Verwertungsrecht an der digitalen Information führt, aber dennoch dazu beitragen kann, im Sicherungsfall die Zugriffsmöglichkeit des Sicherungsnehmers auf die digitale Information sicherzustellen.[19] Angesichts des anhaltenden Entmaterialisierungstrends und der zunehmenden Verlagerung digitaler Information in die Cloud dürfte die Besicherung der zugrunde liegenden Datenträger zukünftig mehr und mehr in den Hintergrund treten.

---

[19] Zum Zugriff auf die digitale Information im Sicherungsfall s. ausführlich unten § 10.

§ 7 Besicherung von Ausschließlichkeitsrechten an digitaler Information

Wie im vorherigen Abschnitt gezeigt wurde, kann die Besicherung des Datenträgers allenfalls eine flankierende Maßnahme bei der Beleihung der darauf gespeicherten digitalen Information sein. Die Besicherung des Datenträgers begründet kein Sicherungsrecht an der digitalen Information. Ein solches kann folglich nur auf syntaktischer oder semantischer Ebene entstehen. Besteht auf einer dieser Ebenen eine Zuweisung durch Ausschließlichkeitsrechte, kommt zunächst eine Beleihung dieser Rechte in Betracht.

I. Syntaktische Ebene

Eine ausschließliche Zuweisung der syntaktischen Datenfolge kann bislang nur das Patentrecht bewirken. Im Folgenden ist daher zu untersuchen, inwieweit eine patentrechtlich geschützte Datenfolge zum Gegenstand der Kreditsicherung gemacht werden kann.

1. Sicherungstreuhand

a) Sicherungsübertragung des Patents

Zunächst kommt die Sicherungsübertragung des Patents in Betracht. Da das Patentrecht ein sonstiges Recht i. S. v. § 413 BGB ist, richtet sich die Übertragung nach § 398 S. 1 BGB.[1] Obwohl das Patentrecht ein Registerrecht ist, vollzieht sich der materielle Rechtserwerb außerhalb des Patentregisters. Für die Wirksamkeit der Sicherungsübertragung ist – anders als etwa beim Erwerb von Grundstücken – nicht Voraussetzung, dass die Rechtsänderung in das Register eingetragen wird.[2] Dies ist im Interesse der Parteien, die in aller Regel die Publizität der Kreditsicherung scheuen. Die Sicherungsübertragung ist darüber hinaus formfrei

---

[1] Haedicke/Timmann/*Haedicke*, PatR-HdB § 11 Rn. 48, 239.

[2] Ferner hat die materielle Rechtsinhaberschaft für die Legitimation zur Wahrnehmung des Patentrechts keine Bedeutung. Rechtswirksame Verfahrenshandlungen kann deshalb weiterhin

möglich.³ Die vollständige Übertragung des Patents führt – auch wenn sie bloß zu Sicherungszwecken erfolgt – dazu, dass der Sicherungsgeber die geschützte Datenfolge selbst nicht mehr nutzen darf. Daher ist vertraglich sicherzustellen, dass der Sicherungsnehmer dem Sicherungsgeber das zur Sicherheit übertragene Schutzrecht rücklizenziert.⁴ Andernfalls würde der Sicherungsgeber durch die im Rahmen des laufenden Geschäftsbetriebs erforderliche Nutzung der Datenfolge, an der auch der Sicherungsnehmer ein Interesse hat, das Patent verletzen.⁵ Die jeweiligen Einzelheiten sind im zugrunde liegenden Sicherungsvertrag zu regeln. Er ist damit nicht allein Rechtsgrund für die Sicherungsübertragung des Patents, sondern regelt insbesondere ihren Zweck, die dem Sicherungsgeber verbleibenden Befugnisse, die Modalitäten der Verwertung sowie die Verpflichtung zur Aufrechterhaltung des Patents.⁶ Wie § 15 Abs. 3 PatG⁷ klarstellt, lässt der Rechtsübergang zuvor erteilte ausschließliche wie einfache Lizenzen unberührt. Der in der Vorschrift angeordnete Sukzessionsschutz hat mithin erheblichen Einfluss auf den Sicherungswert der geschützten Datenfolge. Aus diesem Grund sollte der Sicherungsnehmer vor der Sicherungsübertragung genau prüfen, in welchem Umfang der Sicherungsgeber Lizenzen erteilt hat.

Bei der Sicherungsübertragung des Patents ist allerdings zu berücksichtigen, dass die geschützte Datenfolge lediglich einen Ausschnitt aus dem in § 9 PatG normierten Verbotsrecht des Patentinhabers darstellt. Gegenstand des Patents ist in erster Linie das patentierte Verfahren. Die Datenfolge wird als unmittelbares Verfahrenserzeugnis lediglich über die Vorschrift des § 9 S. 2 Nr. 3 PatG in den Schutzbereich des Verfahrenspatents einbezogen. Daraus folgt, dass die Sicherungsübertragung des gesamten Verfahrenspatents über das eigentliche Ziel – nämlich die Übertragung von Rechten an der Datenfolge – weit hinausgeht. Dies wirft die Frage auf, ob – insbesondere vor dem Hintergrund der Zweckübertragungslehre⁸ – eine nur teilweise Übertragung des Verbotsrechts möglich ist. Konkret ist mithin fraglich, ob der Sicherungsnehmer lediglich das die Datenfolge betreffende Verbietungsrecht aus § 9 S. 2 Nr. 3 PatG übertragen kann. Bei

---

nur der in das Register Eingetragene (hier: der Sicherungsgeber) vornehmen (vgl. § 30 Abs. 3 S. 2 PatG), BeckOK PatR/*Otten-Dünnweber*, § 30 PatG Rn. 40 f.

³ Dies gilt auch für den deutschen Teil des europäischen Bündelpatents, vgl. Haedicke/Timmann/*Haedicke*, PatR-HdB § 11 Rn. 50, 239.

⁴ Haedicke/Timmann/*ders.*, PatR-HdB § 11 Rn. 241.

⁵ Dadurch entstünde letztlich eine Situation, die von der Verpfändung beweglicher Sachen her bekannt ist. Auch dort kann der Sicherungsgeber den Sicherungsgegenstand nicht mehr zur Erzielung von Einnahmen einsetzen.

⁶ Haedicke/Timmann/*Haedicke*, PatR-HdB § 11 Rn. 240.

⁷ Näher zur Rechtsnatur der Vorschrift Haedicke/Timmann/*ders.*, PatR-HdB § 11 Rn. 165.

⁸ Dazu sogleich unter d).

Forderungen anerkennt die herrschende Meinung die teilweise Abtretbarkeit.[9] Insoweit ließe sich auch für das Patent argumentieren, dass dessen vollständige Übertragbarkeit als Minus die Befugnis enthält, Teile davon, also etwa einzelne Verbietungsrechte, zu übertragen.[10] Eine Teilübertragung begegnet indes gewichtigen Bedenken. Ließe man sie zu, würde das Patentrecht in zwei selbstständige Patentrechte aufgespalten werden können. Hiergegen spricht, dass gesetzlich normierte Ausschließlichkeitsrechte nicht zur Disposition der Parteien stehen. Zum Zwecke der Übertragung einzelner Nutzungsbefugnisse hat der Gesetzgeber die Möglichkeit zur Lizenzierung des Rechts geschaffen (vgl. § 15 Abs. 2 PatG). Mit der in § 15 Abs. 1 S. 2 Alt. 1 PatG genannten beschränkten Rechtsübertragung ist folglich eine Teilübertragung hinsichtlich ideeller Bruchteile oder eine Belastung mit beschränkten dinglichen Rechten gemeint, nicht aber eine Übertragung hinsichtlich realer Bruchteile.[11] Im Ergebnis kann das Patent nur als Ganzes zur Sicherheit übertragen werden. Ist dagegen nur eine Übertragung des hinsichtlich der Datenfolge bestehenden Verbietungsrechts gewünscht, müssen die Parteien eine Sicherungslizenzierung des Patents in Betracht ziehen.

b) Sicherungsübertragung von Lizenzen

Ist der Sicherungsgeber nicht selbst Patentinhaber, verfügt er stattdessen aber über eine Lizenz an dem Verfahrenspatent, kommt zur Sicherung des Gläubigers die Sicherungsübertragung der Lizenz in Betracht. Hierfür kann vollumfänglich auf die Ausführungen zur Sicherungsübertragung des Patents verwiesen werden. Nach hier vertretener Auffassung ist neben der ausschließlichen auch die einfache Lizenz verkehrsfähig. Dementsprechend kann sowohl der ausschließliche als auch der einfache Lizenznehmer seine Lizenz als Sicherungsmittel einsetzen. Eine Sicherungsübertragung scheidet nur aus, wenn die Lizenz kraft Parteivereinbarung als unveräußerlich ausgestaltet worden ist. Zwar berühren derartige Vereinbarungen wegen § 137 S. 1 BGB die Verkehrsfähigkeit der Lizenz an sich nicht.[12] Allerdings dürfte es kaum im Interesse des Sicherungsnehmers sein, dass sich der Sicherungsgeber durch die abredewidrige Übertragung dem Schutzrechtsinhaber gegenüber schadensersatzpflichtig macht.

---

[9] Staudinger/*Busche*, § 398 BGB Rn. 46; BeckOGK BGB/*Lieder*, Stand: 01.09.2022, § 398 BGB Rn. 129.

[10] Zur entsprechenden Argumentation bei Forderungen BeckOGK BGB/*Lieder*, Stand: 01.09.2022, § 398 BGB Rn. 130.

[11] BeckOK PatR/*Loth/Hauck*, § 15 PatG Rn. 29, 30.

[12] Vgl. Haedicke/Timmann/*Haedicke*, PatR-HdB § 11 Rn. 118.

c) Sicherungs(unter)lizenzierung

Schließlich kommt als dritte Variante der Sicherungstreuhand die konstitutive Rechtseinräumung in Gestalt einer Sicherungslizenz in Betracht. Sie kann durch den Schutzrechtsinhaber selbst erfolgen (Fall der Sicherungslizenzierung). Sie kann aber auch durch einen Lizenznehmer erfolgen, indem an einer bereits bestehenden Lizenz zu Sicherungszwecken nochmals eine Unterlizenz erteilt wird (Fall der Sicherungsunterlizenzierung). Die Erteilung von Lizenzen erfolgt dogmatisch konsequent nach §§ 398 S. 1, 413 BGB analog.[13] Wie bei den übrigen beiden Varianten der Sicherungstreuhand ist auch bei der Sicherungslizenzierung zwischen dem Sicherungsvertrag als zugrunde liegendem Kausalgeschäft und der Erteilung der Lizenz als dinglichem Verfügungsgeschäft zu trennen.[14] Im selben Umfang wie das Trennungs- findet auch das Abstraktionsprinzip Anwendung.[15] Anders als im Urheberrecht gibt es im Patentrecht keine Anhaltspunkte, dass der Lizenzgeber in Sachen Schutzwürdigkeit den Vorzug gegenüber dem Rechtsverkehr verdient.[16] Im Übrigen kann auf die obigen Ausführungen Bezug genommen werden. Vergleicht man die drei Varianten der Sicherungstreuhand, dürfte die Sicherungslizenzierung die für die Beleihung der geschützten Datenfolge interessengerechteste Lösung sein, da sie die gezielte Einräumung von Befugnissen erlaubt. Dadurch kann der Sicherungsgeber einerseits die Oberhand über das patentgeschützte Verfahren bewahren, während der Sicherungsnehmer andererseits die für seine Sicherung erforderlichen Befugnisse an der Datenfolge erhält.

d) Berücksichtigung des Übertragungszweckgedankens?

Umstritten ist, ob der Übertragungszweckgedanke[17] auch im Patentrecht gilt. Danach erfolgt die Einräumung von Nutzungsbefugnissen stets nur in dem Umfang, der für den Vertragszweck unbedingt erforderlich ist.[18] Obschon der Übertragungszweckgedanke bislang nur im Urheberrecht kodifiziert ist, sehen einige Stimmen darin einen verallgemeinerungsfähigen und somit auch auf die übrigen Immaterialgüterrechte übertragbaren Grundsatz.[19] Vor allem im Patentrecht wird

---

[13] HdB FA-GewRS/*K. Bartenbach/Kunzmann*, Kap. 9 Rn. 13.
[14] Str., wie hier Haedicke/Timmann/*Haedicke*, PatR-HdB § 11 Rn. 99; a.A. etwa BeckOK PatR/*Loth/Hauck*, § 15 PatG Rn. 39, wonach nur bei Einräumung einer ausschließlichen Lizenz von einer Verfügung gesprochen werden kann.
[15] Str., a.A. für einfache Lizenzen BeckOK PatR/*Loth/Hauck*, § 15 PatG Rn. 39.
[16] Haedicke/Timmann/*Haedicke*, PatR-HdB § 11 Rn. 101.
[17] Der Übertragungszweckgedanke ist ein Auslegungsgrundsatz, der bislang nur im Urheberrecht Niederschlag gefunden hat, so etwa in §§ 31 Abs. 5, 31a Abs. 1, 37, 38 und 44 UrhG.
[18] Fromm/Nordemann/*J. B. Nordemann*, § 31 UrhG Rn. 108 f.
[19] So etwa *Ingerl/Rohnke*, § 30 MarkenG Rn. 26; *Mes*, § 15 PatG Rn. 11; Benkard/*Ullmann/Deichfuß*, § 15 PatG Rn. 26.

die Anwendung des Übertragungszweckgedankens überwiegend mit der Begründung bejaht, dass der Patentinhaber in der Regel so wenig wie möglich von seinem Recht aufgeben möchte.[20] Die Folge ist allerdings eine pauschale Privilegierung des Rechtsinhabers, die aufgrund der gegenläufigen Interessen des Rechtsverkehrs einer Rechtfertigung bedarf. Eine solche liefert bislang nur das Urheberrecht. Dort beruht die Privilegierung des Urhebers auf der Prämisse, dass dieser gegenüber den Verwertungsgesellschaften regelmäßig eine schwächere Verhandlungsposition hat.[21] Eine ähnliche Unterlegenheit der Rechtsinhaber ist im Patentrecht nicht auszumachen, weshalb die Geltung des Übertragungszweckgedankens dort gewichtigen Bedenken begegnet.[22] Gleichwohl ist den Parteien vor diesem Hintergrund zu raten, die sicherungshalber eingeräumten bzw. übertragenen Befugnisse so genau wie möglich zu beschreiben, um Unklarheiten so weit wie möglich zu vermeiden.

2. Verpfändung

a) Recht aus dem Patent

Der Patentinhaber kann das Recht aus dem Patent gem. § 1273 Abs. 1 BGB des Weiteren zum Gegenstand eines Pfandrechts machen. Die Bestellung des Rechts richtet sich aufgrund der Anordnung des § 1274 Abs. 1 S. 1 BGB nach den für die Übertragung geltenden Vorschriften, mithin nach den §§ 398 S. 1, 413 BGB. Aufgrund der Akzessorietät des Pfandrechts ist im Verpfändungsvertrag nicht nur das verpfändete Recht, sondern zusätzlich die zu sichernde Forderung zu bezeichnen.[23] Dem gesetzlichen Leitbild entsprechend erhält der Pfandgläubiger eine dinglich wirkende Verwertungsbefugnis in Bezug auf das verpfändete Recht. Da die Nutzungsbefugnis bis zur Pfandreife beim Patentinhaber verbleibt, erfordert die Nutzung der Datenfolge – anders als bei der Sicherungsübertragung – nicht, dass der Sicherungsnehmer das Recht rücklizenziert.

b) Patentlizenz

Nicht nur das Stammrecht, auch daran erteilte ausschließliche und einfache Lizenzen sind einer Verpfändung zugänglich. Dabei gelten die gleichen Maßstäbe wie für die Verpfändung des Stammrechts. Eine Ausnahme hiervon gilt allerdings, wenn die Verkehrsfähigkeit der Lizenz durch den Lizenzgeber einge-

---

[20] BGH, GRUR 2000, 788 (789) – *Gleichstromsteuerschaltung*; BeckOK PatR/*Loth/Hauck*, § 15 PatG Rn. 15; *Mes*, § 15 PatG Rn. 11; Benkard/*Ullmann/Deichfuß*, § 15 PatG Rn. 26.
[21] Haedicke/Timmann/*Haedicke*, PatR-HdB § 11 Rn. 32.
[22] Haedicke/Timmann/*ders.*, PatR-HdB § 11 Rn. 32.
[23] BeckOGK BGB/*Leinenweber*, Stand: 01.10.2018, § 1274 BGB Rn. 7.

schränkt wurde. Wiederum berührt eine solche vertragliche Abrede wegen § 137 S. 1 BGB den Einsatz als Pfandgegenstand grundsätzlich nicht. Allerdings würde sich der Sicherungsgeber durch die Verpfändung schadensersatzpflichtig machen, was nicht im Interesse des Sicherungsnehmers liegen dürfte.

3. Fazit und Bewertung

Ist eine syntaktische Datenfolge unmittelbares Erzeugnis eines patentierten Verfahrens, nimmt sie gem. § 9 S. 2 Nr. 3 PatG am Ausschließlichkeitsrecht des Patentinhabers teil. Die Beleihung des Patents stellt demzufolge ein geeignetes Mittel dar, um den in der syntaktischen Datenfolge steckenden Vermögenswert zur Kreditsicherung heranzuziehen. Hierfür kommen mehrere Sicherungsformen in Betracht. Den stärksten Schutz vermitteln die Sicherungsübertragung sowie die Verpfändung des Patents. Sie führen gleichwohl dazu, dass der Sicherungsnehmer deutlich mehr erhält, als für die Besicherung der Datenfolge eigentlich notwendig ist, da hauptsächlicher Gegenstand des Patents das patentierte Verfahren und nicht die aus seiner Anwendung resultierende Datenfolge ist. Ein interessengerechter Mittelweg dürfte daher die Sicherungslizenzierung darstellen, da sie die isolierte Einräumung der aus § 9 S. 2 Nr. 3 PatG folgenden Befugnis erlaubt. Die Sicherungsübertragung einfacher Lizenzen ebenso wie die Sicherungsunterlizenzierung dürften als Sicherheit dagegen ausscheiden, weil in diesem Fall die Ausschließlichkeit des Sicherungsnehmers an der Datenfolge nicht mehr gewährleistet ist. Insgesamt dürfte der Besicherung patentgeschützter Datenfolgen im Kontext der Beleihung digitaler Information ein geringer Stellenwert zukommen, da die zugrunde liegenden Datenfolgen aufgrund der erforderlichen Technizität nur in Ausnahmefällen in den Genuss des Patentschutzes kommen.

II. Semantische Ebene

Auf semantischer Ebene kann digitale Information durch das (Datenbank-)Urheberrecht, das Schutzrecht des Datenbankherstellers sowie als Geschäftsgeheimnis zugewiesen sein. Im Folgenden ist daher zu untersuchen, inwieweit diese Rechte zum Gegenstand der Kreditsicherung gemacht werden können.

1. Urheberrecht und Leistungsschutzrecht des Datenbankherstellers

a) Sicherungstreuhand

aa) Sicherungsübertragung

Eine (Sicherungs-)Übertragung des Urheberrechts als solchem kommt wegen § 29 Abs. 1 UrhG nicht in Betracht. Allerdings können die am Urheberrecht erteilten Nutzungsrechte übertragen werden (§ 34 Abs. 1 S. 1 UrhG *e contrario*). Dies betrifft sowohl ausschließliche als auch einfache Nutzungsrechte (vgl. § 31 Abs. 1 S. 2 UrhG). Die Übertragung dieser Nutzungsrechte kann nach allgemeiner Meinung auch zu Sicherungszwecken erfolgen.[24] Sie richtet sich nach den §§ 398 S. 1, 413 BGB.[25] Die Übertragung der am Urheberrecht erteilten Nutzungsrechte ist zum Schutz der persönlichkeits- und verwertungsrechtlichen Interessen des Urhebers gem. § 34 Abs. 1 S. 1 UrhG allerdings an dessen Zustimmung (§§ 182 ff. BGB) gebunden.[26] Liegt keine Einwilligung vor, ist die Übertragung des Nutzungsrechts bis zur Genehmigung des Urhebers schwebend unwirksam.[27] Wurde die Einwilligung nicht ausdrücklich erteilt, ist zu prüfen, ob der Urheber bereits bei Einräumung des Nutzungsrechts zugleich konkludent in dessen Übertragung eingewilligt hat oder das Zustimmungserfordernis individualvertraglich abbedungen wurde.[28] Ferner kommt in Betracht, dass der Urheber ausnahmsweise gem. § 34 Abs. 1 S. 2 UrhG zur Zustimmung verpflichtet ist. Obwohl die Zustimmungspflicht stark einzelfallabhängig ist, dürften die Interessen des Urhebers jedoch tendenziell die Sicherungsinteressen des Nutzungsrechtsinhabers überwiegen.[29] Bei der Sicherungsübertragung urheberrechtlicher Nutzungsbefugnisse ist schließlich zu beachten, dass die Verwertung im Sicherungsfall erneut der Zustimmung des Urhebers bedarf, da die Veräußerung an den Erwerber tatbestandlich eine Übertragung i. S. d. § 34 Abs. 1 S. 1 UrhG ist.[30]

§ 29 Abs. 1 UrhG schränkt unmittelbar nur die Verkehrsfähigkeit des Urheberrechts ein. Da die §§ 87a ff. UrhG keinen Verweis auf die Norm enthalten, richtet sich die Übertragung des Leistungsschutzrechts des Datenbankherstellers nach den allgemeinen Regeln. Es ist deshalb uneingeschränkt verkehrsfähig und kann

---

[24] Statt aller Dreier/Schulze/*Schulze*, § 34 UrhG Rn. 7.
[25] *Freyer*, Urheberrechte als Kreditsicherheit, S. 77.
[26] Fromm/Nordemann/*J. B. Nordemann*, § 34 UrhG Rn. 2, 12.
[27] Vgl. Wandtke/Bullinger/*Wandtke*, § 34 UrhG Rn. 11.
[28] Näher *Freyer*, Urheberrechte als Kreditsicherheit, S. 79–84.
[29] *Ders.*, Urheberrechte als Kreditsicherheit, S. 85–91.
[30] Schricker/Loewenheim/*Ohly*, § 34 UrhG Rn. 17. Dasselbe gilt gem. § 35 Abs. 1 S. 1 UrhG für den Fall, dass der Sicherungsnehmer zum Zwecke der Verwertung weitere Nutzungsrechte einräumt. Daher ist unbedingt darauf zu achten, dass die Einwilligung des Urhebers zur Verwertung der Nutzungsrechte ebenfalls eingeholt wird.

daher insbesondere vollständig nach den §§ 398 S. 1, 413 BGB zu Sicherungszwecken übertragen werden. Daneben können – wie beim Urheberrecht – auch daran eingeräumte Nutzungsrechte zur Sicherheit übertragen werden. Ihre Übertragung bedarf nicht der Zustimmung des Datenbankherstellers.

In jedem Fall ist auf das Erfordernis einer Rücklizenzierung des übertragenen Rechts an den Sicherungsgeber zu achten, da dieser in der Regel auf die Nutzung der urheberrechtlich bzw. durch das Datenbankherstellerrecht geschützten digitalen Information angewiesen ist. Abschließend ist darauf hinzuweisen, dass – anders als bei der konstitutiven Einräumung von Nutzungsrechten[31] – das Abstraktionsprinzip uneingeschränkt Anwendung findet.[32] Die Wirksamkeit der Sicherungsübertragung ist mithin unabhängig von der Wirksamkeit des zugrunde liegenden Sicherungsvertrags.

bb) Sicherungslizenzierung

Als weitere Sicherungsform kommt die Sicherungslizenzierung in Betracht. Ihre Zulässigkeit folgt für das Urheberrecht aus § 31 Abs. 1 UrhG, wonach der Urheber sowohl einfache als auch ausschließliche Nutzungsrechte einräumen kann. Dasselbe gilt in Analogie zu § 31 Abs. 1 UrhG auch für den Datenbankhersteller.[33] Die Zulässigkeit der Erteilung von Unterlizenzen ist demgegenüber gem. § 35 Abs. 1 S. 1 UrhG nur für ausschließliche Nutzungsrechte ausdrücklich geregelt. Was dies für die Unterlizenzierung einfacher Nutzungsrechte bedeutet, ist umstritten. Die wohl überwiegende Ansicht in der Literatur geht davon aus, dass einfache Nutzungsrechte nicht weiter aufspaltbar sind und die Erteilung weiterer Nutzungsbefugnisse nicht möglich ist.[34] Allerdings soll der Inhaber eines einfachen Nutzungsrechts ein weiteres, einfaches Nutzungsrecht gleichwohl dann einräumen können, wenn er vom Urheber gem. § 185 BGB dazu ermächtigt wurde.[35] In diesem Fall handelt es sich dogmatisch betrachtet um eine Verfügung über das Urheberrecht und nicht um eine solche über das einfache Nutzungsrecht. Die Gegenauffassung hält eine weitere Abspaltung demgegenüber für möglich und wendet § 35 Abs. 1 S. 1 UrhG insoweit analog an.[36] Der Streit kann

---

[31] Dazu sogleich unter bb).
[32] Vgl. nur *Loewenheim/J. B. Nordemann/Ohly*, in: Loewenheim, Handbuch des Urheberrechts, § 28 Rn. 4.
[33] Fromm/Nordemann/*J. B. Nordemann*, Vor §§ 31–44 UrhG Rn. 217.
[34] Schricker/Loewenheim/*Ohly*, § 35 UrhG Rn. 7; BeckOK UrhR/*Soppe*, § 35 UrhG Rn. 4. Nach *Schack*, FS Schulze, S. 307 (310), käme die Unterlizenzierung einfacher Nutzungsrechte einer „wundersamen Brotvermehrung" gleich.
[35] Schricker/Loewenheim/*Ohly*, § 35 UrhG Rn. 7.
[36] Fromm/Nordemann/*J. B. Nordemann*, § 35 UrhG Rn. 5; Dreier/Schulze/*Schulze*, § 35 UrhG Rn. 5.

hier folglich dahinstehen, da der Inhaber eines einfachen Nutzungsrechts im Ergebnis mit Zustimmung des Urhebers weitere einfache Nutzungsrechte einräumen kann. Zusammenfassend lässt sich festhalten, dass sowohl die Sicherungsunterlizenzierung ausschließlicher als auch einfacher urheberrechtlicher Nutzungsrechte unter der Voraussetzung möglich ist, dass die Zustimmung des Urhebers vorliegt. Mit Blick auf die Zustimmung kann auf das zur Sicherungsübertragung Ausgeführte Bezug genommen werden.

Der Anwendungsbereich des § 35 UrhG ist unmittelbar auf urheberrechtliche Nutzungsrechte beschränkt. Wenn jedoch das Gesetz bereits die Unterlizenzierung urheberrechtlicher Nutzungsbefugnisse für zulässig erachtet, muss dies erst recht für die Unterlizenzierung von Nutzungsbefugnissen an Leistungsschutzrechten gelten. Analog § 35 Abs. 1 S. 1 UrhG können daher ausschließliche Nutzungsbefugnisse am Leistungsschutzrecht des Datenbankherstellers sicherungsunterlizenziert werden. Die Unterlizenzierung bedarf, da das Datenbankherstellerrecht keine persönlichkeitsrechtlichen Bezüge aufweist, nicht der Zustimmung des Datenbankinhabers.[37] Was dagegen die Möglichkeit der Unterlizenzierung einfacher Nutzungsrechte am Leistungsschutzrecht des Datenbankherstellers anbelangt, wirkt sich der obige Streit nunmehr aus. Hier wird der Auffassung der Vorzug gegeben, dass von einfachen Nutzungsrechten weitere einfache Nutzungsrechte mit dinglicher Wirkung abgespalten werden können.[38] Mithin kann auch der einfache Lizenznehmer weitere einfache Lizenzen ohne Zustimmung des Datenbankherstellers erteilen.[39] Zusammenfassend lässt sich festhalten, dass die Sicherungsunterlizenzierung einfacher und ausschließlicher Nutzungsrechte am Datenbankherstellerrecht ohne Zustimmung des Datenbankherstellers möglich ist.

Sowohl die Sicherungslizenzierung als auch die Sicherungsunterlizenzierung richtet sich nach §§ 398 S. 1, 413 BGB analog, da sich die Lizenzerteilung in dogmatischer Hinsicht nicht als Übertragung, sondern als Belastung eines Rechts darstellt.[40] Anders als ihre Übertragung ist die Erteilung von Nutzungsbefugnissen nach herrschender Meinung kausal mit dem ihr zugrunde liegenden Verpflichtungsgeschäft verknüpft.[41] Das gilt nicht nur für die Lizenzierung des Urheberrechts, sondern auch für die Lizenzierung des Datenbankhersteller-

---

[37] Fromm/Nordemann/*J. B. Nordemann*, § 35 UrhG Rn. 2 mit Verweis auf § 34 Rn. 49.
[38] S. oben Fn. 36.
[39] Geht man mit der Gegenansicht davon aus, dass die Erteilung weiterer einfacher Nutzungsrechte eine Verfügung über das Stammrecht darstellt, ist die Wirksamkeit der Sicherungsunterlizenzierung an die Einwilligung des Datenbankherstellers geknüpft (vgl. § 185 BGB).
[40] *Schack*, Urheber- und Urhebervertragsrecht, Rn. 655, 662.
[41] Loewenheim/*J. B. Nordemann/Ohly*, in: Loewenheim, Handbuch des Urheberrechts, § 26 Rn. 3; Fromm/Nordemann/*J. B. Nordemann*, § 31 UrhG Rn. 30; Schricker/Loewenheim/*Ohly*, § 31 UrhG Rn. 17; Dreier/Schulze/*Schulze*, § 31 UrhG Rn. 18; Wandtke/Bullinger/*Wandtke*, Vor §§ 31 ff. UrhG Rn. 48.

rechts.⁴² Daraus folgt, dass die Wirksamkeit der Sicherungs(unter)lizenzierung an die Wirksamkeit des zugrunde liegenden Sicherungsvertrags geknüpft ist. Schließlich ist bei der Sicherungs(unter)lizenzierung des Urheberrechts der in § 31 Abs. 5 UrhG zum Ausdruck kommende Übertragungszweckgedanke⁴³ zu beachten. Er gilt für die Sicherungs(unter)lizenzierung des Datenbankherstellerrechts entsprechend.⁴⁴

b) Verpfändung

Als weitere Sicherungsform kommt die Verpfändung in Betracht. Das Urheberrecht selbst kann wegen § 29 Abs. 1 UrhG gem. § 1274 Abs. 2 BGB nicht Gegenstand eines Pfandrechts sein. Möglich ist allerdings die Verpfändung urheberrechtlicher Nutzungsbefugnisse. Auf die Bestellung des Pfandrechts findet das in § 34 Abs. 1 S. 1 UrhG normierte Zustimmungserfordernis entsprechende Anwendung.⁴⁵ Demgegenüber kann ein Pfandrecht sowohl am Leistungsschutzrecht des Datenbankherstellers selbst als auch an den daran eingeräumten Nutzungsbefugnissen erteilt werden. Die Zustimmung des Datenbankherstellers ist entbehrlich. Die Bestellung des Pfandrechts erfolgt gem. § 1274 Abs. 1 S. 1 BGB nach den §§ 398 S. 1, 413 BGB. Die Anzeige der Verpfändung an den Rechtsinhaber ist nach herrschender Meinung nicht erforderlich.⁴⁶

c) Fazit und Bewertung

Sowohl urheberrechtlich als auch durch das Leistungsschutzrecht des Datenbankherstellers geschützte digitale Information kann auf mehreren Wegen zum Gegenstand einer Kreditsicherheit gemacht werden. Aufgrund der urheberpersönlichkeitsrechtlichen Züge ist die Besicherung urheberrechtlich geschützter Information im Allgemeinen allerdings größeren Einschränkungen unterworfen als die Besicherung digitaler Information, die Gegenstand des Leistungsschutzrechts des Datenbankherstellers ist. Des Weiteren ist zu beachten, dass die (grundsätzlich mögliche) Sicherungslizenzierung urheberrechtlich geschützter digitaler Information im Kontext der Unternehmensfinanzierung ausscheidet, weil Urheber i. S. d. § 7 UrhG nur eine natürliche Person sein kann.⁴⁷ Möchte das sicherungsgebende Unternehmen daher urheberrechtlich geschützte digitale Information als Kreditsicherheit einsetzen, kommt nur die Sicherungsübertragung

---

⁴² Fromm/Nordemann/*J. B. Nordemann*, Vor §§ 31–44 UrhG Rn. 217.
⁴³ S. dazu bereits oben S. 149 f.
⁴⁴ Schricker/Loewenheim/*Ohly*, § 31 UrhG Rn. 59.
⁴⁵ Fromm/Nordemann/*J. B. Nordemann*, § 34 UrhG Rn. 9a.
⁴⁶ *Kreuzer*, in: Loewenheim, Handbuch des Urheberrechts, § 100 Rn. 130.
⁴⁷ Statt aller BeckOK UrhR/*Ahlberg/Lauber-Rönsberg*, § 7 UrhG Rn. 7.

eines zuvor vom Urheber erteilten Nutzungsrechts bzw. dessen Sicherungsunterlizenzierung in Betracht. Des Weiteren dürfte aus der Sicht des Sicherungsnehmers die Einräumung und Übertragung einfacher Nutzungsrechte in der Regel keine Option sein, da ihr Sicherungswert aufgrund der fehlenden Ausschließlichkeit äußerst gering ist.

2. Geschäftsgeheimnisse

Eine weitere Möglichkeit, digitale Information auf semantischer Ebene zum Gegenstand einer Kreditsicherheit zu machen, bildet die Besicherung von Geschäftsgeheimnissen.

a) Sicherungstreuhand

aa) Sicherungsübertragung

Geschäftsgeheimnisse können gem. §§ 398 S. 1, 413 BGB uneingeschränkt zu Sicherungszwecken übertragen werden.[48] Im Gegensatz zur Rechtslage vor Inkrafttreten des GeschGehG – wobei Wissen lediglich faktisch bekanntgegeben werden konnte – erfolgt nunmehr ein rechtlicher Zuordnungswechsel des Geheimnisses an den Sicherungsnehmer.[49] Damit der Sicherungsgeber die als Geschäftsgeheimnis geschützte digitale Information weiter nutzen kann, muss das Geschäftsgeheimnis an ihn rücklizenziert werden. Neben dem Geschäftsgeheimnis selbst können auch daran erteilte einfache und ausschließliche Lizenzen grundsätzlich zu Sicherungszwecken übertragen werden. Geschäftsgeheimnislizenzen sind aufgrund der veränderten rechtlichen Vorzeichen durch das GeschGehG nicht mehr zwingend schuldrechtlicher Natur, sondern können durch die Parteien auch als dingliche Lizenz ausgestaltet werden. In diesem Fall sind sie grundsätzlich selbstständig verkehrsfähig. Da der Schutz als Geschäftsgeheimnis jedoch mit der Geheimhaltung der digitalen Information steht und fällt, hat der Geheimnisinhaber ein virulentes Interesse an der Bestimmung darüber, wem gegenüber die digitale Information offenbart wird. Diesem Schutzbedürfnis folgend erscheint es angezeigt, die Übertragung von an einem Geschäftsgeheimnis erteilten Nutzungsrechten analog § 34 Abs. 1 S. 1 UrhG der Zustimmung des Geheimnisinhabers zu unterwerfen.[50] Die Übertragung ausschließlicher und einfacher Geschäftsgeheimnislizenzen zu Sicherungszwecken ist mithin an die Zustimmung des Geheimnisinhabers gekoppelt.

---

[48] Vgl. zur freien Übertragbarkeit von Geschäftsgeheimnissen *Kiefer*, WRP 2018, 910 (915).
[49] Eingehend zum Ganzen oben S. 100 ff.
[50] S. dazu bereits oben S. 124 f.

bb) Sicherungslizenzierung

Wie bei allen Immaterialgüterrechten besteht auch bei Geschäftsgeheimnissen die Möglichkeit, diese zu Sicherungszwecken zu lizenzieren. Die Erteilung der Sicherungslizenz richtet sich nach §§ 398 S. 1, 413 BGB analog. Erblickt man im Übertragungszweckgedanken einen verallgemeinerungsfähigen Grundsatz, wird man ihn auch bei der Lizenzierung von Geschäftsgeheimnissen berücksichtigen müssen. Insofern ist den Parteien zu raten, die sicherungslizenzierten Befugnisse so genau wie möglich zu beschreiben. Die Sicherungsunterlizenzierung eines bereits erteilten Nutzungsrechts an einem Geschäftsgeheimnis ist aufgrund der Geheimhaltungsinteressen des Geheimnisinhabers analog § 35 Abs. 1 S. 1 UrhG nur mit Zustimmung des Geheimnisinhabers möglich.

b) Verpfändung

Als übertragbare Rechte können Geschäftsgeheimnisse sowie daran erteilte Nutzungsrechte grundsätzlich mit einem Pfandrecht belastet werden.[51] Zum Schutz des Geheimnisinhabers sollte die Wirksamkeit der Verpfändung des Geschäftsgeheimnisses ebenfalls von dessen Zustimmung abhängig gemacht werden. Im Übrigen ergeben sich keine Besonderheiten, sodass auf die obigen Ausführungen verwiesen werden kann.

c) Fazit und Bewertung

Die Besicherung von Geschäftsgeheimnissen dürfte im Rahmen des Einsatzes von digitaler Information als Kreditsicherheit die mit großem Abstand wichtigste Bedeutung haben. Dies ist darauf zurückzuführen, dass der – wie in § 4 gezeigt wurde – allergrößte Teil der digitalen Information eines Unternehmens als Geschäftsgeheimnis geschützt ist. Ist man – wie hier – der Auffassung, dass das reformierte Geschäftsgeheimnisrecht nicht nur eine faktische Position rechtlich absichert, sondern eine echte Zuweisung des Geschäftsgeheimnisses an den Geheimnisinhaber besorgt, dann erhält der Sicherungsnehmer eine absolute, gegenüber jedermann wirkende Rechtsposition an der beliehenen digitalen Information. In diesem Fall kann die einhellige Ansicht, wonach es der Schaffung ausschließlicher Rechte an digitaler Information nicht bedarf, auch aus der kreditsicherungsrechtlichen Perspektive bestätigt werden. Das neue Geheimnisschutzrecht bietet daher eine echte Chance für die zukünftige Besicherung der digitalen Information eines Unternehmens.

---

[51] Zur Verpfändung von Geschäftsgeheimnissen *Kiefer*, WRP 2018, 910 (915).

§ 8 Alternative Sicherungsmöglichkeiten

Neben der Beleihung von Immaterialgüterrechten sind noch andere Wege denkbar, wie der Vermögenswert digitaler Information zur Kreditsicherung herangezogen werden kann. Da Unternehmen ihre digitale Information immer öfter in die Cloud auslagern, kommt zum einen eine Besicherung der sich hieraus ergebenden schuldrechtlichen Ansprüche in Betracht. Ferner kommt in Betracht, die digitale Information eines Unternehmens durch die Besicherung von Gesellschaftsanteilen als Kreditsicherheit heranzuziehen.

I. Besicherung von Ansprüchen gegen Cloud-Provider

Der anhaltende Entmaterialisierungstrend hat zur Folge, dass Unternehmen ihre digitale Information immer seltener auf lokalen Datenträgern speichern. Insbesondere wegen der einfachen Skalierbarkeit erfreuen sich Cloud-Dienste immer größerer Beliebtheit. Möchte ein Unternehmen den Vermögenswert seiner in der Cloud gespeicherten digitalen Information als Kreditsicherheit einsetzen, liegt es daher nahe, sich über die Sicherungsmöglichkeit der sich aus der Vertragsbeziehung mit dem Cloud-Anbieter resultierenden Ansprüche Gedanken zu machen.[1] An der grundsätzlichen Sicherungstauglichkeit vertraglicher Ansprüche besteht dabei kein Zweifel, da sie – in den Grenzen der §§ 399, 400 BGB – uneingeschränkt verkehrsfähig sind. Sie können daher nicht nur zu Sicherungszwecken übertragen, sondern auch zum Gegenstand eines Rechtspfands nach den §§ 1273 ff. BGB gemacht werden. Inwieweit dabei auch vertragliche Ansprüche gegen einen Cloud-Provider als Sicherungsmittel in Betracht kommen, wird im Folgenden untersucht.

1. Vertragstypologische Einordnung von Cloud-Verträgen

Hierfür ist zunächst eine vertragstypologische Einordnung des Cloud-Vertrags vorzunehmen. Sie hängt entscheidend davon ab, welche Leistungen die Parteien

---

[1] Vgl. *Westermann*, WM 2018, 1205 (1207 f.).

zum Gegenstand des Vertrags gemacht haben. Dabei kommen verschiedene Service-Modelle in Betracht. Von besonderem Interesse für die vorliegende Untersuchung ist das Storage-as-a-Service Modell.[2] Dabei überlässt der Cloud-Provider dem Unternehmen für die Dauer des Vertrags Speicherkapazitäten, die das Unternehmen zur Speicherung seiner digitalen Information nutzt. Im Gegenzug zahlt es regelmäßig ein nutzungs- bzw. zeitabhängiges Entgelt.[3] Die Überlassung von Speicherplatz weist insofern unverkennbar mietrechtliche Züge auf, weshalb sie vom überwiegenden Schrifttum als Miete gem. § 535 BGB eingeordnet wird.[4] In diesem Zusammenhang ist darauf hinzuweisen, dass die §§ 535 ff. BGB lange Zeit nur analog herangezogen werden konnten, weil als Gegenstand der Gebrauchsüberlassung ausweislich des Wortlauts des § 535 Abs. 1 S. 1 BGB ausschließlich eine (körperliche) Sache in Betracht kam. Diese Rechtslage hat sich mit Einfügung von § 548a BGB grundlegend gewandelt. Dieser erweitert den Kreis der Gegenstände, deren Gebrauch überlassen werden kann, um digitale Produkte (§ 327 Abs. 1 S. 1 BGB). Infolgedessen sind die §§ 535 ff. BGB – durch den klarstellend wirkenden Verweis in § 548a BGB – auf die Überlassung von Speicherkapazität direkt anwendbar.

2. Zugangs- und Herausgabeansprüche

Die Heranziehung des Vermögenswerts von in der Cloud gespeicherter digitaler Information als Kreditsicherheit erfordert in einem zweiten Schritt die Identifizierung der Ansprüche, die dem speichernden Unternehmen gegen den Cloud-Provider zustehen. Dabei ist zwischen Ansprüchen während des Vertrags und solchen nach dessen Beendigung zu differenzieren. Während der Vertragslaufzeit hat das Unternehmen einen Anspruch auf Zugang zu der von ihm gespeicherten digitalen Information. Die Pflicht zur Bereitstellung der vertraglich vereinbarten Speicherkapazität durch den Cloud-Provider schließt die Pflicht zur Bereitstellung einer Schnittstelle (z.B. Client oder browserbasiert) ein, mittels derer das Unternehmen auf die in der Cloud gespeicherte digitale Information zugreifen kann. Nach Beendigung des Cloud-Vertrags steht dem Unternehmen gegen den Cloud-Provider ein vertraglicher Anspruch auf Herausgabe der gespeicherten digitalen Information zu.[5] In diesem Zusammenhang ist darauf hinzuweisen, dass

---

[2] Näher zum Ganzen *Hennrich*, Cloud Computing, S. 63–68.
[3] *Bräutigam/Thalhofer*, in: Bräutigam, IT-Outsourcing und Cloud-Computing, Teil 14 Rn. 137.
[4] *Boehm*, ZEuP 2016, 358 (365 f.) m.w.N.; *Bräutigam/Thalhofer*, in: Bräutigam, IT-Outsourcing und Cloud-Computing, Teil 14 Rn. 126; Auer-Reinsdorff/Conrad/*Strittmatter*, § 22 Rn. 36. Kritisch *Riehm*, RDi 2022, 209 (211–213).
[5] Die Herausgabe der digitalen Information nach Beendigung des Vertrags ist im Rahmen

Art. 20 Abs. 1 Alt. 1 DS-GVO nunmehr einen gesetzlichen Anspruch auf Herausgabe[6] der einem Anbieter bereitgestellten digitalen personenbezogenen Information normiert. Anspruchsberechtigt ist allerdings nur die jeweils vom Personenbezug betroffene Person selbst.[7] Unternehmen, die fremde digitale personenbezogene Information bei Drittanbietern speichern, steht ein solcher Herausgabeanspruch nicht zu.[8] Andere gesetzliche Herausgabeansprüche kommen ebenfalls nicht in Betracht. Insbesondere der dingliche Herausgabeanspruch des § 985 BGB scheidet aus, da die zugrunde liegenden Datenverkörperungen mangels Sachqualität nicht durch das Eigentum zugewiesen sind. Zusammenfassend lässt sich festhalten, dass Unternehmen, die digitale Information in der Cloud speichern, während des Vertrags gegen den Cloud-Provider einen Zugangsanspruch zu der digitalen Information haben. Endet der Vertrag, steht den Unternehmen ein vertraglicher Herausgabeanspruch gegen den Cloud-Provider auf Herausgabe der digitalen Information zu. Sofern diese Ansprüche nicht explizit geregelt sind, lassen sie sich im Wege einer ergänzenden Vertragsauslegung des Cloud-Vertrags herleiten.

3. Sicherungsmöglichkeiten

Von Interesse ist nun, ob die aus dem Cloud-Vertrag herrührenden Ansprüche als Sicherungsmittel eingesetzt werden können.

a) Sicherungsabtretung

In Betracht kommt zunächst die Sicherungsabtretung der Ansprüche. Hierfür ist Voraussetzung, dass die Ansprüche abtretbar sind, d.h. kein Abtretungsverbot entgegensteht. Ein solches kann sich einerseits daraus ergeben, dass die Abtretbarkeit des jeweiligen Anspruchs im Cloud-Vertrag selbst ausgeschlossen ist (vgl. § 399 Alt. 2 BGB). Aber auch ohne rechtsgeschäftlich vereinbartem Abtretungsausschluss ist eine Forderung kraft Gesetzes nicht abtretbar, wenn dadurch ihr Inhalt verändert würde (vgl. § 399 Alt. 1 BGB). Dabei ist zwischen dem Zugangs- und dem Herausgabeanspruch zu unterscheiden. Da der Zugangsanspruch untrennbar mit der Gebrauchsüberlassung der Speicherkapazität verbunden ist, ist eine Abtretung nur zusammen mit dem Gebrauchsüberlassungsanspruch

---

des Exit-Managements zu regeln, näher *Redeker*, IT-Recht, Rn. 1237; Auer-Reinsdorff/Conrad/ *Strittmatter*, § 22 Rn. 165–168.

[6] *Piltz*, K&R 2016, 629 (634).
[7] BeckOK DatenschutzR/*K. v. Lewinski*, Art. 20 DS-GVO Rn. 30.
[8] Sie sind mit Blick auf die ihnen von ihren Nutzern bereitgestellte personenbezogene Information ihrerseits anspruchsverpflichtet.

denkbar. Letzterer ist allerdings nicht abtretbar. Insoweit gelten letztlich dieselben Erwägungen, die auch der Abtretbarkeit der aus der Hardware-Miete bzw. dem Hardware-Leasing resultierenden Gebrauchsüberlassungsansprüche am Datenträger entgegenstehen.[9] Im Allgemeinen gilt, dass die Rechte des Mieters in Bezug auf die Mietsache nicht übertragbar sind.[10] Ordnet man die Gebrauchsüberlassung von Speicherkapazität als Miete ein, so sind in der Konsequenz auch die Rechte des Cloud-Nutzers in Bezug auf die Zurverfügungstellung der Speicherkapazität unübertragbar. Allerdings verfangen die für die Unübertragbarkeit von Gebrauchsüberlassungsansprüchen ins Feld geführten Argumente bei der Überlassung von Speicherkapazität nicht in demselben Maße. Die Unübertragbarkeit wird bei körperlichen Mietgegenständen unter anderem mit dem Vertrauen gerechtfertigt, das der Überlassende hinsichtlich des pfleglichen Umgangs durch den Mieter hat.[11] Solche Erwägungen können bei der Zurverfügungstellung von Speicherkapazität keine Rolle spielen, da der jeweilige Nutzer durch sein Speicherverhalten keinen Einfluss auf die Abnutzung der Datenträger nehmen kann. Allerdings – und das rechtfertigt die Unabtretbarkeit des Gebrauchsüberlassungsanspruchs auch in Bezug auf Cloud-Verträge – ist die Nutzung der Speicherkapazität von der konkreten Person des Nutzungsberechtigten abhängig. Die Überlassung von Speicherkapazität an Unternehmen A ist eine andere Handlung als die Überlassung derselben Speicherkapazität an Unternehmen B.[12] Dies gilt erst recht, wenn – wie üblich – daneben die Erbringung weiterer Services geschuldet ist.

Keine Bedenken gegen die Abtretbarkeit ergeben sich demgegenüber hinsichtlich des dem Unternehmen nach Beendigung des Vertrags zustehenden Herausgabeanspruchs in Bezug auf die gespeicherte digitale Information. Die Abtretung führt nicht zu einer Änderung des natürlichen Leistungsinhalts, da es für die Erfüllung des Anspruchs keine Rolle spielt, an wen die digitale Information herausgegeben wird. Folglich ist der dem Unternehmen gegen den Cloud-Provider zustehende Herausgabeanspruch abtretbar. Die Abtretung kann nach allgemeinen Grundsätzen auch zu Sicherungszwecken erfolgen. Im Hinblick darauf sollten allerdings zwei Dinge Beachtung finden. Da der Herausgabeanspruch erst mit Beendigung des Cloud-Vertrags entsteht, kommt in aller Regel nur eine Vorausabtretung in Betracht. Sie ist für den Sicherungsnehmer zudem von geringem Wert, wenn er keinen Einfluss auf die Beendigung des Vertrags nehmen kann. Dem kann dadurch begegnet werden, dass das sicherungsgebende Unternehmen dem Sicherungsnehmer zusätzlich isoliert das Recht zur Kündigung des Cloud-

---

[9] S. dazu bereits oben S. 143.
[10] Staudinger/*Busche*, § 399 BGB Rn. 8.
[11] Staudinger/*ders.*, § 399 BGB Rn. 8.
[12] Vgl. Staudinger/*ders.*, § 399 BGB Rn. 8.

Vertrags abtritt (etwa unter der aufschiebenden Bedingung des Eintritts des Sicherungsfalls).[13] Denkbar ist auch, dass der Sicherungsgeber den Sicherungsnehmer zur Abgabe der Kündigungserklärung im Sicherungsvertrag bevollmächtigt. Im Übrigen sollte der Sicherungsnehmer die Exit-Möglichkeiten des Cloud-Vertrags einer genauen Prüfung unterziehen. Als Sicherungsmittel eignet sich der Herausgabeanspruch zudem nur, wenn die Kündigungsfrist entsprechend kurz ist.

b) Verpfändung

Neben der Sicherungsabtretung des Herausgabeanspruchs kommt die Bestellung eines Pfandrechts in Betracht. Sie erfolgt gem. § 1274 Abs. 1 S. 1 BGB in derselben Weise wie die Übertragung der Forderung, ist also durch formlosen Abtretungsvertrag gem. § 398 S. 1 BGB möglich.[14] Im Gegensatz zur Sicherungsabtretung, die in aller Regel still, d.h. ohne Anzeige an den Drittschuldner (Cloud-Provider) erfolgt, erzwingt das Gesetz bei der Forderungsverpfändung deren Publizität. Die Verpfändung ist gem. § 1280 BGB nur wirksam, wenn der Gläubiger sie dem Schuldner anzeigt. Die wirksame Verpfändung des Herausgabeanspruchs setzt also voraus, dass das verpfändende Unternehmen sie dem Cloud-Provider anzeigt. Das Publizitätserfordernis ist der Grund für die weitgehende Bedeutungslosigkeit der Forderungsverpfändung in der Praxis. Dem Kreditschuldner ist in der Regel nicht daran gelegen, dass die Sicherheitenbestellung öffentlich wird.[15] Infolgedessen ist auch in der vorliegenden Konstellation damit zu rechnen, dass der Sicherungsgeber die Offenlegung der Kreditsicherung gegenüber dem Cloud-Provider scheuen und sich stattdessen für die Sicherungsabtretung des Herausgabeanspruchs entscheiden wird. Ferner wirft die Einziehung des Herausgabeanspruchs schwierige Folgefragen auf, da der Gesetzgeber bei Schaffung der §§ 1279 ff. BGB offenbar nur die Leistung körperlicher Gegenstände vor Augen hatte. So erwürbe der Sicherungsnehmer infolge der Herausgabe der digitalen Information nach der Vorschrift des § 1287 S. 1 BGB eigentlich ein Pfandrecht an der digitalen Information. Ein solches kommt bei sondergesetzlich nicht zugewiesener digitaler Information allerdings nicht in Betracht.

---

[13] Zur isolierten Abtretbarkeit von Kündigungsrechten Staudinger/*ders.*, § 413 BGB Rn. 13.

[14] Wie schon bei der Abtretung kommt auch hier sinnvollerweise nur eine Vorausverpfändung in Betracht.

[15] Näher *Bülow*, Recht der Kreditsicherheiten, Rn. 1184.

4. Kollision mit Sicherungsrechten des Cloud-Providers?

Soweit ersichtlich ist bislang noch nicht diskutiert worden, ob der Cloud-Provider für seine offenen Forderungen gegen das speichernde Unternehmen möglicherweise ein Sicherungsrecht an der von dem Unternehmen eingebrachten digitalen Information hat. Dies erscheint aber dennoch eine Überlegung wert, weil es bejahendenfalls zu einer Sicherungskollision zwischen dem Sicherungsnehmer und dem Cloud-Provider hinsichtlich der digitalen Information kommen könnte. Als mögliches Sicherungsrecht des Cloud-Providers in Betracht kommt allenfalls ein gesetzliches Pfandrecht in analoger Anwendung der Vorschriften über das Vermieterpfandrecht gem. §§ 578 Abs. 2 S. 1, Abs. 1, 562 Abs. 1 S. 1 BGB. Dies mag auf den ersten Blick fernliegend erscheinen, da Datenträger keine Räume und die darauf befindlichen Datenverkörperungen keine Sachen sind. Gleichwohl werden bei näherer Betrachtung gewisse Parallelen sichtbar, die die analoge Anwendung der Vorschriften in anderem Licht erscheinen lassen. In diesem Zusammenhang ist zunächst der bereits mehrfach angesprochene Entmaterialisierungstrend in Erinnerung zu rufen. Er trifft in gleicher Weise auf die Betriebsmittel eines Unternehmens zu. Etwas zugespitzt lässt sich die Entwicklung wie folgt beschreiben: Während Unternehmen früher riesige Lager- und Produktionshallen anmieten mussten, genügt für die Erbringung digitaler Geschäftsmodelle die unkörperliche Inanspruchnahme von Hard- und Softwareressourcen eines Cloud-Providers. Anders als Vermieter haben Cloud-Provider bislang allerdings kein gesetzliches Sicherungsrecht an den von den Unternehmen eingebrachten immateriellen Betriebsmitteln wie digitaler Information. Da die Bedeutung des Cloud-Computings weiter steigt, könnte in Zukunft durchaus ein Sicherungsbedürfnis von Cloud-Providern erkennbar werden. Ob diese Lücke mithilfe einer analogen Anwendung der Vorschriften über das Vermieterpfandrecht geschlossen werden kann, bedarf noch eingehender Untersuchung. Bislang steht dem Cloud-Provider kein gesetzliches Sicherungsrecht zur Seite und auch (AGB-)vertraglich lässt sich mangels Sachqualität der Datenverkörperungen kein Pfandrecht konstruieren. Eine Sicherungskollision ist daher ausgeschlossen.

5. Fazit und Bewertung

Hat das kreditbegehrende Unternehmen seine digitale Information in der Cloud gespeichert, so scheint die Besicherung des Herausgabeanspruchs grundsätzlich geeignet, den Vermögenswert der digitalen Information als Kreditsicherheit heranzuziehen. Da die Verpfändung wegen der Publizität und bislang ungeklärter Rechtsfragen bei der Einziehung eher nicht in Betracht kommen dürfte, wird die Sicherungsabtretung des Herausgabeanspruchs das Mittel der Wahl sein.

II. Besicherung von Gesellschaftsanteilen

Verfügen finanzierungsbedürftige Unternehmen über einen wertvollen Bestand an digitaler Information, kommt schließlich in Betracht, den Vermögenswert der digitalen Information durch die Besicherung der Gesellschaftsanteile dieser Unternehmen zur Kreditsicherung heranzuziehen. Die grundlegenden Unterschiede zwischen den Personengesellschaften und der GmbH als körperschaftlich verfasster Gesellschaft erfordern im Folgenden eine Differenzierung.

1. Digitale Information im Personengesellschaftsvermögen

Zunächst wird digitale Information betrachtet, die sich im Vermögen einer Personengesellschaft befindet. Mit in die Betrachtung einbezogen werden die GbR (§§ 705 ff. BGB), die oHG (§§ 105 ff. HGB) und die KG (§§ 161 ff. HGB).

a) Rechtsnatur und Sicherungseignung von Personengesellschaftsanteilen

Gesellschaftsanteile sind gleichbedeutend mit der Mitgliedschaft eines Gesellschafters in einer Gesellschaft.[16] Letztere ist als subjektives Recht nach heute herrschender Meinung grundsätzlich übertragbar.[17] Da die Übertragung eines Gesellschaftsanteils zu einem Wechsel des Mitgliederbestands der Gesellschaft führt, ist der Anteil zum Schutz des persönlichen Zusammenschlusses der Gesellschafter von Gesetzes wegen vinkuliert.[18] Die Übertragung eines Gesellschaftsanteils bedarf deshalb der Zustimmung der übrigen Gesellschafter, es sei denn, der Gesellschaftsvertrag trifft eine abweichende Regelung.[19] Die Übertragung eines Gesellschaftsanteils kann auch zu Sicherungszwecken erfolgen.[20]

b) Sicherungsübertragung des Anteils

Die Sicherungsübertragung des Gesellschaftsanteils richtet sich nach den §§ 398 S. 1, 413 BGB und ist formfrei möglich.[21] Die Wirksamkeit der Sicherungsübertragung setzt nach dem oben Gesagten allerdings die Zustimmung der Mitgesellschafter voraus, soweit der Gesellschaftsvertrag nichts Abweichendes regelt. In

---

[16] Vgl. nur MüKoBGB/*Schäfer*, § 705 BGB Rn. 185.
[17] MHdB GesR II/*Escher/Haag*, § 27 Rn. 14–17; MüKoHGB/*Fleischer*, § 105 HGB Rn. 453; Henssler/Strohn/*Henssler*, § 105 HGB Rn. 117; MüKoBGB/*Schäfer*, § 719 BGB Rn. 21 m.w.N.
[18] MüKoHGB/*Fleischer*, § 105 HGB Rn. 453; MüKoBGB/*Schäfer*, § 719 BGB Rn. 27.
[19] MüKoBGB/*Schäfer*, § 719 BGB Rn. 27.
[20] MHdB GesR II/*Escher/Haag*, § 27a Rn. 3; Ellenberger/Bunte BankR-HdB/*Ganter*, § 75 Rn. 124.
[21] MüKoHGB/*Fleischer*, § 105 HGB Rn. 454, 465.

der Erteilung der Zustimmung sind die übrigen Gesellschafter grundsätzlich frei. Jedoch kann sich im Einzelfall eine Zustimmungspflicht ergeben, wenn die Verweigerung gegen die Treupflicht verstoßen würde.[22] Dies ist etwa vorstellbar, wenn die Gesellschaft dringenden Finanzierungsbedarf hat und keine anderen bankmäßigen Sicherheiten in Betracht kommen. Gleichwohl ist aus der Sicht des Sicherungsnehmers die Sicherungsübertragung von Gesellschaftsanteilen – unabhängig von der noch zu behandelnden Frage, inwiefern durch die Übertragung des Gesellschaftsanteils auch eine Berechtigung an der digitalen Information einhergeht[23] – nicht zu empfehlen.[24] Der Anteilserwerb steht einem Eintritt i. S. d. § 130 HGB (analog) gleich, sodass der Sicherungsnehmer nicht nur für Neu-, sondern auch für Altverbindlichkeiten haftet.[25] Selbst nach Erledigung des Sicherungszwecks haftet der Sicherungsnehmer trotz Rückübertragung des Anteils in den Grenzen des § 160 Abs. 1 S. 1 Hs. 1 HGB (i. V. m. § 736 Abs. 2 BGB) für alle bis dahin begründeten Verbindlichkeiten weiter. Bei den Personenhandelsgesellschaften bedarf die Anteilsübertragung zudem gem. §§ 107 Var. 4, 143 Abs. 2, 161 Abs. 2, 162 Abs. 2 HGB der Eintragung in das Handelsregister. Die damit einhergehende Publizität dürfte aus Sicht des finanzierungsbedürftigen Unternehmens ebenfalls gegen die Sicherungsübertragung sprechen.

c) Anteilsverpfändung

Um die mit dem Eintritt in die Gesellschafterstellung verbundenen Folgen zu vermeiden, können die Parteien anstatt einer Übertragung die Verpfändung des Gesellschaftsanteils in Betracht ziehen.[26] Sie kann gem. § 1274 Abs. 1 S. 1 i. V. m. §§ 398 S. 1, 413 BGB durch formlose Einigung erfolgen. Durch die Verpfändung erhält der Sicherungsnehmer nicht die Stellung eines Gesellschafters,[27] weshalb ihn auch keine nachteiligen Haftungsfolgen treffen. Ein weiterer Vorzug gegenüber der Sicherungsübertragung ist, dass die Verpfändung nicht publik gemacht werden muss. Weder ist sie in das Handelsregister einzutragen noch ist sie gem. § 1280 BGB der Gesellschaft anzuzeigen, da die Mitgliedschaft als subjektives Recht keine Forderung ist.[28] Allerdings bedarf auch die Verpfändung zum Schutz der Mitgesellschafter deren Zustimmung oder einer entsprechenden Öffnungsklausel im Gesellschaftsvertrag.[29]

---

[22] MüKoHGB/*ders.*, § 105 HGB Rn. 462.
[23] Dazu sogleich unter 3.
[24] Ellenberger/Bunte BankR-HdB/*Ganter*, § 75 Rn. 126.
[25] MüKoHGB/*K. Schmidt/Drescher*, § 130 HGB Rn. 10.
[26] MHdB GesR II/*Escher/Haag*, § 27a Rn. 3.
[27] MHdB GesR II/*dies.*, § 27a Rn. 14.
[28] MHdB GesR II/*dies.*, § 27a Rn. 7.
[29] MHdB GesR II/*dies.*, § 27a Rn. 4.

2. Digitale Information im Gesellschaftsvermögen einer GmbH

Im Gegensatz zu Anteilen an Personengesellschaften ist die Übertragbarkeit von Anteilen an einer GmbH in § 15 Abs. 1 Alt. 1 GmbHG ausdrücklich geregelt. Auch für GmbH-Anteile ist anerkannt, dass sie als Sicherheit für eine Verbindlichkeit verpfändet oder abgetreten werden können.[30]

a) Sicherungsübertragung von GmbH-Geschäftsanteilen

Die Übertragung erfolgt nach §§ 398 S. 1, 413 BGB und bedarf gem. § 15 Abs. 3 GmbHG notarieller Beurkundung. Anders als bei den Personengesellschaften ist zur Übertragung von Geschäftsanteilen an einer GmbH grundsätzlich nicht die Zustimmung der Mitgesellschafter erforderlich.[31] Allerdings kann die Anteilsübertragung gem. § 15 Abs. 5 GmbHG an zusätzliche Voraussetzungen geknüpft und demzufolge auch von der Genehmigung durch die Gesellschaft oder einzelner Gesellschafter abhängig gemacht werden.[32] Da § 15 Abs. 4 S. 1 GmbHG die notarielle Beurkundung auch des schuldrechtlichen Verpflichtungsgeschäfts vorsieht, ist neben der Verfügung über den Anteil ferner die Sicherungsabrede notariell zu beurkunden.[33] Wie schon die Übertragung von Personengesellschaftsanteilen ist auch die Übertragung von Geschäftsanteilen einer GmbH mit Nachteilen verbunden. Der Sicherungsnehmer haftet für rückständige Leistungen, Fehlbeträge und unzulässige Auszahlungen.[34] Des Weiteren kann die Sicherungsübertragung nicht still vollzogen werden, da jeder Gesellschafterwechsel gem. § 40 Abs. 1 S. 1 GmbHG in das Handelsregister einzutragen ist.

b) Verpfändung von GmbH-Geschäftsanteilen

Aufgrund der mit dem Eintritt in die Gesellschafterstellung verbundenen Nachteile ist die Verpfändung von GmbH-Anteilen in der Regel attraktiver. Sie richtet sich gem. § 1274 Abs. 1 S. 1 BGB nach den für die Übertragung geltenden Vorschriften und ist deshalb ebenfalls notariell zu beurkunden. Da der Regelungsgehalt der Vorschrift auf das dingliche Verfügungsgeschäft beschränkt ist, bedarf die Sicherungsabrede bei der Anteilsverpfändung nicht der notariellen Beurkundung.[35] Ferner ist die Verpfändung – da § 1280 BGB insoweit nicht einschlägig

---

[30] BeckNotar-HdB/*Mayer/Weiler*, § 22 Rn. 512.
[31] Insoweit ist das Regel-Ausnahme-Verhältnis gerade umgekehrt zu den Personengesellschaften, MüKoHGB/*Fleischer*, § 105 HGB Rn. 453.
[32] Ellenberger/Bunte BankR-HdB/*Merkel*, § 72 Rn. 147.
[33] Der Formmangel ist allerdings gem. § 15 Abs. 4 S. 2 GmbHG heilbar.
[34] Ellenberger/Bunte BankR-HdB/*Ganter*, § 75 Rn. 122.
[35] H.M., vgl. BeckNotar-HdB/*Mayer/Weiler*, § 22 Rn. 513; a.A. Ellenberger/Bunte BankR-HdB/*Merkel*, § 72 Rn. 146.

ist – nicht zwingend der Gesellschaft anzuzeigen. Auch erfordert die Verpfändung im Gegensatz zur Übertragung des Anteils nicht zwingend die Aufnahme des Sicherungsnehmers in die Gesellschafterliste, ist aber aus mehreren Gründen gleichwohl zu empfehlen.[36]

c) Schutz des guten Glaubens

Abschließend sei darauf hingewiesen, dass das Gesetz in engen Grenzen den guten Glauben des Sicherungsnehmers schützt. § 16 Abs. 3 S. 1 GmbHG ermöglicht es, einen Geschäftsanteil oder ein Recht daran wirksam vom Nichtberechtigten zu erwerben. Voraussetzung ist allerdings, dass die Gesellschafterliste seit mindestens drei Jahren unrichtig und die Unrichtigkeit dem wahren Berechtigten zuzurechnen ist. Ist der Sicherungsnehmer gutgläubig und liegt kein Widerspruch vor, kann er ausnahmsweise den Geschäftsanteil oder ein Pfandrecht daran gutgläubig erwerben.

3. Berechtigung an der zum Gesellschaftsvermögen gehörenden digitalen Information?

Da die Übertragung bzw. Verpfändung von Gesellschaftsanteilen primär die Besicherung der sich im Gesellschaftsvermögen befindenden digitalen Information zum Ziel hat, wirft dies konsequent die Frage auf, inwieweit der Sicherungsgeber überhaupt eine (dingliche) Berechtigung daran erlangt. Sowohl bei den Personenhandelsgesellschaften als auch bei der GmbH ist kraft gesetzlicher Anordnung in §§ 124 Abs. 1, 161 Abs. 2 HGB bzw. § 13 Abs. 1 GmbHG allein die Gesellschaft dinglich Berechtigte an den zum Gesellschaftsvermögen gehörenden Gegenständen. Dasselbe gilt nach heute herrschender Meinung (anders als es der Wortlaut von § 718 Abs. 1 BGB vermuten lässt) auch für die rechtsfähige (Außen-)GbR.[37] Demzufolge sind nicht die Gesellschafter, sondern ist die GbR selbst Trägerin des Gesellschaftsvermögens.[38] Für die im Gesellschaftsvermögen befindliche digitale Information bedeutet das, dass sie stets der Gesellschaft und nicht den einzelnen Gesellschaftern zugewiesen ist. Dies gilt auch, wenn die Gesellschaft im Einzelfall nur über eine faktische Ausschließlichkeit an der digitalen Information verfügt. In diesem Fall ist die digitale Information zwar der Gesellschaft nicht zugewiesen, allerdings würde ihre Nutzung durch die Gesellschafter deren

---

[36] *Reymann*, DNotZ 2005, 425 (429).
[37] Zur Rechtsfähigkeit der (Außen-)GbR s. nunmehr § 705 Abs. 2 BGB in der ab 01.01.2024 geltenden Fassung.
[38] MHdB GesR I/*Gummert*, § 13 Rn. 2; Henssler/Strohn/*Kilian*, § 718 BGB Rn. 3.

Treupflicht gegenüber der Gesellschaft zuwiderlaufen.[39] Daraus folgt, dass die Mitgliedschaft in einer Gesellschaft – und erst recht nicht ein Pfandrecht an ihr – weder zu einem unmittelbaren Anteil am Gesellschaftsvermögen noch den dazu gehörenden Gegenständen führt.[40] Gesellschaftsanteile vermitteln demnach keine dingliche Berechtigung am Gesellschaftsvermögen,[41] sondern sind lediglich eine Bezugsgröße für die wirtschaftliche Beteiligung des Gesellschafters daran.[42] Für die hier aufgeworfene Fragestellung hat dies zusammenfassend zur Folge, dass der Sicherungsnehmer durch die Besicherung von Gesellschaftsanteilen keine Berechtigung an der digitalen Information selbst erlangt. Er erwirbt stattdessen nur einen Anteil am wirtschaftlichen Wert des Gesellschaftsvermögens. Dabei spielt freilich die sich im Gesellschaftsvermögen befindliche digitale Information eine bedeutende Rolle. Je größer ihr wirtschaftlicher Wert ist, desto wertvoller ist auch das Gesellschaftsvermögen und damit die jeweiligen Anteile daran. Der Wert der im Gesellschaftsvermögen befindlichen digitalen Information hat somit unmittelbaren Einfluss auf den Wert der Gesellschaftsanteile. Ihre Besicherung erscheint daher grundsätzlich geeignet, den Vermögenswert der digitalen Information eines Unternehmens (mittelbar) zur Kreditsicherung heranzuziehen.

4. Fazit und Bewertung

Befindet sich im Gesellschaftsvermögen eines Unternehmens ein wertvoller Bestand an digitaler Information, so ist die Besicherung von Gesellschaftsanteilen grundsätzlich geeignet, um den Vermögenswert der digitalen Information zur Kreditsicherung heranzuziehen. Dabei ist die Verpfändung des Gesellschaftsanteils in der Regel attraktiver für den Sicherungsnehmer, weil die mit der Sicherungsübertragung des Anteils verbundene Gesellschafterstellung Haftungsrisiken birgt. Ein weiterer Vorzug der Verpfändung ist, dass sie grundsätzlich still vollzogen werden kann. Gleichwohl kommt eine Besicherung von Gesellschaftsanteilen in den der Untersuchung zugrunde liegenden Fallkonstellationen aus praktischen Gründen nicht in Betracht. Die Besicherung von Gesellschaftsanteilen bietet nämlich immer dann keine Sicherheit, wenn das Unternehmen, dessen Anteile übertragen oder verpfändet werden sollen, selbst Begünstigter des Kredits ist. In diesem Fall unterliegen die eigentlich als Sicherheit dienenden Gesellschaftsanteile demselben wirtschaftlichen Ausfallrisiko wie die zu sichernde

---

[39] Zur Treupflicht gegenüber der Gesellschaft MüKoBGB/*Schäfer*, § 705 BGB Rn. 233.
[40] MHdB GesR I/*Gummert*, § 13 Rn. 17.
[41] *K. Schmidt*, NJW 2001, 993 (998).
[42] MHdB GesR I/*Gummert*, § 13 Rn. 18.

Forderung.[43] Da die Besicherung von Gesellschaftsanteilen – wie gezeigt – gerade keine dingliche Berechtigung an den zum Gesellschaftsvermögen gehörenden Gegenständen verleiht, könnte der Sicherungsnehmer in der Insolvenz des sicherungsgebenden Unternehmens den Zugriff anderer Gläubiger auf die digitale Information nicht verhindern. Kein vernünftiger Kapitalgeber würde dem kreditbegehrenden Unternehmen – in Ermangelung anderer Sicherheiten – folglich einen Kredit gewähren.

In der Konsequenz sind für einen Fremdkapitalgeber die Gesellschaftsanteile eines finanzierungsbedürftigen Unternehmens in der Regel uninteressant. Durchaus vorstellbar ist demgegenüber, dass ein wertvoller Bestand an digitaler Information Eigenkapitalgeber zu einem Investment verlocken könnte. Zu denken ist hierbei vor allem an Venture Capital- und Private Equity-Investoren. Während mit Venture Capital typischerweise die Gründungs- und Frühphasenfinanzierung eines Unternehmens gemeint ist, bezeichnet Private Equity die Beteiligung an bereits im Markt etablierter Unternehmen.[44] In beiden Fällen stellt der Kapitalgeber durch seine Beteiligung dem Unternehmen Eigenkapital zur Verfügung.[45] Ziel einer solchen Beteiligungsfinanzierung ist stets, den Unternehmenswert zu steigern, um die Unternehmensanteile im Rahmen des geplanten Exits gewinnbringend veräußern zu können.[46] Vor allem für junge und innovative Unternehmen mit einem aussichtsreichen digitalen Geschäftsmodell könnte ein wertvoller Bestand an digitaler Information ein zusätzliches Argument sein, um die für die Unternehmensentwicklung dringend benötigten Kapitalgeber zu gewinnen.

Zusammenfassend lässt sich festhalten, dass die Besicherung von Gesellschaftsanteilen grundsätzlich geeignet ist, den im Gesellschaftsvermögen vorhandenen Vermögenswert digitaler Information zur Kreditsicherung heranzuziehen. Das gilt allerdings nur, solange das Unternehmen, dessen Gesellschaftsanteile besichert werden, nicht selbst der Kreditschuldner ist. Im Übrigen ist vorstellbar, dass ein wertvoller Bestand an digitaler Information geeignet ist, Eigenkapitalinvestoren anzulocken.

---

[43] Vgl. Ellenberger/Bunte BankR-HdB/*Merkel*, § 72 Rn. 140; *Reymann*, DNotZ 2005, 425.
[44] *Baums*, Recht der Unternehmensfinanzierung, § 16 Rn. 1; *Weitnauer*, Handbuch Venture Capital, Rn. 1 f.
[45] Es handelt sich daher anders als bei der Kreditfinanzierung um eine Form der Eigenkapitalfinanzierung, s. dazu bereits oben S. 62 f.
[46] *Baums*, Recht der Unternehmensfinanzierung, § 16 Rn. 11–15.

§ 9 Besicherung nicht zugewiesener digitaler Information

Im Rahmen der bisherigen Untersuchung konnte gezeigt werden, dass der Vermögenswert der digitalen Information eines Unternehmens auf unterschiedliche Weise zur Absicherung des Kreditrisikos herangezogen werden kann. Allen bisher untersuchten Möglichkeiten war dabei gemein, dass das sicherungsgebende Unternehmen über ein subjektives Recht an der digitalen Information verfügt, das es zur Sicherheit auf den Sicherungsnehmer übertragen, lizenzieren oder verpfänden kann. Wie in § 4 der Untersuchung gezeigt wurde, schützen die immaterialgüterrechtlichen Sondergesetze digitale Information allerdings nur bei Vorliegen bestimmter Voraussetzungen. Eine umfassende Zuweisung durch Ausschließlichkeitsrechte findet nicht statt. Auch wenn die digitale Information eines Unternehmens zumeist als Geschäftsgeheimnis geschützt sein dürfte, sind doch Konstellationen denkbar, in denen sie dem kreditbegehrenden Unternehmen nicht ausschließlich zugewiesen ist. In Betracht kommt dann allenfalls eine faktische Ausschließlichkeit an der digitalen Information. Da jedoch digitale Information, auch wenn sie nicht durch Ausschließlichkeitsrechte zugewiesen ist, einen enormen Vermögenswert haben kann, ist nunmehr der Frage nachzugehen, ob auch die auf faktischen Gegebenheiten beruhende Exklusivität des Sicherungsgebers eine taugliche Grundlage für den Einsatz von digitaler Information als Kreditsicherheit bietet. In diesem Zusammenhang wurde bereits darauf hingewiesen, dass eine Zuweisung durch Ausschließlichkeitsrechte keine Voraussetzung für den Einsatz als Kreditsicherheit ist. Auch nicht zugewiesene digitale Information verfügt über die dafür notwendige Transaktionseignung, da sie jedenfalls faktisch übertragen werden kann. Weil in diesem Fall – mangels rechtlicher Zuweisung – kein (dinglicher) Zuordnungswechsel stattfinden kann, müssen die zur Sicherung des Gläubigers erforderlichen Befugnisse unweigerlich auf vertraglicher Ebene zugewiesen werden. Inwieweit hierfür auf bekannte Sicherungsformen zurückgegriffen werden kann, ist im Folgenden zu untersuchen.

I. Rückgriff auf die Figur der Treuhand

Das gesetzliche Leitbild sieht zur Sicherung des Gläubigers eigentlich das Pfandrecht vor. Als Belastung mit einem dinglichen Verwertungsrecht setzt seine Bestellung allerdings die Existenz eines subjektiven Rechts voraus. Ist die als Sicherungsgut in Betracht kommende digitale Information rechtlich nicht zugewiesen, kommt die Bestellung eines Pfandrechts folglich von vornherein nicht in Betracht. In der Praxis hat sich neben dem Pfandrecht jedoch ein weiteres Instrument zur Sicherung des Gläubigers entwickelt: die Treuhand. Mithin stellt sich konsequent die Frage, ob das Institut der Treuhand auch für die Besicherung rechtlich nicht zugewiesener digitaler Information fruchtbar gemacht werden kann. Hierzu ist zunächst festzuhalten, dass es einen allgemein anerkannten Rechtsbegriff der Treuhand bislang nicht gibt.[1] Welchen Anforderungen ein Treuhandverhältnis folglich genügen muss, ist umstritten.[2] Nach der Rechtsprechung sei für die „Treuhand typisch […], dass sie neben der schuldrechtlichen eine dingliche Komponente aufweist, indem sie Rechte an einem Gegenstand auf den Treuhänder verlagert"[3]. Die Kombination beider Elemente verleihe der Treuhand ihr charakteristisches Gepräge: Auf dinglicher Ebene sei das Treugut dem Treuhänder mit absoluter Wirkung rechtlich zugeordnet. Wirtschaftlich sei es hingegen dem Vermögen des Treugebers zuzurechnen, da die absolute Zuordnung durch die schuldrechtliche Treuhandabrede überlagert werde.[4] Die vermögensmäßige Zurechnung zum Treugeber sei gerechtfertigt, „weil der Treuhänder das dingliche Recht von vornherein nur in einer die Ausübungsbefugnis […] einschränkenden Gestalt erhalten hat."[5] Ist die als (Sicherungs-)Treugut in Betracht kommende digitale Information rechtlich nicht zugewiesen, scheidet die Übertragung einer absoluten Rechtsposition auf den Treuhänder (Sicherungsnehmer) aus. Sie kann in diesen Fällen lediglich faktisch übertragen werden. Infolgedessen könnte rechtlich nicht zugewiesene digitale Information mangels Übertragbarkeit einer dinglichen Rechtsposition nicht zum Gegenstand einer Treuhandabrede gemacht werden. Allerdings erfordern Treuhandverhältnisse nach vorzugswürdiger Auffassung nicht zwingend eine dingliche Komponente.[6] Auch tatsächliche Positionen wie *Informationen* kommen grundsätzlich als Treugut in Betracht.[7] Erforderlich, aber auch ausreichend für den Treuhandcharakter

---

[1] Statt aller MüKoInsO/*Ganter*, § 47 InsO Rn. 355.
[2] *J.F. Hoffmann*, Prioritätsgrundsatz und Gläubigergleichbehandlung, S. 246.
[3] BGHZ 155, 227 (232).
[4] Vgl. *J.F. Hoffmann*, Prioritätsgrundsatz und Gläubigergleichbehandlung, S. 246.
[5] BGHZ 155, 227 (233).
[6] *Bitter*, Rechtsträgerschaft für fremde Rechnung, S. 278–282; *Löhnig*, Treuhand, S. 832.
[7] Vgl. *Löhnig*, Treuhand, S. 833; s. ferner *Vossius-Köbel*, in: Taeger, DSRITB 2019, S. 609

einer Abrede ist, dass der Treuhänder eine Machtposition erhält, die eine schuldrechtliche Beschränkung im Innenverhältnis erforderlich werden lässt.[8] Für die vorliegende Untersuchung bedeutet das, dass digitale Information als (Sicherungs-)Treugut auch dann in Betracht kommt, wenn sie nicht Gegenstand von Ausschließlichkeitsrechten ist. Die erforderliche Machtposition des Sicherungsnehmers setzt dabei zunächst voraus, dass der Sicherungsgeber dem Sicherungsnehmer die digitale Information überträgt, der Sicherungsnehmer also letztlich Zugriff auf die zugrunde liegenden Datenverkörperungen erhält. Die eigentliche Machtposition des Sicherungsnehmers wird dann allerdings erst begründet, weil und soweit der Sicherungsgeber über eine faktische Exklusivitätsstellung an der digitalen Information verfügt. Wäre die digitale Information demgegenüber frei verfügbar, würde der Zugriff auf die Datenverkörperungen dem Sicherungsnehmer keine Machtposition vermitteln. Nur wenn der Sicherungsgeber über eine faktische Ausschließlichkeit an der digitalen Information verfügt, bedarf es der für den Treuhandcharakter typischen Bindung im Innenverhältnis. Denn nur in diesem Fall hat der Sicherungsnehmer auch die Macht, durch die treuwidrige Verfügung über die Datenverkörperungen die faktische Ausschließlichkeitsstellung des Sicherungsgebers zunichtezumachen. Weil die faktische Ausschließlichkeitsstellung in gewisser Weise den Wirkungen eines Ausschließlichkeitsrechts gleichkommt, unterscheidet sich die treuhänderische Übertragung nicht zugewiesener digitaler Information nüchtern betrachtet nicht entscheidend von der Übertragung ausschließlicher Rechtspositionen. In beiden Fällen sind Dritte nicht nur (rechtlich bzw. faktisch) von der Nutzung der digitalen Information ausgeschlossen, sondern der Treuhänder hat ebenso die Möglichkeit, (rechtlich bzw. faktisch) über sie zu verfügen. Im Ergebnis ist die treuhänderische Übertragung nicht zugewiesener digitaler Information im Fall einer faktischen Ausschließlichkeit der treuhänderischen Übertragung von Ausschließlichkeitsrechten vergleichbar. Diese Vergleichbarkeit lässt sich als weiterer gewichtiger Beleg dafür anführen, dass nicht zugewiesene digitale Information zum Gegenstand einer zu Sicherungszwecken geschlossenen Treuhandabrede gemacht werden kann. Schließlich spricht noch eine weitere Überlegung für die Zulässigkeit solcher Treuhandverhältnisse: Nach inzwischen einhelliger Meinung besteht für die umfassende Zuweisung digitaler Information mangels Feststellbarkeit eines Marktversagens kein Bedürfnis, weil die faktische Ausschließlichkeit ausreichend Gewähr dafür biete, digitale Information zum Gegenstand vertraglicher Abreden zu machen. Wenn aber kein Bedarf für die Einführung eines Ausschließ-

---

(612), derzufolge Treuhandverhältnisse auch an Daten denkbar seien. Eingehend zur Datentreuhand *Specht-Riemenschneider/Blankertz/Sierek u. a.*, MMR-Beil. 2021/6, 25 ff.

[8] MüKoInsO/*Ganter*, § 47 InsO Rn. 355, spricht von „Verfügungsmacht"; *Löhnig*, Treuhand, S. 832, spricht von „Machtmitteln".

lichkeitsrechts erkennbar ist und dementsprechend die Übertragung einer ausschließlichen Rechtsposition – selbst, wenn sie gewollt ist – schlicht nicht möglich ist, sollte die faktische Ausschließlichkeit auch für die Begründung einer Sicherungstreuhand genügen.

II. Sicherungsübertragung digitaler Information

Wie soeben gezeigt, sprechen gute Gründe dafür, die Figur der Treuhand auch bei der Besicherung von nicht durch Ausschließlichkeitsrechte geschützter digitaler Information fruchtbar zu machen. Anstatt einer dinglichen Rechtsposition erhält der Sicherungsnehmer zwar nur eine, auf der Treuhandabrede beruhende, obligatorische Rechtsstellung in Bezug auf die digitale Information. Weil der Sicherungsgeber jedoch über eine faktische Ausschließlichkeit an der digitalen Information verfügt, erwirbt der Sicherungsnehmer durch ihre Übertragung letztlich eine ähnliche Position wie bei der Vollrechtstreuhand. Die faktische Ausschließlichkeit stellt nicht nur einen wirksamen Ausschluss Dritter von der Nutzung der digitalen Information sicher, sondern bildet im Sicherungsfall auch die Grundlage für ihre Verwertung. Durch die Übertragung der digitalen Information erlangt der Sicherungsnehmer außerdem die die Sicherungstreuhand charakterisierende Machtposition, da er aufgrund des Zugriffs auf die zugrunde liegenden Datenverkörperungen in der Lage ist, über die digitale Information weiterzuverfügen und dadurch die faktische Ausschließlichkeit des Sicherungsgebers zunichtezumachen. Dies macht eine treuhänderische Bindung im Innenverhältnis erforderlich. Im Sicherungsvertrag ist daher eine Regelung vorzusehen, wonach der Sicherungsnehmer von dem ihm zu Sicherungszwecken eingeräumten Zugriff auf die Datenverkörperungen und der daraus resultierenden Machtposition nur bei Vorliegen bestimmter Voraussetzungen – regelmäßig also bei Eintritt des Sicherungsfalls – Gebrauch machen darf. Eine gewisse, dem nicht-rivalen Charakter digitaler Information geschuldeten Schmälerung der Machtposition des Sicherungsnehmers kann sich allerdings daraus ergeben, dass der Sicherungsgeber zu ihrer Nutzung ebenfalls Zugriff auf die jeweiligen Datenverkörperungen haben muss. Je nach Ausgestaltung des Zugriffs kann dies zur Folge haben, dass der Sicherungsgeber nach Eintritt des Sicherungsfalls noch über eine Verkörperung der digitalen Information verfügt, weil der Sicherungsnehmer zu Zugriffszwecken lediglich eine Kopie der Datenverkörperungen erhalten hat. Da dadurch möglicherweise die Verwertung der digitalen Information in Gefahr gerät, ist in § 10 nach Möglichkeiten zu suchen, wie sich die gegenläufigen Zugriffsinteressen auf die Datenverkörperungen bestmöglich miteinander vereinbaren lassen. Im Folgenden steht jedoch die nähere Ausgestaltung des Treuhandverhältnisses im Vordergrund. Hierfür erscheint eine Orientierung an herkömmlichen Sicherungsabreden sinnvoll. Dabei ist zu berücksichtigen, dass kein subjektives Recht, sondern letztlich eine faktische Position die Sicherung des Gläubigers bewirkt.

1. Grundlegendes zur Ausgestaltung der Treuhandabrede

Obwohl sachenrechtliche Zwänge keine Rolle spielen, sollte auf eine genaue Beschreibung des Sicherungsguts geachtet werden, damit zu jeder Zeit klar ist, welche digitale Information für die Kreditforderung des Sicherungsnehmers haftet. Das ist insbesondere dann wichtig, wenn nicht die gesamte digitale Information des sicherungsgebenden Unternehmens als Sicherheit herangezogen werden soll. Je stärker die digitale Information einem Alterungsprozess unterliegt, desto wichtiger ist es, dass der Sicherungsnehmer stets Zugriff auf die aktuellsten Datenverkörperungen hat. Wurde beim Sicherungsnehmer oder bei einem Dritten eine Kopie der digitalen Information hinterlegt, so wäre in seinem Interesse eine Update-Verpflichtung seitens des Sicherungsgebers vorzusehen. Die hinterlegte Kopie müsste dann in regelmäßigen Abständen oder ggf. sogar in Echtzeit aktualisiert werden. Die konkrete Ausgestaltung der Treuhandabrede im Übrigen, insbesondere die Regelung der jeweiligen Rechte und Pflichten in Bezug auf die als Sicherheit dienende digitale Information, unterliegt – in den durch die Rechtsordnung gezogenen Grenzen – der Vertragsfreiheit der Parteien. Dem nachfolgenden Überblick über die Rechtsstellung der Parteien kommt deshalb im Wesentlichen Beispielcharakter zu.

2. Rechtsstellung des Sicherungsnehmers während der Sicherungsphase

Wurde dem Sicherungsnehmer zu Sicherungszwecken Zugriff auf die der digitalen Information zugrunde liegenden Datenverkörperungen verschafft, ist die damit verbundene Machtposition mit derjenigen eines Vollrechtsinhabers vergleichbar. Aufgrund der bestehenden faktischen Ausschließlichkeit sind Dritte von der Nutzung des Sicherungsguts ebenso ausgeschlossen, wie wenn es durch Ausschließlichkeitsrechte geschützt wäre. Umgekehrt kann der Sicherungsnehmer faktisch über die digitale Information verfügen und sie weiterübertragen, weil er in der Lage ist, dem Erwerber die zugrunde liegenden Datenverkörperungen zu verschaffen. Wie bei der Vollrechtstreuhand bedarf die Machtposition des Sicherungsnehmers infolgedessen einer vertraglichen Beschränkung im Innenverhältnis. Bis zum Eintritt des Sicherungsfalls hat sich der Sicherungsnehmer daher jeder Verfügung über die digitale Information zu enthalten. Er darf sie insbesondere nicht an Dritte weiterübertragen oder selbst nutzen. Der für den Erhalt der Machtposition erforderliche Zugriff auf die Datenverkörperungen setzt im Übrigen nicht voraus, dass dem Sicherungsnehmer zwingend eine Kopie der digitalen Information übertragen werden muss. Vielmehr können die Parteien auch in Betracht ziehen, den Zugriff auf die Datenverkörperungen in die Hände eines neutralen Dritten zu legen. Die das Treuhandverhältnis charakterisierende Machtposition des Sicherungsnehmers rührt in diesem Fall daher, dass der Dritte bei Eintritt des Sicherungsfalls vertraglich dazu verpflichtet ist, dem Sicherungsnehmer Zugriff auf die zugrunde liegenden Datenverkörperungen zu verschaffen.[9]

3. Rechtsstellung des Sicherungsgebers während der Sicherungsphase

Anders als bei der Vollrechtsübertragung, bei der der Sicherungsgeber eine ausschließliche Rechtsposition fiduziarisch auf den Sicherungsnehmer überträgt, „verliert" der Sicherungsgeber bei der Sicherungsübertragung nicht zugewiesener digitaler Information zunächst nichts, da er die digitale Information – wegen ihres nicht-rivalen Charakters – trotz ihrer Übertragung auf den Sicherungsnehmer nach wie vor selbst nutzen kann. Zur Nutzung der digitalen Information ist der Sicherungsgeber bis zum Eintritt des Sicherungsfalls berechtigt. Er hat das Sicherungsgut in seinem Bestand zu erhalten und ist seinerseits verpflichtet, jede anderweitige, den Sicherungsnehmer potenziell beeinträchtigende Verfügung über die digitale Information zu unterlassen. Sofern die digitale Information einem schnellen Alterungsprozess unterliegt, kann der Sicherungsgeber dazu verpflichtet werden, eine möglicherweise hinterlegte Kopie der digitalen Information in regelmäßigen Abständen oder ggf. sogar in Echtzeit zu aktualisieren. Nur so ist gewährleistet, dass der anfängliche Sicherungswert der digitalen Information im Laufe der Zeit erhalten bleibt.

4. Rechtsstellung des Sicherungsnehmers nach Eintritt des Sicherungsfalls

Tritt der Sicherungsfall ein, endet die Befugnis des Sicherungsgebers, die digitale Information zu nutzen. Umgekehrt ist der Sicherungsnehmer nunmehr berechtigt, die digitale Information zu verwerten. Wurde sie bei einem Dritten hinterlegt, kann er zum Zwecke ihrer Verwertung von diesem den Zugriff auf die zugrunde liegenden Datenverkörperungen verlangen. Soweit der Sicherungsgeber noch über eine Kopie der digitalen Information verfügt, ist vertraglich sicherzustellen, dass dieser sämtliche in seinem Besitz befindlichen Datenverkörperungen vollumfänglich – also unter Einschluss ggf. angefertigter Sicherungskopien – löscht.

---

[9] Ausführlich zum Zugriff auf die Datenverkörperungen s. sogleich § 10.

5. Rechtsstellung des Sicherungsgebers bei Erledigung des Sicherungszwecks

Sofern sich der Sicherungszweck erledigt, hat der Sicherungsnehmer die zu Sicherungszwecken übertragene Kopie entweder an den Sicherungsgeber zurückzuübertragen oder vollständig zu löschen. Wurde die digitale Information bei einem neutralen Dritten hinterlegt, so trifft den Dritten diese Verpflichtung.

III. Sicherungslizenzierung digitaler Information

Grundsätzlich denkbar ist ebenfalls die Sicherungslizenzierung digitaler Information. Wie bei der Sicherungslizenzierung von Immaterialgüterrechten erwirbt der Sicherungsnehmer im Sicherungsfall das Recht, lizenzartigen Gebrauch von der digitalen Information machen zu dürfen. Da nicht die Lizenzierung eines Immaterialgüterrechts, sondern die Lizenzierung eines Immaterialguts im Raum steht, handelt es sich bei der Sicherungslizenz dogmatisch betrachtet um eine unechte Lizenz.[10] Sie bewirkt, dass zugunsten des Sicherungsnehmers ein (lediglich) schuldrechtlich wirkendes Nutzungsrecht an der digitalen Information begründet wird.[11] Aufgrund der nur obligatorischen Rechtsstellung ist das Nutzungsrecht als solches wegen § 399 Alt. 1 BGB allerdings nicht übertragbar.[12] Hat der Sicherungsnehmer demzufolge kein Interesse daran, die digitale Information selbst zu nutzen, müsste explizit die Befugnis vorgesehen werden, zu Verwertungszwecken Unterlizenzen erteilen zu dürfen. Im Allgemeinen wird der Sicherungswert von Sicherungslizenzen allerdings äußerst gering sein, weshalb sie im Rahmen der weiteren Untersuchung außer Betracht bleiben.

IV. Fazit

Ist digitale Information nicht durch Ausschließlichkeitsrechte geschützt, kommt eine rechtsgeschäftliche Verfügung hierüber zu Sicherungszwecken nicht in Betracht. Die Untersuchung hat aber gezeigt, dass digitale Information, unter der Voraussetzung, dass ihr Inhaber über eine faktische Ausschließlichkeit verfügt, dennoch zum Gegenstand einer Sicherungstreuhand gemacht werden kann. Der Sicherungsnehmer erwirbt in diesem Fall im Verhältnis zu Dritten eine der Voll-

---

[10] Vgl. Leupold/Wiebe/Glossner/*Schur*, IT-Recht Teil 6.9 Rn. 20.
[11] Vgl. eingehend *ders.*, Die Lizenzierung von Daten, S. 153–161.
[12] So wohl auch *ders.*, Die Lizenzierung von Daten, S. 185 f., der die Übertragbarkeit allerdings bei Bestehen einer ausdrücklichen Regelung für zulässig erachtet.

rechtsübertragung von Ausschließlichkeitsrechten vergleichbare Stellung. Bei der Ausgestaltung des Treuhandverhältnisses können sich die Parteien im Wesentlichen an den Rechten und Pflichten orientieren, die sich für die Vollrechtstreuhand herausgebildet haben. Allerdings ist dem Umstand Rechnung zu tragen, dass die Exklusivität an der digitalen Information allein faktischer Natur ist und nicht auf einem rechtlichen Monopol beruht.

§ 10 Zugriff auf die Datenverkörperungen

In den vorangegangenen Kapiteln wurden verschiedene Möglichkeiten dargestellt, wie sich der Vermögenswert digitaler Information zur Absicherung eines kreditgebenden Gläubigers heranziehen lässt. Bislang nur wenig Beachtung gefunden hat dabei das Schicksal der zugrunde liegenden Datenverkörperungen. Wie sich gleich zeigen wird, haben sowohl der Sicherungsgeber als auch der Sicherungsnehmer ein virulentes Interesse am Zugriff auf die Datenverkörperungen, das freilich gegenläufiger Natur ist. Im Folgenden ist daher zu untersuchen, wie sich die widerstreitenden Zugriffsinteressen bestmöglich in Einklang bringen lassen.

I. Zugriffsinteressen an den Datenverkörperungen

Bevor im Anschluss denkbare Gestaltungsmöglichkeiten in den Blick genommen werden, sind zunächst die jeweiligen Zugriffsinteressen an den Datenverkörperungen näher zu erläutern.

1. Die Perspektive des Sicherungsnehmers: Zugriff auf die Datenverkörperungen als Druckmittel und im Sicherungsfall

Die Befugnis, die als Sicherheit dienende digitale Information im Sicherungsfall verwerten zu dürfen, erwiese sich als inhaltsleere Hülle, wenn der Sicherungsnehmer nicht in der Lage wäre, dem Erwerber die zugrunde liegenden Datenverkörperungen zu verschaffen. Unabdingbare Voraussetzung für die Realisierung des Vermögenswerts der als Sicherheit eingesetzten digitalen Information ist folglich, dass der Sicherungsnehmer spätestens im Sicherungsfall uneingeschränkten Zugriff auf die jeweiligen Datenverkörperungen erhält. Ist die digitale Information nicht Gegenstand immaterialgüterrechtlicher Zuweisung, ergibt sich die Notwendigkeit des Zugriffs allerdings nicht erst im Sicherungsfall. Stattdessen ist bereits für die Entstehung des Treuhandverhältnisses der Zugriff auf die zugrunde liegenden Datenverkörperungen vonnöten, da es andernfalls an der für den Treuhandcharakter erforderlichen Machtposition des Sicherungsgebers fehlen würde.

In beiden Fällen nimmt das Zugriffsinteresse des Sicherungsnehmers auf die Datenverkörperungen mit Eintritt des Sicherungsfalls eine *exklusive* Gestalt an: Aufgrund der einfachen Vervielfältigbarkeit der Datenverkörperungen kann die digitale Information leicht in die Hände unberechtigter Dritter fallen. Gerade weil die Ausschließlichkeit an der digitalen Information – wegen des Schutzes als Geschäftsgeheimnis oder wenn die Ausschließlichkeit lediglich auf faktischen Gegebenheiten beruht – vielfach sehr fragil ist, kann dies schlimmstenfalls den Verlust der Ausschließlichkeit bedeuten und damit den Vermögenswert der digitalen Information auf einen Schlag zunichtemachen. Wären die zugrunde liegenden Datenverkörperungen frei verfügbar, würde kein vernünftiger Käufer mehr einen Preis für die digitale Information bezahlen. Die Erzielung eines Erlöses und somit die Befriedigung für die noch offene Darlehensforderung wäre in diesem Fall aussichtslos. Vor diesem Hintergrund ist dem Sicherungsnehmer daran gelegen, dass der Sicherungsgeber spätestens im Sicherungsfall keinen Zugriff mehr auf die Datenverkörperungen hat. Daher muss sichergestellt sein, dass alle nach Eintritt des Sicherungsfalls eventuell noch in der Herrschaftssphäre des Sicherungsgebers vorhandenen Datenverkörperungen zuverlässig gelöscht werden oder auf andere Weise der Zugriff darauf unterbunden wird.

2. Die Perspektive des Sicherungsgebers: Zugriff auf die Datenverkörperungen als Voraussetzung für den Betrieb des digitalen Geschäftsmodells

Wie alle Sicherungsgeber ist auch das sicherungsgebende Unternehmen weiterhin auf die Nutzung des Sicherungsguts, also der digitalen Information, angewiesen. Ohne die Nutzung der digitalen Information ist der Betrieb des (digitalen) Geschäftsmodells und damit die Erzielung von Erlösen undenkbar. Ohne die Erzielung von Erlösen rückt die Rückzahlung des Darlehens in weite Ferne. Damit ist die Nutzung der digitalen Information durch das finanzierungsbedürftige Unternehmen letztlich sogar im Interesse des kapitalgebenden Gläubigers. Die Nutzung der digitalen Information setzt den Zugriff auf die zugrunde liegenden Datenverkörperungen voraus. Während der Sicherungsphase bzw. vor Eintritt des Sicherungsfalls ist das Zugriffsinteresse des sicherungsgebenden Unternehmens – spiegelbildlich zu demjenigen des Sicherungsnehmers nach Eintritt des Sicherungsfalls – ebenfalls exklusiver Natur. Aufgrund der bereits erwähnten Fragilität der an der digitalen Information bestehenden Ausschließlichkeit ist dem sicherungsgebenden Unternehmen daher möglichst daran gelegen, dass der Sicherungsnehmer erst mit Eintritt des Sicherungsfalls Zugriff auf die zugrunde liegenden Datenverkörperungen erhält. Wenn sich dies – wie etwa bei der Besicherung nicht zugewiesener digitaler Information, wobei der Zugriff auf die

Datenverkörperungen durch den Sicherungsnehmer als Druckmittel fungiert – nicht vermeiden lässt, muss jedenfalls sichergestellt sein, dass der Sicherungsnehmer die Datenverkörperungen nicht in unzulässiger Weise nutzt oder darüber verfügt. Erledigt sich der Sicherungszweck, ist sicherzustellen, dass der Zugriff auf die Datenverkörperungen durch den Sicherungsnehmer mit sofortiger Wirkung unterbunden wird und alle sich noch in seiner Herrschaftssphäre befindlichen Datenverkörperungen zuverlässig gelöscht werden.

3. Fazit und weitere zugriffsbeeinflussende Faktoren

Als Fazit lässt sich festhalten, dass während der Sicherungsphase grundsätzlich der Sicherungsgeber ein exklusives Zugriffsinteresse an den zugrunde liegenden Datenverkörperungen hat, um die für die Rückzahlung des Darlehens erforderlichen Erlöse erzielen zu können. Tritt hingegen der Sicherungsfall ein, verlagert sich das exklusive Zugriffsinteresse auf den Sicherungsnehmer, damit er die digitale Information bestmöglich verwerten und dem Erwerber die zugrunde liegenden Datenverkörperungen verschaffen kann. Diese Interessen gilt es miteinander in Einklang zu bringen.

Bei der Modellierung eines interessengerechten Zugriffs auf die zugrunde liegenden Datenverkörperungen spielt allen voran der immaterielle und nicht-rivale Charakter digitaler Information eine wesentliche Rolle. Dabei ist dem Umstand Rechnung zu tragen, dass digitale Information im Gegensatz zu körperlichen Gegenständen aufgrund ihrer mangelnden Greifbarkeit ein vielfach vulnerableres Sicherungsgut ist. Selbst riesige Datenbestände können innerhalb kürzester Zeit nicht nur komplett vernichtet, sondern annähernd genauso schnell und beliebig oft vervielfältigt werden. Der Sicherungsnehmer trägt infolgedessen ein deutlich höheres Verwertungsrisiko, weil digitale Information und dementsprechend auch ihr Sicherungswert deutlich größeren Gefahren ausgesetzt ist als materielle Sicherheiten. Ferner ist zu berücksichtigen, dass die digitale Information – wie bereits mehrfach angesprochen – mitunter sehr schnell veralten kann. In diesem Fall muss sichergestellt sein, dass der Sicherungsnehmer stets Zugriff auf die aktuellsten Datenverkörperungen erhält.

II. Bilaterale Gestaltungen zwischen Sicherungsgeber und Sicherungsnehmer

Für die Sicherstellung des wechselseitigen Zugriffs auf die Datenverkörperungen kommen zunächst bilaterale Gestaltungsmöglichkeiten im Verhältnis zwischen Sicherungsgeber und Sicherungsnehmer in Betracht. Sie sind jeweils darauf zu überprüfen, inwieweit sie den oben geschilderten Zugriffsinteressen gerecht werden.

1. Schnittstellenbasierter Zugriff auf die Datenverkörperungen

Die wohl einfachste und unkomplizierteste Lösung dürfte die Bereitstellung einer Schnittstelle durch den Sicherungsgeber sein. Die Idee dahinter ist, dass die Datenverkörperungen grundsätzlich zunächst auf den Servern des Sicherungsgebers verbleiben, der Sicherungsnehmer aber spätestens im Sicherungsfall die Möglichkeit hat, mithilfe der Schnittstelle auf die jeweiligen Datenverkörperungen zuzugreifen. Der Zugriff über die Schnittstelle setzt voraus, dass der Sicherungsnehmer entweder über eigene Datenträger verfügt oder auf Speicherressourcen eines Dritten (z. B. Cloud-Anbieter) zurückgreifen kann. Der schnittstellenbasierte Zugriff deckt sich vollständig mit den Interessen des Sicherungsgebers, weil dadurch sichergestellt werden kann, dass der Sicherungsnehmer erst bzw. nur dann Zugriff auf die digitale Information erhält, wenn es unbedingt notwendig ist. Gleicht man die Schnittstellenlösung demgegenüber mit den Interessen des Sicherungsnehmers ab, ergibt sich eine Diskrepanz. Da die Bereitstellung der Schnittstelle von der Mitwirkung des Sicherungsgebers abhängig ist, ist dieser letztlich doch wieder in der Lage, den Zugriff auf die Datenverkörperungen zu kontrollieren. Macht der Sicherungsgeber beispielsweise die Bereitstellung der Schnittstelle rückgängig, hat der Sicherungsnehmer keine Möglichkeit mehr, auf die Datenverkörperungen zuzugreifen. Darüber hinaus hat der Sicherungsnehmer – weil mithilfe der Schnittstelle lediglich ein Duplikat des Datenbestands erzeugt wird – keine Kontrolle über das Schicksal der auf den Servern des Sicherungsgebers verbleibenden Datenverkörperungen. Im Ergebnis entspricht der schnittstellenbasierte Zugriff auf die Datenverkörperungen zwar dem Interesse des Sicherungsgebers, nicht aber demjenigen des Sicherungsnehmers. Denn mit dieser Lösung ist nicht sichergestellt, dass er spätestens im Sicherungsfall Zugriff auf die Datenverkörperungen erhält.

2. Besicherung der Datenträger

Wie in § 6 der Untersuchung gezeigt werden konnte, eignet sich die Besicherung der Datenträger nicht, um die auf ihnen gespeicherte digitale Information als Kreditsicherungsmittel einzusetzen. Allerdings wurde bereits darauf hingewiesen, dass die Besicherung von Datenträgern eine flankierende Maßnahme zur Beleihung der auf ihnen gespeicherten digitalen Information sein kann. Dies ist im Folgenden näher in den Blick zu nehmen.

a) Sicherungsübereignung der Datenträger

Für den wechselseitigen Zugriff auf die Datenverkörperungen macht es im Fall der Sicherungsübereignung einen erheblichen Unterschied, in wessen unmittelbaren Besitz sich die Datenträger befinden. Den Zugriffsinteressen des Sicherungsnehmers am besten gerecht wird dabei die körperliche Übergabe der Datenträger, also eine Sicherungsübereignung nach der Grundregel des § 929 S. 1 BGB ohne Ersetzung der Übergabe. In diesem Fall befinden sich die Datenverkörperungen unmittelbar in der Herrschaftssphäre des Sicherungsnehmers, sodass dieser im Sicherungsfall sofort darauf zugreifen kann.[1] Darüber hinaus existieren – neben der auf den Datenträger vorhandenen – in der Regel keine weiteren Verkörperungen, sodass der Zugriff des Sicherungsnehmers sogar exklusiver Natur ist. Nichtsdestoweniger dürften die mit der Übergabe verbundenen, nachteiligen Transaktionskosten[2] die aus dem Zugriff auf die Datenverkörperungen resultierenden Vorzüge überwiegen, sodass die Übergabe der Datenträger regelmäßig nicht in Betracht kommt. Darüber hinaus ist fraglich, ob sich der Sicherungsgeber überhaupt darauf einlassen würde, da die Übergabe der Datenträger seinem eigenen Zugriffsinteresse diametral zuwiderläuft. Mit der Übergabe der Datenträger gibt er die Herrschaft über die Datenverkörperungen aus der Hand, wodurch er sich vollkommen dem Loyalitätsrisiko des Sicherungsnehmers aussetzt. Er muss darauf vertrauen, dass dieser die Datenverkörperungen während der Sicherungsphase nicht unbefugt nutzt oder darüber verfügt. Die Verschlüsselung des Datenbestands würde das Zugriffsproblem nur verlagern, es aber nicht lösen.

Verbleiben die Datenträger demgegenüber im unmittelbaren Besitz des Sicherungsgebers, kann der Sicherungsnehmer – weil sie sich in der Herrschaftssphäre des Sicherungsgebers befinden – im Sicherungsfall zunächst nicht unmittelbar auf die Datenverkörperungen zugreifen. Weil mit Eintritt des Sicherungsfalls allerdings das Besitzrecht des Sicherungsgebers an den Datenträgern erlischt,[3] kann der Sicherungsnehmer gem. § 985 BGB die Herausgabe der Datenträger verlangen. Dadurch kann er zugleich die sich auf den Datenträgern befindlichen Datenverkörperungen in seine Gewalt bringen. Somit scheint diese Form der Sicherungsübereignung im Grundsatz geeignet, einen gerechten Ausgleich zwischen den wechselseitigen Zugriffsinteressen der Sicherungsparteien herzustel-

---

[1] Weil die Datenverkörperungen bereits von Beginn an in der Herrschaftssphäre des Sicherungsnehmers sind, eignet sich die körperliche Übergabe zudem für die Besicherung nicht zugewiesener digitaler Information.

[2] Freilich würden sämtliche Kosten auf den Sicherungsgeber entweder direkt (dann wäre er gezwungen, eine höhere Darlehenssumme aufzunehmen) oder mittelbar in Form höherer Kreditzinsen umgelegt.

[3] Statt aller MüKoBGB/*Oechsler*, Anh. §§ 929–936 BGB Rn. 36.

len. Dies gilt jedenfalls, solange der Sicherungsfall nicht mit der Eröffnung des Insolvenzverfahrens über das Vermögen des Sicherungsgebers zusammenfällt. Weil das Sicherungseigentum gem. § 51 Nr. 1 Alt. 1 InsO bekanntlich nur ein Recht zur abgesonderten Befriedigung verleiht, kann der Sicherungsnehmer die Datenträger, nachdem sie vom Insolvenzbeschlag erfasst wurden, nicht mehr gem. § 47 InsO aus der Masse aussondern.[4] Infolgedessen hat er in diesem Fall auch keine Möglichkeit, die sich auf den Datenträgern befindlichen Datenverkörperungen in seine Gewalt zu bringen. Ausgerechnet in der Insolvenz des Sicherungsgebers ist die Sicherungsübereignung daher nicht geeignet, dem Sicherungsnehmer Zugriff auf die zugrunde liegenden Datenverkörperungen zu verschaffen. Darüber hinaus ist zu bedenken, dass die Herausgabe der Datenträger letztlich dieselben Transaktionskosten verursachen würde, wie wenn sie von Beginn an übergeben worden wären. Aus diesem Grund dürfte die Sicherungsübereignung nur in Ausnahmefällen zur Sicherstellung des Zugriffs auf die Datenverkörperungen durch den Sicherungsnehmer in Betracht kommen.

b) Verpfändung der Datenträger

Für die Verpfändung der Datenträger gilt das zur nach § 929 S. 1 BGB erfolgenden Sicherungsübereignung Ausgeführte entsprechend.

c) Fazit und Bewertung

Die zusätzliche Besicherung der Datenträger, auf denen die als Sicherheit eingesetzte digitale Information gespeichert ist, scheint jedenfalls grundsätzlich geeignet, die wechselseitigen Zugriffsinteressen auf die zugrunde liegenden Datenverkörperungen in Einklang zu bringen. Dies gilt vor allem für die Sicherungsübereignung nach §§ 929 S. 1, 930 BGB, wenn also die Datenträger im unmittelbaren Besitz des Sicherungsgebers verbleiben. In diesem Fall kann der Sicherungsgeber während der Sicherungsphase unter Ausschluss des Sicherungsnehmers auf die Datenverkörperungen zugreifen. Tritt hingegen der Sicherungsfall ein, kann der Sicherungsnehmer mithilfe des dinglichen Herausgabeanspruchs des § 985 BGB die Datenträger und somit auch die darauf gespeicherten Datenverkörperungen in seine Gewalt bringen. Gleichwohl hat diese Lösung zwei Defizite, weshalb sie insbesondere dem Zugriffsinteresse des Sicherungsnehmers nicht voll gerecht werden kann. Erstens kann Letzterer die Datenträger ausgerechnet in der Insolvenz des Sicherungsgebers nicht mehr von der Masse herausverlan-

---

[4] Zudem steht dem Insolvenzverwalter gem. § 166 Abs. 1 InsO die Befugnis zu, die Datenträger zu verwerten. Vom insolvenzrechtlichen Schicksal der Datenträger im Übrigen scharf zu trennen ist dasjenige der digitalen Information selbst. Dazu näher unten § 14.

gen. Und zweitens verursacht die Herausgabe im Wesentlichen dieselben Transaktionskosten wie die anfängliche Übergabe der Datenträger. Je größer folglich der Datenbestand ist, desto geringer dürfte das Bestreben nach einer körperlichen Übergabe der Datenträger sein.

3. Hinterlegung einer Kopie der Datenverkörperungen beim Sicherungsnehmer

Eine weitere denkbare Option, wie der Zugriff auf die Datenverkörperungen im Sicherungsfall sichergestellt werden kann, ist die Hinterlegung einer Kopie beim Sicherungsnehmer. Wie der schnittstellenbasierte Zugriff setzt auch die Hinterlegung der Datenverkörperungen voraus, dass der Sicherungsnehmer entweder über eigene Datenträger verfügt oder auf Speicherressourcen eines Dritten zurückgreifen kann. Sofern die digitale Information einem Alterungsprozess unterliegt, müssten die Datenverkörperungen – in Abhängigkeit von der Geschwindigkeit des Alterungsprozesses – in regelmäßigen Abständen oder ggf. sogar laufend auf den neuesten Stand gebracht werden. Durch die Hinterlegung der Datenverkörperungen wäre sichergestellt, dass der Sicherungsnehmer zu jeder Zeit über ein (annähernd) exaktes Duplikat der digitalen Information verfügt und im Sicherungsfall sofort Zugriff auf die zugrunde liegenden Datenverkörperungen hat. Der Nachteil einer Hinterlegung ist gleichwohl, dass der Sicherungsnehmer insbesondere im Sicherungsfall keine wirksame Kontrolle über die beim Sicherungsgeber befindlichen Datenverkörperungen hat. Damit der Sicherungsnehmer über die für die Verwertung der digitalen Information benötigte faktische Exklusivität verfügt, müssten die beim Sicherungsgeber noch vorhandenen Datenverkörperungen zuverlässig gelöscht werden. Dies kann der Sicherungsnehmer allerdings weder steuern noch wirksam kontrollieren. Ferner entspricht die Hinterlegung der Datenverkörperungen auch nicht den Interessen des Sicherungsgebers, weil diesem vor Eintritt des Sicherungsfalls grundsätzlich nicht daran gelegen ist, dass der Sicherungsnehmer bereits Zugriff auf die Datenverkörperungen hat.

4. Fazit und Bewertung

Die dargestellten Gestaltungsmöglichkeiten sind jeweils in unterschiedlich starkem Maße geeignet, die widerstreitenden Zugriffsinteressen des Sicherungsgebers bzw. Sicherungsnehmers auf die Datenverkörperungen in Einklang zu bringen. Jede der angesprochenen Lösungen ist allerdings für die eine bzw. die andere Partei oder sogar für beide mit Nachteilen behaftet, weshalb es keiner Lösung gelingt, den wechselseitigen Zugriffsinteressen vollständig gerecht zu werden.

Dabei kristallisiert sich schnell heraus, dass das zentrale Problem die fehlende Kontrollmöglichkeit der jeweils anderen Vertragspartei ist. Die Folge ist ein unauflösliches Dilemma: Verfügt der Sicherungsnehmer bereits während der Sicherungsphase über eine Kopie der Datenverkörperungen, ist der Sicherungsgeber dem Loyalitätsrisiko des Sicherungsnehmers ausgesetzt. Der Sicherungsgeber muss darauf vertrauen, dass der Sicherungsnehmer die Datenverkörperungen sorgsam verwahrt und sie insbesondere nicht unberechtigt nutzt, vervielfältigt oder gar weiterveräußert. Verfügt der Sicherungsnehmer dagegen während der Sicherungsphase über keine Kopie der Datenverkörperungen, ist es der Sicherungsnehmer, der das Loyalitätsrisiko des Sicherungsgebers trägt. In diesem Fall muss der Sicherungsnehmer nicht nur darauf vertrauen, dass ihm der Sicherungsgeber im Sicherungsfall wie versprochen den Zugriff auf die Datenverkörperungen gewährt. Er muss ferner darauf vertrauen, dass der Sicherungsgeber alle in seiner Herrschaftssphäre noch vorhandenen Datenverkörperungen löscht und diese insbesondere nicht an Dritte weitergibt.

Sucht man einen Ausweg aus dem beschriebenen Dilemma, so leuchtet es unmittelbar ein, dass das Vertrauensproblem nur durch die Hinzuziehung einer neutralen Instanz gelöst werden kann. Vor diesem Hintergrund erscheint es unausweichlich, die Kontrolle über die jeweiligen Datenverkörperungen in die Hände eines unabhängigen Dritten zu legen. Dies soll im Folgenden näher untersucht werden.

III. Hinterlegung der Datenverkörperungen bei einem neutralen Dritten (Escrow)

Wie im vorigen Abschnitt gezeigt werden konnte, sind bilaterale Rechtsverhältnisse nicht geeignet, die gegenläufigen Zugriffsinteressen auf die zugrunde liegenden Datenverkörperungen zwischen Sicherungsgeber und -nehmer angemessen in Ausgleich zu bringen. Überwinden lässt sich dieses Defizit nur durch Einbindung eines neutralen Dritten, der als Kontrollinstanz den wechselseitigen Zugriff auf die Datenverkörperungen steuert. In Betracht kommt, entweder die Datenverkörperungen selbst oder – im Fall ihrer Verschlüsselung – den Schlüssel im Rahmen einer Escrow-Vereinbarung zu hinterlegen.[5]

---

[5] Vgl. *Riehm*, in: Hornung, Rechtsfragen der Industrie 4.0, S. 73 (92).

1. Grundlegendes zu Escrow

Als Escrow[6] bzw. Software Escrow wird im Allgemeinen die Hinterlegung eines Software-Quellcodes bei einem neutralen Dritten, dem sog. Escrow Agent[7] bezeichnet.[8] Dieser verwahrt den Quellcode als Treuhänder und gibt ihn nur bei Vorliegen genau definierter Herausgabefälle an den Begünstigten heraus.[9] Der Quellcode-Hinterlegung liegt folgende Interessenlage zugrunde: Beim Bezug von Software wird dem Anwender regelmäßig nur der – für die Nutzung ausreichende – Objektcode überlassen.[10] Unter gewissen Umständen können allerdings Änderungen an der Software vonnöten sein, wofür der Zugriff auf den Quellcode erforderlich ist.[11] Die Herausgabe des Quellcodes ist nicht im Interesse des Software-Herstellers, weil der Quellcode wertvolles Know-how verkörpern kann und seine Geheimhaltung dem Hersteller eine faktische Monopolstellung sichert.[12] Die notwendigen Anpassungen nimmt der Hersteller im Rahmen entsprechender Vereinbarungen (z. B. Pflegeverträge) in der Regel selbst vor.[13] Jedoch sind Fälle denkbar, in denen der Hersteller die Anpassungen nicht mehr erbringen kann bzw. will oder der Anwender an ihrer Erbringung kein Interesse mehr hat. Der praktisch wichtigste Fall ist die Insolvenz des Herstellers. Andere Gründe können etwa die Einstellung des Supports durch den Hersteller oder die Nicht- bzw. Schlechterfüllung der vertraglichen Verpflichtungen sein.[14] Ist der Anwender in diesen Fällen auf die Software angewiesen, etwa weil er erhebliche Investitionen getätigt hat oder sie für die Aufrechterhaltung der Betriebsabläufe zwingend erforderlich ist, könnte ihn dies wirtschaftlich erheblich in Bedrängnis bringen. Ohne Zugriff auf den Quellcode hat der Anwender aber keine Möglichkeit, die notwendigen Anpassungen selbst oder durch Dritte vornehmen zu las-

---

[6] Das Cambridge Dictionary umschreibt escrow als „agreement between two people or organizations in which money or property is kept by a third person or organization until a particular condition is met", abrufbar unter: https://dictionary.cambridge.org/de/worterbuch/englisch/escrow (zuletzt abgerufen: 30.11.2022). Zur Herkunft des Wortes s. Auer-Reinsdorff/Conrad/*Auer-Reinsdorff/Kast/Dressler*, § 38 Rn. 58. Zur Geschichte des Escrow *Peters/Kast*, in: Taeger, DSRITB 2010, S. 813.

[7] Hierbei kann es sich um einen Notar oder um einen auf die Hinterlegung von Software-Quellcodes spezialisierten Dienstleister handeln, vgl. *Rath*, CR 2013, 78.

[8] Auer-Reinsdorff/Conrad/*Auer-Reinsdorff/Kast/Dressler*, § 38 Rn. 59; Schneider/*Schneider*, Handbuch EDV-Recht, U Rn. 273.

[9] Vgl. *Kast/Meyer/Wray*, CR 2002, 379.

[10] Taeger/Pohle/*Kammel*, ComputerR-HdB Kap. 171 Rn. 113.

[11] Auer-Reinsdorff/Conrad/*Auer-Reinsdorff/Kast/Dressler*, § 38 Rn. 70.

[12] *Vossius-Köbel*, in: Taeger, DSRITB 2019, S. 609.

[13] Auer-Reinsdorff/Conrad/*Auer-Reinsdorff/Kast/Dressler*, § 38 Rn. 71.

[14] Vgl. Auer-Reinsdorff/Conrad/*dies.*, § 38 Rn. 111.

sen.¹⁵ Der Ausweg aus diesem Interessenkonflikt besteht in der Hinterlegung des Quellcodes bei einem neutralen Dritten.¹⁶ Infolge der Hinterlegung gibt der Hersteller zwar den Quellcode aus der Hand. Durch die treuhänderische Verwahrung hat der Anwender darauf aber (zunächst) keinen Zugriff, sodass die faktische Monopolstellung des Herstellers durch die Hinterlegung nicht in Gefahr gerät.¹⁷ Umgekehrt bietet die Hinterlegung für den Anwender die Sicherheit, dass er nötigenfalls Zugriff auf den Quellcode erhält. Soweit einer der bezeichneten Herausgabefälle eintritt, ist der Escrow Agent vertraglich dazu verpflichtet, den Quellcode an den Anwender herauszugeben.¹⁸ Die Hinterlegung des Quellcodes kann ferner zur Absicherung eines Kapitalgebers erfolgen, wenn die Software als Kreditsicherheit eingesetzt wurde.¹⁹ Das zeigt, dass Escrow-Vereinbarungen auch zu Kreditsicherungszwecken geschlossen werden können.

Vergleicht man die eben geschilderte Interessenlage mit derjenigen, die bei der Besicherung digitaler Information besteht, werden deutliche Parallelen erkennbar. In beiden Fällen existieren – abstrakt gesprochen – gegenläufige Zugriffsinteressen an einem Clubgut (Quellcode bzw. Datenverkörperungen), die es gilt, miteinander in Einklang zu bringen. Bei Software gelingt dies durch die Hinterlegung des Quellcodes bei einem neutralen Treuhänder. Vor diesem Hintergrund liegt es nahe, die Figur des Escrow auch bei der Besicherung digitaler Information anzuwenden.²⁰

2. Arten von Escrow

Wie soeben gezeigt, scheint das Zugriffsproblem auf die Datenverkörperungen dadurch gelöst werden zu können, indem sie bei einem neutralen Dritten hinterlegt werden. Analog zum Software Escrow könnte man von Data Escrow²¹ sprechen. In Betracht kommt aber auch, nicht die Datenverkörperungen selbst, sondern lediglich den zu ihrer Entschlüsselung notwendigen Schlüssel zu hinterle-

---

[15] Technisch gesehen ist es zwar grundsätzlich möglich, den Quellcode aus dem Objektcode zu dekompilieren. Dies ist jedoch sehr aufwändig und urheberrechtlich nur in engen Grenzen möglich, vgl. MAH Insolvenz/*Schaumann*, § 17 Rn. 52.
[16] Zu den möglichen Konstruktionen im Einzelnen Schneider/*Schneider*, Handbuch EDV-Recht, U Rn. 304–328.
[17] Auer-Reinsdorff/Conrad/*Auer-Reinsdorff/Kast/Dressler*, § 38 Rn. 95.
[18] MAH Insolvenz/*Schaumann*, § 17 Rn. 57.
[19] *Kotthoff/Pauly*, WM 2007, 2085 (2090); Schneider/*Schneider*, Handbuch EDV-Recht, U Rn. 329; vgl. auch *Nordmann/Schuhmacher*, K&R 1999, 363.
[20] Vgl. auch Schneider/*Schneider*, Handbuch EDV-Recht, U Rn. 362, demzufolge es sich „unter verschiedenen Aspekten […] empfehlen [kann], Datenbestände/Datenbanken ähnlich Software zu hinterlegen."
[21] Vgl. Leupold/Wiebe/Glossner/*Peters*, Teil 12 Rn. 120–125.

gen. Diese Variante bezeichnet man als Key Escrow.[22] Das mögliche Design der Hinterlegung soll im Folgenden näher beleuchtet werden.

a) Data Escrow

Als Gegenstand der Hinterlegung[23] kommen zunächst die zugrunde liegenden Datenverkörperungen in Betracht. Die Hinterlegung kann dabei grundsätzlich auf zwei verschiedenen Wegen erfolgen. Sie kann einerseits dadurch bewirkt werden, dass der Sicherungsgeber der Hinterlegungsstelle die Datenträger übergibt, auf denen die Datenverkörperungen gespeichert sind.[24] Dies entspricht dem üblichen Vorgehen beim Software Escrow. Dort wird in der Regel ein körperlicher Datenträger übergeben, auf dem sich eine Kopie des Quellcodes befindet.[25] Die andere Möglichkeit ist, auf die Übergabe der Datenträger zu verzichten und die Datenverkörperungen ausschließlich digital über das Internet an die Hinterlegungsstelle zu übermitteln.[26] Letzteres dürfte bei der Besicherung digitaler Information das Mittel der Wahl sein, da die zu hinterlegende Datenmenge ungemein größer ist als bei der Quellcode-Hinterlegung und die Übergabe der Datenträger daher regelmäßig einen zu hohen Aufwand erfordern würde. Für die digitale Hinterlegung kommen wiederum zwei Varianten infrage: Die zu hinterlegenden Datenverkörperungen können einerseits auf eigens zu diesem Zweck vorgehaltene Server des Escrow Agents übermittelt werden. Vorstellbar ist hingegen auch eine cloudbasierte Hinterlegung der Datenverkörperungen. Dies setzt eine speziell auf die Hinterlegung digitaler Information zugeschnittene Cloud-Umgebung (Escrow Cloud) voraus. Die Hinterlegung in der Cloud hat dabei grundsätzlich das größte Potenzial, den widerstreitenden Interessen der Parteien vollständig gerecht zu werden. Für den wechselseitigen Zugriff auf die als Sicherungsgut fungierende digitale Information ist in diesem Fall nur *eine* Datenverkörperung notwendig, sodass sich die von beiden Seiten erwünschte Rivalität erzielen lässt. In diesem Punkt unterscheidet sich die zu Sicherungszwecken erfolgende Hinterlegung von Datenverkörperungen wesentlich von der

---

[22] Näher dazu Leupold/Wiebe/Glossner/*ders.*, Teil 12 Rn. 115–119.
[23] Schneider/*Schneider*, Handbuch EDV-Recht, U Rn. 273 weist zu Recht darauf hin, dass der Begriff etwas unglücklich ist, weil es nicht um eine Hinterlegung i. S. d. §§ 372 ff. BGB geht.
[24] Nicht in Betracht kommt, durch die Übergabe der Datenträger an die Hinterlegungsstelle zugleich die für den Fall ihrer Verpfändung an den Sicherungsnehmer notwendige Übergabe zu bewirken. Zwar kann die Übergabe des Pfands unter gewissen Voraussetzungen durch dessen Hinterlegung ersetzt werden, vgl. BeckOGK BGB/*Förster*, Stand: 01.10.2022, § 1205 BGB Rn. 22. Mit Hinterlegung ist aber eine solche i. S. d. §§ 372 ff. BGB gemeint.
[25] MAH Insolvenz/*Schaumann*, § 17 Rn. 56.
[26] Vgl. *Vossius-Köbel*, in: Taeger, DSRITB 2019, S. 609 (612).

Quellcode-Hinterlegung. Während es dem Software-Anwender nur darauf ankommt, Zugriff auf den Quellcode zu erhalten, ist es für den Sicherungsnehmer gerade entscheidend, dass der Zugriff auf die Datenverkörperungen *exklusiv*, d.h. unter Ausschluss des Sicherungsgebers erfolgt. Dem Sicherungsinteresse des Software-Anwenders ist also bereits genüge getan, wenn er mithilfe des Quellcodes die gewünschten Anpassungen vornehmen (lassen) kann. Ob der Hersteller oder weitere Dritte ebenfalls auf den Quellcode zugreifen können, ist für seine Zwecke ohne Belang. Demgegenüber ist es für das Sicherungs- und Verwertungsinteresse des Sicherungsnehmers gerade nicht unerheblich, wie viele Verkörperungen der digitalen Information existieren. Der Schutz der digitalen Information beruht vielfach auf ihrer Geheimhaltung. Jede weitere Datenverkörperung bedroht daher die durch die Geheimhaltung erzielte Ausschließlichkeit. Würden die Datenverkörperungen – was wegen ihrer leichten Vervielfältigbarkeit kein unwahrscheinliches Szenario ist – in die Hände unberechtigter Dritter fallen, wäre die Erzielung eines Erlöses aussichtslos. Gewiss kann dieses Risiko auch durch eine Cloud-Hinterlegung nicht vollständig eliminiert werden. Im Vergleich zu anderen Gestaltungsmöglichkeiten wird es allerdings überschaubar. Die Hinterlegung in der Cloud wird nicht allein den Interessen des Sicherungsnehmers, sondern auch denjenigen des Sicherungsgebers gerecht. Wie gezeigt hat Letzterer während der Sicherungsphase ebenfalls ein exklusives Zugriffsinteresse an den Datenverkörperungen, das sich mit der Cloud umsetzen lässt. Weil der Sicherungsnehmer erst mit Eintritt des Sicherungsfalls Zugriff auf die Datenverkörperungen erhält, kann der Sicherungsgeber bis dahin exklusiv auf sie zugreifen und sie für sein digitales Geschäftsmodell nutzen. Aus seiner Sicht macht es keinen Unterschied, ob er die Datenverkörperungen in einer herkömmlichen oder in einer Escrow Cloud speichert. Ein weiterer Vorteil der Cloud ist schließlich, dass ein ansonsten erforderlicher Refresh[27] entfällt, da die hinterlegten Datenverkörperungen stets auf dem aktuellsten Stand sind.

Unabhängig von der konkreten Art der Hinterlegung hat der Escrow Agent sicherzustellen, dass der Sicherungsnehmer erst und nur dann Zugriff auf die hinterlegten Datenverkörperungen erhält, wenn der Sicherungsfall[28] eingetreten ist. Je nachdem hat die Hinterlegungsstelle dann entweder die Datenträger an den Sicherungsnehmer herauszugeben oder sie übermittelt ihm die Datenverkörperungen unkörperlich. Im Fall der Hinterlegung in der Cloud unterbindet die Hinterlegungsstelle den Zugriff auf die Datenverkörperungen durch den Sicherungsgeber und schaltet umgekehrt den Zugriff für den Sicherungsnehmer frei. Da der

---

[27] Vgl. Auer-Reinsdorff/Conrad/*Auer-Reinsdorff/Kast/Dressler*, § 38 Rn. 126.
[28] Dies ist analog § 1228 Abs. 2 S. 1 BGB grundsätzlich der Zeitpunkt, indem die gesicherte Forderung fällig wird, MüKoBGB/*Oechsler*, Anh. §§ 929–936 BGB Rn. 48.

Sicherungsnehmer in allen Fällen die Sicherungstauglichkeit der Datenverkörperungen zunächst nicht verifizieren kann, erscheint es zudem zweckmäßig, die vom Sicherungsgeber hinterlegten Datenverkörperungen durch den Escrow Agent auf ihre Eignung als Sicherheit überprüfen zu lassen.[29] Nur so kann sichergestellt werden, dass die hinterlegten Datenverkörperungen den im Sicherungsvertrag geregelten Anforderungen entsprechen und im Sicherungsfall den erhofften Erlös erzielen. Als Fazit lässt sich festhalten, dass das Data Escrow ein geeignetes Mittel ist, die gegenläufigen Zugriffsinteressen von Sicherungsgeber und -nehmer in Einklang zu bringen. Gleichwohl kann selbst die Cloud-Hinterlegung dem Sicherungsnehmer keinen absoluten Schutz vermitteln, da digitaler Information aufgrund der leichten Vervielfältigbarkeit das Risiko einer Vervielfältigung stets immanent ist. Schließlich ist anzumerken, dass die Hinterlegung digitaler Information zu Sicherungszwecken sehr spezifisch und zudem ohne die erforderliche IT-Infrastruktur kaum möglich ist. Als Hinterlegungsstellen kommen daher nur spezialisierte Escrow Agents wie etwa Datentreuhänder oder Cloud-Provider in Betracht. Bislang existieren solche Stellen (noch) nicht. Allerdings gibt es bereits erste Datentreuhandmodelle.[30] Damit ist der Grundstein gelegt, diese in Zukunft auch für die Kreditsicherung fruchtbar zu machen.

b) Key Escrow

Anstatt die Datenverkörperungen selbst, ist es im Fall ihrer kryptographischen Verschlüsselung auch möglich, den für den Zugriff notwendigen Schlüssel zu hinterlegen.[31] Eine Kopie der Datenverkörperungen wird in diesem Fall beim Sicherungsnehmer hinterlegt. Sobald der Sicherungsfall eintritt, ist der Escrow Agent verpflichtet, den hinterlegten Schlüssel an den Sicherungsnehmer herauszugeben.[32] Verglichen mit dem Data Escrow hat das Key Escrow sowohl Vor- als auch Nachteile. Der mit Abstand größte Vorteil dürfte darin zu sehen sein, dass der Gesamtaufwand der Hinterlegung auf ein Minimum reduziert werden kann. Vor allem bei großen Beständen an digitaler Information steht zu erwarten, dass die Transaktionskosten erheblich gesenkt werden können, weil nur noch der Schlüssel und nicht mehr die Datenverkörperungen hinterlegt werden müssen.

---

[29] Die Prüfung, ob der hinterlegte Gegenstand überhaupt geeignet ist, seine Zweckbestimmung zu erfüllen, ist vom Software Escrow her bekannt. Näher dazu *Peters/Kast*, in: Taeger, DSRITB 2010, S. 813 (821–823).

[30] Vgl. etwa das von *Rath/Kuß/Maiworm*, CR 2016, 98 ff., vorgestellte Datentreuhandmodell, insbesondere die Regelung hinsichtlich des Zugriffs auf die digitale Information.

[31] Schneider/*Schneider*, Handbuch EDV-Recht, U Rn. 275; vgl. auch MAH Insolvenz/ *Schaumann*, § 17 Rn. 58.

[32] In Abhängigkeit von der Sensibilität der Datenverkörperungen ist zu erwägen, zwecks Übertragung des Schlüssels auf die Quantentechnologie zurückzugreifen. S. dazu oben S. 23 ff.

Ein weiterer Vorteil ist, dass als Hinterlegungsstellen nicht mehr nur spezialisierte Escrow Agents, sondern vielmehr beliebige Treuhänder in Betracht kommen. Damit rückt diese Form der Hinterlegung in der Praxis schon jetzt in greifbare Nähe, weil sie sehr leicht umsetzbar ist. Der Nachteil besteht gleichwohl darin, dass sich der Zugriff auf die Datenverkörperungen – im Gegensatz zur Escrow Cloud – nicht exklusiv ausgestalten lässt, weil der Sicherungsnehmer lediglich über eine Kopie der Datenverkörperungen verfügt. Dementsprechend kann der Sicherungsnehmer im Sicherungsfall mithilfe des Schlüssels zwar ohne Weiteres auf die digitale Information zugreifen. Da der Sicherungsgeber aber nach wie vor noch über eine Verkörperung der digitalen Information verfügt, besteht ein erhöhtes Risiko, dass sie in die Hände unberechtigter Dritter gelangt.

3. Fazit

Sowohl das Data Escrow als auch das Key Escrow sind geeignet, den strukturellen Schwächen des bilateralen Sicherungsverhältnisses zwischen Sicherungsgeber und Sicherungsnehmer abzuhelfen. Durch die Hinzuziehung eines Treuhänders kann das Zugriffsproblem auf die als Sicherheit eingesetzte digitale Information gelöst werden. Zu diesem Zweck können entweder die zugrunde liegenden Datenverkörperungen (Data Escrow) oder nur der zu ihrer Entschlüsselung notwendige Schlüssel (Key Escrow) bei einem Treuhänder hinterlegt werden. In beiden Fällen ist dieser im Sicherungsfall dazu verpflichtet, die hinterlegten Datenverkörperungen bzw. den hinterlegten Schlüssel an den Sicherungsnehmer herauszugeben.

IV. Exkurs: Anwendung der Blockchain-Technologie?

Abschließend ist zu untersuchen, ob sich das viel beschworene disruptive Potenzial[33] der Blockchain-Technologie auch für den Einsatz von digitaler Information als Kreditsicherheit zunutze machen lässt. Zwei Anwendungsszenarien scheinen es wert, genauer unter die Lupe genommen zu werden: Die Blockchain könnte einerseits als digitales Register eingesetzt werden, in das die kreditsicherungsrechtlichen Transaktionen eingetragen werden. Darüber hinaus könnte die Blockchain als Dokumentation der Besicherung digitaler Information fungieren.

---

[33] Vgl. nur *Lehner*, in: Hennemann/Sattler, Immaterialgüter und Digitalisierung, S. 43.

1. Funktionsweise einer Blockchain

Wenn im Allgemeinen von *der* Blockchain die Rede ist, ist das sprachlich nicht ganz korrekt. Es gibt unzählige Blockchains, deren individuelles Design in Abhängigkeit von dem verfolgten Anwendungszweck durchaus variieren kann.[34] Dennoch beruht jede Blockchain auf denselben Grundprinzipien. Auf einem hohen Abstraktionsniveau betrachtet handelt es sich letztlich um eine dezentral organisierte Datenbankstruktur, in der die verschiedensten Arten digitaler Information gespeichert werden können.[35] Blockchains sind jeweils in einzelne Blöcke unterteilt, die in chronologischer Reihenfolge – vergleichbar einem digitalen Kassenbuch[36] – aneinandergereiht werden. In Abhängigkeit von der enthaltenen Information wird für jeden Block ein individueller Hash-Wert erzeugt, der jeweils im darauffolgenden Block abgebildet wird.[37] Dadurch entsteht eine individuelle Kette von Blöcken, die sich lückenlos bis zum Ursprung zurückverfolgen lässt. Damit ein neuer Block hinzugefügt werden kann, muss dieser von den Teilnehmern des Netzwerks anhand des zuvor festgelegten Konsensmechanismus validiert werden.[38] Das dezentrale Design immunisiert die jeweilige Blockchain gegen jeden Versuch, die Transaktionshistorie nachträglich zu modifizieren. Die Änderung eines Blocks verändert unweigerlich auch dessen Hash-Wert, sodass jede Abweichung von der bei den Teilnehmern hinterlegten Transaktionshistorie sofort enttarnt würde. Auch würde die Hinzufügung eines mit ihr nicht im Einklang stehenden Blocks im Rahmen des Validierungsprozesses zurückgewiesen.[39] Blockchains zeichnen sich daher im Wesentlichen durch Redundanz, Dezentralität und Disintermediation aus.[40] Sie garantieren ein hohes Maß an Fälschungssicherheit und machen eine vertrauenswürdige Instanz überflüssig.[41]

---

[34] *D. Paulus*, JuS 2019, 1049; *Weiss*, JuS 2019, 1050 (1051).

[35] *Chrobak*, in: Bakhoum/Conde Gallego/Mackenrodt u. a., Personal Data in Competition, Consumer Protection and Intellectual Property Law, S. 253 (268 f.); *Selz*, in: Taeger, DSRITB 2018, S. 411 (419); *Weiss*, JuS 2019, 1050 (1051).

[36] Da jeder Netzwerk-Teilnehmer über eine Kopie verfügt, wird die Technologie allgemein auch als distributed ledger technology (DLT) bezeichnet, vgl. *McLean/Deane-Johns*, CRi 2016, 97.

[37] Eingehend *Schrey/Thalhofer*, NJW 2017, 1431 (1432).

[38] Am verbreitetsten ist derzeit wohl (noch) das Proof of Work-Verfahren, vgl. *Lehner*, in: Hennemann/Sattler, Immaterialgüter und Digitalisierung, S. 43 (46).

[39] Beim Proof of Work-Verfahren wäre ein Angriff nur erfolgversprechend, wenn der Angreifer mehr als 50 % der gesamten Rechenleistung auf sich vereinen könnte. Das ist in etablierten Blockchains praktisch ausgeschlossen, *Schrey/Thalhofer*, NJW 2017, 1431 (1432).

[40] *Lehner*, in: Hennemann/Sattler, Immaterialgüter und Digitalisierung, S. 43 (45).

[41] Der Nachteil daran ist allerdings, dass etwa beim Proof of Work mit zunehmender Größe der Blockchain auch der erforderliche Rechenaufwand steigt und die Validierungsprozesse dadurch zunehmend zeit- und stromintensiver werden. Dies lässt die Blockchain ab einem gewis-

2. Blockchainbasierte Publizität der Besicherung digitaler Information

Ein mögliches Anwendungsszenario der Blockchain-Technologie könnte die Implementierung eines Kreditsicherheitenregisters für digitale Information sein. Die Idee, eine registerbasierte Publizität für Mobilien und immaterielle Gegenstände zu etablieren, ist nicht neu.[42] Die Blockchain-Technologie könnte diesem Vorstoß wieder neuen Schwung verleihen, da sie durch den Verzicht auf eine zentrale Stelle wohl nicht nur den Registrierungsprozess, sondern auch die Einrichtung des Registers vereinfachen würde.[43] Trotz der Bezeichnung als Register kann es nicht mit herkömmlichen Registern wie etwa dem Grundbuch verglichen werden, da die Publizitätswirkung deutlich reduziert ist.[44] Als Blaupause besser geeignet ist stattdessen das aus dem US-amerikanischen Recht herrührende *notice filing*.[45] Der Registerinhalt beschränkt sich dabei im Allgemeinen auf die Beschreibung der Parteien, des Sicherungsguts und die Dauer der Bestellung.[46] Von Bedeutung ist, dass die Angaben nur auf Vollständigkeit und nicht auf inhaltliche Richtigkeit überprüft werden.[47] Dementsprechend genießt das Register weder positive Publizität noch enthält es eine Richtigkeitsvermutung, sodass der Sicherungsnehmer den Bestand des Sicherungsrechts vollständig nachweisen muss.[48] Die Funktion des notice filing besteht sonach in erster Linie darin, Dritte vor der möglichen Existenz eines Sicherungsrechts zu warnen.[49]

Im Rahmen des Einsatzes von digitaler Information als Kreditsicherheit könnte ein vielversprechender Ansatz sein, ein Register nach dem Vorbild des notice filing auf einer speziell zu diesem Zweck entworfenen Blockchain zu implementieren. Im Zuge dessen würden bestimmte Transaktionsdaten (Sicherungsgeber, Sicherungsnehmer, Zeitstempel etc.) auf der Blockchain niedergelegt. Die zu-

---

sen Punkt unwirtschaftlich werden, vgl. *Schrey/Thalhofer*, NJW 2017, 1431 (1432). So hat etwa die Bitcoin-Blockchain inzwischen eine Größe von rund 450 GB, s. https://www.blockchain.com/charts/blocks-size (zuletzt abgerufen: 30.11.2022).

[42] S. etwa *Kieninger*, RNotZ 2013, 216 ff.
[43] Vgl. *Gorlow/Notheisen/Simmchen*, in: Taeger, DSRITB 2017, S. 859 (865–869).
[44] Vielfach wird es schon gar nicht möglich sein, die Gegenstände eindeutig zu beschreiben. Näher *Sigman*, in: Eidenmüller/Kieninger, The Future of Secured Credit in Europe, S. 143 (156). Außerdem unterliegen Mobilien und erst recht immaterielle Gegenstände deutlich größeren Fluktuationen. Dementsprechend kann das Register schon von vorneherein nicht nach Gegenständen, sondern muss nach Sicherungsgebern geordnet sein, vgl. *Kieninger*, AcP 208 (2008), 182 (212).
[45] Zur Klärung des Begriffs *Kieninger*, AcP 208 (2008), 182 (207) Fn. 114.
[46] Vgl. etwa § 9-502(a) UCC oder Art. 8 der Model Registry Provisions des UNCITRAL Model Law on Secured Transactions.
[47] *Kieninger*, AcP 208 (2008), 182 (213).
[48] *Dies.*, RNotZ 2013, 216 (217).
[49] *Dies.*, AcP 208 (2008), 182 (214).

grunde liegende Software würde prüfen, ob die Daten vollständig sind. Lägen alle Voraussetzungen vor, würde die Transaktion durch das Netzwerk bestätigt und ein neuer Block mit einem entsprechenden Datensatz erstellt. Andernfalls würde sie zurückgewiesen. Dadurch wäre zu jeder Zeit transparent ersichtlich, welches Unternehmen seine digitale Information als Kreditsicherheit eingesetzt hat. Da die aus der Blockchain hervorgehenden Auskünfte absolut vertrauenswürdig und fälschungssicher sind, wäre das Register in funktionaler Hinsicht sogar mit einem zentral geführten Register gleichwertig. Im Gegensatz zu einer zentralen Stelle würde die Blockchain zudem wertvolle Zeit und Transaktionskosten sparen, weil die Hinzufügung eines neuen Blocks erheblich schneller und ohne Gebühren möglich wäre.[50] Neben der Schaffung von Publizität könnte mit der Niederlegung der Transaktion auf der Blockchain noch ein weiterer Nutzen hervorgebracht werden. Eine systemimmanente Schwäche des herkömmlichen notice filing ist, dass es vielfach nicht möglich ist, die besicherten Gegenstände mit Unterscheidungskraft zu beschreiben.[51] Würde man die digitale Information demgegenüber auf der Blockchain niederlegen, könnte sie aufgrund des Hash-Werts eindeutig individualisiert werden.[52] Zusammen mit dem Zeitstempel ließe sich jedem Bestand an digitaler Information ein eindeutiger Prioritätszeitpunkt zuordnen. Bei Prioritätskonflikten oder anderen Unstimmigkeiten würde im Nachhinein mithin zweifelsfrei feststehen, ob und ggf. zu welchem Zeitpunkt die in Streit stehende digitale Information als Sicherungsgut eingesetzt wurde. Obwohl der Hash-Wert – wie die anderen Transaktionsdaten auch – für alle Netzwerkteilnehmer einsehbar wäre, bliebe die inhaltliche Integrität der digitalen Information gewahrt. Aufgrund der kryptographischen Verschlüsselung könnten aus dem Hash-Wert keine Rückschlüsse auf den Inhalt der digitalen Information gezogen werden.[53] Wäre die digitale Information nach dem Sicherungsvertrag in regelmäßigen Abständen zu aktualisieren, würde für jedes Update ein eigener Hash-Wert erzeugt. Damit die Blockchain nicht zu schnell träge würde, könnten die Updates bei sehr dichten Aktualisierungsintervallen oder im Falle einer Echtzeit-Aktualisierung bündelweise zusammengefasst werden. Dadurch hätte der Sicherungsgeber ferner eine Kontrollmöglichkeit und könnte nachvollziehen, ob der Sicherungsgeber seiner Aktualisierungspflicht rechtzeitig nachkommt.

---

[50] Völlig unentgeltlich ist auch die Blockchain nicht, da ihr Betrieb Energie und Speicherkapazität erfordert.

[51] Die Identifizierung des Gegenstands wird erst durch die Zuordnung über den Sicherungsnehmer erreicht, vgl. *Kieninger*, AcP 208 (2008), 182 (212).

[52] Der Hash-Wert würde auf Grundlage der jeweiligen digitalen Information mithilfe kryptographischer Verfahren errechnet und wäre folglich für jede digitale Information einzigartig, vgl. *Weiss*, JuS 2019, 1050 (1051).

[53] *Selz*, in: Taeger, DSRITB 2018, S. 411 (420).

Für die konkrete Anwendung wäre abschließend noch zu überlegen, welche Teilnehmeranzahl den größten Nutzen erwarten ließe. Je größer der potenzielle Nutzerkreis des Registers wäre, desto mehr Transaktionen stünden zu erwarten und desto schneller wüchse auch die Blockchain. Da jede Blockchain ab einer gewissen Schwelle unrentabel wird, spricht viel dafür, den Teilnehmerkreis tendenziell klein zu halten, um diesen Punkt möglichst lange hinauszuzögern. Eine Vielzahl an Blockchains wäre umgekehrt aber auch nicht empfehlenswert, da dies zwangsläufig zu einer Erhöhung der Suchkosten führen würde.[54]

3. Dokumentation der Besicherung digitaler Information

Da jede Blockchain letztlich ein digitales Register ist,[55] weist der zweite denkbare Anwendungsfall einen sehr großen Überschneidungsbereich zu der eben beschriebenen Schaffung registerbasierter Publizität auf. Ebenso wie dort würde die Blockchain-Technologie auch hier dazu benutzt, die Sicherheitenbestellung auf der Blockchain zu hinterlegen. Anders als dort würde die Abbildung auf der Blockchain allerdings nicht dazu dienen, die Sicherheitenbestellung publik zu machen. Stattdessen geht es in erster Linie um ihre Dokumentation. Sie bezweckt, die bestehende Zuordnung des Sicherungsguts zum Sicherungsnehmer gegenüber Dritten leichter nachweisen zu können. Dabei ist klarzustellen, dass die Blockchain selbst keine rechtliche Zuordnung der digitalen Information bewirken kann.[56] Die Unveränderbarkeit der Transaktionshistorie erzeugt weder eine künstliche Rivalität noch führt sie zur Ausschließbarkeit digitaler Information.[57] Die Niederlegung der digitalen Information auf der Blockchain ist daher nichts weiter als eine technische Manifestation, die für die rechtliche Zuordnung absolut bedeutungslos ist.[58] Sie kann aber dabei helfen, den Nachweis einer bereits bestehenden Zuweisung durch Immaterialgüterrechte im Streitfall zu erleichtern.

Mit Blick auf den Einsatz von digitaler Information als Kreditsicherheit bedeutet das, dass die Übertragung oder Belastung ausschließlicher Rechte an digitaler Information im Fall ihres immaterialgüterrechtlichen Schutzes oder die privatautonome Zuweisung von Verwertungsbefugnissen im Fall faktischer Aus-

---

[54] Vgl. dazu *Sigman*, in: Eidenmüller/Kieninger, The Future of Secured Credit in Europe, S. 143 (156).
[55] *Markendorf*, ZD 2018, 409 (411); *Weiss*, JuS 2019, 1050 (1052).
[56] *Schur*, Die Lizenzierung von Daten, S. 261 mit Verweis auf *Markendorf*, ZD 2018, 409 (412).
[57] Anders offenbar *Abegg-Vaterlaus*, in: Maute/Mackenrodt, Recht als Infrastruktur für Innovation, S. 319 (335).
[58] Vgl. *Weiss*, JuS 2019, 1050 (1052).

schließlichkeit auf der Blockchain dokumentiert wird. Tritt der Sicherungsfall ein, kann die Dokumentation der Transaktion dem Sicherungsnehmer dabei helfen, Dritten gegenüber die Berechtigung an der digitalen Information nachzuweisen. Dabei ist die digitale Information dank des Hash-Werts als Gegenstand des Sicherungsrechts eindeutig identifizierbar.

4. Fazit

Es hat sich gezeigt, dass der Einsatz der Blockchain-Technologie im Rahmen der Besicherung digitaler Information ein durchaus vielversprechender Ansatz ist. Denkbar wäre einerseits die Schaffung eines Kreditsicherheitenregisters nach dem Vorbild des notice filing. Dadurch würde die Kreditsicherung publik gemacht und Dritte darüber in Kenntnis gesetzt, dass die digitale Information eines Unternehmens (möglicherweise) als Kreditsicherheit fungiert. Für den Sicherungsnehmer hat die Registereintragung den Vorteil, dass die zu seinen Gunsten besicherte digitale Information einen Prioritätszeitpunkt erhält, der dabei helfen kann, Prioritätskonflikte mit anderen Gläubigern zu lösen. Durch den zugewiesenen Hash-Wert ist die besicherte digitale Information zudem eindeutig identifizierbar. Somit ist zu jedem Zeitpunkt objektiv feststellbar, welche digitale Information zu welchem Zeitpunkt als Kreditsicherheit bestellt wurde.

Auch ohne die Implementierung eines Kreditsicherheitenregisters dürfte die Dokumentation der Transaktion auf der Blockchain sinnvoll sein. Sie könnte dem Sicherungsnehmer bei der Durchsetzung seiner an der digitalen Information bestehenden Rechte gegenüber Dritten im Sicherungsfall helfen. Dies würde etwa besonders dann virulent, wenn Dritte über Vervielfältigungen der digitalen Information verfügen. Aber auch bei der Verteidigung der digitalen Information in der Insolvenz oder bei der Zwangsvollstreckung durch andere Gläubiger könnte die blockchainbasierte Dokumentation der Berechtigung am Sicherungsgut von Vorteil sein.

§ 11 Schranken der Besicherung digitaler Information

Bislang wurde dargestellt, auf welche Weise digitale Information zum Gegenstand der Kreditsicherung gemacht werden kann. Im Folgenden ist nun von Interesse, welchen rechtlichen Schranken die Besicherung digitaler Information unterliegt. Dabei werden nur solche Schranken näher beleuchtet, die speziell die Besicherung digitaler Information betreffen. Allgemeine kreditsicherungsrechtliche Schranken, die unterschiedslos für alle Kreditsicherheiten gelten (wie etwa die Unwirksamkeit der Sicherheitenbestellung gem. § 138 Abs. 1 BGB wegen anfänglicher Übersicherung) sind auf die Besicherung digitaler Information entsprechend anwendbar. Insoweit ergeben sich keine Besonderheiten, sodass auf eine Darstellung verzichtet werden kann. Als Schranken kommen neben regulatorischen Vorgaben insbesondere datenschutzrechtliche Belange in Betracht.

I. Datenschutz als Grenze der Besicherung digitaler Information

Wie bereits festgestellt worden ist, findet eine Zuweisung digitaler Information durch das informationelle Selbstbestimmungsrecht nicht statt. Dem Datenschutzrecht kommt insoweit lediglich eine Begrenzungsfunktion zu.[1] Demzufolge muss sich der Einsatz von digitaler Information als Kreditsicherheit – der stets mit einer Zuweisung von Verwertungsbefugnissen an den Sicherungsnehmer einhergeht – an den Vorgaben des Datenschutzrechts messen lassen. Dies gilt freilich nur unter der Prämisse, dass die digitale Information einen Personenbezug aufweist. Nur in diesem Fall kann die Besicherung die Interessen eines Betroffenen berühren. In terminologischer Hinsicht ist vorab darauf hinzuweisen, dass der Begriff Datenschutz etwas unglücklich ist, weil Daten – unter Zugrundelegung des hier vertretenen Verständnisses[2] – keinen Personenbezug aufweisen können. Daten sind bei isolierter Betrachtung nichts weiter als eine Aneinanderreihung von Nullen und Einsen, die für sich genommen keine Rückschlüsse auf einen Personenbezug zulassen. Für die Feststellung, ob eine Abfolge aus

---

[1] S. dazu oben S. 113.
[2] S. zur Begriffsklärung eingehend oben § 1.

Nullen und Einsen einen Personenbezug aufweist, ist immer eine interpretatorische Leistung erforderlich. Die Frage des Personenbezugs stellt sich aus diesem Grund konsequent erst auf der semantischen Ebene.³ Richtigerweise müsste deshalb statt vom Schutz personenbezogener Daten vom Schutz personenbezogener Information die Rede sein.⁴ Gleichwohl ist der Begriff Datenschutz im juristischen Sprachgebrauch schon so weit eingeschliffen, dass ein Abrücken davon äußerst unwahrscheinlich ist. Daher wird der Begriff auch im Folgenden verwendet.

1. DS-GVO als primäre Rechtsquelle des Datenschutzes

Mit Inkrafttreten der DS-GVO begann nicht nur in Deutschland eine neue datenschutzrechtliche Zeitrechnung. Erstmals in der Geschichte des Datenschutzes werden datenschutzrechtliche Belange seither maßgeblich durch unionsrechtliche Vorgaben bestimmt. Gleichwohl wird die mit der Verordnung angestrebte Harmonisierungswirkung durch zahlreiche Öffnungsklauseln relativiert.⁵ Nach wie vor sind deshalb für den Datenschutz auch nationale Regelungen von Belang. In Deutschland sind dies das BDSG und die jeweiligen Landesdatenschutzgesetze.⁶ Mit Blick auf die Rechtsquellen des Datenschutzrechts ergibt sich sonach ein Zwei-Stufen-System. Primäre Rechtsquelle ist die DS-GVO, die – soweit sie abschließend ist – unmittelbar gilt (Art. 288 Abs. 2 AEUV; s. auch § 1 Abs. 5 BDSG). Enthält sie dagegen eine Öffnungsklausel, bestimmt sich der Schutz personenbezogener Information nach nationalem Recht. Im Folgenden ist deshalb in erster Linie der Blick auf die Vorgaben der DS-GVO zu richten.

2. Eröffnung des sachlichen Anwendungsbereichs der DS-GVO im Rahmen der Besicherung digitaler Information

Um prüfen zu können, inwieweit die Vorgaben der DS-GVO den Einsatz von digitaler Information als Kreditsicherheit beschränken, ist zunächst der sachliche

---

³ Zur Illustration mag die Zeichenfolge 深圳市龙岗区坂田华为基地 beitragen. Aus ihr geht zunächst nicht hervor, ob sie einen Personenbezug aufweist oder nicht. Diese Feststellung kann erst durch die Interpretation der Zeichen getroffen werden, wofür im Beispielsfall die Kenntnis der chinesischen Schrift erforderlich ist. Erst dann wird klar, dass mit der Zeichenfolge der Firmensitz des Unternehmens Huawei gemeint ist.

⁴ So zutreffend etwa *Garstka*, DVBl 1998, 981; *K. v. Lewinski*, in: Stiftung Datenschutz, Dateneigentum und Datenhandel, S. 209 (212); *Schimmel*, in: Steinmüller, ADV und Recht, S. 145 (159 f.); *Trute*, JZ 1998, 822 ff.

⁵ Taeger/Gabel/*Taeger/B. Schmidt*, Einf. Rn. 21.

⁶ Daneben gibt es eine Vielzahl bereichsspezifischer Regelungen auf Bundes- und Landesebene, vgl. *Kühling*, NJW 2017, 1985 (1987).

Anwendungsbereich der Verordnung näher zu erläutern. Zentrales Anliegen des Datenschutzes ist es, den mit dem gestiegenen Automatisierungsgrad der elektronischen Datenverarbeitung verbundenen Gefahren für die Persönlichkeitssphäre des Einzelnen zu begegnen.[7] Diese Erkenntnis ist für die vorliegende Untersuchung von entscheidender Bedeutung, macht sie doch deutlich, dass datenschutzrechtliche Bestimmungen stets an eine *tatsächliche* Handlung – nämlich an die Verarbeitung personenbezogener Information – anknüpfen. Für die rechtsgeschäftliche Ebene ist das Datenschutzrecht nur mittelbar von Belang, sofern ein Verstoß zugleich die Unwirksamkeit der jeweiligen Vereinbarungen gem. § 134 BGB nach sich zieht. Mit Blick auf die Besicherung digitaler Information bedeutet das, dass die Regelungen der DS-GVO nicht die einzelnen Rechtsgeschäfte, sondern den tatsächlichen Umgang mit der digitalen Information adressieren. Erst wenn sich herausstellen sollte, dass die für die Besicherung erforderliche Verarbeitung digitaler Information einer rechtlichen Grundlage entbehrt oder sonstige Regelungen der DS-GVO verletzt werden, sind im Anschluss die Folgen für die Wirksamkeit der damit zusammenhängenden Vereinbarungen zu prüfen. Gem. Art. 2 Abs. 1 DS-GVO ist der sachliche Anwendungsbereich der Verordnung eröffnet, wenn personenbezogene Daten ganz oder teilweise automatisiert verarbeitet werden, oder falls nicht, in einem Dateisystem gespeichert sind oder werden sollen.

a) Personenbezug eines Datums

Nach Art. 4 Nr. 1 DS-GVO sind personenbezogene Daten alle Informationen, die sich auf eine identifizierte oder identifizierbare natürliche Person beziehen. Ein solcher Bezug liegt vor, wenn die Information aufgrund ihres Inhalts, ihres Zwecks oder ihrer Auswirkungen mit einer natürlichen Person verknüpft ist.[8] An einer solchen Verknüpfung fehlt es grundsätzlich bei Sachdaten.[9] Das sind alle Angaben, die sich auf eine Sache beziehen.[10] Allerdings sind Sachdaten – sofern

---

[7] NK-DatenschutzR/*Simitis/Hornung/Spiecker gen. Döhmann*, Einl. Rn. 6–14; Taeger/Gabel/*Taeger/B. Schmidt*, Einf. Rn. 2 f. *Steinmüller/Lutterbeck/Mallmann u. a.* bezeichnen den Datenschutz insofern treffend „als Kehrseite der Datenverarbeitung", BT-Drs. VI/3826, S. 34. Die Geschichte des Datenschutzes nahm ihren Ursprung in den 60er Jahren des 20. Jahrhunderts. Im Mittelpunkt des Interesses standen zunächst staatliche Datensammlungen. Näher *Kilian*, FS Taeger, S. 219 ff. In Summe ist der Datenschutz somit im Wesentlichen ein Korrelat des technischen Fortschritts oder, anders formuliert, die „rechtliche Antwort auf die Fragen der automatisierten Datenverarbeitung", Auernhammer/*K. v. Lewinski*, Einf. Rn. 1.

[8] Vgl. EuGH Rs. C-434/16 Rn. 35 – *Nowak ./. Data Protection Commissioner*.

[9] Taeger/Gabel/*Arning/Rothkegel*, Art. 4 DS-GVO Rn. 10; *Krügel*, ZD 2017, 455 (457).

[10] BeckOK DatenschutzR/*Schild*, Art. 4 DS-GVO Rn. 22, nennt beispielhaft die Höchstgeschwindigkeit eines Kfz oder den Preis eines Grundstücks.

man diese als Abgrenzung zu personenbezogenen Daten begreift – hierauf nicht beschränkt, da beispielsweise auch Umweltinformation[11] keinerlei Personenbezug aufweist.[12] Neben dem auf semantischer Ebene erforderlichen Aussagegehalt über eine natürliche Person ist nach dem Verordnungswortlaut weiter Voraussetzung, dass die Person identifiziert oder jedenfalls identifizierbar ist. Die Identifiziertheit einer Person ist gegeben, wenn die Identität der Person unmittelbar aus der Information selbst folgt.[13] Identifizierbarkeit liegt demgegenüber vor, wenn die Herstellung eines Personenbezugs erst unter Zuhilfenahme weiterer Informationen gelingt.[14] Nach ErwG 26 S. 3 DS-GVO sollten dafür alle Mittel berücksichtigt werden, die von dem Verantwortlichen oder einer anderen Person nach allgemeinem Ermessen wahrscheinlich genutzt werden, um die natürliche Person direkt oder indirekt zu identifizieren. Für die Feststellung, wie wahrscheinlich ein Mittel zur Identifizierung genutzt wird, sollten gem. ErwG 26 S. 4 DS-GVO alle objektiven Faktoren, wie die Kosten der Identifizierung und der dafür erforderliche Zeitaufwand, herangezogen werden, wobei die zum Zeitpunkt der Verarbeitung verfügbare Technologie und technologische Entwicklungen zu berücksichtigen sind. Die Konturlosigkeit der Kriterien wurde zum Teil zum Anlass genommen, das Erfordernis des Personenbezugs grundsätzlich infrage zu stellen.[15] Auch nach anderer Meinung sei die Differenzierung zwischen personenbezogenen und nicht-personenbezogenen Daten ungeeignet, da es wegen der technischen Möglichkeiten zur (Re-)Identifizierung der Betroffenen heutzutage keine echte Anonymität mehr geben könne.[16] Obwohl die Kritik im Ansatz durchaus berechtigt ist, überzeugt sie letztlich nicht, sodass an der Unterscheidung zwischen personenbezogenen und nicht-personenbezogenen Daten festzuhalten ist.[17] Eine andere Ansicht wäre mit dem Verordnungswortlaut und der gesetzgeberischen Intention, nur personenbezogene Daten dem strengen Re-

---

[11] S. oben S. 29.
[12] Sachdaten sind damit nach hier vertretener Auffassung – negativ formuliert – alle Informationen, die keinen Personenbezug aufweisen. Freilich kann eine an sich neutrale Information durch die Verknüpfung mit einer Aussage über eine natürliche Person insgesamt einen Personenbezug erlangen (vgl. dazu schon § 2 Fn. 47). Beispielsweise würde die an einem bestimmten Ort gemessene Temperatur durch Verknüpfung mit der die Messung vornehmenden Person insgesamt zu einer personenbezogenen Information.
[13] Taeger/Gabel/*Arning/Rothkegel*, Art. 4 DS-GVO Rn. 24; Kühling/Buchner/*Klar/Kühling*, Art. 4 Nr. 1 DS-GVO Rn. 18.
[14] Kühling/Buchner/*Klar/Kühling*, Art. 4 Nr. 1 DS-GVO Rn. 19.
[15] S. etwa *Schmitz*, ZD 2018, 5 ff., die sich stattdessen für einen risikobasierten Ansatz ausspricht.
[16] *Boehme-Neßler*, DuD 2016, 419 (420–423); *Härting/Schneider*, CR 2015, 819 (821 f.); vorsichtiger *Sarunski*, DuD 2016, 424 (427).
[17] Statt vieler Kühling/Buchner/*Klar/Kühling*, Art. 4 Nr. 1 DS-GVO Rn. 22. Die Schwelle zur Annahme eines Personenbezugs kann aber unter Umständen niedrig sein.

gime der DS-GVO zu unterwerfen, nicht vereinbar. Die Feststellung des Personenbezugs erfolgt nach überwiegender Ansicht anhand einer Risikoanalyse, deren Ziel es ist, unter Heranziehung objektiver Gesichtspunkte die Identifizierungswahrscheinlichkeit des Betroffenen durch Gegenüberstellung von Kosten und Nutzen der jeweils eingesetzten Mittel zu bestimmen.[18] Dabei ist umstritten, ob es allein auf die dem Verantwortlichen konkret zugänglichen Mittel ankommt (subjektiver bzw. relativer Personenbezug) oder ob auch Dritten zur Verfügung stehende Möglichkeiten einzubeziehen sind (objektiver Personenbezug).[19] Wenngleich die DS-GVO dazu nicht ausdrücklich Stellung bezieht, scheint sie dennoch ein relatives Verständnis des Personenbezugs zugrunde zu legen.[20] Dies legt ErwG 26 S. 3 DS-GVO nahe, der als zu berücksichtigende Mittel für die Identifizierung zwar auch die anderer Personen nennt, allerdings mit der Einschränkung, dass dies nach allgemeinem Ermessen wahrscheinlich ist.

Für die Feststellung des Personenbezugs digitaler Information im Rahmen des Einsatzes als Kreditsicherheit gilt mithin das Folgende: Enthält die digitale Information auf semantischer Ebene eine Aussage über eine natürliche Person und ergibt sich die Identität dieser Person unmittelbar von selbst, ist ein Personenbezug ohne Weiteres gegeben. Schwieriger zu beurteilen ist hingegen, wenn sich die Identität der Person nicht unmittelbar von selbst ergibt. Ob die digitale Information in diesem Fall einen Personenbezug aufweist, hängt davon ab, ob der Verantwortliche mit den ihm zur Verfügung stehenden Mitteln vernünftigerweise dazu in der Lage ist, die Person zu identifizieren. Die Risikoanalyse gestaltet sich beim Einsatz als Kreditsicherheit ungleich schwieriger, da zu Beginn der Besicherung naturgemäß noch nicht feststeht, wer die digitale Information im Sicherungsfall erwerben wird und welche Mittel diesem zur Verfügung stehen. Infolgedessen kann unmöglich abgeschätzt werden, inwieweit der spätere Erwerber in der Lage sein wird, einen Personenbezug herzustellen. Im Zweifel sollte daher

---

[18] Taeger/Gabel/*Arning/Rothkegel*, Art. 4 DS-GVO Rn. 31; NK-DatenschutzR/*Karg*, Art. 4 Nr. 1 DS-GVO Rn. 61–63; Kühling/Buchner/*Klar/Kühling*, Art. 4 Nr. 1 DS-GVO Rn. 22; *Roßnagel*, ZD 2018, 243 (244).

[19] *Herbst*, NVwZ 2016, 902 (903 f.). Zutreffend weist der Generalanwalt *Campos Sánchez-Bordona* in seinen Schlussanträgen in der Rs. C-582/14 Rn. 65 – *Breyer* darauf hin, dass die „[…] weitestmögliche Auslegung […] in der Praxis dazu führen [würde], dass jede Art von Information als personenbezogenes Datum einzuordnen wäre […]."

[20] *Brauneck*, EuZW 2019, 680 (682–686); NK-DatenschutzR/*Karg*, Art. 4 Nr. 1 DS-GVO Rn. 60; Kühling/Buchner/*Klar/Kühling*, Art. 4 Nr. 1 DS-GVO Rn. 26; ebenfalls das relative Verständnis bevorzugend Taeger/Gabel/*Arning/Rothkegel*, Art. 4 DS-GVO Rn. 33–35; HK-DS-GVO/BDSG/*Schwartmann/Mühlenbeck*, Art. 4 DS-GVO Rn. 35–40; vgl. auch Auernhammer/*Eßer*, Art. 4 DS-GVO Rn. 20; anders Plath/*Schreiber*, Art. 4 DS-GVO Rn. 8, wonach es unerheblich sei, ob der das Datum Verarbeitende selbst in der Lage ist, den Personenbezug herzustellen.

von einem Personenbezug der als Sicherheit eingesetzten digitalen Information ausgegangen werden.[21] Dieser Schritt erscheint nur dann nicht angezeigt, wenn die Personenbeziehbarkeit der digitalen Information zuverlässig ausgeschlossen werden kann. In diesem Fall handelt es sich gem. ErwG 26 S. 5 und 6 DS-GVO um anonyme Daten, auf deren Verarbeitung die DS-GVO keine Anwendung findet. Vor dem Hintergrund immer besser werdender Analyseverfahren dürften an die Anonymität digitaler Information allerdings strenge Anforderungen zu stellen sein.

b) Verarbeitung personenbezogener Daten

Für die Eröffnung des sachlichen Anwendungsbereichs ist weiter Voraussetzung, dass die personenbezogenen Daten entweder ganz oder teilweise automatisiert verarbeitet werden oder, im Fall der nichtautomatisierten Verarbeitung, in einem Dateisystem gespeichert sind bzw. werden sollen. Aus dem Wesen digitaler Information folgt, dass sie in der Regel automatisiert verarbeitet wird. Gerade das ist Sinn und Zweck der Maschinenlesbarkeit der ihr zugrunde liegenden Daten. Der Verarbeitungsbegriff ist, wie die Legaldefinition in Art. 4 Nr. 2 DS-GVO zeigt, im Übrigen weit auszulegen, da er *jeden* Vorgang im Zusammenhang mit personenbezogenen Daten umfasst.[22] Bei der Besicherung digitaler Information kommen mehrere Verarbeitungsvorgänge in Betracht. Ein erster denkbarer Verarbeitungsvorgang ist die Übertragung der digitalen Information an den Sicherungsnehmer bzw. Treuhänder. Gem. Art. 4 Nr. 2 Var. 11 DS-GVO handelt es sich dabei um eine Offenlegung durch Übermittlung. Unter dem Begriff der Offenlegung fasst die DS-GVO sämtliche Vorgänge zusammen, bei denen die personenbezogene Information einem Dritten[23] in der Weise zugänglich gemacht wird, dass dieser in die Lage versetzt wird, Kenntnis von ihrem Aussagegehalt zu erlangen.[24] Eine Übermittlung liegt vor, wenn die personenbezogene Information einem individuell bestimmten Adressaten mitgeteilt wird.[25] Wird die digitale Information zu Sicherungszwecken lediglich verschlüsselt hinterlegt, liegt demgegenüber noch keine Offenlegung vor. Ohne den zugehörigen Schlüssel hat der Sicherungsnehmer keine Möglichkeit, von ihrem Inhalt Kenntnis zu erlangen. Da es sich bei den in Art. 4 Nr. 2 Var. 1–16 DS-GVO genannten Verarbeitungs-

---

[21] Diese in rechtlicher Hinsicht zu empfehlende risikoaverse Strategie ist in ökonomischer Hinsicht freilich mit einem Abschreckungseffekt verbunden, vgl. *Sattler*, in: Pertot, Rechte an Daten, S. 49 (64 f.).
[22] Kühling/Buchner/*Herbst*, Art. 4 Nr. 2 DS-GVO Rn. 4.
[23] Zum Begriff des Dritten s. Art. 4 Nr. 10 DS-GVO.
[24] Auernhammer/*Eßer*, Art. 4 DS-GVO Rn. 52; Kühling/Buchner/*Herbst*, Art. 4 Nr. 2 DS-GVO Rn. 29.
[25] Taeger/Gabel/*Arning/Rothkegel*, Art. 4 DS-GVO Rn. 88.

vorgängen um nicht abschließende Beispiele handelt, könnte in diesem Fall ein unbenannter Verarbeitungsvorgang vorliegen. Um einen Vorgang i. S. d. Art. 4 Nr. 2 DS-GVO handelt es sich, wenn etwas mit den personenbezogenen Daten geschieht bzw. ein Umgang mit ihnen erfolgt.[26] Demzufolge müsste man die Übertragung verschlüsselter digitaler Information mit Personenbezug eigentlich als Verarbeitungsvorgang qualifizieren, weil durch die Übertragung etwas mit ihr geschieht. Gleichwohl ergibt sich hiergegen ein gewisser Vorbehalt, da der Sicherungsnehmer mit der übertragenen digitalen Information aufgrund der Verschlüsselung nichts anfangen kann. Insoweit könnte darüber nachgedacht werden, Art. 4 Nr. 2 DS-GVO für diesen Fall teleologisch zu reduzieren. Überzeugender erscheint hingegen, schon das Vorliegen eines Personenbezugs zu überdenken. Zwar sollen nach dem Willen der DS-GVO auch verschlüsselte personenbezogene Daten als Informationen über eine identifizierbare Person betrachtet werden (vgl. ErwG 26 S. 2).[27] Diese Sichtweise überzeugt allerdings nur, wenn man die Perspektive des Verschlüsselnden einnimmt, da nur ihm eine entsprechende Zuordnung ohne Weiteres möglich ist.[28] Nimmt man demgegenüber die Perspektive des Empfängers ein, ist eine abweichende Beurteilung angezeigt. Er verfügt zwar über die digitale Information. Aufgrund der Verschlüsselung kann er jedoch keinen Personenbezug herstellen. Da für die Personenbeziehbarkeit nach herrschender Ansicht eine relative Sichtweise maßgebend ist, fehlt es aus Sicht des Sicherungsnehmers folglich (zunächst) an einem Personenbezug.[29] Dies ändert sich, wenn der Sicherungsnehmer im Sicherungsfall den Schlüssel erhält. Entschlüsselt er die digitale Information, liegt ein relevanter Verarbeitungsvorgang i. S. v. Art. 4 Nr. 2 DS-GVO vor. Wurde die digitale Information nicht beim Sicherungsnehmer, sondern bei einem Escrow Agent hinterlegt, stellt die Herausgabe an den Sicherungsnehmer wiederum eine Übermittlung und damit einen

---

[26] Taeger/Gabel/*dies.*, Art. 4 DS-GVO Rn. 62.
[27] Obwohl die DS-GVO zwischen Verschlüsselung und Pseudonymisierung unterscheidet (z. B. in Art. 32 Abs. 1 lit. a), ist jede Verschlüsselung – unter der Voraussetzung, dass der Schlüssel getrennt aufbewahrt wird – eine Pseudonymisierung i. S. v. Art. 4 Nr. 5 DS-GVO, Taeger/Gabel/*Arning/Rothkegel*, Art. 4 DS-GVO Rn. 154; Kühling/Buchner/*Klar/Kühling*, Art. 4 Nr. 5 DS-GVO Rn. 9.
[28] Kühling/Buchner/*Klar/Kühling*, Art. 4 Nr. 5 DS-GVO Rn. 11.
[29] Vgl. Taeger/Gabel/*Arning/Rothkegel*, Art. 4 DS-GVO Rn. 54: „Da ausschließlich der jeweilige Dritte über das entsprechende Zusatzwissen verfügt, um eine entsprechende Zuordnung durchzuführen, stellt die Information für andere datenverarbeitende Stellen daher zunächst ein anonymes Datum dar."; ebenso Auernhammer/*Eßer*, Art. 4 DS-GVO Rn. 71: „Nach der hier vertretenen Auffassung der relativen Identifizierbarkeit sind pseudonymisierte Daten dann keine personenbezogenen Daten, wenn ihr Empfänger oder derjenige, der sie verarbeitet, nicht über das Zusatzwissen zur Re-Identifizierung verfügt."

neuerlichen Verarbeitungsvorgang dar.[30] Der zweite wesentliche Verarbeitungsvorgang bei der Besicherung digitaler Information ist ihre Verwertung im Sicherungsfall. Bei der Übertragung an den Erwerber handelt es sich ein weiteres Mal um eine Offenlegung durch Übermittlung i.S.v. Art. 4 Nr. 2 Var. 11 DS-GVO. Die letzte relevante Verarbeitung der digitalen Information erfolgt schließlich durch den Erwerber. Dabei kommt eine Vielzahl der in Art. 4 Nr. 2 DS-GVO genannten Verarbeitungsvorgänge in Betracht: Die Neustrukturierung oder Resystematisierung durch Organisieren (Var. 3) oder Ordnen (Var. 4), die Anpassung (Var. 6) oder Veränderung (Var. 7), das Auslesen (Var. 8), z.B. zum Zwecke der Kenntnisnahme des Informationsgehalts, die Verknüpfung (Var. 13), z.B. mit anderen personenbezogenen Daten und schließlich allgemein die Verwendung (Var. 10), die als Auffangtatbestand alle Verarbeitungsformen umfasst, die nicht ausdrücklich genannt werden.[31] Im Allgemeinen steht zu erwarten, dass der Erwerber die digitale Information mehrfach verarbeiten wird, auch wenn die einzelnen Verarbeitungsvorgänge im Voraus noch nicht konkret feststehen.[32] Schließlich ist jeder Vorgang, durch den eine weitere Verkörperung der digitalen Information erzeugt wird, eine Speicherung i.S.d. Art. 4 Nr. 2 Var. 5 DS-GVO. Der Begriff ist nicht auf die erstmalige Fixierung des Informationsgehalts beschränkt, sondern erfasst auch jede weitere Vervielfältigung auf einem anderen Trägermedium, die zum Zwecke der weiteren Verarbeitung oder Nutzung erstellt wurde.[33] Demzufolge ist jede Übermittlung digitaler Information zugleich eine Speicherung, da beim Empfänger ein identischer Datensatz erzeugt wird.[34] Unter den Begriff der Speicherung fällt dabei auch die körperliche Entgegennahme eines Datenträgers,[35] sodass auch eine etwaige Übergabe der Datenträger eine Speicherung und damit eine Verarbeitung i.S.d. Art. 4 Nr. 2 DS-GVO darstellt.

3. Verarbeitungsgrundsätze

Art. 5 Abs. 1 DS-GVO normiert die Verarbeitungsgrundsätze personenbezogener Information. Bei der Besicherung digitaler Information interessieren in erster

---

[30] In Zukunft könnte darüber nachgedacht werden, die Hinterlegung digitaler Information bei einem uneigennützigen Treuhänder nicht mehr als Verarbeitung i.S.d. Art. 4 Nr. 2 DS-GVO zu qualifizieren, da sie letztlich nur an einem anderen Ort gespeichert wird und der Treuhänder selbst kein Interesse an ihr hat.

[31] Zum Ganzen Taeger/Gabel/*Arning/Rothkegel*, Art. 4 DS-GVO Rn. 74 f., 77–79, 81, 96.

[32] Dies könnte mit dem in Art. 5 Abs. 1 lit. b DS-GVO normierten Zweckbindungsgrundsatz in Konflikt geraten, s. dazu sogleich.

[33] Vgl. BeckOK DatenschutzR/*Schild*, Art. 4 DS-GVO Rn. 42.

[34] Sogar die Erstellung von Sicherungskopien ist als erneute Speicherung einzustufen, BeckOK DatenschutzR/*ders.*, Art. 4 DS-GVO Rn. 42.

[35] Kühling/Buchner/*Herbst*, Art. 4 Nr. 2 DS-GVO Rn. 24.

Linie die Rechtmäßigkeit der Verarbeitung gem. Art. 5 Abs. 1 lit. a Var. 1 DS-GVO sowie der in Art. 5 Abs. 1 lit. b DS-GVO genannte Zweckbindungsgrundsatz.

a) Rechtmäßigkeit der Verarbeitung

Gem. Art. 5 Abs. 1 lit a Var. 1 DS-GVO müssen personenbezogene Daten auf rechtmäßige Weise verarbeitet werden. Wann eine Verarbeitung rechtmäßig ist, bestimmt Art. 6 Abs. 1 Uabs. 1 DS-GVO. Demnach ist die Verarbeitung personenbezogener Daten nur rechtmäßig, wenn die von der Verarbeitung betroffene Person wirksam eingewilligt hat (lit a) oder einer der in lit b–f genannten gesetzlichen Erlaubnistatbestände vorliegt.[36] Die im Zuge des Einsatzes von digitaler Information als Kreditsicherheit erforderlich werdenden Verarbeitungsvorgänge sind – soweit die digitale Information einen Personenbezug aufweist – folglich verboten, es sei denn, die Betroffenen haben ihre Einwilligung erteilt oder der Verantwortliche kann sich auf einen gesetzlichen Erlaubnistatbestand stützen. Werden personenbezogene Daten unrechtmäßig verarbeitet, kann dies neben aufsichtsrechtlichen Konsequenzen und empfindlichen Bußgeldern auch die Nichtigkeit der zugrunde liegenden Rechtsgeschäfte nach sich ziehen.[37]

aa) Vorliegen eines gesetzlichen Erlaubnistatbestands, Art. 6 Abs. 1 Uabs. 1 lit. b–f DS-GVO

Könnte die zu Sicherungszwecken erfolgende Verarbeitung personenbezogener digitaler Information auf einen gesetzlichen Erlaubnistatbestand gestützt werden, wäre das vorteilhaft, da in diesem Fall auf die Einholung einer Einwilligung bei der betroffenen Person verzichtet werden könnte. Was zunächst die Hinterlegung der digitalen Information bei einem Escrow Agent oder dem Sicherungsnehmer betrifft, kann die Verarbeitung nicht durch Art. 6 Abs. 1 Uabs. 1 lit. b Alt. 1 DS-GVO legitimiert werden. Zwar ist die Hinterlegung zur Erfüllung des Sicherungsvertrags erforderlich, allerdings sind die jeweils von der digitalen Information Betroffenen nicht Vertragspartei des Sicherungsvertrags. Da die in lit. c–e normierten Erlaubnistatbestände ebenfalls nicht in Betracht kommen, kann sich die Rechtmäßigkeit der Verarbeitung nur noch aus einer Interessenabwägung gem. Art. 6 Abs. 1 Uabs. 1 lit. f DS-GVO ergeben. Die Verarbeitung personenbezogener Information ist in diesem Fall zulässig, wenn sie zur Wahrung der berechtigten Interessen des Verantwortlichen oder eines Dritten erfor-

---

[36] Es handelt sich nach ganz h. M. um ein Verbot mit Erlaubnisvorbehalt, statt vieler Kühling/Buchner/*Buchner/Petri*, Art. 6 DS-GVO Rn. 11; a. A. *Roßnagel*, NJW 2019, 1 ff.

[37] S. dazu sogleich unter 4.

derlich ist und die Interessen des Betroffenen nicht überwiegen. Das Interesse des Verarbeitenden ist berechtigt, wenn es von der Rechtsordnung nicht missbilligt wird.[38] Es kann auch wirtschaftlicher Natur sein.[39] Demzufolge stellt die Kreditfinanzierung und die damit verbundene Stellung von Sicherheiten ein berechtigtes Interesse dar. Damit die Verarbeitung rechtmäßig ist, dürfen die Interessen der betroffenen Personen das Finanzierungsinteresse des datenverarbeitenden Unternehmens allerdings nicht überwiegen. In aller Regel betrifft die Interessenabwägung solche Verarbeitungsvorgänge, die auf das Verhältnis zwischen dem datenverarbeitenden Unternehmen und dem Betroffenen beschränkt sind. Die Hinterlegung von personenbezogener digitaler Information zu Sicherungszwecken verlässt dieses bilaterale Verhältnis allerdings, weil sie die Weitergabe der personenbezogenen Information an einen Dritten (Sicherungsnehmer) erfordert. Vor diesem Hintergrund erscheint es im Folgenden lohnend, einen Blick auf Fälle zu werfen, bei denen die Weitergabe personenbezogener Information an Dritte auf eine Interessenabwägung gestützt wird. Das betrifft Auskunfteien, den Adresshandel und die Weitergabe personenbezogener Information zu Werbezwecken Dritter.[40] Die Existenz dieser Fallgruppen belegt, dass die Interessen der Betroffenen der Weitergabe personenbezogener Information an Dritte nicht *per se* entgegenstehen. Darüber hinaus zeigt das Beispiel der Auskunfteien, dass die übermittelte Information – insbesondere im Fall eines negativen Scorings – persönlichkeitsrechtlich durchaus sensibel sein kann. Für den Einsatz von digitaler personenbezogener Information als Kreditsicherheit folgt daraus, dass es jedenfalls nicht von vorneherein ausgeschlossen erscheint, die Übermittlung an den Sicherungsnehmer auf eine Interessenabwägung zu stützen. Gleichwohl sind die genannten Beispiele umgekehrt ein Indiz dafür, dass die Interessenabwägung in aller Regel zulasten des Sicherungsgebers ausfallen dürfte. Denn die bei einer Besicherung anzutreffende Interessenlage ist eine gänzlich andere als diejenige, die den oben genannten Fallgruppen zugrunde liegt. Dies offenbart die nun folgende Interessenabwägung, im Rahmen derer die Interessen des sicherungsgebenden Unternehmens am Einsatz der personenbezogenen Information als Kreditsicherheit sowie die gegenläufigen Interessen der Betroffenen jeweils zu gewichten und anschließend gegeneinander abzuwägen sind. Lenkt man den Blick auf die Interessen des Unternehmens, so kann es durchaus ein gewichtiges Interesse am Einsatz der personenbezogenen digitalen Information als Kreditsicher-

---

[38] Taeger/Gabel/*Taeger*, Art. 6 DS-GVO Rn. 129.
[39] Kühling/Buchner/*Buchner/Petri*, Art. 6 DS-GVO Rn. 146a; HK-DS-GVO/BDSG/*Schwartmann/Klein*, Art. 6 DS-GVO Rn. 145.
[40] Eingehend zu Auskunfteien *Buchner*, FS Taeger, S. 95 ff.; Kühling/Buchner/*Buchner/Petri*, Art. 6 DS-GVO Rn. 159–166a; zum Adresshandel und der Weitergabe zu Werbezwecken Gola/Heckmann/*Schulz*, Art. 6 DS-GVO Rn. 82–85.

heit haben. Dieses Interesse hat umso größeres Gewicht, je akuter der Finanzierungsbedarf des Unternehmens ist und je weniger bankübliche Sicherheiten zur Verfügung stehen. Letzteres dürfte insbesondere bei Unternehmen mit digitalen Geschäftsmodellen häufig der Fall sein, da sie in aller Regel nur in sehr geringem Umfang über materielle Vermögenswerte verfügen. Wendet man sich den Interessen der Betroffenen zu, sind diese – bei abstrakter Betrachtung – grundsätzlich schutzwürdig, da der Datenschutz wegen seines Auftrags, das informationelle Selbstbestimmungsrecht des Einzelnen zu schützen, der Verarbeitung personenbezogener Information enge Grenzen setzt.[41] Den Betroffeneninteressen kommt auch in der konkreten, hier zu untersuchenden Verarbeitungssituation ein enormes Gewicht zu. Jeder Kreditsicherheit ist ein Verwertungsrisiko immanent. Daher besteht für die Betroffenen stets die Gefahr, dass „ihre" personenbezogene Information im Sicherungsfall verwertet wird und in die Hände eines unbekannten Dritten gelangt. Daran wiegt insbesondere schwer, dass im Vorhinein weder der konkrete Erwerber noch die genauen Verarbeitungszwecke bekannt sind. Der Einsatz personenbezogener digitaler Information als Kreditsicherheit birgt mithin ein erhebliches Gefahrenpotenzial für das informationelle Selbstbestimmungsrecht der betroffenen Personen. Wägt man das Finanzierungsinteresse des Unternehmens gegen die Persönlichkeitsinteressen der Betroffenen ab, so dürften – vorbehaltlich einer genauen Prüfung des jeweiligen Einzelfalls – die Persönlichkeitsinteressen der Betroffenen in aller Regel deutlich überwiegen. Hinzu kommt, dass die personenbezogene Information und damit letztlich die informationelle Selbstbestimmung der Betroffenen andernfalls ohne (bzw. gegen) deren Willen als Haftungsobjekt für eine Forderung des datenverarbeitenden Unternehmens herangezogen werden könnte, was *de facto* einer erzwungenen Interzession gleichkäme. Das grundsätzliche Überwiegen der Persönlichkeitsinteressen der Betroffenen schließt es nicht aus, dass das Finanzierungsinteresse und das damit einhergehende Interesse des Unternehmens, Sicherheiten zu stellen, im Einzelfall höher zu gewichten sein kann. Denkbar erscheint dies, wenn die Schutzwürdigkeit der Betroffeneninteressen gering ist, etwa weil es sich – wie im Fall des Adresshandels – um allgemein zugängliche Informationen handelt. Für das hier gefundene Ergebnis spricht nicht zuletzt auch ein Vergleich mit dem Urheberpersönlichkeitsrecht. Auch dort setzen sich die urheberpersönlichkeitsrechtlichen Interessen des Urhebers regelmäßig gegen die Sicherungsinteressen seines Lizenznehmers durch.[42] Die soeben dargelegten Grundsätze gelten für alle weiteren Verarbeitungsvorgänge entsprechend.

---

[41] Kühling/Buchner/*Buchner*/*Petri*, Art. 6 DS-GVO Rn. 148.
[42] S. dazu oben S. 152.

bb) Einwilligung des Betroffenen, Art. 6 Abs. 1 Uabs. 1 lit. a DS-GVO

Da in der Regel kein gesetzlicher Erlaubnistatbestand erfüllt ist, können die für den Einsatz personenbezogener digitaler Information als Kreditsicherheit erforderlichen Verarbeitungen nur durch eine Einwilligung der Betroffenen legitimiert werden. Die Einwilligung ist das zentrale Instrument zur Verwirklichung datenschutzrechtlicher Selbstbestimmung[43] und – entsprechend ihrer Bedeutung – den gesetzlichen Erlaubnistatbeständen vorangestellt. Art. 6 Abs. 1 Uabs. 1 lit. a DS-GVO bezweckt in erster Linie, die Verarbeitung personenbezogener Information zu legitimieren. Welche materiellen Voraussetzungen für eine wirksame Einwilligung erfüllt sein müssen, regelt die Vorschrift nicht. Für ein vollständiges Bild der datenschutzrechtlichen Einwilligung müssen deshalb eine Reihe weiterer Vorschriften herangezogen werden. Neben Art. 4 Nr. 11 DS-GVO, der eine Legaldefinition enthält, spielt vor allem Art. 7 DS-GVO eine bedeutende Rolle. Ferner sind der Zweckbindungsgrundsatz (Art. 5 Abs. 1 lit. b DS-GVO) und die entsprechenden Erwägungsgründe (insbesondere ErwG 32 f. und 42 f. DS-GVO) zu beachten.[44] Die Einwilligung ist keine Besonderheit des Datenschutzes, sondern Ausfluss des Gedankens *volenti non fit iniuria*. Sie verhilft der Autonomie des Einwilligenden zur Geltung, dessen Wille unabhängig von einer objektiven Interessenabwägung die alleinige Grundlage für die Rechtmäßigkeit ist.[45] Die Autonomie des Einzelnen ist allerdings nicht nur Grundlage, sondern zugleich Grenze der Rechtmäßigkeit. Zum Schutz des Selbstbestimmungsrechts des Einzelnen ist der Gesetzgeber daher aufgerufen, Bedingungen zu formulieren, unter denen eine Entscheidung (noch) als autonom gilt.[46] Kennzeichnend für die Einwilligung ist des Weiteren, dass die Befugnis des Einwilligungsempfängers vom Willen des Betroffenen abhängig bleibt – sie ist also widerruflich.[47] Diese Grundsätze haben auch in die DS-GVO Eingang gefunden. Art. 4 Nr. 11 DS-GVO betont die Autonomie des Betroffenen, indem unter anderem festgeschrieben wird, dass die Einwilligung freiwillig erteilt werden muss. Was in diesem Sinne als freiwillig zu gelten hat, konkretisiert Art. 7 Abs. 4 DS-GVO. Das Recht, eine einmal erteilte Einwilligung mit Wirkung für die Zukunft zu widerrufen, normiert Art. 7 Abs. 3 S. 1 DS-GVO. Für die Legitimierung des Einsatzes von personenbezogener digitaler Information als Kreditsicherheit erweisen sich die genannten Bestimmungen als höchst problematisch.

---

[43] BeckOK DatenschutzR/*Stemmer*, Art. 7 DS-GVO Rn. 1.

[44] Kühling/Buchner/*Buchner/Petri*, Art. 6 DS-GVO Rn. 18 und Kühling/Buchner/*Buchner/Kühling*, Art. 7 DS-GVO Rn. 1.

[45] S. dazu *Ohly*, „Volenti non fit iniuria", S. 465.

[46] Vgl. NK-DatenschutzR/*Klement*, Art. 7 DS-GVO Rn. 1; *Ohly*, „Volenti non fit iniuria", S. 466.

[47] *Ohly*, „Volenti non fit iniuria", S. 468.

(1) Art. 7 Abs. 4 DS-GVO als Gradmesser für die Autonomie des Betroffenen: 1. Hindernis für den Einsatz als Kreditsicherheit?

Nach Art. 7 Abs. 4 DS-GVO muss bei der Beurteilung, ob die Einwilligung freiwillig erteilt wurde, dem Umstand in größtmöglichem Umfang Rechnung getragen werden, ob unter anderem die Erfüllung eines Vertrags, einschließlich der Erbringung einer Dienstleistung, von der Einwilligung zu einer Verarbeitung von personenbezogenen Daten abhängig ist, die für die Erfüllung des Vertrags nicht erforderlich sind.[48] Etwas einfacher formuliert hängt die Freiwilligkeit der Einwilligung maßgeblich von der Erforderlichkeit der Verarbeitung personenbezogener Information für die Vertragserfüllung ab.[49] Da eine für die Vertragserfüllung nicht erforderliche Verarbeitung personenbezogener Information die Freiwilligkeit nicht zwangsläufig ausschließt, sondern nur in größtmöglichem Umfang zu berücksichtigen ist, handelt es sich um ein eingeschränktes Kopplungsverbot.[50] Auf den ersten Blick scheint die Norm einen angemessenen Ausgleich zwischen den Interessen des Verantwortlichen und denjenigen des Datensubjekts herzustellen. Sie verbietet es dem Anbieter nämlich nicht *per se*, seine Leistungserbringung im Sinne eines „take it or leave it" von der Verarbeitung personenbezogener Information abhängig zu machen. Verhindert werden soll aber, dass er sich aufgrund eines bestehenden Verhandlungsungleichgewichts weitere Datenverarbeitungen legitimieren lässt, die für die Erbringung der vertraglich geschuldeten Leistung nicht erforderlich sind.[51] Aus der Nähe besehen wirft die Norm jedoch in mehrfacher Hinsicht Probleme auf.

Das betrifft zunächst die Abgrenzung zu Art. 6 Abs. 1 Uabs. 1 lit. b DS-GVO. Versteht man Art. 7 Abs. 4 DS-GVO in dem Sinne, dass eine Einwilligung in die Verarbeitung personenbezogener Information unfreiwillig ist, wenn Letztere nicht zur Erfüllung des Vertrags erforderlich ist, verbliebe für die Einwilligung kein eigenständiger Anwendungsbereich mehr. Die Zulässigkeit der Datenverarbeitung folgt dann immer schon aus Art. 6 Abs. 1 Uabs. 1 lit. b DS-GVO, sodass

---

[48] Die Vorschrift ist weitgehend missglückt und folglich heftig umstritten, *Sattler*, in: Pertot, Rechte an Daten, S. 49 (74 f.).

[49] Kühling/Buchner/*Buchner/Kühling*, Art. 7 DS-GVO Rn. 46.

[50] Kühling/Buchner/*Buchner/Kühling*, Art. 7 DS-GVO Rn. 46; Auernhammer/*Kramer*, Art. 7 DS-GVO Rn. 45; anders NK-DatenschutzR/*Klement*, Art. 7 DS-GVO Rn. 58. Der ursprüngliche Vorschlag des Europäischen Parlaments sah noch ein echtes Kopplungsverbot vor. Demzufolge hätte die Erfüllung des Vertrags nicht von der Einwilligung in eine nicht erforderliche Verarbeitung abhängig gemacht werden dürfen, vgl. *Metzger*, AcP 216 (2016), 817 (824) Fn. 22. Vgl. in diesem Zusammenhang ErwG 43 S. 2 DS-GVO, wonach die Einwilligung in diesen Fällen als nicht freiwillig erteilt gilt.

[51] Kühling/Buchner/*Buchner/Kühling*, Art. 7 DS-GVO Rn. 46.

es auf eine Legitimierung durch den Betroffenen nicht mehr ankommt.⁵² Die Konsequenz für den Einsatz als Kreditsicherheit ist, dass die Einwilligung des Betroffenen in diesem Fall regelmäßig als unfreiwillig zu qualifizieren wäre, da die zu diesem Zweck erforderlichen Verarbeitungen für die Erfüllung des zwischen dem Verantwortlichen und dem Datensubjekt geschlossenen Vertrags nicht erforderlich sind. Personenbezogene digitale Information könnte damit trotz erklärtem Willen des Betroffenen nicht als Kreditsicherheit fungieren. Die Kongruenz mit Art. 6 Abs. 1 Uabs. 1 lit. b DS-GVO ließe sich vermeiden und der Einwilligung dadurch zugleich zu einem eigenständigen Anwendungsbereich verhelfen, wenn man sich bei der Auslegung von Art. 7 Abs. 4 DS-GVO streng am Wortlaut orientiert. Jedenfalls unter Zugrundelegung der deutschen und der spanischen Sprachfassung bezieht sich die Erforderlichkeit zur Vertragserfüllung nicht auf die Verarbeitung, sondern auf die personenbezogenen Daten.⁵³ Infolgedessen käme es für die Beurteilung der Freiwilligkeit nicht darauf an, ob die jeweilige Verarbeitung, sondern ob die *personenbezogenen Daten* für die Vertragserfüllung erforderlich sind. Art. 7 Abs. 4 DS-GVO stünde einer für die Vertragserfüllung nicht erforderlichen Verarbeitung personenbezogener Daten damit nur dann entgegen, wenn dabei personenbezogene Daten verarbeitet würden, die nicht für die Vertragserfüllung erforderlich sind. Folglich könnte der Betroffene in einer für die Autonomie unbedenklichen Weise in eine für die Vertragserfüllung nicht erforderliche Verarbeitung personenbezogener Information einwilligen. Voraussetzung hierfür ist allerdings, dass die zu verarbeitende personenbezogene Information für die Vertragserfüllung erforderlich ist. Zieht man daraus die Konsequenz für die vorliegende Untersuchung, könnte jedenfalls der Einsatz solcher personenbezogener Information als Kreditsicherheit legitimiert werden, deren Verarbeitung für die Erfüllung des zwischen dem Verantwortlichen und dem Betroffenen geschlossenen Vertrags erforderlich ist. An der Freiwilligkeit würde es nur mangeln, wenn der Betroffene in die Verarbeitung von personenbezogener Information einwilligt, die für die *Vertragserfüllung* nicht erforderlich ist. Zieht man indessen weitere Sprachfassungen, insbesondere die englische und die französische heran, büßt die grammatikalische Auslegung allerdings jegliche Überzeugungskraft ein, da sie gerade den gegenteiligen Schluss nahelegen.⁵⁴

---

⁵² *Riehm*, FS Taeger, S. 55 (61); *Sattler*, in: Pertot, Rechte an Daten, S. 49 (74).

⁵³ Würde Art. 7 Abs. 4 DS-GVO zwecks Erforderlichkeit auf die Verarbeitung abstellen wollen, müsste es konsequent lauten: „[…] von der Einwilligung zu einer *Verarbeitung* von personenbezogenen Daten abhängig ist, die für die Erfüllung des Vertrags nicht erforderlich *ist*." In der spanischen Fassung heißt es: „[…] se supedita al consentimiento al tratamiento de *datos personales* que *no son necesarios* para la ejecución de dicho contrato."

⁵⁴ Anders als die deutsche und die spanische Sprachfassung beziehen sie sich auf die Verarbeitung und nicht auf die personenbezogenen Daten. Die englische Fassung lautet: „[…] is

Obwohl alle Sprachfassungen rechtlich gleichwertig sind, dürfte rein faktisch sogar einiges für die Maßgeblichkeit der englischen Sprachfassung (und damit gegen die oben vorgeschlagene Auslegung) sprechen, da sie Übersetzungsgrundlage der anderen Sprachfassungen war.[55] Klarheit, wann eine mit der Autonomie des Einzelnen noch zu vereinbarende, freiwillige Legitimierung einer Verarbeitung personenbezogener Information vorliegt, kann letztlich nur der EuGH schaffen.[56]

Dabei ist allerdings zu berücksichtigen, dass selbst das vom Wortlaut der deutschen (und spanischen) Sprachfassung der DS-GVO gedeckte, weite Verständnis von Art. 7 Abs. 4 im Umfeld der Digital-Ökonomie noch zu eng ist. Letztere lebt gerade von der umfangreichen Erhebung und Verarbeitung personenbezogener Information der Nutzer. Könnten sich die Anbieter durch eine Einwilligung weder die Verarbeitung bereits erhobener personenbezogener Daten zu anderen Zwecken noch die Erhebung anderer als zur Vertragserfüllung erforderlicher personenbezogener Daten legitimieren lassen, wäre damit einer Vielzahl digitaler Geschäftsmodelle die Grundlage entzogen.[57] Dabei wird deutlich, dass der hinter der Norm stehende Regelungsgedanke bei digitalen Sachverhalten nicht passt: In der analogen Welt sollen neben der Gegenleistung des Vertragspartners, die regelmäßig in der Zahlung eines monetären Entgelts besteht, kraft einer über-

---

conditional on consent to *the processing* of personal data *that is not* necessary for the performance of that contract." Die französische Fassung lautet: „[…] est subordonnée au consentement *au traitement* de données à caractère personnel *qui n'est pas* nécessaire à l'exécution dudit contrat." Vgl. auch die italienische Fassung: „[…] sia condizionata alla prestazione del consenso *al trattamento* di dati personali *non necessario* all'esecuzione di tale contratto."

[55] Vgl. NK-DatenschutzR/*Hornung/Spiecker gen. Döhmann*, Einl. Rn. 271.

[56] Es wäre daher zu begrüßen, wenn die mitgliedstaatlichen Gerichte rege von ihrer Vorlageberechtigung Gebrauch machen würden.

[57] So etwa Kühling/Buchner/*Buchner/Kühling*, Art. 7 DS-GVO Rn. 50: „Konsequenz ist nicht zuletzt, dass die bisher üblichen Geschäftsmodelle, auf der Grundlage umfassender Einwilligungsklauseln vermeintlich ‚kostenlose' Leistungen zu präsentieren, in dieser Form unter der DS-GVO nicht mehr praktiziert werden können."; ebenso noch Taeger/Gabel/*Taeger*, 3. Aufl. 2019, Art. 7 DS-GVO Rn. 91: „Die Nutzung werbefinanzierter ‚kostenloser' Online-Dienste von der Einwilligung in die Erhebung und Verarbeitung personenbezogener Nutzerdaten abhängig zu machen (,Service gegen Daten'), wird im Geltungsbereich der DS-GVO nicht mehr möglich sein." Was konkret auf dem Spiel steht, verdeutlicht das Verfahren des Bundeskartellamts gegen Meta (vormals Facebook, Az.: B6-22/16): Nach Ansicht der Wettbewerbshüter seien die eingeholten Einwilligungen des sozialen Netzwerks nicht freiwillig. Während das OLG Düsseldorf die aufschiebende Wirkung der dagegen eingelegten Beschwerde angeordnet hatte (Beschl. v. 26.08.2019 – VI-Kart 1/19 [V]), hob der BGH die Entscheidung auf (Beschl. v. 23.06.2020 – KVR 69/19). Das OLG Düsseldorf hat das Hauptsacheverfahren inzwischen ausgesetzt und den EuGH (Rs. C-252/21) mit dem Fall befasst, näher *Podszun*, Facebook: Next Stop Europe, D'Kart v. 25.03.2021, abrufbar unter: https://www.d-kart.de/blog/2021/03/25/facebook-next-stop-europe/ (zuletzt abgerufen: 30.11.2022).

legenen Verhandlungsmacht nicht noch weitere, für die Vertragserfüllung nicht erforderliche Eingriffe in das informationelle Selbstbestimmungsrecht „abgepresst" werden können.[58] In digitalen Märkten haben sich jedoch unlängst neue Vergütungsformen entwickelt. Monetäre Entgelte spielen dort (neben Mischformen) eine eher untergeordnete Rolle.[59] Besondere Relevanz kommt diesen Vergütungsmodellen in mehrseitigen Märkten zu. Dort bezahlen die Nutzer die in Anspruch genommene Leistung neben der Aufmerksamkeit für (personalisierte) Werbung vor allem mit der Preisgabe personenbezogener Information.[60] Während die Einwilligung in die Verarbeitung personenbezogener Information den Austausch von Leistung und Gegenleistung in analogen Märkten allenfalls begleitet, wird sie in digitalen Märkten selbst zur Gegenleistung. Die Verarbeitung personenbezogener Information ist damit nicht länger Mittel zum Zweck, sondern alleiniger Zweck der Leistungserbringung durch den Anbieter. Führt man sich die ökonomische Realität vor Augen, dass die informationelle Selbstbestimmung des Einzelnen immer stärker Gegenstand von Kommerzialisierungstendenzen ist,[61] ist es nur konsequent, Eingriffe darin der Privatautonomie zu unterwerfen. Aufgabe der Einwilligung muss es unter Berücksichtigung teleologischer Gesichtspunkte folglich sein, die rechtmäßige Verarbeitung personenbezogener Information gerade auch dort zu ermöglichen, wo sie über das zur Vertragserfüllung Erforderliche hinausgeht.[62] Das gilt nicht zuletzt vor allem dann, wenn sie dem Betroffenen die Inanspruchnahme vorteilhafter und erwünschter Services eröffnet.

Dass die Einwilligung in solche Verarbeitungen möglich sein muss, folgt auch aus einem gesetzessystematischen Vergleich mit Art. 3 Abs. 1 Uabs. 2 DI-RL. Die Vorschrift sieht vor, dass die Gegenleistung für die Bereitstellung digitaler Inhalte auch in der Bereitstellung personenbezogener Daten bestehen kann. Dabei sind vom Anwendungsbereich allerdings *expressis verbis* solche personenbezogenen Daten ausgenommen, deren Verarbeitung schon für die Bereitstellung des digitalen Inhalts an sich erforderlich ist.[63] Könnte in die Verarbeitung von für die Vertragserfüllung nicht erforderliche personenbezogene Information

---

[58] Vgl. *Riehm*, FS Taeger, S. 55 (61).
[59] Zu den unterschiedlichen Geschäftsmodellen *Hacker*, ZfPW 2019, 148 (153–157).
[60] *Mischau*, ZEuP 2020, 335 (337 f.); *Mörsdorf*, ZIP 2020, 2259.
[61] Vgl. nur *Sattler*, in: Lohsse/Schulze/Staudenmayer, Data as Counter-Performance – Contract Law 2.0?, S. 225 (233–237).
[62] *Ders.*, in: Pertot, Rechte an Daten, S. 49 (74 f.). Dadurch würde nicht zuletzt auch der Verbraucherschutz gestärkt, da einem Ausweichen auf für die Autonomie des Einzelnen nachteiligere gesetzliche Erlaubnistatbestände vorgebeugt würde, vgl. *Mischau*, ZEuP 2020, 335 (344).
[63] S. dazu nunmehr auch § 327 Abs. 3 i.V.m. § 312 Abs. 1a S. 2 BGB in der seit 01.01.2022 gültigen Fassung.

nicht wirksam eingewilligt werden, weil eine dahingehende Einwilligung nach Art. 7 Abs. 4 DS-GVO als unfreiwillig zu qualifizieren wäre, könnte personenbezogene Information entgegen dem Wortlaut des Art. 3 Abs. 1 Uabs. 2 DI-RL nicht als Gegenleistung bereitgestellt werden. Damit würde die richtungsweisende Regelung, die dem gegenwärtigen Geschäftsgebaren der Digitalwirtschaft nur einen rechtlichen Rahmen gibt,[64] größtenteils leerlaufen. Denn nach ErwG 38 S. 1 DI-RL soll die Frage nach der Rechtmäßigkeit der Verarbeitung allein durch die DS-GVO beantwortet werden. Auch wenn die DI-RL keine Stellung dazu bezieht, welche Auswirkungen ein Verstoß gegen datenschutzrechtliche Regelungen für die Wirksamkeit des Vertrags hat, darf prognostiziert werden, dass die Bereitstellung personenbezogener Information als Gegenleistung ihr volles Innovationspotenzial nicht entfalten kann, solange die Rechtmäßigkeit der Verarbeitung fragwürdig ist. Dass die „Bezahlung" mit personenbezogener Information aber von vorneherein am Datenschutzrecht scheitert, dürfte weder im Sinne der angestrebten Verwirklichung eines digitalen Binnenmarkts[65] sein noch der Intention des europäischen Richtliniengebers entsprechen.[66] Zwar vermeidet es die Richtlinie, bei der Bereitstellung von personenbezogener Information von einer Gegenleistung zu sprechen.[67] In der Sache regelt Art. 3 Uabs. 2 DI-RL allerdings nichts anderes.[68] Es steht deshalb außer Zweifel, dass der Einzelne die Verarbeitung seiner personenbezogenen Information auch dann legitimieren können muss, wenn sie zwar nicht unmittelbar für die Leistungserbringung erforderlich ist, aber ihre Finanzierung bezweckt. Dafür spricht auch ErwG 38 S. 3 DI-RL, der als Rechtsgrundlage für die Datenverarbeitung ausdrücklich die Einwilligung des Betroffenen für möglich hält. Das aufgezeigte Spannungsverhältnis zwischen Vertrags- und Datenschutzrecht lässt sich durch eine restriktive

---

[64] So z.B. *Staudenmayer*, IWRZ 2020, 147 (147 f.): „Anpassung des Privatrechts an die digitale Wirtschaft".

[65] Vgl. etwa Art. 1 Abs. 3 DS-GVO sowie ErwG 1 und 23 f. DI-RL.

[66] Dies gilt umso mehr, weil die Richtlinie das Ergebnis eines hart umkämpften Gesetzgebungsprozesses ist. So zog etwa der Europäische Datenschutzbeauftragte gar eine Parallele zum Organhandel, näher *Sattler*, in: Lohsse/Schulze/Staudenmayer, Data as Counter-Performance – Contract Law 2.0?, S. 225 (231 f.) und *Staudenmayer*, IWRZ 2020, 147 (148 f.).

[67] Paradigmatisch hierfür ist ErwG 24 S. 2 DI-RL wonach „[…] in vollem Umfang anerkannt wird, dass der Schutz personenbezogener Daten ein Grundrecht ist und daher personenbezogene Daten nicht als Ware betrachtet werden können […]."

[68] S. nur *Metzger*, JZ 2019, 577 (579): „Der Sache nach bleibt es dabei, dass die Bereitstellung von personenbezogenen Daten durch den Verbraucher die gleichen vertraglichen Ansprüche auslöst wie die Zahlung eines Entgelts."; ebenso *Staudenmayer*, IWRZ 2020, 147 (149): „Dabei kann sie [die Richtlinie] natürlich nicht verbergen, dass es sich ebenso wie bei der Zahlung von Geld um eine Gegenleistung handelt, ohne dass sie ausdrücklich so genannt wird." [Klammerzusatz durch Verfasser].

Handhabung von Art. 7 Abs. 4 DS-GVO auflösen.[69] Nur so kann gewährleistet werden, dass die Einwilligung ein probates Mittel dafür ist, dem Einzelnen die selbstbestimmte Ausübung des aus Art. 8 EU-GRCh folgenden Grundrechts auf informationelle Selbstbestimmung zu eröffnen. Dem lässt sich zwar entgegenhalten, dass die Entscheidung über den Einsatz personenbezogener Information zur Bedürfnisbefriedigung im Umfeld der Internetökonomie von zahlreichen Wahrnehmungsverzerrungen (Bias) und Informationsasymmetrien[70] begleitet wird.[71] Es deutet mithin vieles darauf hin, dass die Hingabe personenbezogener Information im Austausch für den Erhalt einer Leistung nicht immer von einem auf völliger Rationalität beruhenden Handeln geprägt ist. Dies rechtfertigt es unterdessen nicht, dem Einzelnen diese Entscheidung durch eine paternalistisch motivierte Rechtsetzung von vornherein zu nehmen, indem die Einwilligung als unfreiwillig zu qualifizieren ist.[72] Ohnehin würde die Zurückdrängung der Einwilligung nur dazu führen, dass die gesetzlichen Verarbeitungsgrundlagen an Bedeutung gewännen.[73] Gleichwohl ist der Einzelne aber selbstverständlich vor Verhandlungssituationen zu schützen, in denen die Verweigerung der Einwilligung selbst bei einer rationalen Entscheidungsgrundlage nicht oder nur schwerlich in Betracht kommt.[74]

---

[69] Dies dürfte, mit Unterschieden im Detail, der wohl überwiegenden Auffassung entsprechen. Eingehend *Bunnenberg*, Privates Datenschutzrecht, S. 70–78 mit umfangreichen Nachweisen zum Meinungsstand; Paal/Pauly/*Frenzel*, Art. 7 DS-GVO Rn. 18–21; NK-DatenschutzR/*Klement*, Art. 7 DS-GVO Rn. 61; Auernhammer/*Kramer*, Art. 7 DS-GVO Rn. 46; *Metzger*, AcP 216 (2016), 817 (823 f.); *Riehm*, FS Taeger, S. 55 (61 f.); *Sattler*, in: Pertot, Rechte an Daten, S. 49 (75 f.); HK-DS-GVO/BDSG/*Schwartmann/Klein*, Art. 7 DS-GVO Rn. 48; differenzierend Kühling/Buchner/*Buchner/Kühling*, Art. 7 DS-GVO Rn. 49–54; kritisch Taeger/Gabel/*Taeger*, Art. 7 DS-GVO Rn. 100, der letztlich einen Leerlauf des Kopplungsverbots befürchtet.

[70] Das betrifft im Besonderen das Kosten-Nutzen-Verhältnis. Das Überblicken der Risiken ist für den Betroffenen regelmäßig erschwert, weil sich die Datenverarbeitung für ihn unsichtbar im Hintergrund abspielt.

[71] *Bunnenberg*, Privates Datenschutzrecht, S. 102–116; *Sattler*, in: Pertot, Rechte an Daten, S. 49 (75).

[72] Die Konsequenz wäre andernfalls, dass Geschäftsmodelle wie „Dienst gegen Daten" nicht mehr angeboten werden könnten und der Einzelne dann womöglich an der Teilhabe am Informationsfluss gehindert ist, wenn er nicht bereit ist, ein monetäres Entgelt zu bezahlen. Vgl. NK-DatenschutzR/*Klement*, Art. 7 DS-GVO Rn. 59 f.; s. auch *Sattler*, in: Lohsse/Schulze/Staudenmayer, Data as Counter-Performance – Contract Law 2.0?, S. 225 (245).

[73] Obwohl das Ergebnis – die Zulässigkeit der Verarbeitung – das gleiche ist, ist der Rückgriff auf gesetzliche Erlaubnistatbestände nachteilhafter für den Betroffenen, da ihm dann beispielsweise das Recht abgeschnitten ist, die Einwilligung zu widerrufen (Art. 7 Abs. 3 DS-GVO), vgl. *Bunnenberg*, JZ 2020, 1088 (1092).

[74] NK-DatenschutzR/*Klement*, Art. 7 DS-GVO Rn. 59.

Fasst man all diese Punkte zusammen, dürfte eine „gespaltene" Auslegung von Art. 7 Abs. 4 DS-GVO am ehesten geeignet sein, interessengerechte Ergebnisse herbeizuführen. Dient die Bereitstellung personenbezogener Information nicht der Finanzierung der in Anspruch genommenen Leistung, sprechen die besseren Gründe für die durch den Verordnungswortlaut gestützte extensive Auslegung der Norm.[75] Ist die Verarbeitung personenbezogener Daten für die Vertragserfüllung nicht erforderlich, ist die Einwilligung des Betroffenen zwar nicht *per se* als unfreiwillig zu qualifizieren. Gleichwohl kommt dem in der Norm statuierten Berücksichtigungsgebot in diesem Fall indizielle Bedeutung zu,[76] sodass in der Regel von der Unfreiwilligkeit auszugehen sein dürfte. Finanziert der Einzelne mit der Bereitstellung seiner personenbezogenen Information demgegenüber die begehrte Leistung, ist eine andere Beurteilung angezeigt. In diesem Fall ist Art. 7 Abs. 4 DS-GVO restriktiv auszulegen. Andernfalls wäre der Einzelne daran gehindert, seine personenbezogene Information zur Bedürfnisbefriedigung einzusetzen,[77] was einen nicht zu rechtfertigenden Eingriff in das Grundrecht auf informationelle Selbstbestimmung darstellen würde. Die restriktive Auslegung von Art. 7 Abs. 4 DS-GVO lässt sich sogar am Wortlaut rückbinden. Erfolgt die Bezahlung nicht durch ein monetäres Entgelt, sondern durch die Bereitstellung personenbezogener Information, erfordert die Umwandlung der bereitgestellten Information in einen monetären Gegenwert zunächst deren Verarbeitung. Mithin ist die Verarbeitung für die Erbringung der vertraglich geschuldeten Leistung des Anbieters und damit zur Erfüllung des Vertrags erforderlich.[78] Für die Freiwilligkeit der Einwilligung ist es im Übrigen unschädlich, dass die Erbringung der Leistung von ihrer Erteilung abhängig gemacht wird.[79] Solange der Betroffene noch die Wahl hat, die Leistung nicht in Anspruch zu nehmen, ist seine Autonomie nicht in Gefahr. In diesem Fall darf der bloße

---

[75] Zu klären bleibt, ob die Norm in diesem Fall nur der Verarbeitung solcher personenbezogenen Daten entgegensteht, die nicht für die Vertragserfüllung erforderlich sind (so der Wortlaut der deutschen und spanischen Sprachfassung) oder ob jedwede für die Vertragserfüllung nicht erforderliche Verarbeitung personenbezogener Daten erfasst ist (so der Wortlaut der englischen, französischen und italienischen Sprachfassung).

[76] Ähnlich Paal/Pauly/*Ernst*, Art. 4 DS-GVO Rn. 73.

[77] Das ist anders, wenn die personenbezogene Information nicht als Gegenleistung fungiert. In diesem Fall wird der Einzelne nicht daran gehindert, eine Leistung in Anspruch zu nehmen. Es wird lediglich verhindert, dass der Anbieter neben dem Entgelt noch zusätzlich personenbezogene Information abgreifen und kommerziell verwerten kann, weil dies zu einer Überkompensation seiner vertraglich geschuldeten Leistung führen würde.

[78] *Riehm*, FS Taeger, S. 55 (62); vgl. auch Kühling/Buchner/*Buchner/Kühling*, Art. 7 DS-GVO Rn. 51.

[79] Die Sachlage unterscheidet sich demnach nicht von der Inanspruchnahme anderer kostenpflichtiger Leistungen.

Wunsch, eine bestimmte Leistung zu erhalten, nicht in eine Zwangslage umgedeutet werden.[80] Von einer autonomen Entscheidung kann nur dann keine Rede mehr sein, wenn der Betroffene keine echte Wahl mehr hat, ob er die angebotene Leistung in Anspruch nimmt oder nicht. Wann eine solche Abhängigkeit im Einzelfall gegeben ist, ist schwer bestimmbar. Zu verneinen ist sie jedenfalls dann, wenn der Betroffene die Möglichkeit hat, auf vergleichbare Leistungen anderer Anbieter auszuweichen.[81] Aus diesem Grund dürfte eine marktbeherrschende Stellung für sich alleine noch nicht genügen, um eine Zwangslage zu begründen.[82] Bislang ist noch nicht einmal für den Zugang zu dem sozialen Netzwerk Facebook abschließend geklärt, inwieweit dort eine Zwangslage besteht.[83] Aus diesem Grund dürfte an der Freiwilligkeit der Einwilligungen bei der weit überwiegenden Anzahl datengetriebener Geschäftsmodelle kein Zweifel bestehen, da der Verzicht auf die jeweilige Dienstleistung in diesem Fall eine zumutbare Option darstellt.[84] Letztlich hängt die Feststellung einer Zwangslage entscheidend davon ab, wie streng der angelegte Maßstab ist. Sollte eine Zwangslage zu bejahen sein, kann der Anbieter sie ganz leicht selbst wieder beseitigen, indem er den Dienst zusätzlich gegen die Zahlung eines nicht prohibitiv bemessenen, monetären Entgelts anbietet.[85]

Für die vorliegende Untersuchung folgt daraus, dass sich das finanzierungsbedürftige Unternehmen den Einsatz von digitaler personenbezogener Information als Kreditsicherheit von den Betroffenen legitimieren lassen kann, wenn und soweit die Verarbeitung der personenbezogenen Information zur Finanzierung des Geschäftsmodells dient. Stellt der Verzicht auf den durch das Unternehmen angebotenen Dienst für die Betroffenen eine echte Wahl dar oder haben sie die Möglichkeit, den Dienst auch gegen die Zahlung eines monetären Preises in Anspruch zu nehmen, ergeben sich hinsichtlich der Freiwilligkeit der erteilten Einwilligungen keinerlei Bedenken. Da der Einsatz als Kreditsicherheit für die Beschaffung von Fremdkapital erforderlich ist, welches wiederum dem angebotenen Dienst zugutekommt (Erweiterung, Verbesserung etc. des Angebots), könnte man mit etwas Wohlwollen auch hier davon sprechen, dass die Verarbeitung der

---

[80] So ausdrücklich *Metzger*, AcP 216 (2016), 817 (823).

[81] Hierfür spricht der in § 95 Abs. 5 TKG niedergelegte Rechtsgedanke, vgl. NK-DatenschutzR/*Klement*, Art. 7 DS-GVO Rn. 61.

[82] *Mörsdorf*, ZIP 2020, 2259 (2262). Allerdings kann eine Zwangslage selbst in nicht beherrschten Märkten gegeben sein, wenn alle Anbieter ihre Leistung von der Einwilligung in die Verarbeitung personenbezogener Information abhängig machen.

[83] Klar verneinend etwa OLG Düsseldorf, EuZW 2019, 779 (787). Zweifelnd dagegen NK-DatenschutzR/*Klement*, Art. 7 DS-GVO Rn. 63; *Lohse*, NZKart 2020, 292 (294 f.). Bejahend *Paal*, ZWeR 2020, 215 (235) und wohl auch *Mörsdorf*, ZIP 2020, 2259 (2262).

[84] Vgl. *Riehm*, FS Taeger, S. 55 (62).

[85] *Metzger*, AcP 216 (2016), 817 (824); *Mörsdorf*, ZIP 2020, 2259 (2262 f.).

personenbezogenen Information im weitesten Sinne für die Erfüllung des Vertrags i. S. v. Art. 7 Abs. 4 DS-GVO erforderlich ist.

(2) Widerruflichkeit der Einwilligung gem. Art. 7 Abs. 3 S. 1 DS-GVO:
2. Hindernis für den Einsatz als Kreditsicherheit?

Gem. Art. 7 Abs. 3 S. 1 DS-GVO hat die betroffene Person das Recht, die Einwilligung jederzeit zu widerrufen. Macht sie von diesem Recht Gebrauch, ist allen zukünftigen Verarbeitungen die rechtliche Grundlage entzogen (vgl. Art. 7 Abs. 3 S. 2 DS-GVO *e contrario*).[86] Der Widerruf der Einwilligung durch den Betroffenen hat, je nachdem zu welchem Zeitpunkt er erfolgt, unterschiedliche Konsequenzen: Erfolgt der Widerruf bereits vor dem beabsichtigten Einsatz als Kreditsicherheit, hat das den Verlust der Sicherungseignung der betreffenden personenbezogenen digitalen Information zur Folge, da ihre Hinterlegung beim Sicherungsnehmer bzw. Escrow Agent nicht mehr von einer Rechtsgrundlage gedeckt ist. Erfolgt der Widerruf demgegenüber erst im Stadium der Sicherungsphase, tangiert dies die Rechtmäßigkeit des Einsatzes als Kreditsicherheit nicht, da der Widerruf nur *pro futuro* wirkt.[87] Allerdings ist die personenbezogene digitale Information auch in diesem Fall als Sicherheit untauglich, da es sowohl an einer Rechtsgrundlage für die Verwertung im Sicherungsfall als auch für die Verarbeitung durch den Erwerber mangelt. Da der Wert eines einzelnen Datensatzes personenbezogener Information gering ist,[88] dürfte der vereinzelte Widerruf von Einwilligungen aus kreditsicherungsrechtlicher Perspektive nicht weiter ins Gewicht fallen. Anders stellt sich die Lage allerdings dar, wenn es nicht bei vereinzelten Widerrufen bleibt, sondern der Widerruf der Einwilligung – aus welchen Gründen auch immer – gewissermaßen zu einem Massenphänomen wird. In diesem Fall entpuppt sich Art. 7 Abs. 3 S. 1 DS-GVO als datenschutzrechtliches Damoklesschwert[89], da der massenhafte Widerruf die personenbezogene digitale Information als Sicherheit mit einem Schlag unbrauchbar machen würde. Die Gefahr eines massenhaften Widerrufs dürfte im Allgemeinen als gering einzustufen sein, da die Betroffenen im Gegenzug auch nicht mehr in den Genuss des

---

[86] Dies gilt allerdings dann nicht, wenn sich der Verantwortliche daneben auf einen gesetzlichen Erlaubnistatbestand stützen kann, weil die in Art. 6 Abs. 1 Uabs. 1 DS-GVO aufgeführten Erlaubnistatbestände nach h. M. in einem Alternativverhältnis stehen, statt vieler BeckOK DatenschutzR/*Albers/Veit*, Art. 6 DS-GVO Rn. 24 f.
[87] Sofern der Betroffene zusätzlich von seinem Löschungsrecht gem. Art. 17 Abs. 1 lit. a DS-GVO Gebrauch macht, hat der Sicherungsgeber den Sicherungsnehmer bzw. die Treuhandstelle als Empfänger der personenbezogenen Daten gem. Art. 19 S. 1 DS-GVO hierüber zu unterrichten.
[88] S. dazu oben S. 58 ff.
[89] Zu dieser Metapher *Sattler*, NJW 2020, 3623 (3628).

vom sicherungsgebenden Unternehmen angebotenen Diensts kommen.[90] Da der Widerruf für die Betroffenen somit *nicht* folgenlos[91] bleibt, werden diese in aller Regel genau abwägen, ob sie in Zukunft auf das „kostenlose" Angebot verzichten möchten. Das gilt umso mehr, wenn sich das digitale Geschäftsmodell des Unternehmens in einem Markt bewegt, der durch direkte Netzwerkeffekte gekennzeichnet ist.[92] In diesem Fall steigt die Attraktivität des Diensts mit einer zunehmenden Anzahl an Nutzern. Ist eine kritische Masse überschritten, kann das aufgrund der dann sehr hohen Wechselkosten sogar dazu führen, dass die Nutzer bei einem Anbieter faktisch eingeschlossen sind (sog. Lock-in-Effekt).[93] Daher lässt sich sagen, dass die Wahrscheinlichkeit eines massenhaften Widerrufs datenschutzrechtlicher Einwilligungen mit zunehmender Unverzichtbarkeit des Diensts für die Nutzer abnimmt. Unternehmen, deren Dienst in einem digitalen Markt bereits etabliert ist, haben jedoch regelmäßig keine Probleme, ihren Kapitalbedarf zu decken. Auf eine Kreditfinanzierung angewiesen sind hingegen Unternehmen, die sich mit ihrem digitalen Geschäftsmodell erst noch behaupten müssen. Bei ihnen ist die Gefahr eines massenweisen Widerrufs datenschutzrechtlicher Einwilligungen deutlich größer. Das gilt insbesondere dann, wenn das Unternehmen in zwei- oder mehrseitigen Märkten agiert. Solche Märkte neigen dazu, dass am Ende nur ein einziges Unternehmen übrig bleibt („the winner takes it all").[94] Kann sich das kreditbegehrende Unternehmen am Markt nicht durchsetzen, wird es seine Nutzer auf lange Sicht an den siegreichen Konkurrenten verlieren. Unabhängig von den Besonderheiten des Markts ist der massenweise Widerruf von Einwilligungen gerade dann wahrscheinlich, wenn ihr Fortbestand am dringendsten gebraucht wird: In der Insolvenz des sicherungsgebenden Unternehmens. In die Waagschale werfen die Nutzer den Widerruf ihrer Einwilligung nur, wenn sie bei einem Verzicht auf den Widerruf weiterhin den

---

[90] Zum Schicksal der Gegenleistung beim Widerruf der Einwilligung eingehend *Riehm*, FS Taeger, S. 55 (71–77). S. nunmehr (für das B2C-Verhältnis) auch den zum 01.01.2022 neu eingeführten § 327q Abs. 2 BGB, der ein Kündigungsrecht für den Fall vorsieht, dass der Verbraucher seine Einwilligung widerruft oder der weiteren Verarbeitung seiner personenbezogenen Daten widerspricht.

[91] So sieht es allerdings ErwG 42 S. 5 DS-GVO grundsätzlich vor, weil der Betroffene danach seine Einwilligung zurückziehen können muss, *ohne Nachteile* zu erleiden. *Sattler*, in: Pertot, Rechte an Daten, S. 49 (74) weist insoweit zutreffend darauf hin, dass der europäische Gesetzgeber mit dieser Formulierung einen Ausflug in die Utopie gewagt hat. Jedenfalls im vertraglichen Kontext kann mit Nachteil deshalb nicht gemeint sein, dass der Widerruf „ohne jegliche Konsequenzen bleiben muss", *Riehm*, FS Taeger, S. 55 (66).

[92] In diese Richtung wohl auch *Sattler*, in: Schmidt-Kessel/Grimm, Telematiktarife & Co. – Versichertendaten als Prämienersatz, S. 1 (34 f.); *ders.*, in: Pertot, Rechte an Daten, S. 49 (80).

[93] Näher zum Ganzen *Ewald*, in: Wiedemann, KartellR-HdB, § 7 Rn. 70.

[94] Vgl. dazu *Podszun/Kersting*, NJOZ 2019, 321 (322).

angebotenen Dienst in Anspruch nehmen können. Wird das sicherungsgebende Unternehmen den Dienst in absehbarer Zeit insolvenzbedingt nicht mehr anbieten können, stellt der Verzicht auf den Widerruf aus Sicht der Nutzer keine ernsthaft in Betracht zu ziehende Option dar. In diesem Fall werden die Nutzer vernünftigerweise ihre Einwilligung widerrufen. Infolgedessen ist die als Sicherheit eingesetzte personenbezogene digitale Information ausgerechnet dann vom Ausfall bedroht, wenn sie sich bewähren müsste. In der Insolvenz des sicherungsgebenden Unternehmens bekommt der Gläubiger das Damoklesschwert des Widerrufs mit voller Härte zu spüren.

Soll die personenbezogene digitale Information eines Unternehmens als Kreditsicherheit eingesetzt werden, ist es vor diesem Hintergrund unumgänglich, den Widerruf der Einwilligung vertraglich abzubedingen. Ob die in Art. 7 Abs. 3 S. 1 DS-GVO vorgesehene jederzeitige Widerrufbarkeit der Einwilligung allerdings zur Disposition der Vertragsparteien steht, ist umstritten. Ein Teil des Schrifttums lehnt dies mit Blick auf den eindeutigen Gesetzeswortlaut und das informationelle Selbstbestimmungsrecht des Betroffenen entschieden ab.[95] Die Gegenauffassung ist demgegenüber der Ansicht, dass der Einschränkungslosigkeit des Widerrufsrechts nur grundsätzliche Bedeutung zukomme und hält Ausnahmen im Bereich schuldvertraglicher Austauschbeziehungen sogar für geboten.[96] Das ist mit der primär abwehrrechtlichen Konzeption zu erklären, derenthalben die DS-GVO der Verarbeitung personenbezogener Information grundsätzlich kritisch gegenübersteht.[97] Wohingegen dies im Verhältnis Staat/Bürger unmittelbar einleuchtet, führt die abwehrrechtliche Konzeption in Privatrechtsverhältnissen unweigerlich zu Friktionen. Die „fehlende vertragsrechtliche Unterfütterung"[98] lässt die DS-GVO in Konflikt mit dem Grundsatz *pacta sunt servanda* geraten, weil die jederzeitige Widerrufbarkeit der Einwilligung im Ergebnis einem voraussetzungslosen Reuerecht gleichkommt, das das bürgerliche Recht bislang nicht kennt.[99] Daher wird vorgeschlagen, Art. 7 Abs. 3 S. 1 DS-

---

[95] Kühling/Buchner/*Buchner/Kühling*, Art. 7 DS-GVO Rn. 39; *v. Westphalen/Wendehorst*, BB 2016, 2179 (2184); Auernhammer/*Kramer*, Art. 7 DS-GVO Rn. 34; *Langhanke/Schmidt-Kessel*, EuCML 2015, 218 (221); *Schmidt-Kessel/Grimm*, ZfPW 2017, 84 (92); BeckOK DatenschutzR/*Stemmer*, Art. 7 DS-GVO Rn. 93; skeptisch auch *Metzger*, AcP 216 (2016), 817 (825).
[96] Grundlegend, allerdings noch aus der Zeit vor der Internetökonomie, *Buchner*, Informationelle Selbstbestimmung im Privatrecht, S. 270–274; NK-DatenschutzR/*Klement*, Art. 7 DS-GVO Rn. 91 f.; wohl auch Taeger/Gabel/*Taeger*, Art. 7 DS-GVO Rn. 82; HK-DS-GVO/BDSG/ *Schwartmann/Klein*, Art. 7 DS-GVO Rn. 42; offener auch *Specht*, OdW 2017, 121 (125 f.); *dies.*, JZ 2017, 763 (769) Fn. 45.
[97] Vgl. *Sattler*, NJW 2020, 3623 (3627).
[98] *Staudenmayer*, ZEuP 2019, 663 (676).
[99] *Sattler*, in: Pertot, Rechte an Daten, S. 49 (79); *ders.*, in: Schmidt-Kessel/Grimm, Tele-

GVO in schuldvertraglichen Austauschverhältnissen teleologisch zu reduzieren und der Vorschrift nur im Fall unilateraler Einwilligungen zwingenden Charakter zuzuerkennen.[100] Die Gegenauffassung, die hierin einen Verlust informationeller Selbstbestimmung des Betroffenen sieht, weil dieser sich an einer Einwilligung festhalten lassen muss, auch wenn sie nicht mehr seinem tatsächlichen Willen entspricht,[101] verkennt, dass es andernfalls ebenso zu einem Verlust der Bestimmungsmöglichkeit über die eigene personenbezogene Information kommt. Kann der Betroffene seine Einwilligung ausschließlich widerruflich erteilen, ist ihm dadurch die Befugnis zur privatautonomen Gestaltung seiner Persönlichkeitsentfaltung entzogen.[102] Dies führt nicht nur zu einem Eingriff in das Recht auf informationelle Selbstbestimmung, sondern verkürzt des Weiteren auch die allgemeine Handlungsfreiheit des Betroffenen.[103] Diese Grundrechtseingriffe sind nach hier vertretener Auffassung höher zu bewerten als der auf dem freien Willen des Betroffenen beruhende Verlust des informationellen Selbstbestimmungsrechts. Schließlich lässt sich auch das von der Gegenansicht vorgebrachte Wortlautargument, wonach Art. 7 Abs. 3 S. 1 DS-GVO eindeutig sei und keine Beschränkung der Widerruflichkeit zulasse, entkräften. Bedenkt man, dass die DS-GVO einen universellen Ansatz nach dem Prinzip „one-size-fits-all" verfolgt,[104] verliert das Wortlautargument an Überzeugungskraft. Die DS-GVO schützt das informationelle Selbstbestimmungsrecht einer Person ohne Rücksicht auf das zugrunde liegende Rechtsverhältnis und deren Versiertheit im Umgang mit personenbezogener Information. Dass das ausnahmslose Verbot unwiderruflicher Einwilligungen nicht immer zu interessengerechten Ergebnissen führt, belegt eindrucksvoll der Fall, dass eine (prominente) Person Teil einer kostspieligen Werbekampagne eines Unternehmens werden soll.[105] Könnte die Person ihre Einwilligung zur

---

matiktarife & Co. – Versichertendaten als Prämienersatz, S. 1 (16), weist darauf hin, dass selbst der Verbraucherwiderruf zeitlich befristet ist.

[100] *Sattler*, JZ 2017, 1036 (1043–1046); *ders.*, in: Schmidt-Kessel/Grimm, Telematiktarife & Co. – Versichertendaten als Prämienersatz, S. 1 (37–46); *ders.*, in: Lohsse/Schulze/Staudenmayer, Data as Counter-Performance – Contract Law 2.0?, S. 225 (246–251); *ders.*, NJW 2020, 3623 (3628).

[101] Vgl. *Specht*, OdW 2017, 121 (126).

[102] NK-DatenschutzR/*Klement*, Art. 7 DS-GVO Rn. 92.

[103] Vgl. *Sattler*, in: Schmidt-Kessel/Grimm, Telematiktarife & Co. – Versichertendaten als Prämienersatz, S. 1 (32 f.).

[104] *Ders.*, in: Lohsse/Schulze/Staudenmayer, Data as Counter-Performance – Contract Law 2.0?, S. 225 (231).

[105] Da die Abbildung der Person wegen der heute fast ausschließlich zum Einsatz kommenden Digitaltechnik zumeist automatisiert erfolgt, dürfte an der Eröffnung des Anwendungsbereichs der DS-GVO in den allermeisten Fällen kein Zweifel bestehen. Vgl. zu den übrigen Voraussetzungen BeckOK UrhR/*Engels*, § 22 KUG Rn. 10b; s. ferner *Sattler*, NJW 2020, 3623 (3627).

Verarbeitung ihrer personenbezogenen Information jederzeit anlasslos widerrufen, müsste das Unternehmen die Werbekampagne in diesem Fall mit sofortiger Wirkung einstellen.[106] Das Beispiel unterstreicht das Bedürfnis nach einer flexibleren Handhabung von Art. 7 Abs. 3 S. 1 DS-GVO in vertraglichen Schuldverhältnissen. Konsequenz wäre nicht zuletzt auch hier die – für den Betroffenen nachteilhaftere – Flucht in die gesetzlichen Erlaubnistatbestände. Im Ergebnis sprechen die besseren Gründe dafür, die freie Widerruflichkeit der datenschutzrechtlichen Einwilligung zur Disposition der Parteien zu stellen. Dies gilt insbesondere in Fällen, in denen der Einwilligung nicht allein gestattende Wirkung zukommt, sondern sie darüber hinaus die vertraglich geschuldete Gegenleistung für die Inanspruchnahme des vom Anbieter bereitgestellten Diensts durch den Betroffenen darstellt. Die Möglichkeit, eine Einwilligung auch unwiderruflich zu erteilen, würde nicht nur die Autonomie der Betroffenen stärken, sondern auch anderen grundrechtlich geschützten Freiheiten Rechnung tragen.[107] Neben der bereits erwähnten Privatautonomie des Betroffenen ist hier vor allem auch an die in Art. 16 EU-GRCh normierte unternehmerische Freiheit des datenverarbeitenden Unternehmens zu denken. Angewendet auf die vorliegende Untersuchung bedeutet das, dass die Einwilligung zur Verarbeitung personenbezogener Information zu Sicherungszwecken unwiderruflich erteilt und die Kreditsicherung damit gegen den (massenweisen) Widerruf von Einwilligungen durch die Betroffenen immunisiert werden kann. Unternehmen, die den Einsatz ihrer personenbezogenen digitalen Information als Kreditsicherheit in Betracht ziehen, sollten die jederzeitige Widerrufbarkeit der erteilten Einwilligungen durch die Betroffenen daher vertraglich abbedingen.

b) Zweckbindungsgrundsatz

Gem. Art. 5 Abs. 1 lit. b Hs. 1 DS-GVO müssen personenbezogene Daten für festgelegte, eindeutige und legitime Zwecke erhoben werden und dürfen nicht in einer mit diesen Zwecken nicht zu vereinbarenden Weise weiterverarbeitet werden. Der darin zum Ausdruck kommende Zweckbindungsgrundsatz ist der zentrale datenschutzrechtliche Grundsatz der DS-GVO.[108] Stützt der Verantwortliche die Verarbeitung personenbezogener Information auf die Einwilligung des Betroffenen, ist der Zweckbindungsgrundsatz für die Rechtmäßigkeit der Verarbei-

---

[106] Vgl. *Krüger/Wiencke*, MMR 2019, 76 (79). Dies gilt jedenfalls unter der Prämisse, dass die weitere Verarbeitung nicht auf einen gesetzlichen Erlaubnistatbestand gestützt werden kann.

[107] Vgl. *Sattler*, in: Lohsse/Schulze/Staudenmayer, Data as Counter-Performance – Contract Law 2.0?, S. 225 (245 f.).

[108] Auernhammer/*Kramer*, Art. 5 DS-GVO Rn. 22.

tung von unmittelbarer Bedeutung, da die Einwilligung nur wirksam ist, wenn sie für einen oder mehrere bestimmte Zwecke erteilt worden ist (Art. 6 Abs. 1 Uabs. 1 lit. a DS-GVO).[109] Demnach ist es mit dem Zweckbindungsgrundsatz ohne Weiteres vereinbar, wenn sich das sicherungsgebende Unternehmen neben der primären Verarbeitung zum Zweck der Finanzierung des digitalen Angebots auch die für den Einsatz als Kreditsicherheit notwendige(n) Verarbeitung(en) legitimieren lässt. Als problematisch erweist sich demgegenüber, dass die Verarbeitungszwecke eines zukünftigen Erwerbers – sollte es zur Verwertung der personenbezogenen digitalen Information kommen – bei ihrer Erhebung naturgemäß noch unbekannt sind. Mit dem Bestimmtheitserfordernis wäre es jedoch nicht in Einklang zu bringen, wenn das sicherungsgebende Unternehmen die personenbezogene Information lediglich für abstrakte oder sogar noch unbekannte Zwecke sozusagen auf Vorrat erhebt.[110] Daraus folgt, dass der Erwerber – der durch die Weiterverarbeitung der personenbezogenen Information zum Verantwortlichen wird[111] – an die bei Erhebung durch den Sicherungsgeber festgelegten Verarbeitungszwecke gebunden ist.[112] Gleichwohl ist der Zweckbindungsgrundsatz nicht derart rigide, dass zweckändernde Weiterverarbeitungen *per se* ausgeschlossen sind. Das ergibt ein Umkehrschluss zu Art. 5 Abs. 1 lit. b. Hs. 1 DS-GVO, wonach die Weiterverarbeitung zu anderen Zwecken zulässig ist, sofern diese Zwecke mit den ursprünglich festgelegten Zwecken vereinbar sind. Bei der Besicherung von personenbezogener digitaler Information nimmt Art. 5 Abs. 1 lit. b. Hs. 1 DS-GVO folglich eine herausragende Stellung ein, da die Norm für zweckändernde Weiterverarbeitungen Grundlage und Grenze zugleich ist. Inwieweit eine zweckkompatible Weiterverarbeitung der als Sicherheit eingesetzten personenbezogenen digitalen Information möglich ist, hängt einerseits davon ab, welche Anforderungen an die Zweckfestlegung bei ihrer Erhebung zu stellen sind. Je präziser die originären Verarbeitungszwecke benannt werden müssen,

---

[109] Vgl. Kühling/Buchner/*Buchner/Kühling*, Art. 7 DS-GVO Rn. 61.

[110] Vgl. NK-DatenschutzR/*Roßnagel*, Art. 5 DS-GVO Rn. 72; Taeger/Gabel/*Voigt*, Art. 5 DS-GVO Rn. 23; Pauschal- und Blankoeinwilligungen sind unzulässig, BeckOK DatenschutzR/ *Stemmer*, Art. 7 DS-GVO Rn. 79.

[111] Vgl. Kühling/Buchner/*Hartung*, Art. 4 Nr. 7 DS-GVO Rn. 7.

[112] Kühling/Buchner/*Herbst*, Art. 5 DS-GVO Rn. 23. Zu einer anderen Beurteilung würde man nur gelangen, wenn man – wie bei der Weiterverarbeitung zu Forschungszwecken – einen *broad consent* für möglich hielte, vgl. dazu *Roßnagel*, ZD 2019, 157 (160). Verstünde man das Bestimmtheitserfordernis in der Forschung eng, wäre sie vielfach nicht möglich, weil die späteren Forschungszwecke im Zeitpunkt der Erhebung der Daten häufig noch nicht feststehen. Der Unionsgesetzgeber hat diesem Anliegen durch ein großzügiges Verständnis der Zweckfestlegung im Forschungsbereich Rechnung getragen (vgl. ErwG 33 DS-GVO). Diese Wertung ist auf die Besicherung personenbezogener digitaler Information nicht übertragbar, da sie nicht dem Wohle der Allgemeinheit zu dienen bestimmt ist.

desto kleiner wird der Kreis kompatibler Zwecke.[113] Andererseits ist von Bedeutung, welche Anforderungen an die Zweckvereinbarkeit selbst gestellt werden. Dazu hält Art. 6 Abs. 4 DS-GVO einen (nicht abschließenden) Katalog an Kriterien bereit, die bei der Beurteilung der Zweckkompatibilität zu berücksichtigen sind.[114] Inwieweit an diesen Stellschrauben gedreht werden kann, wird sich in Zukunft erst noch zeigen müssen. Schon jetzt steht allerdings fest, dass der Zweckbindungsgrundsatz zu einer Begrenzung der möglichen Weiterverarbeitungszwecke führt. Dies engt auch den Kreis der Erwerber ein, da sich deren Verarbeitungszwecke mit denen des sicherungsgebenden Unternehmens in nennenswertem Umfang decken müssen. Zusammenfassend ist festzuhalten, dass der datenschutzrechtliche Zweckbindungsgrundsatz den Einsatz von digitaler personenbezogener Information als Kreditsicherheit erschwert, aber nicht unmöglich macht.

c) Fazit

Die Untersuchung hat gezeigt, dass die datenschutzrechtlichen Vorgaben der DS-GVO keine unüberwindbare Hürde für den Einsatz von digitaler Information mit Personenbezug als Kreditsicherheit darstellen. Gleichwohl führen sie im Gegensatz zur Besicherung nicht-personenbezogener Information zu gewissen Einschränkungen und Erschwernissen. Dies betrifft zunächst die Tatsache, dass jede Verarbeitung personenbezogener Information einer Rechtsgrundlage bedarf. Die für den Einsatz als Kreditsicherheit notwendigen Verarbeitungen können dabei nur auf eine Einwilligung des Betroffenen gestützt werden. Nach hier vertretener Auffassung ist die Einwilligung in die Verarbeitung personenbezogener Information zu Sicherungszwecken mit der Autonomie des Betroffenen jedenfalls dann in Einklang zu bringen, wenn ihre Verarbeitung das digitale Geschäftsmodell überhaupt erst ermöglicht, weil sie Grundlage für dessen Finanzierung ist. In diesen Fällen ist die Verarbeitung der personenbezogenen Information gem. Art. 7 Abs. 4 DS-GVO für die Vertragserfüllung erforderlich und die Erteilung der Einwilligung durch die betroffene Person somit als freiwillig zu qualifizieren. Problematisch für den Einsatz als Kreditsicherheit ist darüber hinaus, dass eine einmal erteilte Einwilligung in die Verarbeitung der personenbezogenen Information gem. Art. 7 Abs. 3 S. 1 DS-GVO frei widerruflich ist. Die Vorschrift ist

---

[113] *Ziegenhorn/v. Heckel*, NVwZ 2016, 1585 (1590).
[114] Ist die Zweckkompatibilität der Weiterverarbeitung festgestellt, entbehrt dies trotz der insoweit missverständlichen Formulierung der Vorschrift nicht einer Rechtsgrundlage, vgl. BeckOK DatenschutzR/*Albers/Veit*, Art. 6 DS-GVO Rn. 107 f. Dies ist im hier zu untersuchenden Fall allerdings unproblematisch, weil die Weiterverarbeitung von der Einwilligung des Betroffenen gedeckt ist.

nach hier vertretener Auffassung allerdings dispositiv, sodass die Widerrufbarkeit der Einwilligung durch den Betroffenen vertraglich abbedungen werden kann. Die Abdingbarkeit des Widerrufsrechts ist für die Kreditsicherung von entscheidender Bedeutung, da ein massenweiser Widerruf von Einwilligungen die personenbezogene digitale Information als Sicherungsgut mit einem Schlag unbrauchbar werden ließe. Das mit Abstand größte Erschwernis birgt der Zweckbindungsgrundsatz. Dieser hat zur Folge, dass die Verarbeitungszwecke des Erwerbers mit denen des sicherungsgebenden Unternehmens vereinbar sein müssen. Das schränkt den Kreis der in Betracht kommenden Erwerber erheblich ein, was notgedrungen zu einer Eintrübung der Verwertungsaussichten führt. Darüber hinaus sind bei der Verarbeitung personenbezogener digitaler Information zu Sicherungszwecken die übrigen Anforderungen der DS-GVO zu beachten, insbesondere die in Art. 13 und Art. 14 DS-GVO niedergelegten Informationspflichten.

4. Nichtigkeit der zivilrechtlichen Rechtsgeschäfte gem. § 134 BGB i. V. m. Art. 5 Abs. 1 lit. a Var. 1, Art. 6 Abs. 1 Uabs. 1 DS-GVO als Folge fehlender Rechtmäßigkeit?

Wie bereits eingangs dargelegt, ist beim Einsatz personenbezogener digitaler Information als Kreditsicherheit zwischen den dafür notwendigen Verarbeitungsvorgängen und den zugrunde liegenden Rechtsgeschäften zu unterscheiden. Bislang wurde gezeigt, dass die Verarbeitung personenbezogener digitaler Information gem. Art. 5 Abs. 1 lit. a Var. 1 DS-GVO nur rechtmäßig ist, wenn sie von einem der in Art. 6 Abs. 1 Uabs. 1 DS-GVO genannten Erlaubnistatbestände gedeckt ist. Im Folgenden wird daher zu untersuchen sein, welche Konsequenzen eine (möglicherweise) fehlende datenschutzrechtliche Zulässigkeit für die der Besicherung zugrunde liegenden Rechtsgeschäfte hat. In Betracht kommt, dass § 134 BGB in diesem Fall die Nichtigkeit anordnet. Dafür müsste es sich bei den genannten Vorschriften der DS-GVO um Verbotsgesetze handeln.[115] Gegen den Verbotscharakter spricht dabei nicht ihre supranationale Herkunft aus dem Unionsrecht. Unionsrechtliche Verordnungen sind kraft ihrer unmittelbaren Geltung Rechtsnormen i. S. d. Art. 2 EGBGB und werden daher grundsätzlich von § 134 BGB adressiert.[116] Damit die Nichtigkeitsfolge eintritt, müssen kumulativ drei Voraussetzungen erfüllt sein. Es muss sich, erstens, um ein Verbot und nicht

---

[115] Der Verbotscharakter von Normen der DS-GVO wurde in der Literatur bisher vergleichsweise selten thematisiert. S. etwa *Hacker*, ZfPW 2019, 148 (161); *Lehmann/Wancke*, WM 2019, 613 (615 f.); HdB-VerbraucherR/*Polenz*, § 4a Rn. 54–56; *Schur*, Die Lizenzierung von Daten, S. 210–216.

[116] Allg.M., statt aller BeckOGK BGB/*Vossler*, Stand: 01.09.2022, § 134 BGB Rn. 39.

lediglich um eine Ordnungsvorschrift handeln.[117] Zweitens muss ein Verstoß gegen dieses Verbot vorliegen. Und drittens muss die verletzte Rechtsnorm nach ihrem Sinn und Zweck gerade gegen die privatrechtliche Wirksamkeit des Rechtsgeschäfts und damit gegen dessen wirtschaftlichen Erfolg gerichtet sein.[118] Was die erste Voraussetzung anbelangt, ist daran zu erinnern, dass Art. 6 Abs. 1 Uabs. 1 DS-GVO nach ganz herrschender Meinung ein Verbot mit Erlaubnisvorbehalt statuiert, wobei ein Verstoß gem. Art. 83 Abs. 5 lit. a DS-GVO mit einer empfindlichen Geldbuße sanktioniert werden kann. Vor diesem Hintergrund wird man Art. 5 Abs. 1 lit. a Var. 1, Art. 6 Abs. 1 Uabs. 1 DS-GVO wohl nicht als bloße Ordnungsvorschriften qualifizieren können. Was die zweite und dritte Voraussetzung anbelangt, ist darauf hinzuweisen, dass die DS-GVO unmittelbar nur die unrechtmäßige Verarbeitung personenbezogener Information, mithin einen Realakt untersagt.[119] Für die Nichtigkeitssanktion des § 134 BGB ist jedoch entscheidend, dass sich das gesetzliche Verbot gerade auch gegen die Vornahme entsprechender Rechtsgeschäfte richtet. Daraus folgt, dass sich Art. 5 Abs. 1 lit. a Var. 1, Art. 6 Abs. 1 Uabs. 1 DS-GVO nicht auf das Verbot rechtswidriger Verarbeitungen beschränken dürfen, sondern daneben auch Rechtsgeschäfte missbilligen müssen, die verbotswidrige Verarbeitungen zum Gegenstand haben. Dies ist durch Auslegung zu ermitteln, wofür allen voran das Telos der Vorschrift ausschlaggebend ist.[120] Die Vorschriften der DS-GVO bezwecken in erster Linie den Schutz natürlicher Personen bei der Verarbeitung personenbezogener Daten und gewährleisten damit das Grundrecht auf Datenschutz (vgl. Art. 1 Abs. 1, 2 DS-GVO, Art. 8 Abs. 1 EU-GRCh). In Anbetracht der enormen Vielfalt möglicher Verarbeitungsvorgänge und einer ebenso großen Zahl möglicher Rechtsgeschäfte verbietet sich eine pauschale Betrachtung. Ob ein Verstoß gegen Art. 5 Abs. 1 lit. a Var. 1, Art. 6 Abs. 1 Uabs. 1 DS-GVO mithin (auch) die Nichtigkeit des jeweiligen Rechtsgeschäfts bezweckt, kann nur anhand einer Einzelfallbetrachtung beantwortet werden.[121] Dabei dürfte insbesondere eine Rolle spielen, ob die Verarbeitung personenbezogener Information Hauptzweck oder lediglich von untergeordneter Bedeutung für das konkrete Rechtsgeschäft ist. Auch der Umfang der Verarbeitung und damit die Anzahl an betroffenen Persönlichkeitsinteressen dürfte von Belang sein. So macht es etwa einen Unterschied, ob im Zuge einer Forderungsabtretung die personenbezogenen Daten des Schuldners offengelegt werden (müssen) oder ob im Rahmen einer Datenlizenz massenweise personenbezogene Daten verarbeitet werden. Gleichwohl ist zu berücksichtigen,

---

[117] MüKoBGB/*Armbrüster*, § 134 BGB Rn. 58.
[118] BGHZ 89, 369 (372).
[119] So auch *Schur*, Die Lizenzierung von Daten, S. 214 f.
[120] BeckOGK BGB/*Vossler*, Stand: 01.09.2022, § 134 BGB Rn. 59.
[121] Für eine differenzierende Betrachtung auch *Schur*, Die Lizenzierung von Daten, S. 215.

dass mit wachsender Zahl an Verarbeitungsvorgängen auch das Risiko steigt, dass einzelne Verarbeitungsvorgänge nicht (mehr) von einem Erlaubnistatbestand gedeckt sind. In diesem Fall wäre es unbillig, das gesamte Rechtsgeschäft mit der Nichtigkeitsfolge des § 134 BGB zu belasten und damit auch allen übrigen (rechtmäßigen) Verarbeitungsvorgängen die zivilrechtliche Grundlage zu entziehen.[122] Zum Schutz der von der unrechtmäßigen Verarbeitung ihrer personenbezogenen Information Betroffenen genügt in diesem Fall der Rückgriff auf die eigens zu diesem Zweck von der DS-GVO zur Verfügung gestellten Instrumente. Dazu gehören etwa die Wahrnehmung von Betroffenenrechten oder die Ergreifung behördlicher Maßnahmen. Das Blatt wendet sich allerdings, wenn die Unrechtmäßigkeit der Verarbeitung nicht mehr nur einzelne Verarbeitungsvorgänge betrifft, sondern ein Großteil oder sogar sämtliche von dem Rechtsgeschäft betroffenen Verarbeitungsvorgänge einer Rechtsgrundlage entbehren. Nehmen die Parteien das Rechtsgeschäft in Kenntnis der Verbotswidrigkeit dennoch vor, wäre es mit dem Schutz der Betroffenen nicht zu vereinbaren, wenn der wirtschaftliche Erfolg des Rechtsgeschäfts aufrechterhalten würde. Der Zweck von Art. 5 Abs. 1 lit. a Var. 1, Art. 6 Abs. 1 Uabs. 1 DS-GVO gebietet es in solchen Fällen, auch dem zugrunde liegenden Rechtsgeschäft die zivilrechtliche Wirksamkeit zu versagen.[123] Für die Besicherung personenbezogener digitaler Information bedeutet das, dass die damit zusammenhängenden Rechtsgeschäfte (insbesondere der Sicherungsvertrag) nur dann von der Nichtigkeitsfolge des § 134 BGB erfasst werden, wenn ein nennenswerter Teil der für den Einsatz als Kreditsicherheit notwendigen Verarbeitungsvorgänge nicht von einem Erlaubnistatbestand gedeckt ist und sich beide Parteien dessen bewusst sind. Dies wäre etwa der Fall, wenn die personenbezogene digitale Information in Kenntnis der fehlenden Einwilligung der Betroffenen als Kreditsicherheit herangezogen würde. Dem Sicherungsnehmer ist vor diesem Hintergrund zu empfehlen, vor der Besicherung genau zu überprüfen, ob die notwendigen Einwilligungen eingeholt und die entsprechenden Informationspflichten beachtet wurden.

5. Fazit

Die Untersuchung hat gezeigt, dass das Datenschutzrecht der Besicherung personenbezogener digitaler Information tendenziell offener gegenübersteht als man dies zunächst vermuten würde. Voraussetzung hierfür ist allerdings eine innova-

---

[122] Dasselbe sollte gelten, wenn es sich um vereinzelte Verstöße gegen die anderen in Art. 5 Abs. 1 DS-GVO genannten Verarbeitungsgrundsätze handelt oder um Verstöße gegen die in Art. 13 und 14 DS-GVO normierten Informationspflichten.

[123] Ähnlich *Schur*, Die Lizenzierung von Daten, S. 215. Die Nichtigkeitsfolge des § 134 BGB dürfte daher eher die Ausnahme sein.

tionsfreundliche Auslegung der DS-GVO, die der unumkehrbaren Kommerzialisierung personenbezogener Information im Umfeld digitaler Geschäftsmodelle Rechnung trägt. Der Einsatz personenbezogener digitaler Information ist demnach grundsätzlich möglich, soweit er durch eine Einwilligung des Betroffenen gedeckt ist. Der freien Widerrufbarkeit der Einwilligung lässt sich begegnen, indem das Widerrufsrecht des Betroffenen vertraglich abbedungen wird. Eine unumgängliche Beschränkung der Besicherung folgt jedoch aus dem Zweckbindungsgrundsatz. Dieser ist dafür verantwortlich, dass der Kreis potenzieller Erwerber im Rahmen einer Verwertung eng zu ziehen ist, da deren Verarbeitungszwecke mit denjenigen des sicherungsgebenden Unternehmens vereinbar sein müssen. Es bleibt abzuwarten, wie die Kreditsicherungspraxis hierauf reagieren wird.

II. Regulatorische Grenzen

Die regulatorischen Grenzen werden vor allem durch das KWG sowie die CRR abgesteckt. Die dort enthaltenen Vorgaben wurden maßgeblich durch die Empfehlungen des sog. Baseler Ausschusses beeinflusst und führten in Reaktion auf die globale Finanzkrise zu einer grundlegenden Neufassung des bis dato geltenden Rechtsrahmens.[124] Konsequenz ist unter anderem eine Verschärfung der Anforderungen an die Eigenkapitalausstattung der Kreditinstitute, um deren Widerstandsfähigkeit in Krisenzeiten zu erhöhen.[125] Die Höhe des vorzuhaltenden Eigenkapitals ist dabei vom übernommenen Risiko abhängig.[126] Je größer das Risiko, desto größer müssen in der Konsequenz auch die Eigenmittel des Kreditinstituts sein. Aus regulatorischer Sicht steht dem Einsatz von digitaler Information als Kreditsicherheit damit nichts entgegen. Der regulatorische Rechtsrahmen enthält keine spezifischen Vorgaben darüber, welche Gegenstände die Kreditinstitute als Sicherheiten akzeptieren dürfen. Dennoch kommt der konkreten Kreditsicherheit erhebliche Bedeutung zu. Nur bestimmte Kreditsicherheiten können das vom Kreditinstitut übernommene Risiko mindern, was sich umgekehrt positiv auf das vorzuhaltende Eigenkapital auswirkt. Je nachdem, welchen Ansatz das Kreditinstitut zur Ermittlung der Eigenkapitalunterlegung wählt (vgl. Art. 107 CRR), können unterschiedliche Sicherheiten risikomindernd berücksichtigt werden (vgl. Art. 195 ff. CRR). Immaterielle Vermögenswerte und damit

---

[124] Man spricht in diesem Zusammenhang auch von Basel III. Zum Ganzen Lwowski/Fischer/Gehrlein/*Graewe*, § 8 Rn. 1–3.
[125] Ellenberger/Bunte BankR-HdB/*Winterfeld*, § 108 Rn. 151 m.w.N.
[126] Sog. risikosensitive Mindesteigenkapitalanforderung, s. Ellenberger/Bunte BankR-HdB/*Haug*, § 119 Rn. 30.

auch digitale Information sind im Rahmen der Risikominderung allerdings nur dann berücksichtigungsfähig, wenn das Kreditinstitut den fortgeschrittenen IRB-Ansatz verwendet.[127] Auf den Punkt gebracht steht dem Einsatz von digitaler Information als Kreditsicherheit aus aufsichtsrechtlicher Sicht damit im Grundsatz nichts im Wege. Je nach gewähltem Ansatz zur Ermittlung der Eigenkapitalunterlegung kann es aber sein, dass das Kreditinstitut die als Sicherheit herangezogene digitale Information nicht risikomindernd berücksichtigen darf. In diesem Fall macht die Entgegennahme der digitalen Information für die Höhe des vorzuhaltenden Eigenkapitals keinen Unterschied. Es muss genauso hoch sein, wie wenn das Kreditinstitut überhaupt keine Sicherheiten gefordert hätte. Vor diesem Hintergrund ist damit zu rechnen, dass Kreditinstitute, die die digitale Information nicht risikomindernd berücksichtigen dürfen, eher zurückhaltend auf einen Kreditwunsch reagieren werden. Lässt sich das Kreditinstitut dennoch auf eine Kreditfinanzierung ein, dürfte dies jedenfalls einen Anstieg der Kreditkosten zur Folge haben, da ein größeres Risiko zwangsläufig mit höheren Renditeforderungen verbunden ist.[128] Im Ergebnis stehen die regulatorischen Vorgaben der Besicherung digitaler Information zwar nicht rechtlich, im Einzelfall aber doch faktisch im Wege.

---

[127] Vgl. Boos/Fischer/Schulte-Mattler/*Achtelik*, Art. 199 VO (EU) 575/2013 Rn. 1.
[128] Buth/Hermanns/*Wilden*, RSI, § 2 Rn. 122.

Dritter Teil

Sicherungsphase

Wie im zweiten Teil der Untersuchung gezeigt werden konnte, ist es möglich, digitale Information als Kreditsicherheit einzusetzen. Als Sicherungsmittel kann sie sich in der Kreditsicherungspraxis allerdings nur bewähren, wenn sie sich gegen die vielfältigen Gefahren, die während der Sicherungsphase drohen, behaupten kann. Das betrifft in erster Linie die Insolvenz des Sicherungsgebers. Gefahren drohen aber auch durch eine mögliche Zwangsvollstreckung in das Sicherungsgut durch andere Gläubiger. Schließlich stellt allgemein die Fragilität digitaler Information ein Risiko für den Sicherungsnehmer dar. Im Gegensatz zu materiellen Sicherheiten sind Datenverkörperungen deutlich anfälliger für Beschädigungen oder einen vollständigen Verlust. Auch ihre leichte Vervielfältigbarkeit bedroht den Sicherungswert digitaler Information. Aufgabe des dritten Teils ist es, herauszufinden, inwieweit der Sicherungsnehmer *de lege lata* gegen diese Gefahren geschützt ist. Offenbaren sich dabei Defizite, soll die Gelegenheit ergriffen werden, um mögliche Lösungswege aufzuzeigen.

§ 12 Integrität digitaler Information

I. Beschädigung oder Zerstörung digitaler Information

Im Folgenden ist von Interesse, inwieweit der Sicherungsnehmer gegen die Beschädigung bzw. den (teilweisen) Verlust digitaler Information während der Sicherungsphase geschützt ist. Dabei ist zu berücksichtigen, dass von einer Beschädigung bzw. einem Verlust ausschließlich die auf einem konkreten Trägermedium vorhandenen Datenverkörperungen betroffen sind. Die syntaktische und semantische Ebene digitaler Information finden aufgrund ihres immateriellen Charakters in der physisch-realen Wirklichkeit keinen Niederschlag. Infolgedessen können sie durch eine natürliche Handlung weder beschädigt noch zerstört werden.[1] Da jede Beschädigung bzw. Löschung von Daten stets zu einer Strukturveränderung des Datenträgers, auf dem sie verkörpert sind, führt, kann die Begutachtung der Integrität digitaler Information nicht ohne Außerachtlassung des Datenträgers erfolgen.

1. Strafrechtlicher Schutz der Datenintegrität

Der strafrechtliche Schutz der Datenintegrität wird durch den Tatbestand der Datenveränderung gem. § 303a StGB gewährleistet. Demnach wird bestraft, wer rechtswidrig Daten löscht, unterdrückt, unbrauchbar macht oder verändert.[2] Die Tathandlung muss sich nicht unbedingt gegen die Daten selbst richten. Es ge-

---

[1] Eine philosophisch zu beantwortende Frage ist, was mit digitaler Information geschieht, wenn auch die letzte (digitale) Verkörperung nicht mehr existiert. Dies illustriert das folgende Gedankenexperiment (das auf digitale Information uneingeschränkt übertragbar ist) von *Peukert*, Güterzuordnung als Rechtsprinzip, S. 39: „Man stelle sich vor, dass ein Gedichtband in einer bestimmten Auflage erschienen ist. Die darin enthaltenen Gedichte sind Immaterialgüter, denen eine von den Verkörperungen im Buch usw. losgelöste Existenz zugebilligt wird. Werden nun sämtliche Exemplare des Buches einschließlich des Manuskripts und sonstiger Vervielfältigungen auf Datenträgern usw. vernichtet, und ist auch die letzte Person verstorben, die die Gedichte noch auswendig hersagen konnte – welche ‚Existenz' hat das Gedicht dann noch?"

[2] Die einzelnen Tathandlungen überschneiden sich, sodass eine trennscharfe Abgrenzung nicht möglich ist, Schönke/Schröder/*Hecker*, § 303a StGB Rn. 3; BeckOK StGB/*Weidemann*, § 303a StGB Rn. 7.

nügt, dass der Datenträger, auf dem die Daten gespeichert sind, beschädigt oder zerstört wird.[3] Da eine Datenveränderung oder -löschung durchaus sozialadäquat sein kann, stellen nur solche Verhaltensweisen strafbares Unrecht dar, die sich gegen fremde Daten richten.[4] Nach ganz herrschender Meinung ist daher ungeschriebenes Tatbestandsmerkmal von § 303a StGB, dass einer anderen Person als dem Täter eine eigentümerähnliche Verfügungsbefugnis an den Daten zusteht.[5] Ein Teil des Schrifttums leitet die Datenverfügungsbefugnis von der sachenrechtlichen Zuordnung des Datenträgers ab.[6] Wie im ersten Teil gezeigt wurde, trifft das Eigentum am Datenträger allerdings keine Aussage darüber, wem die darauf gespeicherten Daten zugewiesen sind. Folglich sind weder das Eigentum noch sonstige dingliche Rechte am Datenträger geeignete Anknüpfungspunkte für die Bestimmung der Datenverfügungsbefugnis.[7] Von anderer Seite wurde vorgeschlagen, für die Bestimmung der Verfügungsbefugnis auf den Skripturakt abzustellen.[8] Bereits das Beispiel der Kreditsicherung macht allerdings deutlich, dass die Datenverfügungsbefugnis nicht notwendig dem Skribenten zustehen muss.[9] Bei der Bestimmung, wem die Datenverfügungsbefugnis an bereits erzeugten bzw. noch zu erzeugenden Daten zusteht, müssen daher auch schuldrechtliche Vereinbarungen Berücksichtigung finden.[10] Übertragen auf die Besicherung digitaler Information bedeutet das, dass die Verfügungsbefugnis an den zugrunde liegenden Daten während der Sicherungsphase dem Sicherungsnehmer zusteht. Grundlage für den Wechsel der Verfügungsbefugnis vom Sicherungsgeber auf den Sicherungsnehmer ist der Sicherungsvertrag. Für den Übergang der Verfügungsbefugnis an den Datenverkörperungen spricht ferner ein Vergleich mit der Sicherungsübereignung körperlicher Sachen. Dort erlangt der Sicherungsnehmer (im Außenverhältnis) die uneingeschränkte Verfügungsbefugnis über die Sache und ist im Fall einer (vorsätzlichen) Beschädigung bzw. Zerstörung gem. § 303 StGB geschützt. Überträgt man diese Wertung auf die Besicherung digitaler Information, spricht alles dafür, dass der Sicherungsnehmer ebenfalls vor einer Beschädigung bzw. Zerstörung der zugrunde liegenden

---

[3] In diesem Fall liegt zusätzlich eine tateinheitlich verwirklichte Sachbeschädigung des Datenträgers vor.

[4] Statt aller *Welp*, iur 1988, 443 (446 f.).

[5] BeckOK StGB/*Weidemann*, § 303a StGB Rn. 5.

[6] So etwa Schönke/Schröder/*Hecker*, § 303a StGB Rn. 3; SK-StGB/*Hoyer*, § 303a StGB Rn. 6.

[7] LK-StGB/*Wolff*, § 303a StGB Rn. 10.

[8] *Welp*, iur 1988, 443 (447 f.).

[9] Kennzeichnend für die Kreditsicherung ist, dass die Verfügungsbefugnis an den Daten vorübergehend einer Person übertragen wird, die mit ihrer Erzeugung keinerlei Berührungspunkte aufweist.

[10] SK-StGB/*Hoyer*, § 303a StGB Rn. 6; NK-StGB/*Zaczyk*, § 303a StGB Rn. 5.

Daten gem. § 303a StGB geschützt ist. Wie bei der Eigentümerstellung an sicherungsübereigneten Sachen spielt es auch für die Verfügungsbefugnis an Daten keine Rolle, dass der Sicherungsnehmer treuhänderisch gebunden ist und von der Verfügungsbefugnis nur im Rahmen der Sicherungsabrede Gebrauch machen darf. Während der Sicherungsphase ist der Sicherungsnehmer mithin gegen die vorsätzliche Löschung, Unterdrückung, Unbrauchbarmachung und Veränderung der als Sicherheit fungierenden digitalen Information geschützt, da ihm insoweit die Verfügungsbefugnis über die zugrunde liegenden Daten zusteht. Dabei spielt es für den strafrechtlichen Schutz keine Rolle, wo die Daten belegen sind. Die Datenverfügungsbefugnis erfordert nicht, dass sich die jeweiligen Verkörperungen in der Herrschaftssphäre des Sicherungsnehmers befinden. Dieser ist mithin auch dann geschützt, wenn die Datenverkörperungen beim Sicherungsgeber verblieben oder bei einem Escrow Agent hinterlegt worden sind. Unschädlich für die Datenverfügungsbefugnis ist schließlich, dass dem Sicherungsgeber ein Gebrauchsrecht an den Daten zusteht. Letzterer kann somit selbst zum tauglichen Täter einer Datenveränderung werden, wenn er die der digitalen Information zugrunde liegenden Daten löscht, unterdrückt, unbrauchbar macht oder verändert. Strafrechtlichen Schutz genießt der Sicherungsnehmer allerdings nur vor vorsätzlichen Handlungen (§ 15 StGB). Eine fahrlässige Datenveränderung gibt es nicht.

2. Deliktischer Schutz der Datenintegrität

a) Vorsätzliche Schädigung

Wurden die als Sicherheit dienenden Datenverkörperungen vorsätzlich gelöscht, unterdrückt, unbrauchbar gemacht oder verändert, kann der Sicherungsnehmer den daraus entstehenden Schaden gem. § 823 Abs. 2 BGB i. V. m. § 303a StGB vom Täter ersetzt verlangen. Die Schwierigkeit dürfte in der Praxis darin liegen, den Täter aufgrund der Grenzenlosigkeit des Internets nicht nur zu ermitteln, sondern ihm anschließend auch habhaft zu werden. Vielfach wird der Anspruch daher zumeist nur auf dem Papier bestehen. Dasselbe gilt für die daneben in Betracht kommende Haftung aus § 826 BGB. Auch dort wird es dem Sicherungsnehmer kaum jemals gelingen, die entsprechenden Voraussetzungen in einem Zivilprozess zu beweisen.[11]

---

[11] Vgl. *Riehm*, VersR 2019, 714 (720).

b) Fahrlässige Schädigung

aa) Haftung nach § 823 Abs. 1 BGB

Der Schadensersatzanspruch aus § 823 Abs. 1 BGB erfordert die Verletzung eines absolut geschützten Rechts(-guts). Die auf einem Speichermedium befindlichen Datenverkörperungen sind einer Person allerdings weder durch das Eigentum (§ 903 BGB) noch durch ein anderes, absolut geschütztes Recht zugewiesen.[12] In Ermangelung eines solchen Rechts kann die Löschung oder Veränderung der Datenverkörperungen folglich auch keine Schadensersatzverpflichtung nach sich ziehen. Eine Einstandspflicht nach § 823 Abs. 1 BGB kann sich demnach allein aus der Verletzung eines absolut geschützten Rechts am Datenträger ergeben. Infrage kommen insoweit das Eigentum (§ 823 Abs. 1 Var. 5 BGB) sowie der berechtigte Besitz als sonstiges Recht[13] (§ 823 Abs. 1 Var. 6 BGB). Auf den ersten Blick erschließt sich nicht unbedingt, inwiefern die Beschädigung oder Löschung von Datenverkörperungen zu einer Rechtsverletzung des *Datenträgers* führen soll, auf dem sie gespeichert sind – jedenfalls solange die schädigende Handlung die äußere Substanz des Datenträgers unversehrt lässt. Im ersten Teil der Untersuchung wurde gezeigt, dass der Bedeutungsgehalt digitaler Information in einer Binärfolge aus 0 und 1 codiert ist. Um den Informationsgehalt dauerhaft zu speichern, muss die Binärfolge auf einem Datenträger fixiert werden. Die konkrete Verkörperung kann technisch auf unterschiedliche Weise realisiert werden (optisch, magnetisch etc.). Aufgrund dieser Bindung an den Datenträger führt jede Löschung oder Veränderung der Verkörperungen unmittelbar zu einer Strukturveränderung des Datenträgers, da die Verkörperungen entweder gar nicht mehr oder nur in veränderter Form auf dem Datenträger vorhanden sind. An dieser Bewertung ändert es nichts, wenn die physische Substanz des Datenträgers – wie in den allermeisten Fällen – im Übrigen unangetastet bleibt. Unerheblich ist es daher insbesondere, wenn durch die Löschung oder Veränderung der Daten die grundsätzliche Funktionsfähigkeit des Datenträgers als Speichermedium nicht beeinträchtigt wurde. Damit lässt sich im Ergebnis festhalten, dass Daten zwar nicht selbst in den Genuss deliktischen Schutzes kommen. Ihre Integrität wird aber reflexartig über den deliktischen Schutz des Eigentums bzw.

---

[12] S. dazu eingehend oben S. 74 ff. Freilich bewirken die immaterialgüterrechtlichen Sondergesetze unter bestimmten Voraussetzungen eine Zuweisung syntaktischer bzw. semantischer Information. Allerdings mündet die Beschädigung oder Zerstörung der Datenverkörperungen nicht zwangsläufig in eine Verletzung dieser Rechte. Darüber hinaus sehen die immaterialgüterrechtlichen Sondergesetze im Fall einer Verletzung jeweils eigenständige Rechtsfolgen vor, die die §§ 823 ff. BGB in ihrem Anwendungsbereich verdrängen.

[13] Der berechtigte Besitz ist nach allg. M. ein sonstiges Recht i. S. v. § 823 Abs. 1 BGB. Statt aller Grüneberg/*Sprau*, § 823 BGB Rn. 13.

berechtigten Besitzes am Datenträger gewährleistet. In der Konsequenz bedeutet das, dass die fahrlässige Datenlöschung bzw. -veränderung keine Probleme aufwirft, solange die Berechtigung am Datenträger derjenigen Person zusteht, die auch die (faktische) Berechtigung an den Daten besitzt. Angewendet auf die vorliegende Untersuchung bedeutet das, dass der Sicherungsnehmer gegen die fahrlässige Veränderung oder Löschung der als Sicherheit fungierenden digitalen Information immer dann geschützt ist, wenn die zugrunde liegenden Daten auf Datenträgern gespeichert sind, die entweder in seinem (Sicherungs-)Eigentum stehen oder sich in seinem berechtigten Besitz befinden. Sind die Daten hingegen auf fremden Datenträgern verkörpert, empfiehlt es sich vor diesem Hintergrund, nach Möglichkeit zusätzlich das Eigentum an den Datenträgern auf den Kreditgeber zur Sicherheit zu übertragen.

bb) Grenzen des deliktischen Schutzes

Infolge des lediglich über die Berechtigung am Datenträger vermittelten Deliktsschutzes von Daten ergibt sich immer dann eine Schutzlücke, wenn der Sicherungsnehmer keine Berechtigung an den Datenträgern hat, auf denen die als Sicherheit hinterlegten Daten gespeichert sind. Werden die Daten in diesem Fall fahrlässig gelöscht oder verändert, ergibt sich in der Folge ein Dilemma, das an die Figur der Drittschadensliquidation erinnert. Dem Eigentümer bzw. berechtigten Besitzer des Datenträgers steht dem Grunde nach ein Schadensersatzanspruch gem. § 823 Abs. 1 BGB gegen den Schädiger zu. Weil die gem. § 249 Abs. 1 BGB vorrangig geschuldete Wiederherstellung der Daten – außer es existiert eine Sicherungskopie – in der Regel unmöglich ist, richtet sich der Inhalt des Schadensersatzanspruchs nach § 251 Abs. 1 BGB, sodass der Eigentümer bzw. berechtigte Besitzer in Geld zu entschädigen ist. Da die beschädigten bzw. gelöschten Daten allerdings nicht seinem Vermögen zugeordnet waren, erleidet er keinen Vermögensschaden.[14] Folglich hat der Eigentümer bzw. berechtigte Besitzer zwar einen Anspruch, aber keinen Schaden. Umgekehrt hat der Sicherungsnehmer zwar einen Schaden, denn die Löschung bzw. Beschädigung der als Sicherheit hinterlegten Daten führt zum Verlust des Sicherungsguts. Ihm steht allerdings kein Anspruch gegen den Schädiger zu, weil in seiner Person kein absolutes Recht verletzt ist. Bevor nach einem Ausweg aus dem Dilemma gesucht werden kann, sind zunächst die Fälle zu identifizieren, in denen der Sicherungsnehmer damit konfrontiert ist.

---

[14] Ein solcher wäre nur zu bejahen, wenn neben der Löschung oder Veränderung der Daten zusätzlich die körperliche Substanz des Datenträgers und damit ggf. auch dessen Tauglichkeit als Speichermedium beeinträchtigt worden wäre.

(1) Problematische Sicherungskonstellationen

Eine Schutzlücke zulasten des Sicherungsnehmers ergibt sich einmal dann, wenn die der digitalen Information zugrunde liegenden Datenverkörperungen auf Datenträgern des Sicherungsgebers oder eines Dritten belassen werden, ohne dass der Sicherungsnehmer eine Berechtigung an den Datenträgern erlangt. Die in § 10 der Untersuchung gefundenen Ergebnisse legen jedoch nahe, dass sich die Parteien regelmäßig dazu entscheiden dürften, die jeweiligen Datenverkörperungen oder jedenfalls den zu ihrer Entschlüsselung notwendigen Schlüssel bei einem neutralen Dritten zu hinterlegen (Data bzw. Key Escrow). Da der Sicherungsnehmer in beiden Fällen keine Berechtigung an den Datenträgern des Escrow Agents hat, ergibt sich auch in diesen Fällen eine Schutzlücke, wenn die Datenverkörperungen bzw. der Schlüssel fahrlässig gelöscht oder verändert werden.

(2) Vorauszession des künftigen Schadensersatzanspruchs durch den Berechtigten als Lösung des Problems?

Die Lösung des Problems könnte darin bestehen, dass der Berechtigte am Datenträger seinen im Fall der fahrlässigen Löschung oder Beschädigung der Daten entstehenden Schadensersatzanspruch bereits im Voraus an den Sicherungsnehmer abtritt. Für die Bestimmbarkeit der künftigen (Schadensersatz-)Forderung genügt es, wenn zumindest die Möglichkeit besteht, dass sich die Tatbestandsvoraussetzungen in der Person des Zedenten erfüllen können.[15] Dies ist in den oben genannten Konstellationen der Fall, da der Tatbestand von § 823 Abs. 1 BGB jederzeit durch eine Löschung oder Veränderung der auf den Datenträgern gespeicherten Daten erfüllt werden kann. Problematisch ist allerdings, dass der Datenträgerberechtigte durch die alleinige Veränderung bzw. Löschung der Daten keinen Vermögensschaden erleidet. Dies hat zur Folge, dass die Schadensersatzforderung zwar dem Grunde nach entsteht. Der Höhe nach beträgt sie jedoch null. Da der Sicherungsnehmer die Schadensersatzforderung aufgrund des Prinzips sukzessionsrechtlicher Identität[16] so erhält, wie sie zuvor beim Berechtigten entstanden ist, wäre durch die Vorausabtretung im Ergebnis nichts gewonnen. Anders wäre dies nur, wenn man für die Höhe der Schadensersatzforderung nicht auf das Vermögen des Zedenten, sondern auf den Vermögensschaden des Sicherungsnehmers abstellen würde. Hiergegen scheint auf den ersten Blick die Regelung des § 399 Alt. 1 BGB zu sprechen. Sie bezweckt den Schutz des Schuldners, der es nicht hinzunehmen braucht, dass sich der Inhalt der Forderung durch die

---
[15] BGH NJOZ 2018, 908 (910).
[16] Dazu BeckOGK BGB/*Lieder*, Stand: 01.09.2022, § 398 BGB Rn. 179.

Abtretung zu seinem Nachteil verändert.[17] Genau das wäre jedoch der Fall, wenn man statt auf das Vermögen des Zedenten auf dasjenige des Sicherungsnehmers abstellen würde. Betrachtet man die Situation dagegen aus einem etwas anderem Blickwinkel, wäre es umgekehrt eine nicht zu rechtfertigende Bevorteilung des Schädigers, wenn man für den Inhalt der Schadensersatzforderung nicht auf den Vermögensschaden des Sicherungsnehmers abstellt. Andernfalls würde der Schädiger nämlich von der – aus seiner Sicht absolut zufälligen – Konstellation profitieren, dass die Berechtigung an den zur Sicherheit hinterlegten Daten und derjenigen an den Datenträgern nicht zusammenfällt. Wären die gelöschten bzw. veränderten Daten indessen auf Datenträgern gespeichert gewesen, die dem Sicherungsnehmer gehören, bestünden an der vollen Ersatzpflicht des Schädigers keine Zweifel. Es ist aber kein vernünftiger Grund ersichtlich, warum der Schädiger nur in letzterem Fall für den durch die Löschung bzw. Veränderung der Daten verursachten Schaden einstehen muss, in ersterem dagegen nicht. Würde man unter Bezugnahme auf die Wertung von § 399 Alt. 1 BGB nicht auf den Vermögensschaden des Sicherungsnehmers abstellen, würde man den Rechtsgedanken der Vorschrift daher im Ergebnis in sein Gegenteil verkehren. Gegen die Schutzbedürftigkeit des Schädigers und damit für das Abstellen auf den Vermögensschaden des Sicherungsnehmers spricht schließlich auch, dass die Höhe des zu ersetzenden Schadens nicht willkürlich von der Person des Sicherungsnehmers abhängt, sondern allein durch den objektiven Wert der gelöschten oder veränderten Daten bestimmt wird. Der Schädiger erleidet durch die Abtretung folglich keinen Nachteil, da er immer nur für den Schaden aufkommen muss, den er letztlich verursacht hat. Unter Zugrundelegung dieser Überlegungen spricht alles dafür, dass der Sicherungsnehmer mittels des ihm vom Eigentümer bzw. berechtigten Besitzer der Datenträger im Voraus zedierten Schadensersatzanspruchs den infolge der Löschung bzw. Beschädigung der darauf hinterlegten Daten erlittenen Vermögensschaden beim Schädiger liquidieren kann. Zu berücksichtigen ist, dass es in Ermangelung einer bestehenden Vermögensposition im Zeitpunkt der Abtretung zu einem Durchgangserwerb kommt.[18] Die Folge davon ist, dass die Schadensersatzforderung im Fall eines zwischenzeitlich eröffneten Insolvenzverfahrens über das Vermögen des am Datenträger Berechtigten der Insolvenzmasse zufiele. Da die Masse in diesem Fall allerdings eine Forderung erhielte, die ihr aus Wertungsgesichtspunkten nicht zusteht, sprechen die besseren Gründe dafür, die Forderung in diesem Fall ausnahmsweise erst beim Sicherungsnehmer entstehen zu lassen. Im Ergebnis ist festzuhalten, dass durch die Vorausabtretung der Schadensersatzforderung die im Fall der Fremdspeicherung

---

[17] BGH NJOZ 2018, 908 (910).
[18] H.M., statt vieler BeckOGK BGB/*Lieder*, Stand: 01.09.2022, § 398 BGB Rn. 170 m.w.N.

bestehende deliktische Schutzlücke geschlossen werden kann.[19] Die Vorausabtretung könnte dabei – sofern es um das Verhältnis zwischen Sicherungsnehmer und Sicherungsgeber geht – zusammen mit dem Sicherungsvertrag, andernfalls – sofern es um das Verhältnis zwischen Sicherungsnehmer und Hinterlegungsstelle geht – zusammen mit der Hinterlegungsvereinbarung vereinbart werden.

c) Einfluss des Sicherungscharakters auf die Schadensersatzberechtigung des Sicherungsnehmers

Die Eigenschaft als Kreditsicherheit impliziert, dass die der digitalen Information zugrunde liegenden Datenverkörperungen nicht dauerhaft in das Vermögen des Sicherungsnehmers überführt werden sollen. Sie dienen ausschließlich seinem Sicherungsinteresse für die noch offene Darlehensforderung gegen den Sicherungsgeber. Angesichts dessen stellt sich konsequent die Frage, ob dieser Umstand etwas an der Schadensersatzberechtigung des Sicherungsnehmers ändert, wenn ein Dritter die als Sicherheit hinterlegten Datenverkörperungen vorsätzlich oder fahrlässig löscht bzw. verändert. In diesem Zusammenhang ist zwischen der Zuweisung des Schadensersatzes einerseits und der Zuordnung des Schadensersatzanspruchs andererseits zu unterscheiden.[20] Was zunächst die Zuordnung des Schadensersatzanspruchs anbelangt, ist im Rahmen der Sicherungsübereignung anerkannt, dass (im Fall der Beschädigung der sicherungsübereigneten Sache) der Sicherungsnehmer das Sicherungseigentum trotz der nur vorübergehenden Zuordnung zu seinem Vermögen Dritten gegenüber geltend machen kann.[21] Diese Wertung kann auf die Besicherung digitaler Information übertragen werden, sodass der Sicherungsnehmer den aus der vorsätzlichen oder fahrlässigen Löschung bzw. Veränderung der hinterlegten Datenverkörperungen entstehenden Schaden geltend machen kann, obwohl sie lediglich seinem Sicherungsinteresse zu dienen bestimmt sind. Eine andere Frage ist, ob dem Sicherungsnehmer in diesem Fall auch der volle Schadensersatz gebührt. Ihre Beantwortung wird dadurch erschwert, dass Daten nicht-rivale Güter sind. Sofern noch andere Datenverkörperungen (z. B. Sicherungskopien) existieren, kann der Sicherungsnehmer lediglich die Kosten für die Wiederherstellung der als Sicherheit dienenden Datenverkörperungen verlangen. Sind die Daten demgegenüber unwiederbringlich verloren, sollte der Sicherungsnehmer jedenfalls bis zur Höhe seines

---

[19] Vorausgesetzt, der Datenträgerberechtigte ist an der Besicherung der digitalen Information beteiligt. Das ist ausnahmsweise nicht der Fall bei der Sicherungsabtretung des Herausgabeanspruchs gegen einen Cloud-Provider.

[20] Staudinger/*W. Wiegand*, 16. Aufl. 2017, Anh. §§ 929–931 BGB Rn. 240.

[21] MüKoBGB/*Oechsler*, Anh. §§ 929–936 BGB Rn. 40; Staudinger/*W. Wiegand*, 16. Aufl. 2017, Anh. §§ 929–931 BGB Rn. 240.

Sicherungsinteresses Ersatz verlangen dürfen. Zur Vermeidung von Streitigkeiten und zur Erzielung von Einzelfallgerechtigkeit ist es ratsam, in den Sicherungsvertrag Regelungen für den Schadensfall aufzunehmen.

3. Fazit

Die Untersuchung hat gezeigt, dass der Sicherungsnehmer *de lege lata* nur unzureichend gegen die Löschung bzw. Veränderung der als Sicherheit hinterlegten Datenverkörperungen geschützt ist. Abgesehen von einer vorsätzlichen Schädigung kann der Sicherungsnehmer den aus der fahrlässigen Löschung bzw. Veränderung entstandenen Schaden nur geltend machen, wenn er (Sicherungs-)Eigentümer oder jedenfalls berechtigter Besitzer der Datenträger ist, auf denen die Daten gespeichert waren. In einer Vielzahl von Fällen ergibt sich demnach eine deliktische Schutzlücke, weil der Sicherungsnehmer zumeist keine Berechtigung an den Datenträgern haben wird (wie etwa im Fall des Data Escrow). Diese Schutzlücke lässt sich jedoch schließen, indem der Datenträgerberechtigte den aus der Verletzung des Eigentums bzw. berechtigten Besitzes am Datenträger resultierenden Schadensersatzanspruch im Voraus an den Sicherungsnehmer zediert. Löscht bzw. verändert ein Dritter in der Folge fahrlässig die hinterlegten Daten, kann der Sicherungsnehmer den erlittenen Schaden gegen den Dritten aus abgetretenem Recht geltend machen. Aus gesetzgeberischer Sicht besteht daher im Moment kein akuter Handlungsbedarf. Gleichwohl wäre die Schaffung eines Rechts am eigenen Datenbestand für die Besicherung digitaler Information eine Erleichterung, da infolgedessen auf die Abtretungskonstruktion verzichtet werden könnte. Nicht zuletzt würde damit – losgelöst von der vorliegenden Untersuchung – das Recht der Wirklichkeit angenähert und der Tatsache Rechnung getragen, dass es sich bei den Datenträgern und den darauf verkörperten Daten um zwei völlig unabhängige Schadenspositionen handelt. Die Daten verfügen aufgrund ihres Informationsgehalts über einen eigenständigen Vermögenswert, der den des Datenträgers regelmäßig um ein Vielfaches übersteigt. Gleichwohl können beide Schadenspositionen bislang nur vom Eigentümer bzw. berechtigten Besitzer des Datenträgers geltend gemacht werden, obwohl es inzwischen mehr die Regel denn die Ausnahme sein dürfte, dass Daten auf *fremden* Datenträgern gespeichert werden. Diese Diskrepanz ließe sich mit einem Recht am eigenen Datenbestand beseitigen.

Bei alledem darf nicht übersehen werden, dass die Löschung bzw. Veränderung von Daten nicht überbewertet werden darf, weil die Folgen eines Datenverlusts mithilfe von Sicherungskopien geringgehalten werden können. Da die Speicherkosten heutzutage vernachlässigbar sind, dürfte die Herstellung von Sicherungskopien nicht nur zumutbar, sondern vor dem Hintergrund der sich aus

§ 254 BGB ergebenden Schadensminderungsobliegenheit des Geschädigten sogar geboten sein. In praktischer Hinsicht ist dem Sicherungsnehmer daher zu raten, Sicherungskopien von den als Sicherheit hinterlegten Datenverkörperungen anzufertigen bzw. anfertigen zu lassen. Dies ist der wirksamste Schutz vor einem Verlust des Sicherungsguts.

II. Erlangung und Offenlegung digitaler Information

Die Fragilität digitaler Information offenbart sich nicht nur im Fall der Löschung oder Veränderung der zugrunde liegenden Datenverkörperungen. Infolge ihrer leichten Vervielfältigbarkeit besteht ferner die Gefahr, dass die digitale Information in die Hände unberechtigter Dritter fällt. Würde die digitale Information anschließend offengelegt und wäre sie infolgedessen für jedermann frei verfügbar, nähme sie grundsätzlich die Gestalt eines öffentlichen Guts an. In der Folge wäre niemand mehr bereit, für die digitale Information einen (positiven) Preis zu bezahlen, weil er sie auch kostenlos haben könnte. Die Erzielung eines Erlöses im Rahmen eines Verwertungsverfahrens wäre mithin aussichtslos.[22] Dies gilt uneingeschränkt, wenn die digitale Information nicht durch ein rechtliches Monopol geschützt ist und die Exklusivitätsstellung allein auf der Geheimhaltung beruht. Aber auch wenn die digitale Information durch ein Ausschließlichkeitsrecht zugewiesen ist, kann ihre Offenlegung mit negativen Konsequenzen behaftet sein. Wie im zweiten Teil der Untersuchung gezeigt wurde, dürfte der Großteil der als Kreditsicherheit in Betracht kommenden digitalen Information eines Unternehmens als Geschäftsgeheimnis geschützt sein. Der Schutz als Geschäftsgeheimnis ist an die Geheimhaltung der digitalen Information geknüpft, sodass dieser Schutz verlorengeht, wenn die digitale Information offenbart wird.[23] Im Folgenden ist zunächst von Interesse, inwieweit strafrechtliche Straftatbestände den Sicherungsnehmer vor der rechtswidrigen Erlangung und Offenlegung der als Sicherheit dienenden digitalen Information schützen. Im Anschluss daran ist zu untersuchen, welche Instrumente das Zivilrecht für diesen Fall bereitstellt.

1. Strafrechtlicher Schutz

a) Die Straftatbestände der §§ 202a–202d StGB

Die §§ 202a–202d StGB betreffen die Computer- und Datenkriminalität und schließen Strafbarkeitslücken, die sich infolge des Aufkommens der Informa-

---

[22] *Riehm*, in: Hornung, Rechtsfragen der Industrie 4.0, S. 73 (92).
[23] *McGuire*, WRP 2019, 679 (681).

tions- und Kommunikationstechnologie ergeben haben.[24] Gem. § 202a Abs. 1 StGB wird bestraft, wer unbefugt sich oder einem anderen Zugang zu Daten, die nicht für ihn bestimmt und die gegen unberechtigten Zugang besonders gesichert sind, unter Überwindung der Zugangssicherung verschafft. Anders als es die amtliche Überschrift nahelegt, ist die Tat nicht schon vollendet, wenn der Täter Kenntnis von der syntaktischen Information erlangt. Vielmehr liegt eine Vollendung der Tat erst vor, wenn der Täter die Möglichkeit zur Kenntnisnahme der in den Daten verkörperten Information hat.[25] Anders als § 303a StGB setzt der Schutz von § 202a StGB demnach auf semantischer Ebene an. Voraussetzung für die Strafbarkeit des Täters ist, dass der Verfügungsberechtigte seinem Interesse an der Geheimhaltung der in den Daten verkörperten Information dadurch Ausdruck verliehen hat, dass er sie mit einer Zugangssicherung versehen hat.[26] Infolgedessen muss der Täter gerade die zwischen ihm und dem semantischen Inhalt der Daten bestehende Barriere überwinden.[27] Für den strafrechtlichen Schutz der als Sicherheit fungierenden digitalen Information ist demnach erforderlich, dass sie durch geeignete Maßnahmen gegen den unberechtigten Zugang besonders gesichert ist. Dies dürfte in aller Regel der Fall sein, da angesichts der Wertverhältnisse nicht anzunehmen ist, dass die digitale Information ohne jegliche Zugangssicherung abgespeichert wird. Einen gegenüber § 202a StGB subsidiären Schutz bietet § 202b StGB. Relevanz für die vorliegende Untersuchung hat aber lediglich die in Alt. 1 bezeichnete Tathandlung, die das Sich-Verschaffen von Daten unter Anwendung technischer Mittel aus einer nichtöffentlichen Datenübermittlung unter Strafe stellt. Die Besicherung digitaler Information bringt es in der Regel mit sich, dass die zugrunde liegenden Daten sicherungshalber an den Sicherungsnehmer oder einen neutralen Dritten übermittelt werden. Verschafft sich der Täter etwa die Daten, indem er während der Übermittlung eine Kopie herstellt, ist der Tatbestand des § 202b Alt. 1 StGB erfüllt. Die §§ 202a, 202b StGB werden durch § 202c StGB flankiert, der bestimmte Vorbereitungshandlungen unter Strafe stellt. § 202d StGB schützt schließlich vor der Aufrechterhaltung und Vertiefung der durch die §§ 202a ff. StGB[28] erfolgten Verletzung. Erfasst ist insbesondere der Fall, dass der Täter die von einem Vortäter ausgespähten oder abgefangenen Daten an einen größeren Personenkreis weiterver-

---

[24] Schönke/Schröder/*Eisele*, § 202a StGB Rn. 1; NK-StGB/*Kargl*, § 202a StGB Rn. 1.
[25] SK-StGB/*Hoyer*, § 202a StGB Rn. 11.
[26] SK-StGB/*ders.*, § 202a StGB Rn. 1.
[27] Die bloße Vervielfältigung verschlüsselter Daten ist deshalb nicht tatbestandsmäßig, *Gröseling/Höfinger*, MMR 2007, 549 (551).
[28] Allerdings sind die rechtswidrigen Vortaten nicht auf §§ 202a, 202b StGB beschränkt, sodass auch andere Straftatbestände in Betracht kommen, etwa § 42 BDSG (dazu sogleich), vgl. NK-StGB/*Kargl*, § 202d StGB Rn. 8.

breitet oder öffentlich zugänglich macht, etwa indem er sie zum Download bereitstellt. Als zusätzliches subjektives Kriterium erfordert § 202d Abs. 1 StGB allerdings, dass der Täter in der Absicht handelt, sich oder einen Dritten zu bereichern oder einen anderen zu schädigen.

b) Nebenstrafrechtliche Straftatbestände

aa) § 42 BDSG

§ 42 BDSG schränkt den Kreis der geschützten digitalen Information gegenüber den kernstrafrechtlichen Straftatbeständen der §§ 202a–202d StGB deutlich ein. Während für die §§ 202a–202d StGB unerheblich ist, welchen Bedeutungsgehalt die Daten haben, erfordert § 42 BDSG auf semantischer Ebene einen Personenbezug. Gem. § 42 Abs. 1 BDSG macht sich strafbar, wer wissentlich nicht allgemein zugängliche personenbezogene Daten einer großen Zahl von Personen, ohne hierzu berechtigt zu sein, einem Dritten übermittelt (Nr. 1) oder auf andere Art und Weise zugänglich macht (Nr. 2). Die Norm kriminalisiert – anders als die §§ 202a, 202b StGB – nicht die Art und Weise der Erlangung der (personenbezogenen) Daten. Im Vordergrund steht vielmehr die Übermittlung bzw. Zugänglichmachung von – möglicherweise (aber nicht notwendig) rechtswidrig erlangten – personenbezogenen Daten. Allgemein zugänglich und damit nicht unter den Tatbestand von § 42 BDSG fallen personenbezogene Daten etwa dann, wenn sie allgemein abrufbaren Internetseiten entnommen werden können.[29] Bei personenbezogener digitaler Information – die als Kreditsicherheit herangezogen wurde – dürfte die allgemeine Zugänglichkeit in der Regel zu verneinen sein, da sie andernfalls keinen wirtschaftlichen Wert aufwiese und damit als Kreditsicherheit ungeeignet wäre. Erforderlich ist des Weiteren, dass es sich um personenbezogene Daten einer großen Zahl von Personen handelt. Dabei wird überwiegend eine Größenordnung zwischen zehn und 100 Personen für maßgebend gehalten.[30] Auch diese Voraussetzung dürfte in aller Regel erfüllt sein. In Anbetracht des geringen Werts personenbezogener Information einer einzelnen Person umfasst die Kreditsicherung personenbezogene Information von einer Vielzahl Betroffener. Auch aus Tätersicht erscheint die Tat vor diesem Hintergrund nur lohnenswert, wenn es sich um personenbezogene Information einer möglichst großen Zahl an Personen handelt. Die tatbestandsmäßige Handlung besteht alternativ im Übermitteln an einen Dritten (Nr. 1) oder in der Zugänglichmachung (Nr. 2) der personenbezogenen Daten. Von der zweiten Alternative erfasst wäre beispielsweise der vorstellbare Fall, dass der Täter die zuvor ausgespähte oder abgefange-

---

[29] BeckOK DatenschutzR/*Brodowski/Nowak*, § 42 BDSG Rn. 26.
[30] Kühling/Buchner/*Bergt*, § 42 BDSG Rn. 5 f. m. w. N.

ne personenbezogene digitale Information auf einem Datenschwarzmarkt zum Verkauf anbietet. Erforderlich für eine Strafbarkeit ist schließlich, dass der Täter gewerbsmäßig handelt. Im Vergleich dazu ist § 42 Abs. 2 BDSG deutlich weiter gefasst. Als Grunddelikt verzichtet die Norm auf das Erfordernis einer großen Zahl an Personen und setzt auch nicht voraus, dass der Täter gewerbsmäßig handelt. Demgegenüber ist aber erforderlich, dass der Täter entweder gegen Entgelt oder in der Absicht handelt, sich oder einen Dritten zu bereichern oder einen anderen zu schädigen. Für die vorliegende Untersuchung ist allein die Tathandlung des § 42 Abs. 2 Nr. 1 BDSG von Interesse, wonach eine unberechtigte Verarbeitung vorliegen muss. Wie gezeigt umfasst der Begriff der Verarbeitung jeden Umgang mit personenbezogenen Daten. Eine Verarbeitung liegt demnach insbesondere vor, wenn personenbezogene Daten ausgelesen, gespeichert, offengelegt, verbreitet oder auf andere Weise bereitgestellt werden. Es wird deutlich, dass § 42 Abs. 2 Nr. 1 BDSG unter den genannten Voraussetzungen strafrechtlichen Schutz sowohl gegen die Erlangung als auch gegen die Veröffentlichung personenbezogener digitaler Information bietet.[31] Von § 42 Abs. 2 Nr. 1 BDSG erfasst wären demnach insbesondere Fälle, in denen die als Sicherheit hinterlegte personenbezogene digitale Information durch einen Hackerangriff erlangt und anschließend im Netz veröffentlicht bzw. dort zum Abruf bereitgestellt wird. Abschließend sei darauf hingewiesen, dass die Taten nach § 42 Abs. 1 bzw. Abs. 2 BDSG gem. § 42 Abs. 3 S. 1 BDSG nur auf Antrag verfolgt werden können. Da der Sicherungsnehmer infolge der Besicherung personenbezogener digitaler Information zum Verantwortlichen wird, ist er gem. § 42 Abs. 3 S. 2 Var. 2 BDSG antragsberechtigt. Zusammenfassend lässt sich festhalten, dass § 42 BDSG – insbesondere wegen Abs. 2 Nr. 1 – einen weitreichenden strafrechtlichen Schutz gegen die Erlangung und Offenlegung von als Kreditsicherheit eingesetzter digitaler Information bietet, vorausgesetzt, sie weist einen Personenbezug auf. Weil personenbezogene digitale Information aufgrund ihrer enormen Bedeutung für die Digitalwirtschaft auch für die Kreditsicherungspraxis von großem Interesse sein wird, dürfte § 42 BDSG ein großer Baustein für den strafrechtlichen Schutz des Sicherungsnehmers bei der Besicherung digitaler Information sein.

bb) §§ 106, 108 UrhG

Die §§ 106, 108 UrhG erfassen die als Kreditsicherheit eingesetzte digitale Information soweit es sich bei ihr um ein Werk i. S. d. § 2 Abs. 2 UrhG (§ 106 Abs. 1 UrhG) oder um eine Datenbank i. S. d. § 87a Abs. 1 S. 1 UrhG handelt (§ 108

---

[31] A. A. *Kubiciel/Großmann*, NJW 2019, 1050 (1054 f.), die vom Begriff der Verarbeitung die Erlangung nicht mitumfasst und folglich nur die Veröffentlichung als strafbares Unrecht ansehen.

Abs. 1 Nr. 8 UrhG). Beide Straftatbestände kriminalisieren zunächst die Vervielfältigung des Werks bzw. der Datenbank. Das ist konsequent, da der reine Werkgenuss i. S. e. unkörperlichen Wahrnehmung des Werks nicht zu den dem Urheber zugewiesenen Nutzungsbefugnissen zählt.[32] Während dies in der analogen Welt (z. B. beim Lesen eines Buchs) uneingeschränkt zutrifft, bedürfen digitale Sachverhalte einer Relativierung. Dort erfordert die sinnliche Wahrnehmbarmachung eines Werks stets, dass die zugrunde liegenden Daten im Arbeits- bzw. Cachespeicher temporär vervielfältigt werden.[33] Anders ausgedrückt kann ein in Datenform vorliegendes Werk bzw. eine in Datenform vorliegende Datenbank den menschlichen Sinnen nicht zugänglich gemacht werden, ohne dass zugleich eine Vervielfältigungshandlung vorliegt. Sofern der vervielfältigte Teil eigenständigen Werkcharakter aufweist bzw. im Fall der Datenbank wesentlich ist (§ 87b Abs. 1 S. 1 UrhG), wäre der objektive Tatbestand der §§ 106 Abs. 1, 108 Abs. 1 Nr. 8 UrhG mithin bereits durch die Rezeption[34] des Täters erfüllt. Andernfalls läge eine strafbare Vervielfältigungshandlung spätestens in dem Moment vor, wenn sich der Täter die gesamte das Werk oder die Datenbank verkörpernde digitale Information dadurch beschafft, dass er sie auf seinen oder den Datenträgern eines Dritten vervielfältigt. Stellt der Täter die digitale Information anschließend im Internet zum Abruf bzw. Download bereit, liegt neben einer ggf. erneuten Vervielfältigung eine strafbare öffentliche Zugänglichmachung[35] vor.[36] Abschließend sei wiederum darauf hingewiesen, dass die Taten nach §§ 106, 108 UrhG gem. § 109 UrhG nur auf Antrag verfolgt werden können, es sei denn, die Staatsanwaltschaft hält ein Einschreiten von Amts wegen für geboten. Die Antragsberechtigung des Sicherungsnehmers hängt dabei vom Umfang der an dem Werk bzw. der Datenbank erworbenen Berechtigung ab.[37] Im Ergebnis bieten auch die urheberrechtlichen Strafvorschriften einen weitgehenden Schutz gegen die Erlangung und Veröffentlichung von als Kreditsicherheit eingesetzter digitaler Information. Voraussetzung hierfür ist, dass sie Werkcharakter hat oder Teil einer nach den §§ 87a ff. UrhG geschützten Datenbank ist. Im Vergleich zu § 42 BDSG dürfte ihre praktische Relevanz für den strafrechtlichen Schutz des Sicherungsnehmers gleichwohl gering sein, da die Hürden für einen urheberrecht-

---

[32] *Schulze*, ZUM 2000, 126 (129 f.).

[33] In Bezug auf Werke BeckOK UrhR/*Sternberg-Lieben*, § 106 UrhG Rn. 24; in Bezug auf Datenbanken Fromm/Nordemann/*Czychowski*, § 87b UrhG Rn. 15.

[34] § 44a Nr. 2 UrhG dürfte in diesem Fall regelmäßig nicht greifen, weil die Nutzung unrechtmäßig ist.

[35] Die öffentliche Zugänglichmachung ist ein Unterfall der öffentlichen Wiedergabe, vgl. § 15 Abs. 2 S. 2 Nr. 2 UrhG.

[36] Fromm/Nordemann/*Ruttke/Scharringhausen*, § 106 UrhG Rn. 17; BeckOK UrhR/*Sternberg-Lieben*, § 106 UrhG Rn. 29.

[37] Im Einzelnen BeckOK UrhR/*Sternberg-Lieben*, § 109 UrhG Rn. 5–8.

lichen Schutz hoch sind und auch die Voraussetzungen für das Schutzrecht des Datenbankherstellers bei einem Großteil digitaler Information nicht erfüllt sind.

cc) § 23 GeschGehG

§ 23 GeschGehG bestraft die Verletzung von Geschäftsgeheimnissen. Die Norm schützt als Kreditsicherheit eingesetzte digitale Information folglich nur, soweit sie ein Geschäftsgeheimnis i. S. d. § 2 Nr. 1 GeschGehG verkörpert. Gem. § 23 Abs. 1 Nr. 1 GeschGehG wird bestraft, wer zur Förderung des eigenen oder fremden Wettbewerbs, aus Eigennutz, zugunsten eines Dritten oder in der Absicht, dem Inhaber eines Unternehmens Schaden zuzufügen, entgegen § 4 Abs. 1 Nr. 1 GeschGehG ein Geschäftsgeheimnis erlangt. Das in der Vorschrift normierte Handlungsverbot verbietet unter anderem das unbefugte Kopieren elektronischer Dateien, die der rechtmäßigen Kontrolle des Inhabers des Geschäftsgeheimnisses unterliegen und das Geschäftsgeheimnis enthalten. Da gem. § 2 Nr. 2 GeschGehG Inhaber eines Geschäftsgeheimnisses jede Person ist, die die rechtmäßige Kontrolle über ein Geschäftsgeheimnis hat, erfordert § 4 Abs. 1 Nr. 1 GeschGehG die kumulative Berechtigung sowohl an dem Geschäftsgeheimnis als auch an den Daten, die es verkörpern.[38] Wird die als Geschäftsgeheimnis geschützte digitale Information als Kreditsicherheit eingesetzt, stehen beide Berechtigungen (auch) dem Sicherungsnehmer zu. Aufgrund der mit dem Sicherungsrecht einhergehenden dinglichen Berechtigung an dem Geschäftsgeheimnis erlangt der Sicherungsnehmer jedenfalls eine – durch die Sicherungsabrede – beschränkte Kontrolle über das Geschäftsgeheimnis.[39] Durch die Hinterlegung der Datenverkörperungen erlangt der Sicherungsnehmer ferner die rechtmäßige Kontrolle über die elektronischen Dateien, die das Geschäftsgeheimnis enthalten.[40] Ein Geschäftsgeheimnis wird gem. § 4 Abs. 1 Nr. 1 GeschGehG unter anderem durch den unbefugten Zugang zu und das unbefugte Kopieren von elektronischen Dateien erlangt. Der objektive Tatbestand von § 23 Abs. 1 Nr. 1 GeschGehG ist im ersteren Fall erfüllt, wenn sich der Täter unter Überwindung von Schutzvorkehrungen[41] Zugang zu den elektronischen Dateien verschafft hat, sowie im letzteren Fall, wenn er von der hinterlegten Datenverkörperungen eine Kopie angefertigt hat. In subjektiver Hinsicht sind – neben den üblichen Vorsatz-

---

[38] BeckOK GeschGehG/*Hiéramente*, § 4 GeschGehG Rn. 29.
[39] Vgl. Köhler/Bornkamm/Feddersen/*Alexander*, § 2 GeschGehG Rn. 102.
[40] Werden die Datenverkörperungen nicht beim Sicherungsnehmer selbst, sondern bei einem Escrow Agent hinterlegt, könnte man diesen als eine Art „digitalen Besitzdiener" auffassen. Auch wenn Datenverkörperungen nicht besessen werden können, übt die Hinterlegungsstelle für den Sicherungsnehmer die rechtmäßige Kontrolle über sie aus.
[41] Vgl. Köhler/Bornkamm/Feddersen/*Alexander*, § 4 GeschGehG Rn. 16.

formen – zusätzliche Voraussetzungen erforderlich.[42] Handlungsmotivationen können die Förderung des eigenen oder fremden Wettbewerbs, Eigen- bzw. Fremdnutz sowie die Absicht sein, den Inhaber des Unternehmens zu schädigen. Nach dem eindeutigen Gesetzeswortlaut bliebe der Täter straflos, wenn er nur die Absicht hat, den Inhaber des Geschäftsgeheimnisses, nicht aber den Unternehmensinhaber zu schädigen. Gerade im Bereich der Kreditsicherung ergibt sich damit eine Strafbarkeitslücke, weil der Sicherungsnehmer zwar Geheimnisinhaber, nicht aber Unternehmensinhaber ist. Dieser Umstand ist im Gesetzgebungsverfahren offenbar übersehen worden. Die Gesetzesbegründung verweist lediglich darauf, dass § 23 GeschGehG im Wesentlichen den bisherigen §§ 17–19 UWG a. F. entspricht.[43] Da das in § 4 Abs. 1 Nr. 1 GeschGehG normierte Handlungsverbot, auf das § 23 Abs. 1 Nr. 1 GeschGehG für die Strafbarkeit Bezug nimmt, auf den Geheimnisinhaber abstellt, ist kein vernünftiger Grund ersichtlich, warum dieser im Fall einer ihm gegenüber vorliegenden Schädigungsabsicht vom Schutzbereich des § 23 Abs. 1 GeschGehG ausgenommen sein soll, sofern er nicht der Unternehmensinhaber ist. Infolgedessen spricht aus teleologischer Sicht alles dafür, statt eine Schädigungsabsicht gegenüber dem Unternehmensinhaber eine solche gegenüber dem Inhaber des Geschäftsgeheimnisses zu fordern. Freilich steht einer solchen Auslegung und damit auch einer Strafbarkeit allerdings der in Art. 103 Abs. 2 GG verankerte Grundsatz *nulla poena sine lege* entgegen.[44] Mithin ist der Gesetzgeber aufgerufen, die Schutzlücke zu schließen und den Wortlaut von § 23 Abs. 1 GeschGehG entsprechend anzupassen.

Nach § 23 Abs. 1 Nr. 2 GeschGehG wird weiter bestraft, wer entgegen § 4 Abs. 2 Nr. 1 lit. a GeschGehG ein Geschäftsgeheimnis nutzt oder offenlegt. Damit wird an das in § 23 Abs. 1 Nr. 1 GeschGehG normierte Unrecht angeknüpft und für den Fall erweitert, dass der Täter das rechtswidrig erlangte Geschäftsgeheimnis zusätzlich nutzt oder offenlegt. Eine Offenlegung i. S. v. § 23 Abs. 1 Nr. 2 Alt. 2 GeschGehG liegt vor, wenn das Geschäftsgeheimnis gegenüber Dritten zugänglich gemacht wird. Hierfür genügt es, dass die das Geschäftsgeheimnis beinhaltende digitale Information auf Servern zum Abruf bereitgestellt wird, sodass sich Dritte das Geschäftsgeheimnis selbst verschaffen können.[45] Von § 23 Abs. 1 Nr. 2 Alt. 2 GeschGehG erfasst ist somit insbesondere der Fall, dass der Täter, der sich die als Sicherheit dienende digitale Information unbefugt verschafft hat, diese anschließend im Internet verfügbar macht. § 23 Abs. 2 Alt. 2 GeschGehG bezieht in den strafrechtlichen Schutz schließlich die Offenlegung

---

[42] *Reinfeld*, GeschGehG, § 7 Rn. 25–31.
[43] BT-Drs. 19/4724, S. 40.
[44] Dies übersieht offenbar *Reinfeld*, GeschGehG, § 7 Rn. 31: „Wenn das Gesetz vom Inhaber des Unternehmens spricht, dürfte der Inhaber des Geschäftsgeheimnisses gemeint sein."
[45] Vgl. zum Ganzen Köhler/Bornkamm/Feddersen/*Alexander*, § 4 GeschGehG Rn. 39.

eines Geschäftsgeheimnisses ein, das der Täter durch die Offenlegung eines Vortäters erlangt hat. Die Verfolgbarkeit der Tat erfordert gem. § 23 Abs. 8 GeschGehG einen entsprechenden Antrag. Als Geheimnisinhaber ist der Sicherungsnehmer antragsberechtigt. Zusammenfassend bietet § 23 GeschGehG einen weitreichenden strafrechtlichen Schutz gegen die Erlangung und Offenlegung von als Kreditsicherheit eingesetzter digitaler Information, vorausgesetzt, sie ist als Geschäftsgeheimnis geschützt. Da der allergrößte Teil der digitalen Information eines Unternehmens als Geschäftsgeheimnis geschützt ist, dürfte § 23 GeschGehG die für den strafrechtlichen Schutz des Sicherungsnehmers größte praktische Relevanz aufweisen.

c) Fazit

Die Untersuchung hat gezeigt, dass der Sicherungsnehmer insgesamt einen weitreichenden strafrechtlichen Schutz gegen die unrechtmäßige Erlangung und Offenlegung der als Sicherheit eingesetzten digitalen Information genießt. Die kernstrafrechtlichen Vorschriften der §§ 202a–202d StGB bilden dabei eine solide Basis, da sie die digitale Information ohne Rücksicht auf ihren semantischen Bedeutungsgehalt vor der Erlangung durch unbefugte Dritte schützen. Sie werden durch eine Reihe weiterer Straftatbestände aus dem Datenschutz-, Urheber- und Geschäftsgeheimnisrecht flankiert. Diese schützen den Sicherungsnehmer bei Vorliegen der entsprechenden Voraussetzungen zudem vor der – von ihm besonders gefürchteten – Offenlegung der als Kreditsicherheit fungierenden digitalen Information.

2. Allgemeine zivilrechtliche Ansprüche

Strafrechtliche Normen können keine Gewähr dafür bieten, dass die als Sicherheit dienende digitale Information rechtswidrig erlangt und anschließend offengelegt wird. In diesem Fall ist von Interesse, welche zivilrechtlichen Ansprüche dem Sicherungsnehmer gegen den Täter zustehen.

a) Haftung aus Delikt

aa) Verletzung eines Schutzgesetzes, § 823 Abs. 2 S. 1 BGB

Im Folgenden ist zunächst zu untersuchen, inwieweit die eingangs dargestellten Straftatbestände im Fall ihrer Zuwiderhandlung zu einer zivilrechtlichen Haftung des Täters führen können.

(1) §§ 202a–202d StGB als Schutzgesetze

§§ 202a–202c StGB sind als Schutzgesetze i. S. v. § 823 Abs. 2 BGB anerkannt.[46] Unklar ist, ob auch § 202d StGB Schutzgesetz ist. Da § 259 StGB als Schutzgesetz anerkannt ist,[47] ist es nur konsequent, § 202d StGB ebenfalls als Schutzgesetz zu qualifizieren. Liegt infolgedessen eine Straftat nach den §§ 202a–202d StGB vor, kann der Sicherungsnehmer vom Täter den daraus entstandenen Schaden gem. § 823 Abs. 2 BGB ersetzt verlangen. Allerdings ist in diesen Fällen genau zu prüfen, ob der geltend gemachte Schaden vom Schutzzweck der jeweiligen Strafnorm umfasst ist. Ein nennenswerter Schaden entsteht dem Sicherungsnehmer in der Regel nicht schon durch das Ausspähen selbst, sondern erst, wenn die ausgespähten Daten an Dritte weitergegeben oder ins Internet gestellt werden.[48] Die mit der Offenlegung gegenüber Dritten verbundene Rechtsgutsverletzung ist allerdings nur vom Schutzgut des § 202d StGB umfasst.[49] Liegen dessen Voraussetzungen nicht vor, dürfte der aus der Offenlegung der digitalen Information resultierende Schaden regelmäßig nicht ersatzfähig sein.

(2) § 42 BDSG als Schutzgesetz

Ob § 42 BDSG Schutzgesetz i. S. v. § 823 Abs. 2 BGB ist, wurde – soweit ersichtlich – bisher noch nicht erörtert. In Betracht kommt zunächst, dass die Haftung nach § 823 Abs. 2 BGB i. V. m. § 42 BDSG bereits durch den in Art. 82 DS-GVO normierten Schadensersatzanspruch verdrängt wird. Allerdings lässt ErwG 146 S. 4 DS-GVO eine weitergehende schadensersatzrechtliche Haftung nach mitgliedstaatlichem Recht unberührt, sodass bei Datenschutzverstößen auch eine Haftung nach § 823 Abs. 2 BGB grundsätzlich in Betracht kommt.[50] Voraussetzung für die Schutzgesetzeigenschaft einer Norm ist, dass sie zumindest auch dazu dienen soll, den Einzelnen oder einzelne Personenkreise gegen die Verletzung eines bestimmten Rechtsguts zu schützen.[51] § 42 BDSG dient dem Schutz natürlicher Personen in Bezug auf das ihnen durch die Verfassung garantierte Recht auf informationelle Selbstbestimmung.[52] Demzufolge dürfte § 42 BDSG als Schutzgesetz i. S. d. § 823 Abs. 2 BGB zu qualifizieren sein. Im

---

[46] *Spickhoff*, in: Leible/Lehmann/Zech, Unkörperliche Güter im Zivilrecht, S. 233 (238).
[47] Statt aller MüKoBGB/*Wagner*, § 823 BGB Rn. 596.
[48] Anders wäre dies zu bewerten, wenn der Täter ein Wettbewerber des Sicherungsgebers ist und er die ausgespähten Daten für sich selbst nutzt.
[49] Vgl. NK-StGB/*Kargl*, § 202d StGB Rn. 5.
[50] Taeger/Gabel/*Moos/Schefzig*, Art. 82 DS-GVO Rn. 107; BeckOGK BGB/*Spindler*, Stand: 01.11.2022, § 823 BGB Rn. 333.
[51] Statt aller Grüneberg/*Sprau*, § 823 BGB Rn. 58.
[52] BeckOK DatenschutzR/*Brodowski/Nowak*, § 42 BDSG Rn. 7.

Rahmen der vorliegenden Untersuchung kann dies aber dahinstehen, da der Sicherungsnehmer nicht dem von § 42 BDSG geschützten Personenkreis unterfällt und folglich der von ihm erlittene Schaden nicht vom Schutzzweck der Norm erfasst ist. Wenn überhaupt wären allenfalls solche Schäden ersatzfähig, die eine natürliche Person aufgrund der Verletzung ihres informationellen Selbstbestimmungsrechts erleidet. Im Ergebnis ist der aus der unrechtmäßigen Offenlegung personenbezogener digitaler Information entstandene Schaden des Sicherungsnehmers nicht ersatzfähig.

(3) §§ 106, 108 UrhG als Schutzgesetze

§§ 106, 108 UrhG sind keine Schutzgesetze i. S. v. § 823 Abs. 2 BGB, da Ansprüche wegen der Verletzung des Urheberrechts und der verwandten Schutzrechte in § 97 UrhG eine eigenständige Regelung erfahren haben und als spezielles Deliktsrecht insoweit vorgehen.[53] Die Anwendung der §§ 823 ff. BGB kommt nur in Betracht, als sie über die unmittelbaren Bestimmungen des UrhG hinausgehen.[54] Da der Schutz über § 823 Abs. 2 BGB hier nicht weiterreicht als derjenige, den bereits § 97 UrhG vermittelt, ist § 823 Abs. 2 BGB subsidiär.

(4) § 23 GeschGehG als Schutzgesetz

Mit der Neuausrichtung des Geschäftsgeheimnisschutzes ist die Strafbarkeit des Geheimnisverletzers – anders als unter Geltung der §§ 17–19 UWG a. F. – zivilrechtsakzessorisch ausgestaltet, da § 23 GeschGehG für die Strafbarkeit an die in § 4 GeschGehG normierten Handlungsverbote anknüpft.[55] Vor diesem Hintergrund spricht alles dafür, dass die §§ 823 ff. BGB bei Rechtsverletzungen durch den in § 10 GeschGehG geregelten Schadensersatzanspruch verdrängt werden.[56] § 23 GeschGehG ist daher – anders als noch die §§ 17, 18 UWG a. F. – kein Schutzgesetz i. S. v. § 823 Abs. 2 BGB.

(5) Fazit

Nur die kernstrafrechtlichen Vorschriften der §§ 202a–202d StGB sind Schutzgesetze i. S. d. § 823 Abs. 2 BGB und können dem Sicherungsnehmer als Grundlage für Schadensersatzansprüche im Fall der unrechtmäßigen Erlangung und Offenlegung der als Sicherheit dienenden digitalen Information dienen. Der durch die Offenlegung entstandene Schaden ist allerdings nur vom Schutzzweck

---

[53] Schricker/Loewenheim/*Ohly*, Einl. Rn. 43.
[54] Schricker/Loewenheim/*Wimmers*, § 102a UrhG Rn. 6.
[55] Köhler/Bornkamm/Feddersen/*Alexander*, § 23 GeschGehG Rn. 19.
[56] So wohl auch Köhler/Bornkamm/Feddersen/*ders.*, § 10 GeschGehG Rn. 49.

der Datenhehlerei (§ 202d StGB) umfasst, deren Voraussetzungen nur in Einzelfällen vorliegen dürften.

bb) Vorsätzliche sittenwidrige Schädigung, § 826 BGB

Sofern die Erlangung bzw. Offenlegung der als Sicherheit dienenden digitalen Information gegen die guten Sitten verstößt, kommt bei entsprechendem Schädigungsvorsatz ein Anspruch aus § 826 BGB in Betracht. Selbst wenn die notwendigen Voraussetzungen einmal vorlägen, dürfte sie der Sicherungsnehmer im Zivilprozess wohl kaum nachweisen können.

cc) Verletzung eines absolut geschützten Rechts, § 823 Abs. 1 BGB

Schließlich ist an eine Haftung nach § 823 Abs. 1 BGB zu denken. Sie scheidet allerdings von vorneherein aus, weil § 823 Abs. 1 BGB lediglich die Datenintegrität schützt. Eine Haftung nach § 823 Abs. 1 BGB würde voraussetzen, dass die auf dem Datenträger vorhandenen Datenverkörperungen entweder gelöscht oder auf andere Weise verändert werden. Die unrechtmäßige Erlangung bzw. Offenlegung der als Sicherheit dienenden digitalen Information lässt die hinterlegten Datenverkörperungen allerdings unversehrt, weil lediglich ein lesender aber kein schreibender Zugriff erfolgt. Technisch gesehen wird von den auf dem Ursprungsdatenträger vorhandenen Datenverkörperungen auf einem anderen Datenträger ein identisches Abbild erzeugt. Durch den Kopiervorgang bleiben die ursprünglichen Daten mithin unverändert. Auch die Anerkennung eines Rechts am eigenen Datenbestand dürfte nicht zu einer Haftung aus § 823 Abs. 1 BGB führen. Trotz Unterschieden im Detail wäre der Umfang des Rechts auf die Zugangsmöglichkeit zu der auf einem Datenträger vorhandenen Datenverkörperung beschränkt.[57] Wie das Eigentum am Datenträger würde folglich auch das Recht am eigenen Datenbestand nur die Integrität der jeweiligen Datenverkörperungen schützen.[58] Nicht vom Tatbestand erfasst wären die Herstellung einer Kopie (durch Nutzung der in den Verkörperungen enthaltenen syntaktischen Information) oder die Nutzung des semantischen Bedeutungsgehalts.[59]

Die Verletzung eines sonstigen, absolut geschützten Rechts an der als Kreditsicherheit fungierenden digitalen Information selbst kommt ebenfalls nicht in

---

[57] *Riehm*, VersR 2019, 714 (721); weitergehend dagegen *Beurskens*, in: Domej/Dörr/Hoffmann-Nowotny u. a., Einheit des Privatrechts, S. 443 (471 f.).

[58] Prütting/Wegen/Weinreich/*Schaub*, § 823 BGB Rn. 77.

[59] Die Löschung der Kopie und die Herausgabe des Erlangten sind als Anspruchsziele allenfalls über den quasi-negatorischen Unterlassungsanspruch gem. § 1004 Abs. 1 S. 1 BGB analog bzw. über die allgemeine Eingriffskondiktion gem. § 812 Abs. 1 S. 1 Alt. 2 BGB realisierbar, *Riehm*, VersR 2019, 714 (721 f.).

Betracht. Zwar findet eine punktuelle Zuweisung durch Immaterialgüterrechte statt. Für den Fall ihrer Verletzung hat der Gesetzgeber in den immaterialgüterrechtlichen Sondergesetzen jeweils eigenständige Rechtsfolgen vorgesehen, die den allgemeinen Haftungstatbestand des § 823 Abs. 1 BGB verdrängen.[60]

dd) Fazit

Die §§ 823 ff. BGB erfassen den infolge der rechtswidrigen Erlangung und Offenlegung von als Sicherheit hinterlegter digitaler Information entstandenen Schaden nur unzureichend. Den weitreichendsten Schutz bietet § 823 Abs. 2 BGB i. V. m. §§ 202a–202d StGB. Da § 823 Abs. 1 BGB lediglich die Datenintegrität schützt, kommt eine Haftung im Fall der Erlangung bzw. Offenlegung digitaler Information nicht in Betracht.

b) Quasi-negatorischer Beseitigungs- bzw. Unterlassungsanspruch, § 1004 Abs. 1 BGB analog

Wird die als Sicherungsgut dienende digitale Information unrechtmäßig erlangt bzw. offengelegt, kommt daneben die Geltendmachung des aus § 1004 BGB folgenden Beseitigungs- bzw. Unterlassungsanspruchs in Betracht. Dabei ist seit Langem anerkannt, dass nicht nur Beeinträchtigungen des Eigentums, sondern mithilfe einer analogen Anwendung der Norm Beeinträchtigungen aller deliktisch geschützten Rechte abgewehrt werden können.[61] Da die Erlangung und Offenlegung digitaler Information allerdings kein von § 823 Abs. 1 BGB geschütztes Recht verletzt, hilft insoweit auch der Anspruch aus § 1004 Abs. 1 BGB (analog) nicht weiter. Mit der Anerkennung eines Rechts am eigenen Datenbestand würde sich daran nur geringfügig etwas ändern. Da das Recht nur eine konkrete Datenverkörperung schützt, können nur solche Beeinträchtigungen abgewehrt werden, die sich gegen den Zugriff auf diese konkrete Datenverkörperung richten. Ein solcher Fall läge etwa vor, wenn ein Hacker die Datenverkörperungen (etwa zu Erpressungszwecken) verschlüsseln würde. Der Sicherungsnehmer könnte dann gem. § 1004 Abs. 1 S. 1 BGB analog die Rückgängigmachung der Verschlüsselung verlangen. Weil das Recht am eigenen Datenbestand nicht die in den Daten verkörperte syntaktische Information schützt, würde es durch eine Vervielfältigung der betreffenden Datenverkörperungen nicht beeinträchtigt. In

---

[60] Diese Wertung dürfte unabhängig davon gelten, ob das Immaterialgüterrecht zur Sicherheit übertragen oder lediglich lizenziert bzw. verpfändet wurde. Für das Pfandrecht in diese Richtung wohl auch BeckOGK BGB/*Leinenweber*, Stand: 01.10.2018, § 1273 BGB Rn. 12, demzufolge Abwehransprüche gegen Dritte Besitz erfordern.
[61] S. nur *Medicus/Lorenz*, SchuldR II, § 89 Rn. 2 f.

der Konsequenz kann über § 1004 Abs. 1 S. 1 BGB analog auch nicht die Beseitigung unrechtmäßig hergestellter Kopien verlangt werden.

Der Anwendungsbereich des quasi-negatorischen Beseitigungs- bzw. Unterlassungsanspruchs ist nicht auf die deliktisch geschützten Rechte beschränkt. Er erstreckt sich auch auf diejenigen Interessensphären, die von den Schutzgesetzen i. S. d. § 823 Abs. 2 S. 1 BGB abgesichert werden.[62] Der Sicherungsnehmer kann sich gegen die Anfertigung von Vervielfältigungen mithin zur Wehr setzen, soweit dieses Interesse von einem Schutzgesetz adressiert wird. In Betracht kommen allein die §§ 202a–202d StGB. Sie schützen die formelle Verfügungsbefugnis des Datenberechtigten.[63] Dies schließt die Bestimmung darüber mit ein, wem der gedankliche Inhalt der Daten zugänglich sein soll. Das Geheimhaltungsinteresse ist dabei nicht nur dann verletzt, wenn sich der Täter Kenntnis vom gedanklichen Inhalt verschafft, sondern erst recht, wenn er ihn durch Anfertigung einer Kopie dauerhaft in seine Herrschaftssphäre überführt. Perpetuiert wird die Verletzung des Geheimbereichs schließlich, wenn eine Weitergabe des gedanklichen Inhalts an einen oder mehrere Dritte erfolgt. Da die Existenz einer unter Verstoß gegen die §§ 202a–202d StGB erlangten Datenkopie eine „stetig sich erneuernde Quelle von Verletzungen"[64] darstellt, ist ihre Löschung klassischer Gegenstand eines Beseitigungsanspruchs, weil damit die künftige Beeinträchtigung des Geheimhaltungsinteresses des Datenberechtigten unterbunden werden soll.[65] Der Sicherungsnehmer kann mithin von jedem, der sich infolge einer Straftat nach den §§ 202a–202d StGB im Besitz einer Kopie der als Sicherungsgut dienenden digitalen Information befindet, gem. § 1004 Abs. 1 S. 1 BGB analog Löschung der unrechtmäßig angefertigten Datenverkörperungen verlangen. Sofern eine Wiederholungs- bzw. Erstbegehungsgefahr vorliegt, kann der Sicherungsnehmer den Störer ferner auf Unterlassung in Anspruch nehmen.

c) Allgemeine Eingriffskondiktion, § 812 Abs. 1 S. 1 Alt. 2 BGB

Im Fall der rechtswidrigen Erlangung oder Offenlegung von als Sicherheit hinterlegter digitaler Information kommt des Weiteren ein Anspruch aus allgemeiner Eingriffskondiktion gem. § 812 Abs. 1 S. 1 Alt. 2 BGB in Betracht. Dies erfordert einen Eingriff in eine dem Bereicherungsgläubiger zugewiesene Rechtsposition.[66] Die Rechtspositionen, denen man gemeinhin einen Zuweisungsgehalt

---

[62] *Dies.*, SchuldR II, § 89 Rn. 8. Konkret mit Blick auf die §§ 202a–202d, § 303a StGB *Fritzsche*, FS Harte-Bavendamm, S. 33 (36).
[63] NK-StGB/*Kargl*, § 202a StGB Rn. 3.
[64] RGZ 170, 317 (320).
[65] Vgl. *Medicus/Lorenz*, SchuldR II, § 89 Rn. 10.
[66] Die Einzelheiten sind zum Teil sehr umstritten. Zur „Grundformel" MüKoBGB/*Schwab*, § 812 BGB Rn. 287.

attribuiert, erinnern an diejenigen Rechte, die auch eine deliktische bzw. negatorische Einstandspflicht zu begründen vermögen:[67] Es muss sich um eine Rechtsposition handeln, deren Nutzung ihr Inhaber nicht nur allen Übrigen verbieten kann, sondern die ihm daneben positiv zugewiesen ist. Im Folgenden ist zunächst abstrakt der Frage nachzugehen, inwieweit an digitaler Information Rechtspositionen mit Zuweisungsgehalt bestehen. Sodann ist zu prüfen, welchen Einfluss es auf den Konditionsanspruch des Sicherungsnehmers hat, dass die Rechtspositionen lediglich seinem Sicherungsinteresse dienen.

aa) Rechtspositionen mit Zuweisungsgehalt am Datenträger

Sowohl das Eigentum als auch der berechtigte Besitz am Datenträger sind Rechtspositionen mit Zuweisungsgehalt.[68] Da allerdings weder das Eigentum noch der berechtigte Besitz am Datenträger die darauf gespeicherte digitale Information erfassen, stellt die unerlaubte Herstellung einer Kopie der digitalen Information infolgedessen auch keinen Eingriff in den Zuweisungsgehalt dieser Rechte dar. Ein Eingriff in den Zuweisungsgehalt läge etwa nur dann vor, wenn ein Dritter unbefugt Daten auf einem fremden Datenträger speichert. In diesem Fall macht sich der Dritte die dem Berechtigten zugewiesene Nutzung des Datenspeichers zu eigen.

bb) Zugewiesene Rechtspositionen an Daten

Mit Blick auf mögliche Rechtspositionen mit Zuweisungsgehalt an Daten ist zwischen der konkreten Verkörperung auf einem Datenträger und der ihrer Struktur zugrunde liegenden syntaktischen Information zu unterscheiden.

(1) Datenverkörperungen

An den auf einem Datenträger gespeicherten Datenverkörperungen existiert bislang keine Rechtsposition mit Zuweisungsgehalt. Zwar ließe sich auf Grundlage der deliktischen und negatorischen Ansprüche aus § 823 Abs. 2 bzw. § 1004 Abs. 1 (analog) BGB jeweils i. V. m. §§ 202a–202d, 303a StGB womöglich noch der negative Ausschluss Dritter begründen. Die Kondiktion scheitert jedoch spätestens daran, dass Datenverkörperungen *de lege lata* (bislang) niemandem zugewiesen sind. Folglich kann ein Dritter, der „fremde" Datenverkörperungen zum Zwecke der Anfertigung einer Kopie ausliest, schon von vorneherein nicht auf Kosten einer Person bereichert sein. Daran würde sich durch die Anerkennung eines Rechts am eigenen Datenbestand nichts ändern. Zwar würde mithilfe

---

[67] Vgl. *Picker*, FS Canaris II, S. 579 (604).
[68] Statt aller BeckOK BGB/*Wendehorst*, § 812 BGB Rn. 127.

eines solchen Rechts einem, noch näher zu bestimmenden, Inhaber die Nutzung der auf einem Datenträger gespeicherten Datenverkörperungen zugewiesen. Der Zuweisungsgehalt erfasst jedoch in erster Linie nur den ungehinderten Zugang durch den Berechtigten.[69] Weder würde also die den Datenverkörperungen zugrunde liegende syntaktische Information und erst recht nicht der in ihnen enthaltene semantische Bedeutungsgehalt zugewiesen. Nicht kondiziert werden könnte mithin gerade dasjenige, was ein Dritter durch die Nutzung der syntaktischen Information (also die hergestellte Kopie) oder des Aussagegehalts der Datenverkörperungen erlangt hat. Da die Kondiktion infolgedessen auf die Herausgabe des Zugangs zu den Datenverkörperungen beschränkt wäre, würde sie sich im Ergebnis mit dem quasi-negatorischen Beseitigungsanspruch decken, soweit mit der Erlangung des Zugangs zugleich die §§ 202a–202d StGB verwirklicht sind.[70] Eigenständige Bedeutung würde die allgemeine Eingriffskondiktion im Umkehrschluss nur erlangen, wenn die Erlangung des Zugangs nicht zugleich einen Straftatbestand erfüllt oder der Bereicherungsschuldner nach §§ 818 Abs. 4, 819 Abs. 1 BGB verschärft haftet.[71]

(2) Syntaktische Information

Eine Rechtsposition mit Zuweisungsgehalt an syntaktischer Information liegt ausschließlich dann vor, wenn die betreffende Datenfolge in den Genuss des derivativen Patentschutzes gem. § 9 S. 2 Nr. 3 PatG kommt. Der Eingriff in die dem Patentinhaber zugewiesenen Befugnisse löst dann nicht nur patentrechtliche Rechtsfolgen, sondern ebenfalls Ansprüche auf Grundlage der allgemeinen Eingriffskondiktion aus.[72] Da jede Datenverkörperung die patentrechtlich geschützte syntaktische Information enthält, erfasst das Patentrecht im Grundsatz auch sämtliche, ohne die Erlaubnis des Patentinhabers hergestellte, Vervielfältigungen der geschützten Datenfolge. Da das Patentrecht nur bestimmte Befugnisse zuweist (§ 9 S. 2 Nr. 3 PatG), kann der Patentinhaber auch nur dasjenige kondizieren, was der Kondiktionsschuldner gerade durch die Nutzung der dem Patentinhaber zugewiesenen Befugnisse erlangt hat. Macht der Dritte von der syntaktischen Information hingegen in erlaubter Weise Gebrauch (§ 11 PatG), können

---

[69] So ausdrücklich *Riehm*, VersR 2019, 714 (721): „Zugangsmöglichkeit zu einer konkreten Verkörperung von Daten".

[70] Dies gilt jedoch nur unter der Voraussetzung, dass für die Verletzung des Rechts am eigenen Datenbestand nicht bereits die Überwindung einer Zugangssicherung gefordert wird. So aber *ders.*, VersR 2019, 714 (721).

[71] Praktisch relevant im Rahmen der verschärften Haftung ist insbesondere die Herausgabe des rechtsgeschäftlichen Surrogats gem. § 285 Abs. 1 BGB. Näher *ders.*, VersR 2019, 714 (722).

[72] Staudinger/*S. Lorenz*, Vor §§ 812 ff. BGB Rn. 65.

die Datenverkörperungen und alle weiteren Vorteile nicht im Wege der allgemeinen Eingriffskondiktion abgeschöpft werden.

cc) Zugewiesene Rechtspositionen an semantischer Information

Ebenso wie syntaktische Information ist auch der semantische Bedeutungsgehalt digitaler Information nicht umfassend, sondern nur bei Erfüllung bestimmter Voraussetzungen einer Person zugewiesen. Eine (reflexhafte) Zuweisung des Bedeutungsgehalts digitaler Information findet einerseits durch das Urheberrecht sowie durch das Leistungsschutzrecht des Datenbankherstellers statt. Greift ein Dritter in die dem Urheber bzw. Inhaber des Leistungsschutzrechts zugewiesenen Befugnisse ein, führt dies zu einem Bereicherungsanspruch auf Grundlage der allgemeinen Eingriffskondiktion.[73] Da dem Urheber bzw. Datenbankhersteller insbesondere die Befugnis zugewiesen ist, das Werk (§§ 15 Abs. 1 Hs. 2 Nr. 1, 16 UrhG) bzw. die Datenbank (§ 87b Abs. 1 S. 1 Var. 1 UrhG) zu vervielfältigen, kann der Berechtigte die von einem Dritten rechtsgrundlos hergestellten Vervielfältigungen der digitalen Information – soweit sie das geschützte Werk oder die Datenbank enthalten – bei diesem kondizieren. Die für die (Kreditsicherungs-)Praxis bedeutsamste Zuweisung des semantischen Bedeutungsgehalts digitaler Information erfolgt durch das Geschäftsgeheimnisrecht. Der Eingriff in den Zuweisungsgehalt von als Geschäftsgeheimnis geschützter digitaler Information zieht ebenfalls einen bereicherungsrechtlichen Anspruch im Wege der Nichtleistungskondiktion nach sich.[74] Da Geschäftsgeheimnisse gem. § 4 Abs. 1 Nr. 1 GeschGehG unter anderem nicht durch unbefugtes Kopieren elektronischer Dateien erlangt werden dürfen, kann der Geheimnisinhaber die von einem Dritten unrechtmäßig hergestellten Vervielfältigungen von der das Geschäftsgeheimnis verkörpernden digitalen Information kondizieren. Allgemein lässt sich festhalten, dass die durch die unrechtmäßige Vervielfältigung digitaler Information erlangten Datenverkörperungen (sowie ggf. weitere Vorteile) bei einem Dritten kondiziert werden können, soweit die Nutzung des semantischen Bedeutungsgehalts ausschließlich dem Rechtsinhaber zugewiesen ist.

Abschließend sei angemerkt, dass der Berechtigte vielfach kein Interesse an der – von den §§ 812 ff. BGB als Rechtsfolge eigentlich vorgesehenen – Herausgabe der Datenverkörperungen hat, weil er selbst über sie verfügt. Insoweit ist die Situation eine gänzlich andere als bei rivalen Gütern. Deshalb sollte der Kondiktionsanspruch in diesen Fällen nicht auf die Herausgabe, sondern auf die Löschung der Datenverkörperungen gerichtet sein.

---

[73] Staudinger/*ders.*, Vor §§ 812 ff. BGB Rn. 60.
[74] Köhler/Bornkamm/Feddersen/*Alexander*, § 10 GeschGehG Rn. 51.

*dd) Einfluss der Übertragung bzw. Belastung der Rechtsposition
zu Sicherungszwecken*

Die Untersuchung hat ergeben, dass an digitaler Information unterschiedliche Rechtspositionen mit Zuweisungsgehalt bestehen können, die im Fall ihrer rechtsgrundlosen Vervielfältigung einen Kondiktionsanspruch des Berechtigten auslösen. Wurde die jeweilige Rechtsposition im Zuge der Besicherung der digitalen Information zu Sicherungszwecken übertragen oder belastet, stellt sich die Frage, inwieweit dem Sicherungsnehmer Kondiktionsansprüche zustehen, wenn die als Sicherheit hinterlegte digitale Information unerlaubt vervielfältigt wird. Die Übertragung bzw. Belastung der an der digitalen Information bestehenden Rechtsposition verfolgt ausschließlich den Zweck, den Gläubiger für die Rückzahlung des Darlehens zu sichern. Nicht mit der Rechtseinräumung intendiert ist jedoch die Übertragung der Nutzungsbefugnis. Sie soll beim Sicherungsgeber verbleiben, damit er die digitale Information nutzen und dadurch die für die Rückzahlung des Darlehens erforderlichen Erlöse generieren kann. Die Kreditsicherung führt damit zu einer funktionalen Zweiteilung der an der digitalen Information bestehenden Rechtsposition. Dem Sicherungsnehmer wird die Verwertungsbefugnis zugewiesen. Demgegenüber verbleiben die Nutzungsbefugnis und ggf. weitere, aus der Rechtsposition folgende Befugnisse beim Sicherungsgeber. Bei den Pfandrechten geschieht dies kraft Gesetzes in der Weise, dass das Recht durch die Verpfändung mit einer (dinglichen) Verwertungsbefugnis belastet wird.[75] Bei der Sicherungstreuhand wird die Aufspaltung der jeweiligen Befugnisse dagegen durch die Sicherungsabrede künstlich erzeugt.[76] Für den Kondiktionsanspruch des Sicherungsnehmers gilt mithin das Folgende: Als Pfandrechtsinhaber kann der Sicherungsnehmer grundsätzlich Bereicherungsansprüche auf Grundlage einer Nichtleistungskondiktion geltend machen.[77] Da ihm allerdings nur die Verwertungsbefugnis zugewiesen ist, kann sich der Bereicherungsanspruch ausschließlich auf einen Eingriff in die Verwertungsbefugnis stützen.[78] Ebenso verhält es sich, wenn die Rechtsposition treuhänderisch übertragen wurde. Zwar ist der Sicherungsnehmer im Verhältnis zu Dritten Vollrechtsinhaber. Es wäre jedoch unbillig, wenn er sich diesen gegenüber auf einen Eingriff in die Nutzungsbefugnis berufen könnte, da diese nicht ihm, sondern dem Sicherungsgeber zugewiesen ist. Infolgedessen beschränkt sich die Eingriffskondiktion auch bei der Sicherungstreuhand auf Eingriffe in die Verwer-

---

[75] *Bülow*, Recht der Kreditsicherheiten, Rn. 97.
[76] Vgl. MüKoBGB/*Oechsler*, Anh. §§ 929–936 BGB Rn. 1.
[77] Vgl. BeckOK BGB/*Wendehorst*, § 812 BGB Rn. 127.
[78] In diese Richtung wohl auch MüKoBGB/*Damrau*, § 1227 BGB Rn. 6.

tungsbefugnis.[79] Zusammenfassend kann der Sicherungsnehmer Ansprüche auf Grundlage der Nichtleistungskondiktion gegen einen Dritten nur geltend machen, soweit ein Eingriff in die ihm zugewiesene Befugnis zur Verwertung der digitalen Information vorliegt. Ein solcher Eingriff liegt vor, wenn ein Dritter die rechtsgrundlos erlangte digitale Information an einen Dritten veräußert. Den aus der Nutzung der als Sicherheit fungierenden digitalen Information erlangten Vorteil kann der Sicherungsnehmer dagegen nicht abschöpfen, weil die Nutzungsbefugnis nicht ihm, sondern dem Sicherungsgeber zugewiesen ist.

d) Angemaßte Eigengeschäftsführung, § 687 Abs. 2 S. 1 BGB

Wird die als Sicherheit eingesetzte digitale Information unrechtmäßig erlangt und offengelegt, kommt schließlich noch ein Anspruch aufgrund angemaßter Eigengeschäftsführung gem. § 687 Abs. 2 S. 1 BGB in Betracht. Voraussetzung dafür ist, dass die Erlangung (i. S. e. Vervielfältigung der zugrunde liegenden Datenverkörperungen) bzw. Offenlegung (i. S. e. Verfügbarmachung der Datenverkörperungen) digitaler Information ein fremdes Geschäft (des Sicherungsnehmers) ist. Während die genannten Handlungen im Rahmen von § 677 BGB ohne Zweifel als Tätigwerden in fremdem Rechts- und Interessenkreis und damit als fremdes Geschäft zu werten wären, besteht Einigkeit darüber, dass der Kreis der in § 687 Abs. 2 BGB bezeichneten fremden Geschäfte deutlich enger zu ziehen ist.[80] Dies ist damit zu erklären, dass der Gesetzeszweck des § 687 Abs. 2 BGB nicht mit seiner systematischen Stellung im Recht der Geschäftsführung ohne Auftrag in Einklang zu bringen ist.[81] Das Erfordernis der Fremdheit eines Geschäfts ist im Rahmen der Geschäftsanmaßung daher autonom und losgelöst von dem § 677 BGB zugrunde liegenden Begriffsverständnis auszulegen.[82] Ausgehend vom Leitgedanken der Geschäftsanmaßung, dass jemand ein Geschäft ausschließlich zu seinem eigenen finanziellen Vorteil nutzt, ist ein Geschäft fremd i. S. d. § 687 Abs. 2 S. 1 BGB, wenn der Geschäftsanmaßer eine Gewinnerzielungschance wahrnimmt, die Teil einer fremden Rechtsposition ist.[83] Handelt es sich bei der Rechtsposition um ein Ausschließlichkeitsrecht, ist die Gewinnerzielungsbefugnis in jedem Fall dem Inhaber des Ausschließlichkeitsrechts zugewie-

---

[79] *S. Lorenz*, LMK 2006, 204400; MüKoBGB/*Schwab*, § 812 BGB Rn. 306–308 (jeweils in Bezug auf die Sicherungsübereignung).
[80] Staudinger/*Bergmann*, § 687 BGB Rn. 15; MüKoBGB/*Schäfer*, § 687 BGB Rn. 15.
[81] Eingehend BeckOGK BGB/*Hartmann*, Stand: 01.09.2022, § 687 BGB Rn. 11–14.
[82] Staudinger/*Bergmann*, § 687 BGB Rn. 15; BeckOGK BGB/*Hartmann*, Stand: 01.09.2022, § 687 BGB Rn. 42.
[83] Staudinger/*Bergmann*, § 687 BGB Rn. 17; BeckOGK BGB/*Hartmann*, Stand: 01.09.2022, § 687 BGB Rn. 43.

sen.⁸⁴ Allgemein gilt daher, dass die unberechtigte Verwertung digitaler Information, an der ein Ausschließlichkeitsrecht besteht, Ansprüche gem. § 687 Abs. 2 BGB auslöst.⁸⁵ Auch für die Geschäftsanmaßung spielt es aber eine Rolle, dass die jeweilige Rechtsposition lediglich die Sicherung des Sicherungsnehmers bezweckt. Ein Geschäft des Sicherungsnehmers führt der Geschäftsanmaßer folglich nur dann, wenn er die als Sicherheit fungierende digitale Information an einen Dritten veräußert. In diesem Fall ist der Geschäftsanmaßer dem Sicherungsnehmer gem. §§ 687 Abs. 2 S. 1, 681 S. 2, 667 Alt. 2 BGB zur Erlösherausgabe verpflichtet. Alternativ kann der Sicherungsnehmer gem. §§ 687 Abs. 2 S. 1, 678 BGB Ersatz für den aus der Geschäftsanmaßung entstandenen Schaden verlangen.⁸⁶ Wie gezeigt, kann digitale Information auch dann einen (Sicherungs-)Wert haben, wenn ihre Exklusivität nicht auf rechtlichen, sondern auf faktischen Gründen beruht. Vor diesem Hintergrund liegt es nahe, die Geschäftsanmaßung auf die Inanspruchnahme von Gewinnerzielungsmöglichkeiten auszudehnen, die sich zwar nicht aufgrund eines rechtlichen Monopols, aber aufgrund einer faktischen Ausschließlichkeit an der digitalen Information ergeben. Es leuchtet in diesem Fall nicht ein, warum der Inhaber der digitalen Information von dem Geschäftsanmaßer den Erlös nur deshalb nicht herausverlangen können soll, weil an der digitalen Information kein ausschließliches Recht besteht. Dagegen spricht auch nicht, dass die ganz herrschende Meinung die Schaffung von über die bestehenden Immaterialgüterrechte hinausgehenden Rechtspositionen an digitaler Information ablehnt. Daraus, dass mangels eines Marktversagens kein Bedarf für die Schaffung entsprechender Rechte besteht, kann nicht geschlussfolgert werden, dass dem faktischen Ausschließlichkeitsinhaber in vergleichbaren Situationen Ersatzansprüche verwehrt bleiben müssten. Dehnt man die Geschäftsanmaßung auf nicht ausschließlich zugewiesene digitale Information aus, verbessert sich die Rechtsposition des Sicherungsnehmers gegenüber der Eingriffskondition erheblich. Während für den Bereicherungsanspruch stets eine Rechtsposition mit Zuweisungsgehalt erforderlich ist, kann mithilfe von § 687 Abs. 2 BGB (analog) die Veräußerung jeglicher als Kreditsicherheit eingesetzter digitaler Information ohne Rücksicht darauf erfasst werden, ob eine rechtliche Zuweisung besteht.

---

⁸⁴ BeckOGK BGB/*Hartmann*, Stand: 01.09.2022, § 687 BGB Rn. 49.
⁸⁵ Vgl. BeckOGK BGB/*ders.*, Stand: 01.09.2022, § 687 BGB Rn. 59.
⁸⁶ Neben und nicht an die Stelle der Erlösherausgabe träte derjenige Schaden, der dem Sicherungsnehmer durch die mangelnde Sorgfalt des Geschäftsanmaßers entsteht. Veräußert der Geschäftsanmaßer die digitale Information schuldhaft weit unter Wert, kann der Sicherungsnehmer gem. §§ 687 Abs. 2 S. 1, 677, 280 Abs. 1 S. 1 BGB zusätzlich den Mindererlös verlangen.

e) Fazit

Die Untersuchung der allgemeinen zivilrechtlichen Anspruchsnormen hat gezeigt, dass der Sicherungsnehmer der Erlangung und Offenlegung der als Kreditsicherheit dienenden digitalen Information nicht schutzlos gegenübersteht. So kann der Sicherungsnehmer etwa mithilfe des quasi-negatorischen Beseitigungsanspruchs die Löschung von Kopien verlangen, die unter Verstoß gegen die Straftatbestände der §§ 202a–202d StGB hergestellt wurden. Wird die digitale Information unrechtmäßig veräußert, kann der Sicherungsnehmer im Wege der Nichtleistungskondiktion das Erlangte herausverlangen, soweit sie auf semantischer bzw. syntaktischer Ebene durch Ausschließlichkeitsrechte geschützt ist. Mithilfe einer analogen Anwendung von § 687 Abs. 2 BGB lässt sich sogar die Veräußerung nicht zugewiesener digitaler Information erfassen. Gleichwohl erweist sich der Schutz insgesamt als lückenhaft, da sich der Sicherungsnehmer in vielen Fällen mit den zur Verfügung stehenden zivilrechtlichen Instrumenten nicht gegen die unrechtmäßige Erlangung und Offenlegung der als Sicherheit eingesetzten digitalen Information zur Wehr setzen kann. Die Ursache dürfte vor allem darin zu sehen sein, dass das BGB immaterielle Güter bislang nur unzureichend erfasst und damit Problemen, die sich aus ihrem nicht-rivalen Charakter ergeben, nicht adäquat Rechnung tragen kann.

3. Immaterialgüterrechtliche Ansprüche

Neben den allgemeinen zivilrechtlichen Ansprüchen kommen bei der Erlangung und Offenlegung von als Kreditsicherheit eingesetzter digitaler Information ferner immaterialgüterrechtliche Ansprüche in Betracht. Voraussetzung für die Geltendmachung solcher Ansprüche ist, dass die digitale Information immaterialgüterrechtlich geschützt ist. Ferner muss dem Sicherungsnehmer eine Rechtsposition eingeräumt worden sein, die ein Vorgehen aus dem Schutzrecht erlaubt.

a) Aktivlegitimation des Sicherungsnehmers

Da die Kreditbesicherung von durch Immaterialgüterrechte zugewiesener digitaler Information – wie im zweiten Teil gezeigt – sehr facettenreich ist, bedarf zunächst der Prüfung, in welchen Fällen der Sicherungsnehmer zur Geltendmachung von Rechtsverletzungen aktivlegitimiert ist. Wird das Patent, das Urheberrecht oder ein verwandtes Schutzrecht verletzt, bestimmen die § 139 PatG und § 97 UrhG, dass die jeweiligen Ansprüche dem Verletzten zustehen. Das kann neben dem Inhaber des Schutzrechts auch der ausschließliche Lizenznehmer sein.[87]

---

[87] Ganz h.M., statt vieler *Pahlow*, GRUR 2007, 1001 mit umfangreichen Nachweisen;

Wird das Geschäftsgeheimnis verletzt, stehen die aus den §§ 6ff. GeschGehG folgenden Ansprüche dem Inhaber des Geschäftsgeheimnisses zu. Das ist nicht nur die Person, die das Geschäftsgeheimnis derivativ erworben hat, sondern auch der Lizenznehmer.[88] Für die Besicherung digitaler Information bedeutet das, dass der Sicherungsnehmer immer dann aktivlegitimiert ist, wenn ihm das Schutzrecht zur Sicherheit übertragen wurde,[89] oder wenn er Inhaber einer ausschließlichen Sicherungslizenz ist. Ist die digitale Information dagegen als Geschäftsgeheimnis geschützt, genügt für die Aktivlegitimation des Sicherungsnehmers dagegen auch eine einfache Lizenz, da die für die Inhaberschaft geforderte Kontrolle über das Geschäftsgeheimnis nicht von der Art der Lizenz abhängig ist. Der Sicherungsnehmer kann schließlich auch dann aktivlegitimiert sein, wenn er ein Pfandrecht an dem Schutzrecht erworben hat.[90]

Die bisherigen Ausführungen lassen erahnen, dass die Besicherung von Immaterialgüterrechten regelmäßig zu einer konkurrierenden Anspruchsberechtigung von Sicherungsnehmer und Sicherungsgeber führt. Dies folgt bei der Sicherungslizenzierung unmittelbar daraus, dass die Berechtigung stets vom Inhaber des Schutzrechts abgeleitet ist. Aber auch die Sicherungsübertragung erfordert die Rücklizenzierung an den Sicherungsgeber. Grundsätzlich gilt, dass Lizenzgeber und -nehmer unabhängig voneinander gegen Verletzungen des Schutzrechts vorgehen können. Im Fall der Lizenzierung sämtlicher Nutzungsrechte ist für die Geltendmachung von Unterlassungsansprüchen durch den Schutzrechtsinhaber erforderlich, dass „ihm aus der Lizenzvergabe fortdauernde materielle Vorteile erwachsen."[91] Dieses Kriterium kann auch bei der Sicherungsübertragung fruchtbar gemacht werden, da die Rücklizenzierung an den Sicherungsgeber bezweckt, dass dieser durch die Nutzung des Schutzrechts das Darlehen tilgen bzw. die Zinsen zahlen kann. Für die Geltendmachung von Schadensersatzansprüchen durch den Schutzrechtsinhaber ist die Wahrscheinlichkeit eines eigenen Schadens entscheidend.[92] Ein solcher liegt in der Regel vor, wenn der Schutzrechtsinhaber wirtschaftlich an der Lizenz partizipiert.[93] Zwar lässt sich auch dieses Kriterium nicht 1:1 auf die Kreditsicherung übertragen. Aller-

---

BeckOGK BGB/*ders.*, Stand: 01.09.2022, § 581 BGB Rn. 348; a. A. für das Patentrecht jüngst *Jestaedt*, GRUR 2020, 354ff. Der einfache Lizenznehmer ist nicht aktivlegitimiert, s. für das Patentrecht BeckOK PatR/*Pitz*, § 139 PatG Rn. 23; für das Urheberrecht und die Leistungsschutzrechte Schricker/Loewenheim/*Leistner*, § 97 UrhG Rn. 46.

[88] BeckOK GeschGehG/*Hiéramente*, § 2 GeschGehG Rn. 81 f.

[89] Die translative Vollrechtsübertragung des Urheberrechts ist wegen § 29 Abs. 1 UrhG nicht möglich.

[90] Vgl. BeckOK PatR/*Pitz*, § 139 PatG Rn. 35.

[91] BGH, GRUR 2011, 711 (712) – *Cinch-Stecker*.

[92] BGH, GRUR 2011, 711 (712) – *Cinch-Stecker*.

[93] BGH, GRUR 2011, 711 (712) – *Cinch-Stecker*.

dings ist nicht zu verkennen, dass Rechtsverletzungen Dritter durchaus negativen Einfluss auf die Rückzahlung des Darlehens haben können und der Sicherungsnehmer damit ein wirtschaftliches Interesse am Werterhalt des Schutzrechts hat.[94] Dasselbe gilt umgekehrt für den Fall, dass der Sicherungsnehmer lediglich Lizenznehmer ist, da auch in diesem Fall ein Interesse an der Verteidigung des Schutzrechts besteht. Ist der Sicherungsnehmer nur Pfandgläubiger, kann er lediglich Unterlassungsansprüche geltend machen.[95] Zur Vermeidung von Konflikten sollte die Zuständigkeit für die Abwehr von Rechtsverletzungen in der Sicherungsabrede geregelt werden. Vielfach wird es naheliegen, diese Aufgabe zur Pflicht des Sicherungsgebers zu machen, weil er dem Schutzrecht nähersteht.[96]

b) Ansprüche auf Beseitigung und Unterlassung

Der verschuldensunabhängige Beseitigungs- und Unterlassungsanspruch ist das zentrale Instrument zur Abwehr immaterialgüterrechtlicher Rechtsverletzungen. Während dem Unterlassungsanspruch in der Praxis weitaus größere Bedeutung zukommt, liegt der Fokus im Fall der widerrechtlichen Erlangung und Offenlegung von als Kreditsicherheit eingesetzter digitaler Information dagegen auf dem Beseitigungsanspruch.

aa) Grundlagen des negatorischen Rechtsschutzes

Unterlassungsansprüche sind in § 139 Abs. 1 S. 1 PatG, § 97 Abs. 1 S. 1 Alt. 2 UrhG und § 6 S. 1 Alt. 2 GeschGehG normiert. Beseitigungsansprüche sind ausdrücklich nur in § 97 Abs. 1 S. 1 Alt. 1 UrhG und § 6 S. 1 Alt. 1 GeschGehG geregelt. Im Patentrecht wird der Beseitigungsanspruch auf eine Gesamtanalogie zu § 1004 Abs. 1 S. 1 BGB gestützt.[97]

bb) Beseitigung rechtsverletzender Datenverkörperungen

Digitale Information ist stets auf einem materiellen Trägermedium in Form von Daten verkörpert. Ist die syntaktische bzw. semantische Information ausschließlich zugewiesen, bildet jede unter Rückgriff auf die dem Inhaber zugewiesenen Befugnisse hergestellte Verkörperung eine „stetig sich erneuernde Quelle von

---

[94] *Freyer*, Urheberrechte als Kreditsicherheit, S. 145 (allerdings beschränkt auf urheberrechtliche Nutzungsbefugnisse).
[95] BeckOK PatR/*Pitz*, § 139 PatG Rn. 35.
[96] So auch *Freyer*, Urheberrechte als Kreditsicherheit, S. 145 (für das Urheberrecht).
[97] BeckOGK BGB/*Spohnheimer*, Stand: 01.11.2022, § 1004 BGB Rn. 12.4; Staudinger/*Thole*, § 1004 BGB Rn. 6.

Verletzungen."[98] Da der fortdauernde rechtswidrige Zustand nur dadurch beseitigt werden kann, dass die Datenverkörperungen gelöscht werden, ist der Beseitigungsanspruch inhaltlich auf die Löschung der Datenverkörperungen gerichtet. Voraussetzung dafür ist, dass die Datenverkörperungen das zum Zwecke der Besicherung der digitalen Information übertragene bzw. belastete Schutzrecht verletzen.

(1) Patentrecht

Ist die digitale Information auf syntaktischer Ebene patentrechtlich geschützt, kann der Sicherungsnehmer gem. § 9 S. 2 Nr. 3 PatG jedem Dritten verbieten, die Datenfolge anzubieten, in Verkehr zu bringen, zu gebrauchen oder zu den genannten Zwecken einzuführen oder zu besitzen. Der Wortlaut der Norm legt dabei nahe, dass der Rechtsverletzer die digitale Information in Anwendung des patentierten Verfahrens selbst hergestellt haben muss. Unter Zugrundelegung einer materiellen Sichtweise leuchtet dies unmittelbar ein, da sich körperliche Erzeugnisse nicht einfach vervielfältigen lassen.[99] Dementsprechend würde § 9 S. 2 Nr. 3 PatG an sich nur den Fall erfassen, dass der Rechtsverletzer die Datenfolge unter Anwendung des patentgeschützten Verfahrens selbst erzeugt. Es ist allerdings kein vernünftiger Grund ersichtlich, warum sich das Verbietungsrecht nicht auch auf Fälle erstrecken soll, in denen sich der Rechtsverletzer noch nicht einmal die Mühe macht, das patentgeschützte Verfahren zu benutzen. Erst recht müssen daher von § 9 S. 2 Nr. 3 PatG auch die Fälle erfasst werden, in denen der Rechtsverletzer die Datenfolge bloß kopiert. Die durch das Patentrecht zugewiesenen Befugnisse beschränken sich allerdings auf den gewerblichen Bereich. So kann der Berechtigte die Vervielfältigung der Datenfolge nicht verbieten, wenn sie etwa gem. § 11 Nr. 1 PatG lediglich im privaten Bereich zu nicht gewerblichen Zwecken erfolgt ist.

Ist unter den genannten Voraussetzungen eine Rechtsverletzung zu bejahen, kann der Sicherungsnehmer im Wege des Beseitigungsanspruchs grundsätzlich Löschung der patentverletzenden Datenverkörperungen verlangen. Allerdings hat die Beseitigung fortdauernder Störungen in § 140a Abs. 1 und 3 PatG eine besondere Ausformung erfahren, die den Rückgriff auf den allgemeinen Beseitigungsanspruch in der Regel obsolet werden lässt.[100] Für den Anspruch auf Vernichtung von Verfahrenserzeugnissen ist gem. § 140a Abs. 1 S. 2 i.V.m. S. 1 PatG erforderlich, dass sich die Erzeugnisse im Besitz oder Eigentum des Verletzers befinden. Wie die Ergebnisse des ersten Teils gezeigt haben, ist an Daten

---

[98] RGZ 170, 317 (320). S. auch bereits oben S. 252.
[99] Dies könnte sich in Zukunft durch 3-D-Drucker grundlegend ändern.
[100] Benkard/*Grabinski/Zülch*, § 139 PatG Rn. 38.

mangels Sachqualität weder Besitz noch Eigentum möglich. Da Sinn und Zweck der Vorschrift für unkörperliche Erzeugnisse jedoch in gleicher Weise gilt, sollte auf die tatsächliche Verfügungsgewalt des Rechtsverletzers an den Daten abgestellt werden. Hat Letzterer die patentverletzenden Daten weiter vervielfältigt und veräußert, kann der Sicherungsnehmer gem. § 140a Abs. 3 S. 2 i. V. m. S. 1 PatG zudem Rückruf der Daten verlangen.

(2) Urheberrecht und Leistungsschutzrecht des Datenbankherstellers

Ist die digitale Information urheberrechtlich oder durch das Leistungsschutzrecht des Datenbankherstellers geschützt, haben der Urheber und der Datenbankhersteller gem. §§ 15 Abs. 1 Hs. 2 Nr. 1, 16 bzw. § 87b Abs. 1 S. 1 Var. 1 UrhG jeweils das ausschließliche Recht, die digitale Information zu vervielfältigen. Da der Schutz auf semantischer Ebene ansetzt, stellt jede das geschützte Werk bzw. die geschützte Datenbank verkörpernde und ohne Zustimmung des Rechteinhabers hergestellte Datenfolge eine Rechtsverletzung dar. Der Sicherungsnehmer kann demzufolge nicht nur Löschung solcher Datenverkörperungen verlangen, die ein identisches Abbild der als Sicherheit hinterlegten Datenverkörperungen sind. Ein Löschungsanspruch besteht vielmehr auch dann, wenn die rechtsverletzenden Datenverkörperungen eine abweichende syntaktische Datenstruktur aufweisen.[101] Neben dem bereits erwähnten Vervielfältigungsrecht ist für die Besicherung digitaler Information vor allem das Recht der öffentlichen Zugänglichmachung (vgl. §§ 15 Abs. 2 S. 2 Nr. 2, 19a i. V. m. § 87b Abs. 1 S. 1 Var. 3 UrhG) als Unterfall des Rechts der öffentlichen Wiedergabe praktisch relevant. Es umfasst insbesondere die Fälle, in denen die als Sicherheit hinterlegte digitale Information ins Internet gestellt wird. Zusammenfassend kann der Sicherungsnehmer, sofern die zu Sicherungszwecken hinterlegte digitale Information widerrechtlich vervielfältigt, verbreitet oder öffentlich zugänglich gemacht wird, von dem Rechtsverletzer gem. § 97 Abs. 1 S. 1 Alt. 1 UrhG Beseitigung der rechtsverletzenden Datenverkörperungen verlangen. Darüber hinaus steht dem Sicherungsnehmer der in § 98 Abs. 1 S. 1, Abs. 2 UrhG normierte Vernichtungs- und Rückrufanspruch zu. Wie der patentrechtliche, erfordert auch der urheberrechtliche Vernichtungs- und Rückrufanspruch, dass sich die (körperlichen) Vervielfältigungsstücke im Besitz oder Eigentum des Verletzers befinden müssen. Da die *ratio legis* für digitale Sachverhalte in gleicher Weise gilt, ist die Vorschrift auf Datenverkörperungen mit der Maßgabe anzuwenden, dass sie sich in der tatsächlichen Verfügungsgewalt des Rechtsverletzers befinden.[102]

---

[101] Dies ist etwa der Fall, wenn die digitale Information in ein anderes Datenformat übertragen, also umcodiert wurde.

[102] Vgl. Dreier/Schulze/*Dreier*, § 98 UrhG Rn. 6, der als Vervielfältigungsstücke auch „di-

(3) Schutz als Geschäftsgeheimnis

Verkörpert die digitale Information auf semantischer Ebene ein Geschäftsgeheimnis i. S. d. § 2 Nr. 1 GeschGehG, ist der Geheimnisinhaber durch die in § 4 GeschGehG normierten Handlungsverbote vor bestimmten Verhaltensweisen geschützt. Gem. § 4 Abs. 1 Nr. 1 GeschGehG darf ein Geschäftsgeheimnis unter anderem nicht erlangt werden durch unbefugtes Kopieren elektronischer Dateien, die das Geschäftsgeheimnis enthalten. Die Norm betrifft folglich den Fall, dass die als Kreditsicherheit hinterlegte digitale Information unbefugt vervielfältigt wird. Wie schon beim Urheberrecht ist es auch für das Verbietungsrecht des Geheimnisinhabers unerheblich, welche syntaktische Anordnung die das Geschäftsgeheimnis verkörpernde digitale Information aufweist. § 4 Abs. 2 Nr. 1 lit. a GeschGehG dehnt den Schutz des Geheimnisinhabers aus und verbietet darüber hinaus die Nutzung und Offenlegung von Geschäftsgeheimnissen, die der Geheimnisverletzer unter anderem durch unbefugtes Kopieren elektronischer Dateien erlangt hat. Erfasst wird somit insbesondere der für den Sicherungsnehmer besonders problematische Fall, dass die unbefugt vervielfältigte digitale Information abrufbereit im Internet verfügbar gemacht wird.[103] Liegt eine Zuwiderhandlung gegen eines der in § 4 GeschGehG normierten Handlungsverbote vor, kann der Sicherungsnehmer vom Rechtsverletzer gem. § 6 S. 1 Alt. 1 GeschGehG Löschung der das Geschäftsgeheimnis enthaltenden digitalen Information verlangen. Wurde die geheimnisverletzende digitale Information auf einer Internetseite zum Abruf bereitgestellt, kommt als taugliche Beseitigungsmaßnahme ferner die Sperrung oder Löschung der Seite in Betracht.[104] Daneben kann der Sicherungsnehmer die spezielleren Ansprüche gem. § 7 GeschGehG geltend machen, die selbstständig neben den Beseitigungsanspruch treten.[105] Von besonderem Interesse ist dabei der in § 7 Nr. 1 GeschGehG normierte Vernichtungsanspruch, der ausdrücklich die Vernichtung elektronischer Dateien vorsieht. Der Geheimnisinhaber kann demzufolge verlangen, dass die geheimnisverletzenden Datenverkörperungen entweder gelöscht oder jedenfalls so verändert werden, dass sie zur Repräsentation des Geschäftsgeheimnisses nicht mehr verwendet werden können.[106] Dies gilt allerdings nur, wenn und soweit sich die elektronischen Dateien im Eigentum oder Besitz des Rechtsverletzers befinden. Damit hat der Gesetzgeber – was angesichts der zur Zeit des Gesetzgebungsver-

---

gitale Speicherungen geschützter Werke" ansieht, ohne allerdings näher darauf einzugehen, ob an ihnen Eigentum oder Besitz möglich ist.

[103] Vgl. Köhler/Bornkamm/Feddersen/*Alexander*, § 4 GeschGehG Rn. 39.
[104] Vgl. Köhler/Bornkamm/Feddersen/*ders.*, § 6 GeschGehG Rn. 29 mit Verweis auf BT-Drs. 18/4724, S. 30.
[105] Köhler/Bornkamm/Feddersen/*ders.*, § 7 GeschGehG Rn. 1.
[106] *Partsch/Schindler*, NJW 2020, 2364 (2367).

fahrens in vollem Gange befindlichen Dateneigentum-Debatte erstaunlich ist – zwei Tatbestandsvoraussetzungen normiert, deren (kumulatives) Vorliegen *de lege lata* nicht möglich ist. Würde man sich streng am Gesetzeswortlaut orientieren, könnte ein Anspruch auf Vernichtung elektronischer Dateien nicht entstehen, da elektronische Dateien mangels Sachqualität weder Gegenstand des Besitzes noch des Eigentums sein können. Da dies vom Gesetzgeber ersichtlich nicht gewollt sein kann, müsste die Norm an sich teleologisch reduziert werden. Hierfür besteht jedoch ausnahmsweise kein Bedarf, weil sich der deutsche Gesetzgeber mit dem Erfordernis einer sachenrechtlichen Herrschaftsposition über die Vorgaben der zugrunde liegenden GeschGeh-RL hinweggesetzt hat.[107] Mithin ist der Wortlaut von § 7 Nr. 1 GeschGehG im Wege richtlinienkonformer Auslegung dahingehend zu korrigieren, dass der Rechtsverletzer über eine tatsächliche Einflussnahmemöglichkeit auf die geheimnisverletzenden Datenverkörperungen verfügen muss.[108] Neben dem Vernichtungsanspruch kann der Sicherungsnehmer gem. § 7 Nr. 2–5 GeschGehG weitere Ansprüche hinsichtlich rechtsverletzender Produkte geltend machen. Rechtsverletzendes Produkt i. S. d. Vorschrift kann auch digitale Information sein.[109]

cc) Haftung von Intermediären bei Offenlegung im Internet

Die mit Abstand intensivste Verletzungsform für den Sicherungsnehmer stellt es dar, wenn die als Sicherungsgut hinterlegte digitale Information für einen potenziell unbeschränkten Personenkreis im Internet verfügbar ist. Dabei erscheint es für den Sicherungsnehmer besonders verlockend, nicht gegen den Rechtsverletzer selbst – der in vielen Fällen möglicherweise gar nicht bekannt oder nicht greifbar ist –, sondern gegen denjenigen vorzugehen, der die Rechtsverletzung erst ermöglicht. Die beiden wichtigsten dieser sog. Intermediäre[110] sind Zugangsvermittler (Access-Provider) und Host-Provider. Während Erstere für ihre Nutzer die Schnittstelle zum Internet bereitstellen, speichern Letztere die von den Nutzern dort hochgeladene digitale Information.[111] Im Ergebnis besteht Übereinstimmung, dass auch *mittelbar* Verantwortliche unter bestimmten Voraussetzungen für durch Dritte begangene Rechtsverletzungen haften können. Umstritten sind aber nicht nur die Einzelheiten der Haftung, sondern auch ihre dogmatische Grundlage.[112] Im Immaterialgüterrecht wird die mittelbare Verant-

---

[107] Köhler/Bornkamm/Feddersen/*Alexander*, § 7 GeschGehG Rn. 13.
[108] Vgl. Köhler/Bornkamm/Feddersen/*ders.*, § 7 GeschGehG Rn. 14.
[109] Köhler/Bornkamm/Feddersen/*ders.*, § 2 GeschGehG Rn. 127.
[110] Als Intermediäre bezeichnet man Personen, die unmittelbar selbst keine Verletzungshandlung vornehmen, aber Dritten die Möglichkeit dazu vermitteln, *Ohly*, JZ 2019, 251.
[111] *Ders.*, JZ 2019, 251.
[112] *Hofmann*, NJW 2021, 274: „bunte[r] Strauß dogmatischer Begründungen".

wortlichkeit für Schutzrechtsverletzungen überwiegend auf die von der Rechtsprechung entwickelte Figur der Störerhaftung gestützt.[113] Sie beruht auf einer Analogie zu § 1004 Abs. 1 BGB, weshalb der Störer nur auf Beseitigung oder Unterlassung, nicht aber auf Schadensersatz in Anspruch genommen werden kann. Zentrale Haftungsvoraussetzung ist die Verletzung zumutbarer Prüf- und Überwachungspflichten.[114] Den – insbesondere vom Schrifttum favorisierten – dogmatischen Gegenpol zur Störerhaftung bildet die Haftung als Täter. Ihr liegt das von der Fahrlässigkeitsstrafbarkeit bekannte Einheitstäterprinzip zugrunde, wonach jeder, der einen kausalen Verursachungsbeitrag geleistet hat, als tauglicher Täter in Betracht kommt.[115] Für die täterschaftliche Haftung einer Schutzrechtsverletzung genügt folglich ein mittelbarer Verursachungsbeitrag. Entsprechend der zu § 823 Abs. 1 BGB entwickelten Dogmatik setzt die Haftung für mittelbare Rechtsverletzungen den Verstoß gegen eine Verkehrspflicht voraus.[116] Im Patentrecht hat die täterschaftliche Haftung die Störerhaftung schon vor langer Zeit abgelöst.[117] Im Urheberrecht kam eine täterschaftliche Haftung für mittelbare Rechtsverletzungen dagegen bislang nicht infrage. Stattdessen kann derjenige, „der – ohne Täter oder Teilnehmer zu sein – in irgendeiner Weise willentlich und adäquat-kausal zur Verletzung des geschützten Rechtsguts beiträgt"[118] lediglich als Störer in Anspruch genommen werden. Möglicherweise gehört die Störerhaftung aber auch im Urheberrecht bald der Vergangenheit an, da der EuGH die urheberrechtliche Verantwortlichkeit von Intermediären zuletzt dem täterschaftlichen Haftungskonzept unterstellt hat.[119] Auch für die mittelbare Verletzung von Geschäftsgeheimnissen dürfte nicht die Störerhaftung, sondern die täterschaftliche Haftung das passende Haftungsinstrument sein. Dafür spricht, dass der BGH die Störerhaftung im Lauterkeitsrecht vor Kurzem ausdrücklich aufgegeben hat.[120] Unabhängig von der dogmatischen Grundlage setzt die Haftung für mittelbare Rechtsverletzungen stets voraus, dass der Störer bzw. Täter zumutbare Prüf- bzw. Verkehrspflichten verletzt hat. Host-Provider können für eine Rechtsverletzung nur in Anspruch genommen werden, wenn sie einem vor-

---

[113] *Leistner*, GRUR-Beil. 2010, 1.
[114] Näher zum Ganzen *Ohly*, ZUM 2015, 308 (311 f.).
[115] *Wagner*, GRUR 2020, 329 (334); MüKoBGB/*ders.*, § 823 BGB Rn. 854 f.
[116] *Ohly*, ZUM 2015, 308 (311).
[117] S. dazu BGHZ 182, 245 (256) – *MP3-Player-Import*, wo der BGH ausdrücklich darauf hinwies, „[…] dass für den Tatbestand des § 139 PatG […] die Unterscheidung zwischen eigener und ermöglichter fremder Benutzung für unerheblich erachtet worden […]" sei.
[118] BGHZ 208, 82 (91) – *Störerhaftung des Access-Providers*.
[119] Skeptisch hinsichtlich des Fortbestands der Störerhaftung aus diesem Grund *Ohly*, JZ 2019, 251 (255).
[120] Köhler/Bornkamm/Feddersen/*Alexander*, § 6 GeschGehG Rn. 21.

angegangenen berechtigten Löschungsverlangen nicht nachgekommen sind.[121] Damit wird letztlich eine Pflicht zur Löschung schutzrechtsverletzender Inhalte statuiert.[122] Die Haftung von Access-Providern kommt dagegen erst dann in Betracht, wenn die Inanspruchnahme von Personen, die der Rechtsverletzung näher stehen (insbesondere also Host-Provider) erfolglos verlaufen ist.[123] Für die Besicherung digitaler Information lassen sich daraus folgende Schlüsse ziehen: Stellt der Sicherungsnehmer fest, dass die als Sicherheit dienende digitale Information widerrechtlich im Internet verfügbar ist, hat er den Host-Provider zunächst auf die Schutzrechtsverletzung aufmerksam zu machen und zur Löschung der rechtsverletzenden digitalen Information aufzufordern. Kommt der Host-Provider dem Verlangen nicht nach, kann ihn der Sicherungsnehmer auf Beseitigung und Unterlassung und ggf. sogar auf Schadensersatz in Anspruch nehmen. Eine Haftung des Access-Providers und damit eine Sperrung der Internetseite kommt erst in Betracht, wenn die Inanspruchnahme des Host-Providers erfolglos gewesen sein sollte.

dd) Anspruch auf Unterlassung

Sind zukünftige Rechtsverletzungen zu besorgen, stehen dem Sicherungsnehmer bei Wiederholungsgefahr Unterlassungsansprüche zu. Dabei genügt in allen Fällen, dass die Zuwiderhandlung erstmalig droht, vgl. § 139 Abs. 1 S. 1 PatG, § 97 Abs. 1 S. 1 UrhG, § 6 S. 2 GeschGehG. Unterlassungsansprüche dürften im Rahmen der rechtswidrigen Erlangung und Offenlegung von als Kreditsicherheit eingesetzter digitaler Information eine untergeordnete Rolle spielen.

c) Ansprüche auf Schadensersatz

Der Sicherungsnehmer kann den Rechtsverletzer außerdem auf Schadensersatz in Anspruch nehmen, sofern die Rechtsverletzung schuldhaft begangen wurde. Dieses Erfordernis dürfte bei der widerrechtlichen Erlangung und Offenlegung der als Kreditsicherheit eingesetzten digitalen Information regelmäßig gegeben sein. Für die Schadensberechnung stehen drei unterschiedliche Methoden zur Verfügung, vgl. § 139 Abs. 2 S. 2 und 3 PatG, § 97 Abs. 2 S. 2 und 3 UrhG, § 10 Abs. 2 S. 1 und 2 GeschGehG (sog. dreifache Schadensberechnung). Für den Schaden des Sicherungsnehmers dürfte die Lizenzanalogie und die Gewinnabschöpfung regelmäßig ausscheiden.

---

[121] *Hofmann*, JuS 2017, 713 (715).
[122] *Ders.*, JuS 2017, 713 (715).
[123] *Ders.*, JuS 2017, 713 (715).

4. Fazit

Eine Zusammenschau aus straf- und zivilrechtlichen Normen hat gezeigt, dass der Sicherungsnehmer vor der unrechtmäßigen Erlangung und Offenlegung von als Kreditsicherheit fungierender digitaler Information im Wesentlichen gut geschützt ist. Das gilt vor allem dann, wenn die digitale Information auf syntaktischer bzw. semantischer Ebene immaterialgüterrechtlichen Schutz genießt. In diesem Fall stehen dem Sicherungsnehmer die sehr wirkungsvollen immaterialgüterrechtlichen Anspruchsnormen zur Seite. Gleichwohl soll an dieser Stelle nicht verharmlost werden, dass der Sicherungswert der digitalen Information und damit der gesamte Sicherungszweck existenziell bedroht sind, wenn die als Sicherheit hinterlegte digitale Information in falsche Hände gerät. Dass die durch das Recht bereitgestellten Instrumente für solche Fälle ausreichen – einmal abgesehen von der Frage, ob das Recht einen solchen Schutz überhaupt leisten kann – darf bezweifelt werden. Umso mehr wird es vor diesem Hintergrund darauf ankommen, die als Kreditsicherheit eingesetzte digitale Information mithilfe technischer Schutzmaßnahmen wirksam gegen den Zugriff unberechtigter Dritter zu schützen. Hierbei könnte in Zukunft möglicherweise auch die Quantentechnologie eine Rolle spielen.

III. Verkehrs- und Verfügungsschutz des Sicherungsnehmers

Eine weitere Gefahr für den Sicherungsnehmer droht schließlich, wenn der Sicherungsgeber während der Sicherungsphase abredewidrig über die digitale Information verfügt oder bereits vor der Kreditsicherung anderweitig über sie verfügt hat. Ein Beispiel hierfür wäre etwa, dass der Sicherungsgeber die digitale Information ein weiteres Mal einem Gläubiger als Sicherheit zur Verfügung stellt oder bereits zuvor zur Verfügung gestellt hat. Aufgrund des nicht-rivalen Charakters ist die mehrmalige Übertragung digitaler Information – im Gegensatz zu materiellen Sicherungsgegenständen, die nur einmal übergeben werden können – problemlos möglich. Es stellt sich mithin die Frage, inwieweit der Sicherungsnehmer in solchen Fällen geschützt ist. Dabei spielt eine Rolle, ob die digitale Information sondergesetzlich zugewiesen ist.

1. Sondergesetzlich zugewiesene digitale Information

Ist die als Sicherungsgut eingesetzte digitale Information sondergesetzlich zugewiesen, ist zwischen der Verfügung über das sie zuweisende Ausschließlichkeitsrecht und der rein faktischen Übertragung der zugrunde liegenden Datenverkörperungen (i. S. e. Vervielfältigung auf den Datenträgern des Empfängers bzw. Escrow Agents) zu unterscheiden. Was zunächst die Verfügung über das jeweilige Immaterialgüterrecht betrifft, ist darauf hinzuweisen, dass es bei Immaterialgüterrechten – in Ermangelung eines materiellen Substrats – keinen Anknüpfungspunkt für ein berechtigtes Vertrauen des Rechtsverkehrs gibt. Insbesondere kommt bei den Registerrechten auch nicht das jeweilige Register als Vertrauenstatbestand in Betracht.[124] Einen gutgläubigen Erwerb von Immaterialgüterrechten gibt es folglich nicht. Für den Sicherungsnehmer bedeutet dies, dass er das an der digitalen Information bestehende Ausschließlichkeitsrecht nur so erwerben kann, wie es zuvor beim Sicherungsgeber bestand. Hatte Letzterer bereits zuvor über das Recht verfügt, so erwirbt es der Sicherungsnehmer entweder überhaupt nicht oder allenfalls belastet mit dem dinglichen Recht eines Dritten, z.B. einer ausschließlichen Lizenz. Vor diesem Hintergrund ist dem Sicherungsnehmer zu empfehlen, vor der Besicherung digitaler Information genau zu prüfen, in welchem Umfang das jeweilige Recht (noch) in der Person des Sicherungsgebers besteht. Hierbei würde die bereits angesprochene Implementierung eines Kreditsicherheitenregisters[125] einen erheblichen Mehrwert bringen, da sich der Sicherungsnehmer auf diese Weise einen Überblick darüber verschaffen kann, ob die digitale Information bzw. die an ihr bestehenden Rechte möglicherweise schon zum Gegenstand einer Kreditsicherung gemacht worden sind. Der mangelnde Verkehrsschutz kommt dem Sicherungsnehmer umgekehrt jedoch zugute, wenn er das Sicherungsrecht einmal wirksam erworben hat. In diesem Fall kann das Sicherungsrecht nicht mehr nachträglich durch anderweitige Verfügungen des Sicherungsgebers beeinträchtigt werden, insbesondere also nicht von einem Dritten gutgläubig wegerworben werden. Unabhängig von einer Verfügung über das an der digitalen Information bestehende Immaterialgüterrecht wäre der Sicherungsgeber jedoch rein faktisch nicht daran gehindert, die zugrunde liegenden Datenverkörperungen aufgrund der leichten Vervielfältigbarkeit einem potenziell unbestimmten Personenkreis zugänglich zu machen und dadurch die Kreditsicherung zu torpedieren. In diesem Fall verfügt der Sicherungsnehmer – soweit er das jeweilige Sicherungsrecht wirksam erworben hat – zwar über ein rechtliches Monopol, das es ihm erlaubt, den bzw. die nichtberechtigten Dritten auf Löschung der Datenverkörperungen in Anspruch zu nehmen. Dennoch würde dadurch der Sicherungszweck erheblich gefährdet. Dieser – der Besicherung von digitaler Information immanenten – Gefahr lässt sich ebenfalls nur mit technischen Mitteln begegnen, etwa indem die digitale Information in einer Escrow Cloud hinterlegt wird.[126]

---

[124] Vgl. *H. Schmidt*, WM 2012, 721 (723).
[125] S. dazu bereits oben S. 193 ff.
[126] Eingehend zum Data Escrow oben S. 188 ff.

2. Sondergesetzlich nicht zugewiesene digitale Information

Ist die digitale Information sondergesetzlich nicht ausschließlich zugewiesen, kommt von vorneherein die Verfügung über ein die digitale Information zuordnendes Ausschließlichkeitsrecht nicht in Betracht. Die Frage eines Verfügungs- bzw. Verkehrsschutzes stellt sich in diesem Fall erst gar nicht. Da die Ausschließlichkeit an der als Sicherheit eingesetzten digitalen Information nicht auf einem rechtlichen Monopol, sondern allein auf faktischen Gegebenheiten beruht, hat der Sicherungsnehmer zudem keine Möglichkeit, Dritten, denen die digitale Information abredewidrig zugänglich gemacht wurde, die Nutzung zu untersagen. Die Situation ist – im Vergleich zu immaterialgüterrechtlich geschützter digitaler Information – für den Sicherungsnehmer noch deutlich bedrohlicher, da der Sicherungswert der digitalen Information mit dem Fortbestand der faktischen Ausschließlichkeit steht und fällt. Dem Sicherungsgeber ist mithin zu raten, genau zu prüfen, ob der Sicherungsgeber die digitale Information bereits zuvor Dritten in irgendeiner Weise zugänglich gemacht hatte. Während der Sicherungsphase sollte zudem dafür Sorge getragen werden, dass der Sicherungsgeber die digitale Information nicht an unberechtigte Dritte weitergibt. Dies dürfte wirksam wiederum nur mit technischen Mitteln unterbunden werden können. Auch insoweit könnte die Hinterlegung in einer Escrow Cloud ein probates Mittel sein, um das Risiko einer abredewidrigen Weitergabe durch den Sicherungsgeber signifikant zu senken. Ferner trüge die Implementierung eines Kreditsicherheitenregisters wesentlich dazu bei, bestehende Informationsasymmetrien abzubauen. Damit würde dem Sicherungsnehmer die Möglichkeit eröffnet, sich über die mögliche Existenz konkurrierender Gläubiger in Kenntnis zu setzen.

§ 13 Digitale Information als Gegenstand der Zwangsvollstreckung

Der Sicherungswert digitaler Information ist in entscheidendem Umfang daran messbar, inwieweit sie bei einer Krise des Schuldners zur Befriedigung des Gläubigers beiträgt.[1] Dieser Feststellung ist eine aktive und passive Dimension immanent: Im ersteren Fall geht es darum, dass der Sicherungsnehmer die Herausgabe der digitalen Information im Sicherungsfall nötigenfalls zwangsweise erwirken kann. Die passive Dimension betrifft hingegen den Fall, einen möglichen Vollstreckungszugriff anderer Gläubiger von der digitalen Information abzuwehren.

I. Zwangsweise Herausgabe digitaler Information im Sicherungsfall

Tritt der Sicherungsfall ein, möchte der Sicherungsnehmer so schnell wie möglich Zugriff auf die digitale Information erhalten. Kommt der Sicherungsgeber dem berechtigten Herausgabeverlangen des Sicherungsnehmers nicht nach, stellt sich die Frage, ob Letzterer die Herausgabe der digitalen Information mit Zwangsmitteln erwirken kann.[2] Die Verwertung der als Sicherheit eingesetzten digitalen Information ist ohne die ihr zugrunde liegenden Datenverkörperungen nicht möglich. Kein Käufer wäre bereit, lediglich die bare Berechtigung an der digitalen Information zu erwerben, ohne zugleich Zugriff auf die Datenverkörperungen zu erhalten. Damit ist der Gegenstand näher umrissen, dessen zwangsweise Herausgabe bezweckt werden soll: Es geht um die Herausgabe des physikalisch fassbaren Substrats der digitalen Information, also um die ihr zugrunde liegenden Datenverkörperungen.

---

[1] Vgl. *Völzmann-Stickelbrock*, FS Taeger, S. 749 (750).

[2] Die Inanspruchnahme staatlichen Zwangs erübrigt sich, wenn der Zugriff auf die zugrunde liegenden Datenverkörperungen bereits durch ihre Hinterlegung (beim Sicherungsnehmer oder einem Escrow Agent) sichergestellt wurde, s. dazu ausführlich oben § 10.

Selbstredend kann der Sicherungsnehmer die Herausgabe der Datenverkörperungen nicht eigenmächtig erzwingen. Er ist dazu auf die Hilfe der staatlichen (Vollstreckungs-)Organe angewiesen. Die Voraussetzungen dafür sind in den §§ 883 ff. ZPO geregelt. Der erforderliche Anspruch auf Herausgabe der Datenverkörperungen ergibt sich in allen Fällen aus dem Sicherungsvertrag. Dort ist vorgesehen, dass der Sicherungsgeber im Sicherungsfall die Datenverkörperungen zum Zwecke der Verwertung der als Sicherheit eingesetzten digitalen Information an den Sicherungsnehmer herauszugeben hat.[3] Weigert sich der Sicherungsgeber, kommen im Wesentlichen zwei Möglichkeiten in Betracht, wie der Sicherungsnehmer die Herausgabe der Datenverkörperungen zwangsweise erwirken kann.

1. Herausgabevollstreckung von Datenträgern, § 883 Abs. 1 ZPO

Zugriff auf die Datenverkörperungen könnte der Sicherungsnehmer einmal dadurch erlangen, dass der Gerichtsvollzieher die Datenträger, auf denen sich die herauszugebenden Datenverkörperungen befinden, dem Sicherungsgeber gem. § 883 Abs. 1 ZPO wegnimmt und an den Sicherungsnehmer übergibt.[4] Klarzustellen ist zunächst, dass die Herausgabevollstreckung der Datenträger keine Probleme aufwirft, wenn sie zur Sicherheit an den Sicherungsnehmer übereignet wurden. In diesem Fall steht dem Sicherungsnehmer ebenfalls ein Anspruch auf Herausgabe der Datenträger zu. Im Folgenden geht es mithin allein um die Frage, ob der Sicherungsnehmer die zwangsweise Herausgabe der Datenträger auch dann erwirken kann, wenn er lediglich einen Anspruch auf Herausgabe der darauf gespeicherten Datenverkörperungen hat. In diesem Zusammenhang hat der BGH festgestellt, dass „[n]och nicht auf einem geeigneten Datenträger verkörperte Daten [...] nicht Gegenstand einer Herausgabevollstreckung nach § 883 Abs. 1 ZPO sein [können]."[5] Positiv formuliert können Daten demzufolge Gegenstand einer Herausgabevollstreckung gem. § 883 Abs. 1 ZPO sein, sofern sie auf einem geeigneten Datenträger verkörpert sind. Unabhängig von der – vom BGH offengelassenen – Frage, wann ein Datenträger über eine entsprechende Eignung verfügt, überzeugt die vom BGH vorgenommene Differenzierung schon deshalb nicht, weil die Zulässigkeit der Herausgabevollstreckung nicht von der Eigenart des Datenträgers abhängen kann, auf dem die Daten verkörpert sind. Ob Daten Gegenstand einer Herausgabevollstreckung nach § 883 Abs. 1 ZPO sein

---

[3] Anders als bei der Sicherungsübereignung kommt der Sicherungsnehmer allerdings nicht zusätzlich in den Genuss des dinglichen Herausgabeanspruchs nach § 985 BGB, da die Datenverkörperungen mangels Sachqualität nicht eigentumsfähig sind.

[4] Vgl. *Völzmann-Stickelbrock*, FS Taeger, S. 749 (756).

[5] BGH, GRUR 2018, 222 (amtlicher Leitsatz).

können, kann folglich nur einheitlich beantwortet werden. Die Herausgabevollstreckung von Daten ist aus mehreren Gründen abzulehnen. Sie begegnet zunächst dogmatischen Bedenken. Der Herausgabevollstreckung unterliegen ausweislich des Gesetzeswortlauts des § 883 Abs. 1 ZPO nur Sachen. Daten sind aber – trotz ihrer Verkörperung auf einem Datenträger – keine Sachen, da sie sinnlich nicht wahrnehmbar sind. Sie können vom Gerichtsvollzieher infolgedessen auch nicht weggenommen werden. Die für die Wegnahme erforderliche Körperlichkeit weisen allein die Datenträger auf, auf denen die Daten gespeichert sind. Eine Herausgabevollstreckung von Daten ist daher nur durch die Wegnahme der Datenträger möglich, auf denen die Daten verkörpert sind. Ließe man vor diesem Hintergrund eine Herausgabevollstreckung von Daten zu, würde man die Herausgabevollstreckung im Ergebnis in unzulässiger Weise für den Zugriff auf immaterielle Güter instrumentalisieren. Die Wegnahme der Datenträger ist insoweit lediglich Mittel zum Zweck, nämlich dem Zugriff auf die darauf verkörperten Daten. An den Datenträgern selbst hat der Gläubiger dagegen regelmäßig kein Interesse. Angesichts dessen stößt eine Herausgabevollstreckung von Daten auch in materiell-rechtlicher Hinsicht auf Bedenken. Da eine Herausgabevollstreckung nur durch eine Wegnahme der Datenträger erfolgen kann, würde man dem Gläubiger infolgedessen Zugriff auf Vermögenswerte des Schuldners gewähren, auf die dieser keinen Anspruch hat. Zwar mag der Wert der Datenträger im Vergleich zu dem Wert der darauf gespeicherten Daten lediglich eine untergeordnete Rolle spielen. Für sich betrachtet kann der Vermögenswert der Datenträger im Einzelfall gleichwohl eigenständige Bedeutung erlangen. Die gem. § 883 Abs. 1 ZPO faktisch miterzwungene Herausgabe der Datenträger lässt sich folglich nur dann rechtfertigen, wenn – wie es die Norm verlangt – der Gläubiger materiell-rechtlich einen Anspruch darauf hat. Gegen die Herausgabevollstreckung von Daten lassen sich schließlich auch noch praktische Gründe anführen: Mit zunehmender Größe des Datenbestands wachsen auch die logistischen Herausforderungen, vor die der Gerichtsvollzieher infolge der Wegnahme der Datenträger gestellt wird. Eine Herausgabevollstreckung von Daten wäre sogar undurchführbar, wenn die Daten über verschiedene Server hinweg virtualisiert sind. Zuletzt liefe eine Herausgabevollstreckung immer dann ins Leere, wenn die Daten auf fremden Datenträgern (also z. B. in der Cloud) gespeichert wurden. Zusammenfassend ist zwar nicht zu verkennen, dass die Herausgabevollstreckung von Daten Begehrlichkeiten weckt. Gleichwohl ist sie aus dogmatischen Gründen abzulehnen. Die Herausgabe der jeweiligen Datenträger kann der Gläubiger mithin nur unter den Voraussetzungen des § 883 Abs. 1 ZPO erzwingen. Insoweit genügt ein Anspruch auf Herausgabe der darauf gespeicherten Daten nicht. Erforderlich ist vielmehr ein Herausgabeanspruch hinsichtlich der Datenträger. Für die vorliegende Untersuchung folgt daraus, dass der Sicherungsnehmer die Herausgabe der Datenverkörperungen nicht gem. § 883 Abs. 1 ZPO erzwingen kann, wenn er nicht zugleich einen Anspruch auf Herausgabe der jeweiligen Datenträger hat.

2. Herausgabe digitaler Information als unvertretbare Handlung, § 888 Abs. 1 S. 1 ZPO

Da die Herausgabevollstreckung von Daten aus den vorgenannten Gründen abzulehnen ist, bleibt dem Gläubiger nur das Mittel, den Schuldner über § 888 Abs. 1 S. 1 ZPO selbst zur Herausgabe der Daten zu bewegen.[6] Dies setzt voraus, dass die Herausgabe von Datenverkörperungen eine unvertretbare Handlung ist, also durch einen Dritten entweder gar nicht oder jedenfalls nicht mit demselben wirtschaftlichen bzw. rechtlichen Erfolg vorgenommen werden kann.[7] Die Herausgabe von Datenverkörperungen ist auf zwei verschiedenen Wegen denkbar: Der Schuldner kann sich dafür entscheiden, die Datenverkörperungen dem Gläubiger durch Übergabe von Datenträgern körperlich zu übergeben.[8] Der Schuldner kann die Datenverkörperungen dem Gläubiger aber auch elektronisch übermitteln. Beide Handlungen können – abstrakt betrachtet – prinzipiell von jedem beliebigen Dritten vorgenommen werden. Dies spricht eigentlich gegen die Unvertretbarkeit der Handlungen und damit für die Anwendung von § 887 Abs. 1 ZPO. Dabei würde allerdings übersehen, dass sowohl die Übergabe auf Datenträgern als auch die elektronische Übermittlung von Datenverkörperungen regelmäßig Zusatzwissen voraussetzt, über das allein der Speichernde verfügt. Denn der Zugriff auf die Datenverkörperungen erfordert nicht nur die Kenntnis des genauen Speicherorts, sondern in der Regel auch die Überwindung allerlei technischer Zugangssicherungen. Dies macht insbesondere der Fall deutlich, dass der Schuldner die Daten in der Cloud gespeichert hat. Da Dritten die für den Zugriff auf die Daten erforderlichen Mittel fehlen, können sie die Daten weder durch die Übergabe von Datenträgern übergeben noch elektronisch übermitteln. Die Herausgabe von Datenverkörperungen ist damit im Ergebnis eine unvertretbare Handlung, die ausschließlich vom Willen des Schuldners abhängt. Dass die Herausgabe von Datenverkörperungen nur über § 888 Abs. 1 S. 1 ZPO erzwungen werden kann, unterstreicht auch die folgende Überlegung: Dem Gläubiger kommt es im Ergebnis nicht auf die konkreten Datenverkörperungen, sondern auf die in ihnen enthaltene Information an. Eine Information, die nur der Schuld-

---

[6] Vgl. *Völzmann-Stickelbrock*, FS Taeger, S. 749 (757).
[7] Vgl. Musielak/Voit/*Lackmann*, § 888 ZPO Rn. 5.
[8] Dies ist kein Widerspruch zu oben, da die Übergabe der Datenträger – sofern es sich überhaupt um solche des Schuldners handelt – in diesem Fall auf einer freien Entscheidung des Schuldners beruht.

ner kennt, kann der Gläubiger aber nur dadurch herausverlangen, dass ihm der Schuldner Auskunft über sie erteilt.[9] Der Anspruch auf Herausgabe von Datenverkörperungen ist damit zwangsvollstreckungsrechtlich als Auskunftsanspruch zu qualifizieren, der – wie alle Auskunftsansprüche[10] – gem. § 888 Abs. 1 S. 1 ZPO vollstreckt wird. Für die vorliegende Untersuchung folgt daraus, dass der Sicherungsnehmer den ihm – mit Eintritt des Sicherungsfalls – zustehenden Anspruch auf Herausgabe der der als Sicherheit eingesetzten digitalen Information zugrunde liegenden Datenverkörperungen über § 888 Abs. 1 S. 1 ZPO erzwingen kann. Dies erfasst auch den Fall der Fremdspeicherung, also wenn der Sicherungsgeber die Datenverkörperungen nicht auf eigenen, sondern auf Datenträgern eines Dritten, z. B. eines Cloud-Providers, gespeichert hat.

3. Fazit

Kommt der Sicherungsgeber dem berechtigten Herausgabeverlangen des Sicherungsnehmers im Sicherungsfall nicht nach, kann Letzterer die Herausgabe der Datenverkörperungen über § 888 Abs. 1 S. 1 ZPO erzwingen. Eine Herausgabevollstreckung der Datenverkörperungen durch Wegnahme der zugrunde liegenden Datenträger gem. § 883 Abs. 1 ZPO ist nur statthaft, wenn der Sicherungsnehmer zusätzlich einen Anspruch auf Herausgabe der Datenträger hat. Dies wäre etwa der Fall, wenn sie zur Sicherheit übereignet worden sind.

II. Abwehr des Vollstreckungszugriffs auf die digitale Information durch andere Gläubiger

Die als Kreditsicherheit eingesetzte digitale Information würde ihren Sicherungszweck verfehlen, wenn sie dem Sicherungsnehmer von anderen Gläubigern des Sicherungsgebers im Wege eines von diesen betriebenen Zwangsvollstreckungsverfahrens entrissen werden könnte. Anders als im vorigen Abschnitt geht es im Folgenden nicht darum, ob der Sicherungsnehmer selbst mit Zwangsmitteln auf die digitale Information zugreifen kann. Vielmehr ist von Bedeutung, ob sich der Sicherungsnehmer gegen den zwangsweisen Zugriff auf die als Sicherheit eingesetzte digitale Information durch andere Gläubiger zur Wehr setzen kann.

---

[9] *Völzmann-Stickelbrock*, FS Taeger, S. 749 (758).
[10] S. statt aller BeckOK ZPO/*Stürner*, § 888 ZPO Rn. 6.

1. Digitale Information als Gegenstand der Verstrickung

Grundsätzlich ist das gesamte Vermögen des Schuldners dem Haftungszugriff der Gläubiger ausgesetzt.[11] Somit steht außer Frage, dass auch (als Kreditsicherheit eingesetzte) digitale Information – schon aufgrund ihres wirtschaftlichen Werts – hiervon keine Ausnahme bildet.[12] Mit Rücksicht auf die Mehrdimensionalität digitaler Information kommen für einen Vollstreckungszugriff mehrere Anknüpfungspunkte in Betracht. Im Folgenden ist daher eine differenzierende Betrachtung vonnöten.[13] Dabei ist zwischen den Datenträgern und der darauf befindlichen digitalen Information zu unterscheiden.

a) Pfändung von Datenträgern

Die Notwendigkeit einer Gegenwehr kann zum einen dann in Betracht kommen, wenn Gläubiger die Datenträger, auf denen die als Sicherheit eingesetzte digitale Information gespeichert ist, pfänden lassen. Die konkrete Person des Vollstreckungsschuldners spielt dabei keine Rolle. Für den Sicherungsnehmer macht es nämlich keinen Unterschied, ob es sich bei den gepfändeten Datenträgern um solche des Sicherungsgebers oder, falls die als Sicherheit eingesetzte digitale Information auf Datenträgern eines Dritten hinterlegt ist, um solche des Dritten handelt. Die Pfändung der Datenträger erfolgt, da sie zum beweglichen Vermögen gehören, nach den §§ 808 ff. ZPO und hat deren Verstrickung zur Folge.[14] Da die Pfändung aufgrund des streng formalisierten Verfahrens allein an den Gewahrsam des Schuldners anknüpft, tritt die Verstrickung bekanntlich auch dann ein, wenn der gepfändete Gegenstand nicht zum haftenden Schuldnervermögen gehört.[15] Es ist somit Aufgabe des Berechtigten, sich gegen eine mit materiellrechtlichen Wertungen in Widerspruch stehende Pfändung zu wehren. Daraus folgt, dass die Pfändung von Datenträgern eine Gegenwehr seitens des Sicherungsnehmers jedenfalls dann erforderlich macht, wenn sie ihm zur Sicherheit übereignet wurden. In diesem Fall steht die Pfändung im Widerspruch zum Sicherungseigentum an den Datenträgern.[16] Daraus müsste eigentlich geschluss-

---

[11] *Paulus*, DGVZ 2020, 133 (134).
[12] Specht-Riemenschneider/Werry/Werry/*Apel/Brechtel*, Datenrecht in der Digitalisierung, § 10 Rn. 5.
[13] Specht-Riemenschneider/Werry/Werry/*dies.*, Datenrecht in der Digitalisierung, § 10 Rn. 6.
[14] Näher zum Begriff der Verstrickung Musielak/Voit/*Flockenhaus*, § 803 ZPO Rn. 9a.
[15] Für den Gerichtsvollzieher gilt gem. § 71 Abs. 1 S. 1 und 4 GVGA als Vermögen des Schuldners alles, was sich in dessen Gewahrsam befindet. Eine Pfändung hat allenfalls dann zu unterbleiben, wenn vernünftigerweise kein Zweifel an der Drittberechtigung des Pfändungsgegenstands besteht (§ 71 Abs. 2 S. 1 GVGA). Zum Ganzen MüKoZPO/*Gruber*, § 808 ZPO Rn. 22.
[16] Ob der Sicherungseigentümer der Pfändung widersprechen kann (§ 771 ZPO) oder sich auf die bevorzugte Befriedigung aus dem Erlös verweisen lassen muss (§ 805 ZPO) ist str.,

folgert werden, dass die Pfändung der Datenträger immer dann keinen Eingriff in eine geschützte Rechtsposition des Sicherungsnehmers darstellt, wenn er über keine dingliche Berechtigung an den Datenträgern verfügt. Diese Schlussfolgerung erweist sich aus der Nähe besehen jedoch als vorschnell, da sie die möglichen Konsequenzen außer Acht lässt, die die Beschlagnahme der Datenträger für die darauf gespeicherte digitale Information hat. Dabei ist zunächst festzustellen, dass sich die Wirkungen der Verstrickung auf die sinnlich wahrnehmbare Substanz der Datenträger beschränken. Dies ergibt sich unmittelbar aus § 808 Abs. 1 ZPO, da Gegenstand der Pfändung – und infolgedessen auch der Verstrickung – nur eine körperliche Sache sein kann. Mangels Körperlichkeit werden von der Beschlagnahme des Datenträgers somit weder die darauf befindlichen Datenverkörperungen und erst recht nicht die syntaktische bzw. semantische Information erfasst.[17] Eine andere Beurteilung ist auch nicht deshalb angezeigt, weil die Rechtsprechung und ihr folgend ein kleiner Teil der Literatur Software als Sache qualifiziert, soweit sie auf einem Datenträger verkörpert ist.[18] Die körperliche Fixierung auf einem materiellen Träger lässt Immaterialgüter nicht zu Sachen werden. Und auch die jeweiligen Datenverkörperungen erfüllen mangels sinnlicher Wahrnehmbarkeit nicht die Voraussetzungen von § 90 BGB. Schließlich passen auch die Beweggründe[19], von denen sich die Rechtsprechung für die Bejahung der Sacheigenschaft von Software offenbar leiten ließ, vorliegend nicht. Die Sachpfändung mag man im Fall von Software – aller dogmatischen Bedenken zum Trotz – noch damit rechtfertigen können, dass sie aufgrund der dauerhaften Bindung an einen konkreten Datenträger (CD-ROM, DVD etc.) diesem letztlich so stark angenähert ist, dass sie im Rechtsverkehr wie eine Sache erscheint.[20] Eine vergleichbar enge Trägerbindung besteht bei digitaler Information im Allgemeinen nicht.[21] Eine Sachpfändung digitaler Information gem. § 808 ZPO ist daher wie schon eine Herausgabevollstreckung gem. § 883 Abs. 1 ZPO trotz der zwingenden Verkörperung auf einem – allerdings substituierbaren – Datenträger ausgeschlossen.

Auch wenn die Pfändung der Datenträger für die darauf gespeicherte digitale Information rechtlich folgenlos bleibt, ist nicht zu verkennen, dass die Pfändung

---

näher dazu unten Fn. 65 f. Da bei der Pfändung von Datenträgern regelmäßig kein Fall evidenten Dritteigentums vorliegen dürfte, wird an der Wirksamkeit der Pfändung in den allermeisten Fällen kein Zweifel bestehen.

[17] Überdies ist an immateriellen Gegenständen kein Gewahrsam möglich, sodass es an einer weiteren Pfändungsvoraussetzung des § 808 Abs. 1 ZPO mangelt.

[18] S. dazu bereits oben S. 76.

[19] Vgl. *Redeker*, IT-Recht, Rn. 279.

[20] Näher zur Sachpfändung von Software Musielak/Voit/*Flockenhaus*, § 808 ZPO Rn. 24.

[21] Gleiches wird inzwischen auch für Software zu gelten haben, da sie nur noch in den seltensten Fällen dauerhaft auf einem konkreten Datenträger verkörpert ist.

jedenfalls zu einer *faktischen* Beschlagnahme der digitalen Information führt. Die Verkörperung auf dem Datenträger bindet die digitale Information an dessen Schicksal. Die Pfändung der Datenträger mündet unweigerlich in die öffentliche Versteigerung (§ 814 ZPO). Dadurch läuft der Sicherungsnehmer nicht nur Gefahr, im Sicherungsfall nicht (mehr) auf die digitale Information zugreifen zu können. Er muss darüber hinaus befürchten, dass die digitale Information dem die Datenträger selbst erwerbenden Gläubiger oder einem Dritten in die Hände fällt. Beruht der Sicherungswert allein auf der faktischen Ausschließlichkeit der digitalen Information, führt die Zwangsvollstreckung im schlimmsten Fall zum Verlust der faktischen Ausschließlichkeit und damit zugleich zum vollständigen Verlust des Sicherungswerts.[22] Aber auch wenn die digitale Information immaterialgüterrechtlich geschützt ist, stellt die durch die Pfändung der Datenträger bewirkte faktische Beschlagnahme der digitalen Information einen Eingriff in die dem Sicherungsnehmer treuhänderisch übertragene Ausschließlichkeitsposition dar.[23]

Zusammenfassend lässt sich festhalten, dass dem Sicherungsnehmer durch die Pfändung der Datenträger – auf denen die als Sicherheit eingesetzte digitale Information gespeichert ist – nicht nur der Verlust des Zugriffs auf das Sicherungsgut im Sicherungsfall, sondern schlimmstenfalls sogar dessen vollständiger Wertverlust droht. Die Pfändung der Datenträger führt aus diesem Grund – mit Blick auf die darauf gespeicherte digitale Information – stets zu einem Eingriff in eine dem Sicherungsnehmer zugewiesene Rechtsposition. Ist die digitale Information immaterialgüterrechtlich geschützt, greift die Pfändung in das dem Sicherungsnehmer zu treuen Händen übertragene Ausschließlichkeitsrecht bzw. daran bestellte Sicherungslizenz oder Pfandrecht ein. Besteht lediglich eine faktische Ausschließlichkeit an der digitalen Information, kann die Pfändung zwar nicht in eine rechtlich geschützte Ausschließlichkeitsposition eingreifen. Dennoch führt die Pfändung zu einem Eingriff in die dem Sicherungsnehmer *inter partes* zugewiesene Verwertungsbefugnis der als Sicherheit eingesetzten digitalen Information.

Vor diesem Hintergrund ist zu überlegen, ob der mit der Pfändung von Datenträgern beauftragte Gerichtsvollzieher – unter analoger Heranziehung von § 71 Abs. 2 S. 1 GVGA – die Pfändung in solchen Fällen zu unterlassen hätte. Demzufolge müsste für den Gerichtsvollzieher offensichtlich sein, dass die auf den Datenträgern gespeicherte und mit der Pfändung der Datenträger faktisch mit in Beschlag genommene digitale Information nicht zum Schuldnervermögen gehört. Hiergegen spricht allerdings, dass der Gerichtsvollzieher den zu pfänden-

---

[22] Dasselbe droht, wenn die digitale Information als Geschäftsgeheimnis geschützt ist, da der Schutz an die Geheimhaltung der Information geknüpft ist.
[23] Ebenso verhält es sich, wenn das Immaterialgüterrecht lediglich verpfändet oder eine (ausschließliche) Sicherungslizenz daran erteilt wurde.

den Datenträgern weder ansieht, ob auf ihnen überhaupt Daten gespeichert sind, noch ob sie dem Schuldner oder einem Dritten gehören. Dass die Fremdspeicherung digitaler Information inzwischen eher die Regel als die Ausnahme sein dürfte, kann hierfür noch nicht genügen. Selbst bei Cloud-Providern, die typischerweise ausschließlich fremde digitale Information speichern, dürfte die Offensichtlichkeit nicht automatisch zu bejahen sein.[24] Dies kann letztlich dahingestellt bleiben, da eine analoge Heranziehung der Norm abzulehnen ist. Denn selbst wenn feststünde, dass sich auf den zu pfändenden Datenträgern digitale Information befindet, die nicht zum Schuldnervermögen gehört, wäre das kein Grund, dem Gläubiger die Datenträger als Haftungsobjekt vorzuenthalten. Lässt die Verwertung der Datenträger – wie von § 803 Abs. 2 ZPO gefordert – einen Überschuss über die Kosten erwarten, ist nicht einzusehen, warum der Gläubiger gezwungen sein soll, auf diesen Erlös zu verzichten. Auf der anderen Seite kann – sofern die Pfändung der Datenträger zugleich die Rechtsposition eines Dritten an der auf den Datenträgern gespeicherten digitalen Information beeinträchtigt – von diesem nicht verlangt werden, die Beeinträchtigung hinzunehmen. Insoweit wird ein Bedürfnis erkennbar, dass sich der Dritte gegen diese Beeinträchtigung zur Wehr setzen können muss.[25]

b) Pfändung digitaler Information

Da durch die Pfändung von Datenträgern die darauf gespeicherte digitale Information nicht verstrickt wird, muss der Gläubiger – wenn er gerade an ihrem Vermögenswert interessiert ist – sie folglich selbst zum Gegenstand der Zwangsvollstreckung machen. Hierfür kommt allein die Zwangsvollstreckung in andere Vermögensrechte gem. § 857 Abs. 1 ZPO in Betracht.[26] Dabei handelt es sich um Rechte aller Art, die einen Vermögenswert derart verkörpern, dass die Pfandverwertung zur Befriedigung des Geldanspruchs des Gläubigers führen kann.[27]

aa) Pfändbare Vermögensrechte i. S. v. § 857 Abs. 1 ZPO

Als pfändbare Vermögensrechte i. S. v. § 857 Abs. 1 ZPO kommen zunächst alle sondergesetzlichen Ausschließlichkeitsrechte in Betracht, die digitale Information auf syntaktischer bzw. semantischer Ebene ausschließlich zuweisen.

---

[24] In diese Richtung – allerdings mit anderer Begründung – auch *Völzmann-Stickelbrock*, FS Taeger, S. 749 (753).
[25] S. dazu unten S. 287 ff.
[26] Die Pfändung digitaler Information gem. § 857 Abs. 1 ZPO kann, muss aber nicht zusätzlich zu einer Sachpfändung der Datenträger erfolgen. Letzteres ist etwa der Fall, wenn die digitale Information auf fremden Datenträgern gespeichert ist.
[27] Zöller/*Herget*, § 857 ZPO Rn. 2.

(1) Recht aus dem Patent

Das Recht aus dem Patent ist als anderes Vermögensrecht gem. § 857 Abs. 1 ZPO der Pfändung unterworfen.[28] Dies folgt aus einem Umkehrschluss zu § 857 Abs. 3 ZPO,[29] da das Recht aus dem Patent gem. § 15 Abs. 1 S. 2 PatG veräußerlich ist. Ist digitale Information als unmittelbares Verfahrenserzeugnis i. S. d. § 9 S. 2 Nr. 3 PatG patentrechtlich geschützt, unterliegt sie insoweit auch der Zwangsvollstreckung gem. § 857 Abs. 1 ZPO.

(2) Urheberrecht und Leistungsschutzrecht des Datenbankherstellers

Das Urheberrecht als solches unterliegt, da es unter Lebenden gem. § 29 Abs. 1 UrhG nicht übertragen werden kann, nicht der Zwangsvollstreckung. Das folgt bereits aus § 112 UrhG i. V. m. § 857 Abs. 3 ZPO, wird durch § 113 S. 1 UrhG aber nochmals ausdrücklich klargestellt.[30] Pfändbar sind jedoch die sich aus dem Urheberrecht ergebenden Nutzungsrechte, da sie unter Beachtung der §§ 31 ff. UrhG zum Gegenstand von Rechtsgeschäften gemacht werden können. Voraussetzung ist gem. § 113 S. 1 UrhG allerdings, dass der Urheber in die Pfändung einwilligt.[31] Ist digitale Information demzufolge urheberrechtlich geschützt, unterliegt sie gem. § 857 Abs. 1 ZPO insoweit der Pfändung, als der Urheber Nutzungsbefugnisse daran erteilen kann und in die Pfändung einwilligt. Da die §§ 113–119 UrhG auf das Leistungsschutzrecht des Datenbankherstellers keine Anwendung finden und es daneben frei übertragbar ist, kann es ohne Einschränkungen gem. § 857 Abs. 1 ZPO gepfändet werden.

(3) Geschäftsgeheimnisse

Geschäftsgeheimnisse unterliegen nach allgemeiner Meinung der Zwangsvollstreckung und können gem. § 857 Abs. 1 ZPO gepfändet werden.[32] Ist digitale

---

[28] BGHZ 125, 334 (337) – *Rotationsbürstenwerkzeug*.
[29] Der BGH, a. a. O., scheint dagegen auf §§ 857 Abs. 1, 851 Abs. 1 ZPO abzustellen.
[30] Wandtke/Bullinger/*Kefferpütz*, § 113 UrhG Rn. 3.
[31] Umstritten ist, inwieweit die Einwilligung des Urhebers Schranken unterliegt. Nach h. M. soll der Urheber seine Einwilligung nicht verweigern dürfen, wenn er kein berechtigtes Interesse daran hat, die Zwangsvollstreckung zu verhindern (wobei der bloße wirtschaftliche Kontrollverlust freilich nicht ausreicht). Näher zum Ganzen Specht-Riemenschneider/Werry/Werry/*Apel/Brechtel*, Datenrecht in der Digitalisierung, § 10 Rn. 50.
[32] Köhler/Bornkamm/Feddersen/*Alexander*, § 1 GeschGehG Rn. 22; Specht-Riemenschneider/Werry/Werry/*Apel/Brechtel*, Datenrecht in der Digitalisierung, § 10 Rn. 51. Einschränkend dagegen *Kiefer*, WRP 2018, 910 (916), demzufolge die Pfändung erst zulässig sein soll, wenn der Geheimnisinhaber seine Absicht kundgetan hat, das Geschäftsgeheimnis wirtschaftlich zu verwerten bzw. gewerblich zu nutzen.

Information als Geschäftsgeheimnis geschützt, unterliegt sie insoweit auch dem Vollstreckungszugriff anderer Gläubiger.

(4) Lizenzen

Nach § 857 Abs. 1 ZPO eigenständig pfändbar sind schließlich die an den vorgenannten Vermögensrechten erteilten Lizenzen, soweit sie verkehrsfähig sind.[33] Pfändbar sind demnach ausschließliche und einfache Patentlizenzen sowie die am Leistungsschutzrecht des Datenbankherstellers erteilten Lizenzen. Urheberrechtliche Nutzungsbefugnisse und an einem Geschäftsgeheimnis erteilte Lizenzen sind demgegenüber nur mit Zustimmung des Urhebers bzw. Unternehmensinhabers pfändbar.

(5) Pfändung sondergesetzlich nicht geschützter digitaler Information?

Soweit die Nutzung digitaler Information einer Person aufgrund eines Immaterialgüterrechts nicht exklusiv vorbehalten ist, steht die Nutzung der digitalen Information jedermann frei. Infolgedessen wäre die Inanspruchnahme staatlicher Vollstreckungsorgane eigentlich überflüssig, weil sich der Gläubiger auch ohne staatlichen Zwang Zugriff auf das begehrte Gut verschaffen dürfte. Zudem hätte der Vollstreckungszugriff wegen § 803 Abs. 2 ZPO sogar zu unterbleiben, weil die Zahlungsbereitschaft für ein öffentliches Gut null beträgt und ein Versteigerungserlös daher von vorneherein nicht zu erwarten ist. Diese Überlegungen greifen indes zu kurz: Indem der Inhaber die digitale Information geheim hält, kann er Dritte jedenfalls faktisch von ihrer Nutzung ausschließen.[34] Die digitale Information wird dadurch zwar nicht Gegenstand einer rechtlichen, aber doch einer faktischen Ausschließlichkeit. In diesem Fall kommt ihr ebenfalls ein wirtschaftlicher Wert zu – womit sie als Haftungsobjekt für Gläubiger interessant wird. Die Zwangsvollstreckung zielt daher darauf ab, die faktische Ausschließlichkeitsstellung des Inhabers zu überwinden und dem Gläubiger dadurch den Zugriff auf die digitale Information zu sichern. Voraussetzung für die Pfändung der digitalen Information ist allerdings einmal mehr die Existenz eines Vermögensrechts i. S. d. § 857 Abs. 1 ZPO. Hieran sind „angesichts der erklärlichen Neigung der Gläubiger, pfändbare Gegenstände ausfindig zu machen",[35] strenge Anforderungen zu stellen. Nach dem unmissverständlichen Gesetzeswortlaut setzt die Pfändung die Existenz eines *Rechts* voraus. Nicht der Pfändung unterworfen sind demzufolge bloß tatsächliche Verhältnisse und Vermögensinbegrif-

---

[33] Stein/Jonas/*Würdinger*, § 857 ZPO Rn. 36 f. Zur Verkehrsfähigkeit von Lizenzen eingehend oben S. 122 ff.

[34] In diesem Fall hat die digitale Information den Charakter eines Clubguts.

[35] Stein/Jonas/*Würdinger*, § 857 ZPO Rn. 1.

fe.³⁶ Das gilt selbst dann, wenn die Position an dem Vermögensgegenstand – ggf. unter Zuhilfenahme technischer Vorrichtungen – soweit verdichtet ist, dass sie in ihren Wirkungen einem Ausschließlichkeitsrecht gleichkommt. Auch eine rein faktische Ausschließlichkeit bildet kein pfändbares Vermögensrecht i. S. v. § 857 Abs. 1 ZPO.³⁷ Ist digitale Information nicht durch ein ausschließliches Recht zugewiesen und beruht die Ausschließlichkeitsposition des Inhabers allein auf der faktischen Geheimhaltung, kommt eine Zwangsvollstreckung gem. § 857 Abs. 1 ZPO nicht in Betracht.³⁸ Verfehlt ist in diesem Zusammenhang auch die Annahme, nicht die digitale Information selbst, sondern – entsprechend der ständigen Rechtsprechung des BGH zur Zwangsvollstreckung in Internet-Domains³⁹ – die Gesamtheit der schuldrechtlichen Ansprüche, die dem Inhaber der digitalen Information zustünden, sei Gegenstand der Pfändung nach § 857 Abs. 1 ZPO.⁴⁰ Anders als die Inhaberschaft an einer Domain, die ausschließlich durch den Registrierungsvertrag mit der DENIC begründet wird, beruht die Inhaberschaft an digitaler Information allein auf faktischen Gegebenheiten und erfordert keine Vertragsbeziehung zu einem Dritten. Sofern der Inhaber die digitale Information nicht bei einem Cloud-Provider gespeichert hat,⁴¹ bleibt von vorneherein unklar, auf welches Vertragsverhältnis sich die für die Pfändung notwendigen schuldrechtlichen Ansprüche stützen sollen. In Betracht kommt daher allenfalls eine analoge Anwendung von § 857 Abs. 1 ZPO.⁴² Für sie lassen sich gute Gründe anführen: An der erforderlichen Regelungslücke besteht kein Zweifel, da § 857 Abs. 1 ZPO die Existenz eines Vermögensrechts fordert und die Pfändung rein faktischer Vermögenspositionen gerade nicht zulässt. Auch die Planwidrigkeit der Regelungslücke wird man bejahen können, da der Gesetzgeber wohl nicht vor Augen gehabt haben dürfte, dass so erhebliche immaterielle Vermögenswerte wie die von digitaler Information durch das Raster der immaterialgüterrechtlichen Sonderschutzgesetze fallen und demzufolge nicht von einem korrespondierenden Vermögensrecht gedeckt sind. Schließlich ist auch die Interessenlage vergleichbar, da es aus der Sicht des Gläubigers keinen Unterschied macht, ob der zur Befriedigung seiner Forderung dienende Vermögenswert auf faktischen oder auf rechtlichen Gegebenheiten beruht. Dies gilt umso mehr vor dem Hintergrund, dass die inzwischen einhellige Meinung die Schaffung ausschließlicher

---

[36] Stein/Jonas/*ders.*, § 857 ZPO Rn. 2.
[37] BGH, NJW 2005, 3353 (3354).
[38] A.A. *Völzmann-Stickelbrock*, FS Taeger, S. 749 (759).
[39] Zuletzt BGHZ 220, 68.
[40] So aber *AG Digitaler Neustart*, Bericht v. 15. Mai 2017, S. 10.
[41] In diese Richtung wohl *Steinrötter*, in: Specht-Riemenschneider, Digitaler Neustart, S. 17 (41).
[42] So etwa für Bitcoins *Effer-Uhe*, ZZP 131 (2018), 513 (524 f.).

Rechtspositionen an digitaler Information ablehnt.[43] Wenn für die Einführung eines Ausschließlichkeitsrechts nur deshalb kein Bedarf besteht, weil die durch die faktische Geheimhaltung digitaler Information erzielte Exklusivität derjenigen von Ausschließlichkeitsrechten im Wesentlichen gleichkommt, muss diese Wertung auch im Rahmen der Zwangsvollstreckung Berücksichtigung finden: Insoweit soll mit der Beibehaltung des Status quo gerade nicht bezweckt werden, Gläubigern pfändbare Vermögensgegenstände vorzuenthalten. Eine abschließende Stellungnahme, ob § 857 Abs. 1 ZPO auf die Pfändung digitaler Information, soweit sie nicht durch ein Vermögensrecht zugewiesen ist, analog angewendet werden kann, kann allerdings unterbleiben. Ließe man eine analoge Anwendung zu, müsste man Dritten konsequent auch die zwangsvollstreckungsrechtlichen Rechtsbehelfe zur Seite stellen. Würde man demzufolge die Pfändbarkeit sondergesetzlich nicht geschützter digitaler Information bejahen, wäre dem Sicherungsnehmer ebenfalls die Möglichkeit einzuräumen, sich gegen eine mit materiell-rechtlichen Wertungen nicht in Einklang zu bringende Pfändung mit dem Widerspruchsrecht aus § 771 Abs. 1 ZPO analog zur Wehr zu setzen. Eine solche, der materiellen Rechtslage widersprechende Pfändung liegt vor, wenn die in Beschlag genommene digitale Information als Kreditsicherheit fungiert.[44]

bb) Voraussetzungen und Rechtsfolgen der Pfändung

(1) Allgemeines

Die Zwangsvollstreckung in andere Vermögensrechte richtet sich gem. § 857 Abs. 1 ZPO nach den für die Pfändung von Forderungen geltenden Vorschriften der §§ 828 ff. ZPO. Zuständiges Vollstreckungsorgan ist damit gem. §§ 857 Abs. 1, 828 Abs. 1 ZPO das Vollstreckungsgericht. In Ermangelung eines Drittschuldners[45] hängt die Wirksamkeit der Pfändung gem. §§ 857 Abs. 2, 829 Abs. 1 S. 2 ZPO allein von der Zustellung des Inhibitoriums beim Rechtsinhaber ab.[46]

(2) Unwirksamkeit der Pfändung bei treuhänderischer Übertragung des Vermögensrechts

Voraussetzung für die Wirksamkeit der Pfändung des Vermögensrechts ist (neben den verfahrensrechtlichen Erfordernissen) insbesondere, dass der Schuldner nach wie vor Inhaber des gepfändeten Rechts ist. Andernfalls geht die Rechts-

---

[43] Eingehend und statt aller etwa *Kerber*, GRUR Int. 2016, 989 ff.
[44] S. dazu eingehend unten S. 288 ff.
[45] Insbesondere ist bei den Registerrechten (wie dem Patentrecht) die Registerstelle nicht Drittschuldner, vgl. BeckOK PatR/*Loth/Hauck*, § 15 PatG Rn. 32.
[46] Stein/Jonas/*Würdinger*, § 857 ZPO Rn. 99.

pfändung ins Leere und ist nichtig.⁴⁷ Das betrifft unter anderem den Fall, dass der Vollstreckungsschuldner das Recht vorher wirksam an einen Dritten übertragen hat. Für die vorliegende Untersuchung bedeutet das, dass der Sicherungsnehmer die Pfändung der als Sicherheit eingesetzten digitalen Information immer dann nicht zu fürchten braucht, wenn ihm der Sicherungsgeber (als Vollstreckungsschuldner) die daran bestehenden Vermögensrechte vor der Pfändung wirksam zur Sicherheit übertragen hatte. In diesem Fall geht die Pfändung des jeweiligen Vermögensrechts beim Sicherungsgeber ins Leere. Das betrifft namentlich die Sicherungsübertragung von Patenten, Datenbankherstellerrechten, Geschäftsgeheimnissen sowie daran erteilten Lizenzen.⁴⁸ Da die Zwangsvollstreckung in das Urheberrecht nur zulässig ist, soweit der Urheber daran Nutzungsrechte erteilen kann, gelten die vorgenannten Erwägungen in gleicher Weise für die Einräumung urheberrechtlicher Nutzungsbefugnisse. Hatte der Urheber zuvor wirksam über die Nutzungsbefugnisse zugunsten des Sicherungsnehmers verfügt, läuft die Zwangsvollstreckung ins Leere.⁴⁹ Zusammenfassend ist festzuhalten, dass die Pfändung digitaler Information beim Sicherungsgeber unwirksam ist, wenn die daran bestehenden Vermögensrechte zuvor wirksam auf den Sicherungsnehmer übertragen wurden.

(3) Verhältnis zu Vertragspfandrechten und Fortbestand von Sicherungslizenzen

Wurde das (Stamm-)Recht nicht treuhänderisch übertragen, sondern zu Sicherungszwecken verpfändet oder wurde eine (Unter-)Lizenz erteilt, ist die Rechtspfändung erfolgreich. Sie lässt die Inhaberschaft des Sicherungsgebers unberührt, führt jedoch gem. § 804 Abs. 1 ZPO zur Belastung des Rechts mit einem Pfändungspfandrecht. Insofern stellt sich konsequent die Frage, in welchem Verhältnis das an dem Recht erworbene Pfändungspfandrecht des Vollstreckungsgläubigers zu dem Sicherungsrecht des Sicherungsnehmers steht. Wurde an dem gepfändeten Recht zuvor ein Vertragspfandrecht bestellt, geht dieses aufgrund des Prioritätsprinzips dem Pfändungspfandrecht vor.⁵⁰ Im Hinblick auf die Konkurrenz mit zuvor erteilten Sicherungslizenzen ist zunächst daran zu erinnern, dass die Erteilung einer Lizenz – ebenso wie die Bestellung eines Pfandrechts – konstruktiv als Teilrechtsübertragung durch Abspaltung eines Verwertungsrechts

---

⁴⁷ Zum Ganzen Musielak/Voit/*Flockenhaus*, § 803 ZPO Rn. 10 sowie § 829 ZPO Rn. 17.
⁴⁸ Ebenso dürfte es sich bei der Sicherungsabtretung des Herausgabeanspruchs gegen einen Cloud-Provider verhalten (vgl. dazu oben S. 160 f.): Pfänden Gläubiger des Sicherungsgebers den (angeblichen) Herausgabeanspruch gegen den Cloud-Provider, geht die Pfändung ins Leere, soweit dieser zuvor wirksam an den Sicherungsnehmer abgetreten wurde. Zum dennoch bestehenden Drittwiderspruchsrecht in diesem Fall unten S. 295.
⁴⁹ Dasselbe gilt bei der Sicherungsübertragung urheberrechtlicher Nutzungsbefugnisse.
⁵⁰ Musielak/Voit/*Flockenhaus*, § 804 ZPO Rn. 15.

aus dem Vollrecht aufgefasst werden kann.[51] Inwieweit die dem Sicherungsnehmer erteilte Sicherungslizenz gegen die spätere Belastung des Stammrechts mit einem Pfändungspfandrecht Bestand hat, ist folglich eine Frage des lizenzrechtlichen Sukzessionsschutzes. Dazu findet sich im Patent- und Urheberrecht jeweils eine ausdrückliche Regelung: Nach § 15 Abs. 3 PatG berührt ein Rechtsübergang oder die Erteilung einer Lizenz nicht Lizenzen, die Dritten vorher erteilt worden sind. Ebenso sieht § 33 S. 1 UrhG vor, dass ausschließliche und einfache Nutzungsrechte gegenüber später eingeräumten Nutzungsrechten wirksam bleiben. Beide Vorschriften erfassen nicht nur rechtsgeschäftliche Verfügungen, sondern finden über den eigentlichen Wortlaut hinaus auch auf den durch Hoheitsakt bewirkten zwangsweisen Übergang der Verwertungsbefugnis Anwendung.[52] Im Übrigen gelten sie für die Lizenzerteilung schlechthin, sodass auch der Unterlizenznehmer in den Genuss des lizenzrechtlichen Sukzessionsschutzes kommt.[53] Das bedeutet, dass der Sicherungsnehmer im Fall der Sicherungslizenzierung nicht nur vor der Pfändung des Stammrechts, sondern im Fall der Sicherungsunterlizenzierung auch vor der Pfändung der Lizenz geschützt ist. Da § 33 UrhG auch auf die verwandten Schutzrechte Anwendung findet,[54] gilt das soeben Ausgeführte in gleicher Weise für das Leistungsschutzrecht des Datenbankherstellers. Offen ist demgegenüber, ob diese Grundsätze auf die Sicherungs(unter)lizenzierung von Geschäftsgeheimnissen übertragen werden können. Vergleichbare Regelungen zum Fortbestand von Lizenzen sucht man – trotz der Neuausrichtung des Geheimnisschutzes – vergebens. Bereits unter Geltung der alten Rechtslage haben gewichtige Stimmen in der Literatur eine dingliche Wirkung von Geschäftsgeheimnislizenzen befürwortet.[55] Diese Auffassung lässt sich seit Inkrafttreten des GeschGehG nunmehr auch am Gesetz festmachen, da es die Rechtsposition des Geheimnisinhabers immaterialgüterrechtlich ausgestaltet hat.[56] Darüber hinaus ist der Sukzessionsschutz immaterialgüterrechtlicher Lizenzen – unabhängig davon, ob man ihnen dingliche Wirkung beimisst oder nicht –, wie die einschlägigen Vorschriften[57] belegen, ein allgemeiner Grundsatz des Immaterialgüterrechts.[58] Infolgedessen ist es nur konsequent, auch den an

---

[51] *Berger*, JZ 1994, 1015 (1016).
[52] *Marotzke*, ZGE/IPJ 2 (2010), 233 (264).
[53] BeckOK PatR/*Loth/Hauck*, § 15 PatG Rn. 102; Schricker/Loewenheim/*Ohly*, § 33 UrhG Rn. 13.
[54] Schricker/Loewenheim/*Ohly*, § 33 UrhG Rn. 8.
[55] *Forkel*, FS Schnorr v. Carolsfeld, S. 105 (122); Ohly/Sosnitza/*Ohly*, Vor §§ 17–19 UWG Rn. 5.
[56] Zur dogmatischen Einordnung von Geschäftsgeheimnissen eingehend oben S. 101 ff.
[57] S. etwa § 33 UrhG, § 15 Abs. 3 PatG, § 22 Abs. 3 GebrMG, § 30 Abs. 5 MarkenG, § 31 Abs. 5 DesignG.
[58] *Schricker*, FS Frhr. v. Gamm, S. 289 (299).

einem Geschäftsgeheimnis erteilten Lizenzen Sukzessionsschutz zuzuerkennen.[59] Daraus folgt, dass der Sicherungsnehmer bei der Sicherungs(unter)lizenzierung ebenfalls vor der Pfändung des Geschäftsgeheimnisses bzw. der Lizenz geschützt ist. Zusammenfassend lässt sich daher festhalten, dass das an der digitalen Information bestehende Sicherungsrecht des Sicherungsnehmers durch eine Pfändung nicht beeinträchtigt wird.

2. Vollstreckungshindernisse

Vollstreckungshindernisse sind in Bezug auf die Pfändung von Datenträgern, auf denen die als Sicherheit eingesetzte digitale Information gespeichert ist, nicht ersichtlich. Insbesondere die Pfändungsschutzvorschrift des § 811 Abs. 1 Nr. 1 lit. b ZPO ist – jedenfalls im Rahmen der vorliegenden Untersuchung – unanwendbar. Die gepfändeten Datenträger mögen vor allem bei digitalen Geschäftsmodellen für die Fortsetzung der Erwerbstätigkeit unerlässlich sein. Allerdings zählen juristische Personen nicht zum geschützten Personenkreis und fallen deshalb nicht in den Anwendungsbereich der Vorschrift.[60] Soweit es um die Pfändung der als Sicherheit eingesetzten digitalen Information selbst geht, sind aus zivilprozessualer Sicht ebenfalls keine speziellen Vollstreckungshindernisse ersichtlich. Weist die zu pfändende digitale Information allerdings einen Personenbezug auf, sind die Grenzen des Datenschutzrechts zu beachten. Da die DS-GVO keine Sondervorschriften für die Verarbeitung personenbezogener Information im Rahmen von Zwangsvollstreckungsmaßnahmen vorsieht, ist die Zulässigkeit jedes einzelnen Verarbeitungsvorgangs anhand der allgemeinen Vorschriften zu beurteilen.[61] Demzufolge ist die Pfändung personenbezogener Information verboten, es sei denn, der Gläubiger kann sich auf einen der in Art. 6 Abs. 1 Uabs. 1 DS-GVO normierten Erlaubnistatbestände stützen. Da die Betroffenen die Zwangsvollstreckung in ihre personenbezogene Information kaum jemals legitimieren werden, dürfte es für die Zulässigkeit der Pfändung letztlich auf eine Interessenabwägung zwischen den Persönlichkeitsinteressen der Betroffenen und den Verwertungsinteressen des Gläubigers hinauslaufen.[62] Trotz der immer stärker werdenden Kommerzialisierung personenbezogener Information dürfte die Interessenabwägung nach wie vor zugunsten der Betroffenen ausfallen, sodass nicht nur die öffentliche Versteigerung, sondern auch die Nutzung durch den

---

[59] So auch *Kiefer*, WRP 2018, 910 (915).
[60] BeckOK ZPO/*Uhl*, § 811 ZPO Rn. 16.1.
[61] Vgl. Specht-Riemenschneider/Werry/Werry/*Apel/Brechtel*, Datenrecht in der Digitalisierung, § 10 Rn. 41, 52.
[62] So wohl auch Specht-Riemenschneider/Werry/Werry/*dies.*, Datenrecht in der Digitalisierung, § 10 Rn. 52.

späteren Erwerber einer rechtlichen Grundlage entbehrt. Demzufolge dürfte die als Sicherheit eingesetzte digitale Information, soweit sie einen Personenbezug aufweist, *de facto* unpfändbar sein.

3. Negatorischer Rechtsschutz bei Eingriffen in die Rechtsposition des Sicherungsnehmers

Die bisherige Untersuchung hat gezeigt, dass der Sicherungsnehmer von Zwangsvollstreckungsmaßnahmen anderer Gläubiger, die sich gegen die Datenträger und bzw. oder gegen die darauf gespeicherte digitale Information richten, in ganz unterschiedlichem Maße betroffen sein kann. Aufgabe dieses Abschnitts ist daher, herauszufinden, inwieweit sich der Sicherungsnehmer gegen die daraus resultierenden Eingriffe in seine aus der Sicherheitenbestellung herrührende(n) Rechtsposition(en) wehren kann. Das von der ZPO bereitgestellte Instrument, mit dem sich ein Dritter gegen den Zugriff auf sein – nicht für die Titelforderung des Gläubigers haftendes – Vermögen zur Wehr setzen kann, ist das Interventionsrecht nach § 771 Abs. 1 ZPO.[63] Ein erfolgreicher Widerspruch gegen die Zwangsvollstreckung setzt demnach voraus, dass dem Sicherungsnehmer an dem Gegenstand der Zwangsvollstreckung ein die Veräußerung hinderndes Recht zusteht. Dabei ist im Folgenden zwischen der körperlichen Ebene der Datenträger und der immateriellen Ebene der digitalen Information zu differenzieren.

a) Pfändung der Datenträger

aa) Widerspruchsrecht gem. § 771 Abs. 1 ZPO aufgrund eines die Veräußerung hindernden Rechts an den Datenträgern

Der Sicherungsnehmer kann der Pfändung der Datenträger, auf denen die digitale Information als Sicherheit hinterlegt ist, gem. § 771 Abs. 1 ZPO jedenfalls dann widersprechen, wenn er an ihnen ein Vertragspfandrecht nach den §§ 1204 ff. BGB erworben hat.[64] Ob demgegenüber auch das Sicherungseigentum zum Widerspruch nach § 771 Abs. 1 ZPO berechtigt, ist umstritten. Dabei dürfte allerdings zu unterscheiden sein: Wurden die Datenträger nicht wie sonst üblich durch Vereinbarung eines Besitzkonstituts, sondern durch Übergabe des unmittelbaren Besitzes – was, wie im zweiten Teil der Untersuchung gezeigt, bei der Beleihung von Datenträgern durchaus denkbar ist – sicherungsübereignet, wird man dem Sicherungsnehmer das Interventionsrecht gem. § 771 Abs. 1 ZPO ohne

---

[63] Statt aller MüKoZPO/*K. Schmidt/Brinkmann*, § 771 ZPO Rn. 1.
[64] Umstritten ist allerdings, ob der Pfandgläubiger im Besitz der Pfandsache sein muss. Verneinend Schuschke/Walker/Kessen/Thole/*Thole*, § 771 ZPO Rn. 27. Bejahend MüKoZPO/*Gruber*, § 805 ZPO Rn. 11.

Zweifel ebenfalls zugestehen müssen, da er ansonsten schlechter stünde, als wie wenn er lediglich ein Vertragspfandrecht erworben hätte. Befinden sich die Datenträger demgegenüber nicht im unmittelbaren Besitz des Sicherungsnehmers, soll er einer Ansicht nach gem. § 805 Abs. 1 Hs. 2 ZPO lediglich auf vorzugsweise Befriedigung aus dem Erlös klagen können, weil das Sicherungseigentum in diesem Fall wirtschaftlich einem besitzlosen Pfandrecht gleiche.[65] Die vorzugswürdige herrschende Meinung gesteht dem Sicherungsnehmer dagegen auch in diesem Fall ein Interventionsrecht zu.[66] Da das Sicherungseigentum vollwertiges Eigentum ist,[67] verdient es auch im Rahmen von § 771 Abs. 1 ZPO keine andere Behandlung. Zusammenfassend kann der Sicherungsnehmer der Pfändung der Datenträger gem. § 771 Abs. 1 ZPO widersprechen, wenn sie ihm zur Sicherheit übereignet wurden oder zu seinen Gunsten ein Pfandrecht an ihnen bestellt wurde und sie sich in seinem Besitz befinden.

bb) Widerspruchsrecht gem. § 771 Abs. 1 ZPO analog aufgrund eines die Veräußerung hindernden Rechts an der auf den Datenträgern gespeicherten digitalen Information?

Aus dem soeben Gesagten müsste im Umkehrschluss gefolgert werden, dass der Sicherungsnehmer der Pfändung von Datenträgern nicht widersprechen kann, wenn er keinerlei dingliche Berechtigung an den Datenträgern vorzuweisen hat. Wie die bisherigen Ergebnisse gezeigt haben, ergibt sich bei Datenträgern jedoch die Besonderheit, dass durch ihre Pfändung auch die auf ihnen gespeicherte digitale Information faktisch mit in Beschlag genommen wird. Fungiert die digitale Information in diesem Fall als Kreditsicherheit, führt die Pfändung der Datenträger zwar nicht auf körperlicher, sehr wohl aber auf immaterieller Ebene zu einem Eingriff in eine dem Sicherungsnehmer zugewiesene Rechtsposition.[68] Angesichts dessen drängt sich die Frage auf, ob der Sicherungsnehmer, obwohl er sich nicht auf ein die Veräußerung hinderndes Recht an den Datenträgern berufen kann, dennoch von dem in § 771 Abs. 1 ZPO vorgesehenen Interventionsrecht Gebrauch machen kann, wenn und soweit ihm ein die Veräußerung hinderndes Recht hinsichtlich der *digitalen Information* zusteht. Hierbei gilt es zunächst zu beachten, dass Gegenstand der Zwangsvollstreckung die Datenträger sind (und

---

[65] MüKoZPO/*K. Schmidt/Brinkmann*, § 771 ZPO Rn. 30; differenzierend Schuschke/Walker/Kessen/Thole/*Thole*, § 771 ZPO Rn. 21.

[66] S. etwa Zöller/*Herget*, § 771 ZPO Rn. 14.25; Musielak/Voit/*Lackmann*, § 771 ZPO Rn. 19; Prütting/Gehrlein/*Scheuch*, § 771 ZPO Rn. 19.

[67] So hatte bereits das Reichsgericht hervorgehoben, dass das Sicherungseigentum „volles bürgerlichrechtliches Eigentum" sei und der fiduziarische Charakter nicht den Schluss zulasse, „dass es mit geringerer dinglicher Kraft begabt sei als anderes Eigentum", RGZ 124, 73 (73 f.).

[68] S. dazu bereits oben S. 276 ff.

nicht die auf ihnen gespeicherte digitale Information, die nur mittelbar davon betroffen ist) und deshalb nur eine analoge Anwendung von § 771 Abs. 1 ZPO in Betracht kommt.[69] Des Weiteren ist zu berücksichtigen, dass die Rechtsfolge von § 771 Abs. 1 ZPO einer Modifizierung bedarf, weil der Sicherungsnehmer der Pfändung der Datenträger nicht schlechthin, sondern nur insoweit widersprechen können soll, wie auch sein Interventionsinteresse reicht. Das Interesse des Sicherungsnehmers an der Abwehr der Zwangsvollstreckung geht lediglich dahin, die digitale Information vor der Verwertung der gepfändeten Datenträger auf andere Datenträger zu übertragen und anschließend sämtliche, auf den gepfändeten Datenträgern noch vorhandene Datenverkörperungen zu löschen. Dies soll einerseits sicherstellen, dass der Sicherungsnehmer – sollte der Sicherungsfall eintreten – weiterhin Zugriff auf die digitale Information hat. Andererseits soll damit verhindert werden, dass die digitale Information dem Erwerber der Datenträger in die Hände fällt, wodurch ihr Sicherungswert möglicherweise erheblich geschmälert würde. Ob eine analoge Anwendung von § 771 Abs. 1 ZPO zugunsten des Sicherungsnehmers gerechtfertigt ist und inwieweit dem Sicherungsnehmer bejahendenfalls ein die Veräußerung hinderndes Recht an der als Sicherheit fungierenden digitalen Information zusteht, ist Gegenstand der nachfolgenden Ausführungen. Dabei ist es zweckmäßig, zwischen dinglich und obligatorisch wirkenden Sicherungsrechten an digitaler Information zu unterscheiden.

(1) Dingliche Sicherungsrechte an digitaler Information

Ist die als Kreditsicherheit fungierende digitale Information sondergesetzlich zugewiesen und wurde das an ihr bestehende Ausschließlichkeitsrecht (Patent, Leistungsschutzrecht des Datenbankherstellers, Geschäftsgeheimnis) treuhänderisch auf den Sicherungsnehmer übertragen, steht diesem an der digitalen Information ein die Veräußerung hinderndes Recht zu. Pfändet ein Gläubiger die Datenträger, auf denen die als Sicherheit fungierende digitale Information hinterlegt ist, so ist dem Sicherungsnehmer, weil durch die Pfändung der Datenträger auch die digitale Information (faktisch) mit in Beschlag genommen wird, in analoger Anwendung von § 771 Abs. 1 ZPO zu gestatten, der Pfändung zu widersprechen.[70] Unter Berücksichtigung obiger Erwägungen kann der Sicherungsnehmer der Pfändung der Datenträger allerdings nur insoweit widersprechen, als dies unbedingt erforderlich ist, um den mit der Pfändung einhergehenden Eingriff in

---

[69] Dies übersehen offenbar *Völzmann-Stickelbrock*, FS Taeger, S. 749 (752 f.) und *Steinrötter*, in: Specht-Riemenschneider, Digitaler Neustart, S. 17 (41) Fn. 145.

[70] So auch (allerdings in direkter Anwendung von § 771 Abs. 1 ZPO) *Völzmann-Stickelbrock*, FS Taeger, S. 749 (753) und *Steinrötter*, in: Specht-Riemenschneider, Digitaler Neustart, S. 17 (41) Fn. 145.

die ihm treuhänderisch übertragene Rechtsposition an der digitalen Information abzuwehren. Das Interventionsrecht ist seinem Inhalt nach infolgedessen darauf zu beschränken, es dem Sicherungsnehmer während eines angemessenen Zeitraums zu ermöglichen, die auf den gepfändeten Datenträgern gespeicherte digitale Information auf andere Datenträger zu übertragen und anschließend zu löschen.[71] Die Voraussetzungen für eine analoge Anwendung von § 771 Abs. 1 ZPO liegen vor: Die Norm stellt, ausgehend von der Formalisierung des Zwangsvollstreckungsverfahrens, eine negatorische Rechtsschutzmöglichkeit bereit, die es Dritten ermöglicht, sich gegen mit materiell-rechtlichen Wertungen nicht in Einklang zu bringende Pfändungen zur Wehr zu setzen. Pfändet ein Gläubiger zum Vermögen des Schuldners gehörende Datenträger, auf denen schuldnerfremde digitale Information gespeichert ist, offenbart sich eine Lücke: Der Dritte, zu dessen Vermögen die digitale Information gehört, kann der Pfändung der Datenträger nicht widersprechen, weil ihm an den Datenträgern kein die Veräußerung hinderndes Recht zusteht. Ein an der digitalen Information selbst bestehendes, veräußerungshinderndes Recht hilft dem Dritten nicht, weil die digitale Information nicht – wie von § 771 Abs. 1 ZPO gefordert – Gegenstand der Zwangsvollstreckung ist. Die Lücke ist auch planwidrig, da der Gesetzgeber nicht vorhergesehen hat, dass durch die Pfändung eines körperlichen Gegenstands ggf. noch weitere, immaterielle Vermögensgegenstände faktisch mit in Beschlag genommen werden können, die nicht zum Schuldnervermögen gehören. Diese Besonderheit ergab sich erst mit dem Aufkommen digitaler Information und dem Zusammenspiel aus technisch notwendiger Verkörperung auf einem Datenträger sowie der Tatsache, dass ihr ein davon losgelöster wirtschaftlicher Wert zukommt. Dieser wirtschaftliche Wert steht im Fall der Fremdspeicherung stets einer anderen Person als dem Gewahrsamsinhaber der Datenträger zu. Der Dritte, dessen faktisch mit in Beschlag genommene digitale Information nicht für die Titelforderung des Gläubigers haftet, hat schließlich auch ein vergleichbares Interesse am (temporären) Widerspruch gegen die Zwangsvollstreckung. Denn infolge der Pfändung verliert er nicht nur den Zugriff auf die digitale Information. Er läuft vielmehr auch Gefahr, dass sie dem Erwerber der Datenträger in die Hände fällt.[72]

Für die vorliegende Untersuchung folgt daraus zusammenfassend, dass der Sicherungsnehmer der Pfändung von Datenträgern, auf denen die als Kreditsicherheit fungierende digitale Information gespeichert ist, gem. § 771 Abs. 1 ZPO ana-

---

[71] So zum vergleichbaren Fall der Serverpfändung bei einem Cloud-Anbieter *J. F. Hoffmann*, JZ 2019, 960 (967).

[72] Dies könnte möglicherweise sogar zum Verlust des die Veräußerung hindernden Rechts führen: Ist die digitale Information etwa als Geschäftsgeheimnis geschützt, hätte die Offenbarung unter Umständen auch den Verlust des Geheimnisschutzes zur Folge.

log widersprechen kann. Macht der Sicherungsnehmer von seinem Interventionsrecht Gebrauch, ist ihm vor der Verwertung der Datenträger während eines angemessenen Zeitraums zu ermöglichen, die digitale Information auf andere Datenträger zu übertragen und anschließend zu löschen. Voraussetzung für das Interventionsrecht des Sicherungsnehmers ist, dass ihm an der digitalen Information ein die Veräußerung hinderndes Recht zusteht. Dies ist der Fall, wenn die digitale Information immaterialgüterrechtlich geschützt ist und ihm das jeweilige Ausschließlichkeitsrecht treuhänderisch übertragen wurde. Dabei sollte es – wie beim Sicherungseigentum – für das Widerspruchsrecht keine Rolle spielen, dass die Rechtsübertragung lediglich transitorischer Natur ist. Auch insoweit verdient der Sicherungsnehmer als Vollrechtsinhaber keine abweichende Behandlung.

Das Interventionsrecht nach § 771 Abs. 1 ZPO ist dem Sicherungsnehmer nicht allein für den Fall der treuhänderischen Vollrechtsübertragung, sondern auch dann zuzugestehen, wenn das an der digitalen Information bestehende Immaterialgüterrecht verpfändet oder zu Sicherungszwecken lizenziert wurde. Der Pfandgläubiger eines Rechts muss sich nach herrschender Meinung nicht auf die Vorzugsklage nach § 805 Abs. 1 Hs. 2 ZPO verweisen lassen, sondern kann der Pfändung gem. § 771 Abs. 1 ZPO widersprechen.[73] Ebenso steht auch dem ausschließlichen Lizenznehmer – aufgrund der dinglichen Wirkung der Lizenz – ein Widerspruchsrecht nach § 771 Abs. 1 ZPO zu.[74] Wenn man wie hier auch einfachen Lizenzen dinglichen Charakter zuerkennt, ist dem Sicherungsnehmer der Widerspruch gegen die Pfändung selbst dann zu gestatten, wenn er lediglich eine einfache Sicherungslizenz erworben hat. *De lege ferenda* sollte darüber nachgedacht werden, die soeben geschilderte Interessenlage gesetzlich zu regeln. Dies könnte etwa durch die Einfügung eines neuen Abs. 1a in § 771 ZPO erfolgen. Die Vorschrift könnte lauten: *(1a) ¹Dasselbe gilt, wenn ein Dritter im Fall der Pfändung von Datenträgern behauptet, dass ihm ein die Veräußerung hinderndes Recht an der darauf befindlichen digitalen Information zustehe. ²Dem Dritten ist in diesem Fall während eines angemessenen Zeitraums Gelegenheit zu geben, die digitale Information auf andere Datenträger zu übertragen und anschließend zu löschen.*

(2) Obligatorische Sicherungsrechte an digitaler Information

Ein noch akuteres Interventionsbedürfnis des Sicherungsnehmers besteht, wenn die digitale Information keinen immaterialgüterrechtlichen Schutz genießt, son-

---

[73] Statt aller MüKoZPO/*Gruber*, § 805 ZPO Rn. 7 m.w.N.
[74] Vgl. Prütting/Gehrlein/*Scheuch*, § 771 ZPO Rn. 29. Das gilt nicht nur für Patent- und Urheberrechtslizenzen sowie Lizenzen am Leistungsschutzrecht des Datenbankherstellers. Auch Geschäftsgeheimnislizenzen sind nach hier vertretener Auffassung aufgrund ihrer dinglichen Natur davon erfasst.

dern die Fähigkeit, Dritte von ihrer Nutzung auszuschließen, lediglich auf faktischen Gegebenheiten beruht. Pfändet ein Gläubiger in diesem Fall die Datenträger, auf denen die digitale Information als Sicherheit hinterlegt ist, bedroht die Pfändung der Datenträger die faktische Ausschließlichkeit und damit den gesamten Sicherungswert der digitalen Information: Fiele sie im Zuge der Verwertung der Datenträger dem Erwerber in die Hände, hätte der Sicherungsnehmer keine Handhabe, ihm die Nutzung der digitalen Information zu untersagen. Allerdings muss der Sicherungsnehmer, um der Pfändung der Datenträger gem. § 771 Abs. 1 ZPO analog widersprechen zu können, auch in diesem Fall ein die Veräußerung hinderndes Recht an der digitalen Information behaupten können. Dies erscheint *prima facie* zweifelhaft. Denn es existiert gerade kein ausschließliches Recht an der digitalen Information, das dem Sicherungsnehmer zu Sicherungszwecken übertragen werden könnte. Die Rechtsstellung des Sicherungsnehmers in Bezug auf die faktisch mit in Beschlag genommene digitale Information basiert allein auf der – lediglich *inter partes* wirkenden – Treuhandabrede mit dem Sicherungsgeber. Die Rechtsstellung des Sicherungsnehmers ist infolgedessen rein obligatorischer Natur. Ob der Sicherungsnehmer auch in diesem Fall der Pfändung der Datenträger widersprechen kann, hängt entscheidend davon ab, welche Anforderungen § 771 Abs. 1 ZPO an das die Veräußerung hindernde Recht stellt. Grundsätzlich ist die Zwangsvollstreckungsfestigkeit – neben weiteren – eine elementare Eigenschaft ausschließlicher Rechte. Sie ist logische Folge der Zuordnung eines Gegenstands zum Vermögen einer Person mit Wirkung gegenüber jedermann.[75] Folglich können Rechtspositionen, die eine nur relativ wirkende Beziehung zu einem Gegenstand herstellen, im Normalfall kein Interventionsrecht nach § 771 Abs. 1 ZPO begründen.[76] Allerdings gibt es Rechtspositionen, die trotz ihrer dem Grunde nach obligatorischen Rechtsnatur im Verhältnis zu Dritten mit einzelnen dinglichen Wirkungen ausgestattet sind.[77] Auch relativ wirkende Rechte können daher ausnahmsweise und unter der Voraussetzung, dass ihnen diese Eigenschaft zuerkannt wurde,[78] ein Widerspruchsrecht nach § 771 Abs. 1 ZPO vermitteln. Die obligatorische Rechtsstellung des Dritten ist dann im Verhältnis zum Vollstreckungsgläubiger gewissermaßen verdinglicht. Ausschlag-

---

[75] *Canaris*, FS Flume I, S. 371 (374); s. ferner *Peukert*, Güterzuordnung als Rechtsprinzip, S. 56–61.

[76] Prütting/Gehrlein/*Scheuch*, § 771 ZPO Rn. 32.

[77] Man spricht in diesen Fällen im Anschluss an die gleichnamige Arbeit *Dulckeits* von der Verdinglichung obligatorischer Rechte. Es handelt sich um ein „Mischgebilde", das dogmatisch zwischen Schuld- und Sachenrecht zu verorten ist, s. *Canaris*, FS Flume I, S. 371 (372).

[78] Die Zuerkennung (einzelner) dinglicher Eigenschaften ist dabei nicht allein dem Gesetz vorbehalten (Paradebeispiel: § 392 Abs. 2 HGB), sondern ist auch durch Rechtsfortbildung möglich, vgl. *ders.*, FS Flume I, S. 371 (376 f.).

gebend für die Zuerkennung des Interventionsrechts und damit für die Verdinglichung einer Rechtsposition ist, dass der Vollstreckungsgegenstand nicht zum haftenden Vermögen des Schuldners gehört.[79] Fungiert der gepfändete Gegenstand – wie hier – als Treugut, wird die Zuordnung zu einem Vermögen allerdings durch den Umstand erschwert, dass die formale Zuweisung des Gegenstands häufig nicht seiner wirtschaftlichen Vermögenszugehörigkeit entspricht. Dient das Treugut dem Treuhänder zudem als Sicherheit für eine Forderung gegen den Treugeber, ist bei der Vermögenszuordnung ferner das eigennützige Interesse des Treuhänders zu berücksichtigen. Über die endgültige Vermögenszugehörigkeit des Treuguts entscheidet in diesen Fällen der Eintritt der Verwertungsreife:[80] Tritt sie nicht ein, gehört der Sicherungsgegenstand haftungsrechtlich weiterhin zum Vermögen des Treugebers. Andernfalls ist er ab diesem Zeitpunkt dem Vermögen des Treuhänders zuzurechnen. Daraus müsste an sich gefolgert werden, dass der Treuhänder der Vollstreckung in das Treugut vor diesem Zeitpunkt nicht widersprechen kann.[81] Diese Sichtweise überginge jedoch den eigennützigen Charakter der Sicherungstreuhand und ließe das Sicherungsinteresse des Treuhänders außer Acht. Zweck der Sicherungstreuhand ist gerade, dem Sicherungsnehmer für seine Forderung gegen den Schuldner einen Gegenstand aus dessen Vermögensmasse als exklusives Haftungsobjekt zur Verfügung zu stellen. Diesem Bestreben liefe es zuwider, wenn der Sicherungsnehmer keine Möglichkeit hätte, das Sicherungsgut gegen Gläubiger des Sicherungsgebers zu verteidigen. Solange also der Eintritt des Sicherungsfalls noch in der Schwebe ist, rechtfertigt es das Sicherungsinteresse des Sicherungsnehmers, ihm das Interventionsrecht aus § 771 Abs. 1 ZPO zuzubilligen.[82] Übertragen auf die vorliegende Untersuchung bedeutet das, dass der Sicherungsnehmer bis zur Erledigung des Sicherungszwecks das Recht haben muss, der Pfändung der Datenträger, auf denen die als Sicherungsgut fungierende digitale Information hinterlegt ist, gem. § 771 Abs. 1 ZPO zu widersprechen. Für das Widerspruchsrecht des Sicherungsnehmers kann es dabei keinen Unterschied machen, ob die digitale Information immaterialgüterrechtlichen Schutz genießt oder ihr Vermögenswert ausschließlich auf faktischen Gegebenheiten beruht. Wie eingangs gezeigt, ist das Interesse

---

[79] Prütting/Gehrlein/*Scheuch*, § 771 ZPO Rn. 32; MüKoZPO/*K. Schmidt/Brinkmann*, § 771 ZPO Rn. 41.
[80] Hk-ZPO/*Kindl*, § 771 Rn. 9; BeckOK ZPO/*Preuß*, § 771 ZPO Rn. 17.
[81] So verhält es sich in der Tat bei der uneigennützigen Treuhand. Vollstrecken Treugebergläubiger in das Treuhandvermögen, kann der Treuhänder trotz seiner treuhänderischen Berechtigung am Treugut der Pfändung nicht widersprechen, statt aller MüKoZPO/*K. Schmidt/ Brinkmann*, § 771 ZPO Rn. 27.
[82] Vgl. BeckOK ZPO/*Preuß*, § 771 ZPO Rn. 18; Prütting/Gehrlein/*Scheuch*, § 771 ZPO Rn. 19. Dies gilt jedenfalls im Rahmen der Einzelzwangsvollstreckung. Zur abweichenden Behandlung des Sicherungsguts in der Insolvenz MüKoInsO/*Ganter*, § 51 InsO Rn. 4–9.

des Sicherungsnehmers am Erhalt des Sicherungsguts in letzterem Fall sogar noch stärker ausgeprägt. Ist die digitale Information sondergesetzlich nicht geschützt, lässt sich das Interventionsrecht des Sicherungsnehmers dogmatisch – im Gegensatz zur Vollrechtstreuhand – nicht mit einer zu treuen Händen übertragenen *dinglichen*[83] Rechtsposition erklären.[84] Eine solche gibt es bei sondergesetzlich nicht geschützter digitaler Information nicht. Auch die in diesem Fall bestehende faktische Ausschließlichkeit – die den Wirkungen einer dinglichen Rechtsposition im Ergebnis sehr nahekommt – kann nicht als Grundlage für die Zubilligung des Interventionsrechts herangezogen werden, da § 771 Abs. 1 ZPO ausdrücklich den Bestand eines (die Veräußerung hindernden) *Rechts* verlangt. Das Drittwiderspruchsrecht lässt sich nach hier vertretener Auffassung jedoch mithilfe einer (ungeschriebenen) Verdinglichung der aus der Treuhandabrede herrührenden obligatorischen Rechtsstellung des Sicherungsnehmers begründen.[85]

Zusammenfassend ist festzuhalten, dass der Sicherungsnehmer bei der treuhänderischen Besicherung digitaler Information bis zur Erledigung des Sicherungszwecks ein Interesse daran hat, die digitale Information gegen vollstreckende Gläubiger zu verteidigen. Dieses Interesse rechtfertigt es, dass der Sicherungsnehmer gegen die Pfändung der zugrunde liegenden Datenträger gem. § 771 Abs. 1 ZPO Drittwiderspruchsklage erheben kann. Für das Interesse am Erhalt der als Kreditsicherheit fungierenden digitalen Information macht es allerdings keinen Unterschied, ob sie immaterialgüterrechtlich geschützt ist oder nicht. Aus diesem Grund ist dem Sicherungsnehmer auch im Fall der Sicherungsübertragung sondergesetzlich nicht geschützter digitaler Information das Interventionsrecht aus § 771 Abs. 1 ZPO zuzugestehen. Schwierigkeiten bereitet in diesem Fall allerdings dessen dogmatische Herleitung. Anders als bei der Vollrechtstreuhand kann es nicht auf eine dingliche Rechtsposition des Sicherungsgebers gestützt werden. Das Interventionsrecht des Sicherungsnehmers muss daher mithilfe einer Verdinglichung der aus der Treuhandabrede herrührenden

---

[83] Vgl. zu der Frage, inwieweit im Zusammenhang mit Immaterialgüterrechten überhaupt von dinglichen Rechten gesprochen werden kann, *Schöneich*, Der Begriff der Dinglichkeit im Immaterialgüterrecht.

[84] S. dazu im Einzelnen oben S. 289 ff.

[85] Vgl. zur grundsätzlichen Möglichkeit, rechtsfortbildend ungeschriebene verdinglichte Rechtsstellungen anzuerkennen *Canaris*, FS Flume I, S. 371 (376 f.). Spiegelbildlich ist die treuhänderische Rechtsstellung des Sicherungsgebers seit jeher verdinglicht. Die Treuhandlehre billigt ihm seit Langem auf Grundlage der Treuhandabrede ein Interventionsrecht nach § 771 Abs. 1 ZPO zu, da er ansonsten keine Möglichkeit hätte, der Pfändung des Gegenstands durch Gläubiger des Treuhänders zu widersprechen. S. dazu eingehend *Gaul*, FS Serick, S. 105 ff. Für eine (Teil-)Verdinglichung der Rechtsstellung des Domain-Inhabers *Krebs/Becker*, JZ 2009, 932 ff. Für eine „Verdinglichung durch Datenschutz" *Lahusen*, AcP 221 (2021), 1 ff.

obligatorischen Rechtsstellung begründet werden. Hierfür sprechen noch zwei weitere Gründe. Dabei lässt sich zunächst eine Überlegung anführen, die im Rahmen der vorliegenden Untersuchung schon mehrere Male zum Tragen gekommen ist: Nach allgemeiner Meinung besteht für die Schaffung ausschließlicher Rechtspositionen an digitaler Information kein Bedarf, da sich ein wirksamer Ausschluss Dritter bereits mithilfe technischer Schutzmaßnahmen erzielen lässt. Hierzu steht es nicht in Widerspruch, die Rechtsstellung des Berechtigten dort, wo technische Schutzmaßnahmen nicht ausreichen – wie etwa im Fall der Pfändung von Datenträgern –, mit einzelnen dinglichen Wirkungen zu versehen.[86] Des Weiteren stellt die Zuerkennung des Interventionsrechts – im Sinne der Einheit der Rechtsordnung – einen Gleichlauf zwischen der Besicherung immaterialgüterrechtlich geschützter und nicht geschützter digitaler Information her.[87]

b) Pfändung digitaler Information

Ist die als Sicherheit eingesetzte digitale Information gem. § 857 Abs. 1 ZPO selbst Gegenstand der Zwangsvollstreckung, ist zu unterscheiden: Soweit an ihr ein Vermögensrecht besteht, das zur Sicherheit auf den Sicherungsnehmer übertragen wurde, geht die Pfändung beim Sicherungsgeber ins Leere. Da aber dennoch der Anschein einer rechtswirksamen Pfändung erzeugt wird, kann der Sicherungsnehmer hiergegen die Drittwiderspruchsklage gem. § 771 Abs. 1 ZPO (in direkter Anwendung) erheben.[88] Soweit man über § 857 Abs. 1 ZPO (analog) – wie inzwischen von mehreren Literaturstimmen vertreten – auch die Zwangsvollstreckung in sondergesetzlich nicht zugewiesene digitale Information zulässt, muss Dritten konsequent die Möglichkeit eingeräumt werden, sich dagegen mit der Drittwiderspruchsklage des § 771 Abs. 1 ZPO (analog) zu wehren. Andernfalls ließe man zwar die Pfändung immaterialgüterrechtlich nicht geschützter digitaler Information zu. Soweit die gepfändete digitale Information allerdings einem nicht für die Titelschuld des Gläubigers haftenden Vermögen eines Dritten angehört, schnitte man dem Dritten jedwede Rechtsschutzmöglichkeit ab. Die Gründe, den Sicherungsnehmer in diesem Fall auch in den Genuss des Interventionsrechts kommen zu lassen, sind im Übrigen dieselben wie bei der Pfändung der Datenträger.

---

[86] Die grundsätzliche Entscheidung, keine ausschließlichen Rechtspositionen an digitaler Information zu schaffen, wird dadurch nicht umgangen.

[87] Ein solcher Gleichlauf ist auch gerechtfertigt, weil die (nicht mögliche) Übertragung ausschließlicher Rechtspositionen durch den Zugriff auf die zugrunde liegenden Datenverkörperungen ersetzt wird, s. dazu oben S. 171 ff.

[88] Vgl. Prütting/Gehrlein/*Scheuch*, § 771 ZPO Rn. 18.

4. Fazit

Resümierend lässt sich festhalten, dass sich digitale Information als Sicherungsgut im Rahmen der Zwangsvollstreckung weitgehend bewährt hat. Was zunächst den zwangsweisen Zugriff auf die digitale Information im Sicherungsfall betrifft, ist zu unterscheiden: Wurden die Datenträger, auf denen die als Sicherheit eingesetzte digitale Information hinterlegt ist, dem Sicherungsnehmer zur Sicherheit übereignet, kann dieser die zwangsweise Herausgabe der Datenträger gem. § 883 Abs. 1 ZPO erwirken. Hat der Sicherungsnehmer demgegenüber keinen Anspruch auf Herausgabe der Datenträger, lässt sich die Herausgabe der Datenverkörperungen gem. § 888 Abs. 1 S. 1 ZPO erzwingen.

Für den Fall, dass umgekehrt andere Gläubiger die Zwangsvollstreckung in die Datenträger, auf denen die als Sicherheit eingesetzte digitale Information hinterlegt ist, bzw. in die digitale Information selbst betreiben, kann der Sicherungsnehmer der Pfändung in allen Fällen gem. § 771 Abs. 1 ZPO (analog) widersprechen und sich weiterhin die Zugriffsmöglichkeit auf die digitale Information sichern.

§ 14 Digitale Information in der Insolvenz des Sicherungsgebers

Die Bewährungsprobe jeder Kreditsicherheit ist die Insolvenz des Sicherungsgebers. Wäre die zur Sicherung der Kreditforderung des Gläubigers hingegebene digitale Information in diesem Fall nicht dem Zugriff der Insolvenzgläubiger entzogen, kann man sie schwerlich als Kreditsicherheit bezeichnen. Im Folgenden ist daher zunächst zu untersuchen, inwieweit die digitale Information vom Insolvenzbeschlag erfasst ist. Liegen die Voraussetzungen eines Insolvenzbeschlags vor, ist anschließend zu überprüfen, ob der Sicherungsnehmer von der Insolvenzmasse abgesonderte Befriedigung verlangen oder die digitale Information möglicherweise sogar selbst verwerten kann.

I. Digitale Information als Gegenstand des Insolvenzbeschlags

Wird über das Vermögen des Sicherungsgebers das Insolvenzverfahren eröffnet, ist zunächst von Interesse, inwieweit die als Sicherheit eingesetzte digitale Information Teil der Insolvenzmasse wird. Wie bei der Einzelzwangsvollstreckung ist auch im Rahmen der Insolvenz die Mehrdimensionalität digitaler Information zu berücksichtigen.[1] Daher ist im Folgenden zwischen den Datenträgern und der darauf gespeicherten digitalen Information zu unterscheiden.

1. Allgemeines zur Massezugehörigkeit eines Gegenstands

Die Massezugehörigkeit eines Vermögensgegenstands wird primär durch §§ 35, 36 InsO bestimmt. § 35 Abs. 1 InsO legaldefiniert die Insolvenzmasse als das gesamte Vermögen, das dem Schuldner zur Zeit der Eröffnung des Verfahrens gehört und das er während des Verfahrens erlangt. Der Umfang der Insolvenzmasse wird durch § 36 Abs. 1 S. 1 InsO wieder eingeschränkt, indem die Norm

---

[1] Vgl. Specht-Riemenschneider/Werry/Werry/*Apel/Brechtel*, Datenrecht in der Digitalisierung, § 10 Rn. 6. S. dazu auch bereits oben S. 276.

diejenigen Gegenstände vom Insolvenzbeschlag ausnimmt, die der Zwangsvollstreckung nicht unterliegen.

2. Massezugehörigkeit von Datenträgern

Die Datenträger, auf denen die digitale Information als Sicherheit hinterlegt ist, werden mithin gem. § 35 Abs. 1 InsO immer dann Teil der Insolvenzmasse, wenn sie im Zeitpunkt der Eröffnung des Insolvenzverfahrens dem Vermögen des Sicherungsgebers angehören. Dies ist der Fall, wenn der Sicherungsgeber Eigentümer der Datenträger ist oder das Eigentum daran während des Insolvenzverfahrens erwirbt. Vom Insolvenzbeschlag erfasst werden die Datenträger allerdings auch dann, wenn sie zur Sicherheit an den Sicherungsnehmer übereignet wurden.[2] Anders als bei der Einzelzwangsvollstreckung hat sich der Gesetzgeber im Rahmen der Gesamtvollstreckung bei der Frage, welche Vermögensgegenstände den Gläubigern als Haftungsmasse zur Verfügung stehen sollen, klar für eine wirtschaftliche Betrachtungsweise entschieden.[3] Dies belegt § 51 Nr. 1 Alt. 1 i. V. m. § 50 InsO, wonach das Sicherungseigentum – anders als das Volleigentum – gerade nicht zur Aussonderung (§ 47 InsO), sondern lediglich zur abgesonderten Befriedigung berechtigt. Fallen die Datenträger – den vorgenannten Grundsätzen folgend – in die Insolvenzmasse, beschränken sich die Wirkungen des Insolvenzbeschlags allerdings auf die physische Substanz der Datenträger. Keinesfalls wird die auf den Datenträgern gespeicherte digitale Information dadurch – gewissermaßen automatisch – ebenfalls Bestandteil der Insolvenzmasse. Ihr insolvenzrechtliches Schicksal ist vielmehr eigenständig nach den §§ 35, 36 InsO zu beurteilen. Zu diesem Zweck ist im Folgenden zwischen sondergesetzlich geschützter und nicht geschützter digitaler Information zu unterscheiden.

3. Massezugehörigkeit sondergesetzlich geschützter digitaler Information

Aus dem bereits aufgezeigten Zusammenspiel der §§ 35, 36 InsO ergibt sich, dass nur pfändbare Vermögensgegenstände in die Insolvenzmasse fallen. Ist die digitale Information sondergesetzlich geschützt, werden die an ihr bestehenden Vermögensrechte insoweit Massebestandteil, als sie nach § 857 Abs. 1 ZPO der Zwangsvollstreckung unterliegen.[4] Vom Insolvenzbeschlag erfasst werden dem-

---

[2] Folglich fallen die Datenträger nur dann nicht in die Insolvenzmasse, wenn sie entweder einem Dritten oder dem Sicherungsnehmer (nicht nur formal, sondern auch wirtschaftlich) gehören.
[3] S. dazu bereits oben § 13 Fn. 82.
[4] S. dazu oben S. 279 ff. Allgemein zur insolvenzrechtlichen Behandlung immaterieller Wirtschaftsgüter *Berger*, ZInsO 2013, 569 ff. sowie *ders./Tunze*, ZIP 2020, 52 ff.

nach das Recht aus dem Patent,[5] das Leistungsschutzrecht des Datenbankherstellers[6] sowie Geschäftsgeheimnisse[7]. Das Urheberrecht als solches ist der Pfändung nicht unterworfen und wird folglich nicht Teil der Insolvenzmasse. Vom Insolvenzbeschlag erfasst werden jedoch die am Urheberrecht bestehenden Nutzungsrechte, allerdings nur unter der Voraussetzung, dass der Urheber hierin eingewilligt hat (vgl. § 113 S. 1 UrhG).[8] Wurden von den vorgenannten Rechten Nutzungsbefugnisse abgespalten, können diese ebenfalls Bestandteil der Insolvenzmasse werden, soweit sie nach § 857 Abs. 1 ZPO gepfändet werden können.[9] Dies ist der Fall bei an einem Patent[10] sowie am Leistungsschutzrecht des Datenbankherstellers[11] eingeräumten Lizenzen. Urheberrechtliche Lizenzen fallen demgegenüber nur dann in die Insolvenzmasse, wenn der Urheber seine Zustimmung erteilt hat.[12] Dasselbe gilt nach hier vertretener Auffassung für den Insolvenzbeschlag von Geschäftsgeheimnislizenzen.[13] Der Insolvenzbeschlag setzt gem. § 35 Abs. 1 InsO voraus, dass das jeweilige Recht zur Zeit der Eröffnung des Insolvenzverfahrens dem Vermögen des Insolvenzschuldners angehört. Dies ist – formal betrachtet – nicht der Fall, wenn es vor Verfahrenseröffnung einem Gläubiger zur Sicherheit übertragen wurde. Ausschlaggebend für den Insolvenzbeschlag ist jedoch auch hier die wirtschaftliche Vermögenszugehörigkeit des Rechts. Dies folgt aus § 51 Nr. 1 Alt. 2 i.V.m. § 50 InsO, wonach der gesicherte Gläubiger lediglich absonderungsberechtigt ist. Dasselbe gilt gem. § 50 Abs. 1 Var. 1 InsO, wenn das jeweilige Recht mit einem vertraglichen Pfandrecht belastet wurde. Für die vorliegende Untersuchung folgt daraus, dass die an der digitalen Information bestehenden Vermögensrechte mit Eröffnung des Insolvenzverfahrens über das Vermögen des Sicherungsgebers allesamt Teil der Insolvenzmasse werden, ohne Rücksicht darauf, ob sie zur Sicherheit auf den Sicherungsnehmer übertragen, verpfändet oder lizenziert wurden.

---

[5] Statt aller BeckOK PatR/*Loth/Hauck*, § 15 PatG Rn. 34.
[6] Statt aller BeckOK UrhR/*Rudolph*, Insolvenz Rn. 14.
[7] *Berger/Tunze*, ZIP 2020, 52 (56 f.); *Schuster/Tobuschat*, GRUR-Prax 2019, 248.
[8] H.M., *Berger/Tunze*, ZIP 2020, 52 (55); Jaeger/*Henckel*, § 35 InsO Rn. 44; Uhlenbruck/*Hirte/Praß*, § 35 InsO Rn. 248; *Kreuzer/Reber*, in: Loewenheim, Handbuch des Urheberrechts, § 100 Rn. 52; BeckOK UrhR/*Rudolph*, Insolvenz Rn. 11; a.A. Schricker/Loewenheim/*Ohly*, § 34 UrhG Rn. 16; Dreier/Schulze/*Schulze*, § 34 UrhG Rn. 7.
[9] Jaeger/*Henckel*, § 35 InsO Rn. 62. Insoweit kommt es maßgeblich auf die Ausgestaltung der Lizenz durch die Parteiabrede an. Voraussetzung für den Insolvenzbeschlag einer Lizenz ist, dass sie ein dingliches Recht und nicht bloß schuldrechtlicher Natur ist, vgl. *Pahlow*, WM 2016, 1717 (1718).
[10] Nerlich/Römermann/*Andres*, § 35 InsO Rn. 71.
[11] Vgl. BeckOK UrhR/*Rudolph*, Insolvenz Rn. 14.
[12] BeckOK UrhR/*Rudolph*, Insolvenz Rn. 15–18; a.A. *Berger*, FS Kirchhof, S. 1 (5).
[13] S. dazu oben S. 281.

4. Massezugehörigkeit sondergesetzlich nicht geschützter digitaler Information

Überraschenderweise wird die Massezugehörigkeit digitaler Information, auch soweit sie keinen sondergesetzlichen Schutz genießt, entweder gar nicht erst in Zweifel gezogen[14] oder jedenfalls darauf verwiesen, dass es sich um ein wirtschaftlich realisierbares, dem Insolvenzschuldner zuordenbares Rechtsgut handelt.[15] Freilich dürfte die Massezugehörigkeit digitaler Information in den meisten Fällen nicht an den Voraussetzungen des § 35 Abs. 1 InsO scheitern. Kaum thematisiert wird hingegen die von § 36 Abs. 1 S. 1 InsO gezogene Grenze.[16] Insoweit wäre für den Insolvenzbeschlag – neben der Zugehörigkeit zum Schuldnervermögen – des Weiteren erforderlich, dass die digitale Information der Zwangsvollstreckung unterliegt. Dies erfordert gem. § 857 Abs. 1 ZPO die Existenz eines Vermögensrechts. Infolgedessen ist die Pfändbarkeit sondergesetzlich nicht zugewiesener digitaler Information zumindest zweifelhaft.[17] Gleichwohl bedarf es auch an dieser Stelle keiner Entscheidung, weil die Massezugehörigkeit digitaler Information – soweit sie sich in der Hand eines Unternehmens befindet – bereits auf andere Weise hergestellt wird. Entgegen einer im Schrifttum vertretenen Ansicht folgt die Massezugehörigkeit allerdings nicht schon aus § 36 Abs. 2 Nr. 1 Hs. 1 InsO, weil der Datenbestand eines Unternehmens nicht unter das Tatbestandsmerkmal *Geschäftsbücher* subsumiert werden kann.[18] Aus der systematischen Stellung des § 811 Abs. 1 Nr. 11 a.F. ZPO[19] lässt sich folgern, dass Geschäftsbücher nur körperliche Sachen sein können. Die sinnlich nicht wahrnehmbaren Datenverkörperungen sind aber ebenso wie die syntaktische und semantische Information unkörperlicher Natur. Darüber hinaus dürften jedenfalls die heutigen Datenbestände eines Digitalunternehmens – besonders dann, wenn sie für eine Kreditbesicherung infrage kommen – nicht mehr vom Telos der Norm umfasst sein. Insoweit geht die in den Datenbeständen enthaltene Information in Art und Umfang deutlich über die typischerweise in Geschäftsbüchern enthaltene Information hinaus. Jedoch lässt § 36 Abs. 2 InsO erkennen,

---

[14] So etwa *J.F. Hoffmann*, JZ 2019, 960; *Steinrötter*, in: Specht-Riemenschneider, Digitaler Neustart, S. 17 (42).

[15] Dies dürfte die wohl herrschende Meinung im jüngeren Schrifttum widerspiegeln, s. etwa *Berberich/Kanschik*, NZI 2017, 1; *Berger/Tunze*, ZIP 2020, 52 (57); *Paulus/Berg*, ZIP 2019, 2133 (2142); *Völzmann-Stickelbrock*, FS Taeger, S. 749 (763).

[16] S. aber *Czarnetzki/Röder*, FS Schneider II, S. 332 (338).

[17] S. dazu eingehend oben S. 281 ff.

[18] So aber Braun/*Bäuerle*, § 36 InsO Rn. 42; Jaeger/*Henckel*, § 36 InsO Rn. 10; Uhlenbruck/*Hirte/Praß*, § 36 InsO Rn. 46.

[19] Die Vorschrift wird nunmehr – allerdings ohne den Begriff Geschäftsbücher ausdrücklich zu nennen – von § 811 Abs. 1 Nr. 4 ZPO aufgegriffen, vgl. BT-Drs. 19/27636, S. 31.

dass der Kreis der den Gläubigern haftenden Vermögensgegenstände in der Insolvenz weiter zu ziehen ist als in der Zwangsvollstreckung. Dies gilt insbesondere bei Unternehmensinsolvenzen. In diesem Fall werden alle rechtlichen und tatsächlichen Vermögenswerte unabhängig davon Bestandteil der Insolvenzmasse, ob in der Einzelzwangsvollstreckung ein gesonderter Gläubigerzugriff zulässig wäre.[20] Folglich gilt die von § 36 Abs. 1 S. 1 InsO gezogene Grenze nicht für die jeweiligen Vermögensgegenstände eines Unternehmens, da der Vermögensbeschlag das Unternehmen stets als Ganzes erfasst.[21] Als Vermögensbestandteil eines Unternehmens fällt die digitale Information daher unabhängig davon in die Insolvenzmasse, ob im Rahmen der Einzelzwangsvollstreckung gem. § 857 Abs. 1 ZPO ein isolierter Gläubigerzugriff zulässig wäre. Für die vorliegende Untersuchung folgt daraus, dass die zugunsten des Sicherungsnehmers hinterlegte digitale Information in der Insolvenz des Sicherungsgebers auch dann Massebestandteil wird, wenn sie sondergesetzlich nicht geschützt ist. Dass die digitale Information dabei als Sicherheit für eine Forderung des Sicherungsnehmers dient, ändert an ihrem Insolvenzbeschlag nichts. Insoweit kann nichts anderes gelten, wie wenn sie Gegenstand eines Vermögensrechts wäre. Infolgedessen ist der in § 51 Nr. 1 InsO enthaltene Rechtsgedanke entsprechend heranzuziehen.

5. *Ausnahme von der Massezugehörigkeit aufgrund Personenbezugs?*

Abschließend ist zu untersuchen, wie sich ein ggf. vorhandener Personenbezug auf den Insolvenzbeschlag digitaler Information auswirkt. Denkbar ist, dass der Betroffene geltend machen kann, die digitale Information gehöre nicht zum Vermögen des insolventen Unternehmens, sondern sei stattdessen seinem Vermögen zuzuordnen. Der Einwand würde allerdings voraussetzen, dass das informationelle Selbstbestimmungsrecht eine unveräußerliche Zuweisung zwischen dem Einzelnen und „seiner" personenbezogenen Information schafft. Dies ist jedoch nicht der Fall, weil das Datenschutzrecht dem Einzelnen die ihn betreffende digitale Information nicht mit ausschließlicher Wirkung zuweist.[22] Folglich steht das informationelle Selbstbestimmungsrecht dem Massebeschlag personenbezogener Information nicht entgegen.[23] Das bedeutet, dass die als Sicherheit eingesetzte digitale Information auch dann in die Insolvenzmasse des Sicherungsgebers fällt, wenn sie einen Personenbezug aufweist. Insbesondere können die

---

[20] Jaeger/*Henckel*, § 35 InsO Rn. 9.
[21] Vgl. Jaeger/*ders.*, § 35 InsO Rn. 9.
[22] S. dazu oben S. 112 f.
[23] So auch BeckOK InsO/*Platzer*, Datenschutz in der Insolvenz Rn. 93.

Betroffenen in diesem Fall nicht gem. § 47 S. 1 InsO einwenden, dass die digitale Information nicht zur Insolvenzmasse gehört.[24]

II. Absonderungsberechtigung an digitaler Information

Im Gegensatz zu der sich am Prioritätsprinzip orientierenden Einzelzwangsvollstreckung ist das Insolvenzverfahren durch den Grundsatz der Gläubigergleichbehandlung geprägt.[25] Die Verschiedenheit der einzelnen Gläubigergruppen zwingt jedoch gleichsam zu einer Differenzierung. In den Genuss einer bevorzugten Behandlung kommen dabei insbesondere die mit Sicherungsrechten ausgestatteten Gläubiger. Ihrem Sicherungsinteresse hat der Gesetzgeber in den §§ 49–51 InsO Rechnung getragen: Der besicherte Gegenstand ist mangels Substanzinteresse des gesicherten Gläubigers haftungsrechtlich der Insolvenzmasse zugeordnet. Das Wertinteresse rechtfertigt es aber, ihm die bevorzugte Befriedigung aus dem Sicherungsgegenstand zu gewähren.[26] Die abgesonderte Befriedigung aus einem Gegenstand der Insolvenzmasse setzt das Bestehen eines Absonderungsrechts voraus. Im Folgenden ist daher zu untersuchen, inwieweit dem Sicherungsnehmer ein Absonderungsrecht an der vom Insolvenzbeschlag erfassten digitalen Information zusteht.

1. Absonderungsberechtigung an den Datenträgern

Wurden die Datenträger, auf denen die digitale Information als Sicherheit hinterlegt ist, zur Sicherheit übereignet oder verpfändet, steht dem Sicherungsnehmer gem. §§ 50 Abs. 1 Var. 1, 51 Nr. 1 Alt. 1 InsO ein Recht zur abgesonderten Befriedigung an den Datenträgern zu. Nicht Gegenstand des Absonderungsrechts ist hingegen die auf den Datenträgern gespeicherte digitale Information. Damit der Sicherungsnehmer auch und gerade aus ihrem Erlös die bevorzugte Befriedigung verlangen kann, benötigt er folglich ein eigenständiges Absonderungsrecht an der digitalen Information selbst. Dabei ist es zweckmäßig, zwischen sondergesetzlich geschützter und nicht geschützter digitaler Information zu differenzieren.

---

[24] Vgl. BeckOK InsO/*ders.*, Datenschutz in der Insolvenz Rn. 93.
[25] S. nur MüKoInsO/*Stürner*, Einl. Rn. 62.
[26] Vgl. zum Ganzen MüKoInsO/*Ganter*, Vor §§ 49–51 InsO Rn. 1–3.

2. Absonderungsberechtigung an sondergesetzlich geschützter digitaler Information

a) Sicherungsübertragung

Ist die digitale Information immaterialgüterrechtlich geschützt und wurde das jeweilige Immaterialgüterrecht zur Sicherung eines Anspruchs übertragen, ist der Sicherungsnehmer gem. §§ 51 Nr. 1 Alt. 2, 50 InsO zur abgesonderten Befriedigung aus dem Immaterialgüterrecht berechtigt. Ein Absonderungsrecht verleihen demnach das zu Sicherungszwecken übertragene Recht aus dem Patent, das Leistungsschutzrecht des Datenbankherstellers sowie sicherungshalber übertragene Geschäftsgeheimnisse[27]. Für die vorliegende Untersuchung folgt daraus, dass der Sicherungsnehmer in der Insolvenz des Sicherungsgebers immer dann gegenüber den sonstigen Insolvenzgläubigern privilegiert ist, wenn die digitale Information als unmittelbares Erzeugnis eines patentierten Verfahrens gem. § 9 S. 2 Nr. 3 PatG, als Datenbank i. S. v. § 87a Abs. 1 S. 1 UrhG oder als Geschäftsgeheimnis i. S. d. § 2 Nr. 1 GeschGehG geschützt ist und das jeweilige Recht zur Sicherheit auf den Sicherungsnehmer übertragen wurde.[28]

b) Verpfändung

Dasselbe gilt, wenn zugunsten des Sicherungsnehmers ein vertragliches Pfandrecht an dem jeweiligen, an der digitalen Information bestehenden Immaterialgüterrecht bestellt wurde. In diesem Fall kann er gem. § 50 Abs. 1 Var. 1 InsO ebenfalls die bevorzugte Befriedigung aus dem Verwertungserlös des Immaterialgüterrechts verlangen.

c) Sicherungslizenzierung

Anders als bei der Sicherungsübertragung und Verpfändung ist es zur Begründung einer Absonderungsberechtigung des Sicherungsnehmers an einer zu Sicherungszwecken erworbenen Lizenz mit einer schlichten Subsumtion unter die §§ 50, 51 InsO nicht getan. Dies ist dem nach wie vor ungeklärten insolvenzrechtlichen Schicksal der Lizenz geschuldet.[29] Die Kontroverse speist sich aus

---

[27] Die Insolvenzfestigkeit von Geschäftsgeheimnissen verneinen *Schuster/Tobuschat*, GRUR-Prax 2019, 248 ff. Offener für eine Absonderungskraft von Geschäftsgeheimnissen K. Schmidt/*Thole*, § 47 InsO Rn. 59.

[28] Ein Absonderungsrecht gem. §§ 51 Nr. 1 Alt. 2, 50 InsO des Sicherungsnehmers besteht ferner im Fall der Sicherungsabtretung eines dem Sicherungsgeber zustehenden Herausgabeanspruchs gegen einen Cloud-Provider.

[29] Während Lizenzverträge unter Geltung der KO die Konkurseröffnung noch überdauerten, ist eine Fortführung von Lizenzverträgen seit Inkrafttreten der InsO nicht mehr möglich,

zwei voneinander zu trennenden Problemkreisen: Für den der Lizenz zugrunde liegenden Lizenzvertrag ist einerseits das in § 103 InsO normierte Wahlrecht des Insolvenzverwalters von Bedeutung. Waren die gegenseitigen Pflichten bei Verfahrenseröffnung noch nicht vollständig erfüllt, kann sich der Insolvenzverwalter entweder für die Erfüllung des Lizenzvertrags entscheiden oder sie ablehnen. Andererseits setzt sich in der Insolvenz des Lizenzgebers der Streit über die Rechtsnatur[30] der Lizenz fort. Dabei geht es um die Frage, ob der Lizenzinhaber die Lizenz – trotz einer etwaigen Erfüllungsablehnung des Lizenzvertrags – aus der Insolvenzmasse aussondern kann.[31] Übertragen auf die hier aufgeworfene Fragestellung ist daher im Folgenden zunächst von Interesse, ob der Sicherungslizenzvertrag in der Insolvenz des Sicherungsgebers dem Wahlrecht des Insolvenzverwalters unterfällt. Im Anschluss daran ist zu untersuchen, ob dem Sicherungsnehmer unabhängig davon ein Absonderungsrecht an der Sicherungslizenz zusteht.[32]

aa) Kein Wahlrecht des Insolvenzverwalters, § 103 InsO

Das Erfüllungswahlrecht des Insolvenzverwalters setzt gem. § 103 Abs. 1 InsO voraus, dass ein gegenseitiger Vertrag zur Zeit der Eröffnung des Insolvenzverfahrens vom Schuldner und vom anderen Teil nicht oder noch nicht vollständig erfüllt wurde. Bei der herkömmlichen Schutzrechtslizenzierung ist der Lizenzvertrag wenigstens einseitig vollständig erfüllt, wenn der Lizenzgeber nur die Einräumung des Nutzungsrechts schuldet und das Nutzungsrecht vor Eröffnung des Insolvenzverfahrens tatsächlich eingeräumt wurde.[33] Die beiderseitige vollständige Erfüllung des Lizenzvertrags scheitert jedoch häufig daran, dass die Entrichtung der Lizenzgebühr als wiederkehrende Zahlungsverpflichtung ausgestaltet ist.[34] Etwas anderes gilt nur, wenn als Gegenleistung – wie bei einem

---

weil der Gesetzgeber den Anwendungsbereich der §§ 108 ff. InsO ausdrücklich auf unbewegliche Vermögensgegenstände beschränkt hat, näher Jaeger/*Jacoby*, Vor §§ 103–119 InsO Rn. 123. Seither wurde wiederholt der Versuch unternommen, die Insolvenzfestigkeit der Lizenz gesetzlich zu verankern. Während der Koalitionsvertrag der vergangenen großen Koalition vorsah, die Rechte des Lizenznehmers besser zu schützen (dazu *Berger/Tunze*, ZIP 2020, 52 [58 f.]), schweigt der Koalitionsvertrag von SPD, Grünen und FDP dazu. Somit ist mittelfristig nicht mit einer Gesetzesänderung zu rechnen.

[30] S. dazu oben S. 122 ff.

[31] Vgl. zum Ganzen etwa *Berger*, GRUR 2013, 321 ff.; *Pahlow*, WM 2016, 1717 ff.

[32] Zu Absonderungsrechten an urheberrechtlichen Nutzungsbefugnissen *Berger*, FS Kirchhof, S. 1 ff.

[33] Uhlenbruck/*Brinkmann*, § 47 InsO Rn. 74.

[34] Dem Lizenzvertrag kommt in diesem Fall Dauerschuldcharakter zu, MüKoInsO/*Ganter*, § 47 InsO Rn. 339n.

Kaufvertrag – die Zahlung einer einmaligen Geldsumme vorgesehen ist.[35] Sicherungseinräumungen sollen als kaufähnlich einzuordnen und dadurch ebenfalls dem Wahlrecht des Insolvenzverwalters entzogen sein.[36] Dies ist im Ergebnis nicht zu beanstanden. Die dogmatische Begründung erscheint allerdings fragwürdig. Zwar wird man auch im Rahmen der Sicherungslizenzierung dazu kommen müssen, die Leistungspflicht des Sicherungsgebers (soweit keine darüber hinausgehenden Pflichten bestehen) mit Einräumung der Lizenz als erfüllt anzusehen. Da die Lizenzerteilung allerdings nicht die Monetarisierung des Schutzrechts bezweckt, sondern der Sicherung des kreditgebenden Gläubigers dient, mutet es seltsam an, die Auszahlung der Darlehensvaluta als kaufpreisähnliche Gegenleistung[37] zu charakterisieren. Dogmatisch konsistenter ist es, die Sicherungslizenzierung als „Austauschvertrag eigener Art"[38] zu qualifizieren. Ob man die Sicherungslizenzierung als kaufähnlich einstuft oder nicht, ist für die Unanwendbarkeit von § 103 InsO letztlich ohne Bedeutung. Entscheidend ist allein, dass die gegenseitigen Hauptleistungspflichten bis zur Eröffnung des Insolvenzverfahrens vollständig erbracht worden sind.[39] Dies ist der Fall, sobald der Sicherungsnehmer im Anschluss an die Lizenzerteilung durch den Sicherungsgeber die Darlehensvaluta auszahlt. Mit Valutierung des Darlehens ist der Sicherungslizenzvertrag dem Wahlrecht des Insolvenzverwalters gem. § 103 InsO entzogen. Infolgedessen ist die Lizenz ab diesem Zeitpunkt insolvenzfest, da ihr durch eine Nichterfüllungswahl des Insolvenzverwalters nicht mehr die Grundlage entzogen werden kann. Dies führt zu der für den Sicherungsnehmer günstigen Situation, dass er mit Valutierung des Darlehens auf den Bestand der Sicherungslizenz vertrauen kann.

bb) Absonderungskraft der Sicherungslizenz, §§ 51 Nr. 1 Alt. 2, 50 InsO

Für die Insolvenzfestigkeit ausschließlicher Lizenzen ist das Schicksal des Lizenzvertrags nach überwiegender Meinung ohne Belang.[40] Dies wird im Wesent-

---

[35] MüKoInsO/*J. F. Hoffmann*, § 108 InsO Rn. 167.
[36] So – allerdings ohne nähere Begründung – *Freyer*, Urheberrechte als Kreditsicherheit, S. 231.
[37] Zum Gegenseitigkeitsverhältnis von Sicherheitenbestellung und Gewährung des Darlehens MüKoInsO/*Huber*, § 103 InsO Rn. 80.
[38] BGH, NZI 2016, 97 (101) – *ECOSoil*.
[39] BGH, NZI 2016, 97 (101) – *ECOSoil*. Unerheblich für § 103 InsO sind demgegenüber noch offene Nebenpflichten, Jaeger/*Jacoby*, Vor §§ 103–119 InsO Rn. 127.
[40] Sehr str., MüKoInsO/*Ganter*, § 47 InsO Rn. 339o; Jaeger/*Henckel*, § 47 InsO Rn. 107; *Koehler/Ludwig*, NZI 2007, 79 (84); *Kreuzer/Reber*, in: Loewenheim, Handbuch des Urheberrechts, § 100 Rn. 69; BeckOK PatR/*Loth/Hauck*, § 15 PatG Rn. 99; *Pahlow*, WM 2008, 2041 (2044); K. Schmidt/*Thole*, § 47 InsO Rn. 59.

lichen mit der dinglichen Rechtsnatur ausschließlicher Lizenzen begründet. Demnach kann der ausschließliche Lizenznehmer die Lizenz – trotz einer etwaigen Erfüllungsablehnung des Lizenzvertrags – aus der Insolvenzmasse des insolventen Lizenzgebers aussondern. Dasselbe gilt in der Konsequenz auch für den einfachen Lizenznehmer, sofern man einfachen Lizenzen ebenfalls eine dingliche Wirkung beimisst.[41] Nach der Gegenmeinung sei die Insolvenzfestigkeit von Lizenzen keine Frage ihrer (vermeintlich) dinglichen Wirkung, sondern hänge allein vom Fortbestand des zugrunde liegenden Lizenzvertrags ab.[42] Für beide Ansichten streiten jeweils gewichtige Argumente. Nach hier vertretener Auffassung sind für die Beurteilung der Insolvenzfestigkeit einer Lizenz folgende Erwägungen ausschlaggebend: Es steht den Parteien frei, die Lizenz als schuldrechtliches Nutzungsverhältnis oder als dingliches Nutzungsrecht auszugestalten.[43] Entscheiden sie sich für die Einräumung eines dinglichen Nutzungsrechts, lässt sich die Lizenzerteilung in rechtstechnischer Hinsicht als konstitutive Verfügung über das Stammrecht begreifen, die – vergleichbar einem Nießbrauch – zu einer dinglichen Belastung des Stammrechts führt.[44] Die Übertragung der Nutzungsbefugnisse auf den Lizenznehmer führt infolgedessen zu einer Änderung der Vermögenszuordnung, die auch in der Insolvenz des Lizenzgebers zu respektieren ist, weil sie von der Eröffnung des Insolvenzverfahrens unberührt bleibt.[45] Überträgt man diese Grundsätze auf die vorliegende Untersuchung, berechtigen Sicherungslizenzen zwar nicht zur Aussonderung gem. § 47 InsO, weil die Übertragung der Nutzungsbefugnisse lediglich Sicherungsinteressen des Lizenznehmers dient. Aus dem Rechtsgedanken der §§ 51 Nr. 1 Alt. 2, 50 InsO folgt aber, dass der Sicherungslizenznehmer in diesem Fall zur abgesonderten Befriedigung aus der Sicherungslizenz berechtigt ist. Dies gilt unabhängig davon, ob es sich um eine einfache oder ausschließliche Sicherungslizenz handelt, sofern das Nutzungsrecht auf einer dinglichen Rechtseinräumung beruht.

cc) Fazit

Zusammenfassend lässt sich zur Insolvenzfestigkeit von zu Sicherungszwecken dienenden Lizenzen folgendes Bild zeichnen: Ist der Sicherungsgeber zugleich Stammrechtsinhaber, ist die Sicherungslizenz in der Regel schon deshalb insolvenzfest, weil der zugrunde liegende Sicherungslizenzvertrag dem Wahlrecht

---

[41] *Fischer*, WM 2013, 821 (830); *Haedicke*, ZGE/IPJ 3 (2011), 377 (402); *Kellenter*, FS Tilmann, S. 807 (820).
[42] *Berger*, GRUR 2013, 321 (326 f.); Uhlenbruck/*Brinkmann*, § 47 InsO Rn. 76; Jaeger/*Jacoby*, Vor §§ 103–119 InsO Rn. 128 f.
[43] *Hirte/Knof*, JZ 2011, 889 (890).
[44] *Fischer*, WM 2013, 821 (830); *Hirte/Knof*, JZ 2011, 889 (891).
[45] *Fischer*, WM 2013, 821 (830); *Hirte/Knof*, JZ 2011, 889 (896).

des Insolvenzverwalters gem. § 103 InsO entzogen ist. Unabhängig davon lässt sich die Insolvenzfestigkeit von Sicherungslizenzen, soweit sie nicht bloß als schuldrechtliches Nutzungsrecht eingeräumt wurden, nach hier vertretener Auffassung mit ihrer dinglichen Rechtsnatur begründen. Der Sicherungsnehmer ist – dem Rechtsgedanken der §§ 51 Nr. 1 Alt. 2, 50 InsO folgend – in diesen Fällen zur abgesonderten Befriedigung aus der Sicherungslizenz berechtigt.

Eine differenzierte Betrachtung ist angezeigt für den Fall, dass der Sicherungsgeber selbst nur Lizenznehmer ist und die Lizenz entweder zur Sicherheit an den Sicherungsnehmer übertragen oder unterlizenziert wurde. Eine vollständige Erfüllung des Hauptlizenzvertrags dürfte dann regelmäßig nicht in Betracht kommen, sodass auf beiden Seiten mit einer Erfüllungsablehnung durch den Insolvenzverwalter (§ 103 Abs. 2 S. 1 InsO) zu rechnen ist. Gleichwohl sprechen auch in diesen Fällen gute Gründe dafür, die Lizenz – soweit sie als dingliches Nutzungsrecht eingeräumt wurde – unabhängig vom Fortbestand des Hauptlizenzvertrags als insolvenzfest anzuerkennen.[46] Da die herrschende Meinung allerdings nur ausschließlichen Lizenzen eine zur Insolvenzfestigkeit führende dingliche Wirkung zuerkennt, sollten sich potenzielle Kreditgeber auf die Sicherungsübertragung ausschließlicher Lizenzen beschränken und einfache (Unter-)Lizenzen meiden.

d) Zusammenfassung

Ist die digitale Information immaterialgüterrechtlich geschützt, ist der Sicherungsnehmer in der Insolvenz des Sicherungsgebers gem. §§ 50 Abs. 1 Var. 1, 51 Nr. 1 Alt. 2 InsO zur abgesonderten Befriedigung aus dem Immaterialgüterrecht berechtigt, soweit es ihm zur Sicherheit übertragen oder verpfändet wurde. Im Fall einer zu Sicherungszwecken erworbenen Lizenz ist der Sicherungsnehmer regelmäßig zur abgesonderten Befriedigung aus der Sicherungslizenz berechtigt, wenn der Sicherungsgeber zugleich Stammrechtsinhaber ist. Im Übrigen ist die Absonderungsberechtigung nur beim Erwerb einer ausschließlichen Lizenz gewährleistet.

3. Absonderungsberechtigung an sondergesetzlich nicht geschützter digitaler Information

Ist die digitale Information sondergesetzlich nicht geschützt, existiert kein ausschließliches Recht, das zu Sicherungszwecken auf den Gläubiger übertragen werden kann. Die Sicherung des Gläubigers wird in diesem Fall durch die treuhänderische Übertragung der digitalen Information selbst gewährleistet. Auf-

---

[46] Diese Sichtweise wird gestützt durch BGHZ 194, 136 (145 f.) – *M2Trade* (*obiter dictum*).

grund der faktischen Ausschließlichkeit erlangt der Sicherungsnehmer eine der treuhänderischen Übertragung von Ausschließlichkeitsrechten vergleichbare Machtposition.[47] Die Absonderungsberechtigung des Sicherungsnehmers lässt sich in diesem Fall allerdings nicht auf § 51 Nr. 1 Alt. 2 InsO stützen, weil er kein Immaterialgüterrecht, sondern lediglich ein Immaterialgut erworben hat. Ob der Sicherungsnehmer möglicherweise dennoch zur abgesonderten Befriedigung aus der zur Sicherheit übertragenen digitalen Information berechtigt ist, wird im Folgenden näher untersucht. Hierfür ist in einem ersten Schritt zu beleuchten, welchen Einfluss die Eröffnung des Insolvenzverfahrens auf die zugrunde liegende Treuhandabrede hat.

a) Insolvenzfestigkeit der Treuhandabrede

Für das insolvenzrechtliche Schicksal des der Sicherungsübertragung zugrunde liegenden Treuhandverhältnisses ist danach zu unterscheiden, ob die digitale Information beim Sicherungsnehmer selbst oder einem Escrow Agent hinterlegt wurde. In bilateralen Treuhandverhältnissen führt die Eröffnung des Insolvenzverfahrens über das Vermögen des Treugebers nicht zum Erlöschen der Sicherungstreuhand. Wegen des eigennützigen Interesses am Treugut besorgt der Treuhänder in diesen Fällen kein Geschäft für den Treugeber, weshalb das Treuhandverhältnis nicht in den Anwendungsbereich der §§ 115, 116 InsO fällt.[48] Komplexer ist dagegen die Hinterlegung bei einem Escrow Agent, weil sie zur Entstehung einer doppelseitigen Treuhand führt.[49] Der als Treuhänder agierende Escrow Agent hat sowohl die Interessen des Sicherungsgebers als auch die Interessen des Sicherungsnehmers als Drittbegünstigtem zu wahren. Erledigt sich der Sicherungszweck, hat der Treuhänder das Sicherungsgut an den Sicherungsgeber zurückzuführen. Tritt hingegen der Sicherungsfall ein, hat er das Sicherungsgut an den Sicherungsnehmer herauszugeben. Unabhängig von der genauen Konstruktion im Einzelfall ist die Doppeltreuhand letztlich eine Kombination aus Verwaltungs- und Sicherungstreuhand.[50] Das verwaltungstreuhänderische Element rührt daher, dass der Escrow Agent die als Sicherungsgut hinterlegte digitale Information sowohl im Interesse des Sicherungsgebers als auch im Interesse des Sicherungsnehmers verwahrt und somit ausschließlich fremdnützig tätig wird. Eine reine Verwaltungstreuhand würde aber dem Umstand nicht gerecht,

---

[47] S. dazu eingehend oben § 9.
[48] Statt aller Jaeger/*Jacoby*, § 116 InsO Rn. 103.
[49] Vgl. zum gleichgelagerten Fall des Software Escrow MüKoInsO/*Ganter*, § 47 InsO Rn. 387; Taeger/Pohle/*Kammel*, ComputerR-HdB Kap. 171 Rn. 117; MAH Insolvenz/*Schaumann*, § 17 Rn. 57; *Vossius-Köbel*, in: Taeger, DSRITB 2019, S. 609 (611).
[50] Zu den Konstruktionsmöglichkeiten im Einzelnen MüKoInsO/*Ganter*, § 47 InsO Rn. 388e f.; *Weitbrecht*, NZI 2017, 553 (554 f.) jeweils m.w.N. zum Streitstand.

dass die Hinterlegung der digitalen Information die Sicherung des Drittbegünstigten bezweckt. Es tritt mithin im Verhältnis zwischen Treugeber und Drittbegünstigtem eine Sicherungstreuhand hinzu, die die Verwaltungstreuhand überlagert.[51] Wird über das Vermögen des Sicherungsgebers das Insolvenzverfahren eröffnet, erlischt wegen des fremdnützigen Charakters zwar die Verwaltungstreuhand nach den §§ 115, 116 InsO. Die Sicherungstreuhand überdauert hingegen die Insolvenz des Sicherungsgebers, „soweit dies zur Wahrung der Rechte des Drittbegünstigten erforderlich ist."[52] Dies ist beim Data bzw. Key Escrow ohne Weiteres der Fall, weil der Sicherungsnehmer ansonsten das hinterlegte Sicherungsgut verlieren würde. Die vertraglichen Vereinbarungen bleiben zur Wahrung der Rechte des Sicherungsnehmers insoweit wirksam.[53] Im Ergebnis ist die die Sicherung des Gläubigers bezweckende Treuhandabrede – unabhängig davon, ob das Sicherungsgut beim Sicherungsnehmer selbst oder einem Escrow Agent hinterlegt wurde – insolvenzfest. Der Insolvenzverwalter kann daher weder auf vertraglicher noch auf gesetzlicher Grundlage Herausgabe der digitalen Information (bzw. des Schlüssels) verlangen.[54]

*b) Konsequenzen für die Absonderungsberechtigung
an der digitalen Information*

Der Fortbestand der Treuhandabrede führt zu der paradoxen Situation, dass der Insolvenzverwalter die eigentlich in die Masse fallende digitale Information[55] nicht herausverlangen kann, der Sicherungsnehmer aber auch kein Absonderungsrecht an ihr hat.[56] Der Gleichlauf zwischen der Unanwendbarkeit der §§ 115, 116 InsO und dem Bestehen eines Absonderungsrechts nach den §§ 49–51 InsO ist folglich gestört.[57] Dies ist darauf zurückzuführen, dass es an der als Sicherheit fungierenden digitalen Information kein subjektives Recht gibt, dessen rechtsgeschäftliche Übertragung auf den Sicherungsnehmer zu einem Absonderungsrecht führen könnte. Es stellt sich daher die Frage, wie mit der digita-

---

[51] *Bitter*, ZIP 2015, 2249 (2253 f.).
[52] BGHZ 207, 23 (39 f.). S. ferner Braun/*Bäuerle*, § 51 InsO Rn. 48; MüKoInsO/*Ganter*, § 47 InsO Rn. 388g; BeckOK InsO/*Haneke*, § 47 InsO Rn. 113b; Taeger/Pohle/*Kammel*, ComputerR-HdB Kap. 171 Rn. 121.
[53] Vgl. BGHZ 207, 23 (39 f.).
[54] Anders wäre dies bei einer reinen Verwaltungstreuhand. Da sie mit Eröffnung des Insolvenzverfahrens gem. §§ 115, 116 InsO erlischt, könnte der Insolvenzverwalter das Treugut gem. § 667 Alt. 1 BGB (und bei Entgeltlichkeit der Geschäftsbesorgung i.V.m. § 675 Abs. 1 BGB) herausverlangen.
[55] Die folgenden Ausführungen gelten analog, soweit lediglich der Schlüssel hinterlegt wurde (Key Escrow).
[56] Man könnte auch von einer Pattsituation sprechen, *Weitbrecht*, NZI 2017, 553 (558).
[57] Vgl. *ders.*, NZI 2017, 553 (558).

len Information in der Insolvenz des Sicherungsgebers zu verfahren ist. Dabei liegt es nahe, den gestörten Gleichlauf mithilfe einer analogen Anwendung von § 51 Nr. 1 Alt. 2 InsO wiederherzustellen.[58] Der Analogieschluss lässt sich wie folgt begründen: Der erste Teil der Untersuchung hat gezeigt, dass digitale Information, die nicht die Voraussetzungen eines immaterialgüterrechtlichen Schutzes erfüllt, keinem Rechtssubjekt zugewiesen ist – sie gehört niemandem. Somit darf jeder, der rechtmäßig Zugriff auf die digitale Information erlangt, sie auch nutzen. Gleichwohl können Dritte von ihrer Nutzung ausgeschlossen werden, indem mit faktischen Mitteln (Geheimhaltung, technische Schutzmaßnahmen etc.) der Zugriff auf die zugrunde liegenden Datenverkörperungen unterbunden wird. Der Inhaber verfügt dann über eine faktische Ausschließlichkeit an der digitalen Information. Wird die digitale Information zur Sicherheit auf einen Gläubiger übertragen, führt dies – wie im zweiten Teil gezeigt – zwar nicht zur charakteristischen Trennung von wirtschaftlicher und rechtlicher Vermögenszugehörigkeit. Wertungsmäßig ergibt sich aber eine der Vollrechtstreuhand vergleichbare Trennung von wirtschaftlicher und faktischer Vermögenszugehörigkeit. Der faktische Zugriff auf die digitale Information verleiht dem Sicherungsnehmer die treuhandtypische Machtposition, die in gleicher Weise nach einer Beschränkung im Innenverhältnis verlangt. Die Sicherungsübertragung sondergesetzlich nicht geschützter digitaler Information prägen damit dieselben sicherungstreuhänderischen Wesenszüge, wie die Vollrechtstreuhand. Diese Vergleichbarkeit rechtfertigt es, die eingangs geschilderte Gesetzeslücke durch eine analoge Anwendung von § 51 Nr. 1 Alt. 2 InsO zu schließen und dem Sicherungsnehmer die abgesonderte Befriedigung aus der zur Sicherheit übertragenen digitalen Information zu erlauben. Dies erscheint obendrein konsequent, wenn man bedenkt, dass sondergesetzlich nicht geschützte digitale Information, obwohl sie nicht zum Vermögen des Schuldners gehört, trotzdem gem. § 35 Abs. 1 InsO vom Insolvenzbeschlag erfasst wird. Nach allgemeiner Meinung genügt insoweit ein *tatsächlicher* Bezug zum Vermögen des Schuldners. Lässt man für die Massezugehörigkeit der digitalen Information allerdings einen tatsächlichen Bezug genügen, ist es widersprüchlich, im Fall ihrer Sicherungsübertragung für die Absonderungsberechtigung des gesicherten Gläubigers ein subjektives Recht zu fordern. Die Konsequenz wäre eine nicht zu rechtfertigende Privilegierung der übrigen Massegläubiger: Diese würden einerseits Zugriff auf ein dem Schuldner nicht zugewiesenes immaterielles Gut erhalten, müssten es andererseits aller-

---

[58] *Steinrötter*, MMR 2017, 731 (736) Fn. 100, findet eine Analogie erwägenswert; vgl. ferner *Vossius-Köbel*, in: Taeger, DSRITB 2019, S. 609 (612), die bei der datenträgerlosen Hinterlegung von Quellcodes (implizit) ein Aussonderungsrecht annimmt. In diesem Zusammenhang ist bemerkenswert, dass Luxemburg als erstes europäisches Land ein Aussonderungsrecht an Daten gesetzlich normiert hat, näher *J. F. Hoffmann*, JZ 2019, 960 (968).

dings nicht respektieren, dass dieses Gut zu Sicherungszwecken treuhänderisch auf einen Dritten übertragen wurde. Ferner ist zu bedenken, dass es infolge der mangelnden rechtlichen Zuweisung der digitalen Information schlicht nicht möglich ist, ein subjektives Recht auf den Sicherungsnehmer zu übertragen, das in der Folge eine Absonderungsbefugnis gem. § 51 Nr. 1 Alt. 2 InsO begründen könnte. Zwar besteht für die Schaffung eines solchen Rechts nach allgemeiner Meinung derzeit kein Bedarf. Dies spricht gleichwohl nicht gegen die analoge Anwendung der Norm, weil die dafür angeführten Gründe nicht passen, wenn die digitale Information als Kreditsicherheit fungiert. Die faktische Ausschließlichkeit ist in diesem Fall ausnahmsweise kein gleichwertiges Substitut für ein rechtliches Monopol. Sie bewahrt den Sicherungsnehmer in der Insolvenz des Sicherungsgebers gerade nicht vor dem Zugriff auf die zur Sicherheit übertragene digitale Information durch die Insolvenzgläubiger. Dogmatisch betrachtet handelt es sich bei der Anerkennung der Absonderungsberechtigung des Sicherungsnehmers um eine Verdinglichung seiner aus der Treuhandabrede mit dem Sicherungsgeber herrührenden obligatorischen Rechtsstellung.[59] Für die Insolvenzfestigkeit der treuhänderischen Sicherungsübertragung sondergesetzlich nicht geschützter digitaler Information streitet nicht zuletzt auch ein volkswirtschaftlicher Gedanke: Weil Kreditgebern ein zusätzlicher insolvenzfester Vermögenswert zur Verfügung steht, können mehr Innovationen finanziert werden, was sich positiv auf die Gesamtwohlfahrt auswirken würde.

Zusammenfassend ist festzuhalten, dass dem Sicherungsnehmer bei der treuhänderischen Sicherungsübertragung sondergesetzlich nicht geschützter digitaler Information aufgrund des – im Vergleich zur Vollrechtstreuhand – gleichrangigen Sicherungsbedürfnisses in analoger Anwendung von §§ 51 Nr. 1 Alt. 2, 50 InsO ein Recht zur abgesonderten Befriedigung zuzuerkennen ist. Dadurch wird der gestörte Gleichlauf zwischen der Unanwendbarkeit der §§ 115, 116 InsO und dem Bestehen eines Absonderungsrechts nach den §§ 49–51 InsO wiederhergestellt. Ein Absonderungsrecht besteht auch dann, wenn die Sicherung des Gläubigers (durch die Hinterlegung bei einem Escrow Agent) im Wege einer doppelseitigen Treuhand bewirkt wird. In diesem Fall steht das Absonderungsrecht allerdings nicht dem Gläubiger als Drittbegünstigtem, sondern dem Treuhänder (Escrow Agent) zu.[60]

---

[59] Vgl. zur Verdinglichung obligatorischer Rechte im Allgemeinen oben § 13 Fn. 77 sowie zur entsprechenden dogmatischen Konstruktion des Drittwiderspruchsrechts gem. § 771 Abs. 1 ZPO (analog) bei der Pfändung der Datenträger bzw. der als Sicherheit hinterlegten digitalen Information oben S. 291 ff.

[60] Braun/*Bäuerle*, § 51 InsO Rn. 48; MüKoInsO/*Ganter*, § 47 InsO Rn. 389; *Weitbrecht*, NZI 2017, 553 (557).

De lege ferenda könnte das Absonderungsrecht des Gläubigers etwa in einer neuen Nr. 1a in § 51 InsO gesetzlich normiert werden. Die Vorschrift könnte beispielsweise lauten: *1a. Gläubiger, denen der Schuldner zur Sicherung eines Anspruchs digitale Information übertragen hat;*

III. Verwertung digitaler Information

In den beiden vorangegangenen Abschnitten wurde gezeigt, dass der Sicherungsnehmer ein Recht zur abgesonderten Befriedigung an der digitalen Information bzw. den daran bestehenden Rechten hat. Abschließend bleibt zu untersuchen, wem das Verwertungsrecht zusteht. Neben dem Sicherungsnehmer kommt hierfür auch der Insolvenzverwalter in Betracht. Die Verwertung von mit Absonderungsrechten belasteten Gegenständen richtet sich kraft der in § 50 Abs. 1 InsO enthaltenen Verweisung nach den §§ 166–173 InsO.

1. Verwertung der Datenträger

Gem. § 166 Abs. 1 InsO darf der Insolvenzverwalter eine bewegliche Sache, an der ein Absonderungsrecht besteht, freihändig verwerten, wenn er die Sache in seinem Besitz hat. Demnach ist zu unterscheiden: Wurden die Datenträger dem Sicherungsnehmer zur Sicherheit übereignet und wurde die nach § 929 S. 1 BGB an sich erforderliche Übergabe gem. § 930 BGB durch die Vereinbarung eines Besitzkonstituts ersetzt, geht der beim Sicherungsgeber verbliebene unmittelbare Besitz an den Datenträgern auf den Insolvenzverwalter über, sobald dieser die Insolvenzmasse in Besitz nimmt (vgl. § 148 Abs. 1 InsO). In diesem Fall darf der Insolvenzverwalter die Datenträger gem. § 166 Abs. 1 InsO freihändig verwerten. Wurden die Datenträger – zum Zwecke ihrer Sicherungsübereignung gem. § 929 S. 1 BGB oder zur Bestellung eines Pfandrechts gem. § 1205 Abs. 1 BGB – dem Sicherungsnehmer übergeben, fehlt es dagegen an dem für § 166 Abs. 1 InsO erforderlichen Besitz des Insolvenzverwalters.[61] In diesem Fall darf der Sicherungsnehmer die Datenträger gem. § 173 Abs. 1 InsO selbst verwerten.

---

[61] Zwar erwirbt der Insolvenzverwalter aufgrund des bei rechtsgeschäftlich begründeten Kreditsicherheiten regelmäßig bestehenden Besitzmittlungsverhältnisses den mittelbaren Besitz an der Sache, der für die freihändige Verwertung gem. § 166 Abs. 1 InsO an sich genügen würde. Dies gilt jedoch nicht, falls der Absonderungsberechtigte selbst unmittelbarer Besitzer ist, statt aller Jaeger/*Eckardt*, § 166 InsO Rn. 210.

2. Verwertung sondergesetzlich geschützter digitaler Information

Der Verwertungsbefugnis des Insolvenzverwalters unterworfen sind nach dem eindeutigen Gesetzeswortlaut des § 166 InsO nur bewegliche Sachen (Abs. 1) und Forderungen (Abs. 2). Andere Rechte, insbesondere die an der digitalen Information bestehenden Immaterialgüterrechte, werden im Fall ihrer Sicherungsübertragung bzw. Verpfändung gem. §§ 51 Nr. 1 Alt. 2, 50 Abs. 1 Var. 1 InsO zwar von der Verweisung auf die §§ 166–173 InsO erfasst. Eine besondere Regelung haben diese Rechte dort allerdings nicht erfahren. Wer infolgedessen zu ihrer Verwertung befugt ist, ist naturgemäß umstritten. Nach einer Auffassung sei § 166 Abs. 1[62] bzw. § 166 Abs. 2[63] InsO analog auf sonstige Rechte anzuwenden, sodass die Verwertungsbefugnis insoweit beim Insolvenzverwalter liegt. Zur Begründung wird überwiegend darauf verwiesen, dass sich die der Vorschrift zugrunde liegende gesetzgeberische Intention, das Schuldnervermögen im Ganzen zu erhalten, ebenso auf sonstige Rechte erstrecke.[64] Die herrschende Meinung anerkennt demgegenüber zwar das Bedürfnis, auch die weiteren, in § 166 InsO nicht unmittelbar genannten Rechte der freihändigen Verwertbarkeit durch den Insolvenzverwalter zuzuführen. Sie bestreitet aber unter Verweis auf das zugrunde liegende Gesetzgebungsverfahren zum einen die für die Lückenschließung erforderliche Planwidrigkeit der Regelungslücke.[65] Zum anderen sei der Analogieschluss auch methodisch bedenklich, weil bei sonstigen Rechten weder die in § 166 Abs. 1 InsO normierte Anknüpfung an den Besitz, noch die auf Forderungen zugeschnittene Vorschrift des § 166 Abs. 2 InsO passe, weil es keinen Drittschuldner gibt.[66] Die herrschende Meinung verdient den Vorzug. Dabei ist nicht

---

[62] So etwa *Berger*, FS Kirchhof, S. 1 (12); *ders./Tunze*, ZIP 2020, 58 (61); *Bitter*, ZIP 2015, 2249 (2250 f.); Uhlenbruck/*Brinkmann*, § 166 InsO Rn. 36; *Freyer*, Urheberrechte als Kreditsicherheit, S. 284–286; *Häcker*, ZIP 2001, 995 (997); *Keller*, ZIP 2020, 1052 (1056 f.); BeckOK InsO/*Lütcke*, § 166 InsO Rn. 51; wohl auch K. Schmidt/*Sinz*, § 166 InsO Rn. 37.

[63] So etwa Gottwald/Haas/*Adolphsen*, Insolvenzrechts-Handbuch § 42 Rn. 162; Nerlich/Römermann/*Becker*, § 166 InsO Rn. 35; Braun/*Dithmar*, § 166 InsO Rn. 30; HK-InsO/*Hölzle*, § 166 InsO Rn. 48; Andres/Leithaus/*Leithaus*, § 166 InsO Rn. 17.

[64] Dieser Zweck liegt allerdings nur § 166 Abs. 1 InsO zugrunde, sodass die Regelungslücke – wenn überhaupt – mit einer analogen Anwendung von § 166 Abs. 1 InsO (und nicht § 166 Abs. 2 InsO) geschlossen werden müsste.

[65] So etwa BAGE 146, 1 (19–21); *Decker*, Geistiges Eigentum als Kreditsicherheit, S. 153 f.; eingehend zur Gesetzgebungsgeschichte und mit umfangreichen weiteren Nachweisen zur h. M. Jaeger/*Eckardt*, § 166 InsO Rn. 424–432; MüKoInsO/*Kern*, § 166 InsO Rn. 103; *Obermüller*, Insolvenzrecht in der Bankpraxis, Rn. 6.824; *H. Schmidt*, WM 2012, 721 (729 f.).

[66] *Bork*, NZI 1999, 337 (342); Jaeger/*Eckardt*, § 166 InsO Rn. 428, 433 f.; MüKoInsO/*Kern*, § 166 InsO Rn. 103. Die Gegenmeinung ist gezwungen, will sie dem Insolvenzverwalter in der Folge nicht umfassend die Verwertungsbefugnis zusprechen, das Besitzerfordernis auf die sonstigen Rechte in geeigneter Weise „umzumünzen".

zu leugnen, dass die Zuweisung der Verwertungsbefugnis an den Verwalter – insbesondere vor dem Hintergrund der zunehmenden Entmaterialisierung von Vermögenswerten – im Interesse der Gläubigerbefriedigung erstrebenswert ist. Die Verwirklichung dieses rechtspolitischen Ziels kann aber nur der Gesetzgeber selbst erreichen. Dem Gesetzesanwender sind insoweit die Hände gebunden, da an der eindeutigen Absicht des Gesetzgebers, andere mit Absonderungsrechten belastete Rechte nicht unter den Tatbestand des § 166 InsO zu fassen, kein Zweifel besteht.[67] Aus alledem folgt, dass der Insolvenzverwalter *de lege lata* zur freihändigen Verwertung anderer als der in § 166 InsO genannten Rechte nicht befugt ist. Diese Rechte können die absonderungsberechtigten Gläubiger unter Heranziehung des in § 173 Abs. 1 InsO normierten Rechtsgedankens vielmehr eigenständig verwerten. Übertragen auf die vorliegende Untersuchung bedeutet das, dass der Sicherungsnehmer die an der digitalen Information bestehenden und ihm zur Sicherheit übertragenen bzw. verpfändeten Immaterialgüterrechte selbstständig verwerten darf. Dasselbe gilt konsequent für die an den Immaterialgüterrechten sicherungshalber erteilten bzw. übertragenen Lizenzen. Sie darf der Sicherungsnehmer ebenfalls eigenhändig verwerten, vorausgesetzt, sie überdauern die Insolvenz des Lizenz- bzw. Sicherungsgebers.[68] Dass der Sicherungsnehmer die Verwertung der sondergesetzlich geschützten digitalen Information selbst in die Hand nehmen kann, bedeutet für ihn einen großen Vorteil. Er wird sie in aller Regel gewinnbringender verwerten als der Insolvenzverwalter. Sollte der erzielte Erlös die gesicherte Forderung des Sicherungsnehmers übersteigen, hat er den Übererlös an die Insolvenzmasse auszukehren.[69]

3. Verwertung sondergesetzlich nicht geschützter digitaler Information

Die vorstehenden Ausführungen lassen sich auf die Verwertung sondergesetzlich nicht geschützter digitaler Information übertragen. Wenn die Verwertungsbefugnis schon bei sondergesetzlich geschützter digitaler Information beim Sicherungsnehmer liegt, muss dies erst recht gelten, wenn die als Sicherheit hinterlegte digitale Information sondergesetzlich nicht geschützt ist. Grundlage für die Verwertung der treuhänderisch übertragenen digitalen Information durch den Sicherungsnehmer ist die nunmehr in seiner Person bestehende faktische Ausschließlichkeitsposition. Diese Grundsätze gelten entsprechend, wenn die digitale Information nicht beim Sicherungsnehmer selbst, sondern bei einem Escrow Agent hinterlegt wurde.[70] Da bei der Doppeltreuhand allerdings nicht der Dritt-

---

[67] Eingehend Jaeger/*Eckardt*, § 166 InsO Rn. 429–432.
[68] S. dazu eingehend oben S. 303 ff.
[69] Uhlenbruck/*Brinkmann*, § 173 InsO Rn. 8.
[70] Vgl. *Weitbrecht*, NZI 2017, 553 (557).

begünstigte, sondern der doppelseitige Treuhänder zur abgesonderten Befriedigung aus dem hinterlegten Sicherungsgut berechtigt ist, steht die Befugnis zur Verwertung der digitalen Information in diesem Fall dem Escrow Agent und nicht dem Sicherungsnehmer zu. Insoweit übernimmt der Escrow Agent für den Sicherungsnehmer die Verwertung der digitalen Information. Dies muss für den Sicherungsnehmer nicht zwangsläufig einen Nachteil bedeuten, insbesondere dann nicht, wenn der Escrow Agent auf die Hinterlegung digitaler Information spezialisiert ist und deshalb auch im Rahmen ihrer Verwertung über ein größeres Know-how verfügt, einen besseren Marktüberblick hat etc.

IV. Ergebnis

Als Ergebnis lässt sich festhalten, dass die Besicherung digitaler Information – sei es durch Sicherungsübertragung, Verpfändung oder Lizenzierung eines daran bestehenden Vermögensrechts oder durch ihre treuhänderische Sicherungsübertragung als solche – insolvenzfest ist. Wird über das Vermögen des Sicherungsgebers das Insolvenzverfahren eröffnet, steht dem Sicherungsnehmer gem. §§ 50, 51 InsO (analog) jeweils ein Recht zur abgesonderten Befriedigung aus der digitalen Information bzw. den daran bestehenden Vermögensrechten zu. In (fast) allen Fällen ist der Sicherungsnehmer überdies selbst zur Verwertung des Sicherungsguts berechtigt. Wurde die digitale Information nicht beim Sicherungsnehmer selbst, sondern bei einem Escrow Agent hinterlegt, steht diesem das Absonderungsrecht sowie die Befugnis zur Verwertung der digitalen Information zu.

V. Erledigung des Sicherungszwecks

Die bisherigen Ausführungen hatten den Fall im Blick, dass das sicherungsgebende Unternehmen in eine Krise gerät und den Kredit nicht mehr zurückzahlen kann. Der in der Praxis viel häufigere Fall ist freilich, dass sich das Vertrauen des Kreditgebers, dass das sicherungsgebende Unternehmen den Kredit zurückzahlt, am Ende als gerechtfertigt herausstellen wird. Hat das finanzierungsbedürftige Unternehmen das zur Verfügung gestellte Darlehen vollständig zurückgezahlt, entfällt der Sicherungszweck. Der Gläubiger benötigt keine Sicherheit mehr, da seine Forderung gegen den Schuldner durch die Rückzahlung des Darlehens erloschen ist. Dieser Interessenlage hat der Gesetzgeber beim Pfandrecht an beweglichen Sachen und Rechten in der Weise Rechnung getragen, dass das Pfandrecht zusammen mit der gesicherten Forderung *ipso iure* erlischt, §§ 1252, 1273 Abs. 2 S. 1 BGB. Zugunsten des Sicherungsnehmers bestellte Pfandrechte an den an der digitalen Information bestehenden Immaterialgüterrechten sowie an den Datenträgern, auf denen diese gespeichert ist, erlöschen mit vollständiger Darlehensrückzahlung durch den Sicherungsgeber automatisch. Bei der Sicherungstreuhand fehlt eine gesetzliche Regelung naturgemäß. Selbstredend darf der Sicherungsnehmer die treuhänderisch übertragene Sicherheit allerdings nicht behalten. Vielmehr ist er aufgrund des Sicherungsvertrags dazu verpflichtet, sie an den Sicherungsgeber zurückzuführen. Dabei ist zu unterscheiden: Ist die als Sicherheit fungierende digitale Information immaterialgüterrechtlich geschützt, hat der Sicherungsgeber die zur Sicherheit übertragenen Immaterialgüterrechte bzw. Lizenzen nach Erledigung des Sicherungszwecks an den Sicherungsgeber zurückzuübertragen. Lediglich im Fall der Sicherungs(unter)lizenzierung bedarf es einer Rückübertragung an den Sicherungsgeber nicht, weil insoweit anzunehmen ist, dass die Sicherungslizenz mit Erledigung des Sicherungszwecks automatisch erlischt. Darüber hinaus hat der Sicherungsnehmer in allen Fällen sämtliche vom Sicherungsgeber erhaltenen Datenverkörperungen (einschließlich aller ggf. angefertigten Sicherungskopien) entweder restlos zu löschen oder an den Sicherungsgeber herauszugeben. Ist die digitale Information demgegenüber immaterialgüterrechtlich nicht geschützt, gibt es keine Rechtsposition, die an den Sicherungsgeber zurückübertragen werden könnte. In diesem Fall hat der Sicherungsnehmer lediglich die Datenverkörperungen zu löschen bzw. an den Sicherungsgeber herauszugeben. Soweit die Datenverkörperungen nicht beim Sicherungsnehmer selbst, sondern bei einem Escrow Agent hinterlegt wurden, trifft die Löschungs- bzw. Herausgabeverpflichtung den Escrow Agent.

Vierter Teil

Sicherung mit internationalem Bezug

Digitale Information ist wegen ihres immateriellen Charakters ein ubiquitäres Wirtschaftsgut. Zugleich ist sie aufgrund des gelockerten Trägerbezugs unabhängig von einem konkreten Datenträger und kann über das Internet an einem beliebigen Ort in Sekundenbruchteilen vervielfältigt werden.[1] Digitale Information eignet sich folglich in besonderem Maße als Gegenstand des internationalen Wirtschaftsverkehrs. Nicht unwahrscheinlich ist es vor diesem Hintergrund, dass die Besicherung digitaler Information einen Auslandsbezug aufweist. Daher ist es nun an der Zeit, sich im vierten Teil der Untersuchung den durch die Besicherung im internationalen Kontext aufgeworfenen Fragestellungen zu widmen. Der Fokus wird dabei auf dem Kollisionsrecht liegen. Zum Abschluss wird ein kurzer Blick auf das Zwangsvollstreckungsrecht geworfen. Der Gang der Darstellung orientiert sich dabei im Wesentlichen an den im zweiten und dritten Teil der Untersuchung behandelten Rechtsfragen.

---

[1] Zur Abstraktion von Information eingehend *Zech*, Information als Schutzgegenstand, S. 167–174.

§ 15 Kollisionsrecht

Im Rahmen der kollisionsrechtlichen Fragestellungen ist im Folgenden zwischen der Bestellung der Sicherheit und der Sicherungsphase zu differenzieren.

I. Die Bestellung der Sicherheit

Soll digitale Information im internationalen Kontext als Kreditsicherheit eingesetzt werden, stellen sich insgesamt vier Fragen.[1] Der grenzüberschreitende Bezug wirft als Erstes die Frage nach der Zuweisung digitaler Information durch Ausschließlichkeitsrechte neu auf. Dies macht in der Folge eine Neubewertung der Sicherungseignung digitaler Information erforderlich. Es stellt sich somit zweitens die Frage, ob die digitale Information überhaupt als Kreditsicherheit eingesetzt werden kann. Als Drittes ist die Frage zu behandeln, welches Recht auf den der Besicherung zugrunde liegenden Sicherungsvertrag Anwendung findet. Die vierte Frage betrifft schließlich die Bestellung des Sicherungsrechts und dessen Wirkung gegenüber Dritten.

1. Bestand, Inhaberschaft und Umfang ausschließlicher Rechte an digitaler Information

Weist die beabsichtigte Besicherung der digitalen Information eines Unternehmens Auslandsberührung auf, stellt sich zunächst die Frage nach der Zuweisung durch Ausschließlichkeitsrechte neu. Da digitale Information kein rein immaterielles Phänomen ist, sondern aufgrund ihrer Verkörperung auf einem Datenträger auch Bezüge zu einem körperlichen Gegenstand aufweist, ist im Folgenden zwischen einer sachenrechtlichen und einer immaterialgüterrechtlichen Ebene zu trennen.

---

[1] In Anlehnung an MüKoBGB/*Drexl*, Art. 8 Rom II-VO Rn. 228, der die Existenz eines Immaterialgüterrechts voraussetzt und deshalb konsequent nur den letzten drei Fragen Aufmerksamkeit schenkt; ihm folgend *Keller*, ZIP 2020, 1052 (1058 f.).

a) Sachenrechtliche Ebene

Auf der sachenrechtlichen Ebene ist wiederum zwischen dem körperlichen Datenträger und den darauf befindlichen, konkreten Datenverkörperungen zu unterscheiden. Was zunächst den Datenträger betrifft, ist es „ebenso unstrittig wie unspektakulär", dass dieser nicht nur materiell-rechtlich[2], sondern auch kollisionsrechtlich als Sache behandelt wird und die daran bestehenden Rechte gem. Art. 43 Abs. 1 EGBGB angeknüpft werden.[3] Über die dingliche Zuordnung des Datenträgers zu einer konkreten Person entscheidet folglich das Recht am physischen Lageort des Datenträgers (*lex rei sitae*).[4] Das Sachstatut erstreckt sich auch auf die dinglichen Sicherungsrechte an einer beweglichen Sache.[5] Das bedeutet, dass nicht nur die Zuweisung des Datenträgers, sondern auch dessen Einsatz als Kreditsicherheit umfassend dem Recht des Staats unterliegt, an dem der Datenträger belegen ist. Aufgrund der eingangs geschilderten Unabhängigkeit digitaler Information von einem bestimmten Träger und der Vernetzung durch das Internet kommt als Belegenheitsort eines Datenträgers prinzipiell jedes Land der Erde infrage. Als Sachstatut kommt insoweit eine ebenso große Zahl an Rechtsordnungen in Betracht.

Deutlich schwieriger zu beantworten ist die Frage, was hinsichtlich der auf einem Datenträger gespeicherten, konkreten Datenverkörperungen gilt. Ob sie ebenfalls von dem Verweisungsbefehl des Art. 43 Abs. 1 EGBGB erfasst werden, hängt entscheidend von ihrer Qualifikation[6] als Sache ab. Da der Gesetzgeber bei der Schaffung von Kollisionsnormen von den Systembegriffen des eigenen Rechts ausgeht und die Bestimmung über die inhaltliche Reichweite dieser Kollisionsnormen nicht einer ausländischen Rechtsordnung überlassen will, sind die Tatbestandsmerkmale einer Kollisionsnorm anhand der Systembegriffe der *lex fori* auszulegen.[7] Daraus folgt, dass bei der Qualifikation eines Gegenstands als Sache i. S. d. Art. 43 Abs. 1 EGBGB das im deutschen Recht vorherrschende Verständnis des Begriffs *Sache* zugrunde zu legen ist. Das bedeutet gleichwohl nicht, dass hierfür vollumfänglich auf die zu § 90 BGB anerkannten Grundsätze zurückgegriffen werden kann.[8] Denn mit den Systembegriffen der *lex fori* sind

---

[2] S. dazu oben S. 73.

[3] MüKoBGB/*Wendehorst*, Art. 43 EGBGB Rn. 272; ebenso BeckOGK BGB/*Prütting/Zimmermann*, Stand: 01.06.2022, Art. 43 EGBGB Rn. 97.

[4] Vgl. nur jurisPK-BGB/*Teubel*, Art. 43 EGBGB Rn. 1, 15.

[5] BeckOK BGB/*Spickhoff*, Art. 43 EGBGB Rn. 10.

[6] Eingehend zur Qualifikation im Internationalen Privatrecht BeckOK BGB/*S. Lorenz*, Einl. IPR Rn. 53–64.

[7] Ganz h. M., statt aller BeckOK BGB/*ders.*, Einl. IPR Rn. 59.

[8] So aber offenbar Prütting/Wegen/Weinreich/*Brinkmann*, Art. 43 EGBGB Rn. 8; jurisPK-BGB/*Teubel*, Art. 43 EGBGB Rn. 8.

diejenigen des Internationalen Privatrechts gemeint.[9] Was als Sache i. S. d. Art. 43–46 EGBGB anzusehen ist, ist demnach kollisionsrechtsautonom zu bestimmen.[10] Infolgedessen ist der kollisionsrechtliche Sachbegriff des Art. 43 EGBGB zwar im Kernbereich mit dem in § 90 BGB geregelten materiell-rechtlichen Sachbegriff identisch.[11] Die kollisionsrechtsautonome Qualifikation kann aber gleichwohl dazu führen, dass der Sachbegriff des Internationalen Privatrechts im Einzelfall über den des BGB hinausgeht.[12] Dass Datenverkörperungen in materiell-rechtlicher Hinsicht keine Sachen sind,[13] hat für ihre kollisionsrechtliche Qualifikation als Sache (bzw. Nicht-Sache) daher im Ergebnis allenfalls indizielle Bedeutung.[14] Eine weitere Schwierigkeit bei der Qualifikation von Datenverkörperungen ist schließlich, dass die von der herrschenden Meinung favorisierte funktionelle Methode nicht weiterhilft.[15] Bei realen Erscheinungen ergibt es – anders als etwa bei fremden Rechtsinstituten wie der Morgengabe im islamischen Recht – keinen Sinn, nach deren Funktion zu fragen und sie anschließend einem Systembegriff des Kollisionsrechts zuzuordnen.[16] Bei der kollisionsrechtlichen Qualifikation von Datenverkörperungen muss daher methodisch ein anderer Ansatz gewählt werden. Bei der Auslegung des Tatbestandsmerkmals *Sache* sollten dabei neben dem von Art. 43 Abs. 1 EGBGB verfolgten Normzweck auch die vom deutschen Internationalen Privatrecht allgemein verfolgten Anknüpfungsinteressen Berücksichtigung finden.[17] Oberster Leitgedanke des Internationalen Privatrechts ist es, ein Rechtsverhältnis derjenigen Rechtsordnung zu unterstellen, zu der die engste Verbindung besteht.[18] Diesem Leitgedanken trägt Art. 43 Abs. 1 EGBGB mit der Anknüpfung an den Lageort unmittelbar Rechnung.[19] Sie ist ferner am besten geeignet, den Rechtsverkehr wirksam zu schützen und durch die leichte Ermittelbarkeit des Lageorts einfach zu handhaben.[20] Aus dem Sinn und Zweck der Anknüpfung an den Lageort folgt, dass der kollisionsrechtliche Sachbegriff ein Mindestmaß an Körperlichkeit des Gegenstands

---

[9] BeckOK BGB/*S. Lorenz*, Einl. IPR Rn. 60.
[10] Staudinger/*Mansel*, Art. 43 EGBGB Rn. 3 f.
[11] Staudinger/*ders.*, Art. 43 EGBGB Rn. 2.
[12] Vgl. nur BeckOK BGB/*S. Lorenz*, Einl. IPR Rn. 60.
[13] S. dazu S. 74 ff.
[14] Vgl. MüKoBGB/*Wendehorst*, Art. 43 EGBGB Rn. 15.
[15] *Wendehorst*, FS Sonnenberger, S. 743 (753); MüKoBGB/*dies.*, Art. 43 EGBGB Rn. 11.
[16] *Wendehorst*, FS Sonnenberger, S. 743 (753).
[17] Vgl. Staudinger/*Mansel*, Art. 43 EGBGB Rn. 3: Die Auslegung habe sich an den spezifischen Bedürfnissen des Kollisionsrechts auszurichten; MüKoBGB/*Wendehorst*, Art. 43 EGBGB Rn. 15 f.
[18] Statt aller BeckOK BGB/*S. Lorenz*, Einl. IPR Rn. 4.
[19] BT-Drs. 14/343, S. 15.
[20] BT-Drs. 14/343, S. 15.

erfordert. Bei rein immateriellen Phänomenen, die aufgrund ihrer Ubiquität nirgends belegen sind, ergäbe die Anknüpfung an einen Lageort keinen Sinn. Obwohl Datenverkörperungen den menschlichen Sinnen verborgen bleiben, sind sie dennoch Teil der physikalisch beschreibbaren Wirklichkeit. Sie sind infolgedessen kein rein immaterielles Phänomen, sondern weisen vielmehr eine den körperlichen Gegenständen durchaus nahekommende Form von Rivalität auf.[21] Insoweit können Datenverkörperungen – im Gegensatz zu Sachen – zwar sehr schnell und nach Belieben vervielfältigt werden. Gleichwohl kann auf eine konkrete Datenverkörperung immer nur von einer Person gleichzeitig zugegriffen werden. Durch die Bindung an einen konkret individualisierbaren Datenträger kann der Lageort der Datenverkörperungen schließlich in der Regel genauso einfach ermittelt werden wie bei körperlichen Gegenständen. Dass die Datenverkörperungen an sich sinnlich nicht wahrnehmbar sind, ist ohne Belang, da sie mithilfe technischer Systeme wahrnehmbar gemacht werden können.[22] Somit zeigt sich, dass die Anknüpfung an den Lageort auch bei Datenverkörperungen sinnvoll und ebenso praktikabel ist, wie bei körperlichen Gegenständen. Nach hier vertretener Auffassung sollten Datenverkörperungen daher mit „begrifflicher Großzügigkeit"[23] als Sache im kollisionsrechtlichen Sinne qualifiziert werden.[24] Dies ist nicht nur mit dem Normzweck des Art. 43 Abs. 1 EGBGB, sondern auch mit dem übergeordneten Leitgedanken der Anknüpfungsgerechtigkeit[25] vereinbar. Durch die Anknüpfung an den Lageort werden die Datenverkörperungen konsequent derjenigen Rechtsordnung unterstellt, zu der sie – kraft ihrer Verkörperung auf dem Datenträger – die engste Verbindung aufweisen. Die Qualifikation als Sache i. S. v. Art. 43 Abs. 1 EGBGB und die damit verbundene Anknüpfung an die *lex rei sitae* dürfte darüber hinaus auch am ehesten dem Umstand gerecht werden, dass das Internationale Privatrecht danach strebt, ein lückenloses Verweisungssystem zur Verfügung zu stellen.[26] Da das deutsche Rechtsverständnis traditionell von einem engen Sachbegriff geprägt ist,[27] scheint es nicht ausgeschlossen, dass andere Rechtsordnungen bei der Körperlichkeit großzügiger verfahren als das deutsche materielle Recht. Würde man Datenverkörperun-

---

[21] *Riehm*, VersR 2019, 714 (721); MüKoBGB/*Wendehorst*, Art. 43 EGBGB Rn. 272; differenzierend *Zech*, AcP 219 (2019), 488 (584–586).
[22] MüKoBGB/*Wendehorst*, Art. 43 EGBGB Rn. 273.
[23] Erman/*Stürner*, Art. 43 EGBGB Rn. 10.
[24] Wie hier MüKoBGB/*Wendehorst*, Art. 43 EGBGB Rn. 274; BeckOGK BGB/*Prütting/Zimmermann*, Stand: 01.06.2022, Art. 43 EGBGB Rn. 97; grundsätzlich offen für eine Anwendung von Art. 43 Abs. 1 EGBGB (wenngleich wohl etwas zurückhaltender) auch Staudinger/*Mansel*, Art. 43 EGBGB Rn. 377.
[25] BeckOK BGB/*S. Lorenz*, Einl. IPR Rn. 4.
[26] Staudinger/*Mansel*, Art. 43 EGBGB Rn. 3.
[27] Eingehend *Rüfner*, in: Leible/Lehmann/Zech, Unkörperliche Güter im Zivilrecht, S. 33 ff.

gen kollisionsrechtlich nicht als Sachen qualifizieren, würde Art. 43 Abs. 1 EGBGB zwar hinsichtlich des Trägers, nicht aber hinsichtlich der auf ihm vorhandenen Verkörperungen auf das Belegenheitsrecht verweisen. Mithin würde die Gefahr drohen, dass das deutsche Kollisionsrecht einen Sachverhalt, den die verwiesene Rechtsordnung einheitlich behandelt (der Datenträger und die darauf befindlichen Datenverkörperungen werden von demselben Herrschaftsrecht beherrscht), kollisionsrechtlich aufspaltet. Die kollisionsrechtliche Qualifikation von Datenverkörperungen als Sache hat vor diesem Hintergrund mithin auch rechtspraktische Vorzüge. Im schlimmsten Fall – wenn also die *lex causae* ebenso wie das deutsche materielle Recht Datenverkörperungen nicht als Sache einstuft – geht die Verweisung schlicht ins Leere.[28]

Zusammenfassend lässt sich festhalten, dass die kollisionsrechtsautonome Auslegung des Tatbestandsmerkmals *Sache* in Art. 43 Abs. 1 EGBGB dazu führt, dass Datenverkörperungen kollisionsrechtlich als Sachen zu qualifizieren sind. Auf die auf einem Datenträger gespeicherten konkreten Datenverkörperungen findet mithin diejenige Rechtsordnung Anwendung, die am Belegenheitsort des Datenträgers gilt.

b) Immaterialgüterrechtliche Ebene

Das internationale Immaterialgüterprivatrecht wirft – bedingt durch die Besonderheiten dieses Rechtsgebiets[29] – eine ganze Reihe vielfältiger Rechtsfragen auf, die im Folgenden nach und nach zum Vorschein kommen werden. Dabei sind zum besseren Verständnis der kollisionsrechtlichen Wertungen vorab die für das Sachrecht tragenden Prinzipien zu erläutern.

aa) Territorialität versus Universalität von Ausschließlichkeitsrechten an immateriellen Gütern

Im Unterschied zu Sachen, die von Natur aus rival sind, muss die Rivalität immaterieller Güter zur Vermeidung eines Marktversagens durch Verleihung bzw. Anerkennung von Ausschließlichkeitsrechten künstlich hergestellt werden.[30] Die Anerkennung bzw. Verleihung solcher ausschließlichen Befugnisse bewegt sich dabei stets im Spannungsverhältnis zwischen der für die Schaffung von Innovationsanreizen erforderlichen Monopolisierung des Immaterialguts auf der einen (dynamische Effizienz) und dem Interesse an der freien Benutzung auf der anderen Seite (statische Effizienz).[31] Die Abwägung dieses schwierigen Zielkonflikts,

---

[28] Vgl. MüKoBGB/*Wendehorst*, Art. 43 EGBGB Rn. 277.
[29] Dazu BeckOGK BGB/*McGuire*, Stand: 01.12.2016, Art. 8 Rom II-VO Rn. 19–22.
[30] *Peukert*, Güterzuordnung als Rechtsprinzip, S. 111.
[31] *Ders.*, Güterzuordnung als Rechtsprinzip, S. 113 f.

d. h. die Entscheidung, ob überhaupt Schutz gewährt wird und wenn ja, wie dieser Schutz konkret auszugestalten ist, ist letztlich eine (rechts-)politische.[32] Sie liegt im Ermessen des jeweiligen Staats, der die Entscheidung entsprechend seiner eigenen Vorstellungen unabhängig trifft.[33] Schon wegen der Souveränität anderer Staaten leuchtet es vor diesem Hintergrund unmittelbar ein, dass die Rechtswirkungen des von einem Staat formlos anerkannten bzw. durch diesen hoheitlich verliehenen Immaterialgüterrechts notwendigerweise räumlich auf das Territorium dieses Staats begrenzt sein müssen.[34] Im Unterschied zum Eigentümer einer Sache erwirbt der Inhaber eines geistigen Eigentumsrechts folglich kein weltweit einheitliches Recht, sondern vielmehr ein Bündel territorial begrenzter nationaler Schutzrechte.[35] Diese territoriale Begrenztheit von Immaterialgüterrechten auf das Gebiet eines Staats, der sie verleiht bzw. unter bestimmten Voraussetzungen formlos anerkennt, bezeichnet man als Territorialitätsgrundsatz bzw. als Territorialitätsprinzip.[36] Der Territorialitätsgrundsatz überzeugt insbesondere dann, wenn der Anerkennung des Ausschließlichkeitsrechts ein staatlicher Hoheitsakt vorausgeht. Denn der Hoheitsakt kann stets nur für das jeweilige Hoheitsgebiet Wirkung entfalten.[37] Insoweit ist die Geltung des Territorialitätsprinzips bei Registerrechten unstreitig.[38] Demgegenüber erscheint das Territorialitätsprinzip bei formlos entstehenden Schutzrechten wie dem Urheberrecht oder auch den Leistungsschutzrechten nicht in derselben Weise zwingend.[39] So genügt für das Entstehen des Urheberrechts bekanntlich die bloße Schöpfung durch den Urheber – eines staatlichen Verleihungsakts bedarf es nicht. Geht man davon aus, dass dem Urheber die Berechtigung an seinem Werk kraft Naturrecht zustehe,[40] folgt daraus unwillkürlich, dass mit dem Schöpfungsakt ein universell geltendes, weltweit einheitliches Urheberrecht entsteht.[41] Dieses als Gegenstück zum Territorialitätsprinzip zu begreifende Konzept bezeichnet man als Universa-

---

[32] *Ullrich*, GRUR Int. 1995, 623 (625).
[33] *Ders.*, GRUR Int. 1995, 623 (625).
[34] Zum Ganzen Staudinger/*Fezer/Koos*, IntWirtschR Rn. 884 f.; NK-BGB/*Grünberger*, Art. 8 Rom II-VO Rn. 3.
[35] *Grünberger*, ZVglRWiss 108 (2009), 134 (146). Die territoriale Begrenztheit lässt sich eindrucksvoll am europäischen Patentsystem illustrieren. Bislang erwarb der Rechtsinhaber ein Bündel nationaler Patente (Bündelpatent). Das zukünftige Europäische Patent mit einheitlicher Wirkung (Einheitspatent) stellt die territoriale Begrenztheit nicht infrage. Im Gegenteil: Der einzige Unterschied ist das im Vergleich zum Bündelpatent größere Territorium.
[36] Statt aller MüKoBGB/*Drexl*, Art. 8 Rom II-VO Rn. 7.
[37] MüKoBGB/*ders.*, Art. 8 Rom II-VO Rn. 8.
[38] NK-BGB/*Grünberger*, Art. 8 Rom II-VO Rn. 4.
[39] MüKoBGB/*Drexl*, Art. 8 Rom II-VO Rn. 9; NK-BGB/*Grünberger*, Art. 8 Rom II-VO Rn. 4.
[40] So etwa *Drobnig*, RabelsZ 40 (1976), 195 (196 f.); *Schack*, FS Kropholler, S. 651 (666).
[41] *Klass*, GRUR Int. 2007, 373 (380).

litätsprinzip.⁴² Die Abstrahierung eines Ausschließlichkeitsrechts von einer konkreten Rechtsordnung überzeugt bei näherem Hinsehen indes nicht.⁴³ Obwohl das Urheberrecht nicht auf einem staatlichen Verleihungsakt beruht, ist der Schöpfungsakt nur notwendige, aber nicht hinreichende Bedingung für die Entstehung des Schutzrechts.⁴⁴ Nach wie vor bedarf es nationaler Vorschriften, die die Voraussetzungen für die Entstehung, den Inhalt und die jeweiligen Schranken des Urheberrechts regeln.⁴⁵ Die nationale Regelung ist infolgedessen Spiegelbild des rechtlichen Schutzes.⁴⁶ Die besseren Gründe sprechen mithin dafür, auch für die formlos entstehenden Schutzrechte von der Geltung des Territorialitätsprinzips auszugehen.⁴⁷ Die Geltung des Territorialitätsgrundsatzes ist im Übrigen nicht nur im deutschen Sachrecht, sondern weltweit anerkannt.⁴⁸

bb) Schutzlandprinzip versus Ursprungslandprinzip

Sowohl das Territorialitätsprinzip als auch das Universalitätsprinzip weisen zwar eine kollisionsrechtliche Dimension auf, sie sind selbst aber keine Kollisionsnormen.⁴⁹ Da das deutsche Internationale Privatrecht – anders als etwa § 34 des österreichischen und Art. 110 des schweizerischen IPR-Gesetzes – keine entsprechende Kollisionsnorm für Immaterialgüter enthält, muss zur Bestimmung des auf sie anwendbaren Rechts auf ungeschriebene Anknüpfungsregeln zurückgegriffen werden.⁵⁰ In Betracht kommt einerseits die Anknüpfung an das Recht des Staats, für den Schutz beansprucht wird (Schutzlandprinzip).⁵¹ Andererseits kommt die einheitliche Anknüpfung an das Recht des Ursprungslands in Be-

---

⁴² *Dies.*, GRUR Int. 2007, 373 (380).
⁴³ BeckOGK BGB/*McGuire*, Stand: 01.12.2016, Art. 8 Rom II-VO Rn. 45.
⁴⁴ BeckOGK BGB/*dies.*, Stand: 01.12.2016, Art. 8 Rom II-VO Rn. 45.
⁴⁵ *Grünberger*, ZVglRWiss 108 (2009), 134 (147); zur entsprechenden Argumentation bei anderen formlos gewährten Schutzrechten MüKoBGB/*Drexl*, Art. 8 Rom II-VO Rn. 27.
⁴⁶ BeckOGK BGB/*McGuire*, Stand: 01.12.2016, Art. 8 Rom II-VO Rn. 45.
⁴⁷ Dies entspricht der ganz h. M. Staudinger/*Fezer/Koos*, IntWirtschR Rn. 885, sprechen gar von einem „gewohnheitsrechtlich anerkannten Rechtsprinzip".
⁴⁸ Staudinger/*v. Hoffmann*, Art. 40 EGBGB Rn. 388; MüKoBGB/*Kreuzer*, 3. Aufl. 1998, Anh. II zu Art. 38 EGBGB Rn. 13.
⁴⁹ So für das Territorialitätsprinzip Staudinger/*Fezer/Koos*, IntWirtschR Rn. 883; für das Universalitätsprinzip MüKoBGB/*Drexl*, Art. 8 Rom II-VO Rn. 16.
⁵⁰ Hiervon macht Art. 8 Rom II-VO für den Bereich der außervertraglichen Schuldverhältnisse eine Ausnahme, vgl. Staudinger/*Fezer/Koos*, IntWirtschR Rn. 905. Wie weit diese Ausnahme reicht hängt im Übrigen davon ab, ob man sich der weiten oder der engen Auffassung anschließt. Näher zum Anwendungsbereich der Vorschrift BeckOK BGB/*Spickhoff*, Art. 8 Rom II-VO Rn. 3.
⁵¹ Man spricht insoweit auch von der *lex loci protectionis*, Staudinger/*Fezer/Koos*, IntWirtschR Rn. 904.

tracht (Ursprungslandprinzip).⁵² Dabei ist zu berücksichtigen, dass der grundsätzlichen Geltung des Territorialitätsprinzips keine Aussage über die anzuwendende Anknüpfungsregel zu entnehmen ist, da es als Teil des Sachrechts die Statutbestimmung bereits voraussetzt.⁵³ Welcher Anknüpfungsregel der Vorzug zu geben ist, muss daher auf Basis der anerkannten kollisionsrechtlichen Grundsätze entschieden werden.⁵⁴ Für die Geltung des Schutzlandprinzips lässt sich die weite Verbreitung in den ausländischen IPR-Kodifikationen ins Feld führen.⁵⁵ Die Anknüpfung an das Recht des Schutzlands leistet folglich einen Beitrag zum internationalen Entscheidungseinklang. Auch im Übrigen sprechen die besseren Gründe für die Anknüpfung an die *lex loci protectionis*. Nur wenn man für den Bestand, den Umfang und die Inhaberschaft an das Recht des Staats anknüpft, für das der Schutz beansprucht wird, ist sichergestellt, dass dessen souveräne Abwägungsentscheidung zwischen Ausschließlichkeit und Zugangsfreiheit respektiert wird.⁵⁶ Die Anknüpfung an die *lex loci protectionis* trägt daher nicht nur dem Grundsatz völkerrechtlicher Rücksichtnahme Rechnung,⁵⁷ sondern stellt auch das kollisionsrechtliche Ziel der Anknüpfungsgerechtigkeit her, weil das in Rede stehende Immaterialgut stets dem Recht unterstellt wird, zu dem es die engsten ökonomischen und sozialen Verbindungen aufweist.⁵⁸

cc) Folgerungen für die Beleihung digitaler Information im internationalen Kontext

Aus der weltweiten Geltung des Territorialitätsgrundsatzes ergibt sich, dass jede Rechtsordnung autonom darüber befindet, ob sie digitale Information schützen möchte, wie dieser Schutz ggf. ausgestaltet und wem er zugewiesen sein soll. Das hat unmittelbar zur Folge, dass Gegenstand einer Besicherung im internationalen Kontext nicht ein bzw. mehrere weltweit einheitliche Schutzrechte an digitaler Information sein können. Gegenstand der Besicherung kann allein ein Rechteportfolio sein, das sich aus einem Bündel unabhängiger nationaler Schutz-

---

⁵² Das Ursprungslandprinzip ist genau genommen nur ein Oberbegriff für verschiedene Anknüpfungspunkte, die als *lex origins*, *lex publicationis*, *lex auctoris* etc. bezeichnet werden, BeckOGK BGB/*McGuire*, Stand: 01.12.2016, Art. 8 Rom II-VO Rn. 43; s. ferner MüKoBGB/*Drexl*, Art. 8 Rom II-VO Rn. 16.

⁵³ MüKoBGB/*Kreuzer*, 3. Aufl. 1998, Anh. II zu Art. 38 EGBGB Rn. 14.

⁵⁴ MüKoBGB/*Drexl*, Art. 8 Rom II-VO Rn. 15.

⁵⁵ Vgl. Staudinger/*v. Hoffmann*, Art. 40 EGBGB Rn. 389; MüKoBGB/*Kreuzer*, 3. Aufl. 1998, Anh. II zu Art. 38 EGBGB Rn. 7 Fn. 14; Fromm/Nordemann/*Nordemann-Schiffel*, Vor §§ 120 ff. UrhG Rn. 2.

⁵⁶ NK-BGB/*Grünberger*, Art. 8 Rom II-VO Rn. 7.

⁵⁷ MüKoBGB/*Drexl*, Art. 8 Rom II-VO Rn. 19.

⁵⁸ NK-BGB/*Grünberger*, Art. 8 Rom II-VO Rn. 7.

rechte zusammensetzt.⁵⁹ Eine weitere Folge des Territorialitätsgrundsatzes ist, dass die jeweiligen nationalen Schutzrechte in Bestand und Umfang durchaus sehr unterschiedlich ausfallen können. Es ist also nicht gesagt, dass die digitale Information in jedem Land denselben Schutz genießt. Aufgrund der unterschiedlichen Schutzvoraussetzungen ist es sogar möglich, dass die digitale Information in Land A geschützt ist, wohingegen sie in Land B, das höhere Schutzvoraussetzungen festgeschrieben hat, nicht geschützt ist.⁶⁰ Für die Kreditsicherung im internationalen Wirtschaftsverkehr bedeutet das, dass der Sicherungsnehmer für jedes Land, für das der Sicherungsgeber Schutz beansprucht, gesondert prüfen muss, ob die als Kreditsicherheit infrage kommende digitale Information die jeweiligen nationalen Schutzvoraussetzungen erfüllt, wie weit der Schutz durch die jeweilige Rechtsordnung reicht und ob der Sicherungsgeber (noch) Inhaber des Rechts ist.

Ohne im Folgenden eine profunde Analyse des jeweils einschlägigen ausländischen Sachrechts vorzunehmen, lässt sich ganz allgemein festhalten, dass die an der digitalen Information in Betracht kommenden Schutzrechte in einer beachtlichen Zahl an Kodifikationen jedenfalls in groben Zügen mit der deutschen Rechtslage⁶¹ übereinstimmen dürften. Das ist maßgeblich darauf zurückzuführen, dass das Sachrecht auf dem Gebiet des geistigen Eigentums international vielfach durch Konventionsrecht vorgezeichnet ist, das den Vertragsstaaten für den Schutz immaterieller Güter gewisse Mindeststandards vorschreibt. Innerhalb der Europäischen Union gilt das umso mehr, weil dort die Harmonisierung der nationalen Rechtsvorschriften im Bereich des Immaterialgüterrechts durch entsprechende Rechtsakte noch deutlich stärker ausgeprägt ist. Zu nennen ist zunächst der Schutz von Geschäftsgeheimnissen. Dieser wurde durch die GeschGeh-RL in allen Mitgliedstaaten der Europäischen Union vereinheitlicht. Die Richtlinie sieht, wie sich aus dem Zusammenspiel von Art. 1 Abs. 1 Uabs. 1 und ErwG 10 der GeschGeh-RL ergibt, einen Mindestschutz vor. Das bedeutet, dass das Schutzniveau von Geschäftsgeheimnissen eine bestimmte Schwelle nicht unterschreiten darf, die Mitgliedstaaten aber nicht daran gehindert sind, strengere Vorschriften zu erlassen. Es kann also sein, dass der Schutz von Geschäftsgeheimnissen in anderen Mitgliedstaaten eine stärkere Ausprägung als in Deutschland erfahren hat. Vergleichbares gilt für den Schutz von Datenbanken. Dieser ist bereits seit knapp 25 Jahren unionsweit durch die Datenbank-RL vereinheitlicht. Auch sie bezweckt aber lediglich eine Annäherung der nationalen Rechtsvorschriften und keine Vollharmonisierung,⁶² sodass Abweichungen zwi-

---

⁵⁹ Vgl. MüKoBGB/*Drexl*, Art. 8 Rom II-VO Rn. 227.
⁶⁰ Vgl. MüKoBGB/*ders.*, Art. 8 Rom II-VO Rn. 201.
⁶¹ S. dazu eingehend oben § 4.
⁶² Schricker/Loewenheim/*Vogel*, Vor §§ 87a ff. UrhG Rn. 9.

schen den jeweiligen Rechtsordnungen bestehen können. Im Gegensatz dazu konnte für den Bereich des Urheberrechts aufgrund der grundlegenden Unterschiede zwischen den kontinentaleuropäischen droit d'auteur-Systemen und den angelsächsischen copyright-Systemen bislang noch keine vereinheitlichte europäische Urheberrechtsordnung auf den Weg gebracht werden.[63] Das hat den EuGH gleichwohl nicht davon abgehalten, auf Basis bereichsspezifischer Regelungen[64] einen werkartübergreifenden europäischen Werkbegriff zu prägen.[65] Die Folge davon ist, dass die urheberrechtliche Schutzfähigkeit von digitaler Information in den Mitgliedstaaten der Europäischen Union anhand eines einheitlichen europäischen Maßstabs zu bewerten ist. Die Frage, ob digitale Information in den Genuss urheberrechtlichen Schutzes kommt, sollte daher in allen Mitgliedstaaten einheitlich mit Ja oder Nein beantwortet werden. Trotz der Vereinheitlichung der Schutzvoraussetzungen entsteht in jedem Mitgliedstaat aber nach wie vor ein nationales Urheberrecht. Demgegenüber können Erfindungen gem. Art. 3 EPatVO zukünftig durch ein einheitliches und in den Mitgliedstaaten[66] der Europäischen Union gleichermaßen geltendes Patentrecht geschützt werden.[67] Bislang konnte der Patentinhaber lediglich ein Bündel nationaler Patente erwerben, wobei die Schutzvoraussetzungen – ähnlich wie im Urheberrecht – im Wesentlichen vereinheitlicht waren.[68]

Schon lange vor Aufkommen der Idee eines europäischen Staatenbunds wurde auf internationaler Ebene das Bedürfnis erkannt, den Schutz des geistigen Eigentums zu vereinheitlichen. Inzwischen schreiben eine Reihe internationaler Konventionen den jeweiligen Vertragsstaaten gewisse Mindeststandards zum Schutz des geistigen Eigentums vor. Die wichtigsten unter ihnen sind die RBÜ, die PVÜ sowie das TRIPS-Übereinkommen. Für den internationalen Schutz digitaler Information ist dabei vor allem Letzteres von besonderer Relevanz. So sieht Art. 10 Abs. 2 S. 1 TRIPS ein Datenbankurheberrecht vor, wonach Zusammenstellungen von Daten, die aufgrund der Auswahl oder Anordnung ihres Inhalts geistige Schöpfungen bilden, als solche geschützt werden.[69] Das gilt nach S. 2 der Vorschrift unbeschadet eines an den Daten selbst bestehenden Urheberrechts. Von Bedeutung ist ferner Art. 28 Abs. 1 lit. b TRIPS, demzufolge der Patentinhaber

---

[63] *Loewenheim*, in: Loewenheim, Handbuch des Urheberrechts, § 59 Rn. 1.
[64] S. dazu eingehend *S. v. Lewinski*, in: Loewenheim, Handbuch des Urheberrechts, § 60.
[65] *Loewenheim/Leistner*, in: Loewenheim, Handbuch des Urheberrechts, § 6 Rn. 6.
[66] Das einheitliche Patentsystem wird voraussichtlich zunächst nur in 17 Mitgliedstaaten (darunter Deutschland) in Kraft treten. Eine graphische Übersicht ist abrufbar unter: https://www.unified-patent-court.org/en/organisation/upc-member-states (zuletzt abgerufen: 30.12.2022).
[67] S. dazu bereits oben § 5 Fn. 21.
[68] Eingehend zum Ganzen *Osterrieth*, PatR, Rn. 163–330.
[69] Vgl. auch Art. 5 WCT.

Schutz für unmittelbare Erzeugnisse eines patentgeschützten Verfahrens genießt. Die größte praktische Relevanz für den Schutz digitaler Information dürfte allerdings Art. 39 TRIPS haben, auf dessen Grundlage die Vertragsstaaten Schutz für nicht offenbarte Informationen gewähren müssen. Diese Informationen müssen gem. Art. 39 Abs. 2 TRIPS geheim sein (lit. a), einen wirtschaftlichen Wert aufweisen (lit. b) und Gegenstand von den Umständen nach angemessener Geheimhaltungsmaßnahmen sein (lit. c). Das TRIPS-Übereinkommen wurde inzwischen von einer Vielzahl von Ländern[70] ratifiziert, darunter alle G20-Staaten. Dies zeigt, dass digitale Information insbesondere in den wirtschaftlich bedeutsamen Ländern einen dem deutschen Recht vergleichbaren Schutz genießt. Das gilt vor allem für die beiden wichtigsten Schutzregime von digitaler Information: dem Urheberrechtsschutz einerseits (vgl. Art. 9 TRIPS) und dem Geheimnisschutz andererseits (Art. 39 TRIPS). Offen ist hingegen, inwieweit der in Art. 28 Abs. 1 lit. b TRIPS vorgesehene Patentschutz für unmittelbare Verfahrenserzeugnisse auch in anderen Ländern für unkörperliche Erzeugnisse gewährt wird. Allerdings ist diese Frage ohnehin von geringer praktischer Relevanz, weil die für den Patentschutz erforderliche Technizität der digitalen Information nur in den seltensten Fällen gegeben sein wird. Ein im Vergleich zum deutschen und europäischen Schutz spürbar geringerer Standard lässt sich für den Bereich der Datenbanken ausmachen. Art. 10 Abs. 2 S. 1 TRIPS sieht allein einen Urheberrechtsschutz für Datenbanken vor. Im Gegensatz dazu bewirkt das in Deutschland und den übrigen Mitgliedstaaten der Europäischen Union kodifizierte Leistungsschutzrecht des Datenbankherstellers ein höheres Schutzniveau.

Zusammenfassend lässt sich festhalten, dass bei der internationalen Besicherung digitaler Information für jedes Land gesondert zu prüfen ist, welche Rechte in Bezug auf die als Kreditsicherheit in Betracht kommende digitale Information bestehen, welchen Umfang sie haben und wer Inhaber dieser Rechte ist. Obwohl der Schutz immaterieller Güter wie der von digitaler Information grundsätzlich auf einer autonomen staatlichen Entscheidung beruht, hat sich gezeigt, dass aufgrund internationaler Konventionen und supranationaler Harmonisierungsvorschriften ein gewisses Maß an Vereinheitlichung vorherrscht. Digitale Information dürfte daher in einer Vielzahl von Ländern in ähnlichem Umfang Schutz genießen wie in Deutschland.

---

[70] Eine Liste der Vertragsstaaten ist einsehbar unter: https://www.wto.org/english/tratop_e/trips_e/amendment_e.htm (zuletzt abgerufen: 30.11.2022).

2. Neubewertung der Sicherungseignung digitaler Information

Die Konsequenz des Territorialitätsprinzips ist, dass die als Sicherungsgut in Betracht kommende digitale Information Gegenstand eines Bündels nationaler Rechte ist, deren Sicherungseignung bislang nur für die von der deutschen Rechtsordnung verliehenen Schutzrechte feststeht. Für die in den übrigen Rechtsordnungen existierenden Schutzrechte muss die Sicherungseignung demgegenüber neu bewertet werden. Die Sicherungseignung ist an die Transaktionseignung des Rechts geknüpft.[71] Sie beurteilt sich nach dem Recht desjenigen Staats, für den der Schutz beansprucht wird.[72] Denn ein Staat entscheidet nicht nur darüber, ob und unter welchen Voraussetzungen er ein Immaterialgut schützt.[73] Es liegt vielmehr auch in seinem Ermessen, ob das entsprechende Recht übertragbar ist oder nicht. Ob die an der digitalen Information bestehenden Schutzrechte die für den Einsatz als Kreditsicherungsmittel erforderliche Sicherungseignung aufweisen, ist mithin gesondert für das Recht eines jeden Staats zu beurteilen, für den der Sicherungsgeber Schutz beansprucht. Dies kann bei einem internationalen Rechteportfolio dazu führen, dass die Beurteilung der Sicherungseignung digitaler Information von Staat zu Staat unterschiedlich ausfällt. Dies lässt sich an urheberrechtlich geschützter digitaler Information veranschaulichen: Die Sicherungstauglichkeit scheitert in Deutschland daran, dass das Urheberrecht – der monistischen Konzeption folgend – gem. § 29 Abs. 1 UrhG unter Lebenden nicht übertragbar ist. Beansprucht der Sicherungsgeber daneben auch für das französische Rechtsgebiet Schutz, ergibt sich ein vollkommen anderes Bild. Aufgrund der in Frankreich vorherrschenden dualistischen Konzeption des Urheberrechts kann sich der Urheber seiner Vermögensrechte vollständig entledigen.[74] Da das französische Urheberrecht als Ganzes übertragen werden kann, ist damit zugleich die Sicherungstauglichkeit der digitalen Information sichergestellt. Soweit die als Sicherungsgut in Betracht kommende digitale Information im Übrigen die von einer Rechtsordnung geforderten Schutzvoraussetzungen nicht erfüllt, dürften dieselben Maßstäbe wie in Deutschland gelten. In diesem Fall kommt es für die Sicherungstauglichkeit auf die faktische Übertragbarkeit der digitalen Information an. Diese ist stets gegeben, weil digitale Information durch Vervielfältigung der zugrunde liegenden Datenverkörperungen an Dritte übertragen werden kann.

---

[71] S. dazu eingehend oben S. 116 ff.
[72] BGHZ 136, 380 (387) – *Spielbankaffaire* (hinsichtlich der Übertragbarkeit urheberrechtlicher Befugnisse). Allgemein MüKoBGB/*Drexl*, Art. 8 Rom II-VO Rn. 222; *Grünberger*, ZVglRWiss 108 (2009), 134 (164) (speziell für Urheber- und Leistungsschutzrechte).
[73] MüKoBGB/*Drexl*, Art. 8 Rom II-VO Rn. 201.
[74] MüKoBGB/*ders.*, Art. 8 Rom II-VO Rn. 222.

3. Das Sicherungsvertragsstatut

Eine im Rahmen der Bestellung von Kreditsicherheiten im internationalen Kontext weitere wichtige Frage ist, welches Recht auf die die Rechte und Pflichten der Parteien regelnde Sicherungsabrede anwendbar ist. Dies beurteilt sich nach dem Vertragsstatut.[75] Dabei gilt, dass die Parteien des Sicherungsvertrags das darauf anwendbare Recht gem. Art. 3 Abs. 1 S. 1 Rom I-VO frei wählen können. Haben die Parteien keine Wahl getroffen, findet auf die Sicherungsabrede gem. Art. 4 Abs. 2 Rom I-VO das Recht des Staats Anwendung, in dem die Partei, welche die für den Vertrag charakteristische Leistung zu erbringen hat, ihren gewöhnlichen Aufenthalt hat. Vertragscharakteristische Leistung der Sicherungsabrede ist die jeweils versprochene Sicherheitsleistung.[76] Auf die Sicherungsabrede findet daher – soweit die Parteien nicht anders disponiert haben – grundsätzlich das Recht am Sitz des Sicherungsgebers Anwendung. Daran ist bei näherem Hinsehen problematisch, dass für den Darlehensvertrag, der die Sicherungsabrede erst erforderlich werden lässt, dieselben Grundsätze gelten – allerdings unter umgekehrten Vorzeichen. Vertragscharakteristische Leistung des Darlehensvertrags ist die Zurverfügungstellung des Geldbetrags, sodass auf den Darlehensvertrag das Recht desjenigen Staats Anwendung findet, in welchem der Sicherungsnehmer (als Darlehensgeber) seinen Sitz hat.[77] Das Ergebnis einer starren Anwendung der in Art. 4 Abs. 2 Rom I-VO enthaltenen Auffangregel wäre eine Statutenspaltung, weil auf den Darlehensvertrag das Recht am Sitz des Kreditgebers, auf den Sicherungsvertrag hingegen das Recht am Sitz des Sicherungsgebers Anwendung fände.[78] Um den zwischen den beiden Verträgen gestörten Gleichklang wiederherzustellen, ist in Bezug auf den Sicherungsvertrag auf die Ausweichklausel des Art. 4 Abs. 3 Rom I-VO zurückzugreifen.[79] Die Sicherungsabrede wird daher regelmäßig dem Recht desjenigen Staats unterstellt, das auf den Darlehensvertrag Anwendung findet. Um einer möglichen Disharmonie des auf den Darlehens- bzw. Sicherungsvertrag anwendbaren Sachrechts von vornherein zu begegnen, ist den Parteien zu raten, eine Rechtswahl zu treffen. Sie ist insbesondere dann ratsam, wenn die digitale Information nicht durch Ausschließlichkeitsrechte geschützt ist. In diesem Fall gewinnt das Vertragsstatut zusätzlich an Bedeutung, da die Sicherung des Kreditgebers in diesem Fall nur auf schuldvertraglicher Ebene bewirkt werden kann.

---

[75] MüKoBGB/*Drexl*, Art. 8 Rom II-VO Rn. 228; *Keller*, ZIP 2020, 1052 (1058).
[76] Statt aller BeckOGK BGB/*A. Köhler*, Stand: 01.09.2022, Art. 4 Rom I-VO Rn. 511.
[77] BeckOGK BGB/*ders.*, Stand: 01.09.2022, Art. 4 Rom I-VO Rn. 318.
[78] *Keller*, ZIP 2020, 1052 (1058).
[79] H.M., MüKoBGB/*Drexl*, Art. 8 Rom II-VO Rn. 228; *Keller*, ZIP 2020, 1052 (1058); MüKoBGB/*Martiny*, Art. 4 Rom I-VO Rn. 308; Rauscher/*Thorn*, Art. 4 Rom I-VO Rn. 151.

4. Das auf die Bestellung der Sicherheit anwendbare Recht

Die letzte im Rahmen der länderübergreifenden Besicherung digitaler Information interessierende Frage ist, welches Recht auf die Bestellung der Kreditsicherheit als solche, also auf das Verfügungsgeschäft anzuwenden ist.[80] Hiervon zu trennen sind die bereits beantworteten Fragen, welches Recht auf die der Bestellung zugrunde liegende *causa* (Sicherungsvertrag) sowie alle das Immaterialgüterrecht selbst betreffenden Aspekte (Entstehung, Inhalt, Übertragbarkeit etc.) Anwendung findet.[81] Im Folgenden ist zwischen urheberrechtlichen Verfügungen und solchen über gewerbliche Schutzrechte zu differenzieren.

a) Verfügungen über das Urheberrecht

Dem System des deutschen Privatrechts folgend wird auch im Urheberrecht zwischen der Einräumung des dinglichen Nutzungsrechts (Verfügung) und dem zugrunde liegenden Kausalgeschäft (Verpflichtung) getrennt.[82] Dagegen findet das Abstraktionsprinzip im Urheberrecht nach herrschender Meinung keine Anwendung.[83] Wegen der aus diesem Grund – insbesondere im Gegensatz zu den gewerblichen Schutzrechten – deutlich engeren Verflechtung zwischen Verpflichtungs- und Verfügungsgeschäft sowie der andernfalls eintretenden Zersplitterung einheitlicher Verträge, die bei einer weltweit bzw. für mehrere Länder erfolgenden Nutzungsrechteeinräumung drohen würde, möchte vor allem die urheberrechtlich geprägte Literatur beide Rechtsgeschäfte einheitlich behandeln und das Verfügungsgeschäft ebenfalls dem Vertragsstatut unterstellen (Einheitstheorie).[84] Folgt man der Einheitstheorie, stünde das auf die Verfügung – genauso wie das auf das zugrunde liegende Kausalgeschäft – anwendbare Recht wegen Art. 3 Rom I-VO zur Disposition der Parteien. In Ermangelung einer solchen Rechtswahl wären urheberrechtliche Rechtseinräumungen nach Art. 4 Abs. 2 Rom I-VO anzuknüpfen. Die Einheitstheorie kann für sich in Anspruch nehmen, dass sie insbesondere bei der Verfügung über mehrere (territorial begrenzte) Urheberrechte zu praktisch handhabbaren Ergebnissen führt, weil sich die Rechteeinräumung für alle Territorien einheitlich nach dem Vertragsstatut beurteilt. Die Belei-

---

[80] Es geht folglich um das auf den Sicherstellungsvertrag (vgl. dazu oben S. 126) und ggf. erforderliche Realakte anwendbare Recht.
[81] Vgl. Reithmann/Martiny/*Obergfell*, IntVertragsR Rn. 34.15.
[82] Schricker/Loewenheim/*Ohly*, § 31 UrhG Rn. 13.
[83] Statt vieler Schricker/Loewenheim/*Ohly*, § 31 UrhG Rn. 17; a.A. Reithmann/Martiny/*Obergfell*, IntVertragsR Rn. 34.15 m.w.N. zur Gegenansicht.
[84] Dreier/Schulze/*Raue*, Vor §§ 120 ff. UrhG Rn. 81; *Katzenberger*, FS Schricker I, S. 225 (249–251); Schricker/Loewenheim/*Katzenberger/Metzger*, Vor §§ 120 ff. UrhG Rn. 152; Fromm/Nordemann/*Nordemann-Schiffel*, Vor §§ 120 ff. UrhG Rn. 83.

hung urheberrechtlich geschützter digitaler Information würde infolgedessen für alle Länder, für die der Sicherungsgeber Schutz beansprucht, einheitlich an das Sicherungsvertragsstatut angeknüpft. Gegen die Einheitstheorie spricht allerdings, dass sie die – auch im autonomen Kollisionsrecht zu beachtende – rechtliche Trennung zwischen Verpflichtungs- und Verfügungsgeschäft übergeht. Aus diesem Grund knüpft die vorzugswürdige Gegenauffassung die einzelnen Verfügungsgeschäfte gesondert an das jeweils einschlägige Recht des Schutzlands an (Spaltungstheorie).[85] Insoweit kann für Verfügungen über Ausschließlichkeitsrechte an Immaterialgütern nichts anderes gelten als für solche an Sachen, die gem. Art. 43 EGBGB ohne jeden Zweifel ebenfalls getrennt von der zugrunde liegenden *causa* anzuknüpfen sind.[86] Für die Spaltungstheorie streitet ferner, dass bei der Verfügung über Ausschließlichkeitsrechte nicht nur Partei-, sondern auch Verkehrsinteressen eine Rolle spielen, die durch die Rechtswahlfreiheit andernfalls zur Disposition der Parteien gestellt würden.[87] Aus alledem folgt, dass die Verfügung über urheberrechtlich geschützte digitale Information getrennt von dem zugrunde liegenden Sicherungsvertrag an das (jeweilige) Recht des Schutzlands anzuknüpfen ist.

b) Verfügungen über gewerbliche Schutzrechte

Auch in Bezug auf Verfügungen über gewerbliche Schutzrechte wird vereinzelt vertreten, dass die Verfügung einheitlich an das Vertragsstatut anzuknüpfen sei.[88] Da im Bereich der gewerblichen Schutzrechte das Verpflichtungs- und das Verfügungsgeschäft weniger eng miteinander verflochten sind als im Urheberrecht, muss die Spaltungstheorie bei der Verfügung über gewerbliche Schutzrechte erst recht gelten.[89] Daraus folgt, dass Verfügungen über gewerbliche Schutzrechte ebenfalls – getrennt von dem zugrunde liegenden Kausalgeschäft – an das Recht des Schutzlands anzuknüpfen sind. Zu den gewerblichen Schutzrechten sind für die Zwecke der vorliegenden Untersuchung auch Geschäftsgeheimnisse zu zählen.

---

[85] Staudinger/*Fezer/Koos*, IntWirtschR Rn. 1122; Staudinger/*Magnus*, Art. 4 Rom I-VO Rn. 536; MüKoBGB/*Martiny*, Art. 4 Rom I-VO Rn. 252; *Obergfell*, FS Martiny, S. 475 (485 f.); Reithmann/Martiny/*dies.*, IntVertragsR Rn. 34.46 f.; Rauscher/*Thorn*, Art. 4 Rom I-VO Rn. 126; Wandtke/Bullinger/*v. Welser*, Vor §§ 120 ff. UrhG Rn. 22; s. ferner *Schack*, FS Heldrich, S. 997 (1002–1005), der die Übertragung universell an das Recht des Ursprungslands anknüpfen möchte (und damit trotz gesonderter Anknüpfung ebenfalls eine Zersplitterung verhindert).
[86] Reithmann/Martiny/*Obergfell*, IntVertragsR Rn. 34.46.
[87] BeckOGK BGB/*A. Köhler*, Stand: 01.09.2022, Art. 4 Rom I-VO Rn. 348.
[88] MüKoBGB/*Drexl*, Art. 8 Rom II-VO Rn. 233; *Grünberger*, ZVglRWiss 108 (2009), 134 (168).
[89] BeckOGK BGB/*A. Köhler*, Stand: 01.09.2022, Art. 4 Rom I-VO Rn. 341; MüKoBGB/*Martiny*, Art. 4 Rom I-VO Rn. 270; Reithmann/Martiny/*Obergfell*, IntVertragsR, 8. Aufl. 2015, Rn. 6.1069; Rauscher/*Thorn*, Art. 4 Rom I-VO Rn. 123.

c) Fazit und Folgerung für die Besicherung digitaler Information

Zusammenfassend lässt sich festhalten, dass sämtliche Verfügungen über die an der digitalen Information in Betracht kommenden Immaterialgüterrechte jeweils dem Recht des Staats unterstehen, für das der Schutz beansprucht wird. Für die länderübergreifende Besicherung digitaler Information folgt daraus, dass die Bestellung des Sicherungsrechts an die jeweilige *lex loci protectionis* anzuknüpfen ist. Zusammen mit der Territorialität der Schutzrechte führt das zwangsläufig dazu, dass die Zahl der zur Anwendung berufenen Sachrechte mit der Zahl der Länder korrespondiert, für die der Sicherungsgeber Schutz beansprucht. Das hat unter Umständen einen gewaltigen Transaktionsaufwand zur Folge.

d) Einheitliche Anknüpfung an das Personalstatut des Sicherungsgebers?

Um die Transaktionskosten insbesondere im Zusammenhang mit der Besicherung großer Rechteportfolios überschaubar zu halten, sowie um einen Gleichlauf mit dem Insolvenzstatut herzustellen, wird erwogen, bei der Besicherung von Immaterialgüterrechten statt an das Recht des Schutzlands an dasjenige am gewöhnlichen Aufenthaltsort des Sicherungsgebers anzuknüpfen.[90] Dies hätte den Vorteil, dass sich die Bestellung von Sicherungsrechten an immaterialgüterrechtlich geschützter digitaler Information einheitlich nach den am Ort der Hauptverwaltung (Art. 19 Abs. 1 Uabs. 1 Rom I-VO analog) des Sicherungsgebers geltenden Vorschriften richten würde. Statt über die an der digitalen Information bestehenden Rechte für jedes Schutzland einzeln verfügen zu müssen, könnte das jeweilige Sicherungsrecht für alle Länder einheitlich mit einem Übertragungsakt bestellt werden. Die Anknüpfung an das Recht am Sitz des Sicherungsgebers hätte ferner den Vorzug, dass sich die Verwertung der Sicherheit bei dessen Insolvenz nach demselben Recht richtet wie ihre Bestellung. Denn gem. Art. 3 Abs. 1 Uabs. 1 S. 1, Uabs. 2 S. 1, 7 Abs. 1, Abs. 2 S. 2 lit. i EuInsVO findet auf die Verwertung des Vermögens juristischer Personen das Recht an deren Sitz Anwendung.[91] Obwohl die Anknüpfung an das Personalstatut das Ziel verfolgt, die Bestellung der Kreditsicherheit rechtlich zu vereinheitlichen, lässt sich eine gewisse kollisionsrechtliche Aufspaltung nicht vermeiden. Da nationale Grenzen nicht einfach verschwinden, zwingt das Territorialitätsprinzip auch in Zukunft dazu, dass Bestand, Umfang, Inhaberschaft und Übertragbarkeit des Rechts nach dem Recht des Schutzlands zu beurteilen sind. Diese gespaltene Anknüpfung

---

[90] MüKoBGB/*Drexl*, Art. 8 Rom II-VO Rn. 229–232; *Keller*, ZIP 2020, 1052 (1058 f.). Vgl. ferner Art. 3:802 Abs. 1 CLIP Principles, abrufbar unter: https://www.ip.mpg.de/fileadmin/ipmpg/content/clip/Final_Text_1_December_2011.pdf (zuletzt abgerufen: 30.11.2022).

[91] Vgl. *Keller*, ZIP 2020, 1052 (1057).

birgt die Gefahr von Widersprüchen.[92] Im Ergebnis sprechen daher sowohl gute Gründe für als auch gegen die einheitliche Anknüpfung an das Recht am Sitz des Sicherungsgebers, sodass diese nach hier vertretener Ansicht nicht befürwortet werden kann. Es bleibt damit vorerst bei der gegenwärtigen, gesonderten Anknüpfung an die *lex loci protectionis*. Vor dem Hintergrund des aufgezeigten Entmaterialisierungstrends und der damit einhergehenden stetig steigenden Bedeutung von Immaterialgütern – die sich zwangsläufig auch in der länderübergreifenden Kreditsicherung widerspiegeln wird – wäre es allerdings zu begrüßen, wenn sich der Gesetzgeber des Themas annehmen und entsprechende Kollisionsnormen schaffen würde. Dabei sollte eine Lösung auf europäischer Ebene angestrebt werden.

II. Das Sicherungsgut in der Sicherungsphase

Mit der wirksamen Bestellung der digitalen Information als Kreditsicherheit beginnt die Sicherungsphase. Dabei ist von Interesse, welches Recht bei unerlaubten Handlungen sowie in der Insolvenz des Sicherungsgebers zur Anwendung berufen ist. Die im dritten Teil der Untersuchung ebenfalls behandelte Zwangsvollstreckung ist § 16 vorbehalten.

1. Unerlaubte Handlungen

Wie im materiellen Recht ist auch in Bezug auf die Ermittlung des auf unerlaubte Handlungen anwendbaren Rechts zwischen der materiellen Ebene des Datenträgers einerseits und der immateriellen Ebene der digitalen Information andererseits zu unterscheiden.

a) Begriff der unerlaubten Handlung

Da das Kollisionsrecht auf dem Gebiet der unerlaubten Handlungen durch die Rom II-VO vereinheitlicht wurde,[93] setzt dies zunächst eine Klärung des Begriffs der unerlaubten Handlung voraus. Da der Begriff dem europäischen Kollisionsrecht entstammt, kann bei der Auslegung des Begriffs nicht auf den Bedeutungsgehalt, der dem Begriff innerhalb der §§ 823 ff. BGB zukommt, zurückgegriffen

---

[92] MüKoBGB/*Drexl*, Art. 8 Rom II-VO Rn. 232.
[93] Die Rom II-VO wurde dabei als *loi uniforme* ausgestaltet, da das verwiesene Recht gem. Art. 3 Rom II-VO auch dann anzuwenden ist, wenn es nicht das eines Mitgliedstaats sein sollte, näher MüKoBGB/*Junker*, Art. 3 Rom II-VO Rn. 1–3.

werden.⁹⁴ Vielmehr ist der Begriff unionsrechtlich autonom auszulegen.⁹⁵ Nach der Rechtsprechung des EuGH umfasst der Begriff unerlaubte Handlungen sämtliche Schadensersatzansprüche, die nicht aus einem Vertrag herrühren.⁹⁶

b) Allgemeine Kollisionsnorm, Art. 4 Rom II-VO

Geht es um außervertragliche Schadensersatzansprüche, die aus der Beschädigung oder Zerstörung des Datenträgers bzw. Löschung oder Veränderung der sich darauf befindlichen Datenverkörperungen herrühren, ist zur Ermittlung des darauf anwendbaren Rechts – mangels spezieller Regelungen in den Art. 5–9 Rom II-VO – auf die allgemeine Kollisionsregel des Art. 4 Rom II-VO zurückzugreifen. Gem. Art. 4 Abs. 1 Rom II-VO ist das Recht des Staats anzuwenden, in dem der Schaden eintritt (*lex loci damni*). Die Lokalisierung des Schadens ist einfach, wenn sich die unerlaubte Handlung unmittelbar gegen die physische Substanz des Datenträgers richtet. In diesem Fall tritt der Schaden an dem Ort ein, an dem sich der Datenträger zum Zeitpunkt der Beschädigung oder Zerstörung befunden hat.⁹⁷ Zur Anwendung berufen ist folglich das Recht am Belegenheitsort des Datenträgers. Aufgrund der durch das Internet geschaffenen Ubiquität können Datenträger prinzipiell an jedem Ort der Welt belegen sein, sodass für die Liquidation von Schäden eine Vielzahl an (mitunter auch ungewöhnlichen) Rechtsordnungen in Betracht kommt. Schwieriger erscheint demgegenüber die Lokalisierung des Schadens, wenn lediglich die auf dem Datenträger befindlichen Datenverkörperungen gelöscht oder verändert werden, ohne dass die physische Substanz des Datenträgers als solche beeinträchtigt würde. Da mithilfe des Internets im Prinzip von jedem Ort der Erde auf die Datenverkörperungen zugegriffen werden kann, wohnt der Löschung oder Veränderung gewissermaßen ein ubiquitäres Moment inne. Dieses hat bei der Anknüpfung des Schadens allerdings außer Betracht zu bleiben, weil für die Lokalisierung des Schadens primär eine empirische Sichtweise entscheidend ist.⁹⁸ Da jede Löschung bzw. Veränderung von Daten eine Strukturveränderung des Datenträgers herbeiführt, tritt die „praktische Wirkung des deliktischen Handelns"⁹⁹ an dem Ort ein, an dem der Datenträger belegen ist. Somit ist auch auf die Datenlöschung bzw. -veränderung das Recht am Belegenheitsort des Datenträgers anzuwenden. Echte Schwierigkeiten

---

⁹⁴ BeckOGK BGB/*Rühl*, Stand: 01.12.2017, Art. 4 Rom II-VO Rn. 13.
⁹⁵ Statt aller BeckOK BGB/*Spickhoff*, Art. 4 Rom II-VO Rn. 3.
⁹⁶ MüKoBGB/*Junker*, Art. 4 Rom II-VO Rn. 14; eingehend NK-BGB/*Lehmann*, Art. 4 Rom II-VO Rn. 41–56 jeweils m. w. N. zur Rechtsprechung.
⁹⁷ Vgl. BeckOGK BGB/*Rühl*, Stand: 01.12.2017, Art. 4 Rom II-VO Rn. 66.
⁹⁸ NK-BGB/*Lehmann*, Art. 4 Rom II-VO Rn. 98.
⁹⁹ *de Lima Pinheiro*, RDIPP 2008, 5 (17): „practical effect of the tortious conduct" [deutsche Übersetzung durch Verfasser].

bei der Lokalisierung des Schadens ergeben sich allerdings dann, wenn die Daten virtuell auf verschiedenen Servern verteilt sind, wie dies bei Cloud-Diensten häufig der Fall ist. Sind die Server ihrerseits auf mehrere Länder verteilt, stellt sich die Frage, ob man eine Mosaikbetrachtung anstellt und das jeweilige Sachrecht aller involvierten Belegenheitsorte zur Anwendung beruft[100] oder stattdessen wertende Kriterien zur Ermittlung des anwendbaren Rechts heranzieht.[101] Gegen eine Mosaikbetrachtung spricht (sofern sich die einzelnen Belegenheitsorte überhaupt ermitteln lassen), dass durch die Anwendung verschiedener Sachrechte ein einheitlicher Schaden künstlich aufgespalten würde und sich überdies der jeweilige, auf den einzelnen Datenträgerstandort entfallende Schadensanteil wohl nicht sinnvoll feststellen lässt. Auf den ersten Blick nicht weniger problematisch erscheint es, denjenigen Ort als Schadensort einzustufen, an dem die Daten üblicherweise verwendet werden.[102] Werden die Daten üblicherweise in mehreren Ländern verwendet – wie es bei multinationalen Digitalunternehmen die Regel sein dürfte – wäre dadurch nichts gewonnen. Sinn ergibt die Anknüpfung an die übliche bzw. gewöhnliche Verwendung der Daten allerdings, wenn man dafür auf den Ort der Hauptverwaltung des Unternehmens abstellt. Dasselbe sollte gelten, wenn sich der genaue Belegenheitsort des Datenträgers – aus welchen Gründen auch immer – nicht ermitteln lässt. Nicht angezeigt erscheint es darüber hinaus, bei der Lokalisierung von Schäden im Zusammenhang mit Cloud-Sachverhalten generell auf wertende Kriterien zurückzugreifen. Das hierfür angeführte Argument, dass der Belegenheitsort aus Sicht des Geschädigten zufällig erscheine,[103] lässt sich damit entkräften, dass dieser durch die Wahl eines bestimmten Cloud-Anbieters Einfluss auf den Serverstandort nehmen kann.[104] Von der dargestellten Regelanknüpfung macht Art. 4 Abs. 2 Rom II-VO eine Ausnahme, sofern der Schädiger und der Geschädigte ihren gewöhnlichen Aufenthalt in demselben Staat haben. In diesem Fall ist an das Recht des gemeinsamen gewöhnlichen Aufenthalts anzuknüpfen (*lex domicilii communis*). Löscht oder verändert ein Schädiger, der seinen gewöhnlichen Aufenthalt in Deutschland hat, die Daten eines Unternehmens, dessen Hauptverwaltung sich ebenfalls in Deutschland befindet, ist auf den Sachverhalt deutsches Recht unabhängig

---

[100] So etwa *Nägele/Jacobs*, ZUM 2010, 281 (283).
[101] So etwa Spindler/Schuster/*Bach*, Art. 4 Rom II-VO Rn. 14.
[102] Dies sei nach Spindler/Schuster/*ders.*, Art. 4 Rom II-VO Rn. 14, jedenfalls überlegenswert.
[103] Spindler/Schuster/*ders.*, Art. 4 Rom II-VO Rn. 14.
[104] Hat ein Unternehmen ein virulentes Interesse daran, dass hinsichtlich der Löschung bzw. Veränderung seiner Daten eine bestimmte Rechtsordnung zur Anwendung kommt, muss es sich für einen Cloud-Anbieter entscheiden, der die Daten ausschließlich auf Servern speichert, die sich im räumlichen Geltungsbereich dieser Rechtsordnung befinden. Die Wahl des Cloud-Anbieters ist damit – wenn man so will – eine Art antizipiertes forum shopping.

davon anwendbar, wo sich die Datenträger befinden, auf denen die Daten gespeichert sind.

Überträgt man die gefundenen Ergebnisse auf die vorliegende Untersuchung, ergibt sich, dass sich das auf die Löschung oder Veränderung von zur Sicherheit übertragener digitaler Information anzuwendende Recht nach dem Recht desjenigen Staats bestimmt, in welchem die Datenträger belegen sind, auf denen die digitale Information hinterlegt ist. Nur wenn der Belegenheitsort nicht lokalisierbar ist oder die zugrunde liegenden Datenverkörperungen auf Servern in mehreren Ländern verteilt liegen, sollte ausnahmsweise an das Recht am Sitz des Sicherungsnehmers angeknüpft werden. Im Übrigen kann der Sicherungsnehmer durch die Wahl eines konkreten Serverstandorts, an dem die als Sicherheit eingesetzte digitale Information hinterlegt werden soll, unmittelbar Einfluss auf das anwendbare Sachrecht nehmen. Haben der Schädiger und der Sicherungsnehmer ihren gewöhnlichen Aufenthalt in demselben Staat, ist zwecks Regulierung des Schadens vorrangig an das Recht dieses Staats anzuknüpfen.

c) Verletzung von Rechten des geistigen Eigentums, Art. 8 Abs. 1 Rom II-VO

Ist die als Sicherheit hinterlegte digitale Information durch ein Recht des geistigen Eigentums geschützt und macht ein Dritter von ihr in einer Weise Gebrauch, die ausschließlich dem Schutzrechtsinhaber vorbehalten ist, findet auf diese Verletzung gem. Art. 8 Abs. 1 Rom II-VO das Recht des Staats Anwendung, für den Schutz beansprucht wird (*lex loci protectionis*). Die Vorschrift schreibt (nur) für den Bereich der außervertraglichen Schuldverhältnisse (vgl. Art. 13 Rom II-VO) unionsweit die bereits zuvor gewohnheitsrechtlich anerkannte Geltung des Schutzlandprinzips ausdrücklich fest.[105] Die Feststellung, welche an der digitalen Information in Betracht kommenden Rechte im Fall ihrer Verletzung vom Anwendungsbereich des Art. 8 Abs. 1 Rom II-VO erfasst sind, macht eine Klärung des Systembegriffs *Rechte des geistigen Eigentums* erforderlich. Ein Rückgriff auf den im deutschen Recht anerkannten Bedeutungsgehalt ist an dieser Stelle nicht möglich, da der Begriff unionsrechtlich autonom auszulegen ist.[106] In den Erwägungsgründen der Verordnung findet sich lediglich eine beispielhafte Aufzählung von Rechten des geistigen Eigentums. ErwG 26 Rom II-VO nennt

---

[105] In inhaltlich-sachlicher Hinsicht ist mit der Festschreibung keine Änderung verbunden, Reithmann/Martiny/*Obergfell*, IntVertragsR Rn. 34.25. Da der Anwendungsbereich der Vorschrift auf außervertragliche Schuldverhältnisse beschränkt ist, folgt das Schutzlandprinzip nur für einen Ausschnitt des Immaterialgüterkollisionsrechts aus Art. 8 Rom II-VO. Im Übrigen ist das Schutzlandprinzip weiterhin ein gewohnheitsrechtlich anerkannter Grundsatz, Staudinger/*Fezer/Koos*, IntWirtschR Rn. 905.

[106] Dazu und zum ideologischen Streit zwischen den Begriffen geistiges Eigentum und Immaterialgüterrecht Reithmann/Martiny/*Obergfell*, IntVertragsR Rn. 34.12 f.

unter anderem Urheberrechte, das *sui generis*-Schutzrecht des Datenbankherstellers und gewerbliche Schutzrechte. Daraus folgt, dass die Verletzung von als Sicherungsgut eingesetzter digitaler Information, die urheberrechtlich, durch das Leistungsschutzrecht des Datenbankherstellers oder als unmittelbares Erzeugnis eines patentierten Verfahrens geschützt ist, nach der Kollisionsnorm des Art. 8 Abs. 1 Rom II-VO anzuknüpfen ist. Offen bleibt hingegen, ob auch die Verletzung von als Geschäftsgeheimnis geschützter digitaler Information unter den Tatbestand des Art. 8 Abs. 1 Rom II-VO zu fassen ist. Insoweit muss eine Abgrenzung zu dem in Art. 6 Rom II-VO geregelten Lauterkeitsstatut vorgenommen werden, da der Geheimnisschutz traditionell an der Schnittstelle von Wettbewerbs- und Immaterialgüterrecht anzusiedeln ist.[107] Die herrschende Meinung erkennt auch nach Inkrafttreten der GeschGeh-RL eine größere Nähe zum Lauterkeitsrecht und bestimmt das auf Geschäftsgeheimnisverletzungen anwendbare Recht nach Art. 6 Rom II-VO.[108] Die vorzugswürdige Gegenauffassung qualifiziert den Schutz von Geschäftsgeheimnissen dagegen als Recht des geistigen Eigentums i. S. v. Art. 8 Abs. 1 Rom II-VO und knüpft ihre Verletzung konsequent an die *lex loci protectionis* an.[109] Der in Art. 8 Abs. 1 Rom II-VO genannte Systembegriff Rechte des geistigen Eigentums darf nämlich nicht mit Exklusivrechten gleichgesetzt werden.[110] Es handelt sich vielmehr um einen offenen und weit auszulegenden Rahmenbegriff, der andere, territorial begrenzte, subjektive Rechte an immateriellen Gütern miteinschließt.[111] Eine auf Grundlage der GeschGeh-RL vorgenommene Analyse der Rechtsstellung des Geschäftsgeheimnisinhabers zeigt, dass diesem ein gegen bestimmte zuordnungswidrige Eingriffe

---

[107] S. oben S. 101 ff.
[108] Allerdings ist auch innerhalb der h. M. umstritten, wann an die allgemeine Marktortregel des Art. 6 Abs. 1 Rom II-VO anzuknüpfen ist und wann ein bilaterales Wettbewerbsverhalten i. S. d. Art. 6 Abs. 2 Rom II-VO vorliegt, näher MüKoBGB/*Drexl*, Art. 6 Rom II-VO Rn. 184–187; s. im Übrigen Köhler/Bornkamm/Feddersen/*Alexander*, Vorbem. zum GeschGehG Rn. 95–97; Staudinger/*Fezer/Koos*, IntWirtschR Rn. 662b–662d; NK-BGB/*Grünberger*, Art. 8 Rom II-VO Rn. 32; MüKoUWG/*Mankowski*, IntWettbewerbs- und WettbewerbsverfahrensR Rn. 333; Magnus/Mankowski/*Metzger*, Art. 8 Rom II-VO Rn. 21. Demgegenüber kann Köhler/Bornkamm/Feddersen/*Köhler*, Einl. Rn. 5.33a, zufolge die Anknüpfung an Art. 6 Rom II-VO unter Geltung der GeschGeh-RL nicht mehr aufrechterhalten werden. Geschäftsgeheimnisverletzungen seien nunmehr gem. Art. 4 Abs. 1 Rom II-VO anzuknüpfen; ebenso *Ohly*, FS Harte-Bavendamm, S. 385 (393–399).
[109] *Rieländer*, ZVglRWiss 119 (2020), 339 (344–365); ebenso BeckOGK BGB/*McGuire*, Stand: 01.12.2016, Art. 8 Rom II-VO Rn. 118–120, die allerdings die Anknüpfung im Einzelfall davon abhängig machen will, wie der Geheimnisschutz im jeweiligen Mitgliedstaat konkret ausgestaltet wurde.
[110] *Rieländer*, ZVglRWiss 119 (2020), 339 (354 f.).
[111] *Ders.*, ZVglRWiss 119 (2020), 339 (354 f.).

geschütztes subjektives Recht zusteht.[112] Neben dieser subjektivrechtlichen Konzeption von Geschäftsgeheimnissen streitet ferner auch eine systemkonforme Auslegung der GeschGeh-RL und der Rom II-VO dafür, die Verletzung von Geschäftsgeheimnissen als Verletzung der Rechte des geistigen Eigentums zu qualifizieren und damit dem Recht des Schutzlands zu unterstellen.[113]

Daraus folgt zusammenfassend, dass auf jede Verletzung eines an der als Sicherheit fungierenden digitalen Information bestehenden Rechts gem. Art. 8 Abs. 1 Rom II-VO das Recht des Staats anzuwenden ist, für den der Sicherungsnehmer Schutz beansprucht.[114] Für die Anknüpfung an das Schutzland macht es infolgedessen keinen Unterschied, ob die digitale Information urheberrechtlich bzw. durch das Leistungsschutzrecht des Datenbankherstellers, als unmittelbares Erzeugnis eines patentgeschützten Verfahrens oder als Geschäftsgeheimnis geschützt ist. Was die Reichweite der Verweisung anbelangt, besteht Einigkeit, dass das Recht des Schutzlands nicht nur die Rechtsfolgen der Verletzung, sondern auch den Schutzumfang des verletzten Rechts bestimmt. Dies leuchtet unmittelbar ein, da die Feststellung einer Verletzung zwingend die vorherige Grenzziehung zwischen erlaubter Benutzung und unzulässigem Eingriff in die dem Inhaber ausschließlich zugewiesenen Befugnisse voraussetzt.[115] Damit hat es nach hier vertretener Auffassung allerdings sein Bewenden.[116] Von der Kollisionsregel des Art. 8 Abs. 1 Rom II-VO nicht umfasst sind Fragen der Entstehung des Rechts, der originären Inhaberschaft und der Übertragbarkeit des Rechts.[117] Denn es wäre widersprüchlich, wenn die *lex loci protectionis* für die vorgenannten Aspekte einmal über Art. 8 Abs. 1 Rom II-VO (im Rahmen außervertrag-

---

[112] Eingehend *Rieländer*, ZVglRWiss 119 (2020), 339 (355–362); s. ferner *Kiefer*, WRP 2018, 910 (911–914); BeckOGK BGB/*McGuire*, Stand: 01.12.2016, Art. 8 Rom II-VO Rn. 118; *dies.*, FS Harte-Bavendamm, S. 367 (375–377). Zur Rechtsnatur von Geschäftsgeheimnissen im (für die unionsrechtsautonome Qualifikation irrelevanten) deutschen Recht s. oben S. 101 ff.

[113] Das zeigt *Rieländer*, ZVglRWiss 119 (2020), 339 (362–364). Die Anwendbarkeit des Immaterialgüterstatuts schließt die Anwendbarkeit des Wettbewerbsstatuts allerdings nicht aus, sodass Ansprüche wegen der unlauteren Art und Weise der Verletzungshandlung nach Art. 6 Abs. 1 Rom II-VO anzuknüpfen sind, *ders.*, ZVglRWiss 119 (2020), 339 (365 f.).

[114] Art. 13 Rom II-VO stellt klar, dass die *lex loci protectionis* auch darüber zu befinden hat, ob die Verletzungshandlung bereicherungsrechtliche Ansprüche oder solche aus GoA nach sich zieht, BeckOK BGB/*Spickhoff*, Art. 13 Rom II-VO Rn. 1.

[115] MüKoBGB/*Drexl*, Art. 8 Rom II-VO Rn. 176; NK-BGB/*Grünberger*, Art. 8 Rom II-VO Rn. 50; Magnus/Mankowski/*Metzger*, Art. 8 Rom II-VO Rn. 46 f.

[116] So auch die wohl h. M., s. etwa MüKoBGB/*Drexl*, Art. 8 Rom II-VO Rn. 176–185; Staudinger/*Fezer/Koos*, IntWirtschR Rn. 907; BeckOGK BGB/*McGuire*, Stand: 01.12.2016, Art. 8 Rom II-VO Rn. 35–38; BeckOK BGB/*Spickhoff*, Art. 8 Rom II-VO Rn. 3; Erman/*Stürner*, Art. 8 Rom II-VO Rn. 6.

[117] So aber etwa *Grünberger*, ZVglRWiss 108 (2009), 134 (157–171); NK-BGB/*ders.*, Art. 8 Rom II-VO Rn. 51–56; *Sack*, WRP 2008, 1405 (1409 f.).

licher Schuldverhältnisse) und ein anderes Mal kraft gewohnheitsrechtlicher Geltung des Schutzlandprinzips (im Rahmen vertraglicher Schuldverhältnisse) zur Anwendung berufen wäre.[118] Das mag als dogmatische Haarspalterei erscheinen, kann in der Sache allerdings zu unterschiedlichen Ergebnissen führen, da Art. 8 Abs. 1 Rom II-VO gem. Art. 24 Rom II-VO eine Sachnormverweisung ist, wohingegen das deutsche Internationale Privatrecht gem. Art. 4 Abs. 1 EGBGB auch auf das Kollisionsrecht der *lex causae* verweist und ihr damit Gelegenheit zu einem *renvoi* bietet.[119]

d) Exkurs: Internationales Strafrecht

Im dritten Teil der Untersuchung wurde gezeigt, dass die als Kreditsicherheit eingesetzte digitale Information in vielerlei Hinsicht durch Normen des Kern- und Nebenstrafrechts geschützt ist. Insoweit stellt sich die Frage, was bei einem tatbestandsmäßigen Handeln mit Auslandsbezug gilt. Die Antwort hierauf gibt das Internationale Strafrecht, das im Gegensatz zum Internationalen Privatrecht allerdings keine Kollisionsnormen bereithält.[120] *Sedes materiae* sind die §§ 3–9 StGB, die als Strafanwendungsrecht den Geltungsbereich des deutschen Strafrechts festlegen.[121]

aa) Besonderheiten bei der Verletzung von Geschäftsgeheimnissen im Ausland, § 23 Abs. 7 S. 1 GeschGehG i. V. m. § 5 Nr. 7 StGB

Werden Geschäftsgeheimnisse eines Unternehmens durch eine im Ausland begangene Tat verletzt, findet der Straftatbestand des § 23 GeschGehG ausweislich der in Abs. 7 S. 1 enthaltenen Verweisung auf die Vorschrift des § 5 Nr. 7 StGB unabhängig davon Anwendung, ob die Verletzung von Geschäftsgeheimnissen nach dem Tatortrecht strafbar ist. Voraussetzung für die Geltung des deutschen Strafrechts für die im Ausland begangene Tat in diesen Fällen ist, dass das Unternehmen, dessen Geschäftsgeheimnisse verletzt wurden, entweder selbst seinen Sitz im Inland hat (§ 5 Nr. 7 Var. 2 StGB) oder jedenfalls ein mit ihm verbundenes Unternehmen, von dem es abhängig ist und mit dem es einen Konzern bildet (§ 5 Nr. 7 Var. 3 StGB). Daraus folgt, dass der Sicherungsnehmer den in § 23 GeschGehG normierten strafrechtlichen Schutz der ihm zur Sicherheit übertragenen und als Geschäftsgeheimnis geschützten digitalen Information auch dann genießt, wenn die tatbestandliche Verletzung des Geschäftsgeheimnisses im

---

[118] MüKoBGB/*Drexl*, Art. 8 Rom II-VO Rn. 183.
[119] MüKoBGB/*Drexl*, Art. 8 Rom II-VO Rn. 176; jurisPK-BGB/*Heinze*, 8. Aufl. 2017, Art. 8 Rom II-VO Rn. 44 Fn. 276.
[120] Schönke/Schröder/*Eser/Weißer*, Vor §§ 3–9 StGB Rn. 5.
[121] Schönke/Schröder/*dies.*, Vor §§ 3–9 StGB Rn. 6.

Ausland begangen wurde. Voraussetzung hierfür ist allerdings, dass der Sicherungsnehmer oder ein mit ihm verbundenes Unternehmen, von dem er abhängig ist und mit dem er einen Konzern bildet, seinen Sitz im Inland hat.

bb) Geltung für Auslandstaten in anderen Fällen, § 7 StGB

Für die anderen im dritten Teil der Untersuchung behandelten Delikte kommt die Geltung des deutschen Strafrechts[122], sofern die Tat im Ausland begangen wurde, allenfalls auf Grundlage von § 7 StGB in Betracht. Eine Anwendung von § 7 Abs. 1 StGB scheidet dabei von vornherein aus, weil der Sicherungsnehmer als juristische Person nicht vom dort geregelten Begriff des Deutschen erfasst wird.[123] Im Übrigen dürfte sich die Geltung des deutschen Strafrechts – wenn überhaupt – wohl nur aus § 7 Abs. 2 Nr. 1 StGB[124] ergeben, was voraussetzt, dass der Täter zur Zeit der Tat Deutscher war oder es danach geworden ist. Daraus folgt, dass auf im Ausland begangene Taten, die sich gegen die beim Sicherungsnehmer hinterlegte (und nicht als Geschäftsgeheimnis geschützte) digitale Information richten, die deutschen Strafvorschriften der §§ 202a–202d, § 303a StGB, §§ 106 ff. UrhG und § 42 BDSG nur in besonders gelagerten Ausnahmefällen Anwendung finden.

cc) Geltung für Inlandstaten: Erfolgsort bei Internetdelikten

Ergeben sich für die Anwendung des deutschen Strafrechts keine Anknüpfungspunkte aus §§ 5, 7 StGB, kann eine Tat trotz ihres Auslandsbezugs der deutschen Strafgewalt unterliegen. Zwar gilt das deutsche Strafrecht grundsätzlich nur für im Inland begangene Taten.[125] Zur Begründung eines inländischen Tatorts genügt es gem. § 9 Abs. 1 StGB allerdings, wenn der zum Tatbestand gehörende Erfolg im Inland eingetreten ist. Dies hat für die als Sicherheit hinterlegte digitale Information große praktische Relevanz, da die entsprechenden Rechtsgutsverletzungen vielfach über das Internet begangen werden dürften, das durch seine Grenzenlosigkeit Distanzdelikte erheblich begünstigt. Inwieweit in Distanzfällen ein Erfolgsort im Inland begründet ist, wird nachfolgend skizziert.

---

[122] Davon umfasst sind nicht nur Normen des StGB, sondern auch solche des Nebenstrafrechts, Lackner/Kühl/Heger/*Heger*, Vor §§ 3–7 StGB Rn. 1c.
[123] Vgl. MüKoStGB/*Ambos*, § 7 StGB Rn. 23.
[124] Eine Geltung des deutschen Strafrechts aufgrund von § 7 Abs. 2 Nr. 2 StGB dürfte dagegen kaum jemals in Betracht kommen.
[125] Näher MüKoStGB/*Ambos*, § 3 StGB Rn. 1 f.

(1) Inländischer Erfolgsort bei §§ 202a–202d, 303a StGB

Der Erfolgsort ist vergleichsweise einfach zu bestimmen, wenn das Delikt ein Verletzungsdelikt ist. Ein inländischer Erfolgsort – und infolgedessen auch die Anwendbarkeit des deutschen Strafrechts – ist gegeben, wenn aus dem Ausland über das Internet ein strafrechtlich geschütztes Rechtsgut im Inland verletzt wird.[126] Da §§ 202a, 202b, 202d und 303a StGB als Verletzungsdelikte[127] ausgestaltet sind, ist deutsches Strafrecht anwendbar, wenn das jeweilige Rechtsgut aus dem Ausland über das Internet im Inland verletzt wird. Wird die als Sicherheit dienende digitale Information, die auf Servern im Inland hinterlegt ist, aus dem Ausland ausgespäht oder verändert, ist unproblematisch deutsches Strafrecht anwendbar. Demgegenüber ist § 202c StGB als abstraktes Gefährdungsdelikt ausgestaltet.[128] Mangels tatbestandlichem Erfolg lässt sich ein inländischer Erfolgsort in diesen Fällen nicht begründen.[129]

(2) Inländischer Erfolgsort bei § 23 GeschGehG, §§ 106, 108 UrhG, § 42 BDSG

Die vorgenannten Grundsätze gelten auch für Straftaten nach § 23 GeschGehG, §§ 106, 108 UrhG sowie § 42 BDSG. Allerdings ergibt sich hierbei das Problem – weil die genannten Straftatbestände einen konkreten semantischen Gehalt (Geschäftsgeheimnisse, Werke, personenbezogene Information) schützen –, inwieweit die bloße Abrufbarkeit des geschützten Inhalts im Inland bereits tatortbegründend wirkt. Paradigmatisch hierfür wäre etwa der Fall, dass rechtswidrig erlangte Geschäftsgeheimnisse, die auf ausländischen Servern gehostet werden, auch im Inland zum Abruf bereitstehen. Hieran schließt sich die Frage an, ob die bloße Abrufbarkeit des Geschäftsgeheimnisses bereits einen hinreichenden Anknüpfungspunkt für eine tatbestandliche Offenlegung i. S. d. § 23 Abs. 1 Nr. 2 GeschGehG im Inland bietet und mithin ein für die Geltung der deutschen Strafgewalt erforderlicher inländischer Tatort vorliegt. Nach hier vertretener Auffassung sollte die bloße Abrufbarkeit des geschützten Inhalts noch nicht tatortbegründend wirken.[130] Die Konsequenz wäre ansonsten eine dem in § 3 StGB verankerten Territorialitätsgrundsatz widersprechende universelle Geltung des deutschen Strafrechts für über das Internet begangene Straftaten.[131] Ein ausrei-

---

[126] Schönke/Schröder/*Eser/Weißer*, § 9 StGB Rn. 7a.
[127] Zu § 202a StGB MüKoStGB/*Graf*, § 202a StGB Rn. 3; zu § 202b StGB MüKoStGB/*ders.*, § 202b StGB Rn. 3; zu § 202d StGB MüKoStGB/*ders.*, § 202d StGB Rn. 7.
[128] MüKoStGB/*Graf*, § 202c StGB Rn. 3.
[129] Vgl. Schönke/Schröder/*Eser/Weißer*, § 9 StGB Rn. 7a.
[130] Vgl. NK-StGB/*Böse*, § 9 StGB Rn. 15.
[131] Vgl. NK-StGB/*ders.*, § 9 StGB Rn. 12, 14 f.

chender Inlandsbezug liegt allerdings vor, wenn entweder die tatbestandliche Handlung im Inland vorgenommen wird oder, falls diese im Ausland erfolgt, der geschützte Inhalt auf Servern im Inland gehostet wird. Für eine restriktive Handhabung spricht neben den begrenzten Ressourcen der Strafverfolgungsbehörden auch, dass es in Fällen, in denen die Täter im Ausland agieren, äußerst schwierig sein dürfte, ihnen überhaupt habhaft zu werden.[132]

2. Das Insolvenzstatut

Selbst das beste Kreditscoring bietet keine Gewähr dafür, dass der Schuldner seinen Zahlungsverpflichtungen bis zur letzten Tilgungsrate nachkommen wird. Zur Wahrheit jeder Kreditsicherung gehört vielmehr, dass der Schuldner möglicherweise in wirtschaftliche Schwierigkeiten gerät und schließlich über sein Vermögen das Insolvenzverfahren eröffnet werden muss. Weist die Insolvenz des Kreditschuldners einen grenzüberschreitenden Bezug auf (was ubiquitäre Güter wie digitale Information erheblich begünstigen), stellt sich die Frage, welcher Staat für die Eröffnung des Insolvenzverfahrens zuständig ist und welches Recht auf die Durchführung des Insolvenzverfahrens Anwendung findet. Die Antwort hierauf gibt das internationale Insolvenzrecht. Regelungsgrundlagen sind die §§ 335–358 InsO, die allerdings im Anwendungsbereich der EuInsVO durch deren Vorschriften verdrängt werden.[133]

a) EuInsVO

aa) Anwendungsbereich

Die Einhegung des Anwendungsbereichs der EuInsVO ist bedeutsam, da dessen Reichweite unmittelbar darüber entscheidet, ob sich der Insolvenzfall nach den Vorschriften der EuInsVO oder nach denjenigen des autonomen deutschen internationalen Insolvenzrechts richtet. Die Anwendbarkeit der EuInsVO setzt zunächst voraus, dass der Schuldner den Mittelpunkt seiner hauptsächlichen Interessen (centre of main interests, kurz: COMI) in einem Mitgliedstaat der Europäischen Union hat.[134] Darüber hinaus ist für die Anwendung der EuInsVO erforderlich, dass die Insolvenz einen grenzüberschreitenden Bezug aufweist.[135]

---

[132] Vgl. NK-StGB/*Böse*, § 9 StGB Rn. 14; Schönke/Schröder/*Eser/Weißer*, § 9 StGB Rn. 8.
[133] MüKoBGB/*Kindler*, Vor § 335 InsO Rn. 1 f. Etwas anderes gilt bei der Insolvenz des Kreditinstituts. In diesem Fall ist die EuInsVO wegen Art. 1 Abs. 2 lit. b nicht anwendbar. Näher MüKoBGB/*ders.*, Vor Art. 1 EuInsVO Rn. 24 f.
[134] Das ergibt sich aus ErwG 25 EuInsVO, MüKoBGB/*Kindler*, Art. 1 EuInsVO Rn. 24. Zur Sonderrolle Dänemarks und dem Vereinigten Königreich s. ebd. Rn. 22.
[135] Das folgt zwar nicht unmittelbar aus dem Wortlaut der EuInsVO, ergibt sich aber aus

Ein solcher ist jedenfalls dann gegeben, wenn Vermögensgegenstände des Schuldners in mehr als einem Mitgliedstaat der Europäischen Union belegen sind.[136] Ungeachtet der Belegenheit des übrigen Vermögens liegt ein grenzüberschreitender Bezug mithin vor, wenn das sicherungsgebende Unternehmen in mehr als einem Mitgliedstaat der Europäischen Union Schutz für die als Kreditsicherungsmittel eingesetzte digitale Information beansprucht. Aufgrund des immaterialgüterrechtlichen Territorialitätsprinzips entsteht, soweit die jeweiligen Schutzvoraussetzungen erfüllt sind, in jedem dieser Staaten ein eigenständiges Immaterialgüterrecht.[137] In diesem Fall verfügt das sicherungsgebende Unternehmen über Vermögensgegenstände in mehreren Mitgliedstaaten in Gestalt von Ausschließlichkeitsrechten an der digitalen Information. Genügt die digitale Information den Anforderungen an einen immaterialgüterrechtlichen Schutz nicht, dürfte ein grenzüberschreitender Bezug dennoch zu bejahen sein, wenn die zugrunde liegenden Datenverkörperungen auf Datenträgern in mindestens zwei verschiedenen Mitgliedstaaten gespeichert sind. Zusammengefasst liegt ein grenzüberschreitender Bezug damit vor, wenn die als Sicherungsgut fungierende digitale Information entweder Gegenstand territorialer Ausschließlichkeitsrechte in mindestens zwei Mitgliedstaaten ist oder – ohne Gegenstand solcher Rechte zu sein – auf Datenträgern in mindestens zwei verschiedenen Mitgliedstaaten belegen ist. Ferner ist ein grenzüberschreitender Bezug auch dann gegeben, wenn entweder das Kreditinstitut oder ein anderer Gläubiger des Schuldners ihren Sitz in einem anderen Mitgliedstaat haben.[138] Schließlich lässt es der EuGH für die Anwendbarkeit der EuInsVO sogar genügen, wenn der Auslandsbezug nicht zu einem Mitgliedstaat der Europäischen Union, sondern zu einem Drittstaat besteht.[139] Daraus folgt, dass im Fall eines Drittstaatsbezugs das autonome deutsche internationale Insolvenzrecht nur Anwendung findet, wenn die einschlägige Norm der EuInsVO ausdrücklich den Begriff *Mitgliedstaat* verwendet.[140] Mit Blick auf die internationale Zuständigkeit der Gerichte sowie die anzuwendenden Kollisionsnormen gilt: Hat der Schuldner seinen COMI in einem Mitgliedstaat und liegt ein grenzüberschreitender Bezug – sei es zu einem Mitgliedstaat oder zu einem Drittstaat – vor, so ist die Frage nach der internationalen

---

ErwG 1, 3, 8, 76 S. 1 EuInsVO sowie aus Art. 81 AEUV, Mankowski/Müller/*J. Schmidt*/ *J. Schmidt*, Art. 1 EuInsVO Rn. 56.

[136] *Paulus*, Art. 1 EuInsVO Rn. 31.
[137] *Berger*, ZInsO 2013, 569 (570); *Paulus*, Art. 1 EuInsVO Rn. 31. Zum immaterialgüterrechtlichen Territorialitätsprinzip s. eingehend oben S. 323 ff.
[138] Vgl. MüKoBGB/*Kindler*, Art. 1 EuInsVO Rn. 23.
[139] EUGH Rs. C-328/12 Rn. 20–39 – *Schmid/Hertel*.
[140] *Paulus*, Art. 1 EuInsVO Rn. 39.

Zuständigkeit ausschließlich nach Art. 3 EuInsVO zu beantworten.[141] Für die allgemeine Kollisionsregel des Art. 7 EuInsVO sowie die in den Art. 8–18 EuInsVO enthaltenen Sonderanknüpfungen ist hingegen zu differenzieren: Die Art. 8, 10–16 und 18 EuInsVO setzen nach ihrem Wortlaut einen qualifizierten Unionsbezug voraus, d. h. sie verdrängen das autonome mitgliedstaatliche Recht nur, wenn ein grenzüberschreitender Bezug zu einem Mitgliedstaat vorliegt.[142] Demgegenüber kommen Art. 9, 17 EuInsVO auch in reinen Drittstaatssachverhalten zur Anwendung.[143] Liegt der im Einzelfall erforderliche qualifizierte Binnenmarktbezug nicht vor, verbietet sich ein Rückgriff auf die allgemeine Kollisionsregel des Art. 7 EuInsVO. Es findet dann das autonome mitgliedstaatliche Recht Anwendung.[144]

bb) Internationale Zuständigkeit

Die internationale Zuständigkeit der Gerichte richtet sich nach der Zentralnorm[145] des Art. 3 EuInsVO. Demzufolge sind für die Eröffnung des Insolvenzverfahrens die Gerichte zuständig, in dessen Hoheitsgebiet das sicherungsgebende Unternehmen den Mittelpunkt seiner hauptsächlichen Interessen hat (vgl. Art. 3 Abs. 1 Uabs. 1 S. 1 EuInsVO). Dabei wird gem. Art. 3 Abs. 1 Uabs. 2 S. 1 EuInsVO widerleglich vermutet, dass der Mittelpunkt der hauptsächlichen Interessen der satzungsmäßige Sitz ist.[146]

cc) Kollisionsrecht

Steht die internationale Zuständigkeit des Gerichts fest, ist im Anschluss der Blick auf die Art. 7 ff. EuInsVO zu richten. Sie enthalten unionsweit einheitliche Kollisionsnormen für das auf das Insolvenzverfahren anwendbare Recht.[147] Die kollisionsrechtliche Grundsatznorm ist Art. 7 Abs. 1 EuInsVO, wonach für das Insolvenzverfahren und seine Wirkungen das Insolvenzrecht des Mitgliedstaats Anwendung findet, in dessen Hoheitsgebiet das Verfahren eröffnet wird (*lex fori concursus*). Die Norm bewirkt einen Gleichlauf von internationaler Zuständigkeit und anwendbarem Recht.[148] Dem Insolvenzstatut unterliegen ausweislich

---

[141] MüKoInsO/*Reinhart*, Art. 1 EuInsVO Rn. 29.
[142] Mankowski/Müller/J. Schmidt/*J. Schmidt*, Art. 1 EuInsVO Rn. 64–67.
[143] Mankowski/Müller/J. Schmidt/*J. Schmidt*, Art. 1 EuInsVO Rn. 68; ebenso Uhlenbruck/*Knof*, Art. 1 EuInsVO Rn. 6; a.A. offenbar MüKoInsO/*Reinhart*, Art. 1 EuInsVO Rn. 35, 41.
[144] Wohl h. M., s. nur MüKoInsO/*Reinhart*, Art. 1 EuInsVO Rn. 33; a.A. Mankowski/Müller/J. Schmidt/*J. Schmidt*, Art. 1 EuInsVO Rn. 69.
[145] *Paulus*, Art. 3 EuInsVO Rn. 1.
[146] Vgl. Mankowski/Müller/J. Schmidt/*Mankowski*, Art. 3 EuInsVO Rn. 44.
[147] Vgl. *Paulus*, Art. 7 EuInsVO Rn. 1.
[148] MüKoBGB/*Kindler*, Art. 7 EuInsVO Rn. 1.

des Art. 7 Abs. 2 S. 2 lit. i EuInsVO unter anderem die Verteilung des Erlöses aus der Verwertung des Vermögens und die Rechte der Gläubiger, die nach der Eröffnung des Insolvenzverfahrens aufgrund eines dinglichen Rechts befriedigt wurden. Innerhalb des kollisionsrechtlichen Normenkomplexes der EuInsVO von besonderer Bedeutung für die vorliegende Untersuchung ist Art. 8 EuInsVO. Gem. Art. 8 Abs. 1 EuInsVO wird das dingliche Recht eines Gläubigers oder eines Dritten an körperlichen oder unkörperlichen Gegenständen des Schuldners, die sich zum Zeitpunkt der Verfahrenseröffnung im Hoheitsgebiet eines anderen Mitgliedstaats befinden, von der Eröffnung des Verfahrens nicht berührt. Die Vorschrift schützt das kollisionsrechtliche Vertrauen darauf, dass sich die Sicherheit nach der ihrer Bestellung zugrunde liegenden Rechtsordnung beurteilt, auch wenn über das Vermögen des Sicherungsgebers in einem anderen Mitgliedstaat ein Insolvenzverfahren eröffnet wurde.[149] Voraussetzung für die Gewährung des Vertrauensschutzes ist, dass das Sicherungsrecht des Gläubigers ein dingliches ist. Hierfür ist nicht das deutsche bzw. das jeweilige nationale Verständnis maßgebend, sondern der Begriff ist unionsrechtsautonom auszulegen.[150] Gleichwohl ist das mitgliedstaatliche Recht insoweit von Belang, als die Subsumtion unter den Tatbestand des Art. 8 Abs. 1 EuInsVO in einem ersten Schritt erfordert, dass Inhalt und Reichweite des in Rede stehenden Rechts ermittelt wird.[151] Das geschieht bei den Sicherungsrechten am Datenträger nach der *lex rei sitae* und bei den Sicherungsrechten an den an der digitalen Information bestehenden Immaterialgüterrechten nach der *lex loci protectionis*.[152] Wurde Inhalt und Reichweite des Rechts ermittelt, ist es anschließend unter den Begriff des dinglichen Rechts zu subsumieren.[153] Ein dingliches Recht i. S. d. Art. 8 Abs. 1 EuInsVO liegt vor, wenn es eine direkte und unmittelbare Bindung zu dem Gegenstand aufweist und gegenüber jedermann (*erga omnes*) wirkt.[154] Als dinglich zu qualifizieren sind und von der Eröffnung des Insolvenzverfahrens unberührt bleiben ein nach den §§ 1204 ff. BGB bestelltes Pfandrecht (vgl. Art. 8 Abs. 2 lit. a EuInsVO) sowie das nach den §§ 929 ff. BGB zur Sicherheit übertragene Volleigentum[155] an den Datenträgern. Dasselbe gilt auf immaterialgüterrechtlicher Ebene für ein nach den §§ 1273 ff. BGB bestelltes Pfandrecht an den an der digitalen Information bestehenden Immaterialgüterrechten sowie die nach §§ 398 S. 1, 413 BGB er-

---

[149] MüKoBGB/*ders.*, Art. 8 EuInsVO Rn. 2.
[150] MüKoBGB/*ders.*, Art. 8 EuInsVO Rn. 4.
[151] MüKoInsO/*Reinhart*, Art. 8 EuInsVO Rn. 4.
[152] Kollisionsrechtlich betrachtet handelt es sich um eine selbstständig anzuknüpfende Vorfrage, Mankowski/Müller/J. Schmidt/*J. Schmidt*, Art. 8 EuInsVO Rn. 24.
[153] MüKoInsO/*Reinhart*, Art. 8 EuInsVO Rn. 4.
[154] MüKoBGB/*Kindler*, Art. 8 EuInsVO Rn. 5 f.
[155] Vgl. MüKoBGB/*ders.*, Art. 8 EuInsVO Rn. 6.

folgte Sicherungsübertragung des Vollrechts. Das trifft uneingeschränkt auf die klassischen Immaterialgüterrechte wie dem Patent- und Urheberrecht sowie dem Recht des Datenbankherstellers zu, deren ausschließlicher Charakter unbestritten ist. Nach hier vertretener Auffassung weist auch die Rechtsposition des Geschäftsgeheimnisinhabers eine unmittelbare Bindung zu dem geschützten Geheimnis auf und wirkt zudem gegenüber jedermann. Infolgedessen kommen die Sicherungsübertragung von Geschäftsgeheimnissen sowie daran bestellte Pfandrechte ebenfalls in den Genuss des von Art. 8 Abs. 1 EuInsVO gewährten Vertrauensschutzes. Dasselbe muss schließlich für sicherungshalber erteilte bzw. übertragene Immaterialgüterrechtslizenzen gelten, vorausgesetzt, das Nutzungsrecht ist Ausfluss einer dinglichen Rechtseinräumung. Daraus folgt zusammenfassend, dass die nach deutschem Recht bestellten Sicherungsrechte an den Datenträgern sowie an den an der digitalen Information bestehenden Immaterialgüterrechten dingliche Rechte i. S. d. Art. 8 Abs. 1 EuInsVO sind.

Weitere Voraussetzung für das Privileg des Art. 8 Abs. 1 EuInsVO ist, dass der Gegenstand, an dem das dingliche Recht besteht, in einem anderen Mitgliedstaat als dem der Verfahrenseröffnung belegen ist.[156] Was zunächst die zur Sicherheit übereigneten bzw. verpfändeten Datenträger betrifft, ist die Ermittlung des Belegenheitsorts unproblematisch, da sie als körperliche Gegenstände gem. Art. 2 Nr. 9 Ziff. vii EuInsVO in dem Mitgliedstaat belegen sind, in dessen Hoheitsgebiet sie sich befinden. Befinden sich die Datenträger in Deutschland, wird das Sicherungseigentum bzw. Pfandrecht des Gläubigers durch die Eröffnung eines Insolvenzverfahrens in einem anderen Mitgliedstaat der Europäischen Union nicht berührt. Im Hinblick auf die beliehenen Immaterialgüterrechte an der digitalen Information ist die Ermittlung des Belegenheitsorts hingegen von Natur aus komplizierter, weil ubiquitäre Rechte „überall und nirgends belegen" sind.[157] Der europäische Verordnungsgeber hat sich im Rahmen der EuInsVO für eine differenzierende Sichtweise entschieden und für die unterschiedlichen Immaterialgüterrechte eigenständige Anknüpfungsmomente normiert. Europäische Patente sind gem. Art. 2 Nr. 9 Ziff. v EuInsVO[158] in jedem Mitgliedstaat belegen, für den sie erteilt wurden. Ist die digitale Information als unmittelbares Erzeugnis eines Verfahrens, für das ein europäisches Patent erteilt wurde, geschützt, bleiben daran bestellte Sicherungsrechte gem. Art. 8 Abs. 1 EuInsVO von der Eröffnung des Insolvenzverfahrens in jedem der im Erteilungsverfahren benannten Mitgliedstaaten mit Ausnahme desjenigen unberührt, in dem es eröffnet wird. Dasselbe gilt aufgrund der Vorschrift des Art. 2 Nr. 9 Ziff. iv EuInsVO, falls der

---

[156] MüKoBGB/*ders.*, Art. 8 EuInsVO Rn. 11.
[157] *Obergfell*, FS Martiny, S. 475 (in Bezug auf das Urheberrecht).
[158] Die Vorschrift gilt nicht für Europäische Patente mit einheitlicher Wirkung. Für sie gilt die Sonderregelung des Art. 15 EuInsVO, MüKoInsO/*Thole*, Art. 2 EuInsVO Rn. 39.

Patentinhaber statt eines europäischen jeweils nationale Erteilungsverfahren durchlaufen haben sollte. In diesem Fall sind die Patente jeweils im registerführenden Mitgliedstaat belegen. Im Gegensatz dazu sind das Urheberrecht sowie die verwandten Schutzrechte gem. Art. 2 Nr. 9 Ziff. vi EuInsVO gebündelt in dem Mitgliedstaat belegen, in dem der Rechtsinhaber[159] seinen gewöhnlichen Aufenthalt oder Sitz hat. Daraus folgt, dass sämtliche Sicherungsrechte an urheberrechtlich bzw. durch das Leistungsschutzrecht des Datenbankherstellers geschützter digitaler Information gem. Art. 8 Abs. 1 EuInsVO von der Verfahrenseröffnung grundsätzlich *nicht* unberührt bleiben, weil die jeweiligen Urheber- und Leistungsschutzrechte aufgrund der Anknüpfung an den Sitz des Sicherungsgebers in der Regel in dem Staat belegen sein werden, in welchem gem. Art. 3 Abs. 1 Uabs. 1 EuInsVO auch das Insolvenzverfahren zu eröffnen wäre. Vor diesem Hintergrund ist – soweit dies nach der jeweiligen nationalen Rechtsordnung zulässig ist[160] – dem Sicherungsnehmer zu empfehlen, sich stets das Vollrecht zur Sicherheit übertragen zu lassen,[161] weil die Urheber- und Leistungsschutzrechte dann in den Sitzstaat des Sicherungsnehmers wechseln. Erfolg verspricht dieses Vorgehen freilich nur, wenn der Sicherungsnehmer seinen Sitz nicht in demselben Mitgliedstaat hat wie der Sicherungsgeber. Unklar bleibt unterdessen an welchem Ort Geschäftsgeheimnisse belegen sind, weil diese in Art. 2 Nr. 9 EuInsVO keine eigenständige Regelung erfahren haben. Nach einer Ansicht soll für Rechte aus Geschäftsgeheimnissen die für Forderungen geltende Vorschrift des Art. 2 Nr. 9 Ziff. viii EuInsVO anzuwenden sein.[162] Hiergegen spricht allerdings, dass Geschäftsgeheimnisse eine gegenüber jedermann wirkende Dimension aufweisen und infolgedessen mehr als eine bloß obligatorische Rechtstellung vermitteln. Sie sind aus diesem Grund nicht mit Forderungen, sondern mit Immaterialgüterrechten gleichzustellen. Offen bleibt allerdings, ob man entsprechend den Urheber- und verwandten Schutzrechten eine personale Anknüpfung wählt,[163] oder ob man wie bei den Registerrechten und europäischen Patenten an das jeweilige Schutzland anknüpft.[164] Dabei ist dem Schutzland als Anknüpfungsmoment nach hier vertretener Auffassung der Vorzug zu geben. Nur das Schutzlandprinzip ist in der Lage, den von Art. 8 Abs. 1 EuInsVO be-

---

[159] Art. 2 Nr. 9 Ziff. vi EuInsVO spricht zwar vom Eigentümer, gemeint ist aber der Inhaber, *Mankowski*, FS Pannen, S. 243 (253 f.).
[160] Für das Hoheitsgebiet der Bundesrepublik Deutschland ist eine Vollrechtsübertragung des Urheberrechts beispielsweise nicht möglich.
[161] Allerdings soll auch der Inhaber einer ausschließlichen Lizenz als Rechtsinhaber anzusehen sein, Mankowski/Müller/*J. Schmidt*/*J. Schmidt*, Art. 2 EuInsVO Rn. 41.
[162] MüKoInsO/*Thole*, Art. 2 EuInsVO Rn. 42.
[163] So wohl *Paulus*, Art. 2 EuInsVO Rn. 42.
[164] In diese Richtung wohl *Mankowski*, FS Pannen, S. 243 (257).

zweckten Schutz des kollisionsrechtlichen Vertrauens vollständig gerecht zu werden. Das insolvenzrechtliche Schicksal der an einem Schutzrecht bestellten Sicherheit beurteilt sich nur dann nach der ihrer Bestellung zugrunde liegenden Rechtsordnung, wenn das Schutzrecht innerhalb der territorialen Grenzen dieser Rechtsordnung belegen ist. Das ist allerdings nicht der Fall, wenn man für den Belegenheitsort des beliehenen Rechts an den gewöhnlichen Aufenthaltsort bzw. Sitz des Rechtsinhabers anknüpfen würde. Daraus folgt, dass Geschäftsgeheimnisse in jedem Mitgliedstaat belegen sind, für den der Geheimnisinhaber Schutz beansprucht. Hieran bestehende Sicherungsrechte bleiben daher von der Verfahrenseröffnung in einem anderen Mitgliedstaat unberührt. Liegen die Voraussetzungen des Art. 8 Abs. 1 EuInsVO vor, wird das zugunsten des Sicherungsnehmers bestellte Sicherungsrecht durch die Verfahrenseröffnung weder den insolvenzrechtlichen Beschränkungen des Eröffnungsstaats noch denen des Schutzlands unterworfen.[165]

Abschließend bleibt zu untersuchen, wie sich die Eröffnung eines Insolvenzverfahrens in einem anderen Mitgliedstaat auf die Rechtsposition des Sicherungsnehmers auswirkt, wenn die zur Sicherheit übertragene digitale Information nicht durch Ausschließlichkeitsrechte geschützt ist. Der Sicherungsnehmer erwirbt in diesem Fall kein dingliches Sicherungsrecht. Allerdings ist seine Rechtsstellung mit einzelnen dinglichen Wirkungen ausgestattet, die ihm in der Insolvenz des Sicherungsgebers ein Recht zur abgesonderten Befriedigung an der als Sicherheit hinterlegten digitalen Information verleihen.[166] Bei der Bestimmung dessen, was als dingliches Recht i. S. d. Art. 8 Abs. 1 EuInsVO zu qualifizieren ist, kommt es zwar weniger auf die juristische Konstruktion als vielmehr auf die Legitimation einer Privilegierung an.[167] Gleichwohl sprechen die besseren Gründe gegen die Anwendung von Art. 8 Abs. 1 EuInsVO. Nicht nur ist die Norm eng auszulegen.[168] Auch wäre die Qualifikation als dingliches Recht geeignet, das von den übrigen Mitgliedstaaten entgegen gebrachte Vertrauen[169] zu erschüttern. Sie vertrauen darauf, dass von der Eröffnung des Insolvenzverfahrens nur solche Rechtspositionen unberührt bleiben, die den erforderlichen unmittelbaren Bezug zu dem Gegenstand sowie die darüber hinaus erforderliche absolute Wirkung aufweisen. Dies ist bei immaterialgüterrechtlich nicht geschützter digitaler Information nicht der Fall, weshalb sich ihr weiteres Schicksal vollumfänglich nach dem Insolvenzstatut des Eröffnungsstaats richtet. Im Rahmen der Sicherungsübertragung sondergesetzlich nicht geschützter digitaler In-

---

[165] Vgl. MüKoBGB/*Kindler*, Art. 8 EuInsVO Rn. 23.
[166] S. dazu oben S. 307 ff.
[167] *Paulus*, Art. 8 EuInsVO Rn. 11.
[168] MüKoBGB/*Kindler*, Art. 8 EuInsVO Rn. 3.
[169] Zu diesem Fundamentalprinzip näher *Paulus*, Einl. EuInsVO Rn. 25.

formation sollte der Sicherungsgeber den Mittelpunkt seiner hauptsächlichen Interessen folglich in Deutschland haben, weil der Sicherungsnehmer andernfalls sein Absonderungsrecht an der digitalen Information verliert.

b) Autonomes deutsches internationales Insolvenzrecht

Aufgrund des Vorrangs der EuInsVO ist für die Anwendung des autonomen deutschen internationalen Insolvenzrechts nur dort Raum, wo die EuInsVO aufgrund ihres begrenzten Anwendungsbereichs nicht gilt. Das betrifft zunächst den seltenen, im Rahmen der vorliegenden Untersuchung aber gleichwohl wichtigen Fall, dass nicht der Kreditnehmer, sondern das Kreditinstitut selbst von der Insolvenz betroffen ist. Da Art. 1 Abs. 2 lit. b EuInsVO Kreditinstitute vom Anwendungsbereich der Verordnung ausnimmt, erfolgt die Bestimmung der internationalen Zuständigkeit sowie des anwendbaren Rechts ausnahmslos anhand des autonomen deutschen internationalen Insolvenzrechts.[170] Davon abgesehen liegt die hauptsächliche Bedeutung der §§ 335 ff. InsO allerdings im Bereich von Insolvenzen, bei denen der Schuldner seinen COMI nicht in einem Mitgliedstaat der Europäischen Union hat.[171] Anknüpfungspunkt für die internationale Zuständigkeit ist gem. § 3 Abs. 1 S. 2 InsO analog der Mittelpunkt einer selbstständigen wirtschaftlichen Tätigkeit des Schuldners.[172] Auf das Insolvenzverfahren findet nach der Grundsatzkollisionsnorm des § 335 InsO – die mit Art. 7 Abs. 1 EuInsVO inhaltlich identisch ist – das Recht des Staats Anwendung, in dem das Verfahren eröffnet worden ist. Gleichwohl wird das autonome deutsche internationale Insolvenzrecht auch bei einem im Binnenmarkt belegenen COMI des Schuldners nicht immer vollständig verdrängt. Zwar genügt für die Anwendbarkeit der EuInsVO grundsätzlich das Vorhandensein eines grenzüberschreitenden Bezugs zu einem Drittstaat. Manche Kollisionsnormen der EuInsVO setzen allerdings einen qualifizierten Unionsbezug voraus, sodass – sofern der erforderliche grenzüberschreitende Bezug zu einem anderen Mitgliedstaat nicht vorliegt – insoweit das autonome mitgliedstaatliche Recht Anwendung findet.[173] Das trifft etwa zu auf in einem Drittstaat befindliche Gegenstände, an denen der Schuldner zur Sicherung des Gläubigers dingliche Sicherungsrechte bestellt hat. Art. 8 Abs. 1 EuInsVO findet auf diese Sachverhalte keine Anwendung, da die Vorschrift ausdrücklich verlangt, dass sich die jeweiligen Gegenstände im Hoheitsgebiet eines

---

[170] Vgl. MüKoInsO/*Reinhart*, Vor §§ 335 ff. InsO Rn. 87 sowie § 335 InsO Rn. 24.
[171] Da sich der räumliche Geltungsbereich der EuInsVO nicht auf alle Mitgliedstaaten der Europäischen Union erstreckt, sind diese teilweise als Drittstaat zu behandeln, näher MüKoInsO/*ders.*, Art. 1 EuInsVO Rn. 23 f.
[172] Vgl. MüKoBGB/*Kindler*, Vor § 335 InsO Rn. 9.
[173] S. zum Ganzen bereits oben S. 346.

anderen Mitgliedstaats befinden. Das weitere insolvenzrechtliche Schicksal der daran bestehenden Sicherungsrechte bemisst sich infolgedessen nach dem autonomen mitgliedstaatlichen Recht.[174] Auf die an einem Gegenstand der Insolvenzmasse bestellten Sicherungsrechte findet im autonomen deutschen internationalen Insolvenzrecht die Vorschrift des § 351 Abs. 1 InsO Anwendung. Demnach wird das Recht eines Dritten an einem Gegenstand der Insolvenzmasse, der zur Zeit der Eröffnung des ausländischen Insolvenzverfahrens im Inland belegen war, und das nach inländischen Recht einen Anspruch auf Aussonderung oder auf abgesonderte Befriedigung gewährt, von der Eröffnung des ausländischen Insolvenzverfahrens nicht berührt. Die Vorschrift bezweckt den Schutz von Sicherungsrechten an im Inland belegenen Gegenständen vor Eingriffen durch ein im Ausland eröffnetes Insolvenzverfahren.[175] Zur Bestimmung des Belegenheitsorts des besicherten Gegenstands ist auf den Belegenheitsbegriff des internationalen Einzelzwangsvollstreckungsrechts zurückzugreifen.[176] Die zur Sicherheit übereigneten bzw. verpfändeten Datenträger sind infolgedessen an ihrem physischen Lageort belegen.[177] Die beliehenen Immaterialgüterrechte an der auf den Datenträgern gespeicherten digitalen Information sind als an jedem Ort belegen anzusehen, für den der Schutz beansprucht wird.[178] Erfüllt die als Sicherheit hinterlegte digitale Information die Anforderungen an einen immaterialgüterrechtlichen Schutz nicht, wird man für ihre Belegenheit auf den jeweiligen Speicherort, mithin auf den physischen Lageort des Datenträgers abstellen müssen. Inwieweit das nach inländischem Recht zur abgesonderten Befriedigung berechtigende Recht des Sicherungsnehmers im Zeitpunkt der Eröffnung des ausländischen Insolvenzverfahrens bereits wirksam entstanden war, ist eine kollisionsrechtlich gesondert anzuknüpfende Vorfrage.[179] Dabei ist stets deutsches Sachrecht zur Anwendung berufen, weil sich die Bestellung von Sicherungsrechten an körperlichen Gegenständen nach der *lex rei sitae* und an Immaterialgüterrechten nach der *lex loci protectionis* richtet.[180] Ob das in Rede stehende Sicherungsrecht schließlich einen Anspruch auf abgesonderte Befriedigung gewährt, ist nach dem ausdrücklichen Wortlaut des § 351 Abs. 1 InsO nach inländischem Recht, also nach den §§ 50, 51 InsO zu beurteilen. Somit kann an dieser Stelle vollumfänglich auf die bereits im dritten Teil der Untersuchung gefundenen Ergebnisse Be-

---

[174] MüKoBGB/*Kindler*, Art. 8 EuInsVO Rn. 12.
[175] Braun/*Ehret*, § 351 InsO Rn. 1.
[176] MüKoInsO/*Thole*, § 351 InsO Rn. 6 mit Verweis auf MüKoInsO/*Reinhart*, § 354 InsO Rn. 12.
[177] MüKoInsO/*Reinhart*, § 354 InsO Rn. 13.
[178] Vgl. MüKoInsO/*ders.*, § 354 InsO Rn. 20.
[179] MüKoInsO/*Thole*, § 351 InsO Rn. 8.
[180] MüKoInsO/*ders.*, § 351 InsO Rn. 8 f.

zug genommen werden.[181] Für die vorliegende Untersuchung folgt aus alledem, dass das Sicherungseigentum bzw. das an den Datenträgern bestellte Pfandrecht des Sicherungsnehmers von der Eröffnung eines ausländischen Insolvenzverfahrens unberührt bleiben, soweit sich die Datenträger im Zeitpunkt der Verfahrenseröffnung im Inland befanden. Dasselbe gilt für die zugunsten des Sicherungsnehmers beliehenen Immaterialgüterrechte an der digitalen Information, soweit der Sicherungsgeber auch im Inland Schutz beansprucht. Sofern die als Sicherheit hinterlegte digitale Information nicht Gegenstand von Immaterialgüterrechten ist, bleibt die aus der Treuhandabrede mit dem Sicherungsgeber herrührende verdinglichte Rechtsstellung des Sicherungsnehmers von der Eröffnung eines ausländischen Insolvenzverfahrens ebenfalls unberührt, wenn die digitale Information im Zeitpunkt der Verfahrenseröffnung auf inländischen Servern hinterlegt war. Damit kann zusammenfassend festgehalten werden, dass die zugunsten des Sicherungsnehmers bestellten Sicherungsrechte an der digitalen Information sowie an den Datenträgern, auf denen sie gespeichert ist, von der Eröffnung eines Insolvenzverfahrens in einem Drittstaat gem. § 351 Abs. 1 InsO unberührt bleiben, vorausgesetzt, die Datenträger und die digitale Information bzw. die an ihr bestehenden Schutzrechte sind im Inland belegen.

---

[181] S. oben S. 302 ff.

§ 16 Internationales Zwangsvollstreckungsrecht

Abschließend ist in der gebotenen Kürze auf die bislang ausgeblendeten Rechtsfragen einzugehen, die sich im Zusammenhang mit der Einleitung bzw. Abwehr von Zwangsvollstreckungsmaßnahmen bezüglich der als Sicherheit hinterlegten digitalen Information stellen, sofern die Besicherung einen länderübergreifenden Bezug aufweist. Beherrschendes Prinzip des internationalen Zwangsvollstreckungsrechts ist die Territorialität staatlicher Zwangsgewalt.[1] Für die Abwehr von Zwangsvollstreckungsmaßnahmen sind in der Folge die Gerichte desjenigen Staats zuständig, in dessen Hoheitsgebiet der staatliche Zwang ausgeübt wird. Vollstreckt mithin ein Dritter in die als Sicherheit hinterlegte digitale Information und möchte sich der Sicherungsnehmer dagegen zur Wehr setzen, muss er sich an die Gerichte des Staats wenden, in dem die Vollstreckung stattfindet. Vor dem Hintergrund der ihrerseits dem Territorialitätsprinzip unterworfenen Immaterialgüterrechte kann es sein, dass sich der Sicherungsnehmer gegen Zwangsvollstreckungsmaßnahmen in mehreren Staaten zur Wehr setzen muss. Die Statthaftigkeit von Rechtsbehelfen und Rechtsmitteln gegen die von dem Dritten eingeleiteten Zwangsmaßnahmen beurteilt sich dabei stets nach der (jeweiligen) *lex fori executionis*.[2] Auf die Abwehr von Zwangsvollstreckungsmaßnahmen findet folglich das im Gerichtsstaat geltende Verfahrensrecht Anwendung.[3] Die Territorialität staatlicher Zwangsgewalt gilt spiegelbildlich, wenn der Sicherungsnehmer, statt sich dagegen zur Wehr zu setzen, selbst Zwangsvollstreckungsmaßnahmen gegen den Sicherungsgeber (etwa nach Eintritt des Sicherungsfalls) ergreifen möchte. Die Ausübung staatlichen Zwangs ist nach allgemeinem Völkergewohnheitsrecht nur rechtmäßig, soweit sich der Gegenstand der Zwangsvollstreckung im Hoheitsgebiet des vollstreckenden Staats befindet.[4] Daraus ergibt sich, dass die Herausgabeverpflichtung der Datenträger, auf denen die als Sicherheit fungierende digitale Information gespeichert ist, nur von dem Staat vollstreckt werden kann, in dessen Hoheitsgebiet die Datenträger belegen sind. Möchte der Sicherungsnehmer demgegenüber die Herausgabe der die digitale

---

[1] *Geimer*, Internationales Zivilprozessrecht, Rn. 3200.
[2] Vgl. für die deutsche *lex fori executionis* ders., Internationales Zivilprozessrecht, Rn. 3241.
[3] Vgl. *Linke/Hau*, Internationales Zivilverfahrensrecht, Rn. 2.9.
[4] *Geimer*, Internationales Zivilprozessrecht, Rn. 405, 3200.

Information verkörpernden Daten erzwingen, stellt sich die zwangsvollstreckungsrechtliche Lage ein Stück weit komplexer dar. Zum einen dürfte es dem Gläubiger aufgrund der Ubiquität der Daten schwerfallen, sie zu lokalisieren. Zum anderen können die Daten, im Gegensatz zu den Datenträgern, auf denen sie verkörpert sind, aufgrund ihrer mangelnden Greifbarkeit von den staatlichen Vollstreckungsorganen nicht ohne Weiteres weggenommen werden. Vielfach wird es aus diesem Grund der Mitwirkung des Herausgabeschuldners bedürfen, weil nur er die für die Herausgabe nötigen Kenntnisse (genauer Speicherort, Zugangscodes etc.) haben wird. Aus diesem Grund qualifiziert die deutsche *lex fori executionis* die Verpflichtung zur Herausgabe von Datenverkörperungen als Auskunftserteilung, für die im Fall ihrer Nichterteilung ein Zwangsgeld festgesetzt wird.[5] Dabei ist es völkerrechtlich unbedenklich, wenn mit der Festsetzung des Zwangsgelds die Auskunftserteilung im Ausland erzwungen werden soll.[6] Mithin ist es ohne Weiteres möglich, dass der Sicherungsnehmer im Inland ein Zwangsgeld beantragt, um damit die Herausgabe der zur Verwertung der digitalen Information benötigten Datenverkörperungen im Ausland zu erzwingen. Die Souveränität des ausländischen Staats wird dadurch nicht verletzt, weil die Festsetzung des Zwangsgelds – vorbehaltlich der Anerkennung durch den ausländischen Staat – nur die Vollstreckungsorgane im Urteilsstaat bindet.[7] Außerhalb des Urteilsstaats ist der Sicherungsnehmer zur Erzwingung der vorzunehmenden Handlung allerdings auf die Vollstreckungsorgane des Zweitstaats angewiesen. Insoweit muss er versuchen, den im Erststaat erstrittenen Titel auch im Zweitstaat anerkennen und für vollstreckbar erklären zu lassen, um anschließend die im Zweitstaat vorgesehenen Zwangsmaßnahmen erwirken zu können.[8] Andernfalls, d.h. wenn die Entscheidung des Erststaats im Zweitstaat nicht anerkennungsfähig ist, muss er im Zweitstaat noch einmal von vorne beginnen und ein neuerliches Titulierungsverfahren anstrengen. Von diesen Erfordernissen ist der Sicherungsnehmer im Anwendungsbereich der Brüssel Ia-VO entbunden. Durch sie entfällt das Exequaturverfahren im ersuchten Zweitmitgliedstaat mit der Konsequenz, dass die im Erstmitgliedstaat ergangene Entscheidung so behandelt wird, als sei sie im Zweitmitgliedstaat ergangen (vgl. Art. 39 sowie ErwG 26 S. 3 Brüssel Ia-VO).[9] Der Sicherungsnehmer kann sich infolgedessen direkt mit einem Antrag an die Vollstreckungsorgane im ersuchten Vollstreckungsstaat wenden.[10] Dabei bestätigt Art. 41 Abs. 1 S. 1 Brüssel Ia-VO die Geltung des

---

[5] S. oben S. 274 f.
[6] *Geimer*, Internationales Zivilprozessrecht, Rn. 400.
[7] *Ders.*, Internationales Zivilprozessrecht, Rn. 401.
[8] Vgl. *Linke/Hau*, Internationales Zivilverfahrensrecht, Rn. 12.1–12.4.
[9] Rauscher/*Staudinger*, Einl. Brüssel Ia-VO Rn. 11.
[10] Vgl. Musielak/Voit/*Stadler*, Art. 39 Brüssel Ia-VO Rn. 1.

Territorialitätsprinzips auch im europäischen Zwangsvollstreckungsrecht, weil bezüglich der Vollstreckung der in einem anderen Mitgliedstaat ergangenen Entscheidung stets das Recht des ersuchten Mitgliedstaats Anwendung findet. Allerdings kann es in Fällen, in denen im Ursprungsmitgliedstaat ein Zwangsgeld festgesetzt wurde, zu einer Überlappung der Zwangsvollstreckungsrechte zwischen dem ersuchten Mitgliedstaat und dem Ursprungsmitgliedstaat kommen. Gem. Art. 55 Brüssel Ia-VO ist das im Ursprungsmitgliedstaat festgesetzte Zwangsgeld von dem ersuchten Mitgliedstaat zu vollstrecken.[11] Gleichwohl hindert Art. 55 Brüssel Ia-VO die Mitgliedstaaten nicht daran, in derselben Angelegenheit ebenfalls ein Zwangsgeld festzusetzen.[12] Der die Herausgabe der Datenverkörperungen erzwingende Sicherungsnehmer hat infolgedessen die Wahl, ob er das im Ursprungsmitgliedstaat festgesetzte Zwangsgeld nach Art. 55 Brüssel Ia-VO auch im Zweitmitgliedstaat vollstrecken lässt oder ob er auf Basis des im Ursprungsmitgliedstaat erwirkten Titels im Zweitmitgliedstaat die dortigen Zwangsmittel beantragt.[13] Vergleichbares gilt im Anwendungsbereich des LugÜ. Auch dort kann der Sicherungsnehmer gem. Art. 49 LugÜ das im Ursprungsstaat festgesetzte Zwangsgeld in einem anderen Vertragsstaat vollstrecken. Ebenso wie Art. 55 Brüssel Ia-VO verbietet es auch Art. 49 LugÜ dem Vollstreckungsstaat nicht, selbst ein Zwangsgeld festzusetzen.[14] Anders als im Anwendungsbereich der Brüssel Ia-VO bedarf die Entscheidung des Ursprungsstaats allerdings noch der Vollstreckbarerklärung im Vollstreckungsstaat.[15]

Zusammenfassend lässt sich festhalten, dass sich die Abwehr von Zwangsmaßnahmen stets nach der *lex fori executionis* richtet. Bei der Besicherung eines internationalen Rechteportfolios kann der Sicherungsnehmer daher potenziell mit einer Vielzahl an Verfahrensrechten konfrontiert werden. Denn auch die an der digitalen Information bestehenden Schutzrechte sind ihrerseits territorial begrenzt, weshalb vollstreckende Gläubiger des Sicherungsgebers ggf. in mehreren Staaten Zwangsmaßnahmen beantragen werden. Möchte der Sicherungsnehmer dagegen selbst Zwangsvollstreckungsmaßnahmen einleiten, ist zu unterscheiden: Zwecks Herausgabevollstreckung der Datenträger, auf denen die als Sicherheit eingesetzte digitale Information gespeichert ist, muss sich der Sicherungsnehmer aufgrund der Territorialität staatlicher Zwangsgewalt an die Vollstreckungsorgane desjenigen Staats wenden, in dem die Datenträger belegen sind.

---

[11] *Geimer*, Internationales Zivilprozessrecht, Rn. 3235k, 3239a.

[12] *Geimer*, Internationales Zivilprozessrecht, Rn. 3239b; Rauscher/*Mankowski*, Art. 55 Brüssel Ia-VO Rn. 20.

[13] Vgl. *Geimer*, Internationales Zivilprozessrecht, Rn. 3239b. Möglich ist sogar die Kumulierung beider Vollstreckungssysteme.

[14] *Ders.*, Internationales Zivilprozessrecht, Rn. 3235l.

[15] Vgl. Schnyder/Sogo/*Sogo*, Art. 49 LugÜ Rn. 2–4.

Wurde der Herausgabetitel in einem anderen Staat erwirkt, bedarf es im Anwendungsbereich der Brüssel Ia-VO keiner Vollstreckbarerklärung mehr. Die Herausgabe der Datenverkörperungen dürfte hingegen vielfach nur durch Festsetzung eines Zwangsgelds erzwungen werden können. Sie ist auch zulässig, um ein Verhalten im Ausland zu erzwingen. Für die Anwendung staatlichen Zwangs im Ausland ist der Sicherungsnehmer allerdings auf die ausländischen Zwangsvollstreckungsorgane angewiesen. Deren Tätigwerden setzt grundsätzlich die Anerkennung und Vollstreckbarerklärung der Entscheidung des Urteilsstaats voraus. Im Anwendungsbereich der Brüssel Ia-VO sowie des LugÜ ist das im Ursprungsstaat festgesetzte Zwangsgeld dagegen auch im Zweitstaat vollstreckbar.

Ergebnisse und Ausblick

Dank eines allumfassenden Digitalisierungsprozesses, der sich durch die Coronapandemie verstärkt hat, begegnet uns Information immer häufiger digital in Form elektronischer Daten. Sie wird als digitale Information bezeichnet und definiert als in Form von Daten vorliegende Information, die auf einem Datenträger verkörpert ist. Digitale Information ist nicht nur aus der Sphäre des Einzelnen, sondern auch aus den allermeisten Wirtschaftsbereichen nicht mehr wegzudenken. Die Hauptrolle spielt sie allerdings im Umfeld der Digital-Ökonomie. Dort ist sie die zentrale Ressource digitaler Geschäftsmodelle. Ein beispielhafter Blick auf die teuersten Unternehmen der Welt lässt erahnen, dass sie von unschätzbarem Wert sein kann – auch wenn dieser im Einzelfall nur schwer zu beziffern ist. Gute Gründe sprechen dafür, diesen Vermögenswert als (zusätzliche) Sicherheit im Rahmen der Kreditfinanzierung kapitalbedürftiger Unternehmen heranzuziehen.

Wie sich digitale Information als Kreditsicherheit einsetzen lässt, ist Gegenstand des zweiten Teils. Dabei zeigt sich zu Beginn, dass sie weder auf syntaktischer noch auf semantischer Ebene umfassend einer Person zugewiesen ist. Vielfach ist sie allerdings durch Immaterialgüterrechte geschützt. In Betracht kommen das Patentrecht, das Urheberrecht sowie das Leistungsschutzrecht des Datenbankherstellers. Mit Abstand die größte Bedeutung hat der Schutz als Geschäftsgeheimnis. Erfüllt die digitale Information die Voraussetzungen eines immaterialgüterrechtlichen Schutzes nicht, kann sich ein für die Kreditsicherung infrage kommender Vermögenswert auf der Grundlage einer faktischen Monopolstellung ergeben. Eine solche wird erzeugt, wenn es dem Inhaber auf Basis faktischer Gegebenheiten (Geheimhaltung, technische Schutzvorkehrungen etc.) gelingt, Dritte von der Nutzung der digitalen Information auszuschließen.

Schwierigkeiten bei der Besicherung digitaler Information bereitet die Ermittlung ihres Sicherungswerts. Bis zur Etablierung von Informationsmärkten und der damit einhergehenden Preisbildung könnte die Bilanz des kapitalbedürftigen Unternehmens einen vielversprechenden Ansatzpunkt bieten. Auch die Wertbeständigkeit gibt Anlass zur Besorgnis. Da digitale Information in Abhängigkeit von ihrem Verwendungszweck mitunter sehr schnell veraltet, sollte sich der Sicherungsnehmer gegen den dadurch drohenden Wertverlust mit einer Update-Verpflichtung absichern.

Die Untersuchung der in Betracht kommenden Sicherungsmöglichkeiten ergibt, dass die auf den ersten Blick naheliegende Besicherung der Datenträger ungeeignet ist. Weder das Sicherungseigentum noch das Pfandrecht an Sachen erstreckt sich auf die auf den Datenträgern verkörperte digitale Information. Allerdings kann die Besicherung der Datenträger eine flankierende Maßnahme sein. Sie kann dazu beitragen, dass der Sicherungsnehmer im Sicherungsfall Zugriff auf die für die Verwertung der digitalen Information unerlässlichen Datenverkörperungen erhält.

Sicherungsrechte an digitaler Information lassen sich nur durch die Beleihung der daran bestehenden Immaterialgüterrechte begründen. Mögliche Sicherungsformen sind die Sicherungsübertragung der Rechte, ihre Verpfändung sowie ihre Sicherungslizenzierung. Lediglich am Urheberrecht können zu Sicherungszwecken aufgrund der eingeschränkten Verkehrsfähigkeit allein Nutzungsrechte eingeräumt werden. Weil der größte Teil der digitalen Information eines Unternehmens als Geschäftsgeheimnis geschützt ist, hat die Besicherung von Geschäftsgeheimnissen für die Heranziehung des Vermögenswerts von digitaler Information als Kreditsicherheit die größte Relevanz.

Hat das finanzierungsbedürftige Unternehmen seine digitale Information in der Cloud gespeichert, kommt als alternative Sicherungsmöglichkeit die Sicherungsabtretung bzw. Verpfändung des dem Unternehmen gegen den Cloud-Provider zustehenden Herausgabeanspruchs in Betracht. Daneben ist auch die Besicherung von Gesellschaftsanteilen grundsätzlich geeignet, einen im Gesellschaftsvermögen vorhandenen wertvollen Bestand an digitaler Information zur Kreditsicherung heranzuziehen. Dies gilt allerdings nicht, wenn es sich um die Gesellschaftsanteile des finanzierungsbedürftigen Unternehmens handelt. In diesem Fall sind die Gesellschaftsanteile von demselben Ausfallrisiko bedroht, wie die zu sichernde Darlehensschuld.

Ist die digitale Information eines Unternehmens nicht durch Ausschließlichkeitsrechte geschützt, lässt sie sich als Kreditsicherheit heranziehen, indem die zugrunde liegenden Datenverkörperungen auf den Sicherungsnehmer übertragen werden. Voraussetzung dafür ist, dass das sicherungsgebende Unternehmen über eine faktische Ausschließlichkeit an der digitalen Information verfügt. In diesem Fall erlangt der Sicherungsnehmer eine der Vollrechtstreuhand vergleichbare Machtposition. Diese Machtposition bildet die Grundlage für den Rückgriff auf die Figur der Treuhand.

Ein wesentlicher Aspekt bei der Besicherung digitaler Information ist die Sicherstellung des Zugriffs auf die zugrunde liegenden Datenverkörperungen. Es überrascht nicht, dass die Interessen von Sicherungsgeber und Sicherungsnehmer gegenläufiger Natur sind: Während der Sicherungsphase hat naturgemäß der Sicherungsgeber ein Interesse daran, exklusiv auf die Datenverkörperungen zugreifen zu können. Mit Eintritt des Sicherungsfalls muss demgegenüber sichergestellt sein, dass *allein* der Sicherungsnehmer Zugriff auf die Datenverkörperungen hat. Zur Verwertung der digitalen Information muss der Sicherungsnehmer dem Erwerber die zugrunde liegenden Datenverkörperungen verschaffen können. Auch wäre andernfalls der Verwertungserfolg gefährdet: Hätte der Sicherungsgeber im Sicherungsfall weiterhin Zugriff auf die Datenverkörperungen, könnten diese aufgrund ihrer leichten Vervielfältigbarkeit unschwer in die Hände unberechtigter Dritter fallen. Dadurch würde der Sicherungswert schlimmstenfalls vollständig zunichte gemacht. Das Dilemma lässt sich umgehen, indem die Datenverkörperungen bei einem neutralen Dritten hinterlegt werden. Dieser verwaltet den Zugriff auf die Datenverkörperungen und ist im Sicherungsfall verpflichtet, sie an den Sicherungsnehmer herauszugeben. In Anlehnung an das Software Escrow kann man die Hinterlegung von Datenverkörperungen als Data Escrow bezeichnen. Für zusätzliche Transparenz bei der Besicherung digitaler Information könnte die Implementierung eines blockchainbasierten Sicherheitenregisters sorgen.

Das Datenschutzrecht setzt der Besicherung digitaler Information Grenzen, soweit sie auf semantischer Ebene einen Personenbezug aufweist. Die für die Beleihung und Verwertung erforderlichen Verarbeitungsvorgänge sind nur zulässig, wenn sie der Betroffene mit seiner Einwilligung legitimiert. Dabei sollte von der Möglichkeit Gebrauch gemacht werden, die freie Widerrufbarkeit der Einwilligung vertraglich abzubedingen, um den Fortbestand der Sicherheit nicht zu gefährden. Eine nicht unwesentliche Einschränkung für die Besicherung digitaler personenbezogener Information folgt aus dem Zweckbindungsgrundsatz. Dieser engt den Kreis potenzieller Erwerber spürbar ein, weil deren Verarbeitungszwecke mit denen des sicherungsgebenden Unternehmens vereinbar sein müssen. Regulatorische Vorgaben stehen der Besicherung digitaler Information ansonsten nicht im Wege. Allerdings kann es sein, dass Kreditinstitute die als Sicherheit fungierende digitale Information im Rahmen des vorzuhaltenden Eigenkapitals nicht risikomindernd berücksichtigen dürfen.

Der dritte Teil beschäftigt sich mit der Sicherungsphase. Dabei wird deutlich, dass die als Sicherheit hinterlegte digitale Information vor allem zwei Gefahren trotzen muss, die auf die Vulnerabilität der zugrunde liegenden Datenverkörperungen zurückzuführen sind. Diese lassen sich in Sekundenbruchteilen nicht nur beliebig oft vervielfältigen, sondern ebenso schnell löschen oder verändern. In beiden Fällen ist der Sicherungsnehmer weitgehend durch kern- und nebenstrafrechtliche Tatbestände vor Eingriffen geschützt. Auch das Zivilrecht bietet insbesondere durch die immaterialgüterrechtlichen Sondervorschriften einen effektiven Schutz bei Rechtsverletzungen. Gleichwohl bestehen noch Defizite. Das zeigt sich beispielhaft daran, dass die fahrlässige Löschung oder Veränderung der als Sicherheit hinterlegten digitalen Information nicht ersatzfähig ist, wenn der Sicherungsnehmer keine Berechtigung an den Datenträgern hat. Umso größere Bedeutung erlangen vor diesem Hintergrund technische Schutzmaßnahmen und Sicherungskopien. Nur mit ihrer Hilfe kann der unberechtigte Zugriff Dritter wirksam unterbunden und der Schaden durch einen Verlust von Datenverkörperungen gering gehalten werden.

Tritt der Sicherungsfall ein, kann der Sicherungsnehmer die vom Sicherungsgeber geschuldete Herausgabe der zur Verwertung der digitalen Information erforderlichen Datenverkörperungen nicht im Wege der Herausgabevollstreckung erzwingen. Die Herausgabe der Datenverkörperungen ist eine unvertretbare Handlung, zu deren Vornahme der Sicherungsgeber nur durch Festsetzung eines Zwangsgelds angehalten werden kann. Pfänden Dritte demgegenüber die Datenträger, auf denen die digitale Information als Sicherheit hinterlegt ist, wird diese aufgrund ihrer Verkörperung ebenfalls (mittelbar) in Beschlag genommen. Wegen des in der Folge drohenden Zugriffsverlusts kann der Sicherungsnehmer der Pfändung im Wege der Drittwiderspruchsklage insoweit widersprechen, als es erforderlich ist, um die digitale Information auf andere Datenträger zu übertragen und sie anschließend zu löschen. Das dafür erforderliche Drittinterventionsrecht an der digitalen Information folgt aus der treuhänderischen Rechtsstellung des Sicherungsnehmers und ist unabhängig davon anzuerkennen, ob die digitale Information sondergesetzlichen Schutz genießt. Entsprechendes gilt, wenn Dritte nicht die Datenträger, sondern die als Sicherheit hinterlegte digitale Information selbst pfänden.

Wird über das Vermögen des sicherungsgebenden Unternehmens das Insolvenzverfahren eröffnet, fällt die digitale Information ohne Rücksicht darauf in die Insolvenzmasse, ob sie sondergesetzlich geschützt ist. Im Falle eines immaterialgüterrechtlichen Schutzes ist der Sicherungsnehmer zur abgesonderten Befriedigung aus dem zur Sicherheit übertragenen oder verpfändeten Recht bzw. der daran bestellten Sicherungslizenz berechtigt. Besteht kein immaterialgüterrechtlicher Schutz, ist eine Pattsituation die Folge: Wegen der Insolvenzfestigkeit der Treuhandabrede kann der Insolvenzverwalter die digitale Information nicht herausverlangen. Dem Sicherungsnehmer steht umgekehrt aber auch kein Absonderungsrecht zu. Um den gestörten Gleichlauf wiederherzustellen, ist dem Sicherungsnehmer analog § 51 Nr. 1 Alt. 2 InsO ein Recht zur abgesonderten Befriedigung an der als Sicherheit hinterlegten digitalen Information zuzuerkennen. In beiden Fällen ist der Sicherungsnehmer zur freihändigen Verwertung der digitalen Information berechtigt.

Der vierte Teil beleuchtet die länderübergreifende Besicherung digitaler Information. Anders als im materiellen Recht sind im Kollisionsrecht nicht nur die Datenträger, sondern auch die auf ihnen gespeicherten Datenverkörperungen als

Sache zu qualifizieren. Beide unterstehen dem Recht am Belegenheitsort des Datenträgers. Das internationale Immaterialgüterrecht ist demgegenüber vom Territorialitätsgrundsatz geprägt. Bestand, Umfang und Inhaberschaft der an der digitalen Information in Betracht kommenden Rechte richten sich nach dem Recht des Staats, für das der Inhaber Schutz beansprucht. Gegenstand der länderübergreifenden Besicherung digitaler Information ist demzufolge ein Bündel nationaler Rechte, die sich im Einzelnen stark voneinander unterscheiden können. Auf den Sicherungsvertrag findet im Ergebnis das Recht am Sitz des Sicherungsnehmers Anwendung. Die Bestellung der Sicherheit ist gesondert hiervon an das Recht des Schutzlands anzuknüpfen. Die Beschädigung bzw. Löschung von Datenverkörperungen untersteht in der Regel dem Belegenheitsrecht des Datenträgers. Nur ausnahmsweise ist an den Sitz des Sicherungsnehmers anzuknüpfen. Die Verletzung der an der digitalen Information bestehenden Schutzrechte beurteilt sich einheitlich nach dem Recht des Schutzlands. Wird der Sicherungsgeber insolvent, bleiben die zugunsten des Sicherungsnehmers bestellten Sicherungsrechte im Anwendungsbereich der EuInsVO bestehen, soweit sie in einem anderen Mitgliedstaat als dem der Verfahrenseröffnung belegen sind. Im Anwendungsbereich des autonomen deutschen internationalen Insolvenzrechts bleiben die zugunsten des Sicherungsnehmers bestehenden Absonderungsrechte von der Insolvenz des Sicherungsgebers unberührt, soweit sich die der digitalen Information zugrunde liegenden Datenverkörperungen zum Zeitpunkt der Verfahrenseröffnung im Inland befinden.

Die Einleitung und die Abwehr von Zwangsvollstreckungsmaßnahmen richten sich aufgrund der Territorialität staatlicher Zwangsgewalt nach der *lex fori executionis*.

Fasst man die Ergebnisse der vorliegenden Untersuchung zusammen, zeigt sich, dass digitale Information ein taugliches Sicherungsmittel für die Darlehensforderung eines kapitalgebenden Gläubigers sein kann. Ob die Kreditsicherung mit digitaler Information die Unternehmensfinanzierung der Zukunft sein wird, ist offen. Das Potenzial dazu ist ihr jedenfalls gewiss.

Literaturverzeichnis

Aamodt, Agnar/Nygård, Mads, Different Roles and Mutual Dependencies of Data, Information and Knowledge – An AI Perspective on Their Integration, Data & Knowledge Engineering 16 (1995), S. 191–222.

Abegg-Vaterlaus, Lukas, Von 3D Druckern und Blockchain Tokens – Digitale Sachverhalte im Recht, in: Maute, Lena/Mackenrodt, Mark-Oliver (Hrsg.), Recht als Infrastruktur für Innovation, Baden-Baden 2019, S. 319–339.

Abel-Koch, Jennifer, KfW Unternehmensbefragung 2022, https://www.kfw.de/PDF/Download-Center/Konzernthemen/Research/PDF-Dokumente-Unternehmensbefragung/Unternehmensbefragung-2022.pdf (zuletzt abgerufen: 30.11.2022).

Adam, Simon, Daten als Rechtsobjekte, NJW 2020, S. 2063–2068.

AG Digitaler Neustart, Bericht v. 15. Mai 2017, https://www.justiz.nrw.de/JM/schwerpunkte/digitaler_neustart/zt_bericht_arbeitsgruppe/bericht_ag_dig_neustart.pdf (zuletzt abgerufen: 30.11.2022).

–, Bericht v. 15. April 2019, https://www.justiz.nrw.de/JM/schwerpunkte/digitaler_neustart/zt_fortsetzung_arbeitsgruppe_teil_2/2019-04-15-Bericht_April-2019.pdf (zuletzt abgerufen: 30.11.2022).

Albrecht, Jan Philipp, Daten sind das neue Öl – Deshalb braucht es einen starken EU-Datenschutz!, ZD 2013, S. 49–50.

Alexander, Christian, Gegenstand, Inhalt und Umfang des Schutzes von Geschäftsgeheimnissen nach der Richtlinie (EU) 2016/943, WRP 2017, S. 1034–1045.

–, Grundstrukturen des Schutzes von Geschäftsgeheimnissen durch das neue GeschGehG, WRP 2019, S. 673–679.

Amend-Traut, Anja/Hergenröder, Cyril H., Kryptowährungen im Erbrecht, ZEV 2019, S. 113–121.

Amstutz, Marc, Dateneigentum, AcP 218 (2018), S. 438–551.

Andres, Dirk/Leithaus, Rolf/Dahl, Michael (Hrsg.), Insolvenzordnung, 4. Aufl., München 2018 (zit. Andres/Leithaus/*Bearbeiter*).

Ann, Christoph, Know-how – Stiefkind des geistigen Eigentums?, GRUR 2007, S. 39–43.

–, EU-Richtlinie zum Schutz vertraulichen Know-hows – Wann kommt das neue deutsche Recht, wie sieht es aus, was ist noch offen?, GRUR-Prax 2016, S. 465–467.

–, Patentrecht, 8. Aufl., München 2022.

Aplin, Tanya, Trading Data in the Digital Economy: Trade Secrets Perspective, in: Lohsse, Sebastian/Schulze, Reiner/Staudenmayer, Dirk (Hrsg.), Trading Data in the Digital Economy: Legal Concepts and Tools, Baden-Baden 2017, S. 59–72.

Arkenau, Judith/Wübbelmann, Judith, Eigentum und Rechte an Daten – Wem gehören die Daten?, in: Taeger, Jürgen (Hrsg.), Internet der Dinge – Tagungsband Herbstakademie 2015, Edewecht 2015, S. 95–109.

Arnold, Bernhard, Datenströme als unmittelbare Verfahrenserzeugnisse, in: Kühnen, Thomas (Hrsg.), Festschrift 80 Jahre Patentgerichtsbarkeit in Düsseldorf, Köln 2016, S. 15–23.

Arute, Frank/Arya, Kunal/Babbush, Ryan u. a., Quantum Supremacy Using a Programmable Superconducting Processor, Nature 574 (2019), S. 505–510.

Auer, Marietta, Digitale Leistungen, ZfPW 2019, S. 130–147.

Auernhammer, DSGVO/BDSG, hrsg. v. Eßer, Martin/Kramer, Philipp/v. Lewinski, Kai, 7. Aufl., Hürth 2020 (zit. Auernhammer/*Bearbeiter*).

Auer-Reinsdorff, Astrid, § 15 Schutz von Datenbanken und Datenbankwerken, in: Conrad, Isabell/Grützmacher, Malte (Hrsg.), Recht der Daten und Datenbanken im Unternehmen – Jochen Schneider zum 70. Geburtstag, Köln 2014, S. 205–228.

Auer-Reinsdorff, Astrid/Conrad, Isabell (Hrsg.), Handbuch IT- und Datenschutzrecht, 3. Aufl., München 2019 (zit. Auer-Reinsdorff/Conrad/*Bearbeiter*).

Autorité de la Concurrence/BKartA, Competition Law and Data, https://www.bundeskartell amt.de/SharedDocs/Publikation/DE/Berichte/Big%20Data%20Papier.pdf?__blob=publica tionFile&v=2 (zuletzt abgerufen: 30.11.2022).

v. Baeyer, Hans Christian, Das informative Universum, München 2005.

v. Bar, Christian, Gemeineuropäisches Sachenrecht, Band 1: Grundlagen, Gegenstände sachenrechtlichen Rechtsschutzes, Arten und Erscheinungsformen subjektiver Sachenrechte, München 2015.

Baranowski, Anne/Glaßl, Ramón, Anforderungen an den Geheimnisschutz nach der neuen EU-Richtlinie, BB 2016, S. 2563–2569.

Bar-Hillel, Yehoshua/Carnap, Rudolf, Semantic Information, in: Jackson, Willis (Hrsg.), Communication Theory, London 1953, S. 503–511.

Bartsch, Michael, Software als Schutzgegenstand absoluter Rechte, in: Leible, Stefan/Lehmann, Matthias/Zech, Herbert (Hrsg.), Unkörperliche Güter im Zivilrecht, Tübingen 2011, S. 247–260.

–, § 22 Daten als Rechtsgut nach § 823 Abs. 1 BGB, in: Conrad, Isabell/Grützmacher, Malte (Hrsg.), Recht der Daten und Datenbanken im Unternehmen – Jochen Schneider zum 70. Geburtstag, Köln 2014, S. 297–302.

Bauer, Friedrich L., Entzifferte Geheimnisse, 3. Aufl., Berlin u. a. 2000.

Bauer, Friedrich L./Goos, Gerhard, Informatik 1, 4. Aufl., Berlin/Heidelberg 1991.

–, Informatik 2, 4. Aufl., Berlin/Heidelberg 1992.

Bauer, Marc, Kartellrecht 4.0? – Herausforderungen der Plattformökonomie für die Regulierung des Meinungsbildungsprozesses, WRP 2020, S. 171–176.

Baums, Theodor, Recht der Unternehmensfinanzierung, München 2017.

Baur, Fritz/Stürner, Rolf, Sachenrecht, 18. Aufl., München 2009.

Beater, Axel, Informationen zwischen Gemeinfreiheit, Ausschlussrechten, Wettbewerb und Zitat, UFITA 2005, S. 339–374.

de Beauclair, Wilfried, Rechnen mit Maschinen, 2. Aufl., Berlin u. a. 2005.

Bechtold, Stefan, Zur rechtsökonomischen Analyse im Immaterialgüterrecht, GRUR Int. 2008, S. 484–488.

Becker, Maximilian, Schutzrechte an Maschinendaten und die Schnittstelle zum Personendatenschutz, in: Büscher, Wolfgang/Glöckner, Jochen/Nordemann, Axel u. a. (Hrsg.), Marktkommunikation zwischen geistigem Eigentum und Verbraucherschutz – Festschrift für Karl-Heinz Fezer zum 70. Geburtstag, München 2016, S. 815–831.

–, Lauterkeitsrechtlicher Leistungsschutz für Daten, GRUR 2017, S. 346–355.

–, Rechte an Daten – Industrie 4.0 und die IP-Rechte von morgen, JZ 2017, S. 936–938.

–, Rights in Data – Industry 4.0 and the IP Rights of the Future, ZGE/IPJ 9 (2017), S. 253–265.

beck-online.GROSSKOMMENTAR zum Bilanzrecht, hrsg. v. Fehrenbacher, Oliver/Dicken, André/Hennrichs, Joachim u. a., München 2022 (zit. BeckOGK HGB/*Bearbeiter*).

beck-online.GROSSKOMMENTAR zum Zivilrecht, hrsg. v. Gsell, Beate/Krüger, Wolfgang/ Lorenz, Stephan u. a., München 2022 (zit. BeckOGK BGB/*Bearbeiter*).
Beck'scher Bilanz-Kommentar, hrsg. v. Grottel, Bernd/Justenhoven, Petra/Schubert, Wolfgang J. u. a., 13. Aufl., München 2022 (zit. Beck Bil-Komm./*Bearbeiter*).
Beck'scher Online-Kommentar BGB, hrsg. v. Hau, Wolfgang/Poseck, Roman, 63. Edition (Stand: 01.08.2022), München 2022 (zit. BeckOK BGB/*Bearbeiter*).
Beck'scher Online-Kommentar Datenschutzrecht, hrsg. v. Brink, Stefan/Wolff, Heinrich Amadeus, 42. Edition (Stand: 01.11.2022), München 2023 (zit. BeckOK DatenschutzR/*Bearbeiter*).
Beck'scher Online-Kommentar GeschGehG, hrsg. v. Fuhlrott, Michael/Hiéramente, Mayeul, 13. Edition (Stand: 15.09.2022), München 2022 (zit. BeckOK GeschGehG/*Bearbeiter*).
Beck'scher Online-Kommentar Insolvenzordnung, hrsg. v. Fridgen, Alexander/Geiwitz, Arndt/ Göpfert, Burkard, 29. Edition (Stand: 15.10.2022), München 2022 (zit. BeckOK InsO/*Bearbeiter*).
Beck'scher Online-Kommentar Patentrecht, hrsg. v. Fitzner, Uwe/Lutz, Raimund/Bodewig, Theo, 26. Edition (Stand: 15.10.2022), München 2022 (zit. BeckOK PatR/*Bearbeiter*).
Beck'scher Online-Kommentar Strafrecht, hrsg. v. v. Heintschel-Heinegg, Bernd, 55. Edition (Stand: 01.11.2022), München 2022 (zit. BeckOK StGB/*Bearbeiter*).
Beck'scher Online-Kommentar Urheberrecht, hrsg. v. Ahlberg, Hartwig/Götting, Horst-Peter/ Lauber-Rönsberg, Anne, 36. Edition (Stand: 15.10.2022), München 2022 (zit. BeckOK UrhR/*Bearbeiter*).
Beck'scher Online-Kommentar Zivilprozessordnung, hrsg. v. Vorwerk, Volkert/Wolf, Christian, 46. Edition (Stand: 01.09.2022), München 2022 (zit. BeckOK ZPO/*Bearbeiter*).
Beck'sches Handbuch der Rechnungslegung, Band 1, hrsg. v. Böcking, Hans-Joachim/Gros, Marius/Oser, Peter u. a., Loseblatt, Stand: 68. EL (August 2022), München 2022 (zit. Beck HdR/*Bearbeiter*).
Beck'sches Notar-Handbuch, hrsg. v. Heckschen, Heribert/Herrler, Sebastian/Münch, Christof, 7. Aufl., München 2019 (zit. BeckNotar-HdB/*Bearbeiter*).
Beck'sches Steuer- und Bilanzrechtslexikon, 60. Edition, München 2022 (zit. *Bearbeiter*, in: Beck'sches Steuer- und Bilanzrechtslexikon).
Behling, Thorsten B., Wie steht es um das Dateneigentum?, ZGE/IPJ 13 (2021), S. 3–47.
Benkard, Patentgesetz, 11. Aufl., München 2015 (zit. Benkard/*Bearbeiter*).
Bentele, Günter/Byštřina, Ivan, Semiotik, Stuttgart u. a. 1978.
Berberich, Matthias/Golla, Sebastian, Zur Konstruktion eines „Dateneigentums" – Herleitung, Schutzrichtung, Abgrenzung, PinG 2016, S. 165–176.
Berberich, Matthias/Kanschik, Julian, Daten in der Insolvenz, NZI 2017, S. 1–10.
Berger, Christian, Anmerkung zu BGH, Urt. v. 24.03.1994 – X ZR 108/91, JZ 1994, S. 1015–1016.
–, Absonderungsrechte an urheberrechtlichen Nutzungsrechten in der Insolvenz des Lizenznehmers, in: Gerhardt, Walter/Haarmeyer, Hans/Kreft, Gerhart (Hrsg.), Insolvenzrecht im Wandel der Zeit – Festschrift für Hans-Peter Kirchhof zum 65. Geburtstag, Recklinghausen 2003, S. 1–14.
–, Der Lizenzsicherungsnießbrauch – Lizenzerhaltung in der Insolvenz des Lizenzgebers, GRUR 2004, S. 20–25.
–, Immaterielle Wirtschaftsgüter in der Insolvenz, ZInsO 2013, S. 569–578.
–, Lizenzen in der Insolvenz des Lizenzgebers, GRUR 2013, S. 321–335.
–, Property Rights to Personal Data? – An Exploration of Commercial Data Law, ZGE/IPJ 9 (2017), S. 340–355.

Berger, Christian/Tunze, Carlo, Geistiges Eigentum im Insolvenzverfahren, ZIP 2020, S. 52–61.
v. Bertalanffy, Ludwig, Zu einer allgemeinen Systemlehre, Biologia Generalis 1949, S. 114–129.
Beurskens, Michael, Vom Sacheigentum zum „virtuellen Eigentum"? – Absolute Rechte an „Daten", in: Domej, Tanja/Dörr, Bianka S./Hoffmann-Nowotny, Urs H. u. a. (Hrsg.), Einheit des Privatrechts, komplexe Welt: Herausforderungen durch fortschreitende Spezialisierung und Interdisziplinarität, Stuttgart u. a. 2009, S. 443–474.
Beyer, Hans, Der Begriff der „technischen Erfindung" aus naturwissenschaftlich-technischer Sicht, in: Bundespatentgericht (Hrsg.), 25 Jahre Bundespatentgericht, Köln u. a. 1986, S. 189–210.
–, Der Begriff der Information als Grundlage für die Beurteilung des technischen Charakters von programmbezogenen Erfindungen, GRUR 1990, S. 399–410.
Bigus, Jochen/Langer, Thomas/Schiereck, Dirk, Wie werden Kreditsicherheiten in der Praxis eingesetzt? – Ein Überblick über empirische Befunde, ZBB 2004, S. 465–480.
Biller-Bomhardt, Nikklas/Schulze, Fabio, Tagungsberichte, VersR 2019, S. 737–741.
Bisges, Marcel, Personendaten, Wertzuordnung und Ökonomie, MMR 2017, S. 301–306.
Bittelmeyer, Claudia/Ehrhart, Nick/Mark, Klaus u. a., Immaterielle Vermögensgegenstände als Kreditsicherheiten – Ein Potenzial für die Mittelstandsfinanzierung in Deutschland?, in: Keuper, Frank/Vocelka, Alexander/Häfner, Michael (Hrsg.), Die moderne Finanzfunktion, Wiesbaden 2008, S. 250–277.
Bitter, Georg, Rechtsträgerschaft für fremde Rechnung, Tübingen 2006.
–, Das Verwertungsrecht des Insolvenzverwalters bei besitzlosen Rechten und bei einer (Doppel-)Treuhand am Sicherungsgut, ZIP 2015, S. 2249–2259.
BKartA, Big Data und Wettbewerb, https://www.bundeskartellamt.de/SharedDocs/Publikation/DE/Schriftenreihe_Digitales/Schriftenreihe_Digitales_1.pdf?__blob=publicationFile&v=3 (zuletzt abgerufen: 30.11.2022).
–, Online-Werbung, https://www.bundeskartellamt.de/SharedDocs/Publikation/DE/Schriftenreihe_Digitales/Schriftenreihe_Digitales_3.pdf?__blob=publicationFile&v=5 (zuletzt abgerufen: 30.11.2022).
Boehm, Franziska, Herausforderungen von Cloud Computing-Verträgen: Vertragstypologische Einordnung, Haftung und Eigentum an Daten, ZEuP 2016, S. 358–387.
Boehme-Neßler, Volker, Das Ende der Anonymität, DuD 2016, S. 419–423.
Boos, Karl-Heinz/Fischer, Reinfrid/Schulte-Mattler, Hermann (Hrsg.), KWG/CRR-VO, Band 2, 5. Aufl., München 2016 (zit. Boos/Fischer/Schulte-Mattler/*Bearbeiter*).
Börding, Andreas/Jülicher, Tim/Röttgen, Charlotte u. a., Neue Herausforderungen der Digitalisierung für das deutsche Zivilrecht, CR 2017, S. 134–140.
Borges, Georg, Kann ein Gegenstand nicht Sache und doch Sache sein? – Computerprogramme im Privatrecht, in: Omlor, Sebastian (Hrsg.), Weltbürgerliches Recht – Festschrift für Michael Martinek zum 70. Geburtstag, München 2020, S. 45–58.
Bork, Reinhard, Die Doppeltreuhand in der Insolvenz, NZI 1999, S. 337–344.
Boyle, James, A Politics of Intellectual Property: Environmentalism for the Net?, 47 Duke L.J. S. 87–116 (1997).
Brands, Gilbert, Einführung in die Quanteninformatik, Berlin/Heidelberg 2011.
Braun, Eberhard (Hrsg.), Insolvenzordnung, 9. Aufl., München 2022 (zit. Braun/*Bearbeiter*).
Brauneck, Jens, DSGVO: Neue Anwendbarkeit durch neue Definition personenbezogener Daten?, EuZW 2019, S. 680–688.
Bräutigam, Peter (Hrsg.), IT-Outsourcing und Cloud-Computing, 4. Aufl., Berlin 2019 (zit. *Bearbeiter*, in: Bräutigam, IT-Outsourcing und Cloud-Computing).

Bräutigam, Peter/Klindt, Thomas, Industrie 4.0, das Internet der Dinge und das Recht, NJW 2015, S. 1137–1142.
Brillouin, Léon, Science and Information Theory, 2. Aufl., New York 1971.
Brinkmann, Moritz, Kreditsicherheiten an beweglichen Sachen und Forderungen, Tübingen 2011.
Brödner, Peter, Verwirrung durch „Information"? Zur Kritik des Paradigmas „maschineller Informationsverarbeitung", in: Fuchs-Kittowski, Frank/Kriesel, Werner (Hrsg.), Informatik und Gesellschaft – Festschrift zum 80. Geburtstag von Klaus Fuchs-Kittowski, Frankfurt am Main 2016, S. 297–308.
Brynjolfsson, Erik/McAfee, Andrew, The Second Machine Age, 6. Aufl., Kulmbach 2016.
Bucher, Stefan, Sachqualität und Veräußerung von Dateien, Berlin 2018.
Buchner, Benedikt, Informationelle Selbstbestimmung im Privatrecht, Tübingen 2006.
–, Is there a Right to One's Own Personal Data?, ZGE/IPJ 9 (2017), S. 416–419.
–, Auskunfteien – Alte Herausforderungen, neue Lösungsansätze?, in: Specht-Riemenschneider, Louisa/Buchner, Benedikt/Heinze, Christian u. a. (Hrsg.), IT-Recht in Wissenschaft und Praxis – Festschrift für Jürgen Taeger, Frankfurt am Main 2020, S. 95–109.
Bülow, Peter, Recht der Kreditsicherheiten, 10. Aufl., Heidelberg 2021.
Bunnenberg, Jan Niklas, Privatautonomie und Datenschutz, JZ 2020, S. 1088–1097.
–, Privates Datenschutzrecht, Baden-Baden 2020.
Burgin, Mark, Theory of Information, New Jersey u. a. 2010.
–, Theory of Knowledge, New Jersey u. a. 2017.
Burgin, Mark/Hofkirchner, Wolfgang (Hrsg.), Information Studies and the Quest for Transdisciplinarity, New Jersey u. a. 2017.
Buss, Sebastian/Becker, Dennis/Daniels, Marcos u.a., Statista Digital Economy Compass 2019, https://de.statista.com/statistik/studie/id/52312/dokument/digital-economy-compass/ (zuletzt abgerufen: 30.11.2022).
Buth, Andrea K./Hermanns, Michael (Hrsg.), Restrukturierung, Sanierung, Insolvenz, 5. Aufl., München 2022 (zit. Buth/Hermanns/*Bearbeiter*).
Butler, Declan, When Google Got Flu Wrong, Nature 494 (2013), S. 155–156.
Bydlinski, Peter, Der Sachbegriff im elektronischen Zeitalter: Zeitlos oder anpassungsbedürftig?, AcP 198 (1998), S. 287–328.
Canaris, Claus-Wilhelm, Die Verdinglichung obligatorischer Rechte, in: Jakobs, Horst Heinrich/Knobbe-Keuk, Brigitte/Picker, Eduard u. a. (Hrsg.), Festschrift für Werner Flume zum 70. Geburtstag, Band 1, Köln 1978, S. 371–427.
–, Systemdenken und Systembegriff in der Jurisprudenz, 2. Aufl., Berlin 1983.
Cattaneo, Gabriella/Micheletti, Giorgio/Glennon, Mike u. a., The European Data Market Monitoring Tool, https://op.europa.eu/en/publication-detail/-/publication/3ad92ee6-c70f-11ea-adf7-01aa75ed71a1 (zuletzt abgerufen: 30.11.2022).
Chaitin, Gregory J., The Unknowable, Singapur u. a. 1999.
Cherry, E. Colin, Kommunikationsforschung, 2. Aufl., Frankfurt am Main 1967.
Chirita, Anca D., The Rise of Big Data and the Loss of Privacy, in: Bakhoum, Mor/Conde Gallego, Beatriz/Mackenrodt, Mark-Oliver u. a. (Hrsg.), Personal Data in Competition, Consumer Protection and Intellectual Property Law, Berlin 2018, S. 153–189.
Chrobak, Lennart, Proprietary Rights in Digital Data? Normative Perspectives and Principles of Civil Law, in: Bakhoum, Mor/Conde Gallego, Beatriz/Mackenrodt, Mark-Oliver u. a. (Hrsg.), Personal Data in Competition, Consumer Protection and Intellectual Property Law, Berlin 2018, S. 253–272.

Ciani, Jacopo, A Competition-Law-Oriented Look at the Application of Data Protection and IP Law to the Internet of Things: Towards a Wider ‚Holistic Approach', in: Bakhoum, Mor/ Conde Gallego, Beatriz/Mackenrodt, Mark-Oliver u. a. (Hrsg.), Personal Data in Competition, Consumer Protection and Intellectual Property Law, Berlin 2018, S. 215–249.

Clement, Reiner/Schreiber, Dirk/Bossauer, Paul u. a., Internet-Ökonomie, 4. Aufl., Berlin 2019.

Corrales, Marcelo/Fenwick, Mark/Forgó, Nikolaus, Disruptive Technologies Shaping the Law of the Future, in: dies. (Hrsg.), New Technology, Big Data and the Law, Singapur 2017, S. 1–14.

Crémer, Jacques/de Montjoye, Yves-Alexandre/Schweitzer, Heike, Competition Policy for the Digital Era, https://op.europa.eu/de/publication-detail/-/publication/21dc175c-7b76-11e9-9f05-01aa75ed71a1 (zuletzt abgerufen: 30.11.2022).

Custers, Bart/Uršič, Helena, Big Data and Data Reuse: A Taxonomy of Data Reuse for Balancing Big Data Benefits and Personal Data Protection, International Data Privacy Law 2016, S. 4–15.

Czarnetzki, Axel/Röder, Barbara, § 25 Daten und Herausgabeansprüche in der Insolvenz, in: Conrad, Isabell/Grützmacher, Malte (Hrsg.), Recht der Daten und Datenbanken im Unternehmen – Jochen Schneider zum 70. Geburtstag, Köln 2014, S. 332–346.

Decker, Maximilian, Geistiges Eigentum als Kreditsicherheit, Tübingen 2012.

Denga, Michael, Gemengelage privaten Datenrechts, NJW 2018, S. 1371–1376.

Deussen, Peter, Daten und Information aus Sicht eines Informatikers, in: Weber, Karsten/ Nagenborg, Michael/Spinner, Helmut F. (Hrsg.), Wissensarten, Wissensordnungen, Wissensregime, Opladen 2002, S. 65–69.

Dewenter, Ralf/Lüth, Hendrik, Big Data: Eine ökonomische Perspektive, in: Körber, Torsten/ Immenga, Ulrich (Hrsg.), Daten und Wettbewerb in der digitalen Ökonomie, Baden-Baden 2017, S. 9–29.

Dorner, Michael, Know-how-Schutz im Umbruch, Köln 2013.

–, Big Data und „Dateneigentum", CR 2014, S. 617–628.

Dornis, Tim W., Der Schutz künstlicher Kreativität im Immaterialgüterrecht, GRUR 2019, S. 1252–1264.

Dreier, Thomas, Informationsrecht in der Informationsgesellschaft, in: Bizer, Johann/Lutterbeck, Bernd/Rieß, Joachim (Hrsg.), Umbruch von Regelungssystemen in der Informationsgesellschaft – Freundesgabe für Alfred Büllesbach, Stuttgart 2002, S. 65–76.

–, Regulating Information: Some Thoughts on a Perhaps Not Quite so New Way of Looking at Intellectual Property, in: Drexl, Josef/Hilty, Reto M./Boy, Laurence u. a. (Hrsg.), Technology and Competition/Technologie et concurrence – Contributions in Honour of/Mélanges en l'honneur de Hanns Ullrich, Brüssel 2009, S. 35–53.

–, Ausweitung – Open Data?, in: Dreier, Thomas/Fischer, Veronika/van Raay, Anne u. a. (Hrsg.), Informationen der öffentlichen Hand – Zugang und Nutzung, Baden-Baden 2016, S. 563–581.

–, Einleitung, in: Dreier, Thomas/Fischer, Veronika/van Raay, Anne u. a. (Hrsg.), Informationen der öffentlichen Hand – Zugang und Nutzung, Baden-Baden 2016, S. 13–33.

Dreier, Thomas/Fischer, Veronika/van Raay, Anne u. a. (Hrsg.), Informationen der öffentlichen Hand – Zugang und Nutzung, Baden-Baden 2016.

Dreier, Thomas/Schulze, Gernot (Hrsg.), Urheberrechtsgesetz, 7. Aufl., München 2022 (zit. Dreier/Schulze/*Bearbeiter*).

Dretske, Fred I., Knowledge and the Flow of Information, Oxford 1981.

Drexl, Josef, Die Verweigerung der Offenlegung von Unternehmensgeheimnissen als Missbrauch marktbeherrschender Stellung, in: Hilty, Reto M./Drexl, Josef/Nordemann, Wilhelm

(Hrsg.), Schutz von Kreativität und Wettbewerb – Festschrift für Ulrich Loewenheim zum 75. Geburtstag, München 2009, S. 437–455.
–, Designing Competitive Markets for Industrial Data – Between Propertisation and Access, JIPITEC 2017, S. 257–292.
–, Neue Regeln für die Europäische Datenwirtschaft?, NZKart 2017, S. 339–344.
–, On the Future EU Legal Framework for the Digital Economy: A Competition-Based Response to the ‚Ownership and Access' Debate, in: Lohsse, Sebastian/Schulze, Reiner/Staudenmayer, Dirk (Hrsg.), Trading Data in the Digital Economy: Legal Concepts and Tools, Baden-Baden 2017, S. 223–243.
–, Data Access and Control in the Era of Connected Devices, https://www.beuc.eu/sites/default/files/publications/beuc-x-2018-121_data_access_and_control_in_the_area_of_connected_devices.pdf (zuletzt abgerufen: 30.11.2022).
Drexl, Josef/Hilty, Reto M./Desaunettes, Luc u. a., Ausschließlichkeits- und Zugangsrechte an Daten, GRUR Int. 2016, S. 914–918.
Drobnig, Ulrich, Originärer Erwerb und Übertragung von Immaterialgüterrechten im Kollisionsrecht, RabelsZ 40 (1976), S. 195–208.
Druey, Jean Nicolas, Information als Gegenstand des Rechts, Zürich 1995.
–, Information und Kommunikation, in: Weber, Karsten/Nagenborg, Michael/Spinner, Helmut F. (Hrsg.), Wissensarten, Wissensordnungen, Wissensregime, Opladen 2002, S. 71–77.
Druschel, Johannes/Oehmichen, Mike, Digitaler Wandel 3.0? – Anregungen aus Verbrauchersicht, CR 2015, S. 173–180.
Dürig/Herzog/Scholz, Grundgesetz, Band 1: Art. 1–5 GG, hrsg. v. Herzog, Roman/Scholz, Rupert/Herdegen, Matthias u. a., Loseblatt, Stand: 99. EL (September 2022), München 2022 (zit. Dürig/Herzog/Scholz/*Bearbeiter*).
Dusollier, Séverine, The Commons as a Reverse Intellectual Property – From Exclusivity to Inclusivity, in: Howe, Helena R./Griffiths, Jonathan (Hrsg.), Concepts of Property in Intellectual Property Law, Cambridge 2013, S. 258–281.
Ebeling, Werner, Physik, Biologie, Technik und Selbstorganisation der Information, in: Fuchs-Kittowski, Frank/Kriesel, Werner (Hrsg.), Informatik und Gesellschaft – Festschrift zum 80. Geburtstag von Klaus Fuchs-Kittowski, Frankfurt am Main 2016, S. 63–74.
Ebenroth/Boujong/Joost/Strohn, Handelsgesetzbuch, Band 1: §§ 1–342e HGB, hrsg. v. Joost, Detlev/Strohn, Lutz, 4. Aufl., München 2020 (zit. EBJS/*Bearbeiter*).
Eckert, Martin, Digitale Daten als Wirtschaftsgut: Digitale Daten als Sache, SJZ 2016, S. 245–249.
–, Digitale Daten als Wirtschaftsgut: Besitz und Eigentum an digitalen Daten, SJZ 2016, S. 265–274.
Effer-Uhe, Daniel, Kryptowährungen in Zwangsvollstreckung und Insolvenz am Beispiel des Bitcoin, ZZP 131 (2018), S. 513–531.
Egloff, Willi, Der Zugang zu Fachinformationen – Zwischen gesellschaftlicher Notwendigkeit und privatem Verwertungsinteresse, in: Garstka, Hansjürgen/Coy, Wolfgang (Hrsg.), Systemdenken wider die Diktatur der Daten – Wilhelm Steinmüller zum Gedächtnis, Berlin 2014, S. 349–373.
Egloff, Willi/Werckmeister, Georg, Kritik und Vorüberlegungen zum Gegenstandsbereich von Informationsrecht, in: Steinmüller, Wilhelm (Hrsg.), Informationsrecht und Informationspolitik, München 1976, S. 280–294.
Ehinger, Patrick/Stiemerling, Oliver, Die urheberrechtliche Schutzfähigkeit von Künstlicher Intelligenz am Beispiel von neuronalen Netzen, CR 2018, S. 761–770.

Ellenberger, Jürgen/Bunte, Hermann-Josef (Hrsg.), Bankrechts-Handbuch, Band 2, 6. Aufl., München 2022 (zit. Ellenberger/Bunte BankR-HdB/*Bearbeiter*).
Engert, Andreas, Digitale Plattformen, AcP 218 (2018), S. 304–376.
Ensthaler, Jürgen, Industrie 4.0 und die Berechtigung an Daten, NJW 2016, S. 3473–3478.
Erman, Bürgerliches Gesetzbuch, hrsg. v. Grunewald, Barbara/Maier-Reimer, Georg/Westermann, Harm Peter, 16. Aufl., Köln 2020 (zit. Erman/*Bearbeiter*).
Euler, Ellen, Open Access in der Wissenschaft und die Realitäten des Rechts, RuZ 2020, S. 56–82.
Faust, Florian, Digitale Wirtschaft, analoges Recht – Braucht das BGB ein Update?, Gutachten A zum 71. Deutschen Juristentag, München 2016.
Faustmann, Jörg, Der deliktische Datenschutz, VuR 2006, S. 260–263.
Fezer, Karl-Heinz, Data Ownership of the People, ZGE/IPJ 9 (2017), S. 356–370.
–, Dateneigentum, MMR 2017, S. 3–5.
Fickert, Tim, Entwicklungen des Cloud Computing im Überblick – Aktuelle und künftige rechtliche Probleme, in: Taeger, Jürgen/Wiebe, Andreas (Hrsg.), Inside the Cloud – Tagungsband Herbstakademie 2009, Edewecht 2009, S. 419–426.
Fiedler, Herbert, Automatisierung im Recht und juristische Informatik.
– Teil 1, JuS 1970, S. 432–436.
– Teil 2, JuS 1970, S. 552–556.
– Teil 3, JuS 1970, S. 603–607.
– Teil 4, JuS 1971, S. 67–71.
– Teil 5, JuS 1971, S. 228–233.
–, Die Stellung der Rechtsinformatik zu den Informationswissenschaften, DSWR 1974, S. 116–119.
–, Rechtsinformatik und Informationsrecht, in: Taeger, Jürgen/Wiebe, Andreas (Hrsg.), Informatik – Wirtschaft – Recht – Festschrift für Wolfgang Kilian zum 65. Geburtstag, Baden-Baden 2004, S. 71–74.
Fink, Leonard, Big Data and Artificial Intelligence, ZGE/IPJ 9 (2017), S. 288–298.
Fischer, Gero, Nicht ausschließliche Lizenzen an Immaterialgüterrechten in der Insolvenz des Lizenzgebers, WM 2013, S. 821–831.
Fitzner, Julia, Von Digital-Rights-Management zu Content Identification, Baden-Baden 2011.
Flechtner, Hans-Joachim, Grundbegriffe der Kybernetik, München 1984.
Floridi, Luciano, Information, in: ders. (Hrsg.), The Blackwell Guide to the Philosophy of Computing and Information, Malden u. a. 2004, S. 40–61.
Forgó, Nikolaus/Hänold, Stefanie/Schütze, Benjamin, The Principle of Purpose Limitation and Big Data, in: Corrales, Marcelo/Fenwick, Mark/Forgó, Nikolaus (Hrsg.), New Technology, Big Data and the Law, Singapur 2017, S. 17–42.
Forkel, Hans, Zur Übertragbarkeit geheimer Kenntnisse, in: Hubmann, Heinrich/Hübner, Heinz (Hrsg.), Festschrift für Ludwig Schnorr von Carolsfeld zum 70. Geburtstag, Köln u. a. 1972, S. 105–123.
Freyer, Simon, Urheberrechte als Kreditsicherheit, Baden-Baden 2018.
Fries, Martin/Scheufen, Marc, Märkte für Maschinendaten, MMR 2019, S. 721–726.
Fritz, Hans-Joachim/Schaback, Robert (Hrsg.), Die Natur der Information, Göttingen 2019.
Fritzsche, Jörg, Zuordnung von und Zugang zu wirtschaftlich relevanten Daten, in: Ahrens, Hans-Jürgen/Büscher, Wolfgang/Goldmann, Michael u. a. (Hrsg.), Praxis des geistigen Eigentums – Festschrift für Henning Harte-Bavendamm zum 70. Geburtstag, München 2020, S. 33–48.

Fromm/Nordemann, Urheberrecht, hrsg. v. Nordemann, Axel/Nordemann, Jan Bernd/Czychowski, Christian, 12. Aufl., Stuttgart 2018 (zit. Fromm/Nordemann/*Bearbeiter*).
Fuchs-Kittowski, Klaus, Information – Neither Matter nor Mind: On the Essence and on the Evolutionary Stage Conception of Information, in: Hofkirchner, Wolfgang (Hrsg.), The Quest for a Unified Theory of Information, Amsterdam 1999, S. 331–350.
Garstka, Hansjürgen, Theoretische Grundlagen, in: Steinmüller, Wilhelm (Hrsg.), ADV und Recht, 2. Aufl., Berlin 1976, S. 9–20.
–, Empfiehlt es sich, Notwendigkeit und Grenzen des Schutzes personenbezogener – auch grenzüberschreitender – Informationen neu zu bestimmen?, DVBl 1998, S. 981–992.
Garstka, Hansjürgen/Steinmüller, Wilhelm, Grundlegung, in: Steinmüller, Wilhelm (Hrsg.), ADV und Recht, 2. Aufl., Berlin 1976, S. 1–5.
Gaul, Hans Friedhelm, Neuere „Verdinglichungs"-Tendenzen zur Rechtsstellung des Sicherungsgebers bei der Sicherungsübereignung, in: Huber, Ulrich/Jayme, Erik (Hrsg.), Festschrift für Rolf Serick zum 70. Geburtstag, Heidelberg 1992, S. 105–152.
Gebauer, Peer, Zur Haftung des Mieters bei unbefugter Untervermietung, Jura 1998, S. 128–135.
Geiger, Hansjörg, Der Weg zur Rechtsinformatik – Erste praktische Schritte in den Jahren 1969 bis 1972, in: Conrad, Isabell (Hrsg.), Inseln der Vernunft – Liber Amicorum für Jochen Schneider zum 65. Geburtstag, Köln 2008, S. 23–30.
Geimer, Reinhold, Internationales Zivilprozessrecht, 8. Aufl., Köln 2020.
Gell-Mann, Murray, What is Complexity?, Complexity 1 (1995), S. 16–19.
Gennen, Klaus, § 13 Schutz des Betriebs- und Geschäftsgeheimnisses, in: Conrad, Isabell/Grützmacher, Malte (Hrsg.), Recht der Daten und Datenbanken im Unternehmen – Jochen Schneider zum 70. Geburtstag, Köln 2014, S. 155–181.
Geradin, Damien/Kuschewsky, Monika, Competition Law and Personal Data: Preliminary Thoughts on a Complex Issue, https:/ssrn.com/abstract=2216088 (zuletzt abgerufen: 30.11.2022).
German Federal Ministry of Justice and Consumer Protection/Max Planck Institute for Innovation and Competition (Hrsg.), Data Access, Consumer Interests and Public Welfare, Baden-Baden 2021.
Gerstenberger, Juliane, KfW Unternehmensbefragung 2020, https://www.kfw.de/PDF/Download-Center/Konzernthemen/Research/PDF-Dokumente-Unternehmensbefragung/Unternehmensbefragung-2020-%E2%80%93-Kreditzugang.pdf (zuletzt abgerufen: 30.11.2022).
–, KfW Unternehmensbefragung 2021, https://www.kfw.de/PDF/Download-Center/Konzernthemen/Research/PDF-Dokumente-Unternehmensbefragung/Unternehmensbefragung-2021-%E2%80%93-Kreditzugang.pdf (zuletzt abgerufen: 30.11.2022).
Gloy/Loschelder/Danckwerts, Handbuch des Wettbewerbsrechts, hrsg. v. Loschelder, Michael/Danckwerts, Rolf, 5. Aufl., München 2019 (zit. Gloy/Loschelder/Danckwerts/*Bearbeiter*).
Godt, Christine, Eigentum an Information, Tübingen 2007.
Gola, Peter/Heckmann, Dirk (Hrsg.), DS-GVO/BDSG, 3. Aufl., München 2022 (zit. Gola/Heckmann/*Bearbeiter*).
Goldhammer, Klaus/Wiegand, André, Ökonomischer Wert von Verbraucherdaten für Adress- und Datenhändler, https://www.bmj.de/SharedDocs/Downloads/DE/PDF/Berichte/Oekon_Wert_Daten_Adresshaendler.pdf?__blob=publicationFile&v=6 (zuletzt abgerufen: 30.11.2022).
Goldhammer, Michael, Geistiges Eigentum und Eigentumstheorie, Tübingen 2012.
Gomille, Christian, Kreative künstliche Intelligenz und das Urheberrecht, JZ 2019, S. 969–975.

Gorlow, Viktor/Notheisen, Benedikt/Simmchen, Christoph, Register 4.0 – Vom Potenzial blockchainbasierter Publizität für den Mobiliarkredit, in: Taeger, Jürgen (Hrsg.), Recht 4.0 – Tagungsband Herbstakademie 2017, Edewecht 2017, S. 859–871.
Gottwald, Peter/Haas, Ulrich (Hrsg.), Insolvenzrechts-Handbuch, 6. Aufl., München 2020 (zit. Gottwald/Haas/*Bearbeiter*).
Götz, Christopher, Big Data und der Schutz von Datenbanken, ZD 2014, S. 563–568.
Greve, Hermann J., Entdeckung der binären Welt, in: Siemens AG (Hrsg.), Herrn von Leibniz' Rechnung mit Null und Eins, 3. Aufl., Berlin/München 1979, S. 21–31.
Gröseling, Nadine/Höfinger, Frank Michael, Hacking und Computerspionage, MMR 2007, S. 549–553.
Grünberger, Michael, Das Urheberrechtsstatut nach der Rom II-VO, ZVglRWiss 108 (2009), S. 134–177.
–, Verträge über digitale Güter, AcP 218 (2018), S. 213–296.
Grüneberg, Bürgerliches Gesetzbuch, 82. Aufl., München 2023 (zit. Grüneberg/*Bearbeiter*).
Grützmacher, Malte, Dateneigentum – Ein Flickenteppich, CR 2016, S. 485–495.
Günther, Andreas, Produkthaftung für Informationsgüter, Köln 2001.
Guski, Roman, Wettbewerb und Privatautonomie: Gegenseitige Gefährdungen im digitalen Zeitalter, ZWeR 2019, S. 272–308.
Haberstumpf, Helmut, Verkauf immaterieller Güter, NJOZ 2015, S. 793–804.
Hacker, Philipp, The Ambivalence of Algorithms, in: Bakhoum, Mor/Conde Gallego, Beatriz/Mackenrodt, Mark-Oliver u. a. (Hrsg.), Personal Data in Competition, Consumer Protection and Intellectual Property Law, Berlin 2018, S. 85–117.
–, Daten als Gegenleistung: Rechtsgeschäfte im Spannungsfeld von DS-GVO und allgemeinem Vertragsrecht, ZfPW 2019, S. 148–197.
Häcker, Robert, Verwertungs- und Benutzungsbefugnis des Insolvenzverwalters für sicherungsübertragene gewerbliche Schutzrechte, ZIP 2001, S. 995–1000.
Haedicke, Maximilian, Dingliche Wirkungen und Insolvenzfestigkeit von Patentlizenzen in der Lizenzkette, ZGE/IPJ 3 (2011), S. 377–402.
Haedicke, Maximilian/Timmann, Henrik (Hrsg.), Handbuch des Patentrechts, 2. Aufl., München 2020 (zit. Haedicke/Timmann/*Bearbeiter*).
Hagen, Lutz M., Lemma: Digitale Revolution, in: Görresgesellschaft/Verlag Herder (Hrsg.), Staatslexikon – Band 1: ABC-Waffen – Ehrenamt, 8. Aufl., Freiburg 2017.
Handbuch des Fachanwalts Gewerblicher Rechtsschutz, hrsg. v. Erdmann, Willi/Rojahn, Sabine/Sosnitza, Olaf, 3. Aufl., Köln 2018 (zit. HdB FA-GewRS/*Bearbeiter*).
Handbuch Verbraucherrecht, hrsg. v. Tamm, Marina/Tonner, Klaus/Brönneke, Tobias, 3. Aufl., Baden-Baden 2020 (zit. HdB-VerbraucherR/*Bearbeiter*).
Handkommentar zur Zivilprozessordnung, hrsg. v. Saenger, Ingo, 9. Aufl., Baden-Baden 2021 (zit. Hk-ZPO/*Bearbeiter*).
Harte-Bavendamm, Henning, Der Begriff des Geschäftsgeheimnisses nach harmonisiertem Recht, in: Ahrens, Hans-Jürgen/Bornkamm, Joachim/Fezer, Karl-Heinz u. a. (Hrsg.), Festschrift für Wolfgang Büscher, Köln 2018, S. 311–322.
Harte-Bavendamm, Henning/Henning-Bodewig, Frauke (Hrsg.), Gesetz gegen den unlauteren Wettbewerb, 4. Aufl., München 2016 (zit. Harte/Henning/*Bearbeiter*).
Härting, Niko, „Dateneigentum" – Schutz durch Immaterialgüterrecht?, CR 2016, S. 646–649.
Härting, Niko/Schneider, Jochen, Das Ende des Datenschutzes – Es lebe die Privatsphäre, CR 2015, S. 819–827.
Hartley, Ralph, Transmission of Information, The Bell System Technical Journal 7 (1928), S. 535–563.

Hauck, Ronny, Geheimnisschutz im Zivilprozess – Was bringt die neue EU-Richtlinie für das deutsche Recht?, NJW 2016, S. 2218–2223.
Hauck, Ronny/Cevc, Baltasar, Patentschutz für Systeme Künstlicher Intelligenz?, ZGE/IPJ 11 (2019), S. 135–169.
Heckmann, Dirk, Datenverwertung und Datenethik, APuZ 24–26/2019, S. 22–27.
Heckmann, Dirk/Specht, Louisa, Daten als Wirtschaftsgut, https://www.vbw-bayern.de/Redaktion/Frei-zugaengliche-Medien/Abteilungen-GS/Wirtschaftspolitik/2018/Downloads/Studie-Daten-als-Wirtschaftsgut_final.pdf (zuletzt abgerufen: 30.11.2022).
Heidelberger Kommentar DS-GVO/BDSG, hrsg. v. Schwartmann, Rolf/Jaspers, Andreas/Thüsing, Gregor u. a., 2. Aufl., Heidelberg 2020 (zit. HK-DS-GVO/BDSG/*Bearbeiter*).
Heidelberger Kommentar Insolvenzordnung, hrsg. v. Kayser, Godehard/Thole, Christoph, 10. Aufl., Heidelberg 2020 (zit. HK-InsO/*Bearbeiter*).
Heinze, Christian, Patentverletzungen durch Entwicklung, Anwendung und Verbreitung künstlicher neuronaler Netze, in: Specht-Riemenschneider, Louisa/Buchner, Benedikt/Heinze, Christian u. a. (Hrsg.), IT-Recht in Wissenschaft und Praxis – Festschrift für Jürgen Taeger, Frankfurt am Main 2020, S. 663–690.
Hennemann, Moritz, Datenlizenzverträge, RDi 2021, S. 61–70.
Hennrich, Thorsten, Cloud Computing, Berlin 2016.
Henssler, Martin/Strohn, Lutz (Hrsg.), Gesellschaftsrecht, 5. Aufl., München 2021 (zit. Henssler/Strohn/*Bearbeiter*).
Herbst, Tobias, Was sind personenbezogene Daten?, NVwZ 2016, S. 902–906.
Hess, Charlotte/Ostrom, Elinor, Ideas, Artifacts and Facilities: Information as a Common-Pool Resource, Law and Contemporary Problems 66 (2003), S. 111–145.
Heymann, Thomas, Rechte an Daten, CR 2016, S. 650–657.
Hieke, Robert, Big Data, InTeR 2017, S. 10–20.
Hilgendorf, Eric, Informationsrecht als eigenständige Disziplin?, in: Taeger, Jürgen/Vassilaki, Irini (Hrsg.), Rechtsinformatik und Informationsrecht im Spannungsfeld von Recht, Informatik und Ökonomie, Edewecht 2009, S. 1–12.
Hirte, Heribert/Knof, Béla, Wem „gehört" die Lizenz? – Plädoyer für eine Dekonstruktion des Haftungsrechts in der Insolvenz, JZ 2011, S. 889–901.
Hoeren, Thomas, Urheberrecht in der Informationsgesellschaft, GRUR 1997, S. 866–875.
–, Internet und Recht – Neue Paradigmen des Informationsrechts, NJW 1998, S. 2849–2854.
–, Information als Gegenstand des Rechtsverkehrs, MMR-Beil. 1998/9, S. 6–11.
–, Urheberrecht 2000 – Thesen für eine Reform des Urheberrechts, MMR 2000, S. 3–7.
–, Zur Einführung: Informationsrecht, JuS 2002, S. 947–953.
–, Informationsgerechtigkeit als Leitperspektive des Informationsrechts, in: Taeger, Jürgen/Wiebe, Andreas (Hrsg.), Informatik – Wirtschaft – Recht – Festschrift für Wolfgang Kilian zum 65. Geburtstag, Baden-Baden 2004, S. 91–102.
–, „Das Pferd frisst keinen Gurkensalat!" – Eine Einführung in das Informationsrecht, Paderborn u. a. 2008.
–, Dateneigentum, MMR 2013, S. 486–491.
–, § 23 Der strafrechtliche Schutz von Daten durch § 303a StGB und seine Auswirkungen auf ein Datenverkehrsrecht, in: Conrad, Isabell/Grützmacher, Malte (Hrsg.), Recht der Daten und Datenbanken im Unternehmen – Jochen Schneider zum 70. Geburtstag, Köln 2014, S. 303–312.
–, Big Data und Zivilrecht, in: Hoffmann-Riem, Wolfgang (Hrsg.), Big Data – Regulative Herausforderungen, Baden-Baden 2018, S. 187–193.
–, Datenbesitz statt Dateneigentum, MMR 2019, S. 5–8.

–, Dateneigentum und Datenbesitz, in: Pertot, Tereza (Hrsg.), Rechte an Daten, Tübingen 2020, S. 37–47.

Hoeren, Thomas/Bohne, Michael, Rechtsinformatik – Von der mathematischen Strukturtheorie zur Integrationsdisziplin, in: Traunmüller, Roland/Wimmer, Maria A. (Hrsg.), Informatik in Recht und Verwaltung – Herbert Fiedler zum 80. Geburtstag, Bonn 2009, S. 23–36.

Hoeren, Thomas/Münker, Reiner, Die EU-Richtlinie für den Schutz von Geschäftsgeheimnissen und ihre Umsetzung, WRP 2018, S. 150–155.

Hoeren, Thomas/Sieber, Ulrich/Holznagel, Bernd (Hrsg.), Handbuch Multimedia-Recht, Loseblatt, Stand: 58. EL (März 2022), München 2022 (zit. Hoeren/Sieber/Holznagel MultimediaR-HdB/*Bearbeiter*).

Hoffmann, Jan Felix, Prioritätsgrundsatz und Gläubigergleichbehandlung, Tübingen 2016.

–, „Dateneigentum" und Insolvenz, JZ 2019, S. 960–968.

Hoffmann-Riem, Wolfgang, Rechtliche Rahmenbedingungen für und regulative Herausforderungen durch Big Data, in: ders. (Hrsg.), Big Data – Regulative Herausforderungen, Baden-Baden 2018, S. 11–78.

Hofkirchner, Wolfgang (Hrsg.), The Quest for a Unified Theory of Information, Amsterdam 1999.

Hofmann, Franz, Der Unterlassungsanspruch als Rechtsbehelf, Tübingen 2017.

–, Mittelbare Verantwortlichkeit im Internet, JuS 2017, S. 713–719.

–, „Absolute Rechte" an Daten – Immaterialgüterrechtliche Perspektive, in: Pertot, Tereza (Hrsg.), Rechte an Daten, Tübingen 2020, S. 9–31.

–, Störerhaftung des Domain-Registrars im Urheberrecht, NJW 2021, S. 274–277.

Hofmann, Jeanette, Open Access: Ein Lackmustest, in: Dreier, Thomas/Fischer, Veronika/van Raay, Anne u. a. (Hrsg.), Informationen der öffentlichen Hand – Zugang und Nutzung, Baden-Baden 2016, S. 511–535.

Hohendorf, Thomas, Digitalisierung und Know-how-Schutz – Ist die Know-how-Richtlinie ausreichend?, in: Hennemann, Moritz/Sattler, Andreas (Hrsg.), Immaterialgüter und Digitalisierung, Baden-Baden 2017, S. 105–119.

Hoppen, Peter, Sicherung von Eigentumsrechten an Daten, CR 2015, S. 802–806.

Hopt, Handelsgesetzbuch, 42. Aufl., München 2023 (zit. Hopt/*Bearbeiter*).

Hornung, Gerrit/Hofmann, Kai, Industrie 4.0 und das Recht: Drei zentrale Herausforderungen, in: Hornung, Gerrit (Hrsg.), Rechtsfragen der Industrie 4.0, Baden-Baden 2018, S. 9–64.

Hürlimann, Daniel/Zech, Herbert, Rechte an Daten, sui generis 2016, S. 89–95.

Hüther, Mario/Danzmann, Max, Der Einfluss des Internet of Things und der Industrie 4.0 auf Kreditfinanzierungen.
– Teil 1, BB 2017, S. 834–840.
– Teil 2, BB 2017, S. 2693–2699.

Ingerl, Reinhard/Rohnke, Christian, Markengesetz, 3. Aufl., München 2010.

Isensee, Josef/Kirchhof, Paul (Hrsg.), Handbuch des Staatsrechts, Band 3: Demokratie – Bundesorgane, 3. Aufl., Heidelberg 2005 (zit. *Bearbeiter*, in: Isensee/Kirchhof, HStR III).

Jaeger, Insolvenzordnung, (zit. Jaeger/*Bearbeiter*).
– Band 1: §§ 1–55 InsO, hrsg. v. Henckel, Wolfram/Gerhardt, Walter, Berlin 2004.
– Band 4: §§ 103–128 InsO, hrsg. v. Gerhardt, Walter/Eckardt, Diederich/Windel, Peter A., 2. Aufl., Berlin/Boston 2022.
– Band 5 – Teil 2: §§ 156–173 InsO, hrsg. v. Henckel, Wolfram/Gerhardt, Walter, Berlin/Boston 2018.

Janich, Peter, Informationsbegriff und methodisch-kulturalistische Philosophie, EuS 1998, S. 169–182.

Jänich, Volker, Geistiges Eigentum – Eine Komplementärerscheinung zum Sacheigentum?, Tübingen 2002.
Jauernig, Bürgerliches Gesetzbuch, hrsg. v. Stürner, Rolf, 18. Aufl., München 2021 (zit. Jauernig/*Bearbeiter*).
Jestaedt, Dirk, Die Klagebefugnis des Lizenznehmers im Patentrecht, GRUR 2020, S. 354–358.
Johannsen, Wolfgang, Information und ihre Bedeutung in der Natur, Berlin 2016.
Jöns, Johanna, Daten als Handelsware, Baden-Baden 2019.
Jülicher, Tim, Medizininformationsrecht, Baden-Baden 2018.
juris Praxiskommentar BGB, Band 6: Internationales Privatrecht und UN-Kaufrecht, hrsg. v. Würdinger, Markus, 8. Aufl., Saarbrücken 2017 (zit. jurisPK-BGB/*Bearbeiter*).
–, Band 6: Internationales Privatrecht und UN-Kaufrecht, hrsg. v. Würdinger, Markus, 9. Aufl., Saarbrücken 2020 (zit. jurisPK-BGB/*Bearbeiter*).
Kaben, Dennis, Die Bedeutung von Daten für den Wettbewerb zwischen Suchmaschinen, in: Körber, Torsten/Immenga, Ulrich (Hrsg.), Daten und Wettbewerb in der digitalen Ökonomie, Baden-Baden 2017, S. 123–146.
Kalbfus, Björn, Know-how-Schutz in Deutschland zwischen Strafrecht und Zivilrecht – Welcher Reformbedarf besteht?, Köln 2011.
–, Rechtsdurchsetzung bei Geheimnisverletzungen, WRP 2019, S. 692–699.
–, Zur Rechtsnatur von Geschäftsgeheimnissen: Bringt das Geschäftsgeheimnisgesetz mehr Klarheit?, in: Ahrens, Hans-Jürgen/Büscher, Wolfgang/Goldmann, Michael u. a. (Hrsg.), Praxis des geistigen Eigentums – Festschrift für Henning Harte-Bavendamm zum 70. Geburtstag, München 2020, S. 341–354.
Karger, Michael/Sarre, Frank, Wird Cloud Computing zu neuen juristischen Herausforderungen führen?, in: Taeger, Jürgen/Wiebe, Andreas (Hrsg.), Inside the Cloud – Tagungsband Herbstakademie 2009, Edewecht 2009, S. 427–439.
Kast, Christian R./Meyer, Stephan/Wray, Bea, Software Escrow, CR 2002, S. 379–386.
Katzenberger, Paul, Urheberrechtsverträge im Internationalen Privatrecht und Konventionsrecht, in: Beier, Friedrich-Karl/Götting, Horst-Peter/Lehmann, Michael u. a. (Hrsg.), Urhebervertragsrecht – Festgabe für Gerhard Schricker zum 60. Geburtstag, München 1995, S. 225–259.
Kaulartz, Markus, Die Blockchain-Technologie, CR 2016, S. 474–480.
–, Blockchain und Smart Contracts, in: Briner, Robert G./Funk, Axel (Hrsg.), DGRI Jahrbuch 2017, Köln 2018, S. 179–190.
Kay, Lily E., Das Buch des Lebens, Frankfurt am Main 2005.
Kellenter, Wolfgang, Schutzrechtslizenzen in der Insolvenz des Lizenzgebers, in: Keller, Erhard/Plassmann, Clemens/v. Falck, Andreas (Hrsg.), Festschrift für Winfried Tilmann zum 65. Geburtstag, Köln u. a. 2003, S. 807–825.
Keller, Christoph, Geistiges Eigentum als Kreditsicherheit, ZIP 2020, S. 1052–1059.
Kerber, Wolfgang, A New (Intellectual) Property Right for Non-Personal Data? An Economic Analysis, GRUR Int. 2016, S. 989–998.
–, Rights on Data: The EU Communication „Building a European Data Economy" from an Economic Perspective, in: Lohsse, Sebastian/Schulze, Reiner/Staudenmayer, Dirk (Hrsg.), Trading Data in the Digital Economy: Legal Concepts and Tools, Baden-Baden 2017, S. 109–133.
Kiefer, Jonas, Das Geschäftsgeheimnis nach dem Referentenentwurf zum Geschäftsgeheimnisgesetz: Ein Immaterialgüterrecht, WRP 2018, S. 910–917.

Kieninger, Eva-Maria, Die Zukunft des deutschen und europäischen Mobiliarkreditsicherungsrechts, AcP 208 (2008), S. 182–226.

–, Gestalt und Funktion einer „Registrierung" von Mobiliarsicherungsrechten, RNotZ 2013, S. 216–225.

Kilian, Wolfgang, Informationelle Selbstbestimmung und Marktprozesse, CR 2002, S. 921–929.

–, Idee und Wirklichkeit der Rechtsinformatik in Deutschland, CR 2017, S. 202–212.

–, Personenbezogene Geschichte des Datenschutzrechts, in: Specht-Riemenschneider, Louisa/Buchner, Benedikt/Heinze, Christian u. a. (Hrsg.), IT-Recht in Wissenschaft und Praxis – Festschrift für Jürgen Taeger, Frankfurt am Main 2020, S. 219–233.

Kim, Daria, No One's Ownership as the Status Quo and a Possible Way Forward: A Note on the Public Consultation on Building a European Data Economy, GRUR Int. 2017, S. 697–705.

Kirchner, Christian, Informationsrecht: Ein institutionenökonomischer Zugang, in: Taeger, Jürgen/Wiebe, Andreas (Hrsg.), Informatik – Wirtschaft – Recht – Festschrift für Wolfgang Kilian zum 65. Geburtstag, Baden-Baden 2004, S. 103–116.

Kirn, Stefan/Müller-Hengstenberg, Claus D., Intelligente (Software-)Agenten: Von der Automatisierung zur Autonomie?, MMR 2014, S. 225–232.

–, Rechtliche Risiken autonomer und vernetzter Systeme, Berlin/Boston 2016.

Klammer, Gregor, Dateneigentum, Wien 2019.

Klass, Nadine, Das Urheberkollisionsrecht der ersten Inhaberschaft – Plädoyer für einen universalen Ansatz, GRUR Int. 2007, S. 373–386.

Klemm, Helmut, Ein großes Elend, Informatik-Spektrum 2003, S. 267–273.

Kloepfer, Michael/Neun, Andreas, Informationsrecht, München 2002.

Kluge, Friedrich, Etymologisches Wörterbuch der deutschen Sprache, 25. Aufl., Berlin/Boston 2011.

Knackstedt, Ralf/Eggert, Mathias/Gräwe, Lena u. a., Forschungsportal für Rechtsinformatik und Informationsrecht, MMR 2010, S. 528–533.

Koch, Robert, Haftung für die Weiterverbreitung von Viren durch E-Mails, NJW 2004, S. 801–807.

Koehler, Philipp/Ludwig, Daniel, Die Behandlung von Lizenzen in der Insolvenz, NZI 2007, S. 79–84.

Köhler, Helmut/Bornkamm, Joachim/Feddersen, Jörn, Gesetz gegen den unlauteren Wettbewerb, 37. Aufl., München 2019 (zit. Köhler/Bornkamm/Feddersen/*Bearbeiter*).

–, Gesetz gegen den unlauteren Wettbewerb, 40. Aufl., München 2022 (zit. Köhler/Bornkamm/Feddersen/*Bearbeiter*).

König, Carsten, Der Zugang zu Daten als Schlüsselgegenständen der digitalen Wirtschaft, in: Hennemann, Moritz/Sattler, Andreas (Hrsg.), Immaterialgüter und Digitalisierung, Baden-Baden 2017, S. 89–103.

König, M. Michael, Software (Computerprogramme) als Sache und deren Erwerb als Sachkauf, NJW 1993, S. 3121–3124.

Kofler, Johannes/Zeilinger, Anton, Quantum Information and Randomness, European Review 18 (2010), S. 469–480.

Kornmeier, Udo/Baranowski, Anne, Das Eigentum an Daten – Zugang statt Zuordnung, BB 2019, S. 1219–1225.

Kornwachs, Klaus, Pragmatic Information and System Surface, in: Kornwachs, Klaus/Jacoby, Konstantin (Hrsg.), Information, Berlin 1996, S. 163–185.

Kornwachs, Klaus/Jacoby, Konstantin (Hrsg.), Information, Berlin 1996.

–, Introduction: What's New About Information?, in: dies. (Hrsg.), Information, Berlin 1996, S. 1–17.
Kotthoff, Jost/Pauly, Daniel A., Software als Kreditsicherheit, WM 2007, S. 2085–2093.
Krebs, Peter/Becker, Maximilian, Die Teilverdinglichung und ihre Anwendung auf Internetdomains, JZ 2009, S. 932–943.
Kreutz, Peter, Das Objekt und seine Zuordnung, Baden-Baden 2017.
Krügel, Tina, Das personenbezogene Datum nach der DS-GVO, ZD 2017, S. 455–460.
Krüger, Stefan/Wiencke, Julia, Bitte recht freundlich – Verhältnis zwischen KUG und DS-GVO, MMR 2019, S. 76–80.
Krüger, Stefan/Wiencke, Julia/Koch, André, Der Datenpool als Geschäftsgeheimnis, GRUR 2020, S. 578–584.
Kubiciel, Michael/Großmann, Sven, Doxing als Testfall für das Datenschutzstrafrecht, NJW 2019, S. 1050–1055.
Kudlich, Hans, Information als Herausforderung und Informatik als Hilfsmittel für die Rechtsanwendung im Straf- und Strafprozessrecht, in: Taeger, Jürgen/Vassilaki, Irini (Hrsg.), Rechtsinformatik und Informationsrecht im Spannungsfeld von Recht, Informatik und Ökonomie, Edewecht 2009, S. 13–23.
Kuhlen, Rainer, Information, in: Kuhlen, Rainer/Seeger, Thomas/Strauch, Dietmar (Hrsg.), Grundlagen der praktischen Information und Dokumentation – Band 1: Handbuch zur Einführung in die Informationswissenschaft und -praxis, 5. Aufl., München 2004, S. 3–20.
–, Information – Informationswissenschaft, in: Kuhlen, Rainer/Semar, Wolfgang/Strauch, Dietmar (Hrsg.), Grundlagen der praktischen Information und Dokumentation, 6. Aufl., Berlin/Boston 2013, S. 1–24.
Kühling, Jürgen, Neues Bundesdatenschutzgesetz – Anpassungsbedarf bei Unternehmen, NJW 2017, S. 1985–1990.
Kühling, Jürgen/Buchner, Benedikt (Hrsg.), DS-GVO/BDSG, 3. Aufl., München 2020 (zit. Kühling/Buchner/*Bearbeiter*).
Kühling, Jürgen/Sackmann, Florian, Irrweg „Dateneigentum", ZD 2020, S. 24–30.
Lackner/Kühl/Heger, Strafgesetzbuch, 30. Aufl., München 2023 (zit. Lackner/Kühl/Heger/*Bearbeiter*).
Lahusen, Benjamin, Verdinglichung durch Datenschutz, AcP 221 (2021), S. 1–31.
Langhanke, Carmen/Schmidt-Kessel, Martin, Consumer Data as Consideration, EuCML 2015, S. 218–223.
Laoutoumai, Sebastian/Baumfalk, Patrick Jan, Probleme im vorprozessualen Verfahren bei der Rechtsverfolgung von Ansprüchen aus dem neuen GeschGehG, WRP 2018, S. 1300–1304.
Lauber-Rönsberg, Anne, Autonome „Schöpfung" – Urheberschaft und Schutzfähigkeit, GRUR 2019, S. 244–253.
Lauten, Justus, Sensor Data at Small and Medium-Sized Enterprises, ZGE/IPJ 9 (2017), S. 279–287.
Lederer, Beatrice, Open Data, Berlin 2015.
Legner, Sarah, Erzeugnisse Künstlicher Intelligenz im Urheberrecht, ZUM 2019, S. 807–812.
Lehmann, Matthias/Wancke, Anselm-Leander, Abtretung von Darlehensforderungen und Datenschutz, WM 2019, S. 613–620.
Lehner, Viktoria, Einsatz der Blockchain-Technologie im IP-Law, in: Hennemann, Moritz/Sattler, Andreas (Hrsg.), Immaterialgüter und Digitalisierung, Baden-Baden 2017, S. 43–58.
Leipziger Kommentar zum Strafgesetzbuch, Band 10: §§ 284–305a StGB, hrsg. v. Laufhütte, Heinrich Wilhelm/Rissing-van Saan, Ruth/Tiedemann, Klaus, 12. Aufl., Berlin 2008 (zit. LK-StGB/*Bearbeiter*).

Leistner, Matthias, Der Beitrag ökonomischer Forschung zum Urheberrecht, ZGE/IPJ 1 (2009), S. 403–456.
–, Störerhaftung und mittelbare Schutzrechtsverletzung, GRUR-Beil. 2010, S. 1–32.
Leistner, Matthias/Antoine, Lucie/Sagstetter, Thomas, Big Data, Tübingen 2021.
Leupold, Andreas/Glossner, Silke (Hrsg.), Münchener Anwaltshandbuch IT-Recht, 3. Aufl., München 2013 (zit. Leupold/Glossner/*Bearbeiter*).
Leupold, Andreas/Wiebe, Andreas/Glossner, Silke (Hrsg.), IT-Recht, 4. Aufl., München 2021 (zit. Leupold/Wiebe/Glossner/*Bearbeiter*).
v. Lewinski, Kai, Wert von personenbezogenen Daten, in: Stiftung Datenschutz (Hrsg.), Dateneigentum und Datenhandel, Berlin 2019, S. 209–219.
Leyens, Patrick C., Sachenrecht an Daten, in: Faust, Florian/Schäfer, Hans-Bernd (Hrsg.), Zivilrechtliche und rechtsökonomische Probleme des Internet und der künstlichen Intelligenz, Tübingen 2019, S. 47–78.
van Lieshout, Marc, The Value of Personal Data, in: Camenisch, Jan/Fischer-Hübner, Simone/Hansen, Marit (Hrsg.), Privacy and Identity Management for the Future Internet in the Age of Globalisation, Cham u. a. 2015, S. 26–38.
Lim, Chiehyeon/Kim, Ki-Hun/Kim, Min-Jun u. a., From Data to Value: A Nine-Factor Framework for Data-Based Value Creation in Information-Intensive Services, International Journal of Information Management 39 (2018), S. 121–135.
de Lima Pinheiro, Luís, Choice of Law on Non-Contractual Obligations between Communitarization and Globalization, RDIPP 2008, S. 5–42.
Linardatos, Dimitrios, Die Zukunft der Finanzbranche in der Ära der Disintermediation, DB 2018, S. 2033–2035.
Linke, Hartmut/Hau, Wolfgang, Internationales Zivilverfahrensrecht, 8. Aufl., Köln 2021.
Lloyd, Ian, UK: Digital Monitoring for Insurance Premium, Cyber Warfare and the Tesco Bank Hack, CRi 2016, S. 189–191.
Lochmann, Dietmar, Vom Wesen der Information, Norderstedt 2004.
–, Information und der Entropie-Irrtum, 2. Aufl., Aachen 2017 (zit. *Lochmann*, Information).
Locke, John, Versuch über den menschlichen Verstand, Zweiter Theil, Leipzig 1797.
Loewenheim, Ulrich (Hrsg.), Handbuch des Urheberrechts, 3. Aufl., München 2021 (zit. *Bearbeiter*, in: Loewenheim, Handbuch des Urheberrechts).
Löhnig, Martin, Treuhand, Tübingen 2006.
Lohse, Andrea, Facebook und die Verarbeitung der off-Facebook-Daten nach der DSGVO: Ein Fall für die kartellrechtliche Missbrauchsaufsicht?, NZKart 2020, S. 292–299.
Loitz, Rüdiger, Daten und ihre Bewertung – Herausforderung und Chance, DB 2020/9, S. M4–M5.
Lorenz, Stephan, Ohne Nutzungsrecht am Sicherungsgut kein Anspruch aus Eingriffskondiktion, LMK 2006, 204400.
–, Grundwissen – Zivilrecht: Abstrakte und kausale Rechtsgeschäfte, JuS 2009, S. 489–491.
Luhmann, Niklas, Soziale Systeme, Frankfurt am Main 1987.
–, Die Gesellschaft der Gesellschaft, Frankfurt am Main 1997.
Lutz, Alexander, Zugang zu wissenschaftlichen Informationen in der digitalen Welt, Tübingen 2012.
Lwowski, Hans-Jürgen/Fischer, Gero/Gehrlein, Markus (Hrsg.), Das Recht der Kreditsicherung, 10. Aufl., Berlin 2018 (zit. Lwowski/Fischer/Gehrlein/*Bearbeiter*).
Lyre, Holger, Informationstheorie, München 2002.

–, Der Begriff der Information: Was er leistet und was er nicht leistet, in: Pietsch, Wolfgang/Wernecke, Jörg/Ott, Maximilian (Hrsg.), Berechenbarkeit der Welt? – Festschrift für Klaus Mainzer zum Anlass seiner Emeritierung, Wiesbaden 2017, S. 477–493.

Maaßen, Stefan, „Angemessene Geheimhaltungsmaßnahmen" für Geschäftsgeheimnisse, GRUR 2019, S. 352–360.

Machlup, Fritz, Semantic Quirks in Studies of Information, in: Machlup, Fritz/Mansfield, Una (Hrsg.), The Study of Information, New York u. a. 1983, S. 641–671.

Machlup, Fritz/Mansfield, Una (Hrsg.), The Study of Information, New York u. a. 1983.

MacKay, Donald M., The Wider Scope of Information Theory, in: Machlup, Fritz/Mansfield, Una (Hrsg.), The Study of Information, New York u. a. 1983, S. 485–492.

Mackeprang, Hartwig, Zum Informationsbegriff der Allgemeinen Technologie, Diss., Berlin 1987.

Magnus, Ulrich/Mankowski, Peter (Hrsg.), European Commentaries on Private International Law, Volume 3: Rome II Regulation, Köln 2019 (zit. Magnus/Mankowski/*Bearbeiter*).

Mainzer, Klaus, Information, Berlin 2016.

–, Künstliche Intelligenz – Wann übernehmen die Maschinen?, 2. Aufl., Berlin 2019.

Mankowski, Peter, Neuerungen bei der Belegenheit von Vermögensgegenständen durch Art. 2 Nr. 9 EuInsVO 2015, in: Kayser, Godehard/Smid, Stefan/Riedemann, Susanne (Hrsg.), Nichts ist beständiger als der Wandel – Festschrift für Klaus Pannen zum 65. Geburtstag, München 2017, S. 243–257.

Mankowski, Peter/Müller, Michael F./Schmidt, Jessica (Hrsg.), EuInsVO 2015, München 2016 (zit. Mankowski/Müller/J. Schmidt/*Bearbeiter*).

Markendorf, Merih, Recht an Daten in der deutschen Rechtsordnung, ZD 2018, S. 409–413.

Marly, Jochen, Die Qualifizierung der Computerprogramme als Sache nach § 90 BGB, BB 1991, S. 432–436.

–, Praxishandbuch Softwarerecht, 7. Aufl., München 2018.

Marotzke, Wolfgang, Sukzessionsschutz für Lizenzen im Immaterialgüterrecht – Dargestellt am Beispiel der Patentlizenz, ZGE/IPJ 2 (2010), S. 233–272.

Martin, William J., The Global Information Society, 2. Aufl., Hampshire 1995.

Martini, Mario, Big Data als Herausforderung für das Datenschutzrecht und den Persönlichkeitsschutz, in: Hill, Hermann/Martini, Mario/Wagner, Edgar (Hrsg.), Die digitale Lebenswelt gestalten, Baden-Baden 2015, S. 97–162.

–, Blackbox Algorithmus – Grundfragen einer Regulierung Künstlicher Intelligenz, Berlin 2019.

Martini, Mario/Kolain, Michael/Neumann, Katja u. a., Datenhoheit, MMR-Beil. 2021/6, S. 3–23.

Mayer-Schönberger, Viktor, Information und Recht, Wien 2001.

Mayer-Schönberger, Viktor/Cukier, Kenneth, Big Data, München 2013.

Mayer-Schönberger, Viktor/Ramge, Thomas, Das Digital, 2. Aufl., Berlin 2017.

McGuire, Mary-Rose, Die Lizenz, Tübingen 2012.

–, Der Schutz von Know-how im System des Immaterialgüterrechts, GRUR 2016, S. 1000–1008.

–, Neue Anforderungen an Geheimhaltungsvereinbarungen?, WRP 2019, S. 679–688.

–, Begriff und Rechtsnatur des Geschäftsgeheimnisses – Über ungeschriebene Unterschiede zwischen altem und neuem Recht, in: Ahrens, Hans-Jürgen/Büscher, Wolfgang/Goldmann, Michael u. a. (Hrsg.), Praxis des geistigen Eigentums – Festschrift für Henning Harte-Bavendamm zum 70. Geburtstag, München 2020, S. 367–383.

McGuire, Mary-Rose/Joachim, Björn/Künzel, Jens u. a., Der Schutz von Geschäftsgeheimnissen durch Rechte des geistigen Eigentums und durch das Recht des unlauteren Wettbewerbs, GRUR Int. 2010, S. 829–840.
McLean, Sue/Deane-Johns, Simon, Demystifying Blockchain and Distributed Ledger Technology – Hype or Hero?, CRi 2016, S. 97–102.
Medicus, Dieter/Lorenz, Stephan, Schuldrecht I, Allgemeiner Teil, 22. Aufl., München 2021.
–, Schuldrecht II, Besonderer Teil, 18. Aufl., München 2018.
Meier, Klaus/Wehlau, Andreas, Die zivilrechtliche Haftung für Datenlöschung, Datenverlust und Datenzerstörung, NJW 1998, S. 1585–1591.
Mes, Peter, Patentgesetz/Gebrauchsmustergesetz, 5. Aufl., München 2020.
Metzger, Axel, Dienst gegen Daten: Ein synallagmatischer Vertrag, AcP 216 (2016), S. 817–865.
–, Mehr Freiheit wagen auf dem Markt der Daten, in: Dutta, Anatol/Heinze, Christian (Hrsg.), „Mehr Freiheit wagen" – Beiträge zur Emeritierung von Jürgen Basedow, Tübingen 2018, S. 131–152.
–, Digitale Mobilität – Verträge über Nutzerdaten, GRUR 2019, S. 129–136.
–, Verträge über digitale Inhalte und digitale Dienstleistungen: Neuer BGB-Vertragstypus oder punktuelle Reform?, JZ 2019, S. 577–586.
Michl, Fabian, „Datenbesitz" – Ein grundrechtliches Schutzgut?, NJW 2019, S. 2729–2733.
Mischau, Lena, Daten als „Gegenleistung" im neuen Verbrauchervertragsrecht, ZEuP 2020, S. 335–365.
Monopolkommission, Wettbewerbspolitik: Herausforderung digitale Märkte, Baden-Baden 2015.
Mörsdorf, Oliver, Im Bermudadreieck zwischen Datenschutz und Kartellrecht – Das Geschäftsmodell der digitalen Plattformökonomie auf dem Prüfstand, ZIP 2020, S. 2259–2272.
Möslein, Florian/Omlor, Sebastian (Hrsg.), FinTech-Handbuch, 2. Aufl., München 2021.
Münchener Anwaltshandbuch Insolvenz und Sanierung, hrsg. v. Nerlich, Jörg/Kreplin, Georg, 3. Aufl., München 2019 (zit. MAH Insolvenz/*Bearbeiter*).
Münchener Handbuch des Gesellschaftsrechts, hrsg. v. Gummert, Hans/Weipert, Lutz.
– Band 1: BGB-Gesellschaft u. a., 5. Aufl., München 2019 (zit. MHdB GesR I/*Bearbeiter*).
– Band 2: KG u. a., 5. Aufl., München 2019 (zit. MHdB GesR II/*Bearbeiter*).
Münchener Kommentar zum Bürgerlichen Gesetzbuch, Band 10: Art. 1–38 EGBGB, hrsg. v. Rebmann, Kurt/Säcker, Franz Jürgen/Rixecker, Roland, 3. Aufl., München 1998 (zit. MüKoBGB/*Bearbeiter*).
Münchener Kommentar zum Bürgerlichen Gesetzbuch, hrsg. v. Säcker, Franz Jürgen/Rixecker, Roland/Oetker, Hartmut u. a., (zit. MüKoBGB/*Bearbeiter*).
– Band 1: §§ 1–240 BGB, 9. Aufl., München 2021.
– Band 7: §§ 705–853 BGB, 8. Aufl., München 2020.
– Band 8: §§ 854–1296 BGB, 8. Aufl., München 2020.
– Band 13: IPR II, IntWR, Art. 50–253 EGBGB, 8. Aufl., München 2021.
Münchener Kommentar zum Handelsgesetzbuch, (zit. MüKoHGB/*Bearbeiter*).
– Band 2: §§ 105–229 HGB, hrsg. v. Drescher, Ingo/Fleischer, Holger/Schmidt, Karsten, 5. Aufl., München 2022.
– Band 4: §§ 238–342e HGB, hrsg. v. Schmidt, Karsten, 4. Aufl., München 2020.
Münchener Kommentar zum Lauterkeitsrecht, Band 1: §§ 1–7 UWG, hrsg. v. Heermann, Peter W./Schlingloff, Jochen, 3. Aufl., München 2020 (zit. MüKoUWG/*Bearbeiter*).
Münchener Kommentar zum Strafgesetzbuch, hrsg. v. Erb, Volker/Schäfer, Jürgen, (zit. MüKoStGB/*Bearbeiter*).

- Band 1: §§ 1–37 StGB, 4. Aufl., München 2020.
- Band 4: §§ 185–262 StGB, 4. Aufl., München 2021.

Münchener Kommentar zur Insolvenzordnung, hrsg. v. Stürner, Rolf/Eidenmüller, Horst/Schoppmeyer, Heinrich, (zit. MüKoInsO/*Bearbeiter*).
- Band 1: §§ 1–79 InsO, 4. Aufl., München 2019.
- Band 2: §§ 80–216 InsO, 4. Aufl., München 2019.
- Band 3: §§ 217–359 InsO, 4. Aufl., München 2020.
- Band 4: EuInsVO, EGInsO, Länderberichte, 4. Aufl., München 2021.

Münchener Kommentar zur Zivilprozessordnung, Band 2: §§ 355–945b ZPO, hrsg. v. Krüger, Wolfgang/Rauscher, Thomas, 6. Aufl., München 2020 (zit. MüKoZPO/*Bearbeiter*).

Mundt, Andreas, Algorithmen und Wettbewerb in einer digitalen Welt, ZVertriebsR 2021, S. 69–71.

Musielak, Hans-Joachim/Voit, Wolfgang (Hrsg.), Zivilprozessordnung, 19. Aufl., München 2022 (zit. Musielak/Voit/*Bearbeiter*).

Nägele, Thomas/Jacobs, Sven, Rechtsfragen des Cloud Computing, ZUM 2010, S. 281–292.

Natusch, Ingo, Intellectual Property Rights im Rahmen der Unternehmensfinanzierung, FB 2009, S. 438–445.

Nemethova, Olivia/Peters, Mark, „Datenschutz" durch Patentrecht? Schutz für das Direktprodukt eines Verfahrens, in: Taeger, Jürgen (Hrsg.), Rechtsfragen digitaler Transformationen – Tagungsband Herbstakademie 2018, Edewecht 2018, S. 193–205.

Nerlich, Jörg/Römermann, Volker (Hrsg.), Insolvenzordnung, Loseblatt, Stand: 45. EL (April 2022), München 2022 (zit. Nerlich/Römermann/*Bearbeiter*).

Nestler, Anke, Data as Assets – Die finanzielle Bewertung von Knowhow, in: Fischer, Veronika/Hoppen, Peter/Wimmers, Jörg (Hrsg.), DGRI Jahrbuch 2018, Köln 2019, S. 37–45.

Neuner, Jörg, Allgemeiner Teil des Bürgerlichen Rechts, 12. Aufl., München 2020.

Nitsche, Kathrin, Cyber-Physical System: Stehen Daten unter dem Schutz des Immaterialgüterrechts?, in: Taeger, Jürgen (Hrsg.), Recht 4.0 – Tagungsband Herbstakademie 2017, Edewecht 2017, S. 703–716.

Nomos-Kommentar zum Bürgerlichen Gesetzbuch, Band 6: Rom-Verordnungen, hrsg. v. Hüßtege, Rainer/Mansel, Heinz-Peter, 3. Aufl., Baden-Baden 2019 (zit. NK-BGB/*Bearbeiter*).

Nomos-Kommentar zum Datenschutzrecht, hrsg. v. Simitis, Spiros/Hornung, Gerrit/Spiecker gen. Döhmann, Indra, Baden-Baden 2019 (zit. NK-DatenschutzR/*Bearbeiter*).

Nomos-Kommentar zum Strafgesetzbuch, hrsg. v. Kindhäuser, Urs/Neumann, Ulfrid/Paeffgen, Hans-Ullrich, 5. Aufl., Baden-Baden 2017 (zit. NK-StGB/*Bearbeiter*).
- Band 1: §§ 1–79b StGB.
- Band 2: §§ 80–231 StGB.
- Band 3: §§ 232–358 StGB.

Nordmann, Matthias/Schuhmacher, Stephan, Escrow-Agreement: Softwarehinterlegung in der Praxis, K&R 1999, S. 363–366.

Noto La Diega, Guido, Against the Dehumanisation of Decision-Making, JIPITEC 2018, S. 3–34.

–, Data as Digital Assets – The Case of Targeted Advertising, in: Bakhoum, Mor/Conde Gallego, Beatriz/Mackenrodt, Mark-Oliver u. a. (Hrsg.), Personal Data in Competition, Consumer Protection and Intellectual Property Law, Berlin 2018, S. 445–499.

Obergfell, Eva Inés, Urheberrecht im kollisionsrechtlichen Focus, in: Witzleb, Normann/Ellger, Reinhard/Mankowski, Peter u. a. (Hrsg.), Festschrift für Dieter Martiny zum 70. Geburtstag, Tübingen 2014, S. 475–488.

Obermüller, Manfred, Insolvenzrecht in der Bankpraxis, 9. Aufl., Köln 2016.

OECD, Exploring the Economics of Personal Data: A Survey of Methodologies for Measuring Monetary Value, https://www.oecd.org/officialdocuments/publicdisplaydocumentpdf/?cote= DSTI/ICCP/IE/REG(2011)2/FINAL&docLanguage=EN (zuletzt abgerufen: 30.11.2022).

Oeser, Erhard, Der Informationsbegriff in der Philosophie und in der Wissenschaftstheorie, in: Folberth, Otto G./Hackl, Clemens (Hrsg.), Der Informationsbegriff in Technik und Wissenschaft – Festschrift zum 65. Geburtstag von Karl E. Ganzhorn, München 1986, S. 231–256.

Ohly, Ansgar, „Volenti non fit iniuria" – Die Einwilligung im Privatrecht, Tübingen 2002.

–, Gibt es einen Numerus clausus der Immaterialgüterrechte?, in: Ohly, Ansgar/Bodewig, Theo/Dreier, Thomas u. a. (Hrsg.), Perspektiven des geistigen Eigentums und Wettbewerbsrechts – Festschrift für Gerhard Schricker zum 70. Geburtstag, München 2005, S. 105–121.

–, Der Geheimnisschutz im deutschen Recht: Heutiger Stand und Perspektiven, GRUR 2014, S. 1–11.

–, Die Verantwortlichkeit von Intermediären, ZUM 2015, S. 308–318.

–, Anmerkung zu BGH, Urt. v. 26.07.2018 – I ZR 64/17 – *Dead Island*, JZ 2019, S. 251–255.

–, Das neue Geschäftsgeheimnisgesetz im Überblick, GRUR 2019, S. 441–451.

–, Das auf die Verletzung von Geschäftsgeheimnissen anwendbare Recht, in: Ahrens, Hans-Jürgen/Büscher, Wolfgang/Goldmann, Michael u. a. (Hrsg.), Praxis des geistigen Eigentums – Festschrift für Henning Harte-Bavendamm zum 70. Geburtstag, München 2020, S. 385–400.

Ohly, Ansgar/Sosnitza, Olaf (Hrsg.), Gesetz gegen den unlauteren Wettbewerb, 7. Aufl., München 2016 (zit. Ohly/Sosnitza/*Bearbeiter*).

Ory, Stephan/Sorge, Christoph, Schöpfung durch Künstliche Intelligenz?, NJW 2019, S. 710–713.

Osborne Clarke LLP, Legal Study on Ownership and Access to Data, https://op.europa.eu/en/publication-detail/-/publication/d0bec895-b603-11e6-9e3c-01aa75ed71a1 (zuletzt abgerufen: 30.11.2022).

Osterrieth, Christian, Patentrecht, 6. Aufl., München 2021.

Ott, Sascha, Information, Konstanz 2004.

Paal, Boris P., Marktmacht im Daten(schutz)recht, ZWeR 2020, S. 215–245.

Paal, Boris P./Hennemann, Moritz, Big Data im Recht, NJW 2017, S. 1697–1701.

–, Big Data as an Asset, https://www.abida.de/sites/default/files/Gutachten_ABIDA_Big_Data_as_an_Asset.pdf (zuletzt abgerufen: 30.11.2022).

Paal, Boris P./Pauly, Daniel A. (Hrsg.), DS-GVO/BDSG, 3. Aufl., München 2021 (zit. Paal/Pauly/*Bearbeiter*).

Pahlow, Louis, Lizenz und Lizenzvertrag im Recht des geistigen Eigentums, Tübingen 2006.

–, Anspruchskonkurrenzen bei Verletzung lizenzierter Schutzrechte unter Berücksichtigung der Richtlinie 2004/48/EG, GRUR 2007, S. 1001–1007.

–, Lizenz und Lizenzvertrag in der Insolvenz, WM 2008, S. 2041–2049.

–, Lizenzvertrag und Insolvenz, WM 2016, S. 1717–1723.

Palmetshofer, Walter/Semsrott, Arne/Alberts, Anna, Der Wert persönlicher Daten, https://www.svr-verbraucherfragen.de/wp-content/uploads/Open_Knowledge_Foundation_Studie.pdf (zuletzt abgerufen: 30.11.2022).

Pape, Ulrich, Grundlagen der Finanzierung und Investition, 4. Aufl., Berlin/Boston 2018.

Partsch, Christoph/Schindler, Claudia, Ansprüche bei Rechtsverletzungen des Geschäftsgeheimnisses, NJW 2020, S. 2364–2369.

Paulus, Christoph G., Daten in der Zwangsvollstreckung, DGVZ 2020, S. 133–140.

–, EuInsVO, 6. Aufl., Frankfurt am Main 2021.

Paulus, Christoph G./Berg, Judith, Daten als insolvenzrechtlicher Vermögenswert des Schuldners, ZIP 2019, S. 2133–2142.

Paulus, David, Was ist eigentlich … eine Blockchain?, JuS 2019, S. 1049–1050.
Peschel, Christopher/Rockstroh, Sebastian, Big Data in der Industrie, MMR 2014, S. 571–576.
Peters, Stephan/Kast, Christian R., Software Escrow, in: Taeger, Jürgen (Hrsg.), Digitale Evolution – Tagungsband Herbstakademie 2010, Edewecht 2010, S. 813–826.
Peukert, Alexander, Das Sacheigentum in der Informationsgesellschaft, in: Ohly, Ansgar/Bodewig, Theo/Dreier, Thomas u.a. (Hrsg.), Perspektiven des geistigen Eigentums und Wettbewerbsrechts – Festschrift für Gerhard Schricker zum 70. Geburtstag, München 2005, S. 149–163.
–, Güterzuordnung als Rechtsprinzip, Tübingen 2008.
–, „Sonstige Gegenstände" im Rechtsverkehr, in: Leible, Stefan/Lehmann, Matthias/Zech, Herbert (Hrsg.), Unkörperliche Güter im Zivilrecht, Tübingen 2011, S. 95–121.
Pflüger, Thomas, Open Access-Regulierung im internationalen Vergleich – Regulierungsansätze im digitalen Zeitalter für den Bereich von Wissenschaftspublikationen in Zeitschriften, in: Dreier, Thomas/Fischer, Veronika/van Raay, Anne u.a. (Hrsg.), Informationen der öffentlichen Hand – Zugang und Nutzung, Baden-Baden 2016, S. 537–562.
Picht, Peter Georg, Vom materiellen Wert des Immateriellen, Tübingen 2018.
Picker, Eduard, Positive Forderungsverletzung und culpa in contrahendo – Zur Problematik der Haftungen „zwischen" Vertrag und Delikt, AcP 183 (1983), S. 369–520.
–, Privatrechtsdogmatik und Eigentumsschutz, in: Auer, Marietta/Grigoleit, Hans Christoph/Hager, Johannes u.a. (Hrsg.), Privatrechtsdogmatik im 21. Jahrhundert – Festschrift für Claus-Wilhelm Canaris zum 80. Geburtstag, Berlin/Boston 2017, S. 579–615.
Piltz, Carlo, Die Datenschutz-Grundverordnung, K&R 2016, S. 629–636.
Plath, Kai-Uwe (Hrsg.), DSGVO/BDSG, 3. Aufl., Köln 2018 (zit. Plath/*Bearbeiter*).
Podlech, Adalbert, Information – Modell – Abbildung, in: Steinmüller, Wilhelm (Hrsg.), Informationsrecht und Informationspolitik, München 1976, S. 21–24.
Podszun, Rupprecht/Kersting, Christian, Modernisierung des Wettbewerbsrechts und Digitalisierung, NJOZ 2019, S. 321–325.
Poletti, Dianora, Holding Data between Possessio and Detentio, in: Pertot, Tereza (Hrsg.), Rechte an Daten, Tübingen 2020, S. 127–143.
Pombriant, Denis, Data, Information and Knowledge, CRi 2013, S. 97–102.
Prado Ojea, Gabriel, Der derivative Informationsschutz nach § 9 S. 2 Nr. 3 PatG, GRUR 2018, S. 1096–1102.
Prütting, Hanns/Gehrlein, Markus (Hrsg.), Zivilprozessordnung, 14. Aufl., Hürth 2022 (zit. Prütting/Gehrlein/*Bearbeiter*).
Prütting, Hanns/Wegen, Gerhard/Weinreich, Gerd (Hrsg.), Bürgerliches Gesetzbuch, 17. Aufl., Hürth 2022 (zit. Prütting/Wegen/Weinreich/*Bearbeiter*).
Rajan, Raghuram/Winton, Andrew, Covenants and Collateral as Incentives to Monitor, The Journal of Finance 50 (1995), S. 1113–1146.
Rath, Michael, Risiken und Nebenwirkungen beim Software Escrow, CR 2013, S. 78–81.
Rath, Michael/Kuß, Christian/Maiworm, Christoph, Die neue Microsoft Cloud in Deutschland mit Datentreuhand als Schutzschild gegen NSA & Co.?, CR 2016, S. 98–103.
Rauscher, Thomas (Hrsg.), Europäisches Zivilprozess- und Kollisionsrecht, (zit. Rauscher/*Bearbeiter*).
– Band 1: Brüssel Ia-VO, 5. Aufl., Köln 2021
– Band 3: Rom I-VO, Rom II-VO, 4. Aufl., Köln 2016.
Rechenberg, Peter, Zum Informationsbegriff der Informationstheorie, Informatik Spektrum 2003, S. 317–326.
Redeker, Helmut, Software – Ein besonderes Gut, NJOZ 2008, S. 2917–2926.

–, Information als eigenständiges Rechtsgut, CR 2011, S. 634–639.
–, IT-Recht, 7. Aufl., München 2020.
– (Hrsg.), Handbuch der IT-Verträge, Loseblatt, Stand: 48. EL (Oktober 2022), Köln 2022 (zit. Bearbeiter, in: Redeker, Handbuch der IT-Verträge).
Rehbinder, Manfred/Peukert, Alexander, Urheberrecht, 18. Aufl., München 2018.
Reinfeld, Roland, Das neue Gesetz zum Schutz von Geschäftsgeheimnissen, München 2019.
Reithmann, Christoph/Martiny, Dieter (Hrsg.), Internationales Vertragsrecht, 8. Aufl., Köln 2015 (zit. Reithmann/Martiny/Bearbeiter).
Reithmann/Martiny, Internationales Vertragsrecht, hrsg. v. Martiny, Dieter, 9. Aufl., Köln 2022 (zit. Reithmann/Martiny/Bearbeiter).
Reymann, Christoph, Die Verpfändung von GmbH-Geschäftsanteilen, DNotZ 2005, S. 425–463.
Richter, Heiko, „Open Government Data" für Daten des Bundes, NVwZ 2017, S. 1408–1413.
–, Information als Infrastruktur, Tübingen 2021.
Riehm, Thomas, Dateneigentum – Schutz nach allgemeinem Zivilrecht, in: Hornung, Gerrit (Hrsg.), Rechtsfragen der Industrie 4.0, Baden-Baden 2018, S. 73–96.
–, Rechte an Daten – Die Perspektive des Haftungsrechts, VersR 2019, S. 714–724.
–, Daten als Gegenleistung?, in: Specht-Riemenschneider, Louisa/Buchner, Benedikt/Heinze, Christian u. a. (Hrsg.), IT-Recht in Wissenschaft und Praxis – Festschrift für Jürgen Taeger, Frankfurt am Main 2020, S. 55–77.
–, Verträge über digitale Dienstleistungen, RDi 2022, S. 209–216.
Riehm, Thomas/Meier, Stanislaus, Künstliche Intelligenz im Zivilrecht, in: Fischer, Veronika/Hoppen, Peter/Wimmers, Jörg (Hrsg.), DGRI Jahrbuch 2018, Köln 2019, S. 1–36.
Rieländer, Frederick, Der Schutz von Geschäftsgeheimnissen im europäischen Kollisionsrecht, ZVglRWiss 119 (2020), S. 339–368.
Rody, Yasamin, Der Begriff und die Rechtsnatur von Geschäfts- und Betriebsgeheimnissen unter Berücksichtigung der Geheimnisschutz-Richtlinie, Baden-Baden 2019.
Ropohl, Günter, Der Informationsbegriff im Kulturstreit, EuS 2001, S. 3–14.
–, Allgemeine Technologie, 3. Aufl., Karlsruhe 2009.
–, Allgemeine Systemtheorie, Berlin 2012.
Rossi, Matthias, Staatliche Daten als Informationsrohstoff, NVwZ 2013, S. 1263–1266.
Roßnagel, Alexander, Rechtsfragen eines Smart Data-Austauschs, NJW 2017, S. 10–15.
–, Pseudonymisierung personenbezogener Daten, ZD 2018, S. 243–247.
–, Datenschutz in der Forschung, ZD 2019, S. 157–164.
–, Kein „Verbotsprinzip" und kein „Verbot mit Erlaubnisvorbehalt" im Datenschutzrecht, NJW 2019, S. 1–5.
Röttgen, Charlotte, Gefällt mir, gefällt mir nicht – Tracking im Internet, in: Hoeren, Thomas/Kolany-Raiser, Barbara (Hrsg.), Big Data zwischen Kausalität und Korrelation, Berlin 2016, S. 84–94.
Rüfner, Thomas, Savigny und der Sachbegriff des BGB, in: Leible, Stefan/Lehmann, Matthias/Zech, Herbert (Hrsg.), Unkörperliche Güter im Zivilrecht, Tübingen 2011, S. 33–48.
Sachs, Michael (Hrsg.), Grundgesetz, 9. Aufl., München 2021 (zit. Sachs/Bearbeiter).
Sack, Rolf, Das IPR des geistigen Eigentums nach der Rom II-VO, WRP 2008, S. 1405–1419.
Sagstetter, Thomas, Big Data und der europäische Rechtsrahmen: Status quo und Reformbedarf im Lichte der Trade-Secrets-Richtlinie 2016/943/EU, in: Maute, Lena/Mackenrodt, Mark-Oliver (Hrsg.), Recht als Infrastruktur für Innovation, Baden-Baden 2019, S. 285–318.
–, Digitaler Strukturwandel und Privatrecht, in: Husemann, Tim/Korves, Robert/Rosenkranz, Frank u. a. (Hrsg.), Strukturwandel und Privatrecht, Baden-Baden 2019, S. 249–292.
Sarunski, Maik, Big Data – Ende der Anonymität?, DuD 2016, S. 424–427.

Sassenberg, Thomas/Faber, Tobias (Hrsg.), Rechtshandbuch Industrie 4.0 und Internet of Things, 2. Aufl., München 2020 (zit. *Bearbeiter*, in: Sassenberg/Faber, RechtsHdB Industrie 4.0 und Internet of Things).

Sattler, Andreas, Personenbezogene Daten als Leistungsgegenstand, JZ 2017, S. 1036–1046.

–, From Personality to Property?, in: Bakhoum, Mor/Conde Gallego, Beatriz/Mackenrodt, Mark-Oliver u. a. (Hrsg.), Personal Data in Competition, Consumer Protection and Intellectual Property Law, Berlin 2018, S. 27–54.

–, Personenbezogene Daten als Leistungsgegenstand, in: Schmidt-Kessel, Martin/Grimm, Anna (Hrsg.), Telematiktarife & Co. – Versichertendaten als Prämienersatz, Karlsruhe 2018, S. 1–46.

–, Autonomy or Heteronomy – Proposal for a Two-Tier Interpretation of Art. 6 GDPR, in: Lohsse, Sebastian/Schulze, Reiner/Staudenmayer, Dirk (Hrsg.), Data as Counter-Performance – Contract Law 2.0?, Baden-Baden 2020, S. 225–251.

–, Neues EU-Vertragsrecht für digitale Güter, CR 2020, S. 145–154.

–, Personenbezug als Hindernis des Datenhandels, in: Pertot, Tereza (Hrsg.), Rechte an Daten, Tübingen 2020, S. 49–85.

–, Urheber- und datenschutzrechtliche Konflikte im neuen Vertragsrecht für digitale Produkte, NJW 2020, S. 3623–3629.

Schaback, Robert, Daten, Prozesse und Information, in: Fritz, Hans-Joachim/Schaback, Robert (Hrsg.), Die Natur der Information, Göttingen 2019, S. 183–193.

–, Definitionen von Information, in: Fritz, Hans-Joachim/Schaback, Robert (Hrsg.), Die Natur der Information, Göttingen 2019, S. 11–25.

Schack, Haimo, International zwingende Normen im Urhebervertragsrecht, in: Lorenz, Stephan/Trunk, Alexander/Eidenmüller, Horst u. a. (Hrsg.), Festschrift für Andreas Heldrich zum 70. Geburtstag, München 2005, S. 997–1005.

–, Das auf (formlose) Immaterialgüterrechte anwendbare Recht nach Rom II, in: Baetge, Dietmar/v. Hein, Jan/v. Hinden, Michael (Hrsg.), Die richtige Ordnung – Festschrift für Jan Kropholler zum 70. Geburtstag, Tübingen 2008, S. 651–669.

–, Unterlizenzierung einfacher Nutzungsrechte?, in: Dreier, Thomas/Peifer, Karl-Nikolaus/Specht, Louisa (Hrsg.), Anwalt des Urheberrechts – Festschrift für Gernot Schulze zum 70. Geburtstag, München 2017, S. 307–314.

–, Urheber- und Urhebervertragsrecht, 10. Aufl., Tübingen 2021.

Schäfer, Hans-Bernd, Korreferat zu Patrick C. Leyens – „Sachenrecht an Daten", in: Faust, Florian/Schäfer, Hans-Bernd (Hrsg.), Zivilrechtliche und rechtsökonomische Probleme des Internet und der künstlichen Intelligenz, Tübingen 2019, S. 79–85.

Schäfer, Hans-Bernd/Ott, Claus, Lehrbuch der ökonomischen Analyse des Zivilrechts, 6. Aufl., Berlin 2020.

Schefzig, Jens, Wem gehört das neue Öl? – Die Sicherung der Rechte an Daten, K&R Beihefter 3/2015 zu Heft 9, S. 3–7.

–, Die Datenlizenz, in: Taeger, Jürgen (Hrsg.), Internet der Dinge – Tagungsband Herbstakademie 2015, Edewecht 2015, S. 551–565.

Schepp, Nils-Peter/Wambach, Achim, On Big Data and Its Relevance for Market Power Assessment, Journal of European Competition Law & Practice 2016, S. 120–124.

Schilling, Stefan, Der Schutz von Geschäfts- und Betriebsgeheimnissen – Prozessuale Schwierigkeiten und Reformbedarf, in: Ahrens, Hans-Jürgen/Bornkamm, Joachim/Fezer, Karl-Heinz u. a. (Hrsg.), Festschrift für Wolfgang Büscher, Köln 2018, S. 383–391.

Schimmel, Wolfgang, Datenschutz, in: Steinmüller, Wilhelm (Hrsg.), ADV und Recht, 2. Aufl., Berlin 1976, S. 145–168.

Schmidt, Holger, Auf dem Weg zur vollen Anerkennung immaterieller Vermögenswerte als Kreditsicherheit?, WM 2012, S. 721–731.

Schmidt, Karsten, Die BGB-Außengesellschaft: Rechts- und parteifähig, NJW 2001, S. 993–1003.

– (Hrsg.), Insolvenzordnung, 20. Aufl., München 2023 (zit. K. Schmidt/*Bearbeiter*).

Schmidt, Kirsten Johanna/Zech, Herbert, Datenbankherstellerschutz für Rohdaten?, CR 2017, S. 417–426.

Schmidt-Kessel, Martin/Grimm, Anna, Unentgeltlich oder entgeltlich? – Der vertragliche Austausch von digitalen Inhalten gegen personenbezogene Daten, ZfPW 2017, S. 84–108.

Schmitz, Barbara, Der Abschied vom Personenbezug, ZD 2018, S. 5–8.

Schneider, Jens-Peter, Innovationsoffene Regulierung datenbasierter Dienste in der Informationsgesellschaft, in: Körber, Torsten/Kühling, Jürgen (Hrsg.), Regulierung – Wettbewerb – Innovation, Baden-Baden 2017, S. 113–141.

Schneider, Jochen (Hrsg.), Handbuch EDV-Recht, 5. Aufl., Köln 2017 (zit. Schneider/*Bearbeiter*).

Schnyder, Anton K./Sogo, Miguel (Hrsg.), Lugano-Übereinkommen zum internationalen Zivilverfahrensrecht, 2. Aufl., Zürich/St. Gallen 2023 (zit. Schnyder/Sogo/*Bearbeiter*).

Schoch, Friedrich, Informationsfreiheitsgesetz, 2. Aufl., München 2016.

Schoenwald, Stephanie, KfW-ifo-Kredithürde: Oktober 2022, https://www.kfw.de/PDF/Download-Center/Konzernthemen/Research/PDF-Dokumente-KfW-ifo-Kredithuerde/KfW-ifo-Kredith%C3%BCrde-Q3-2022.pdf (zuletzt abgerufen: 30.11.2022).

Schöneich, Anja, Der Begriff der Dinglichkeit im Immaterialgüterrecht, Baden-Baden 2017.

Schönhammer, Kurt, Der Entropiebegriff in der Physik und seine Beziehung zum Konzept der Information, in: Fritz, Hans-Joachim/Schaback, Robert (Hrsg.), Die Natur der Information, Göttingen 2019, S. 45–72.

–, Quanteninformation: Versuch einer Einführung für Nicht-Physiker, in: Fritz, Hans-Joachim/Schaback, Robert (Hrsg.), Die Natur der Information, Göttingen 2019, S. 73–87.

–, Wahrscheinlichkeit und Information – Wie Henne und Ei?, in: Fritz, Hans-Joachim/Schaback, Robert (Hrsg.), Die Natur der Information, Göttingen 2019, S. 27–43.

Schönke/Schröder, Strafgesetzbuch, 30. Aufl., München 2019 (zit. Schönke/Schröder/*Bearbeiter*).

Schrey, Joachim/Thalhofer, Thomas, Rechtliche Aspekte der Blockchain, NJW 2017, S. 1431–1436.

Schricker, Gerhard, Rechtsfragen der Firmenlizenz, in: Erdmann, Willi/Mees, Hans-Kurt/Piper, Henning u. a. (Hrsg.), Festschrift für Otto-Friedrich Frhr. v. Gamm, Köln u. a. 1990, S. 289–301.

Schricker/Loewenheim, Urheberrecht, hrsg. v. Loewenheim, Ulrich/Leistner, Matthias/Ohly, Ansgar, 6. Aufl., München 2020 (zit. Schricker/Loewenheim/*Bearbeiter*).

Schrödinger, Erwin, Was ist Leben?, 3. Aufl., München/Zürich 1999.

Schroeder, Moritz, Numerus clausus der Immaterialgüterrechte? – Zum normativen Gehalt eines sog. Prinzips, in: Specht, Louisa/Lauber-Rönsberg, Anne/Becker, Maximilian (Hrsg.), Medienrecht im Medienumbruch, Baden-Baden 2017, S. 9–43.

Schulz, Carsten, Rechtliche Aspekte des Cloud Computing im Überblick, in: Taeger, Jürgen/Wiebe, Andreas (Hrsg.), Inside the Cloud – Tagungsband Herbstakademie 2009, Edewecht 2009, S. 403–418.

Schulz, Sönke E., Dateneigentum in der deutschen Rechtsordnung, PinG 2018, S. 72–79.

Schulze, Gernot, Wann beginnt eine urheberrechtlich relevante Nutzung?, ZUM 2000, S. 126–136.

Schulze, Silvio, Daten als Kreditsicherungsmittel mit Bestand in der Insolvenz, München 2019.
Schur, Nico, Die Lizenzierung von Daten, GRUR 2020, S. 1142–1152.
–, Die Lizenzierung von Daten, Tübingen 2020.
Schuschke, Winfried/Walker, Wolf-Dietrich/Kessen, Martin u. a. (Hrsg.), Vollstreckung und vorläufiger Rechtsschutz, 7. Aufl., Köln 2020 (zit. Schuschke/Walker/Kessen/Thole/*Bearbeiter*).
Schuster, Fabian/Grützmacher, Malte (Hrsg.), IT-Recht, Köln 2020 (zit. Schuster/Grützmacher/*Bearbeiter*).
Schuster, Michael/Tobuschat, Sarah, Geschäftsgeheimnisse in der Insolvenz, GRUR-Prax 2019, S. 248–250.
Schütze, Benjamin/Hänold, Stefanie/Forgó, Nikolaus, Big Data – Eine informationsrechtliche Annäherung, in: Kolany-Raiser, Barbara/Heil, Reinhard/Orwat, Carsten u. a. (Hrsg.), Big Data und Gesellschaft, Wiesbaden 2018, S. 233–308.
Schwartmann, Rolf/Hentsch, Christian-Henner, Eigentum an Daten – Das Urheberrecht als Pate für ein Datenverwertungsrecht, RDV 2015, S. 221–230.
–, Parallelen aus dem Urheberrecht für ein neues Datenverwertungsrecht, PinG 2016, S. 117–126.
Schwartz, Michael, KfW Mittelstandspanel 2017, https://www.kfw.de/PDF/Download-Center/Konzernthemen/Research/PDF-Dokumente-KfW-Mittelstandspanel/KfW-Mittelstandspanel-2017.pdf (zuletzt abgerufen: 30.11.2022).
Schwartz, Michael/Gerstenberger, Juliane, KfW Research Nr. 243/2019, https://www.kfw.de/PDF/Download-Center/Konzernthemen/Research/PDF-Dokumente-Fokus-Volkswirtschaft/Fokus-2019/Fokus-Nr.-243-Februar-2019-Mittelstand-und-Hausbanken.pdf (zuletzt abgerufen: 30.11.2022).
Schwarz, Claudia/Kruspig, Sabine, Computerimplementierte Erfindungen – Patentschutz von Software?, Köln 2011.
Schweitzer, Frank, Selbstorganisation und Information, in: Krapp, Holger/Wägenbaur, Thomas (Hrsg.), Komplexität und Selbstorganisation, München 1997, S. 99–129.
Schweitzer, Heike, Neue Machtlagen in der digitalen Welt? Das Beispiel unentgeltlicher Leistungen, in: Körber, Torsten/Kühling, Jürgen (Hrsg.), Regulierung – Wettbewerb – Innovation, Baden-Baden 2017, S. 269–305.
–, Datenzugang in der Datenökonomie: Eckpfeiler einer neuen Informationsordnung, GRUR 2019, S. 569–580.
Schweitzer, Heike/Haucap, Justus/Kerber, Wolfgang u. a., Modernisierung der Missbrauchsaufsicht für marktmächtige Unternehmen, Baden-Baden 2018.
Schweitzer, Heike/Peitz, Martin, Datenmärkte in der digitalisierten Wirtschaft: Funktionsdefizite und Regelungsbedarf?, https://ftp.zew.de/pub/zew-docs/dp/dp17043.pdf (zuletzt abgerufen: 30.11.2022).
–, Ein neuer europäischer Ordnungsrahmen für Datenmärkte?, NJW 2018, S. 275–280.
Segger-Piening, Sören, Gewährleistung und Haftung im Internet der Dinge – Zugleich eine Analyse der neuen Warenkaufrichtlinie, in: Beyer, Elena/Erler, Katharina/Hartmann, Christoph u. a. (Hrsg.), Privatrecht 2050 – Blick in die digitale Zukunft, Baden-Baden 2020, S. 87–115.
Seiberth, Gabriel/Gründinger, Wolfgang, Data-Driven Business Models in Connected Cars, Mobility Services and Beyond, https://www.bvdw.org/fileadmin/user_upload/20180509_bvdw_accenture_studie_datadrivenbusinessmodels.pdf (zuletzt abgerufen: 30.11.2022).
Seifert, Achim, Arbeit in der digitalen Fabrik am Beispiel von Wertschöpfungsnetzwerken, in: Hornung, Gerrit (Hrsg.), Rechtsfragen der Industrie 4.0, Baden-Baden 2018, S. 175–197.

Seiffert, Helmut, Information über die Information, 3. Aufl., München 1971.

Selz, Ilan Leonard, Zuordnung und Transaktion von Geschäftsgeheimnissen im Informationszeitalter, in: Taeger, Jürgen (Hrsg.), Rechtsfragen digitaler Transformationen – Tagungsband Herbstakademie 2018, Edewecht 2018, S. 411–423.

Shannon, Claude E., A Mathematical Theory of Communication, The Bell System Technical Journal 27 (1948), S. 379–423.

–, A Mathematical Theory of Communication, The Bell System Technical Journal 27 (1948), S. 623–656.

–, The Lattice Theory of Information, Transactions of the IRE Professional Group on Information Theory 1 (1953), S. 105–113.

Shannon, Claude E./Weaver, Warren, The Mathematical Theory of Communication, Urbana 1964.

Shelanski, Howard A., Information, Innovation and Competition Policy for the Internet, 161 U. Pa. L. Rev. S. 1663–1705 (2013).

Sieber, Ulrich, Informationsrecht und Recht der Informationstechnik, NJW 1989, S. 2569–2580.

–, Rechtsinformatik und Informationsrecht, Jura 1993, S. 561–571.

Sigman, Harry C., Perfection and Priority of Security Rights, in: Eidenmüller, Horst/Kieninger, Eva-Maria (Hrsg.), The Future of Secured Credit in Europe, Berlin 2008, S. 143–165.

Škorjanc, Žiga, Automatisierte Kreditentscheidungen, in: Taeger, Jürgen (Hrsg.), Die Macht der Daten und der Algorithmen – Tagungsband Herbstakademie 2019, Edewecht 2019, S. 47–60.

Soergel, Bürgerliches Gesetzbuch, Band 1: §§ 1–103 BGB, hrsg. v. Siebert, Wolfgang/Baur, Jürgen F., 13. Aufl., Stuttgart u. a. 2000 (zit. Soergel/*Bearbeiter*).

Specht, Louisa, Konsequenzen der Ökonomisierung informationeller Selbstbestimmung: Die zivilrechtliche Erfassung des Datenhandels, Köln 2012.

–, Ausschließlichkeitsrechte an Daten – Notwendigkeit, Schutzumfang, Alternativen, CR 2016, S. 288–296.

–, „Bezahlen mit Daten" – Mögliche Auswirkungen des Richtlinienvorschlags über bestimmte vertragsrechtliche Aspekte der Bereitstellung digitaler Inhalte auf das nationale Vertrags- und Datenschutzrecht, OdW 2017, S. 121–127.

–, Das Verhältnis möglicher Datenrechte zum Datenschutzrecht, GRUR Int. 2017, S. 1040–1047.

–, Daten als Gegenleistung – Verlangt die Digitalisierung nach einem neuen Vertragstypus?, JZ 2017, S. 763–770.

–, Property Rights Concerning Personal Data, ZGE/IPJ 9 (2017), S. 411–415.

Specht, Louisa/Kerber, Wolfgang, Datenrechte – Eine rechts- und sozialwissenschaftliche Analyse im Vergleich Deutschland – USA, https://www.abida.de/sites/default/files/ABIDA_Gutachten_Datenrechte.pdf (zuletzt abgerufen: 30.11.2022).

Specht, Louisa/Rohmer, Rebecca, Zur Rolle des informationellen Selbstbestimmungsrechts bei der Ausgestaltung eines möglichen Ausschließlichkeitsrechts an Daten, PinG 2016, S. 127–132.

Specht-Riemenschneider, Louisa/Blankertz, Aline/Sierek, Pascal u.a., Die Datentreuhand, MMR-Beil. 2021/6, S. 25–48.

Specht-Riemenschneider, Louisa/Werry, Nikola/Werry, Susanne (Hrsg.), Datenrecht in der Digitalisierung, Berlin 2020 (zit. Specht-Riemenschneider/Werry/Werry/*Bearbeiter*).

Spickhoff, Andreas, Der Schutz von Daten durch das Deliktsrecht, in: Leible, Stefan/Lehmann, Matthias/Zech, Herbert (Hrsg.), Unkörperliche Güter im Zivilrecht, Tübingen 2011, S. 233–245.
Spiecker gen. Döhmann, Indra, Wissensverarbeitung im Öffentlichen Recht, RW 2010, S. 247–282.
–, Technikzukünfte: Überlegungen zu Determinanten von Datenzugang und Welthandel mit Daten, in: Specht-Riemenschneider, Louisa/Buchner, Benedikt/Heinze, Christian u. a. (Hrsg.), IT-Recht in Wissenschaft und Praxis – Festschrift für Jürgen Taeger, Frankfurt am Main 2020, S. 473–489.
Spindler, Gerald, Der Schutz virtueller Gegenstände, in: Leible, Stefan/Lehmann, Matthias/Zech, Herbert (Hrsg.), Unkörperliche Güter im Zivilrecht, Tübingen 2011, S. 261–282.
–, Roboter, Automation, künstliche Intelligenz, selbst-steuernde Kfz – Braucht das Recht neue Haftungskategorien?, CR 2015, S. 766–776.
–, Data and Property Rights, ZGE/IPJ 9 (2017), S. 399–405.
–, Privatrechtsdogmatik und Herausforderungen der ‚IT-Revolution', in: Auer, Marietta/Grigoleit, Hans Christoph/Hager, Johannes u. a. (Hrsg.), Privatrechtsdogmatik im 21. Jahrhundert – Festschrift für Claus-Wilhelm Canaris zum 80. Geburtstag, Berlin/Boston 2017, S. 709–737.
–, Zukunft der Digitalisierung – Datenwirtschaft in der Unternehmenspraxis, DB 2018, S. 41–50.
–, Fintechs – Ausgewählte Probleme, in: Faust, Florian/Schäfer, Hans-Bernd (Hrsg.), Zivilrechtliche und rechtsökonomische Probleme des Internet und der künstlichen Intelligenz, Tübingen 2019, S. 163–196.
Spindler, Gerald/Schuster, Fabian (Hrsg.), Recht der elektronischen Medien, 4. Aufl., München 2019 (zit. Spindler/Schuster/*Bearbeiter*).
Staudenmayer, Dirk, Die Richtlinien zu den digitalen Verträgen, ZEuP 2019, S. 663–694.
–, Die Anpassung des Privatrechts an die digitale Wirtschaft, IWRZ 2020, S. 147–157.
Staudinger, Kommentar zum Bürgerlichen Gesetzbuch, (zit. Staudinger/*Bearbeiter*).
– §§ 90–124 BGB; §§ 130–133 BGB, 17. Aufl., Berlin 2021.
– §§ 164–240 BGB, 18. Aufl., Berlin 2019.
– §§ 397–432 BGB, 17. Aufl., Berlin 2022.
– §§ 677–704 BGB, 16. Aufl., Berlin 2020.
– §§ 812–822 BGB, 15. Aufl., Berlin 2007.
– § 823 BGB (A–D), 14. Aufl., Berlin 2017.
– §§ 925–984 BGB; Anh. zu §§ 929–931 BGB, 16. Aufl., Berlin 2017.
– §§ 985–1011 BGB, 17. Aufl., Berlin 2019.
– §§ 1204–1296 BGB; SchiffsRG, 16. Aufl., Berlin 2019.
– Art. 38–42 EGBGB, 14. Aufl., Berlin 2001.
– Art. 43–46 EGBGB, 14. Aufl., Berlin 2015.
– Internationales Wirtschaftsrecht, 17. Aufl., Berlin 2019.
– Einleitung zur Rom I-VO; Art. 1–10 Rom I-VO, 16. Aufl., Berlin 2021.
Stein/Jonas, Kommentar zur Zivilprozessordnung, Band 8: §§ 802a–915h ZPO, hrsg. v. Bork, Reinhard/Roth, Herbert, 23. Aufl., Tübingen 2017 (zit. Stein/Jonas/*Bearbeiter*).
Steinbuch, Karl, Maßlos informiert, 2. Aufl., München/Berlin 1978.
–, Über den Wert von Informationen, GRUR 1987, S. 579–584.
Steinhoff, Astrid, Nutzerbasierte Online-Werbung 2.0 – Datenschutzrecht im Konflikt mit Targeting-Methoden, in: Taeger, Jürgen (Hrsg.), Law as a service (LaaS) – Tagungsband Herbstakademie 2013 (Band 1), Edewecht 2013, S. 143–156.

Steinmüller, Wilhelm, Gegenstand, Grundbegriffe und Systematik der Rechtsinformatik, DVR 1972, S. 113–148.
– (Hrsg.), ADV und Recht, 2. Aufl., Berlin 1976.
–, Informationsrecht und Informationspolitik, in: ders. (Hrsg.), Informationsrecht und Informationspolitik, München 1976, S. 1–20.
–, Eine sozialwissenschaftliche Konzeption der Informationswissenschaft, Nachr. f. Dokum. 1981, S. 69–77.
–, Informationstechnologie und Gesellschaft, Darmstadt 1993.
Steinrötter, Björn, Vermeintliche Ausschließlichkeitsrechte an binären Codes, MMR 2017, S. 731–736.
–, Zur Diskussion um ein auf syntaktische Informationen bezogenes „Dateneigentum", in: Specht-Riemenschneider, Louisa (Hrsg.), Digitaler Neustart, Köln 2019, S. 17–56.
–, Datenwirtschaftsrecht, in: Specht-Riemenschneider, Louisa/Buchner, Benedikt/Heinze, Christian u. a. (Hrsg.), IT-Recht in Wissenschaft und Praxis – Festschrift für Jürgen Taeger, Frankfurt am Main 2020, S. 491–510.
Stender-Vorwachs, Jutta/Steege, Hans, Wem gehören unsere Daten?, NJOZ 2018, S. 1361–1367.
Stevens, Gunnar/Bossauer, Paul, Dealing with Personal Data in the Age of Big Data Economies, ZGE/IPJ 9 (2017), S. 266–278.
Stieper, Malte, Digital ist besser – Die Bereitstellung digitaler Inhalte als Vertragstypus?, in: Alexander, Christian/Bornkamm, Joachim/Buchner, Benedikt u. a. (Hrsg.), Festschrift für Helmut Köhler zum 70. Geburtstag, München 2014, S. 729–743.
Stonier, Tom, Information und die innere Struktur des Universums, Berlin/Heidelberg 1991.
Storr, Christine/Storr, Pam, Internet of Things: Right to Data from a European Perspective, in: Corrales, Marcelo/Fenwick, Mark/Forgó, Nikolaus (Hrsg.), New Technology, Big Data and the Law, Singapur 2017, S. 65–96.
Strittmatter, Marc/Treiterer, Manuel/Harnos, Rafael, Schadensbemessung bei Datenschutzrechtsverstößen am Beispiel von Data Leakage-Fällen, CR 2019, S. 789–797.
Strowel, Alain, Les données: des ressources en quête de propriété, in: Degrave, Elise/de Terwangne, Cécile/Dusollier, Séverine u. a. (Hrsg.), Law, Norms and Freedoms in Cyberspace/ Droit, normes et libertés dans le cybermonde – Liber Amicorum Yves Poullet, Brüssel 2018, S. 251–268.
Systematischer Kommentar zum Strafgesetzbuch, (zit. SK-StGB/*Bearbeiter*).
– Band 4: §§ 174–241a StGB, hrsg. v. Wolter, Jürgen, 9. Aufl., Köln 2017.
– Band 6: §§ 303–358 StGB, hrsg. v. Wolter, Jürgen/Hoyer, Andreas, 10. Aufl., Hürth 2023.
Taeger, Jürgen/Gabel, Detlev (Hrsg.), DSGVO/BDSG, 3. Aufl., Frankfurt am Main 2019 (zit. Taeger/Gabel/*Bearbeiter*).
–, DSGVO/BDSG, 4. Aufl., Frankfurt am Main 2022 (zit. Taeger/Gabel/*Bearbeiter*).
Taeger, Jürgen/Pohle, Jan (Hrsg.), Computerrechts-Handbuch, Loseblatt, Stand: 37. EL (Mai 2022), München 2022 (zit. Taeger/Pohle/*Bearbeiter*).
Thalhofer, Thomas, Recht an Daten in der Smart Factory, GRUR-Prax 2017, S. 225–227.
Thouvenin, Florent/Weber, Rolf H./Früh, Alfred, Data Ownership: Taking Stock and Mapping the Issues, in: Dehmer, Matthias/Emmert-Streib, Frank (Hrsg.), Frontiers in Data Science, Boca Raton u. a. 2018, S. 111–145.
Tinnefeld, Marie-Theres, Informationsgesellschaft, Sicherheit und Menschenrechte, in: Traunmüller, Roland/Wimmer, Maria A. (Hrsg.), Informatik in Recht und Verwaltung – Herbert Fiedler zum 80. Geburtstag, Bonn 2009, S. 67–77.

Tribus, Myron/McIrvine, Edward C., Energy and Information, Scientific American 225 (1971), S. 179–190.
Tropp, Henry S., Origin of the Term Bit, Annals of the History of Computing 6 (1984), S. 152–155.
Trute, Hans-Heinrich, Der Schutz personenbezogener Informationen in der Informationsgesellschaft, JZ 1998, S. 822–831.
Uhlenbruck, Insolvenzordnung, hrsg. v. Hirte, Heribert/Vallender, Heinz, (zit. Uhlenbruck/*Bearbeiter*).
– Band 1: InsO, 15. Aufl., München 2019.
– Band 2: EuInsVO, 15. Aufl., München 2020.
Ullrich, Hanns, Technologieschutz nach TRIPS: Prinzipien und Probleme, GRUR Int. 1995, S. 623–641.
v. Ungern-Sternberg, Antje, Demokratische Meinungsbildung und künstliche Intelligenz, in: Unger, Sebastian/v. Ungern-Sternberg, Antje (Hrsg.), Demokratie und künstliche Intelligenz, Tübingen 2019, S. 3–31.
Urgessa, Worku Gedefa, The Feasibility of Applying EU Data Protection Law to Biological Materials, JIPITEC 2016, S. 96–109.
Ursul, Arkadij Dmitrievich, Information, Berlin 1970.
Varian, Hal R., Grundzüge der Mikroökonomik, 9. Aufl., Berlin/Boston 2016.
Venzke-Caprarese, Sven, Internet der Dinge – Digitalisierung des Alltags und datenschutzrechtliche Auswirkungen auf den Einzelnen, in: Taeger, Jürgen (Hrsg.), Internet der Dinge – Tagungsband Herbstakademie 2015, Edewecht 2015, S. 377–392.
Vogt, Carl, Physiologische Briefe für Gebildete aller Stände, Zweite Abtheilung, Stuttgart/Tübingen 1846.
Völz, Horst, Information II, Berlin 1983.
–, Grundlagen der Information, Berlin 1991.
–, Grundlagen und Inhalte der vier Varianten von Information, Wiesbaden 2014.
Völzmann-Stickelbrock, Barbara, Daten in Zwangsvollstreckung und Insolvenz, in: Specht-Riemenschneider, Louisa/Buchner, Benedikt/Heinze, Christian u. a. (Hrsg.), IT-Recht in Wissenschaft und Praxis – Festschrift für Jürgen Taeger, Frankfurt am Main 2020, S. 749–766.
Vossius-Köbel, Isabelle, Die Quellcode-Hinterlegung in der Insolvenz, in: Taeger, Jürgen (Hrsg.), Die Macht der Daten und der Algorithmen – Tagungsband Herbstakademie 2019, Edewecht 2019, S. 609–623.
Wagner, Axel-Michael C., Binäre Information als Gegenstand des Rechtsverkehrs, Diss., Münster 1999.
Wagner, Gerhard, Haftung von Plattformen für Rechtsverletzungen, GRUR 2020, S. 329–338.
Wandtke, Artur-Axel, Ökonomischer Wert von persönlichen Daten, MMR 2017, S. 6–12.
Wandtke, Artur-Axel/Bullinger, Winfried (Hrsg.), Urheberrecht, 6. Aufl., München 2022 (zit. Wandtke/Bullinger/*Bearbeiter*).
Weber, Jörg-Andreas, Kreditsicherungsrecht, 10. Aufl., München 2018.
Weber, Rolf H., Information at the Crossroads of Competition and Data Protection Law, ZWeR 2014, S. 169–183.
Weiss, Alexander, Zivilrechtliche Grundlagenprobleme von Blockchain und Kryptowährungen, JuS 2019, S. 1050–1057.
Weiß, Johannes, Anmerkung zu OLG Brandenburg, Urt. v. 06.11.2019 – 4 U 123/19, ZD 2020, S. 160–161.

Weitbrecht, Jannik, Die Doppeltreuhand – Grundstruktur, Insolvenzfestigkeit, Verwertung, NZI 2017, S. 553–560.
Weitnauer, Wolfgang, Handbuch Venture Capital, 7. Aufl., München 2022.
Weizenbaum, Joseph, Wo kommt Bedeutung her und wie wird Information erzeugt?, in: Floyd, Christiane/Fuchs, Christian/Hofkirchner, Wolfgang (Hrsg.), Stufen zur Informationsgesellschaft – Festschrift zum 65. Geburtstag von Klaus Fuchs-Kittowski, Frankfurt am Main u. a. 2002, S. 233–239.
v. Weizsäcker, Carl Friedrich, Aufbau der Physik, München/Wien 1985.
–, Zeit und Wissen, München 1995.
–, Die Einheit der Natur, 8. Aufl., München 2002.
v. Weizsäcker, Ernst/v. Weizsäcker, Christine, Wiederaufnahme der begrifflichen Frage: Was ist Information?, in: Scharf, Joachim-Hermann (Hrsg.), Informatik, Leipzig 1972, S. 535–555.
Welp, Jürgen, Datenveränderung (§ 303a StGB), iur 1988, S. 443–449.
Wendehorst, Christiane, Tatbestand – Reichweite – Qualifikation, in: Coester, Michael/Martiny, Dieter/v. Sachsen Gessaphe, Karl August (Hrsg.), Privatrecht in Europa – Festschrift für Hans Jürgen Sonnenberger zum 70. Geburtstag, München 2004, S. 743–758.
–, Rechtsobjekte, in: Alexy, Robert (Hrsg.), Juristische Grundlagenforschung, Stuttgart 2005, S. 71–82.
–, Besitz und Eigentum im Internet der Dinge, in: Micklitz, Hans-Wolfgang/Reisch, Lucia A./Joost, Gesche u. a. (Hrsg.), Verbraucherrecht 2.0 – Verbraucher in der digitalen Welt, Baden-Baden 2017, S. 367–414.
Wendland, Matthias, Sonderprivatrecht für digitale Güter, ZVglRWiss 118 (2019), S. 191–230.
Wenhold, Céline, Nutzerprofilbildung durch Webtracking, Baden-Baden 2018.
Wersig, Gernot, Information – Kommunikation – Dokumentation, Pullach/Berlin 1971.
Westermann, Benjamin, Daten als Kreditsicherheiten – Eine Analyse des Datenwirtschaftsrechts de lege lata und de lege ferenda aus der Perspektive des Kreditsicherungsrechts, WM 2018, S. 1205–1210.
v. Westphalen, Friedrich/Wendehorst, Christiane, Hergabe personenbezogener Daten für digitale Inhalte – Gegenleistung, bereitzustellendes Material oder Zwangsbeitrag zum Datenbinnenmarkt?, BB 2016, S. 2179–2187.
Wheeler, John Archibald, Information, Physics, Quantum: The Search for Links, in: Zurek, Wojciech H. (Hrsg.), Complexity, Entropy and the Physics of Information, Redwood City 1990, S. 3–28.
Wiebe, Andreas, Information als Naturkraft, GRUR 1994, S. 233–246.
–, Information als Schutzgegenstand im System des geistigen Eigentums, in: Fiedler, Herbert/Ullrich, Hanns (Hrsg.), Information als Wirtschaftsgut, Köln 1997, S. 93–152.
–, Europäischer Datenbankschutz nach „William Hill" – Kehrtwende zur Informationsfreiheit?, CR 2005, S. 169–174.
–, Zur Konzeption des Informationsrechts – Eine transatlantische Perspektive, in: Traunmüller, Roland/Wimmer, Maria A. (Hrsg.), Informatik in Recht und Verwaltung – Herbert Fiedler zum 80. Geburtstag, Bonn 2009, S. 78–85.
–, Der Schutz von Datenbanken – Ungeliebtes Stiefkind des Immaterialgüterrechts, CR 2014, S. 1–10.
–, Digitalisierung: Neue Schutzgegenstände, in: Dreier, Thomas/Hilty, Reto M. (Hrsg.), Vom Magnettonband zu Social Media – Festschrift 50 Jahre Urheberrechtsgesetz (UrhG), München 2015, S. 183–194.
–, Protection of Industrial Data – A New Property Right for the Digital Economy?, GRUR Int. 2016, S. 877–884.

–, A New European Data Producers' Right for the Digital Economy?, ZGE/IPJ 9 (2017), S. 394–398.
–, Schutz von Maschinendaten durch das sui-generis-Schutzrecht für Datenbanken, GRUR 2017, S. 338–345.
–, Von Datenrechten zu Datenzugang – Ein rechtlicher Rahmen für die europäische Datenwirtschaft, CR 2017, S. 87–93.
–, Schutz von Daten im Immaterialgüterrecht, in: Hornung, Gerrit (Hrsg.), Rechtsfragen der Industrie 4.0, Baden-Baden 2018, S. 97–118.
Wiebe, Andreas/Schur, Nico, Ein Recht an industriellen Daten im verfassungsrechtlichen Spannungsverhältnis zwischen Eigentumsschutz, Wettbewerbs- und Informationsfreiheit, ZUM 2017, S. 461–473.
–, Protection of Trade Secrets in a Data-Driven, Networked Environment – Is the Update Already Out-Dated?, GRUR Int. 2019, S. 746–751.
Wiedemann, Gerhard (Hrsg.), Handbuch des Kartellrechts, 4. Aufl., München 2020 (zit. *Bearbeiter*, in: Wiedemann, KartellR-HdB).
Wiener, Norbert, Cybernetics, New York/Paris 1950.
Wildgans, Julia, Zuckerbrot oder Peitsche? – Ein Plädoyer für Open Access im juristischen Publikationswesen, ZUM 2019, S. 21–28.
Wilhelm, Jan, Sachenrecht, 7. Aufl., Berlin/Boston 2021.
Witte, Andreas, § 16 Abgrenzung von Datenbank und Datenbankinhalt, in: Conrad, Isabell/Grützmacher, Malte (Hrsg.), Recht der Daten und Datenbanken im Unternehmen – Jochen Schneider zum 70. Geburtstag, Köln 2014, S. 229–233.
Wittgenstein, Ludwig, Philosophische Untersuchungen, 9. Aufl., Frankfurt am Main 2019.
Zech, Herbert, Unkörperliche Güter im Zivilrecht – Einführung und Überblick, in: Leible, Stefan/Lehmann, Matthias/Zech, Herbert (Hrsg.), Unkörperliche Güter im Zivilrecht, Tübingen 2011, S. 1–5.
–, Information als Schutzgegenstand, Tübingen 2012.
–, Daten als Wirtschaftsgut – Überlegungen zu einem „Recht des Datenerzeugers", CR 2015, S. 137–146.
–, „Industrie 4.0" – Rechtsrahmen für eine Datenwirtschaft im digitalen Binnenmarkt, GRUR 2015, S. 1151–1160.
–, Information as Property, JIPITEC 2015, S. 192–197.
–, Data as a Tradeable Commodity, in: De Franceschi, Alberto (Hrsg.), European Contract Law and the Digital Single Market, Cambridge u. a. 2016, S. 51–79.
–, Building a European Data Economy – The European Commission's Proposal for a Data Producer's Right, ZGE/IPJ 9 (2017), S. 317–330.
–, Die Dematerialisierung des Patentrechts und ihre Grenzen, GRUR 2017, S. 475–478.
–, „Industrie 4.0" – Rechtsrahmen für eine Datenwirtschaft im digitalen Binnenmarkt, in: Körber, Torsten/Immenga, Ulrich (Hrsg.), Daten und Wettbewerb in der digitalen Ökonomie, Baden-Baden 2017, S. 31–58.
–, Die „Befugnisse des Eigentümers" nach § 903 Satz 1 BGB – Rivalität als Kriterium für eine Begrenzung der Eigentumswirkungen, AcP 219 (2019), S. 488–592.
–, Künstliche Intelligenz und Haftungsfragen, ZfPW 2019, S. 198–219.
–, Besitz an Daten?, in: Pertot, Tereza (Hrsg.), Rechte an Daten, Tübingen 2020, S. 91–102.
Zeh, H. Dieter, Basic Concepts and Their Interpretation, in: Joos, Erich/Zeh, H. Dieter/Kiefer, Claus u. a. (Hrsg.), Decoherence and the Appearance of a Classical World in Quantum Theory, 2. Aufl., Berlin/Heidelberg 2003, S. 7–40.

Zemanek, Heinz, Information und Ingenieurwissenschaft, in: Folberth, Otto G./Hackl, Clemens (Hrsg.), Der Informationsbegriff in Technik und Wissenschaft – Festschrift zum 65. Geburtstag von Karl E. Ganzhorn, München 1986, S. 17–52.

Ziegenhorn, Gero/v. Heckel, Katharina, Datenverarbeitung durch Private nach der europäischen Datenschutzreform, NVwZ 2016, S. 1585–1591.

Zimmer, Daniel, Property Rights Regarding Data?, in: Lohsse, Sebastian/Schulze, Reiner/Staudenmayer, Dirk (Hrsg.), Trading Data in the Digital Economy: Legal Concepts and Tools, Baden-Baden 2017, S. 101–107.

Zimmermann, Volker, KfW Unternehmensbefragung 2014, https://www.kfw.de/PDF/Download-Center/Konzernthemen/Research/PDF-Dokumente-Unternehmensbefragung/Unternehmensbefragung-2014-LF.pdf (zuletzt abgerufen: 30.11.2022).

–, KfW Unternehmensbefragung 2016, https://www.kfw.de/PDF/Download-Center/Konzernthemen/Research/PDF-Dokumente-Unternehmensbefragung/Unternehmensbefragung-2016.pdf (zuletzt abgerufen: 30.11.2022).

Zöller, Zivilprozessordnung, 34. Aufl., Köln 2022 (zit. Zöller/*Bearbeiter*).

Zorn, Werner, Von der Nützlichkeit verständlicher Begriffsdefinitionen am Beispiel „Information", in: Fuchs-Kittowski, Frank/Kriesel, Werner (Hrsg.), Informatik und Gesellschaft – Festschrift zum 80. Geburtstag von Klaus Fuchs-Kittowski, Frankfurt am Main 2016, S. 39–53.

Zuse, Konrad, Rechnender Raum, Braunschweig 1969.

Sachregister

Abfangen von Daten 241
Absonderungsrecht
– an Datenträgern 302
– an digitaler Information 303, 307 ff.
– an Lizenzen 305 ff.
Abstraktionsprinzip, Geltung im
– Patentrecht 149
– Urheberrecht 153, 332
Access-Provider *siehe* Intermediär
Aktivlegitimation des Sicherungsnehmers bei Schutzrechtsverletzungen 259 ff.
Allgemeine Eingriffskondiktion 252 ff.
Angemaßte Eigengeschäftsführung 257 f.
Ausspähen von Daten 241

Bankenaufsicht 227 f.
Basel III 227
Beschlagnahme *siehe* Pfändung
Beseitigung rechtsverletzender Datenverkörperungen 261 ff.
Beseitigungsanspruch
– im Immaterialgüterrecht 261
– quasi-negatorischer 251 f.
Besitzschutz von Daten 86
Bewertung immaterieller Vermögensgegenstände 136 f.
Big Data, Charakteristika 39
Blockchain
– Dokumentation der Besicherung 195 f.
– Funktionsweise 192
– Implementierung eines Kreditsicherheitenregisters 193 ff.
Bonität 64
Brüssel Ia-VO 355 ff.

Capital Requirements Regulation 227
Centre of main interests 344

Cloud-Vertrag, vertragstypologische Einordnung 158 f.
Codierung 16

Data Escrow 188 ff., *siehe auch* Key Escrow
Daten
– als Sache 74 ff., *siehe auch* Software als Sache
– Begriff 27 f.
– Besitzschutz von 86
– Definition 46
– Deliktsschutz von 83 f., 233 ff.
– Eigentum an 74 ff., *siehe auch* Dateneigentum
– Herausgabevollstreckung von 272 ff.
– in der Insolvenz 300 f.
Datenbankherstellerrecht *siehe* Leistungsschutzrecht des Datenbankherstellers
Datenbankurheberrecht 90 f.
Datenbesitz *siehe* Besitzschutz von Daten
Dateneigentum 76 f.
Datenhehlerei 241 f.
Datenlöschung *siehe* Datenveränderung
Datenschutz
– Einwilligung *siehe* Einwilligung
– gesetzlicher Erlaubnistatbestand 205 ff.
– in der Insolvenz 301 f.
– in der Zwangsvollstreckung 286 f.
– Nichtigkeit von Rechtsgeschäften 224 ff.
– Rechtsquellen 198
– sachlicher Anwendungsbereich 198 ff.
– Verarbeitungsgrundsätze 204 ff.
Datenträger
– Absonderungsrecht an 302
– Begriff 45 f.
– Herausgabevollstreckung 272 ff.
– Massezugehörigkeit 298
– Pfändung 276 ff.

- Sicherungsübereignung 140 ff.
- Verpfändung 142
- Verwertung in der Insolvenz 312
- Zuweisungsgehalt 253

Datenveränderung
- anwendbares Recht 336 ff.
- deliktischer Schutz 233 ff.
- Grenzen des deliktischen Schutzes 235 ff.
- strafrechtlicher Schutz 231 ff.

Datenverkörperungen
- Beseitigungsanspruch 261 ff.
- Hinterlegung bei neutralem Dritten 185 ff., *siehe auch* Escrow
- Hinterlegung bei Sicherungsnehmer 184
- Zugriff mittels Besicherung der Datenträger 181 ff.
- Zugriff mittels Schnittstelle 181
- Zugriffsinteresse des Sicherungsgebers 179 f.
- Zugriffsinteresse des Sicherungsnehmers 178 f.
- Zuweisungsgehalt 253 f.

Deliktischer Schutz von Daten 83 f., 233 ff.

Digitale Information
- Absonderungsrecht 303, 307 ff.
- als Gut 52 ff., *siehe auch* Digitale Informationsgüter
- als Rechtsobjekt 42 f.
- Charakteristika 49 ff.
- Definition 44 ff.
- Drittwiderspruchsrecht bei Pfändung 295
- faktische Ausschließlichkeit *siehe* Faktische Ausschließlichkeit
- Massezugehörigkeit 298 f., 300 f.
- Pfändung 279 ff.
- rechtswidrige Erlangung und Offenlegung 240 ff.
- Sicherungseignung 116 ff.
- Verwertung in der Insolvenz 313 ff.
- Wert *siehe* Wert von digitaler Information

Digitale Informationsgüter, Beispiele 54 ff.
Digitale Inhalte 56 f.
Doppelseitige Treuhand 308 f.

Drittwiderspruchsrecht
- bei Pfändung von Datenträgern 287 ff.
- bei Pfändung von digitaler Information 295

Eigentum
- am Datenträger 73
- an Daten 74 ff., *siehe auch* Dateneigentum

Einheitspatent 328
Einheitstheorie, Kollisionsrecht 332 f.

Einwilligung in die Verarbeitung personenbezogener Daten
- Freiwilligkeit 209 ff.
- Grundlagen 208
- Widerruf 217 ff.

Entmaterialisierungstrend 1 f., 65, 158, 335

Entropie
- Informations- 18
- thermodynamische 19

Erfüllungswahlrecht des Insolvenzverwalters 304 f.
Erledigung des Sicherungszwecks 315 f.
Erzeugnis eines patentierten Verfahrens *siehe* Verfahrenserzeugnis

Escrow
- Data Escrow 188 ff.
- Escrow Agent 186
- Escrow Cloud 188 f.
- Grundlagen 186 f.
- Key Escrow 190 f.

EuGVVO *siehe* Brüssel Ia-VO
EuInsVO 344 ff.

Faktische Ausschließlichkeit von digitaler Information 110 ff., 118, 125, 167 f., 170, 281 f., 291 f., 310, 314
FinTech 3

Geschäftsbücher 300
Geschäftsgeheimnisse
- Ansprüche bei Geheimnisverletzungen 264 f.
- anwendbares Recht bei Geheimnisverletzungen 339 f.
- dogmatische Einordnung 101 ff.
- Schutzvoraussetzungen 103 ff.
- Sicherungseignung 121 f.
- Sicherungslizenzierung 157
- Sicherungsübertragung 156
- Strafbarkeit von Geheimnisverletzungen 245 ff.
- Verpfändung 157

Gesellschaftsanteile
– Besicherung von Geschäftsanteilen an einer GmbH 166 f.
– Besicherung von Personengesellschaftsanteilen 164 f.

Herausgabeanspruch gegen Cloud-Provider 159 f.
Herausgabevollstreckung
– von Daten 272 ff.
– von Datenträgern 272 ff.
Host-Provider *siehe* Intermediär

Information
– pragmatische 26 f., 47
– semantische 26, 47
– syntaktische 25 f., 46
– Wortverlaufskurve von 10
Informationsbegriff
– Etymologie 11
– im Alltag 11
– rechtswissenschaftlicher 30 ff.
– semiotischer 25 ff.
– technischer 13 ff.
Informationsgehalt 18
Informationstheorie
– algorithmische 22 f.
– statistische 17 f.
Insolvenz 297 ff., 344 ff.
Insolvenzbeschlag *siehe* Massezugehörigkeit
Insolvenzstatut 344 ff.
Intermediär 265 ff.
Internationales Insolvenzrecht 344 ff.
Internationales Privatrecht 319 ff.
Internationales Strafrecht 341 ff.
Internationales Zwangsvollstreckungsrecht 354 ff.

Kausalitätsprinzip im Urheberrecht 154
Key Escrow 190 f., *siehe auch* Data Escrow
Kollisionsrecht *siehe* Internationales Privatrecht
Kommunikation 15 ff.
Kreditsicherheit
– Bedeutung für den Kreditzugang 64 f.
– Grundlagen 116 f.
Kreditsicherheitenregister 193 ff., *siehe auch* Notice filing

Kreditwürdigkeit *siehe* Bonität
Kundenlisten 135 f.
Kybernetik 21 f.

Lauterkeitsrechtlicher Leistungsschutz
– von Daten 81 f.
– von semantischer Information 97 ff.
Leistungsschutzrecht des Datenbankherstellers
– an Daten 81
– an semantischer Information 91 ff.
lex causae 323, 341
lex domicilii communis 337
lex fori 320
lex fori concursus 346
lex fori executionis 354 ff.
lex loci damni 336
lex loci protectionis 325 f., 334 f., 338 ff., 347, 352, *siehe auch* Ursprungslandprinzip
lex rei sitae 73, 320, 322, 347, 352
Lizenzen
– Fortbestand bei Pfändung des Stammrechts 284 ff.
– in der Insolvenz 303 ff.
– Sicherungstauglichkeit 122 ff.
Lugano-Übereinkommen 356

Massezugehörigkeit
– von Datenträgern 298
– von digitaler Information 298 f., 300 f.
– von personenbezogener Information 301 f.
Münzwurf 14

Negentropie 19, 21
Notice filing 193 f., *siehe auch* Kreditsicherheitenregister
Nutzerinformation 54 f.

Patentschutz
– von Daten 77 ff.
– von semantischer Information 88
Personalstatut 334
Personenbezug eines Datums 199 ff.
Pfandrecht
– als gesetzliches Leitbild der Sicherung 127

- am Herausgabeanspruch gegen einen Cloud-Provider 162
- am Leistungsschutzrecht des Datenbankherstellers 155
- an Datenträgern 142
- an Geschäftsanteilen einer GmbH 166 f.
- an Geschäftsgeheimnissen 157
- an Patenten 150
- an Patentlizenzen 150 f.
- an Personengesellschaftsanteilen 165
- an urheberrechtlichen Nutzungsbefugnissen 155

Pfändung
- anderer Vermögensrechte 283 f.
- von Datenträgern 276 ff.
- von digitaler Information 279 ff.

Qualifikation im Internationalen Privatrecht 320
Quanteninformation 23 ff.
Quasi-negatorischer Beseitigungs- und Unterlassungsanspruch 251 f.

Recht am eigenen Datenbestand 84 f., 250 f., 253 f.
Rechtmäßigkeit der Verarbeitung von personenbezogenen Daten 205 ff.
Regulierung *siehe* Bankenaufsicht
Rohdaten, Schutz durch Datenbankherstellerrecht 92 f.

Sachqualität von Daten 74 ff.
Schutzgesetz 247 ff.
Schutzlandprinzip *siehe lex loci protectionis*
Semiotik 25 ff.
Sensorinformation 55 f.
Sicherstellungsvertrag
- anwendbares Recht 332 ff.
- Grundlagen 126
Sicherungsabrede
- anwendbares Recht 331
- Grundlagen 126
Sicherungsabtretung
- von Herausgabeansprüchen gegen einen Cloud-Provider 161 f.
- von Zugangsansprüchen gegen einen Cloud-Provider 160 f.

Sicherungseignung von digitaler Information 116 ff.
Sicherungslizenzierung
- als Sicherungsform 128 f.
- von Datenbankherstellerrechten 153 ff.
- von digitaler Information 176
- von Geschäftsgeheimnissen 157
- von Patenten 149
- von urheberrechtlichen Nutzungsbefugnissen 153 ff.
Sicherungstreuhand 127 f., *siehe auch* Treuhand
Sicherungsübereignung von Datenträgern 140 ff.
Sicherungsübertragung
- von Datenbankherstellerrechten 152 f.
- von digitaler Information 173 ff.
- von Geschäftsanteilen einer GmbH 166
- von Geschäftsgeheimnislizenzen 156
- von Geschäftsgeheimnissen 156
- von Patenten 146 ff.
- von Patentlizenzen 148
- von Personengesellschaftsanteilen 164 f.
- von urheberrechtlichen Nutzungsbefugnissen 152 f.
Sicherungswert digitaler Information 132 ff., *siehe auch* Wert von digitaler Information
Signal 16
Software
- als Sache 76
- Hinterlegung des Quellcodes *siehe* Escrow
Spaltungstheorie, Kollisionsrecht 333
Spin-Off-Datenbank 94 f.
Störerhaftung 266
Strafrechtlicher Schutz
- von Daten im Allgemeinen 231 ff., 240 ff.
- von Daten mit Personenbezug 242 f.
- von Geschäftsgeheimnissen 245 ff.
- von urheberrechtlich geschützten Werken 243 ff.
- von verwandten Schutzrechten 243 ff.
Sukzessionsschutz von Lizenzen 284 ff.
Systembegriff 19

Territorialitätsprinzip
- im Immaterialgüterrecht 323 ff., *siehe auch* Universalitätsprinzip
- im Zwangsvollstreckungsrecht 354

Treuhand
– Grundlagen 171 ff.
– Insolvenzfestigkeit der Treuhandabrede 308 f.
– Umfang des Kondiktionsanspruchs 256 f.
– Umfang des Schadensersatzanspruchs 238 f.
Treupflicht des Gesellschafters 165, 168
TRIPS-Übereinkommen 328 f.

Übertragungszweckgedanke 149 f., 155, 157
Umweltinformation 29, 95 f.
Universalitätsprinzip 323 ff., *siehe auch* Territorialitätsprinzip im Immaterialgüterrecht
Unterlassungsanspruch *siehe* Beseitigungsanspruch
Unternehmensbilanz als Grundlage für die Bewertung von digitaler Information 133 ff.
Unternehmensfinanzierung, Grundlagen 62 f.
Update-Verpflichtung 137 f., 174
Urheberrechtlicher Schutz
– von Daten 80
– von semantischer Information 88 ff.
Ursprungslandprinzip 325 f., *siehe auch lex loci protectionis*

Verarbeitung personenbezogener Daten 202 ff.

Verbotsgesetz 224 f.
Verfahrenserzeugnis 78 f.
Verkehrsschutz 268 f.
Verletzung von Rechten des geistigen Eigentums, anwendbares Recht 338 ff.
Vermögensrecht 279 ff.
Verstrickung 276 f.
Verwertung
– von Datenträgern 312
– von digitaler Information 313 ff.
Vollstreckungshindernisse 286 f.
Vorsätzliche sittenwidrige Schädigung 250

Werkbegriff, europäischer 328
Wertbeständigkeit von digitaler Information 137 f.
Wert von digitaler Information 57 ff., *siehe auch* Sicherungswert digitaler Information
Wissen 28 f.
Wortverlaufskurve von Information 10

Zeichen 15
Zugangsanspruch gegen Cloud-Provider 159 f.
Zuweisungsgehalt
– Datenträger 253
– Datenverkörperungen 253 f.
– semantische Information 255
– synatktische Information 254 f.
Zwangsvollstreckung 271 ff., 354 ff.
Zweckbindungsgrundsatz 221 ff.

Schriften zum Recht der Digitalisierung

Herausgegeben von
Florian Möslein, Sebastian Omlor und Martin Will

Der rapide voranschreitende Prozess der Digitalisierung macht auch vor dem Recht nicht Halt und stellt dieses vor grundlegende Herausforderungen. Vor diesem Hintergrund bietet die Schriftenreihe *Schriften zum Recht der Digitalisierung* (SRDi) ein Forum für grundlegende wissenschaftliche Arbeiten zu Rechtsfragen der Digitalisierung aus allen Rechtsgebieten. Die einschlägigen Phänomene der Digitalisierung wie etwa künstliche Intelligenz, Blockchaintechnologie oder Plattformökonomie lassen sich häufig nur bei angemessener Berücksichtigung der Bezüge zu anderen Wissenschaften wie etwa der Informatik, den Wirtschaftswissenschaften, der Philosophie oder der Politikwissenschaft verstehen. Der Fokus der Schriftenreihe liegt indes auf den juristischen Implikationen der Digitalisierung, die immer stärker zentrale Bereiche vor allem des Öffentlichen Rechts und des Privatrechts betreffen. Die Schriftenreihe steht gleichermaßen für Habilitationsschriften und herausragende Dissertationen sowie für Monographien offen.

ISSN: 2700-1288
Zitiervorschlag: SRDi

Alle lieferbaren Bände finden Sie unter *www.mohrsiebeck.com/srdi*

Mohr Siebeck
www.mohrsiebeck.com